长江和珠江三角洲及港澳特别行政区

统计年鉴

Yangtze River Delta & Pearl River Delta and Hong Kong & Macao SAR Statistical Yearbook

2003

国家统计局国际统计信息中心 编

Compiled by International Statistical Information Center

National Bureau of Statistics

中国统计出版社

China Statistics Press

(京)新登字041号

图书在版编目（CIP）数据

长江和珠江三角洲及港澳特别行政区统计年鉴．2003／国家统计局国际统计信息中心编．
－北京：中国统计出版社，2002.4
ISBN 7-5037-4314-X

I.长… II.国… III.①统计资料－长江流域－2003－年鉴②统计资料－珠江三角洲－2003－年鉴
③统计资料－香港－2003－年鉴④统计资料－澳门－2003－年鉴 IV.C832-54

中国版本图书馆CIP数据核字（2004）第014742号

长江和珠江三角洲及港澳特别行政区统计年鉴－2003

作　　者／国家统计局国际统计信息中心
责任编辑／吕　军
E-mail／yearbook@stats.gov.cn
装帧设计／大　路
出版发行／中国统计出版社
通信地址／北京市西城区月坛南街75号　　邮政编码/100826
办公地址／北京市丰台区西三环南路甲6号
电　　话／(010)63459084、63266600-22500（发行部）
印　　刷／精一印刷（深圳）有限公司
经　　销／新华书店
开　　本／880 × 1230mm　　1/16
字　　数／980千字
印　　张／31.75
版　　别／2004年3月第1版
版　　次／2004年3月北京第1次印刷
书　　号／ISBN 7-5037-4314-X/F · 1782
定　　价／298.00元

编辑说明

一、《长江和珠江三角洲及港澳特别行政区统计年鉴－2003》是一部全面反映我国长江三角洲、珠江三角洲及港澳地区社会经济发展状况的资料性年鉴。本书收录了1978－2002年长江三角洲16个城市、珠江三角洲14个城市和港澳地区社会经济统计资料。

二、本年鉴分为15个部分：1．行政区划和自然资源；2．国民经济核算；3．人口、就业和工资；4．固定资产投资；5.价格指数；6．人民生活；7．农业；8．工业、能源和建筑业；9．交通运输和邮电；10.国内贸易；11．对外贸易和旅游；12．财政和金融；13.城市建设和环境保护；14.教育、科技、文化和卫生；15.社会福利和其他。另附：长江和珠江三角洲地区企业排名；长江和珠江三角洲地区上市公司情况。

三、本年鉴所列指标的计量单位均采用公制。

四、本年鉴的资料来自两个三角洲所在的三省一市（广东省、江苏省、浙江省和上海市）统计局上报资料及港澳统计资料。

五、由于香港、澳门统计体系与内地不完全相同，两地统计资料中与本书基本一致的指标不多，使得本书中两地数据较少。

六、一些数据的合计数或相对数，因受进位的影响，不一定等于分项的累加。

七、本年鉴中的符号使用说明：“空格”表示无该项统计数据或该项统计数据不详；“－”表示数据不足本表最小单位数；“#”表示其中的主要项。

八、因首次编写，书中难免有误，欢迎批评指正。

PREFACE

I. *Yangtze River Delta & Pearl River Delta and Hong Kong& Macao SAR Statistical Yearbook 2003* is an annual publication, which covers social and economical statistical data of 16 cities of the Yangtze River Delta, 14 cities of the Pearl River Delta, Hong Kong and Macao SAR from 1978 to 2002, therefore reflects various aspects of social and economical development of the Yangtze River Delta, the Pearl River Delta, Hong Kong and Macao SAR.

II. The book contains the following fifteen parts, 1. Division of Administrative Areas and Natural Resources; 2. National Accounts; 3. Population, Employment and Wages; 4. Investment in Fixed Assets; 5. Price Indices;6. People's Livelihood; 7. Agriculture; 8. Industry, Energy and Construction; 9. Transport, Post and Telecommunication Services; 10.Domestic Trade; 11. Foreign Trade and Tourism; 12. Government Budget and Finance; 13. City Construction and Environment Protection;14. Education, Science and Technology, Culture and Public Health; 15. Social Welfare and others. In the appendices Listed are Rank of Enterprises in Delta of Yangtze River and Pearl River ; Statistics of Listed Company in Delta of Yangtze River and Pearl River.

III. The units of measurement used in this book are internationally standard measurement units.

IV. The data of this yearbook are mainly obtained from reported data of statistical bureaus of two Deltas , which involve three provinces and one municipality directly under the central government, namely Guangdong province, Jiangsu province, Zhejiang province and Shanghai city, the data related to Hong Kong and Macao SAR are obtained from their statistical publications.

V. Due to the fact that statistical systems among the mainland and Hong Kong & Macao are similar but not identical, there are not many indicators basically identical among statistical publications of Hong Kong, Macao and this book, so there are comparatively less data of Hong Kong and Macao in this book.

VI. Some aggregations or rates/ratios may not be equal to the sum of the series because of rounding.

VII. Notations used in this yearbook:

"(blank)" indicates the data unavailable;

"-" indicates that the figure is not large enough to be measured with the smallest unit in the table;

"#" indicates the major items of the total.

VIII. Because it's the first time for us to edit this book, it is liable to mistake. We welcome suggestions and criticisms.

《长江和珠江三角洲及港澳特别行政区统计年鉴－2003》

编辑委员会和编辑人员名单

Yangtze River Delta & Pearl River Delta and Hong Kong & Macao SAR Statistical Yearbook

目录

CONTENTS

一、行政区划和自然资源
Divisions of Administrative Areas and Natural Resources

二、国民经济核算
National Accounts

三、人口、就业和工资
Population ,Employment and Wages

四、固定资产投资
Investment in Fixed Assets

五、价格指数
Price Indices

六、人民生活
People's Livelihood

七、农业
Agriculture

八、工业、能源和建筑业
Industry, Energy and Construction

九、运输和邮电
Transportation, Post and Telecommunication Services

十、国内贸易
Domestic Trade

十一、对外贸易和旅游
Foreign Trade and Tourism

十二、财政和金融
Government Budget and Finance

十三、城市建设和环境保护
Urban Construction and Environmental Protection

十四、教育、科技、文化和卫生
Education, Science & Technology, Culture and Public Health

十五、社会福利和其他
Social Welfare and Others

附录一、长江和珠江三角洲地区企业排名
Appendix I. Rank of Enterprises in Delta of Yangtze River and Pearl River

附录二、长江和珠江三角洲地区上市公司情况
Appendix II. Statistics of Listed Companies in Delta of Yangtze River and Pearl River

一、行政区划和自然资源

Divisions of Administrative Areas and Natural Resources

1-1 行 政 区 划（2002年）
Divisions of Administrative Areas (2002)

单位：个 (unit)

地区	Area	区 Districts	市 Cities	县 Counties	镇 Town	乡 Township
长江三角洲经济区	**Yangtze River Delta**					
上海市	Shanghai City	18		1	132	3
南京市	Nanjing City	11		2	58	
苏州市	Suzhou City	7	5		121	
无锡市	Wuxi City	7	2		91	1
常州市	Changzhou City	5	2		70	9
镇江市	Zhenjiang City	3	3		66	1
南通市	Nantong City	2	4	2	137	9
扬州市	Yangzhou City	3	3	1	89	8
泰州市	Taizhou City	2	4		91	8
杭州市	Hangzhou City	8	3	2	121	55
宁波市	Ningbo City	6	3	2	100	15
嘉兴市	Jiaxing City	2	3	2	60	2
湖州市	Huzhou City	1		3	49	19
绍兴市	Shaoxing City	1	3	2	80	18
舟山市	Zhoushan City	2		2	24	12
台州市	Taizhou City	3	2	4	68	28
珠江三角洲经济区	**Pearl River Delta**					
广州市	Guangzhou City	10	2		64	
深圳市	Shenzhen City	6			18	
珠海市	Zhuhai City	3			16	
佛山市	Foshan City	5			35	
江门市	Jiangmen City	3	4		73	
东莞市	Dongguan City				28	
中山市	Zhongshan City				19	
惠州市区	Huizhou Urban District	1			3	
惠阳市	Huiyang City		1		20	
惠东县	Huidong County			1	21	
博罗县	Boluo County			1	21	
肇庆市区	Zhaoqing Urban District	2			6	
高要市	Gaoyao City		1		18	
四会市	Sihui City		1		11	

1-2 自然资源与气候（2002年）
Natural Resources and Climate (2002)

地区	Area	土地面积（平方公里）Total Land Area (sq.km)	耕地(万公顷) Cultivated Land (10 000 hectares)	年平均气温（摄氏度）Annual Average Temperature (℃)	年总降水量（毫米）Annual Total Precipitation (millimeters)	年日照总时数（小时）Annual Total Sunshine Hours(hours)
长江三角洲经济区	**Yangtze River Delta**					
上海市	Shanghai City	6340.5	27.0	17.8	1427.9	1686.5
南京市	Nanjing City	6597.6	26.2	16.6	1074.6	
苏州市	Suzhou City	8488.4	28.8	17.3	1376.7	1809.2
无锡市	Wuxi City	4787.6	16.4	16.9	1332.9	2012.1
常州市	Changzhou City	4375.0	20.0	16.7	1106.7	1935.3
镇江市	Zhenjiang City	3847.5	16.0	15.6	1058.1	1939.9
南通市	Nantong City	8001.0	48.0	16.7	1215.2	2002.8
扬州市	Yangzhou City	6634.0	31.3	16.6	1071.2	1975.8
泰州市	Taizhou City	5790.0	31.7	16.4	970.4	2087 6
杭州市	Hangzhou City	16596.0	18.4	17.5	1744.0	1454 6
宁波市	Ningbo City	9365.0	21.2	18.1	1619.7	1708.9
嘉兴市	Jiaxing City	3915.0	21.0	17.2	1410.4	1870.2
湖州市	Huzhou City	5817.0	13.0	17.0	1514.3	1466.1
绍兴市	Shaoxing City	8256.0	16.8	17.6	1744.6	1586.7
舟山市	Zhoushan City	1440.1	1.8	17.4	1888.0	1700.1
台州市	Taizhou City	9411.0	14.8	18.4	1750.4	1542.7
珠江三角洲经济区	**Pearl River Delta**					
广州市	Guangzhou City	7286.6	14.6	23.0	1866.7	1566.3
深圳市	Shenzhen City	1952.8	0.4	23.9	1883.4	1655.3
珠海市	Zhuhai City	1597.7	2.1	23.3	2190.0	2046.4
佛山市	Foshan City	3848.5	8.0	23.4	1699.1	1425.2
江门市	Jiangmen City	9540.6	14.1	23.1	1627.4	1770.4
东莞市	Dongguan City	2471.7	3.3	23.6	1557.4	2046.9
中山市	Zhongshan City	1800.1	3.6	23.6	1795.1	1558.8
惠州市区	Huizhou Urban District	405.9	0.0			
惠阳市	Huiyang City	2217.7	2.9	23.0	1325.3	1783.6
惠东县	Huidong County	3535.2	3.5	22.5	1443.1	2127.2
博罗县	Boluo County	2930.4	4.4	23.1	1280.0	1825.5
肇庆市区	Zhaoqing Urban District	704.0	0.9			
高要市	Gaoyao City	2185.2	3.1	22.8	1480.9	1521.7
四会市	Sihui City	1213.0	1.6	22.2	1797.4	1831.4
香港特别行政区	**Hong Kong,SAR**					
澳门特别行政区①	**Macao,SAR ①**	25.8		22.9	2555.8	

注：①为2001年数。

Note: ① Data for 2001.

1-3 森林资源主要指标（2002年）
Major Indicators of Forest Resources(2002)

地区	Area	活立木总蓄积量（万立方米） Standing Stock Volume (10 000 cu.m)	森林面积（万公顷） Forest Area (10 000 hectares)	森林蓄积量（万立方米） Stock Volume of the Forest (10 000 cu.m)	森林覆盖率（%） Forest-coverage Rate (%)
长江三角洲经济区	**Yangtze River Delta**				
上海市	Shanghai City				30.00 ①
南京市	Nanjing City				
苏州市	Suzhou City				
无锡市	Wuxi City				
常州市	Changzhou City				
镇江市	Zhenjiang City				
南通市	Nantong City				
扬州市	Yangzhou City				
泰州市	Taizhou City				
杭州市	Hangzhou City	2392.62	92.99	2138.86	62.80
宁波市	Ningbo City	864.71	39.90	836.78	48.90
嘉兴市	Jiaxing City	180.70	3.99	23.28	15.90
湖州市	Huzhou City	382.75	24.29	303.95	48.70
绍兴市	Shaoxing City	794.35	28.18	765.98	54.90
舟山市	Zhoushan City	65.15	6.16	61.81	50.00
台州市	Taizhou City	1154.00	53.58	1125.00	62.20
珠江三角洲经济区	**Pearl River Delta**				
广州市	Guangzhou City	848.97	29.32	799.15	41.30
深圳市	Shenzhen City	150.73	7.91	137.35	47.60
珠海市	Zhuhai City	69.89	3.28	61.41	33.10
佛山市	Foshan City	234.54	6.64	216.35	24.90
江门市	Jiangmen City	1149.32	33.43	1033.13	43.00
东莞市	Dongguan City	122.48	5.69	118.61	30.20
中山市	Zhongshan City	69.79	2.82	41.30	22.70
惠州市区	Huizhou Urban District	38.05	1.22	33.66	32.10
惠阳市	Huiyang City	163.18	8.32	147.57	45.10
惠东县	Huidong County	685.63	21.79	658.68	67.80
博罗县	Boluo County	252.79	10.65	235.45	46.30
肇庆市区	Zhaoqing Urban District	49.96	1.66	40.91	
高要市	Gaoyao City	422.54	11.51	303.92	56.30
四会市	Sihui City	182.39	6.27	170.12	57.90

注：①指绿化覆盖率。

Note: ① Refer to green coverage rate.

主要统计指标解释

行政区划 指国家对行政区域的划分。根据宪法规定，我国的行政区域划分如下：⑴全国分为省、自治区、直辖市；⑵省、自治区分为自治州、县、自治县、市；⑶自治州分为县、自治县、市；⑷县、自治县分为乡、民族乡、镇；⑸直辖市和较大的市分为区、县；⑹国家在必要时设立的特别行政区。

自然资源 指人类可以直接从自然界获得，并用于生产和生活的物质资源。自然资源一般可以分成可再生资源和非再生资源两大类。可再生资源指在较短时间内可以再生、可以循环利用的资源，包括土地资源、水资源、气候资源、生物资源和海洋资源等。非再生资源指在使用后不能再生的资源，包括矿产资源和地热能源。

平均气温 指空气的平均温度，我国一般以摄氏度(℃)为单位表示。气象观测的温度表是放在离地面约1.5米处通风良好的百叶箱里测量的，因此，通常说的气温指的是离地面1.5米处百叶箱中的温度。其统计计算方法为：

月平均气温是将全月各日的平均气温相加，除以该月的天数而得。

年平均气温是将12个月的月平均气温累加后除以12而得。

降水量 指从天空降落到地面的液态或固态（经融化后）水，未经蒸发、渗透、流失而在地面上积聚的深度。其统计计算方法为：

月降水量是将全月各日的降水量累加而得。

年降水量是将12个月的月降水量累加而得。

日照时数 指太阳实际照射地面的时间。其统计方法与降水量相同。

活立木总蓄积量 指一定范围内土地上全部树木蓄积的总量，包括森林蓄积、疏林蓄积、散生木蓄积和四旁树蓄积。

森林面积 指由乔木树种构成，郁闭度0.2以上（含0.2）的林地或冠幅宽度10米以上的林带的面积，即有林地面积。森林面积包括天然起源和人工起源的针叶林面积、阔叶林面积、针阔混交林面积和竹林面积，不包括灌木林地面积和疏林地面积。

森林蓄积量 指一定森林面积上存在着的林木树干部分的总材积。它是反映一个国家或地区森林资源总规模和水平的基本指标之一，也是反映森林资源的丰富程度、衡量森林生态环境优劣的重要依据。

森林覆盖率 指一个国家或地区森林面积占土地面积的百分比。森林覆盖率是反映森林资源的丰富程度和生态平衡状况的重要指标。在计算森林覆盖率时，森林面积包括郁闭度0.2以上的乔木林地面积和竹林地面积，国家特别规定的灌木林地面积、农田林网以及四旁（村旁、路旁、水旁、宅旁）林木的覆盖面积。计算公式为：

森林覆盖率（%）=（森林面积／土地总面积）×100%

Explanatory Notes on Main Statistical Indicators

Administrative Division refers to the division of administrative areas by the state. The Constitution of the People's Republic of China stipulates that the administrative areas in China are divided as: 1) The whole country is divided into provinces, autonomous regions and municipalities directly under the central government; 2) Provinces and autonomous regions are divided into autonomous prefectures, counties, autonomous counties and cities ; 3) Autonomous prefectures are divided into counties, autonomous counties and cities; 4) Counties and autonomous counties are divided into townships, nationality townships and towns;5) Municipalities and large cities are divided into districts and counties, 6) The state shall, when necessary, establish special administrative regions.

Natural Resources refer to material resources that could be obtained from the nature by human being and used for production and living. Natural resources in general can be classified as renewable resources and nonrenewable resources. Renewable Resources refer to resources that could be renewed and recycled during a relatively short period of time, including land resource, water resource, climate resource, biology resource and marine resource. Nonrenewable resources include resources that could not be renewed, such as minerals and geothermal resource.

Average Temperature refers to the average air temperature. China uses centigrade as the unit. The thermometry used for weather observation is put in a breezy shutter, which is 1.5 meters high from the ground. Therefore, the commonly used temperature refers to the temperature in the breezy shutter 1.5 meters away from the ground. The calculation method is as follows:

Monthly average temperature is the summation of average daily temperature of one month divided by the actual days of that particular month.

Annual average temperature is the summation of monthly average of a year divided by 12 months.

Volume of Precipitation refers to the deepness of liquid state or solid state(thawed) water falling from the sky to the ground that has not been evaporated, infiltrated or run off. The calculation method is as follows:

Monthly precipitation is the summation of daily precipitation of a month.

Annual precipitation is the summation of 12 months precipitation of a year.

Sunshine Hours refer to the actual hours of sun irradiating the earth. The calculation method is the same as that of the precipitation.

Total Standing Stock Volume refers to the total stock volume of trees growing in land, including trees in forest, tress in sparse forest, scattered trees and trees planted by the side of villages, farm houses and along roads and rivers.

Forest Area refers to the area of forest where trees and bamboo grow with canopy density above 0.2, including land of natural woods and planted woods, but excluding bush land and thin forest land. It reflects the total areas of afforestation.

Stock Volume of Forest refers to total stock volume of wood growing in forest area, which shows the total size and level of forest resources of a country or a region. It is also an important indicator illustrating the richness of forest resource and the status of forest ecological environment.

Forest Coverage Rate refers to the ratio of area of afforested land to total land area. It is a very important indicator that reflects the status of abundance of forest resource and ecosystem balance. Forest area includes the area of trees and bamboo grow with canopy density above 0.2, the area of shrubby tree according to regulations of the government, the area of forest land inside farm land and the area of trees planted by the side of villages, farm houses and along roads and rivers. The formula for calculating forest coverage rate is as follows:

Forestry coverage rate (%)= (Area of Afforested Land/Area of Total Land) × 100%

二、国民经济核算

National Accounts

2-1 地区生产总值
Gross Domestic Product

按当年价格计算。
Caculated in current prices.
单位：亿本币　　　　(100 million local currency units)

地区	Area	1978	1980	1985	1990
长江三角洲经济区	**Yangtze River Delta**				
上海市	Shanghai City	272.81	311.89	466.75	756.45
南京市	Nanjing City	34.42	42.51	79.84	176.52
苏州市	Suzhou City	31.95	40.68	91.91	202.14
无锡市	Wuxi City	24.93	35.55	79.85	160.44
常州市	Changzhou City	17.57	22.76	49.59	94.87
镇江市	Zhenjiang City	12.18	14.94	32.04	65.32
南通市	Nantong City	29.39	35.66	67.24	134.25
扬州市	Yangzhou City	14.38	17.56	41.06	89.05
泰州市	Taizhou City	14.15	18.30	36.26	84.21
杭州市	Hangzhou City	28.40	40.65	90.49	189.62
宁波市	Ningbo City	20.17	29.53	71.05	141.40
嘉兴市	Jiaxing City	13.29	17.80	40.98	81.33
湖州市	Huzhou City	8.88	12.23	24.81	54.99
绍兴市	Shaoxing City	11.29	16.55	40.04	82.38
舟山市	Zhoushan City	3.88	4.90	13.10	24.57
台州市	Taizhou City	10.13	14.28	33.76	78.74
珠江三角洲经济区	**Pearl River Delta**				
广州市	Guangzhou City	43.09	57.55	124.36	319.60
深圳市	Shenzhen City		2.70	39.02	171.67
珠海市	Zhuhai City		2.61	9.81	41.43
佛山市	Foshan City	12.96	16.77	48.19	136.73
江门市	Jiangmen City	14.32	18.73	39.10	100.55
东莞市	Dongguan City	6.11	7.04	20.38	64.62
中山市	Zhongshan City	5.76	7.22	19.16	51.06
惠州市区	Huizhou Urban District	0.73	0.79	1.87	10.65
惠阳市	Huiyang City	1.41	1.75	3.49	12.33
惠东县	Huidong County	1.78	1.90	3.22	12.16
博罗县	Boluo County	2.04	2.16	3.79	10.41
肇庆市区	Zhaoqing Urban District	8.51	10.62	22.22	58.50
高要市	Gaoyao City	1.55	2.12	4.92	12.21
四会市	Sihui City	0.99	1.29	3.30	8.58
香港特别行政区	**Hong Kong,SAR**	852.06	1422.02	2728.86	5876.20
澳门特别行政区	**Macao,SAR**			109.50	261.75

2-1 续表 continued

按当年价格计算。

Caculated in current prices.

单位：亿本币 (100 million local currency units)

地区	Area	1995	2000	2001	2002
长江三角洲经济区	**Yangtze River Delta**				
上海市	Shanghai City	2462.57	4551.15	4950.84	5408.76
南京市	Nanjing City	576.46	1021.30	1150.30	1297.57
苏州市	Suzhou City	903.11	1540.68	1760.28	2080.37
无锡市	Wuxi City	761.11	1200.17	1360.11	1580.65
常州市	Changzhou City	369.70	600.66	627.90	760.60
镇江市	Zhenjiang City	285.86	452.03	502.65	560.90
南通市	Nantong City	466.53	736.44	809.30	887.33
扬州市	Yangzhou City	299.20	472.12	505.46	558.93
泰州市	Taizhou City	262.27	405.25	449.97	504.60
杭州市	Hangzhou City	762.01	1382.56	1568.01	1781.83
宁波市	Ningbo City	637.63	1175.75	1312.68	1500.34
嘉兴市	Jiaxing City	315.29	538.37	604.26	706.43
湖州市	Huzhou City	221.34	343.42	385.00	422 50
绍兴市	Shaoxing City	411.21	744.96	822.54	928.15
舟山市	Zhoushan City	73.49	114.90	126.69	146.01
台州市	Taizhou City	408.23	674.99	747.52	858.31
珠江三角洲经济区	**Pearl River Delta**				
广州市	Guangzhou City	1243.07	2375.91	2685.76	3001.48
深圳市	Shenzhen City	795.70	1665.47	1954.65	2256.82
珠海市	Zhuhai City	185.06	330.26	366.59	405.27
佛山市	Foshan City	545.89	957.20	1068.36	1175.92
江门市	Jiangmen City	379.39	567.51	615.16	660.82
东莞市	Dongguan City	205.63	492.71	578.93	672.89
中山市	Zhongshan City	170.85	312.82	362.50	415.67
惠州市区	Huizhou Urban District	62.53	134.40	142.98	183.79
惠阳市	Huiyang City	58.17	102.12	115.13	125.48
惠东县	Huidong County	47.75	88.49	98.48	105.68
博罗县	Boluo County	43.34	81.80	90.90	96.71
肇庆市区	Zhaoqing Urban District	242.49	383.40	411.02	450.22
高要市	Gaoyao City	61.19	110.94	117.13	128.82
四会市	Sihui City	34.41	55.45	61.88	68.47
香港特别行政区	**Hong Kong,SAR**	12461.00	12883.38	12699.75	12597.71
澳门特别行政区	**Macao,SAR**	490.00	497.42	498.62	540.72

2-2 地区生产总值指数(上年＝100)

Indices of Gross Domestic Product (preceding year=100)

按可比价格计算。

Calculated at comparable prices.

地区	Area	1978	1980	1985	1990
长江三角洲经济区	**Yangtze River Delta**				
上海市	Shanghai City	115.8	108.4	113.4	103.5
南京市	Nanjing City		109.3	116.2	109.2
苏州市	Suzhou City		114.5	130.0	113.5
无锡市	Wuxi City	112.0	111.8	124.9	109.1
常州市	Changzhou City		112.2	122.8	107.9
镇江市	Zhenjiang City		110.9	161.9	108.3
南通市	Nantong City		108.7	110.3	112.0
扬州市	Yangzhou City		106.4	120.3	107.9
泰州市	Taizhou City		108.4	120.0	102.5
杭州市	Hangzhou City	120.2	119.4	119.4	105.8
宁波市	Ningbo City	122.5	117.7	128.1	105.7
嘉兴市	Jiaxing City		104.4	121.7	100.9
湖州市	Huzhou City		106.9	119.8	105.4
绍兴市	Shaoxing City		117.2	134.6	106.3
舟山市	Zhoushan City		103.8	122.4	101.8
台州市	Taizhou City	118.0	110.0	121.4	105.5
珠江三角洲经济区	**Pearl River Delta**				
广州市	Guangzhou City	110.3	115.4	118.3	111.3
深圳市	Shenzhen City		162.7	124.5	132.5
珠海市	Zhuhai City		114.1	130.8	135.6
佛山市	Foshan City		115.2	126.7	116.8
江门市	Jiangmen City		111.9	113.1	110.2
东莞市	Dongguan City		101.1	130.2	120.8
中山市	Zhongshan City		112.7	112.3	115.6
惠州市区	Huizhou Urban District	103.7	106.2	110.9	123.1
惠阳市	Huiyang City	102.8	110.0	110.3	155.8
惠东县	Huidong County	105.9	118.3	118.6	116.6
博罗县	Boluo County	100.1	99.5	106.8	111.4
肇庆市区	Zhaoqing Urban District		110.1	115.6	111.7
高要市	Gaoyao City		115.8	123.2	114.1
四会市	Sihui City		111.7	118.9	107.7
香港特别行政区	**Hong Kong,SAR**	117.2	127.2	106.0	111.5
澳门特别行政区	**Macao,SAR**			102.8	118.6

2-2 续表 continued

按可比价格计算。
Calculated at comparable prices.

地区	Area	1995	2000	2001	2002
长江三角洲经济区	**Yangtze River Delta**				
上海市	Shanghai City	114.1	110.8	110.2	110.9
南京市	Nanjing City	112.4	112.3	111.1	112.8
苏州市	Suzhou City	114.8	112.6	112.3	114.5
无锡市	Wuxi City	115.4	111.2	111.5	112.8
常州市	Changzhou City	113.6	111.0	112.0	112.4
镇江市	Zhenjiang City	119.6	110.3	111.0	112.3
南通市	Nantong City	122.5	110.9	110.1	111.1
扬州市	Yangzhou City	111.6	110.5	108.1	111.1
泰州市	Taizhou City	102.1	111.0	111.0	111.6
杭州市	Hangzhou City	119.9	112.0	112.2	113.2
宁波市	Ningbo City	120.5	112.0	112.1	113.2
嘉兴市	Jiaxing City	118.6	112.3	112.3	113.8
湖州市	Huzhou City	112.2	112.0	111.6	112.3
绍兴市	Shaoxing City	119.9	112.1	111.6	113.8
舟山市	Zhoushan City	114.4	112.0	111.8	112.6
台州市	Taizhou City	126.9	111.9	111.9	113.9
珠江三角洲经济区	**Pearl River Delta**				
广州市	Guangzhou City	116.4	113.3	112.7	113.2
深圳市	Shenzhen City	123.0	114.2	113.2	115.0
珠海市	Zhuhai City	116.3	111.8	112.1	112.3
佛山市	Foshan City	122.0	111.2	111.1	111.8
江门市	Jiangmen City	120.5	111.0	111.0	110.3
东莞市	Dongguan City	125.3	117.9	118.0	118.5
中山市	Zhongshan City	115.6	111.8	116.1	116.5
惠州市区	Huizhou Urban District	125.4	112.3	110.3	111.1
惠阳市	Huiyang City	132.1	109.3	113.7	112.5
惠东县	Huidong County	121.8	112.4	110.9	110.0
博罗县	Boluo County	128.1	110.4	111.0	110.1
肇庆市区	Zhaoqing Urban District	124.0	111.5	108.2	110.3
高要市	Gaoyao City	137.3	110.8	112.0	108.4
四会市	Sihui City	124.9	111.9	113.2	113.9
香港特别行政区	**Hong Kong,SAR**	106.5	103.4	98.6	99.2
澳门特别行政区	**Macao,SAR**	110.4	101.5	100.2	108.4

2-3 地区生产总值指数(1978年＝100)

Indices of Gross Domestic Product (year of 1978=100)

按可比价格计算。

Caculated at comparable prices.

地区	Area	1978	1980	1985	1990
长江三角洲经济区	**Yangtze River Delta**				
上海市	Shanghai City	100.00	116.40	179.80	236.80
南京市	Nanjing City	100.00	121.10	206.60	303.90
苏州市	Suzhou City	100.00	119.10	251.30	400.20
无锡市	Wuxi City	100.00	129.20	260.50	430.90
常州市	Changzhou City	100.00	121.80	245.20	341.30
镇江市	Zhenjiang City	100.00	114.70	225.80	330.60
南通市	Nantong City	100.00	119.50	206.20	284.50
扬州市	Yangzhou City	100.00	110.50	236.70	373.20
泰州市	Taizhou City	100.00	115.90	206.10	298.70
杭州市	Hangzhou City	100.00	135.65	268.85	372.37
宁波市	Ningbo City	100.00	133.50	295.10	450.40
嘉兴市	Jiaxing City	100.00	124.38	238.31	320.52
湖州市	Huzhou City	100.00	125.50	218.00	306.10
绍兴市	Shaoxing City	100.00	131.00	278.40	417.10
舟山市	Zhoushan City	100.00	101.50	183.80	224.70
台州市	Taizhou City	100.00	122.00	235.60	434.50
珠江三角洲经济区	**Pearl River Delta**				
广州市	Guangzhou City	100.00	130.90	238.10	398.20
深圳市①	Shenzhen City ①		162.70	1249.40	3439.10
珠海市①	Zhuhai City ①		114.10	457.11	1299.98
佛山市	Foshan City				
江门市	Jiangmen City	100.00	124.75	205.32	407.94
东莞市	Dongguan City	100.00	99.20	213.50	459.80
中山市	Zhongshan City	100.00	117.13	211.58	405.04
惠州市区	Huizhou Urban District	100.00	104.30	185.60	712.70
惠阳市	Huiyang City	100.00	112.50	167.80	530.50
惠东县	Huidong County	100.00	109.60	164.70	318.60
博罗县	Boluo County	100.00	92.40	147.10	247.70
肇庆市区	Zhaoqing Urban District	100.00	120.20	252.00	557.20
高要市	Gaoyao City	100.00	115.90	271.90	569.30
四会市	Sihui City	100.00	118.00	222.90	391.50
香港特别行政区	**Hong Kong,SAR**	100.00	123.19	159.42	232.61
澳门特别行政区②	**Macao,SAR ②**			50.63	75.48

2–3 续表 continued

按可比价格计算。

Caculated at comparable prices.

地区	Area	1995	2000	2001	2002
长江三角洲经济区	**Yangtze River Delta**				
上海市	Shanghai City	436.40	747.10	823.30	913.00
南京市	Nanjing City	626.70	1114.20	1237.90	1396.40
苏州市	Suzhou City	1051.30	1821.90	2045.90	2342.60
无锡市	Wuxi City	1292.00	2252.60	2511.70	2833.20
常州市	Changzhou City	875.60	1434.50	1606.60	1805.80
镇江市	Zhenjiang City	969.30	1596.50	1772.10	1990.00
南通市	Nantong City	603.70	1014.30	1116.70	1240.70
扬州市	Yangzhou City	766.40	1251.70	1352.80	1503.00
泰州市	Taizhou City	684.90	1077.60	1196.20	1334.90
杭州市	Hangzhou City	1064.82	1867.78	2095.65	2372.28
宁波市	Ningbo City	1169.10	2151.90	2412.30	2730.70
嘉兴市	Jiaxing City	711.60	1254.37	1408.66	1603.05
湖州市	Huzhou City	774.60	1380.70	1540.90	1730.40
绍兴市	Shaoxing City	1335.90	2600.30	2901.40	3300.50
舟山市	Zhoushan City	448.10	694.40	776.30	874.30
台州市	Taizhou City	1320.10	2282.40	2554.00	2910.30
珠江三角洲经济区	**Pearl River Delta**				
广州市	Guangzhou City	998.30	1847.30	2082.70	2358.40
深圳市①	Shenzhen City ①	12960.10	26108.30	29554.60	33987.80
珠海市①	Zhuhai City ①	4821.10	8027.51	8997.43	10103.80
佛山市	Foshan City				
江门市	Jiangmen City	1145.45	1913.43	2571.53	2837.48
东莞市	Dongguan City	1059.10	2411.20	2845.20	3371.50
中山市	Zhongshan City	1073.12	1914.94	2223.25	2590.09
惠州市区	Huizhou Urban District	3334.90	7592.40	7797.20	9178.60
惠阳市	Huiyang City	1968.50	3670.70	4274.80	4760.90
惠东县	Huidong County	1053.90	1982.20	2357.40	2592.80
博罗县	Boluo County	786.70	1595.80	1805.70	1987.60
肇庆市区	Zhaoqing Urban District	1770.20	3040.50	3153.80	3535.90
高要市	Gaoyao City	2036.90	3735.80	4100.00	4600.00
四会市	Sihui City	1118.80	1942.20	2169.70	2500.70
香港特别行政区	**Hong Kong,SAR**	305.43	362.32	364.13	372.10
澳门特别行政区②	**Macao,SAR ②**	100.42	96.54	98.67	108.08

注：①深圳市、珠海市是以1979年为基期计算的。②澳门数据以1996年为基期。

Note: ① The base year of Shengzhen City and Zhuhai City is 1979. ② The base year of Macao is 1996.

2-4 人均地区生产总值
Gross Domestic Product Per Capita

按当年价格计算。
Caculated in current prices.
单位：本币元 (local currency unit)

地区	Area	1978	1980	1985	1990
长江三角洲经济区	**Yangtze River Delta**				
上海市	Shanghai City	2498	2738	3855	5910
南京市	Nanjing City	844	983	1723	3472
苏州市	Suzhou City	634	787	1714	3617
无锡市	Wuxi City	687	947	2049	3865
常州市	Changzhou City	605	771	1620	2935
镇江市	Zhenjiang City	527	633	1304	2540
南通市	Nantong City	408	490	904	1736
扬州市	Yangzhou City	363	434	984	2048
泰州市	Taizhou City	314	399	775	1528
杭州市	Hangzhou City	565	791	1675	3310
宁波市	Ningbo City	437	634	1455	2845
嘉兴市	Jiaxing City	460	610	1366	2582
湖州市	Huzhou City	402	548	1072	2247
绍兴市	Shaoxing City	299	433	1016	2002
舟山市	Zhoushan City	447	554	1407	2538
台州市	Taizhou City	225	311	692	1531
珠江三角洲经济区	**Pearl River Delta**				
广州市	Guangzhou City		1160	2302	5418
深圳市	Shenzhen City		835	4809	8724
珠海市	Zhuhai City		720	2431	5665
佛山市	Foshan City	559	709	1908	4946
江门市	Jiangmen City	455	587	1183	2876
东莞市	Dongguan City	553	627	1700	4958
中山市	Zhongshan City	573	717	1819	4490
惠州市区	Huizhou Urban District	496	504	1048	4719
惠阳市	Huiyang City	339	424	783	2587
惠东县	Huidong County	367	381	598	2104
博罗县	Boluo County	351	358	586	1537
肇庆市区	Zhaoqing Urban District	550	689	1421	3932
高要市	Gaoyao City	270	371	802	1856
四会市	Sihui City	302	390	935	2308
香港特别行政区	**Hong Kong,SAR**	18255	28086	50014	103010
澳门特别行政区	**Macao,SAR**			37798	78144

2-4 续表 continued

按当年价格计算。
Caculated in current prices.
单位：本币元 (local currency unit)

地区	Area	1995	2000	2001	2002
长江三角洲经济区	**Yangtze River Delta**				
上海市	Shanghai City	18942	34547	37382	40646
南京市	Nanjing City	10887	18546	20597	22858
苏州市	Suzhou City	15784	26692	30384	35733
无锡市	Wuxi City	17751	27653	31246	36151
常州市	Changzhou City	11117	17635	19704	22215
镇江市	Zhenjiang City	10876	16967	18852	21018
南通市	Nantong City	5956	9374	10329	11356
扬州市	Yangzhou City	6749	10515	11205	12368
泰州市	Taizhou City	5303	8082	8958	10021
杭州市	Hangzhou City	12797	22342	25074	28150
宁波市	Ningbo City	12156	21786	24213	27541
嘉兴市	Jiaxing City	9689	16279	18223	21268
湖州市	Huzhou City	8791	13445	15031	16454
绍兴市	Shaoxing City	9715	17237	18997	21414
舟山市	Zhoushan City	7489	11675	12894	14910
台州市	Taizhou City	7733	12390	13561	15620
珠江三角洲经济区	**Pearl River Delta**				
广州市	Guangzhou City	19366	34292	38007	46388
深圳市	Shenzhen City	23381	39745	43355	46030
珠海市	Zhuhai City	17753	26583	29307	32682
佛山市	Foshan City	17702	28932	31972	34850
江门市	Jiangmen City	9571	14921	16155	17344
东莞市	Dongguan City	14428	32477	37777	43401
中山市	Zhongshan City	13734	23542	26994	30693
惠州市区	Huizhou Urban District	19743	36262	37607	46754
惠阳市	Huiyang City	11458	18519	20536	22166
惠东县	Huidong County	7523	13004	14210	15162
博罗县	Boluo County	6025	10662	11763	12595
肇庆市区	Zhaoqing Urban District	13577	14413	18502	20318
高要市	Gaoyao City	8943	15404	16041	17632
四会市	Sihui City	8812	14089	15622	17372
香港特别行政区	**Hong Kong,SAR**	178078	193299	188847	185615
澳门特别行政区	**Macao,SAR**	135190	115526	114864	123354

2-5 地区生产总值三次产业构成

Composition of Gross Domestic Product by Three Industries

单位：% (%)

地区	Area	1978	1980	1985	1990
长江三角洲经济区	**Yangtze River Delta**				
上海市	Shanghai City				
第一产业	Primary Industry	4.0	3.2	4.2	4.3
第二产业	Secondary Industry	77.4	75.7	69.8	63.8
第三产业	Tertiary Industry	18.6	21.1	26.0	31.9
南京市	Nanjing City				
第一产业	Primary Industry	12.5	12.3	13.1	9.6
第二产业	Secondary Industry	67.5	66.3	61.3	54.4
第三产业	Tertiary Industry	20.0	21.4	25.6	36.0
苏州市	Suzhou City				
第一产业	Primary Industry	28.1	24.7	19.7	17.3
第二产业	Secondary Industry	55.7	58.6	61.6	61.0
第三产业	Tertiary Industry	16.2	16.7	18.7	21.7
无锡市	Wuxi City				
第一产业	Primary Industry	14.3	12.3	13.2	10.9
第二产业	Secondary Industry	68.3	70.5	70.1	67.1
第三产业	Tertiary Industry	17.4	17.2	16.7	22.0
常州市	Changzhou City				
第一产业	Primary Industry	21.9	21.5	21.2	18.6
第二产业	Secondary Industry	64.0	62.7	61.5	61.1
第三产业	Tertiary Industry	14.1	15.8	17.3	20.3
镇江市	Zhenjiang City				
第一产业	Primary Industry	25.1	24.4	23.8	22.1
第二产业	Secondary Industry	60.4	60.2	58.5	57.1
第三产业	Tertiary Industry	14.5	15.4	17.7	20.8
南通市	Nantong City				
第一产业	Primary Industry	41.8	32.6	34.6	31.9
第二产业	Secondary Industry	37.4	45.1	44.3	45.0
第三产业	Tertiary Industry	20.8	22.3	21.1	23.1
扬州市	Yangzhou City				
第一产业	Primary Industry	43.4	39.8	31.3	24.4
第二产业	Secondary Industry	40.5	43.5	50.5	53.3
第三产业	Tertiary Industry	16.1	16.7	18.2	22.3
泰州市	Taizhou City				
第一产业	Primary Industry	50.8	44.4	38.8	34.5
第二产业	Secondary Industry	35.2	38.5	44.4	45.9
第三产业	Tertiary Industry	14.0	17.1	16.8	19.6
杭州市	Hangzhou City				
第一产业	Primary Industry	22.3	20.1	17.6	16.3
第二产业	Secondary Industry	59.6	62.3	57.6	50.7
第三产业	Tertiary Industry	18.1	17.6	24.8	33.0

2-5 续表1 continued

单位：% (%)

地区	Area	1995	2000	2001	2002
长江三角洲经济区	**Yangtze River Delta**				
上海市	Shanghai City				
第一产业	Primary Industry	2.5	1.8	1.7	1.5
第二产业	Secondary Industry	57.3	47.6	47.6	47.4
第三产业	Tertiary Industry	40.2	50.6	50.7	51.0
南京市	Nanjing City				
第一产业	Primary Industry	7.6	5.4	5.1	4.8
第二产业	Secondary Industry	52.1	48.4	47.6	47.3
第三产业	Tertiary Industry	40.3	46.2	47.3	47.9
苏州市	Suzhou City				
第一产业	Primary Industry	8.9	5.9	5.2	4.4
第二产业	Secondary Industry	60.2	56.5	56.8	58.2
第三产业	Tertiary Industry	30.9	37.6	38.0	37.4
无锡市	Wuxi City				
第一产业	Primary Industry	5.3	4.0	4.0	3.6
第二产业	Secondary Industry	59.6	56.9	55.2	54.9
第三产业	Tertiary Industry	35.1	39.1	40.8	41.5
常州市	Changzhou City				
第一产业	Primary Industry	10.8	7.5	7.0	6.4
第二产业	Secondary Industry	59.7	56.1	56.6	56.8
第三产业	Tertiary Industry	29.5	36.4	36.4	36.8
镇江市	Zhenjiang City				
第一产业	Primary Industry	11.8	7.1	6.7	6.2
第二产业	Secondary Industry	56.5	55.4	55.3	55.8
第三产业	Tertiary Industry	31.7	37.5	38.0	38.0
南通市	Nantong City				
第一产业	Primary Industry	23.2	17.6	16.8	15.9
第二产业	Secondary Industry	50.2	48.1	48.5	49.4
第三产业	Tertiary Industry	26.6	34.3	34.7	34.7
扬州市	Yangzhou City				
第一产业	Primary Industry	15.5	13.4	13.3	12.7
第二产业	Secondary Industry	56.1	49.0	48.7	48.8
第三产业	Tertiary Industry	28.4	37.7	38.0	38.6
泰州市	Taizhou City				
第一产业	Primary Industry	21.2	16.3	15.3	14.2
第二产业	Secondary Industry	48.0	47.2	47.9	49.5
第三产业	Tertiary Industry	30.8	36.5	36.8	36.3
杭州市	Hangzhou City				
第一产业	Primary Industry	9.1	7.5	7.1	6.4
第二产业	Secondary Industry	53.8	51.3	50.6	50.6
第三产业	Tertiary Industry	37.1	41.2	42.3	43.0

2–5 续表2 continued

单位：% (%)

地区	Area	1978	1980	1985	1990
宁波市	Ningbo City				
第一产业	Primary Industry	32.3	29.4	23.7	20.3
第二产业	Secondary Industry	48.0	52.6	56.9	55.2
第三产业	Tertiary Industry	19.7	48.1	19.4	24.5
嘉兴市	Jiaxing City				
第一产业	Primary Industry	49.9	39.1	30.2	30.7
第二产业	Secondary Industry	33.0	42.5	51.7	49.9
第三产业	Tertiary Industry	17.2	18.4	18.1	19.4
湖州市	Huzhou City				
第一产业	Primary Industry	45.1	40.2	33.3	34.3
第二产业	Secondary Industry	36.3	40.2	44.5	43.9
第三产业	Tertiary Industry	18.6	19.6	22.2	21.8
绍兴市	Shaoxing City				
第一产业	Primary Industry	45.6	39.8	29.5	24.0
第二产业	Secondary Industry	32.8	40.4	51.1	52.9
第三产业	Tertiary Industry	21.6	19.8	19.4	23.1
舟山市	Zhoushan City				
第一产业	Primary Industry	42.0	38.9	38.2	35.7
第二产业	Secondary Industry	31.7	34.9	36.5	32.3
第三产业	Tertiary Industry	26.3	26.2	25.3	32.0
台州市	Taizhou City				
第一产业	Primary Industry	46.8	43.3	39.8	30.3
第二产业	Secondary Industry	29.9	34.2	38.1	41.1
第三产业	Tertiary Industry	23.3	22.5	22.1	28.5
珠江三角洲经济区	**Pearl River Delta**				
广州市	Guangzhou City				
第一产业	Primary Industry	11.7	10.9	9.7	8.1
第二产业	Secondary Industry	58.6	54.5	52.9	42.7
第三产业	Tertiary Industry	29.7	34.6	37.4	49.3
深圳市	Shenzhen City				
第一产业	Primary Industry		28.9	6.7	4.1
第二产业	Secondary Industry		26.0	41.9	44.8
第三产业	Tertiary Industry		45.1	51.4	51.1
珠海市	Zhuhai City				
第一产业	Primary Industry		36.3	21.7	14.3
第二产业	Secondary Industry		31.8	41.6	43.6
第三产业	Tertiary Industry		31.9	36.7	42.1
佛山市	Foshan City				
第一产业	Primary Industry	31.2	29.3	21.4	14.6
第二产业	Secondary Industry	50.5	52.5	55.1	56.8
第三产业	Tertiary Industry	18.3	18.2	23.5	28.6
江门市	Jiangmen City				
第一产业	Primary Industry	35.2	33.7	28.3	23.6
第二产业	Secondary Industry	40.2	39.6	43.3	42.9
第三产业	Tertiary Industry	24.6	26.7	28.4	33.5

2–5 续表3 continued

单位：% (%)

地区	Area	1995	2000	2001	2002
宁波市	Ningbo City				
第一产业	Primary Industry	12.8	8.2	7.6	7.0
第二产业	Secondary Industry	58.3	56.0	54.8	55.3
第三产业	Tertiary Industry	28.9	35.8	37.6	37.7
嘉兴市	Jiaxing City				
第一产业	Primary Industry	18.1	11.2	10.5	8.7
第二产业	Secondary Industry	56.6	55.3	55.2	57.2
第三产业	Tertiary Industry	25.3	33.5	34.3	34.1
湖州市	Huzhou City				
第一产业	Primary Industry	18.0	13.9	13.1	12.2
第二产业	Secondary Industry	54.1	53.4	53.9	54.1
第三产业	Tertiary Industry	27.9	32.7	33.0	33.7
绍兴市	Shaoxing City				
第一产业	Primary Industry	13.9	10.5	9.8	8.6
第二产业	Secondary Industry	59.9	58.8	58.1	58.1
第三产业	Tertiary Industry	26.2	30.7	32.1	33.3
舟山市	Zhoushan City				
第一产业	Primary Industry	30.3	28.7	26.1	22.5
第二产业	Secondary Industry	33.8	32.1	34.1	36.5
第三产业	Tertiary Industry	35.9	39.2	39.8	41.0
台州市	Taizhou City				
第一产业	Primary Industry	20.4	12.7	11.8	10.5
第二产业	Secondary Industry	53.7	58.1	57.9	57.3
第三产业	Tertiary Industry	25.9	29.2	30.3	32.2
珠江三角洲经济区	**Pearl River Delta**				
广州市	Guangzhou City				
第一产业	Primary Industry	5.9	4.0	3.6	3.4
第二产业	Secondary Industry	46.7	43.4	41.9	40.9
第三产业	Tertiary Industry	47.4	52.6	54.5	55.7
深圳市	Shenzhen City				
第一产业	Primary Industry	1.6	1.0	0.9	0.9
第二产业	Secondary Industry	52.4	52.5	54.0	54.7
第三产业	Tertiary Industry	46.0	46.5	45.1	44.4
珠海市	Zhuhai City				
第一产业	Primary Industry	5.7	4.2	4.1	4.0
第二产业	Secondary Industry	53.1	55.5	55.3	55.1
第三产业	Tertiary Industry	41.2	40.3	40.5	40.9
佛山市	Foshan City				
第一产业	Primary Industry	8.9	6.9	5.2	6.1
第二产业	Secondary Industry	55.9	52.8	55.3	53.2
第三产业	Tertiary Industry	35.2	40.3	39.5	40.7
江门市	Jiangmen City				
第一产业	Primary Industry	14.1	12.0	11.2	10.6
第二产业	Secondary Industry	47.5	47.6	53.0	48.4
第三产业	Tertiary Industry	38.4	40.4	40.6	41.0

2-5 续表4　continued

单位：%　　　　　　　　　　　　　　　　　　　　　　　　　　　　　　　　　　　　(%)

地区	Area	1978	1980	1985	1990
东莞市	Dongguan City				
第一产业	Primary Industry	44.6	38.0	32.0	22.7
第二产业	Secondary Industry	43.8	45.1	48.5	47.3
第三产业	Tertiary Industry	11.6	16.9	19.5	30.0
中山市	Zhongshan City				
第一产业	Primary Industry	47.9	42.0	32.3	26.7
第二产业	Secondary Industry	35.1	37.0	39.0	36.9
第三产业	Tertiary Industry	17.0	21.0	28.7	36.4
惠州市区	Huizhou Urban District				
第一产业	Primary Industry	17.5	17.7	14.7	5.6
第二产业	Secondary Industry	42.4	36.2	48.6	41.4
第三产业	Tertiary Industry	40.1	46.1	36.7	53.0
惠阳市	Huiyang City				
第一产业	Primary Industry	58.5	53.8	55.3	35.5
第二产业	Secondary Industry	13.0	13.8	18.5	36.7
第三产业	Tertiary Industry	28.5	32.4	26.2	27.7
惠东县	Huidong County				
第一产业	Primary Industry	56.9	58.2	44.4	48.7
第二产业	Secondary Industry	26.3	19.4	22.3	22.5
第三产业	Tertiary Industry	16.8	22.3	33.2	28.8
博罗县	Boluo County				
第一产业	Primary Industry	61.3	61.1	57.7	48.6
第二产业	Secondary Industry	16.2	13.8	16.4	20.9
第三产业	Tertiary Industry	22.5	25.1	25.9	30.5
肇庆市区	Zhaoqing Urban District				
第一产业	Primary Industry	19.6	22.2	22.2	18.6
第二产业	Secondary Industry	43.3	40.5	36.2	38.7
第三产业	Tertiary Industry	37.1	37.3	41.6	42.7
高要市	Gaoyao City				
第一产业	Primary Industry	65.1	70.3	58.6	53.1
第二产业	Secondary Industry	26.2	21.3	26.3	24.6
第三产业	Tertiary Industry	8.7	8.4	15.1	22.3
四会市	Sihui City				
第一产业	Primary Industry	46.6	43.1	50.5	39.0
第二产业	Secondary Industry	28.4	29.7	27.8	35.9
第三产业	Tertiary Industry	25.0	27.2	21.7	25.1
香港特别行政区	**Hong Kong,SAR**				
第一产业	Primary Industry		0.8	0.5	0.3
第二产业	Secondary Industry		31.9	30.0	25.4
第三产业	Tertiary Industry		67.3	69.5	71.4
澳门特别行政区①	**Macao,SAR ①**				
第一产业	Primary Industry				
第二产业	Secondary Industry				24.2
第三产业	Tertiary Industry				78.7

2–5 续表5　continued

单位：%　　(%)

地区	Area	1995	2000	2001	2002
东莞市	Dongguan City				
第一产业	Primary Industry	12.0	6.3	5.4	4.5
第二产业	Secondary Industry	54.5	54.6	54.5	54.9
第三产业	Tertiary Industry	33.5	39.1	40.1	40.6
中山市	Zhongshan City				
第一产业	Primary Industry	11.8	7.8	6.9	6.3
第二产业	Secondary Industry	46.3	54.5	57.1	59.3
第三产业	Tertiary Industry	41.9	37.7	36.0	34.4
惠州市区	Huizhou Urban District				
第一产业	Primary Industry	2.8	1.7	2.0	1.8
第二产业	Secondary Industry	64.7	76.3	70.2	73.4
第三产业	Tertiary Industry	32.6	21.9	27.8	24.8
惠阳市	Huiyang City				
第一产业	Primary Industry	15.1	14.8	13.6	13.4
第二产业	Secondary Industry	49.7	50.1	53.2	55.2
第三产业	Tertiary Industry	35.2	35.2	33.2	31.3
惠东县	Huidong County				
第一产业	Primary Industry	27.9	22.1	22.1	21.5
第二产业	Secondary Industry	38.1	50.9	50.9	51.1
第三产业	Tertiary Industry	34.1	27.0	27.0	27.4
博罗县	Boluo County				
第一产业	Primary Industry	27.2	22.7	21.6	21.3
第二产业	Secondary Industry	46.9	55.7	56.6	55.5
第三产业	Tertiary Industry	25.9	21.6	21.8	22.2
肇庆市区	Zhaoqing Urban District				
第一产业	Primary Industry	8.6	9.3	9.7	7.8
第二产业	Secondary Industry	55.3	45.8	40.6	41.4
第三产业	Tertiary Industry	36.1	44.9	49.7	50.9
高要市	Gaoyao City				
第一产业	Primary Industry	27.7	28.6	28.7	27.5
第二产业	Secondary Industry	42.6	31.2	30.4	31.5
第三产业	Tertiary Industry	29.7	40.2	40.9	41.0
四会市	Sihui City				
第一产业	Primary Industry	27.0	27.4	26.2	25.9
第二产业	Secondary Industry	50.9	48.2	49.5	50.4
第三产业	Tertiary Industry	22.1	24.4	24.3	23.7
香港特别行政区	**Hong Kong,SAR**				
第一产业	Primary Industry	0.1	0.1	0.1	0.1
第二产业	Secondary Industry	16.1	14.2	13.4	12.4
第三产业	Tertiary Industry	83.7	85.6	86.5	87.4
澳门特别行政区①	**Macao,SAR ①**				
第一产业	Primary Industry				
第二产业	Secondary Industry	16.2	15.1	13.6	
第三产业	Tertiary Industry	87.8	90.6	92.1	

注：①澳门的第二产业、第三产业未剔除间接计算的金融中介服务。

Note: ① The data of secondary and tertial industry on Macao excludes financial services indirectly computed.

2-6 地区生产总值三次产业指数（1978年＝100）

Indices of Gross Domestic Product by Three Industries(year of 1978=100)

按可比价格计算。

Caculated at comparable prices.

地区	Area	1978	1980	1985	1990
长江三角洲经济区	**Yangtze River Delta**				
上海市	Shanghai City				
第一产业	Primary Industry	100.0	98.8	121.8	129.5
第二产业	Secondary Industry	100.0	115.1	171.6	219.0
第三产业	Tertiary Industry	100.0	125.9	224.6	329.2
南京市	Nanjing City				
第一产业	Primary Industry				
第二产业	Secondary Industry				
第三产业	Tertiary Industry				
苏州市	Suzhou City				
第一产业	Primary Industry	100.0	89.6	122.1	141.3
第二产业	Secondary Industry	100.0	132.8	310.9	530.4
第三产业	Tertiary Industry	100.0	122.2	268.8	401.7
无锡市	Wuxi City				
第一产业	Primary Industry				
第二产业	Secondary Industry				
第三产业	Tertiary Industry				
常州市	Changzhou City				
第一产业	Primary Industry	100.0	101.7	165.6	166.3
第二产业	Secondary Industry	100.0	125.7	264.6	395.6
第三产业	Tertiary Industry	100.0	135.8	282.1	369.3
镇江市	Zhenjiang City				
第一产业	Primary Industry				
第二产业	Secondary Industry				
第三产业	Tertiary Industry				
南通市	Nantong City				
第一产业	Primary Industry	100.0	94.5	160.5	179.3
第二产业	Secondary Industry	100.0	145.1	264.5	421.1
第三产业	Tertiary Industry	100.0	121.0	188.3	239.5
扬州市	Yangzhou City				
第一产业	Primary Industry	100.0	89.7	125.0	126.1
第二产业	Secondary Industry	100.0	129.7	346.5	624.4
第三产业	Tertiary Industry	100.0	118.2	262.1	407.4
泰州市	Taizhou City				
第一产业	Primary Industry	100.0	90.4	118.7	128.9
第二产业	Secondary Industry	100.0	139.9	314.8	523.0
第三产业	Tertiary Industry	100.0	148.1	250.2	351.0
杭州市	Hangzhou City				
第一产业	Primary Industry	100.0	105.6	139.9	154.4
第二产业	Secondary Industry	100.0	151.1	300.8	422.2
第三产业	Tertiary Industry	100.0	130.7	352.8	528.0

2-6 续表1 continued

按可比价格计算。
Caculated at comparable prices.

地区	Area	1995	2000	2001	2002
长江三角洲经济区	**Yangtze River Delta**				
上海市	Shanghai City				
第一产业	Primary Industry	139.0	164.2	169.2	174.3
第二产业	Secondary Industry	419.5	667.4	747.5	838.0
第三产业	Tertiary Industry	593.1	1199.1	1303.4	1433.7
南京市	Nanjing City				
第一产业	Primary Industry				
第二产业	Secondary Industry				
第三产业	Tertiary Industry				
苏州市	Suzhou City				
第一产业	Primary Industry	175.4	213.6	216.2	218.6
第二产业	Secondary Industry	1408.2	2414.1	2718.3	3161.4
第三产业	Tertiary Industry	1304.1	2504.7	2845.3	3237.9
无锡市	Wuxi City				
第一产业	Primary Industry				
第二产业	Secondary Industry				
第三产业	Tertiary Industry				
常州市	Changzhou City				
第一产业	Primary Industry	219.6	256.3	270.9	285.0
第二产业	Secondary INdustry	1083.1	1764.7	1992.3	2259.3
第三产业	Tertiary Industry	1169.1	2145.1	2402.5	2698.0
镇江市	Zhenjiang City				
第一产业	Primary Industry				
第二产业	Secondary Industry				
第三产业	Tertiary Industry				
南通市	Nantong City				
第一产业	Primary Industry	242.8	318.1	333.1	349.4
第二产业	Secondary Industry	1068.5	1886.2	2106.9	2382.9
第三产业	Tertiary Industry	568.9	1033.8	1143.4	1270.3
扬州市	Yangzhou City				
第一产业	Primary Industry	152.0	222.2	235.7	250.1
第二产业	Secondary Industry	1483.2	2308.1	2506.1	2819.4
第三产业	Tertiary Industry	901.5	1728.6	1869.7	2079.1
泰州市	Taizhou City				
第一产业	Primary Industry	153.6	199.4	211.6	221.8
第二产业	Secondary Industry	1335.1	2125.2	2412.1	2757.0
第三产业	Tertiary Industry	978.9	1746.5	1763.9	1959.7
杭州市	Hangzhou City				
第一产业	Primary Industry	198.2	272.1	292.3	304.2
第二产业	Secondary Industry	1434.6	2565.7	2891.6	3276.2
第三产业	Tertiary Industry	1445.1	2563.9	2884.4	3308.4

2-6 续表2　continued

按可比价格计算。
Caculated at comparable prices.

地区	Area	1978	1980	1985	1990
宁波市	Ningbo City				
第一产业	Primary Industry	100.0	108.8	163.6	171.1
第二产业	Secondary Industry	100.0	156.0	403.9	678.0
第三产业	Tertiary Industry	100.0	125.0	278.2	418.2
嘉兴市	Jiaxing City				
第一产业	Primary Industry	100.0	91.7	131.2	145.3
第二产业	Secondary Industry	100.0	174.2	413.4	611.3
第三产业	Tertiary Industry	100.0	137.6	259.8	348.1
湖州市	Huzhou City				
第一产业	Primary Industry	100.0	104.5	135.0	170.9
第二产业	Secondary Industry	100.0	150.4	315.8	481.2
第三产业	Tertiary Industry	100.0	137.0	264.8	352.8
绍兴市	Shaoxing City				
第一产业	Primary Industry	100.0	100.5	131.5	129.4
第二产业	Secondary Industry	100.0	178.7	525.6	904.9
第三产业	Tertiary Industry	100.0	122.8	212.7	282.4
舟山市	Zhoushan City				
第一产业	Primary Industry	100.0	88.7	97.6	99.8
第二产业	Secondary Industry	100.0	113.0	293.0	369.5
第三产业	Tertiary Industry	100.0	119.9	261.5	357.1
台州市	Taizhou City				
第一产业	Primary Industry	100.0	99.8	157.3	154.5
第二产业	Secondary Industry	100.0	160.8	392.4	943.5
第三产业	Tertiary Industry	100.0	129.7	238.3	508.4
珠江三角洲经济区	**Pearl River Delta**				
广州市	Guangzhou City				
第一产业	Primary Industry	100.0	115.1	165.6	180.0
第二产业	Secondary Industry	100.0	128.0	242.0	362.9
第三产业	Tertiary Industry	100.0	141.4	255.0	532.5
深圳市①	Shenzhen City ①				
第一产业	Primary Industry		103.0	196.8	298.5
第二产业	Secondary Industry		175.8	4011.2	16760.4
第三产业	Tertiary Industry		209.5	1550.9	3286.1
珠海市	Zhuhai City				
第一产业	Primary Industry				
第二产业	Secondary Industry				
第三产业	Tertiary Industry				
佛山市	Foshan City				
第一产业	Primary Industry	100.0	117.6	161.0	188.1
第二产业	Secondary Industry	100.0	135.1	406.1	833.4
第三产业	Tertiary Industry	100.0	122.8	354.4	700.4

2-6 续表3 continued

按可比价格计算。
Caculated at comparable prices.

地区	Area	1995	2000	2001	2002
宁波市	Ningbo City				
第一产业	Primary Industry	247.6	296.0	310.8	322.6
第二产业	Secondary Industry	1943.3	3725.4	4209.7	4841.2
第三产业	Tertiary Industry	1226.6	2388.9	2685.1	3018.1
嘉兴市	Jiaxing City				
第一产业	Primary Industry	163.0	187.9	201.1	208.9
第二产业	Secondary Industry	1606.4	2930.0	3325.5	3864.2
第三产业	Tertiary Industry	1012.7	2018.4	2264.6	2559.0
湖州市	Huzhou City				
第一产业	Primary Industry	217.2	265.8	280.7	290.8
第二产业	Secondary Industry	1561.9	3067.3	3463.0	3920.1
第三产业	Tertiary Industry	1035.9	1787.8	2005.9	2288.7
绍兴市	Shaoxing City				
第一产业	Primary Industry	197.5	288.9	304.0	318.2
第二产业	Secondary Industry	3430.2	7025.7	7878.3	9084.5
第三产业	Tertiary Industry	791.3	1524.2	1717.2	1950.2
舟山市	Zhoushan City				
第一产业	Primary Industry	165.3	250.3	253.1	248.3
第二产业	Secondary Industry	872.0	1419.8	1682.4	2010.5
第三产业	Tertiary Industry	716.9	1075.7	1228.5	1427.7
台州市	Taizhou City				
第一产业	Primary Industry	253.6	286.8	297.7	305.3
第二产业	Secondary Industry	4280.8	8364.5	9318.1	10676.9
第三产业	Tertiary Industry	1349.2	2266.3	2644.8	3098.1
珠江三角洲经济区	**Pearl River Delta**				
广州市	Guangzhou City				
第一产业	Primary Industry	283.0	367.3	375.4	412.1
第二产业	Secondary Industry	1137.3	2118.2	2348.8	2640.1
第三产业	Tertiary Industry	1124.3	2132.8	2454.2	2801.0
深圳市①	Shenzhen City ①				
第一产业	Primary Industry	295.8	352.3	377.7	
第二产业	Secondary Industry	71248.7	154987.4	175600.7	
第三产业	Tertiary Industry	11396.1	20772.5	23514.5	
珠海市	Zhuhai City				
第一产业	Primary Industry				
第二产业	Secondary Industry				
第三产业	Tertiary Industry				
佛山市	Foshan City				
第一产业	Primary Industry	279.2	389.9	409.0	429.9
第二产业	Secondary Industry	2888.5	5416.2	6108.7	6871.4
第三产业	Tertiary Industry	2482.9	4725.1	5193.3	5821.1

2-6 续表4 continued

按可比价格计算。
Caculated at comparable prices.

地区	Area	1978	1980	1985	1990
江门市	Jiangmen City				
第一产业	Primary Industry	100.0	113.9	142.9	210.5
第二产业	Secondary Industry	100.0	132.2	274.7	599.1
第三产业	Tertiary Industry	100.0	136.6	212.0	557.7
东莞市	Dongguan City				
第一产业	Primary Industry	100.0	78.7	132.2	159.1
第二产业	Secondary Industry	100.0	122.6	330.8	856.3
第三产业	Tertiary Industry	100.0	163.7	416.5	1292.9
中山市	Zhongshan City				
第一产业	Primary Industry	100.0	104.7	114.7	162.3
第二产业	Secondary Industry	100.0	132.0	352.2	821.5
第三产业	Tertiary Industry	100.0	137.2	345.8	685.8
惠州市区	Huizhou Urban District				
第一产业	Primary Industry	100.0	108.6	214.3	461.9
第二产业	Secondary Industry	100.0	91.4	291.9	1417.9
第三产业	Tertiary Industry	100.0	123.1	233.4	1918.7
惠阳市	Huiyang City				
第一产业	Primary Industry	100.0	114.2	234.5	532.0
第二产业	Secondary Industry	100.0	131.7	353.1	2479.8
第三产业	Tertiary Industry	100.0	141.6	228.2	854.0
惠东县	Huidong County				
第一产业	Primary Industry	100.0	109.3	140.9	583.6
第二产业	Secondary Industry	100.0	79.0	153.5	584.3
第三产业	Tertiary Industry	100.0	141.3	356.2	1168.0
博罗县	Boluo County				
第一产业	Primary Industry	100.0	105.7	175.4	405.0
第二产业	Secondary Industry	100.0	90.1	187.4	657.3
第三产业	Tertiary Industry	100.0	118.3	214.3	693.3
肇庆市区	Zhaoqing Urban District				
第一产业	Primary Industry	100.0	128.1	239.5	442.6
第二产业	Secondary Industry	100.0	287.1	628.3	1484.9
第三产业	Tertiary Industry	100.0	280.1	604.7	1374.8
高要市	Gaoyao City				
第一产业	Primary Industry	100.0	115.4	236.0	447.5
第二产业	Secondary Industry	100.0	110.7	317.8	622.7
第三产业	Tertiary Industry	100.0	131.1	410.9	1272.2
四会市	Sihui City				
第一产业	Primary Industry	100.0	109.3	185.4	251.4
第二产业	Secondary Industry	100.0	135.9	352.8	800.2
第三产业	Tertiary Industry	100.0	127.7	222.7	452.8

2–6 续表5 continued

按可比价格计算。

Caculated at comparable prices.

地区	Area	1995	2000	2001	2002
江门市	Jiangmen City				
第一产业	Primary Industry	258.7	339.2	621.8	652.2
第二产业	Secondary Industry	2043.0	3832.5	4343.9	4873.4
第三产业	Tertiary Industry	1772.8	2649.1	4185.7	4589.2
东莞市	Dongguan City				
第一产业	Primary Industry	157.7	189.4	196.0	192.1
第二产业	Secondary Industry	2592.5	6015.2	7230.3	8763.1
第三产业	Tertiary Industry	2784.1	7056.8	8284.7	9734.5
中山市	Zhongshan City				
第一产业	Primary Industry	200.2	262.9	276.1	290.7
第二产业	Secondary Industry	2945.6	6061.1	7435.2	9085.8
第三产业	Tertiary Industry	1760.9	2701.4	2941.3	3214.8
惠州市区	Huizhou Urban District				
第一产业	Primary Industry	1345.6	1872.9	2209.5	2537.4
第二产业	Secondary Industry	13007.1	32431.5	32307.4	43396.6
第三产业	Tertiary Industry	6920.8	10594.5	12955.1	15505.0
惠阳市	Huiyang City				
第一产业	Primary Industry	1031.9	1824.9	1916.1	2096.1
第二产业	Secondary Industry	16388.2	29606.4	34894.0	39020.7
第三产业	Tertiary Industry	4929.7	8243.8	8893.2	9227.2
惠东县	Huidong County				
第一产业	Primary Industry	1312.9	2029.7	2145.6	2243.4
第二产业	Secondary Industry	3884.0	9174.5	10716.4	11537.4
第三产业	Tertiary Industry	5420.1	8321.9	8851.7	9640.7
博罗县	Boluo County				
第一产业	Primary Industry	943.7	1489.5	1569.6	1665.1
第二产业	Secondary Industry	6142.9	13763.6	15552.4	16664.7
第三产业	Tertiary Industry	2451.3	3853.3	4329.1	4731.2
肇庆市区	Zhaoqing Urban District				
第一产业	Primary Industry	649.3	808.2	1100.0	1200.0
第二产业	Secondary Industry	6733.3	11652.1	8900.0	10100.0
第三产业	Tertiary Industry	3696.2	6689.6	9200.0	10407.5
高要市	Gaoyao City				
第一产业	Primary Industry	835.3	1293.8	1764.4	1890.4
第二产业	Secondary Industry	3856.9	6727.8	5606.0	6512.8
第三产业	Tertiary Industry	6056.8	13500.7	16998.4	18852.2
四会市	Sihui City				
第一产业	Primary Industry	498.0	706.8	1000.0	1100.0
第二产业	Secondary Industry	3246.1	6066.5	6100.0	7200.0
第三产业	Tertiary Industry	1135.1	2063.0	2400.0	2800.0

注：①深圳市是以1979年为基期。

Note: ① The base year of Shenzhen city is 1979.

2-7 地区生产总值三次产业增加值
Gross Domestic Product by Three Industries

按当年价格计算。
Caculated in current prices.
单位：亿本币 (100 million local currency units)

地区	Area	地区生产总值 Gross Domestic Product			第一产业 Primary Industry	
		1978	1990	2002	1978	1990
长江三角洲经济区	**Yangtze River Delta**					
上海市	Shanghai City	272.81	756.45	5408.76	11.00	32.60
南京市	Nanjing City	34.42	176.52	1297.57	4.31	16.87
苏州市	Suzhou City	31.95	202.14	2080.37	8.97	35.00
无锡市	Wuxi City	24.93	160.44	1580.66	3.56	17.53
常州市	Changzhou City	17.57	94.87	760.60	3.85	17.68
镇江市	Zhenjiang City	12.18	65.32	560.90	3.06	14.48
南通市	Nantong City	29.39	134.25	887.33	12.28	42.88
扬州市	Yangzhou City	14.38	89.05	558.93	6.24	21.75
泰州市	Taizhou City	14.15	74.21	504.60	7.19	25.59
杭州市	Hangzhou City	28.40	189.62	1781.83	6.34	30.94
宁波市	Ningbo City	20.17	141.40	1500.34	6.52	29.35
嘉兴市	Jiaxing City	13.29	81.33	706.43	6.63	24.97
湖州市	Huzhou City	8.88	54.99	422.50	4.01	18.85
绍兴市	Shaoxing City	11.29	82.38	928.15	5.14	19.77
舟山市	Zhoushan City	3.88	24.57	146.01	1.63	8.77
台州市	Taizhou City	10.13	78.74	858.31	4.74	23.89
珠江三角洲经济区	**Pearl River Delta**					
广州市	Guangzhou City	43.09	319.60	3001.48	5.03	25.73
深圳市	Shenzhen City		171.67	2256.82		7.02
珠海市	Zhuhai City		41.43	406.27		5.90
佛山市	Foshan City	12.96	136.73	1175.92	4.04	19.97
江门市	Jiangmen City	14.32	100.55	660.82	5.04	23.75
东莞市	Dongguan City	6.11	64.62	672.89	2.72	14.66
中山市	Zhongshan City	5.76	51.06	415.67	2.76	13.64
惠州市区	Huizhou Urban District	0.73	10.65	183.79	0.13	0.59
惠阳市	Huiyang City	1.41	12.33	144.03	0.82	4.38
惠东县	Huidong County	1.78	12.16	105.68	1.01	5.92
博罗县	Boluo County	2.04	10.41	96.71	1.25	5.05
肇庆市区	Zhaoqing Urban District	1.39	13.14	96.04	0.27	2.47
高要市	Gaoyao City	1.55	12.21	128.82	1.01	6.69
四会市	Sihui City	0.96	8.23	68.47	0.46	3.41
香港特别行政区	**Hong Kong,SAR**		5635.17	12089.40		14.32
澳门特别行政区①	**Macao,SAR ①**			414.03		

2-7 续表 1 continued

按当年价格计算。

Caculated in current prices.

单位：亿本币 (100 million local currency units)

地区	Area	第一产业 Primary Industry	第二产业 Secondary Industry		
		2002	1978	1990	2002
长江三角洲经济区	**Yangtze River Delta**				
上海市	Shanghai City	88.24	211.05	482.68	2564.69
南京市	Nanjing City	62.40	23.22	96.03	613.90
苏州市	Suzhou City	91.72	17.79	123.24	1211.52
无锡市	Wuxi City	56.93	17.04	107.66	868.04
常州市	Changzhou City	48.84	11.25	57.96	43.15
镇江市	Zhenjiang City	34.66	7.36	37.27	313.13
南通市	Nantong City	140.92	10.98	60.46	438.58
扬州市	Yangzhou City	70.83	5.83	47.48	272.60
泰州市	Taizhou City	71.75	4.99	34.04	249.72
杭州市	Hangzhou City	114.64	5.13	96.17	901.82
宁波市	Ningbo City	105.71	9.69	80.31	828.88
嘉兴市	Jiaxing City	61.66	4.38	40.56	403.83
湖州市	Huzhou City	51.45	3.23	24.14	228.54
绍兴市	Shaoxing City	80.06	3.71	43.57	539.39
舟山市	Zhoushan City	32.91	1.23	7.93	53.33
台州市	Taizhou City	90.20	3.03	32.38	492.04
珠江三角洲经济区	**Pearl River Delta**				
广州市	Guangzhou City	103.07	25.24	136.30	1227.13
深圳市	Shenzhen City	19.06		76.93	1234.69
珠海市	Zhuhai City	16.18		18.06	224.11
佛山市	Foshan City	72.14	6.54	77.70	625.75
江门市	Jiangmen City	70.21	5.76	43.15	319.68
东莞市	Dongguan City	30.34	2.68	30.59	369.71
中山市	Zhongshan City	26.19	2.02	18.82	246.29
惠州市区	Huizhou Urban District	3.25	0.31	4.41	134.92
惠阳市	Huiyang City	19.31	0.18	4.53	79.57
惠东县	Huidong County	22.74	0.47	2.74	54.01
博罗县	Boluo County	20.78	0.33	2.18	55.16
肇庆市区	Zhaoqing Urban District	7.48	0.60	5.10	39.72
高要市	Gaoyao City	35.40	0.41	2.89	40.62
四会市	Sihui City	17.35	0.28	2.97	34.38
香港特别行政区	**Hong Kong,SAR**	10.02		1430.21	1509.21
澳门特别行政区①	**Macao,SAR ①**				56.45

2–7 续表 2 continued

按当年价格计算。

Caculated in current prices.

单位：亿本币 (100 million local currency units)

地区	Area	第二产业 Secondary Industry				
		工业 Industry			建筑业 Construction	
		1978	1990	2002	1978	1990
长江三角洲经济区	**Yangtze River Delta**					
上海市	Shanghai City	207.47	446.88	2312.77	3.58	35.80
南京市	Nanjing City		87.40	501.11		8.63
苏州市	Suzhou City	16.69	112.52	1106.87	1.10	10.71
无锡市	Wuxi City	15.63	102.62	784.52	1.40	5.04
常州市	Changzhou City	10.54	54.06	387.79	0.71	3.90
镇江市	Zhenjiang City			265.72		
南通市	Nantong City	9.99	54.55	384.64	0.99	5.91
扬州市	Yangzhou City	5.27	43.19	237.35	0.56	4.30
泰州市	Taizhou City	4.56	30.80	209.78	0.43	3.24
杭州市	Hangzhou City	15.75	87.88	775.12		8.28
宁波市	Ningbo City	8.62	72.12	749.60	1.07	8.19
嘉兴市	Jiaxing City	3.91	34.82	353.34	0.47	5.74
湖州市	Huzhou City	2.78	21.38	199.01	0.45	2.76
绍兴市	Shaoxing City	3.19	39.66	481.16	0.52	3.91
舟山市	Zhoushan City	1.02	6.57	43.41	0.21	1.36
台州市	Taizhou City	2.52	27.90	447.22	0.51	4.48
珠江三角洲经济区	**Pearl River Delta**					
广州市	Guangzhou City	24.35	118.10	1069.02	0.89	18.20
深圳市	Shenzhen City		64.49	1076.55		12.44
珠海市	Zhuhai City		15.12	189.65		2.94
佛山市	Foshan City	6.17	72.07	595.44	0.37	5.63
江门市	Jiangmen City		38.78	310.20		4.37
东莞市	Dongguan City		29.47	346.56		1.13
中山市	Zhongshan City	1.97	16.38	226.75	0.05	2.44
惠州市区	Huizhou Urban District			127.48		
惠阳县	Huiyang County			73.32		
惠东县	Huidong County			50.57		
博罗县	Boluo County			52.17		
肇庆市区	Zhaoqing Urban District		4.74	33.57		0.35
高要市	Gaoyao City		2.52	36.68		0.37
四会市	Sihui City		2.64	60.70		0.32
香港特别行政区	**Hong Kong,SAR**		1127.79	976.16		302.42
澳门特别行政区①	**Macao,SAR ①**			45.18		

2-7 续表 3 continued

按当年价格计算。
Caculated in current prices.
单位：亿本币 (100 million local currency units)

地区	Area	第二产业 建筑业 Construction 2002	第三产业 Tertiary Industry 1978	1990	2002
长江三角洲经济区	**Yangtze River Delta**				
上海市	Shanghai City	251.92	50.76	241.17	2755.83
南京市	Nanjing City	112.79	6.89	63.62	621.27
苏州市	Suzhou City	104.65	5.18	43.90	777.13
无锡市	Wuxi City	83.51	4.33	35.24	655.70
常州市	Changzhou City	43.71	2.47	19.23	280.26
镇江市	Zhenjiang City	47.40	1.76	13.57	213.11
南通市	Nantong City	53.94	6.12	30.90	307.83
扬州市	Yangzhou City	35.24	2.31	19.82	215.50
泰州市	Taizhou City	39.94	1.97	14.58	183.13
杭州市	Hangzhou City	126.70	5.13	62.51	765.37
宁波市	Ningbo City	79.28	3.96	31.74	565.75
嘉兴市	Jiaxing City	50.49	2.28	15.80	240.94
湖州市	Huzhou City	29.53	1.65	12.00	142.51
绍兴市	Shaoxing City	58.24	2.44	19.04	308.69
舟山市	Zhoushan City	9.92	1.02	7.87	59.78
台州市	Taizhou City	44.82	2.36	22.47	276.07
珠江三角洲经济区	**Pearl River Delta**				
广州市	Guangzhou City	158.11	12.82	157.57	1671.27
深圳市	Shenzhen City	158.14		87.71	1003.08
珠海市	Zhuhai City	34.45		17.46	165.98
佛山市	Foshan City	30.30	2.38	39.06	478.03
江门市	Jiangmen City	9.48	3.52	33.65	270.94
东莞市	Dongguan City	23.15	0.71	19.36	272.84
中山市	Zhongshan City	19.54	0.98	18.61	143.18
惠州市区	Huizhou Urban District	7.44	0.29	5.64	45.62
惠阳县	Huiyang County	6.25	0.40	3.42	45.15
惠东县	Huidong County	3.44	0.30	3.51	28.93
博罗县	Boluo County	2.99	0.46	3.18	21.67
肇庆市区	Zhaoqing Urban District	6.15	0.52	5.58	48.84
高要市	Gaoyao City	3.93	0.14	2.63	52.80
四会市	Sihui City	13.06	0.25	2.20	16.74
香港特别行政区	**Hong Kong,SAR**	533.05		4190.65	10570.16
澳门特别行政区①	**Macao,SAR ①**	8.43			381.16

2-7 续表 4 continued

按当年价格计算。
Caculated in current prices.
单位：亿本币 (100 million local currency units)

地区	Area	第三产业					
		#交通运输仓储邮电通信业 Transport,Post and Telecommunications Services			#批发和零售贸易餐饮业 Wholesale,Retail Trade & Catering Services		
		1978	1990	2002	1978	1990	2002
长江三角洲经济区	**Yangtze River Delta**						
上海市	Shanghai City	12.04	62.44	382.82	23.15	51.84	602.29
南京市	Nanjing City		10.54	95.67		6.92	136.10
苏州市	Suzhou City	1.14	6.40	116.75	2.11	13.35	264.11
无锡市	Wuxi City	0.69	5.59	81.34	1.63	10.07	275.60
常州市	Changzhou City		3.12	48.11		5.01	90.72
镇江市	Zhenjiang City			45.50			56.87
南通市	Nantong City	0.59	4.43	44.74	1.68	9.23	97.16
扬州市	Yangzhou City			47.85			51.60
泰州市	Taizhou City			41.44			45.01
杭州市	Hangzhou City		7.12	132.05		13.58	199.22
宁波市	Ningbo City	0.70	6.30	132.60	1.80	8.90	170.50
嘉兴市	Jiaxing City		2.46	40.15		5.27	74.26
湖州市	Huzhou City			32.08			57.21
绍兴市	Shaoxing City		3.18	54.24		6.48	113.11
舟山市	Zhoushan City	0.20	1.78	12.02	0.52	2.83	15.54
台州市	Taizhou City			76.10			78.83
珠江三角洲经济区	**Pearl River Delta**						
广州市	Guangzhou City			470.62			301.39
深圳市	Shenzhen City		13.98	192.27		19.02	196.62
珠海市	Zhuhai City			31.06			48.43
佛山市	Foshan City			139.45			116.86
江门市	Jiangmen City			58.26			87.70
东莞市	Dongguan City		4.90	86.54		3.15	35.70
中山市	Zhongshan City	0.15	2.29	34.59	0.42	6.19	40.77
惠州市区	Huizhou Urban District			17.90			12.47
惠阳县	Huiyang County			11.29			10.37
惠东县	Huidong County			7.94			6.85
博罗县	Boluo County			7.21			5.39
肇庆市区	Zhaoqing Urban District		0.97	11.12		1.77	15.16
高要市	Gaoyao City		0.71	15.40		0.74	13.67
四会市	Sihui City		0.53	3.29		0.74	7.01
香港特别行政区	**Hong Kong,SAR**		532.64	1242.60		1412.05	3246.54
澳门特别行政区①	**Macao,SAR ①**			27.76			46.78

注：①是以基本价格并按生产法估算的本地生产总值 2001 年数据。
Note: ① Refer to the data of 2001,caculated with basic prices and production approach.

主要统计指标解释

地区生产总值（GDP） 指按市场价格计算的一个地区所有常住单位在一定时期内生产活动的最终成果。地区生产总值有三种表现形态，即价值形态、收入形态和产品形态。从价值形态看，它是所有常住单位在一定时期内生产的全部货物和服务价值超过同期中间投入的全部非固定资产货物和服务价值的差额，即所有常住单位的增加值之和；从收入形态看，它是所有常住单位在一定时期内创造并分配给常住单位和非常住单位的初次收入分配之和；从产品形态看，它是所有常住单位在一定时期内最终使用的货物和服务价值减去货物和服务进口价值。在实际核算中，地区生产总值有三种计算方法，即生产法、收入法和支出法。三种方法分别从不同的方面反映地区生产总值及其构成。

三次产业 三次产业的划分是世界上较为常用的产业结构分类，但各国的划分不尽一致。我国的三次产业划分是：

第一产业是指农、林、牧、渔业。

第二产业是指采矿业，制造业，电力、煤气及水的生产和供应业，建筑业。

第三产业是指除第一、二产业以外的其他行业。

Explanatory Notes on Main Statistical Indicators

Gross Domestic Product (GDP) refers to the final products at market prices produced by all resident units in a region during a certain period of time. Gross domestic product is expressed in three different forms, i.e. value, income, and products respectively. GDP in its value form refers to the total value of all goods and services produced by all resident units during a certain period of time, minus the total value of input of goods and services of the nature of non-fixed assets; in order term, it is the sum of the valueadded of all resident units. GDP in the form of income includes the income created by all resident units and distributed to resident and non-resident units. GDP in the form of products refers to the value of all goods and services for final consumption by all resident units minus the net exports of goods and services during a given period of time. In the practice of national accounting, gross domestic product is calculated with three approaches, i.e. production approach, income approach and expenditure approach, which reflect gross domestic product and its composition from different aspects.

Three Industries Classification of economic activities into three branches of industries is a common practice in the world, although the grouping varies to some extent from country to country. In China economic activities are categorized into following industries:

Primary industry: refers to agriculture, forestry, animal husbandry and fishery.

Secondary industry: refers to mining and quarrying, manufacturing, production and supply of electricity, water and gas, and construction.

Tertiary industry: refers to all other economic activities not included in primary or secondary industry.

三、人口、就业和工资

Population,Employment and Wages

3-1 年末总人口
Total Population(Year-end)

单位：万人 (10 000 persons)

地区	Area	1978	男性 male	1980	男性 male
长江三角洲经济区	**Yangtze River Delta**				
上海市	Shanghai City	1098.28	542.70	1146.52	569.30
南京市	Nanjing City	412.38	213.65	435.87	225.11
苏州市	Suzhou City	506.27	253.42	518.62	259.86
无锡市	Wuxi City	365.21	185.71	376.90	191.85
常州市	Changzhou City	291.00	148.48	295.92	150.90
镇江市	Zhenjiang City	233.90	117.48	236.91	119.26
南通市	Nantong City	722.71	360.80	729.11	363.81
扬州市	Yangzhou City	398.43	199.80	406.00	203.98
泰州市	Taizhou City	452.98	228.42	459.20	231.62
杭州市	Hangzhou City	505.55	260.74	515.53	266.02
宁波市	Ningbo City	457.70	234.18	465.99	237.98
嘉兴市	Jiaxing City	289.40	147.08	292.50	148.75
湖州市	Huzhou City	221.46	117.69	223.90	118.29
绍兴市	Shaoxing City	378.43	195.47	382.71	198.02
舟山市	Zhoushan City	87.16	44.18	88.88	45.00
台州市	Taizhou City	452.71	233.41	461.61	237.98
珠江三角洲经济区	**Pearl River Delta**				
广州市	Guangzhou City	482.90	245.40	501.55	254.83
深圳市	Shenzhen City	33.36	15.61	32.09	14.69
珠海市	Zhuhai City	36.21	18.43	36.53	18.55
佛山市	Foshan City	233.59	114.31	237.64	116.10
江门市	Jiangmen City	316.41	158.86	320.44	166.04
东莞市	Dongguan City	111.23	54.34	112.70	54.43
中山市	Zhongshan City	100.88	50.29	101.05	50.19
惠州市区	Huizhou Urban District	14.93	7.72	15.72	8.05
惠阳市	Huiyang City	41.57	20.36	41.48	20.04
惠东县	Huidong County	48.90	25.04	50.53	25.79
博罗县	Boluo County	58.77	29.67	60.76	30.52
肇庆市区	Zhaoqing Urban District	14.83	7.87	15.74	8.33
高要市	Gaoyao City	68.11	33.10	69.01	33.62
四会市	Sihui City	32.82	16.06	33.23	16.28
香港特别行政区	**Hong Kong,SAR**	476.99		514.51	
澳门特别行政区	**Macao,SAR**				

3–1 续表1 continued

单位：万人 (10 000 persons)

地区	Area	1985	男性 male	1990	男性 male
长江三角洲经济区	**Yangtze River Delta**				
上海市	Shanghai City	1216.69	609.70	1283.35	647.13
南京市	Nanjing City	465.77	241.64	501.82	260.08
苏州市	Suzhou City	535.11	268.52	561.02	281.27
无锡市	Wuxi City	390.95	199.25	417.71	212.50
常州市	Changzhou City	306.87	157.95	324.85	167.21
镇江市	Zhenjiang City	246.19	125.26	258.13	131.38
南通市	Nantong City	744.72	374.49	776.01	390.61
扬州市	Yangzhou City	417.95	211.89	436.50	221.94
泰州市	Taizhou City	468.31	238.67	487.82	249.92
杭州市	Hangzhou City	543.05	281.11	574.48	297.02
宁波市	Ningbo City	487.84	249.24	510.76	260.99
嘉兴市	Jiaxing City	300.59	153.10	316.19	160.34
湖州市	Huzhou City	232.99	122.47	245.28	127.43
绍兴市	Shaoxing City	394.88	204.54	412.67	212.87
舟山市	Zhoushan City	93.46	47.35	96.99	49.22
台州市	Taizhou City	490.08	253.72	515.49	267.27
珠江三角洲经济区	**Pearl River Delta**				
广州市	Guangzhou City	544.98	278.64	594.25	305.51
深圳市	Shenzhen City	47.86	24.31	68.65	34.92
珠海市	Zhuhai City	41.17	21.09	50.25	26.02
佛山市	Foshan City	254.69	125.76	279.40	139.05
江门市	Jiangmen City	331.94	168.36	352.75	179.63
东莞市	Dongguan City	120.85	58.84	131.85	64.96
中山市	Zhongshan City	105.97	53.16	114.87	57.94
惠州市区	Huizhou Urban District	18.21	9.32	23.12	11.86
惠阳市	Huiyang City	44.87	21.93	48.27	23.72
惠东县	Huidong County	54.44	27.87	58.45	29.83
博罗县	Boluo County	64.99	32.92	67.96	34.61
肇庆市区	Zhaoqing Urban District	18.76	10.07	34.00	17.55
高要市	Gaoyao City	72.74	35.84	66.59	33.20
四会市	Sihui City	35.44	17.72	37.41	18.96
香港特别行政区	**Hong Kong,SAR**	550.04	284.25	575.20	293.81
澳门特别行政区	**Macao,SAR**	40.77	21.07	33.28	16.34

3-1 续表 2 continued

单位：万人　　　　(10 000 persons)

地区	Area	1995	男性 male	2000	男性 male
长江三角洲经济区	**Yangtze River Delta**				
上海市	Shanghai City	1301.37	656.48	1321.63	665.51
南京市	Nanjing City	521.72	270.77	544.89	281.66
苏州市	Suzhou City	572.91	286.61	578.17	287.39
无锡市	Wuxi City	429.19	218.14	434.61	219.66
常州市	Changzhou City	333.65	171.51	341.48	173.39
镇江市	Zhenjiang City	263.27	134.03	266.67	135.45
南通市	Nantong City	784.24	394.02	784.53	391.57
扬州市	Yangzhou City	443.87	225.57	450.62	228.17
泰州市	Taizhou City	494.94	254.20	501.52	256.39
杭州市	Hangzhou City	597.96	308.25	621.58	319.09
宁波市	Ningbo City	526.20	268.72	540.94	274.50
嘉兴市	Jiaxing City	326.39	164.83	331.26	166.16
湖州市	Huzhou City	252.63	130.29	255.79	130.56
绍兴市	Shaoxing City	424.70	217.96	432.69	220.04
舟山市	Zhoushan City	98.28	49.66	98.41	49.57
台州市	Taizhou City	529.56	274.51	546.62	282.77
珠江三角洲经济区	**Pearl River Delta**				
广州市	Guangzhou City	646.71	333.44	700.69	360.55
深圳市	Shenzhen City	99.16	51.37	124.92	65.21
珠海市	Zhuhai City	63.24	32.80	73.90	38.10
佛山市	Foshan City	311.06	156.08	332.46	167.24
江门市	Jiangmen City	371.81	189.38	380.85	193.90
东莞市	Dongguan City	143.65	71.97	152.61	77.22
中山市	Zhongshan City	125.25	63.11	133.75	67.26
惠州市区	Huizhou Urban District	32.36	16.47	37.43	18.99
惠阳市	Huiyang City	57.38	28.66	62.55	31.51
惠东县	Huidong County	63.92	32.70	68.89	35.24
博罗县	Boluo County	72.48	36.95	77.25	39.57
肇庆市区	Zhaoqing Urban District	42.77	21.84	46.67	23.76
高要市	Gaoyao City	68.69	34.86	72.98	37.05
四会市	Sihui City	39.25	20.13	41.61	21.45
香港特别行政区	**Hong Kong,SAR**	627.00	314.01	671.15	328.85
澳门特别行政区	**Macao,SAR**	41.50	19.94	43.15	20.72

3-1 续表 3 continued

单位：万人 (10 000 persons)

地区	Area	2001	男性 male	2002	男性 male
长江三角洲经济区	**Yangtze River Delta**				
上海市	Shanghai City	1327.14	668.32	1334.23	672.05
南京市	Nanjing City	553.04	286.17	563.28	291.34
苏州市	Suzhou City	580.53	288.28	583.86	290.05
无锡市	Wuxi City	435.90	220.09	438.58	221.12
常州市	Changzhou City	341.52	173.43	343.24	174.26
镇江市	Zhenjiang City	266.58	135.31	267.13	135.84
南通市	Nantong City	782.46	390.11	780.26	388.80
扬州市	Yangzhou City	451.59	228.64	452.22	228.45
泰州市	Taizhou City	503.10	257.01	504.00	257.78
杭州市	Hangzhou City	629.14	322.78	636.81	326.62
宁波市	Ningbo City	543.34	275.50	546.19	2776.60
嘉兴市	Jiaxing City	331.93	166.28	332.38	166.31
湖州市	Huzhou City	256.49	130.68	257.05	130.81
绍兴市	Shaoxing City	433.27	220.01	433.59	219.93
舟山市	Zhoushan City	98.10	49.36	97.76	49.16
台州市	Taizhou City	548.52	283.63	550.46	284.42
珠江三角洲经济区	**Pearl River Delta**				
广州市	Guangzhou City	712.60	367.02	720.62	370.50
深圳市	Shenzhen City	132.04	69.47	139.45	73.59
珠海市	Zhuhai City	75.93	39.07	78.61	40.41
佛山市	Foshan City	335.85	169.17	338.98	170.61
江门市	Jiangmen City	380.74	193.74	381.27	194.38
东莞市	Dongguan City	153.89	77.94	156.19	79.14
中山市	Zhongshan City	134.83	67.73	136.03	68.28
惠州市区	Huizhou Urban District	38.59	19.57	40.03	20.31
惠阳市	Huiyang City	63.15	31.84	63.78	32.11
惠东县	Huidong County	69.72	35.64	69.73	35.68
博罗县	Boluo County	77.29	39.61	77.71	39.85
肇庆市区	Zhaoqing Urban District	47.22	24.08	47.31	24.12
高要市	Gaoyao City	73.07	37.12	73.05	37.24
四会市	Sihui City	41.88	21.55	42.12	21.64
香港特别行政区	**Hong Kong,SAR**	675.90	329.66	678.61	329.59
澳门特别行政区	**Macao,SAR**	43.67	20.95	44.16	21.18

3-2 年末总户数

Total Households(Year-end)

单位：万户 (10 000 households)

地区	Area	1978	1980	1985	1990
长江三角洲经济区	**Yangtze River Delta**				
上海市	Shanghai City	291.69	303.87	351.72	415.28
南京市	Nanjing City			126.73	154.64
苏州市	Suzhou City	137.42	142.33	155.63	173.36
无锡市	Wuxi City	95.23	100.87	113.65	134.26
常州市	Changzhou City	73.23	77.19	88.21	106.91
镇江市	Zhenjiang City			70.34	83.40
南通市	Nantong City	193.28	197.39	216.33	253.96
扬州市	Yangzhou City	100.88	103.15	110.96	132.14
泰州市	Taizhou City				
杭州市	Hangzhou City	117.89	119.11	145.23	171.94
宁波市	Ningbo City	123.30	128.57	153.57	176.06
嘉兴市	Jiaxing City	67.97	69.09	82.84	92.78
湖州市	Huzhou City	53.21	54.53	62.68	70.05
绍兴市	Shaoxing City	93.09	96.30	110.60	128.87
舟山市	Zhoushan City	22.27	23.32	28.30	33.65
台州市	Taizhou City	105.70	109.92	126.03	149.29
珠江三角洲经济区	**Pearl River Delta**				
广州市	Guangzhou City	114.59	116.27	136.97	164.18
深圳市	Shenzhen City	7.58	7.62	11.27	18.19
珠海市	Zhuhai City	7.57	7.71	9.48	12.90
佛山市	Foshan City	55.06	56.47	66.60	76.14
江门市	Jiangmen City	68.84	69.52	79.07	92.23
东莞市	Dongguan City	24.82	25.66	28.95	32.73
中山市	Zhongshan City	21.24	21.54	25.29	29.29
惠州市区	Huizhou Urban District	3.43	3.46	4.33	6.25
惠阳市	Huiyang City	8.43	8.31	8.76	9.95
惠东县	Huidong County	9.19	9.26	10.02	11.31
博罗县	Boluo County	11.16	11.26	12.79	14.03
肇庆市区	Zhaoqing Urban District	3.21	3.43	4.33	8.51
高要市	Gaoyao City	14.86	14.98	16.92	15.89
四会市	Sihui City	7.01	7.06	8.01	9.44
香港特别行政区	**Hong Kong,SAR**				
澳门特别行政区	**Macao,SAR**				

3-2 续表 continued

单位：万户 (10 000 households)

地区	Area	1995	2000	2001	2002
长江三角洲经济区	**Yangtze River Delta**				
上海市	Shanghai City	450.76	475.73	478.92	481.77
南京市	Nanjing City	167.58	177.46	180.25	183.16
苏州市	Suzhou City	187.83	198.18	199.48	201.92
无锡市	Wuxi City	142.91	150.06	150.95	152.94
常州市	Changzhou City	114.00	117.89	118.65	119.74
镇江市	Zhenjiang City	87.89	94.57	96.34	97.34
南通市	Nantong City	264.29	271.25	271.64	274.77
扬州市	Yangzhou City	139.44	152.39	154.47	154.37
泰州市	Taizhou City		165.72	169.60	169.13
杭州市	Hangzhou City	182.55	193.48	195.56	198.27
宁波市	Ningbo City	186.26	193.99	196.10	198.94
嘉兴市	Jiaxing City	95.60	96.58	97.27	97.72
湖州市	Huzhou City	75.69	79.87	80.25	80.34
绍兴市	Shaoxing City	137.46	147.73	149.90	152.20
舟山市	Zhoushan City	34.21	34.94	35.12	35.32
台州市	Taizhou City	159.04	175.56	177.49	179.71
珠江三角洲经济区	**Pearl River Delta**				
广州市	Guangzhou City	187.19	210.04	213.58	216.25
深圳市	Shenzhen City	28.67	38.87	41.13	44.73
珠海市	Zhuhai City	17.13	20.64	21.13	22.17
佛山市	Foshan City	86.81	96.79	98.55	100.67
江门市	Jiangmen City	103.07	110.77	112.40	113.82
东莞市	Dongguan City	36.43	41.40	42.12	43.15
中山市	Zhongshan City	32.76	36.34	36.87	37.47
惠州市区	Huizhou Urban District	9.46	10.87	11.32	11.81
惠阳市	Huiyang City	13.59	17.69	17.77	18.26
惠东县	Huidong County	12.76	14.51	14.89	14.96
博罗县	Boluo County	16.14	17.66	17.93	18.13
肇庆市区	Zhaoqing Urban District	11.15	13.17	13.54	13.84
高要市	Gaoyao City	17.78	20.29	20.33	20.47
四会市	Sihui City	10.32	11.98	11.94	12.40
香港特别行政区	**Hong Kong,SAR**		203.70	207.84	213.37
澳门特别行政区	**Macao,SAR**				

3-3 人口出生率、死亡率和自然增长率

Birth Rate , Death Rate and Natural Growth Rate of Population

单位：‰ (‰)

地区	Area	出生率 Birth Rate			死亡率 Death Rate		
		1978	1990	2002	1978	1990	2002
长江三角洲经济区	**Yangtze River Delta**						
上海市	Shanghai City	11.30	10.20	4.70	6.20	6.70	7.30
南京市	Nanjing City	14.50	14.77	5.81	5.66	5.59	5.11
苏州市	Suzhou City	14.55	13.32	6.88	6.51	6.69	7.15
无锡市	Wuxi City	15.87	17.07	7.66	6.41	6.59	6.49
常州市	Changzhou City	14.23	15.09	9.00	6.32	6.37	5.80
镇江市	Zhenjiang City	14.97	14.38	7.47	6.39	6.54	5.69
南通市	Nantong City	12.29	14.80	3.36	6.12	7.00	3.46
扬州市	Yangzhou City	17.42	14.93	8.36	6.07	6.71	6.23
泰州市	Taizhou City	16.24	14.81	7.44	6.38	6.61	6.03
杭州市	Hangzhou City	14.63	13.37	8.38	5.95	6.11	5.67
宁波市	Ningbo City	15.06	13.25	7.60	5.74	6.02	5.94
嘉兴市	Jiaxing City	11.81	14.23	7.59	6.13	7.05	6.76
湖州市	Huzhou City	11.95	15.54	7.35	6.46	7.06	5.96
绍兴市	Shaoxing City	15.32	13.81	9.48	6.27	6.57	6.79
舟山市	Zhoushan City	14.30	11.90	5.30	6.00	6.20	6.53
台州市	Taizhou City	17.25	11.43	11.66	5.76	5.41	6.02
珠江三角洲经济区	**Pearl River Delta**						
广州市	Guangzhou City	15.46	14.97	8.64	5.32	5.49	5.54
深圳市	Shenzhen City		16.11	16.60		2.79	1.46
珠海市	Zhuhai City		15.23	9.70		4.97	3.29
佛山市	Foshan City		20.60	8.60		5.70	5.30
江门市	Jiangmen City		16.88	9.08		5.59	6.01
东莞市	Dongguan City	18.73	17.07	10.35	4.92	4.76	4.44
中山市	Zhongshan City	17.94	17.23	9.40	5.43	5.35	5.92
惠州市区	Huizhou Urban District			10.84			4.60
惠阳市	Huiyang City			7.67			4.21
惠东县	Huidong County			9.06			4.14
博罗县	Boluo County			9.92			4.45
肇庆市区	Zhaoqing Urban District		19.84	9.03		4.48	4.03
高要市	Gaoyao City		26.59	9.23		5.28	5.81
四会市	Sihui City		19.56	9.81		5.82	5.72
香港特别行政区	**Hong Kong,SAR**	17.30	12.00	7.10	5.10	5.20	5.00
澳门特别行政区	**Macao,SAR**		20.90	7.20		4.50	3.20

3-3 续表　continued

单位：‰　　　　(‰)

地区	Area	自然增长率 Natural Growth Rate		
		1978	1990	2002
长江三角洲经济区	**Yangtze River Delta**			
上海市	Shanghai City	5.10	3.50	-2.60
南京市	Nanjing City	8.84	9.18	0.70
苏州市	Suzhou City	8.04	6.63	-0.27
无锡市	Wuxi City	9.46	10.48	1.17
常州市	Changzhou City	7.93	8.72	3.20
镇江市	Zhenjiang City	8.58	7.84	1.78
南通市	Nantong City	6.17	7.80	-0.11
扬州市	Yangzhou City	11.36	8.22	2.13
泰州市	Taizhou City	9.86	9.20	1.41
杭州市	Hangzhou City	8.68	7.26	2.72
宁波市	Ningbo City	9.32	7.23	1.66
嘉兴市	Jiaxing City	5.68	7.18	0.83
湖州市	Huzhou City	5.49	8.48	1.39
绍兴市	Shaoxing City	9.05	7.24	2.69
舟山市	Zhoushan City	8.31	5.73	-0.31
台州市	Taizhou City	11.49	6.02	5.64
珠江三角洲经济区	**Pearl River Delta**			
广州市	Guangzhou City	10.14	9.48	3.10
深圳市	Shenzhen City		13.33	15.14
珠海市	Zhuhai City		12.89	6.42
佛山市	Foshan City		14.90	3.30
江门市	Jiangmen City		11.29	3.07
东莞市	Dongguan City	13.81	12.31	5.91
中山市	Zhongshan City	12.51	18.59	3.49
惠州市区	Huizhou Urban District			6.24
惠阳市	Huiyang City			3.46
惠东县	Huidong County			4.92
博罗县	Boluo County			5.46
肇庆市区	Zhaoqing Urban District		15.00	5.00
高要市	Gaoyao City		21.32	3.42
四会市	Sihui City		13.74	3.94
香港特别行政区	**Hong Kong,SAR**	12.20	6.80	2.10
澳门特别行政区	**Macao,SAR**			4.10

3-4 人口年龄结构(2000 年普查数据)
Population Age Composition(Population Census in 2000)

地区	Area	人口数(万人) Population (10 000 persons)			
		合计 Total	0-14 岁 0-14	15-64 岁 15-64	65 岁及以上 65 and over
长江三角洲经济区	**Yangtze River Delta**				
上海市	Shanghai City	1640.77	201.09	1251.64	188.04
南京市	Nanjing City	612.62	94.55	466.07	52.00
苏州市	Suzhou City	679.22	97.88	516.26	65.09
无锡市	Wuxi City	508.66	82.42	381.62	44.62
常州市	Changzhou City	377.63	62.61	281.96	33.06
镇江市	Zhenjiang City	284.49	47.45	212.16	24.88
南通市	Nantong City	751.29	130.03	527.80	93.47
扬州市	Yangzhou City	458.86	79.19	337.73	41.94
泰州市	Taizhou City	478.58	90.33	338.98	49.27
杭州市	Hangzhou City	687.87	107.30	514.00	66.57
宁波市	Ningbo City	596.34	96.45	447.72	52.16
嘉兴市	Jiaxing City	358.30	63.79	260.15	34.35
湖州市	Huzhou City	262.56	48.58	187.88	26.11
绍兴市	Shaoxing City	430.42	79.29	309.42	41.73
舟山市	Zhoushan City	100.15	15.30	75.51	9.34
台州市	Taizhou City	515.37	93.09	375.62	46.66
珠江三角洲经济区	**Pearl River Delta**				
广州市	Guangzhou City	994.20	163.31	770.27	60.62
深圳市	Shenzhen City	700.88	59.53	632.76	8.59
珠海市	Zhuhai City	123.54	21.39	97.18	4.98
佛山市	Foshan City	533.77	87.28	420.13	26.37
江门市	Jiangmen City	395.68	89.28	272.14	34.26
东莞市	Dongguan City	644.58	55.66	575.44	13.48
中山市	Zhongshan City	236.33	38.09	187.31	10.92
惠州市区	Huizhou Urban District	59.17	9.76	46.97	2.44
惠阳市	Huiyang City	86.28	16.89	64.62	4.78
惠东县	Huidong County	71.31	21.20	45.18	4.93
博罗县	Boluo County	78.05	18.64	53.81	5.60
肇庆市区	Zhaoqing Urban District	50.78	9.90	37.68	3.21
高要市	Gaoyao City	62.51	17.96	39.07	5.49
四会市	Sihui City	40.98	9.62	27.86	3.50
香港特别行政区	**Hong Kong,SAR**	671.15	111.48	485.42	74.24
澳门特别行政区	**Macao,SAR**	43.15	9.90	30.19	3.05

3-4 续表 continued

地区	Area	占总数的百分比(%) Percent of Total(%)		
		0-14 岁 0-14	15-64 岁 15-64	65 岁及以上 65 and over
长江三角洲经济区	**Yangtze River Delta**			
上海市	Shanghai City	12.30	76.30	11.40
南京市	Nanjing City	15.43	76.08	8.49
苏州市	Suzhou City	14.41	76.01	9.58
无锡市	Wuxi City	16.20	75.03	8.77
常州市	Changzhou City	16.58	74.67	8.75
镇江市	Zhenjiang City	16.68	74.58	8.75
南通市	Nantong City	17.31	70.25	12.44
扬州市	Yangzhou City	17.30	73.60	9.10
泰州市	Taizhou City	18.87	70.83	10.30
杭州市	Hangzhou City	15.60	74.70	9.70
宁波市	Ningbo City	16.17	75.08	8.75
嘉兴市	JiaxIng City	17.80	72.61	9.59
湖州市	Huzhou City	18.50	71.56	9.94
绍兴市	Shaoxing City	18.42	71.89	9.70
舟山市	Zhoushan City	15.30	75.40	9.30
台州市	Taizhou City	18.10	72.90	9.00
珠江三角洲经济区	**Pearl River Delta**			
广州市	Guangzhou City	16.42	77.48	6.10
深圳市	Shenzhen City	8.49	90.28	1.23
珠海市	Zhuhai City	17.31	78.66	4.03
佛山市	Foshan City	16.35	78.71	4.94
江门市	Jiangmen City	22.56	68.78	8.66
东莞市	Dongguan City	8.64	89.27	2.09
中山市	Zhongshan City	16.12	79.26	4.62
惠州市区	Huizhou Urban District	16.49	79.38	4.13
惠阳市	Huiyang City	19.57	74.89	5.54
惠东县	Huidong County	29.73	63.35	6.92
博罗县	Boluo County	23.89	68.94	7.17
肇庆市区	Zhaoqing Urban District	19.49	74.19	6.32
高要市	Gaoyao City	28.73	62.49	8.78
四会市	Sihui City	23.48	67.99	8.53
香港特别行政区	**Hong Kong,SAR**	16.60	72.30	11.00
澳门特别行政区	**Macao,SAR**	22.95	69.97	7.08

3-5 人口文化程度(2000年普查数据)
Population by Education Level (Census in 2000)

地区	Area	按受教育程度分人口(万人) Population by Education Level (10 000 persons)			
		小学 Primary	初中 Junior Secondary School	高中 Senior Sceconday School	大学 College
长江三角洲经济区	**Yangtze River Delta**				
上海市	Shanghai City	310.66	603.86	377.67	179.50
南京市	Nanjing City	148.69	188.83	92.24	72.00
苏州市	Suzhou City	219.89	249.88	71.63	31.71
无锡市	Wuxi City	145.98	201.74	82.16	24.57
常州市	Changzhou City	107.06	149.64	58.09	17.06
镇江市	Zhenjiang City	82.91	108.81	32.84	14.35
南通市	Nantong City	269.53	260.65	95.00	20.04
扬州市	Yangzhou City	147.77	161.43	58.73	17.58
泰州市	Taizhou City	166.78	174.53	57.81	11.39
杭州市	Hangzhou City	223.76	228.89	94.64	49.57
宁波市	Ningbo City	219.15	205.55	55.21	20.59
嘉兴市	Jiaxing City	139.52	116.10	33.88	7.99
湖州市	Huzhou City	107.18	86.35	17.76	5.39
绍兴市	Shaoxing City	155.92	152.42	46.74	9.74
舟山市	Zhoushan City	35.64	32.77	12.22	3.31
台州市	Taizhou City	196.32	162.44	47.61	9.56
珠江三角洲经济区	**Pearl River Delta**				
广州市	Guangzhou City	238.20	368.29	203.49	92.63
深圳市	Shenzhen City	84.56	365.20	156.76	56.41
珠海市	Zhuhai City	27.93	46.84	26.47	9.27
佛山市	Foshan City	153.75	227.71	78.29	19.57
江门市	Jiangmen City	139.09	145.82	51.80	9.24
东莞市	Dongguan City	112.74	382.52	100.93	13.91
中山市	Zhongshan City	66.20	107.93	33.29	6.23
惠州市区	Huizhou Urban District	10.86	24.40	13.90	4.37
惠阳市	Huiyang City	25.40	40.61	9.43	1.49
惠东县	Huidong County	28.22	24.30	4.67	0.74
博罗县	Boluo County	25.71	31.53	7.69	1.10
肇庆市区	Zhaoqing Urban District	12.73	16.53	11.18	4.17
高要市	Gaoyao City	29.28	19.13	3.19	0.54
四会市	Sihui City	14.16	16.01	3.91	0.68
香港特别行政区①	**Hong Kong,SAR ①**	114.83	106.05	147.37	144.66
澳门特别行政区	**Macao,SAR**				

3-5 续表　continued

地区	Area	每10万人口中拥有数(人) Population Per 100 Thousand People(person)			
		小学 Primary	初中 Junior Secondary School	高中 Senior Scecondary School	大学 College
长江三角洲经济区	**Yangtze River Delta**				
上海市	Shanghai City	18934	36803	23018	10940
南京市	Nanjing City	24271	30823	15057	1175
苏州市	Suzhou City	32374	36790	10546	4669
无锡市	Wuxi City	28699	39661	16153	4831
常州市	Changzhou City	28351	39626	15382	4517
镇江市	Zhenjiang City	29143	38247	11543	5044
南通市	Nantong City	35876	34694	12644	2667
扬州市	Yangzhou City	32204	35181	12799	3831
泰州市	Taizhou City	34849	36469	12079	2380
杭州市	Hangzhou City	32529	33276	13758	7206
宁波市	Ningbo City	36700	34500	9300	3500
嘉兴市	Jiaxing City	38938	32403	9457	2229
湖州市	Huzhou City	40823	32886	6763	2052
绍兴市	Shaoxing City	36224	35412	10860	2262
舟山市	Zhoushan City	35587	32721	12202	3305
台州市	Taizhou City	38088	31518	9237	1855
珠江三角洲经济区	**Pearl River Delta**				
广州市	Guangzhou City	23959	37044	20467	9317
深圳市	Shenzhen City	12065	52105	22366	8048
珠海市	Zhuhai City	22606	37915	21429	7502
佛山市	Foshan City	28804	42661	14667	3667
江门市	Jiangmen City	35152	36854	13093	2336
东莞市	Dongguan City	17490	59344	15658	2158
中山市	Zhongshan City	28012	45669	14086	2635
惠州市区	Huizhou Urban District	18355	41231	23489	7393
惠阳市	Huiyang City	29444	47069	10925	1726
惠东县	Huidong County	39565	34071	6546	1044
博罗县	Boluo County	32944	40400	9856	1403
肇庆市区	Zhaoqing Urban District	25073	32551	22009	8208
高要市	Gaoyao City	46837	30605	5103	865
四会市	Sihui City	34561	39057	9537	1669
香港特别行政区①	**Hong Kong,SAR ①**	17109	15801	21958	21554
澳门特别行政区	**Macao,SAR**				

注：①2001年普查数据。

Note: ① Data of census in 2001.

3-6 按农业、非农业分的人口数

Population by Agriculture and non-Agriculture

单位：万人　　(10 000 persons)

地区	Area	农业人口 Agriculture Population			
		1978	1990	2000	2002
长江三角洲经济区	**Yangtze River Delta**				
上海市	Shanghai City	453.05	418.89	335.47	315.42
南京市	Nanjing City	256.01	265.60	235.37	223.93
苏州市	Suzhou City	422.46	421.26	331.82	309.58
无锡市	Wuxi City	294.88	273.40	251.16	244.64
常州市	Changzhou City	245.78	243.45	193.67	185.42
镇江市	Zhenjiang City	55.62	49.94	42.15	46.43
南通市	Nantong City	671.96	622.62	531.94	517.45
扬州市	Yangzhou City	353.27	354.66	327.98	321.74
泰州市	Taizhou City	415.97	424.35	381.22	374.86
杭州市	Hangzhou City	389.49	405.78	394.58	384.79
宁波市	Ningbo City	394.28	407.78	398.91	383.76
嘉兴市	Jiaxing City	253.89	257.80	252.67	247.28
湖州市	Huzhou City	192.12	201.62	190.23	184.84
绍兴市	Shaoxing City	346.82	359.06	352.02	342.68
舟山市	Zhoushan City	73.71	76.30	70.06	65.20
台州市	Taizhou City	426.73	468.42	455.83	456.65
珠江三角洲经济区	**Pearl River Delta**				
广州市	Guangzhou City	250.75	252.87	264.58	218.33
深圳市	Shenzhen City	28.45	25.65	24.77	27.41
珠海市	Zhuhai City	30.16	28.35	22.57	22.77
佛山市	Foshan City	175.83	181.89	184.88	164.45
江门市	Jiangmen City	273.01	259.43	235.21	236.67
东莞市	Dongguan City	92.74	100.99	113.00	99.91
中山市	Zhongshan City	82.39	86.99	92.17	77.87
惠州市区	Huizhou Urban District	6.50	7.02	7.25	4.58
惠阳市	Huiyang City	38.20	39.24	41.15	40.89
惠东县	Huidong County	42.46	45.62	48.54	46.59
博罗县	Boluo County	52.90	57.37	59.05	58.65
肇庆市区	Zhaoqing Urban District	4.69	16.47	14.83	12.06
高要市	Gaoyao City	63.94	57.68	61.28	61.61
四会市	Sihui City	28.95	28.66	28.54	28.85
香港特别行政区	**Hong Kong,SAR**				
澳门特别行政区	**Macao,SAR**				

3-6 续表 continued

单位：万人 (10 000 persons)

地区	Area	非农业人口 non-Agriculture Population			
		1978	1990	2000	2002
长江三角洲经济区	**Yangtze River Delta**				
上海市	Shanghai City	645.23	864.46	986.16	1018.81
南京市	Nanjing City	156.37	236.22	309.52	339.35
苏州市	Suzhou City	83.81	139.75	246.34	274.28
无锡市	Wuxi City	70.33	144.31	183.45	191.07
常州市	Changzhou City	45.22	81.40	147.81	157.82
镇江市	Zhenjiang City	24.15	41.94	57.14	53.61
南通市	Nantong City	50.75	153.39	252.59	262.81
扬州市	Yangzhou City	45.16	81.84	122.64	130.48
泰州市	Taizhou City	37.01	63.47	120.31	129.14
杭州市	Hangzhou City	116.06	169.00	227.00	252.02
宁波市	Ningbo City	63.42	102.98	142.03	162.43
嘉兴市	Jiaxing City	35.51	58.39	78.59	85.10
湖州市	Huzhou City	29.34	43.66	65.56	72.21
绍兴市	Shaoxing City	31.61	53.61	80.68	90.91
舟山市	Zhoushan City	13.45	20.69	28.35	32.55
台州市	Taizhou City	25.98	47.07	90.79	93.81
珠江三角洲经济区	**Pearl River Delta**				
广州市	Guangzhou City	232.14	341.39	436.11	502.30
深圳市	Shenzhen City	4.91	43.00	100.15	112.04
珠海市	Zhuhai City	6.05	21.90	51.33	55.84
佛山市	Foshan City	57.76	97.51	147.58	174.53
江门市	Jiangmen City	43.40	93.33	145.64	144.59
东莞市	Dongguan City	18.49	30.87	39.61	56.27
中山市	Zhongshan City	18.48	27.88	41.58	58.16
惠州市区	Huizhou Urban District	8.43	16.10	30.19	35.45
惠阳市	Huiyang City	3.36	9.03	21.40	22.89
惠东县	Huidong County	6.44	12.83	20.35	23.14
博罗县	Boluo County	5.87	10.59	18.20	19.05
肇庆市区	Zhaoqing Urban District	10.15	17.53	31.84	35.25
高要市	Gaoyao City	4.17	8.91	11.70	11.43
四会市	Sihui City	3.86	3.86	13.07	13.27
香港特别行政区	**Hong Kong,SAR**	476.99	627.00	675.90	678.61
澳门特别行政区	**Macao,SAR**		41.50	43.67	44.16

3-7 就业人数
Number of Employed Persons

单位：万人 (10 000 persons)

地区	Area	1978	1980	1985	1990
长江三角洲经济区	**Yangtze River Delta**				
上海市①	Shanghai City ①	698.32	730.77	775.53	787.72
南京市	Nanjing City	204.77	217.77	254.75	277.29
苏州市	Suzhou City	301.15	317.17	349.44	346.74
无锡市	Wuxi City	198.49	205.67	236.78	244.99
常州市	Changzhou City	149.35	155.45	178.64	186.06
镇江市	Zhenjiang City	114.75	118.94	138.52	149.85
南通市	Nantong City	400.62	413.95	457.54	477.47
扬州市	Yangzhou City	180.09	179.65	218.85	244.32
泰州市	Taizhou City	210.82	215.21	243.66	272.68
杭州市	Hangzhou City			338.85	363.49
宁波市	Ningbo City				
嘉兴市	Jiaxing City	175.22	181.91	198.9	213.32
湖州市	Huzhou City	117.95	124.83	138.88	150.55
绍兴市	Shaoxing City				
舟山市	Zhoushan City	45.69	47.29	57.96	54.71
台州市	Taizhou City	176.88	185.19	268.79	307.23
珠江三角洲经济区	**Pearl River Delta**				
广州市	Guangzhou City	266.90	275.05	313.47	341.15
深圳市	Shenzhen City		14.70	32.60	109.20
珠海市	Zhuhai City	18.00	20.00	23.00	31.00
佛山市	Foshan City				
江门市	Jiangmen City	156.09	158.42	176.93	197.33
东莞市	Dongguan City	54.97	57.86	67.35	75.10
中山市	Zhongshan City	52.08	51.20	58.10	71.27
惠州市区	Huizhou Urban District	6.80	7.26	9.62	13.71
惠阳市	Huiyang City	17.23	16.96	20.48	26.72
惠东县	Huidong County	22.48	23.81	27.21	32.68
博罗县	Boluo County	26.30	26.81	29.83	32.41
肇庆市区	Zhaoqing Urban District	13.04	13.99	16.26	18.97
高要市	Gaoyao City	27.52	28.45	32.02	38.87
四会市	Sihui City	14.42	14.57	16.17	17.27
香港特别行政区	**Hong Kong,SAR**			262.69	274.81
澳门特别行政区	**Macao,SAR**				

3-7 续表 continued

单位：万人 (10 000 persons)

地区	Area	1995	2000	2001	2002
长江三角洲经济区	**Yangtze River Delta**				
上海市①	Shanghai City ①	794.19	828.35	752.26	792.04
南京市	Nanjing City	298.75	266.77	266.66	270.27
苏州市	Suzhou City	324.45	313.89	321.96	323.75
无锡市	Wuxi City	237.98	221.07	216.13	222.53
常州市	Changzhou City	188.78	179.36	189.11	192.14
镇江市	Zhenjiang City	151.39	140.82	140.42	140.99
南通市	Nantong City	489.40	441.46	426.33	396.15
扬州市	Yangzhou City	248.80	221.93	219.08	219.22
泰州市	Taizhou City	272.88	250.19	247.40	244.51
杭州市	Hangzhou City	422.55	408.11	436.78	441.14
宁波市	Ningbo City	412.40	354.90	377.80	377.90
嘉兴市	Jiaxing City	205.32	193.73	194.73	197.07
湖州市	Huzhou City	148.38	140.09	140.74	147.00
绍兴市	Shaoxing City	293.58	274.45	282.56	284.27
舟山市	Zhoushan City				54.84
台州市	Taizhou City	341.04	340.48	343.24	347.25
珠江三角洲经济区	**Pearl River Delta**				
广州市	Guangzhou City	407.78	503.69	510.07	514.08
深圳市	Shenzhen City	244.90	308.50	332.80	359.30
珠海市	Zhuhai City	58.00	86.00	83.00	88.00
佛山市	Foshan City	187.22	193.50	190.44	205.74
江门市	Jiangmen City	220.97	208.68	206.80	209.99
东莞市	Dongguan City	86.92	97.88	100.13	104.10
中山市	Zhongshan City	89.63	122.45	124.28	131.64
惠州市区	Huizhou Urban District	25.63	27.95	33.82	38.18
惠阳市	Huiyang City	42.86	53.26	55.17	61.30
惠东县	Huidong County	48.25	47.84	48.77	50.27
博罗县	Boluo County	40.82	42.89	44.19	50.24
肇庆市区	Zhaoqing Urban District	24.31	22.88	22.49	22.68
高要市	Gaoyao City	42.05	44.66	45.18	47.66
四会市	Sihui City	18.95	22.06	22.07	19.07
香港特别行政区	**Hong Kong,SAR**	300.07	320.70	325.20	323.20
澳门特别行政区	**Macao,SAR**	18.03	19.53	20.28	20.06

注：①2001年以后为在岗从业人数。

Note: ① Data for working employment after 2001.

3-8 就业基本情况(2002 年)

Basic Statistics of Employment (2002)

单位：万人 (10 000 persons)

地区	Area	经济活动人口 Economically Active Population	就业人员 Number of Employed Persons	第一产业 Primary Industry	第二产业 Secondary Industry	第三产业 Tertiary Industry
长江三角洲经济区	**Yangtze River Delta**					
上海市	Shanghai City		792.04	84.24	320.93	386.87
南京市	Nanjing City	276.73	270.27	57.69	93.31	119.27
苏州市	Suzhou City	329.17	323.75	61.67	161.37	100.71
无锡市	Wuxi City	225.41	222.53	45.01	110.71	66.81
常州市	Changzhou City	194.20	192.14	46.22	91.16	54.76
镇江市	Zhenjiang City	142.74	140.99	44.15	54.98	41.87
南通市	Nantong City	399.86	396.15	185.02	140.24	70.89
扬州市	Yangzhou City	221.27	219.22	65.25	79.33	74.64
泰州市	Taizhou City	247.41	244.95	96.71	75.22	73.02
杭州市	Hangzhou City	449.50	441.14	107.52	169.77	163.85
宁波市	Ningbo City	381.80	377.90	93.30	194.40	90.20
嘉兴市	Jiaxing City	202.62	197.07	56.16	92.29	48.62
湖州市	Huzhou City	164.47	147.00	56.90	50.33	39.77
绍兴市	Shaoxing City	286.43	284.27	81.50	135.26	67.51
舟山市	Zhoushan City	56.05	54.84	19.72	17.39	17.73
台州市	Taizhou City	348.94	347.25	125.90	120.85	100.50
珠江三角洲经济区	**Pearl River Delta**					
广州市	Guangzhou City	523.44	514.08	94.87	198.16	221.05
深圳市	Shenzhen City	367.80	359.30	3.90	200.40	155.00
珠海市	Zhuhai City	89.00	88.00	10.00	35.00	43.00
佛山市	Foshan City	355.88	205.74	36.58	96.90	72.26
江门市	Jiangmen City	215.68	209.99	86.02	57.86	66.11
东莞市	Dongguan City	104.44	104.10	15.18	50.81	38.11
中山市	Zhongshan City	136.70	131.64	21.21	66.08	44.35
惠州市区	Huizhou Urban District	39.08	38.18	2.08	14.73	21.37
惠阳市	Huiyang City	61.67	61.30	16.72	20.49	24.09
惠东县	Huidong County	50.45	50.27	21.20	10.81	18.26
博罗县	Boluo County	50.62	50.24	24.99	13.39	11.86
肇庆市区	Zhaoqing Urban District	23.13	22.68	4.49	8.35	9.84
高要市	Gaoyao City	47.77	47.66	21.42	13.99	12.25
四会市	Sihui City	29.54	19.07	6.99	6.45	5.63

3-8 续表 continued

单位：万人 (10 000 persons)

地区	Area	按城乡分就业人员 Number of Employed Persons by Residence in Urban and Rural Areas		在岗职工人数 Fully Employed Staff and Workers			
		城镇 Urban Area	乡村 Rural Area		国有单位 State-owned Units	集体单位 Collective-owned Units	其他单位 Other Units
长江三角洲经济区	**Yangtze River Delta**						
上海市	Shanghai City	489.30	253.50	290.59	152.49	18.80	119.30
南京市	Nanjing City	153.22	117.05	89.59	54.21	7.43	27.94
苏州市	Suzhou City	119.57	204.18	74.16	29.84	6.64	37.68
无锡市	Wuxi City	70.92	151.61	48.52	24.46	5.61	18.45
常州市	Changzhou City	72.91	119.23	35.90	18.24	4.70	12.95
镇江市	Zhenjiang City	41.53	99.46	29.99	17.87	4.70	7.43
南通市	Nantong City	71.42	324.73	51.12	24.12	6.56	20.43
扬州市	Yangzhou City	58.96	160.26	38.31	20.96	5.21	12.15
泰州市	Taizhou City	45.03	199.92	32.78	16.13	6.60	10.05
杭州市	Hangzhou City	137.28	303.85	74.81	41.31	4.29	29.21
宁波市	Ningbo City	97.90	280.00	55.29	23.39	4.77	30.28
嘉兴市	Jiaxing City	47.01	150.06	26.69	11.31	1.94	13.43
湖州市	Huzhou City	36.75	110.25	14.74	8.10	1.70	4.94
绍兴市	Shaoxing City	81.83	202.44	35.25	13.37	4.24	17.64
舟山市	Zhoushan City	15.55	39.29	10.28	6.02	0.85	3.41
台州市	Taizhou City	107.54	239.71	31.77	15.95	4.19	11.63
珠江三角洲经济区	**Pearl River Delta**						
广州市	Guangzhou City	253.77	260.31	170.67	82.90	16.04	71.73
深圳市	Shenzhen City	339.40	19.90	101.80	29.60	2.60	69.60
珠海市	Zhuhai City	52.00	36.00	31.00	9.00	3.00	19.00
佛山市	Foshan City	66.72	139.02	45.09	17.69	4.42	22.98
江门市	Jiangmen City	52.54	157.45	34.10	14.53	5.65	13.92
东莞市	Dongguan City	28.67	75.43	16.42	7.56	5.00	3.87
中山市	Zhongshan City	10.14	121.50	14.24	5.71	1.04	7.49
惠州市区	Huizhou Urban District	23.44	14.74	17.02	4.64	1.08	11.30
惠阳市	Huiyang City	19.92	41.38	17.18	3.84	2.83	10.51
惠东县	Huidong County	7.67	42.60	5.05	2.81	1.16	1.08
博罗县	Boluo County	11.37	38.87	6.27	3.71	0.72	1.84
肇庆市区	Zhaoqing Urban District	13.40	9.28	9.91	4.35	0.63	4.93
高要市	Gaoyao City	6.59	41.07	3.02	2.04	0.54	0.44
四会市	Sihui City	5.89	13.18	3.22	1.77	0.18	1.27

3-9 按三次产业分的就业人员数
Number of Employed Persons by Type of Industry

单位：万人 (10 000 persons)

地区	Area	第一产业 Primary Industry			第二产业 Secondary Industry		
		1978	1990	2002	1978	1990	2002
长江三角洲经济区	**Yangtze River Delta**						
上海市	Shanghai City	240.06	87.25	84.24	307.48	467.08	320.93
南京市	Nanjing City	87.08	83.57	57.39	77.36	122.09	93.31
苏州市	Suzhou City	187.70	103.13	61.66	81.57	177.84	161.38
无锡市	Wuxi City	111.38	54.49	45.01	65.73	143.50	110.71
常州市	Changzhou City	90.36	66.82	46.22	40.20	84.83	88.47
镇江市	Zhenjiang City			44.15			54.98
南通市	Nantong City	306.68	242.88	185.02	56.74	154.92	140.24
扬州市	Yangzhou City	116.93	107.47	65.25	39.39	88.28	79.33
泰州市	Taizhou City	155.12	133.31	96.71	36.97	84.64	75.22
杭州市	Hangzhou City		160.46	107.52		128.34	169.77
宁波市	Ningbo City			93.40			194.40
嘉兴市	Jiaxing City		105.24	56.16		67.38	92.29
湖州市	Huzhou City			56.90			50.33
绍兴市	Shaoxing City			81.50			135.26
舟山市	Zhoushan City		27.63	19.72		13.72	17.39
台州市	Taizhou City			125.90			120.85
珠江三角洲经济区	**Pearl River Delta**						
广州市	Guangzhou City	116.60	96.35	94.87	85.75	124.18	198.16
深圳市	Shenzhen City		6.60	3.90		76.20	200.40
珠海市	Zhuhai City	12.00	9.00	10.00	4.00	13.00	35.00
佛山市	Foshan City			36.58			96.90
江门市	Jiangmen City		94.87	86.02		51.38	57.86
东莞市	Dongguan City	39.35	27.15	15.18	9.26	30.52	50.81
中山市	Zhongshan City	38.29	25.26	21.21	7.37	23.02	66.08
惠州市区	Huizhou Urban District			2.08			14.73
惠阳市	Huiyang City			16.72			20.49
惠东县	Huidong County			21.20			10.81
博罗县	Boluo County			24.99			13.39
肇庆市区	Zhaoqing Urban District			4.49			8.35
高要市	Gaoyao City			21.42			13.99
四会市	Sihui City			6.99			6.45

3-9 续表 continued

单位：万人 (10 000 persons)

地区	Area	第三产业 Tertiary Industry		
		1978	1990	2002
长江三角洲经济区	**Yangtze River Delta**			
上海市	Shanghai City	150.78	233.39	386.87
南京市	Nanjing City	40.33	71.63	119.57
苏州市	Suzhou City	31.33	65.77	100.71
无锡市	Wuxi City	21.38	47.00	66.81
常州市	Changzhou City	18.79	34.42	57.45
镇江市	Zhenjiang City			41.87
南通市	Nantong City	37.20	79.67	70.89
扬州市	Yangzhou City	23.77	48.57	74.64
泰州市	Taizhou City	18.73	54.73	72.58
杭州市	Hangzhou City		74.68	163.85
宁波市	Ningbo City			90.20
嘉兴市	Jiaxing City		40.70	48.62
湖州市	Huzhou City			39.77
绍兴市	Shaoxing City			67.51
舟山市	Zhoushan City		13.40	17.73
台州市	Taizhou City			100.50
珠江三角洲经济区	**Pearl River Delta**			
广州市	Guangzhou City	64.55	120.62	221.05
深圳市	Shenzhen City		26.40	155.00
珠海市	Zhuhai City	2.00	9.00	43.00
佛山市	Foshan City			72.26
江门市	Jiangmen City		51.08	66.11
东莞市	Dongguan City	6.37	17.43	38.11
中山市	Zhongshan City	6.42	22.99	44.35
惠州市区	Huizhou Urban District			21.37
惠阳市	Huiyang City			24.09
惠东县	Huidong County			18.26
博罗县	Boluo County			11.86
肇庆市区	Zhaoqing Urban District			9.84
高要市	Gaoyao City			12.25
四会市	Sihui City			5.63

3-10 分行业的就业人员数(2002年)
Number of Employed Persons by Sector(2002)

单位：万人 (10 000 persons)

地区	Area	合计 Total	农、林、牧、渔业 Farming, Forestry, Animal Husbandry and Fishery	采掘业 Mining and Quarrying	制造业 Manufacturing	电、煤气和水的生产和供应业 Production and Supply of Electricity Gas and Water	建筑业 Construction
长江三角洲经济区	**Yangtze River Delta**						
上海市	Shanghai City	792.04	84.24	0.05	283.49	5.72	31.67
南京市	Nanjing City	270.27	57.69	0.62	66.70	1.71	24.28
苏州市	Suzhou City	323.75	61.67	0.29	143.15	1.47	16.46
无锡市	Wuxi City	222.53	45.01	0.03	99.35	1.03	10.30
常州市	Changzhou City	192.14	46.22	0.03	71.90	0.83	15.71
镇江市	Zhenjiang City	140.99	44.15				
南通市	Nantong City	52.69	1.59	0.18	21.24	1.06	2.46
扬州市	Yangzhou City	219.22	65.25	2.37	49.64	0.67	26.64
泰州市	Taizhou City	33.99	0.77		12.38	0.63	2.54
杭州市	Hangzhou City	441.14	107.52	0.90	147.28	1.56	20.04
宁波市	Ningbo City	377.90	93.30	0.30	191.30	1.30	11.50
嘉兴市	Jiaxing City	197.07	56.16	0.05	83.38	0.85	8.01
湖州市	Huzhou City	147.00	56.90	0.82	42.05	0.52	6.94
绍兴市	Shaoxing City	284.27	81.50	0.40	106.40	0.64	27.82
舟山市	Zhoushan City	54.84	19.72	0.14	11.84	0.35	5.06
台州市	Taizhou City	347.25	130.01	0.36	88.66	1.00	18.90
珠江三角洲经济区	**Pearl River Delta**						
广州市	Guangzhou City	514.08	95.16	0.31	162.77	2.94	32.13
深圳市	Shenzhen City	359.30	3.90	0.10	189.40	1.50	9.40
珠海市	Zhuhai City	88.30	10.00	0.10	32.90	0.40	1.70
佛山市	Foshan City	205.74	36.58	0.19	90.68	1.08	4.95
江门市	Jiangmen City	209.99	86.02	0.02	40.15	0.95	16.74
东莞市	Dongguan City	104.10	15.18	0.01	45.96	0.50	4.33
中山市	Zhongshan City	131.64	21.21	0.03	61.11	0.34	4.60
惠州市区	Huizhou Urban District	38.18	2.08	0.01	12.90	0.19	1.63
惠阳市	Huiyang City	61.30	16.72	0.15	18.73	0.15	1.46
惠东县	Huidong County	50.27	21.20	0.09	9.89	0.19	0.64
博罗县	Boluo County	50.24	24.99	0.25	12.29	0.12	0.73
肇庆市区	Zhaoqing Urban District	22.68	4.49	0.01	6.98	0.12	1.24
高要市	Gaoyao City	47.66	21.42	0.10	9.21	0.01	4.67
四会市	Sihui City	19.07	6.99	0.08	5.11	0.06	1.20
香港特别行政区	**Hong Kong,SAR**				28.95		28.67
澳门特别行政区	**Macao,SAR**						

3-10 续表1 continued

单位：万人 (10 000 persons)

地区	Area	地质勘查业水利管理业 Geological Prospecting and Water Conservancy	交通运输仓储和邮电通信业 Transport, Storage, Post & Telecom-munication Services	批发零售贸易和餐饮业 Wholesale and Retail Trade & Catering Services	金融保险业 Finance and Insurance	房地产业 Real Estate	社会服务业 Social Services
长江三角洲经济区	**Yangtze River Delta**						
上海市	Shanghai City	0.70	32.34	115.54	12.62	8.79	94.36
南京市	Nanjing City	0.70	15.55	44.04	2.74	1.45	20.53
苏州市	Suzhou City	0.32	10.08	36.90	2.91	0.81	10.74
无锡市	Wuxi City	0.20	7.23	24.07	2.49	1.75	5.46
常州市	Changzhou City	0.26	7.25	21.97	1.63	1.25	4.17
镇江市	Zhenjiang City		5.56	11.83			
南通市	Nantong City	0.24	2.77	4.38	1.69	0.34	1.29
扬州市	Yangzhou City	0.24	8.92	21.42	1.45	0.28	6.06
泰州市	Taizhou City	0.25	1.53	3.08	1.25	0.25	0.92
杭州市	Hangzhou City	0.42	15.99	52.90	4.12	2.05	35.08
宁波市	Ningbo City	0.30	7.20	39.40	3.00	0.80	21.90
嘉兴市	Jiaxing City	0.08	7.06	17.31	1.83	0.40	3.46
湖州市	Huzhou City	0.16	8.07	15.21	0.87	0.21	3.95
绍兴市	Shaoxing City	0.13	7.54	38.69	1.94	0.27	9.08
舟山市	Zhoushan City	0.01	3.11	7.46	0.47	0.27	2.01
台州市	Taizhou City	0.15	12.31	34.52	1.93	0.50	11.48
珠江三角洲经济区	**Pearl River Delta**						
广州市	Guangzhou City	0.66	24.55	82.01	6.93	5.04	33.19
深圳市	Shenzhen City	0.20	8.00	64.60	3.40	4.40	14.60
珠海市	Zhuhai City	0.10	1.60	24.90	0.90	0.50	8.40
佛山市	Foshan City	0.18	7.91	25.42	3.06	0.78	6.13
江门市	Jiangmen City	0.20	5.54	20.97	1.33	0.33	3.04
东莞市	Dongguan City	0.07	4.31	13.47	2.59	0.44	3.86
中山市	Zhongshan City	0.09	3.78	23.56	0.92	0.12	7.79
惠州市区	Huizhou Urban District	0.07	2.35	9.16	0.41	0.47	3.68
惠阳市	Huiyang City	0.05	2.65	10.35	0.18	0.53	3.63
惠东县	Huidong County	0.05	2.01	7.74	0.07	0.40	3.14
博罗县	Boluo County	0.06	1.30	4.55	0.15	0.26	2.04
肇庆市区	Zhaoqing Urban District	0.08	1.09	3.15	0.38	0.12	1.07
高要市	Gaoyao City	0.04	1.51	4.18	0.12	0.02	0.30
四会市	Sihui City	0.02	0.63	2.48	0.11	0.01	0.38
香港特别行政区	**Hong Kong,SAR**		34.60	98.37	47.47 ①		82.56 ②
澳门特别行政区	**Macao,SAR**						

3-10 续表2 continued

单位：万人 (10 000 persons)

地区	Area	卫生体育和社会福利业 Health Care, Sports & Social Welfare	教育、文化艺术和广播电影电视业 Education, Culture and Arts,Radio,Film and Television	科学研究和综合技术服务业 Scientific Research and Polytechnic Services	国家机关、政党机关和社会团体 Government Agencies, Party Agencies and Social Organizations	其他 Others
长江三角洲经济区	**Yangtze River Delta**					
上海市	Shanghai City	15.23	30.23	9.18	16.58	51.31
南京市	Nanjing City	3.97	12.11	3.19	5.58	9.41
苏州市	Suzhou City	3.98	8.99	0.75	6.10	19.13
无锡市	Wuxi City	3.08	7.10	0.83	4.78	9.82
常州市	Changzhou City	2.16	4.65	0.56	3.36	10.19
镇江市	Zhenjiang City					
南通市	Nantong City	2.91	7.50	0.40	4.35	0.30
扬州市	Yangzhou City	2.46	5.93	0.61	3.89	20.52
泰州市	Taizhou City	2.11	4.85	0.23	2.92	0.28
杭州市	Hangzhou City	5.29	11.60	2.50	6.21	27.67
宁波市	Ningbo City	2.90	8.30	0.60	4.30	1.50
嘉兴市	Jiaxing City	1.65	4.07	0.32	2.07	10.37
湖州市	Huzhou City	1.09	2.83	0.11	1.95	5.32
绍兴市	Shaoxing City	1.96	4.54	0.22	2.56	0.58
舟山市	Zhoushan City	0.61	1.30	0.12	1.32	1.05
台州市	Taizhou City	3.27	6.19	0.21	4.27	33.49
珠江三角洲经济区	**Pearl River Delta**					
广州市	Guangzhou City	9.37	19.15	3.91	10.91	25.03
深圳市	Shenzhen City	3.10	4.40	0.80	5.50	46.00
珠海市	Zhuhai City	0.80	1.30	0.20	2.10	2.40
佛山市	Foshan City	2.27	5.53	0.39	3.69	16.90
江门市	Jiangmen City	1.70	4.21	0.15	2.94	25.70
东莞市	Dongguan City	2.40	3.53	0.16	1.65	5.64
中山市	Zhongshan City	1.06	2.18	0.34	1.46	3.05
惠州市区	Huizhou Urban District	0.40	0.66	0.09	0.80	3.28
惠阳市	Huiyang City	0.33	0.88	0.05	0.99	4.45
惠东县	Huidong County	0.23	0.74	0.01	0.77	3.10
博罗县	Boluo County	0.30	0.91	0.02	0.56	1.71
肇庆市区	Zhaoqing Urban District	0.52	0.86	0.09	0.72	1.76
高要市	Gaoyao City	0.25	0.67	0.01	0.41	4.74
四会市	Sihui City	0.19	0.47	0.02	0.45	0.87
香港特别行政区	**Hong Kong,SAR**					2.62
澳门特别行政区	**Macao,SAR**					

注：①金融、保险、房地产及商用服务业。②社区、社会及个人服务业。
Note: ① Finance, Insurance,Real Estate and Social Services. ② Community,Social and Personal Services.

3-11 职工工资总额
Total Wages of Staff and Workers

单位：亿元 (100 million yuan)

地区	Area	1978	1980	1985	1990
长江三角洲经济区	**Yangtze River Delta**				
上海市	Shanghai City	28.12	38.10	68.99	146.78
南京市	Nanjing City	5.46	8.04	15.66	33.48
苏州市	Suzhou City	3.12	4.69	9.24	23.11
无锡市	Wuxi City	2.77	3.99	8.00	19.31
常州市	Changzhou City	1.93	2.72	5.84	12.90
镇江市	Zhenjiang City	1.54	2.06	3.96	9.16
南通市	Nantong City	2.45	3.51	7.36	16.56
扬州市	Yangzhou City	0.98	2.39	4.53	7.36
泰州市	Taizhou City	1.45	2.06	3.80	8.37
杭州市	Hangzhou City	4.38	6.79	13.01	27.79
宁波市	Ningbo City	2.43	3.33	6.43	15.67
嘉兴市	Jiaxing City	1.18	1.92	4.03	9.46
湖州市	Huzhou City	1.53	1.61	2.98	6.24
绍兴市	Shaoxing City				8.81
舟山市	Zhoushan City	0.50	0.71	1.43	3.48
台州市	Taizhou City	1.10	1.55	2.98	6.47
珠江三角洲经济区	**Pearl River Delta**				
广州市	Guangzhou City	10.18	14.22	27.89	65.64
深圳市	Shenzhen City		0.44	5.19	22.74
珠海市	Zhuhai City	0.36	0.49	1.57	5.58
佛山市	Foshan City	1.86	2.76	6.21	17.33
江门市	Jiangmen City	1.61	2.36	4.99	12.89
东莞市	Dongguan City	0.45	0.73	1.73	4.68
中山市	Zhongshan City	0.60	0.84	1.88	4.89
惠州市区	Huizhou Urban District	0.25	0.36	0.79	2.86
惠阳市	Huiyang City	0.13	0.18	0.31	1.01
惠东县	Huidong County	0.21	0.21	0.36	0.91
博罗县	Boluo County	0.22	0.29	0.46	1.10
肇庆市区	Zhaoqing Urban District	0.40	0.58	1.15	2.69
高要市	Gaoyao City	0.19	0.25	0.41	0.90
四会市	Sihui City	0.18	0.25	0.40	0.99

3-11 续表 continued

单位：亿元 (100 million yuan)

地区	Area	1995	2000	2001	2002
长江三角洲经济区	**Yangtze River Delta**				
上海市	Shanghai City	440.75	614.53	678.29	733.31
南京市	Nanjing City	104.38	157.64	172.71	186.67
苏州市	Suzhou City	67.10	89.31	101.91	118.17
无锡市	Wuxi City	55.05	73.04	75.98	81.14
常州市	Changzhou City	38.68	50.98	54.04	57.35
镇江市	Zhenjiang City	27.19	35.61	38.08	40.50
南通市	Nantong City	50.19	60.82	64.57	66.71
扬州市	Yangzhou City	36.86	44.83	45.73	47.04
泰州市	Taizhou City	26.11	30.39	32.33	34.21
杭州市	Hangzhou City	89.05	129.64	151.13	164.84
宁波市	Ningbo City	57.32	92.77	106.00	115.57
嘉兴市	Jiaxing City	26.44	36.35	40.48	48.86
湖州市	Huzhou City	17.26	20.05	22.24	25.19
绍兴市	Shaoxing City	28.92	43.12	51.05	59.40
舟山市	Zhoushan City	10.71	13.43	15.99	17.37
台州市	Taizhou City	20.69	39.59	47.70	55.75
珠江三角洲经济区	**Pearl River Delta**				
广州市	Guangzhou City	214.62	343.21	382.27	445.89
深圳市	Shenzhen City	107.61	211.34	244.17	283.28
珠海市	Zhuhai City	28.15	42.27	46.50	55.08
佛山市	Foshan City	53.54	60.12	63.07	71.28
江门市	Jiangmen City	38.22	36.54	37.35	38.20
东莞市	Dongguan City	17.15	22.94	26.16	29.18
中山市	Zhongshan City	14.95	20.94	23.53	26.09
惠州市区	Huizhou Urban District	12.91	19.25	21.35	21.99
惠阳市	Huiyang City	6.12	10.38	12.07	17.66
惠东县	Huidong County	3.52	4.35	4.64	5.11
博罗县	Boluo County	3.79	5.56	5.04	5.82
肇庆市区	Zhaoqing Urban District	10.07	10.92	11.20	13.12
高要市	Gaoyao City	2.94	3.24	3.17	3.12
四会市	Sihui City	2.68	3.18	3.04	3.78

3-12 职工工资总额及指数(2002 年)

Total Wages of Staff and Workers and Related Indices(2002)

地区	Area	工资总额(亿元) Total Wages (100 million yuan)			
		合计 Total	国有单位 State-owned Units	城镇集体单位 Urban Collective-owned Units	其他单位 Units of Other Types of Ownership
长江三角洲经济区	**Yangtze River Delta**				
上海市	Shanghai City	733.31	404.44	31.54	297.33
南京市	Nanjing City	186.67	115.10	10.85	60.72
苏州市	Suzhou City	118.17	57.73	7.94	52.49
无锡市	Wuxi City	81.14	46.54	6.91	27.69
常州市	Changzhou City	57.35	32.70	5.66	19.00
镇江市	Zhenjiang City	40.50	27.53	4.10	10.07
南通市	Nantong City	66.71	38.14	6.19	22.38
扬州市	Yangzhou City	47.04	30.81	3.61	12.62
泰州市	Taizhou City	34.21	21.99	4.92	7.30
杭州市	Hangzhou City	164.84	104.78	6.72	53.35
宁波市	Ningbo City	115.57	59.02	7.68	48.87
嘉兴市	Jiaxing City	48.86	27.73	2.94	18.19
湖州市	Huzhou City	25.19	16.60	2.22	6.37
绍兴市	Shaoxing City	59.40	30.82	6.37	22.21
舟山市	Zhoushan City	17.37	11.37	1.11	4.90
台州市	Taizhou City	55.75	34.31	5.33	16.11
珠江三角洲经济区	**Pearl River Delta**				
广州市	Guangzhou City	445.89	275.92	22.50	147.47
深圳市	Shenzhen City	283.28	103.51	4.32	175.45
珠海市	Zhuhai City	55.29	23.32	3.10	28.87
佛山市	Foshan City	71.28	33.71	5.73	31.84
江门市	Jiangmen City	38.20	20.18	4.62	13.41
东莞市	Dongguan City	29.18	16.56	5.89	6.73
中山市	Zhongshan City	26.09	14.51	1.38	10.20
惠州市区	Huizhou Urban District	21.99	8.30	1.03	12.66
惠阳市	Huiyang City	17.66	4.99	2.10	10.57
惠东县	Huidong County	5.11	3.27	0.95	0.90
博罗县	Boluo County	5.82	3.77	0.58	1.47
肇庆市区	Zhaoqing Urban District	13.12	7.24	0.62	5.26
高要市	Gaoyao City	3.12	2.30	0.37	0.45
四会市	Sihui City	3.78	2.63	0.16	1.00

3-12 续表 continued

地区	Area	指数(上年=100) Indices (preceding year = 100)			
		合计 Total	国有单位 State-owned Units	城镇集体单位 Urban Collective-owned Units	其他单位 Units of Other Types of Ownership
长江三角洲经济区	**Yangtze River Delta**				
上海市	Shanghai City	108.10	103.70	88.10	117.70
南京市	Nanjing City	108.08	102.67	92.38	124.28
苏州市	Suzhou City	115.95			
无锡市	Wuxi City	106.80	104.10	94.90	115.30
常州市	Changzhou City	106.13	99.30	78.81	136.34
镇江市	Zhenjiang City	104.30	107.30	81.10	124.30
南通市	Nantong City	103.30	101.80	74.50	119.10
扬州市	Yangzhou City	102.90	99.70	75.70	125.40
泰州市	Taizhou City	105.80	106.50	88.90	118.80
杭州市	Hangzhou City	109.10	114.40	100.90	100.90
宁波市	Ningbo City	109.03	107.42	95.20	113.68
嘉兴市	Jiaxing City	120.70	114.60	99.70	136.40
湖州市	Huzhou City	113.90	120.40	100.80	104.10
绍兴市	Shaoxing City	116.36	111.40	104.46	128.48
舟山市	Zhoushan City	108.60	110.40	100.20	106.70
台州市	Taizhou City	117.40	116.70	95.40	128.70
珠江三角洲经济区	**Pearl River Delta**				
广州市	Guangzhou City	116.64	116.82	105.64	118.17
深圳市	Shenzhen City	116.00	106.90	86.50	123.30
珠海市	Zhuhai City	118.90	118.52	94.27	122.67
佛山市	Foshan City	113.00	111.90	89.70	119.80
江门市	Jiangmen City	102.28	100.44	84.95	113.39
东莞市	Dongguan City	111.52	108.55	111.89	119.18
中山市	Zhongshan City	110.88	115.88	60.15	117.09
惠州市区	Huizhou Urban District	103.00	109.80	57.70	105.40
惠阳市	Huiyang City	146.30	114.50	96.30	191.20
惠东县	Huidong County	110.30	106.20	95.20	159.60
博罗县	Boluo County	115.50	105.40	99.40	167.10
肇庆市区	Zhaoqing Urban District	117.20	116.10	100.00	121.10
高要市	Gaoyao City	98.40	106.00	68.20	98.50
四会市	Sihui City	124.40	115.60	85.40	170.60

3-13 职工平均工资及指数(2002年)
Average Wages of Staff and Workers and Related Indices(2002)

地区	Area	平均工资(元) Average Wages (yuan)			
		合计 Total	国有单位 State-owned Units	城镇集体单位 Urban Collective-owned Units	其他单位 Units of Other Types of Ownership
长江三角洲经济区	**Yangtze River Delta**				
上海市	Shanghai City	19473	19777	8707	21886
南京市	Nanjing City	16220	16892	8469	17788
苏州市	Suzhou City	15924	18841	11480	14324
无锡市	Wuxi City	14358	16071	9659	13575
常州市	Changzhou City	14057	15864	9990	13079
镇江市	Zhenjiang City	13198	14936	8240	12298
南通市	Nantong City	11342	14101	7209	9653
扬州市	Yangzhou City	12006	14346	6723	10233
泰州市	Taizhou City	10059	13280	7291	6820
杭州市	Hangzhou City	20712	23925	14668	17091
宁波市	Ningbo City	20748	25903	16475	17296
嘉兴市	Jiaxing City	17874	24101	13349	13299
湖州市	Huzhou City	16019	19565	12194	11750
绍兴市	Shaoxing City	16503	22361	13919	12595
舟山市	Zhoushan City	16003	18301	12685	12985
台州市	Taizhou City	18246	22008	13082	14793
珠江三角洲经济区	**Pearl River Delta**				
广州市	Guangzhou City	26219	33124	14169	20805
深圳市	Shenzhen City	28218	35501	16969	25544
珠海市	Zhuhai City	18505	27092	11606	15523
佛山市	Foshan City	15872	19099	12999	13934
江门市	Jiangmen City	11170	13599	8647	9560
东莞市	Dongguan City	17804	22228	11640	17348
中山市	Zhongshan City	18803	25974	13323	14064
惠州市区	Huizhou Urban District	13328	17962	9748	11700
惠阳市	Huiyang City	10591	13108	7445	10520
惠东县	Huidong County	10320	11503	8411	9102
博罗县	Boluo County	9444	10078	8046	8647
肇庆市区	Zhaoqing Urban District	13086	16417	9598	10583
高要市	Gaoyao City	9333	10244	6141	9088
四会市	Sihui City	12239	14778	8763	8807
香港特别行政区(港元)	**Hong Kong,SAR**				
澳门特别行政区(澳门元)	**Macao,SAR**	56064			

3-13 续表 continued

地区	Area	指数(上年=100) Indices (preceding year=100)			
		合计 Total	国有单位 State-owned Units	城镇集体单位 Urban Collective-owned Units	其他单位 Units of Other Types of Ownership
长江三角洲经济区	**Yangtze River Delta**				
上海市	Shanghai City	109.60	111.00	102.10	104.90
南京市	Nanjing City	115.01	113.92	112.38	113.84
苏州市	Suzhou City	116.49			
无锡市	Wuxi City	114.60	109.90	103.60	103.20
常州市	Changzhou City	114.56	115.66	110.79	113.34
镇江市	Zhenjiang City	112.40	114.50	106.80	103.70
南通市	Nantong City	116.20	120.70	114.00	107.50
扬州市	Yangzhou City	111.50	115.50	111.60	98.50
泰州市	Taizhou City	111.00	113.90	111.90	105.00
杭州市	Hangzhou City	117.40	117.10	108.90	116.00
宁波市	Ningbo City	111.94	113.20	119.39	109.76
嘉兴市	Jiaxing City	116.40	122.10	123.50	113.50
湖州市	Huzhou City	130.90	134.10	136.30	118.30
绍兴市	Shaoxing City	114.95	116.51	121.74	115.19
舟山市	Zhoushan City	113.00	115.30	105.90	109.80
台州市	Taizhou City	117.30	120.30	125.90	107.60
珠江三角洲经济区	**Pearl River Delta**				
广州市	Guangzhou City	115.14	120.22	109.70	109.62
深圳市	Shenzhen City	108.80	113.80	126.40	106.60
珠海市	Zhuhai City	108.60	124.31	86.68	104.22
佛山市	Foshan City	111.60	113.90	105.10	111.30
江门市	Jiangmen City	108.83	112.81	109.82	103.68
东莞市	Dongguan City	110.02	111.87	105.81	113.85
中山市	Zhongshan City	115.00	118.00	119.00	108.00
惠州市区	Huizhou Urban District	106.60	114.50	109.00	100.10
惠阳市	Huiyang City	112.30	112.70	109.60	111.00
惠东县	Huidong County	113.90	105.60	130.70	119.70
博罗县	Boluo County	106.50	106.60	108.80	109.30
肇庆市区	Zhaoqing Urban District	117.30	127.30	105.60	110.20
高要市	Gaoyao City	104.10	101.00	100.30	101.30
四会市	Sihui City	117.50	123.70	130.80	111.90
香港特别行政区	**Hong Kong,SAR**	117.80 ①			
澳门特别行政区	**Macao,SAR**				

注：①实际工资指数，1992年9月=100。

Note: ① real wage index,sep.1992=100.

3-14 城镇登记失业人数及失业率

Urban Registered Unemployment and Unemployment Rate

地区	Area	失业人数(人) Number of Unemployment(person)			失业率(%) Unemployment Rate(%)		
		2000	2001	2002	2000	2001	2002
长江三角洲经济区	**Yangtze River Delta**						
上海市	Shanghai City	200800	257200	287800	3.50	4.30	4.80
南京市	Nanjing City			64613	0.00	3.59	4.13
苏州市	Suzhou City	40209	45175	54194	3.48	3.65	4.08
无锡市	Wuxi City	46064	51853	73533	2.80	3.57	3.75
常州市	Changzhou City	17457	17674	20622	3.00	3.20	3.40
镇江市	Zhenjiang City	17334	14984	17417	3.06	3.26	3.81
南通市	Nantong City	23334	33934	37124	2.85	3.08	3.36
扬州市	Yangzhou City	17038	19233	20454	2.98	3.50	3.80
泰州市	Taizhou City	19235	20032	24569	3.43	3.50	4.19
杭州市	Hangzhou City	55981	69660	68480	3.48	4.48	4.43
宁波市	Ningbo City	29787	31858	39453	3.48	3.80	3.97
嘉兴市	Jiaxing City	18391	17046	19965	3.44	3.45	4.00
湖州市	Huzhou City	10087	12205	11501	3.39	4.00	4.16
绍兴市	Shaoxing City	18800	20500	21600	3.50	3.60	3.80
舟山市	Zhoushan City	5443	6306	5934	3.40	3.80	4.10
台州市	Taizhou City	9676	11670	14048	3.00	3.30	3.80
珠江三角洲经济区	**Pearl River Delta**						
广州市	Guangzhou City	85096	91634	93604	3.15	3.76	3.56
深圳市	Shenzhen City	18090	19378	19695	2.45	2.47	2.45
珠海市	Zhuhai City	11300	11400	11800	2.90	2.90	2.90
佛山市	Foshan City	10887	14131	15312	2.80	3.50	3.10
江门市	Jiangmen City	44285	58925	56924	2.29	2.70	3.13
东莞市	Dongguan City	841	939	3413	0.50	0.50	1.30
中山市	Zhongshan City	7557	7803	7500	2.40	2.45	2.44
惠州市区	Huizhou Urban District	2298	2692	2323	3.00	3.50	2.95
惠阳市	Huiyang City	5225	4800	12422	2.80	2.90	2.57
惠东县	Huidong County	1092	1532	1820	1.80	2.35	2.63
博罗县	Boluo County	1900	2707	3837	2.10	2.40	2.70
肇庆市区	Zhaoqing Urban District	4001	3964	4518	3.00	2.90	3.00
高要市	Gaoyao City	1215	1142	1131	2.80	3.00	3.00
四会市	Sihui City	1529	1445	1562	2.30	2.30	2.80
香港特别行政区①	**Hong Kong,SAR ①**	16.69	17.48	25.55	4.90	5.10	7.30
澳门特别行政区	**Macao,SAR**	1.42	1.39	1.34	6.80	6.40	6.30

注：①为全部失业人数。

Note: ① Refer to total unemployment.

主要统计指标解释

人口数 指一定时点、一定地区范围内有生命的个人总和。

年度统计的年末人口数指每年12月31日24时的人口数。年度统计的全国人口总数内未包括香港、澳门特别行政区和台湾省以及海外华侨人数。

出生率(粗出生率) 指在一定时期内(通常为一年)一定地区的出生人数与同期内平均人数(或期中人数)之比，用千分率表示。本资料中的出生率指年出生率，其计算公式为：

出生率＝年出生人数／年平均人数×1000‰

式中：出生人数指活产婴儿，即胎儿脱离母体时(不管怀孕月数)有过呼吸或其他生命现象。年平均人数指年初、年底人口数的平均数，也可用年中人口数代替。

死亡率(粗死亡率) 指在一定时期内(通常为一年)一定地区的死亡人数与同期内平均人数(或期中人数)之比，用千分率表示。本资料中的死亡率指年死亡率，其计算公式为：

死亡率＝年死亡人数／年平均人数×1000‰

人口自然增长率 指在一定时期内(通常为一年)人口自然增加数(出生人数减死亡人数)与该时期内平均人数(或期中人数)之比，用千分率表示。

经济活动人口 指16岁以上，有劳动能力，参加或要求参加社会经济活动的人口，包括就业人员和失业人员。

就业人员 指从事一定社会劳动并取得劳动报酬或经营收入的人员，包括全部职工、再就业的离退休人员、私营业主、个体户主、私营和个体就业人员、乡镇企业就业人员、农村就业人员、其他就业人员(包括民办教师、宗教职业者、现役军人等)。这一指标反映了一定时期内全部劳动力资源的实际利用情况，是研究我国基本国情国力的重要指标。

各单位的就业人员 指在各级国家机关、政党机关、社会团体及企业、事业单位中工作，取得工资或其他形式的劳动报酬的全部人员，包括在岗职工、再就业的离退休人员、民办教师以及在各单位中工作的外方人员和港澳台方人员、兼职人员、借用的外单位人员和第二职业者。不包括离开本单位仍保留劳动关系的职工。各单位的就业人员反映了各单位实际参加生产或工作的全部劳动力。

城镇私营和个体就业人员 城镇私营就业人员指在工商管理部门注册登记，其经营地址设在县城关镇(含城关镇)以上的私营企业就业人员，包括私营企业投资者和雇工。城镇个体就业人员指在工商管理部门注册登记，并持有城镇户口或在城镇长期居住，经批准从事个体工商经营的就业人员，包括个体经营者和在个体工商户劳动的家庭帮工和雇工。

城镇登记失业人员 指有非农业户口，在一定的劳动年龄内(16岁以上及男50岁以下、女45岁以下)，有劳动能力，无业而要求就业，并在当地就业服务机构进行求职登记的人员。

城镇登记失业率 指城镇登记失业人员与城镇单位就业人员(扣除使用的农村劳动力、聘用的离退休人员、港澳台及外方人员)、城镇单位中的不在岗职工、城镇私营业主、个体户主、城镇私营企业和个体就业人员、城镇登记失业人员之和的比。计算公式为：

城镇登记失业率＝城镇登记失业人数／(城镇单位就业人员－使用的农村劳动力－聘用的离退休人员－港澳台及外方人员＋城镇单位中的不在岗职工＋城镇私营业主＋个体户主＋城镇私营企业和个体就业人员＋城镇登记失业人员)×100%

职工 指在国有、城镇集体、联营、股份制、外商和港、澳、台投资、其他单位及其附属机构工作，并由其支付工资的各类人员，不包括下列人员：⑴乡镇企业就业人员；⑵私营企业就业人员；⑶城镇个体劳动者；⑷离休、退休、退职人员；⑸再就业的离、退休人员；⑹民办教师⑺在城镇单位工作的外方和港、澳、台人员；⑻其他按有关规定不列入职工统计范围的人员(1998年以后的数据均为在岗职工数据，其他相关指标如职工工资总额，职工平均工资等指标也从1998年起按此口径进行了相应调整)。

在岗职工 指在本单位工作并由单位支付工资的人员，以及有工作岗位，但由于学习、病伤产假等原因暂未工作，仍由单位支付工资的人员。

工资总额 指各单位在一定时期内直接支付给本单位全部职工的劳动报酬总额。工资总额的计算原则应以直接支付给职工的全部劳动报酬为根据。各单位支付给职工的劳动报酬以及其他根据有关规定支付的工资，不论是计入成本的还是不计入成本的，不论是按国家规定列入计征奖金税项目的，还是未列入计征奖金税项目的，不论是以货币形式支付的还是以实物形式支付的，均包括在工资总额内。

平均工资 指企业、事业、机关单位的职工在一定时期内平均每人所得的货币工资额。它表明一定时期职工工资收入的高低程度，是反映职工工资水平的主要指标。计算公式为：

职工平均工资＝报告期实际支付的全部职工工资总额／报告期全部职工平均人数

平均工资指数 指报告期职工平均工资与基期职工平均工资的比率，是反映不同时期职工货币工资水平变动情况的相对数。计算公式为：

平均工资指数＝报告期职工平均工资／基期职工平均工资

Explanatory Notes on Main Statistical Indicators

Total Population refers to the total number of people alive at a certain point of time within a given area.

The annual statistics on total population is taken at midnight, the 3lst of December, not including residents in Taiwan province, Chinese compatriots in Hong Kong and Macao and overseas Chinese.

Birth Rate (Crude Birth Rate) refers to the ratio of the number of births to the average population (or mid-period population) during a certain period of time (usually a year) which is often expressed in ‰. The following formula is used:

Birth Rate = (Number of Births/ Average Number of Population) × 1000‰

Number of births refers to live births i.e. when a baby has breathed or showed any vital phenomena regardless of the length of pregnancy.Annual Average Number of Population is the average of the number of population at the beginning of the year and that at the end of the year. Sometimes it is substituted for with the mid year population.

Death Rate (Crude Death Rate) refers to the ratio of the number of deaths to the average population (or mid-period population) during a certain period of time (usually a year) which is often expressed in ‰. Death rate in the chapter refers to annual death rate. The following formula is used:

Death Rate= (Number of Deaths/ Average Number of Population) × 1000‰

Natural Growth Rate of Population refers to the ratio of natural increase in population (number of births minus number of deaths) in a certain period of time (usually a year) to the average population (or mid-period population) of the same period which is often expressed in ‰.

Economically Active Population refers to the population aged 16 and over who are capable to work, are participating in or willing to participate in economic activities, including employed persons and unemployed persons.

Employed Persons refer to the persons who are engaged in social working and receive remuneration payment or earn business income, including total staff and workers, re-employed retirees, employers of private enterprises, self-employed workers, employees in private enterprises and individual economy, employees in township enterprises, employed persons in the rural areas, and other employed persons (including teachers in the schools run by the local people, people engaged in religious profession and the servicemen, etc.). This indicator reflects the actual utilization of total labor force during a certain period of time and is often used for the research on China's economic situation and national power.

Persons Employed in Various Units refer to all the persons working in government agencies of various levels, political and party organizations, social organizations, enterprises and institutions, and receiving wages or other forms of payment. They include fully-employed staff and workers, re-employed retirees, teachers in schools run by the local people, foreigners and Chinese compatriots from Hong Kong, Macao, and Taiwan working in various units, part-time employees, employees of other units working temporarily at current posts, and employees holding the second job, but exclude staff and workers who have left their working units while keeping their labour contract (employment relation) unchanged. This indicator reflects the total number of laborers actually engaged in production or other operations in various units.

Persons Employed in Private Enterprises and Self-Employed Individuals in Urban Areas Persons employed in private enterprises refer to the persons employed in the private enterprises which have been registered at the departments of industrial and commercial administration and are situated at a county town (i.e. a town where the county government is located) for business operation or at urban areas with the level higher than a county town. The self-employed individuals in urban areas refer to persons who hold the certificates of residence in urban areas or have resided in the urban areas for a long time and have been registered at the departments of industrial and commercial administration and approved to be engaged in individual industrial or commercial business, including self-employed persons as well as helpers and hired laborers who work in the individual households engaged in industrial or commercial business.

Registered Urban Unemployed Persons refer to the persons with non-agricultural household Registration at certain working age(16-50 years for male and 16-45 years for females),who are capable of work, unemployed and will to work, and have been registered at the local employment service agencies to apply for a job.

Registered Urban Unemployment Rate refers to the ratio of the number of the registered unemployed persons to the sum of the number of persons employed in various units(minus the rural labour force, retirees, and Hong Kong, Macao, Taiwan or foreign employees they employ) laid-off workers in urban units, owners and employees in urban private enterprises, urban self-employed individuals and the registered urban unemployed persons. The formula is as follows:

Registered urban unemployment rate = number of registered urban unemployed persons/(number of persons employed in urban units- rural labour force employed- retirees employed- Hong Kong, Macao, Taiwan or foreign employees employ + laid-off workers + owners and employees in urban private enterprises+ self-employed individuals in urban areas + registered urban unemployed persons) × 100%.

Staff and Workers refer to the persons working in and receive payment from units of state ownership, collective ownership, joint ownership, share holding ownership, foreign ownership, and ownership by entrepreneurs from Hong Kong, Macao, and Taiwan, and other types of ownership and their affiliated units. They do not include 1)persons employed in township enterprises,2)persons employed in private enterprises,3)urban self-employed persons,4)retirees,5)re-employed retirees, 6)teachers in the schools run by the local people,7)foreigners and persons from Hong Kong, Macao and Taiwan who work in urban units, and 8)other persons not to be included by relevant regulations Data of 1998 and afterward refer to fully employed staff and worker. Other related statistics such as total wage bill and average wage are adjusted since 1998 accordingly.

Fully Employed Staff and Workers refer to persons who work in, and receive wages from their working units, as well as persons who have their work posts, but are temporarily absent from work for reasons of study or on sick, injury or maternal leave and still receive wages from their working units.

Total Wages refer to the total remuneration payment to staff and workers in various units during a certain period of time. The calculation of total wages is based on the total remuneration payment to the staff and workers. Therefore, all the wages and salaries and other payments to staff and workers are included in the total wages regardless of their sources, category, and forms (in kind or cash). Total wages of staff and workers in this yearbook include only total wages of fully employed staff and workers, excluding the living allowances distributed to those who have left their working units while keeping their labour contract/employment relation unchanged.

Average Wage refers to the average wage in money terms per person during a certain period of time for staff and workers in enterprises, institutions, and government agencies, which reflects the general level of wage income during a certain period of time and is calculated as follows:

Average Wage = Total Wages of Staff and Workers at the Report Period/Average Number of Staff and Workers at the Report Period.

Average Wage Indices refers to the ratio of average wage of staff and workers at the report period to that at the base period, which reflects the change of wage of staff and workers at the different period. It is calculated as follows:

Average Wage Indices =Average Wage of Staff and Workers at the Report Period/ Average Wage of Staff and Workers at the Base Period*100%.

四、固定资产投资

Investment in Fixed Assets

4−1　全社会固定资产投资总额
Total Investment in Fixed Assets

单位：亿元　　(100 million yuan)

地区	Area	1978	1980	1985	1990
长江三角洲经济区	**Yangtze River Delta**				
上海市	Shanghai City	27.91	45.43	118.56	227.08
南京市	Nanjing City	6.63	7.82	24.28	42.65
苏州市	Suzhou City	1.40	2.87	29.70	55.37
无锡市	Wuxi City	1.72	2.90	9.56	35.30
常州市	Changzhou City	0.89	2.37	10.47	22.71
镇江市	Zhenjiang City	1.23	2.62	5.16	15.14
南通市	Nantong City	1.34	2.74	5.98	20.78
扬州市	Yangzhou City	0.99	3.10	11.68	20.16
泰州市	Taizhou City	0.33	0.74	1.93	10.55
杭州市	Hangzhou City	4.83	7.09	22.97	36.63
宁波市	Ningbo City	5.02	6.50	18.08	39.28
嘉兴市	Jiaxing City	0.00	0.00	10.42	24.25
湖州市	Huzhou City	0.59	0.87	5.35	11.75
绍兴市	Shaoxing City	0.44	0.93	9.12	17.21
舟山市	Zhoushan City	0.93	1.33	4.47	5.82
台州市	Taizhou City	1.14	2.94	8.87	14.48
珠江三角洲经济区	**Pearl River Delta**				
广州市	Guangzhou City	6.52	7.93	42.39	90.21
深圳市	Shenzhen City	0.16	1.38	33.32	57.92
珠海市	Zhuhai City	0.20	0.58	9.70	12.12
佛山市	Foshan City	0.45	0.85	7.84	23.09
江门市	Jiangmen City	0.42	0.72	6.13	12.96
东莞市	Dongguan City	0.23	0.23	7.06	7.51
中山市	Zhongshan City	0.17	0.37	4.85	9.47
惠州市区	Huizhou Urban District	0.15	0.26	1.03	3.32
惠阳市	Huiyang City	0.09	0.09	1.09	6.42
惠东县	Huidong County	0.13	0.24	1.03	3.33
博罗县	Boluo County	0.13	0.14	0.75	2.66
肇庆市区	Zhaoqing Urban District	0.30	0.35	1.72	2.18
高要市	Gaoyao City	0.05	0.09	0.17	1.00
四会市	Sihui City	0.04	0.16	0.19	0.69

4-1续表 continued

单位：亿元 (100 million yuan)

地区	Area	1995	2000	2001	2002
长江三角洲经济区	**Yangtze River Delta**				
上海市	Shanghai City	1601.79	1869.67	1994.73	2187.06
南京市	Nanjing City	233.86	412.20	464.91	602.95
苏州市	Suzhou City	334.10	516.43	564.85	812.81
无锡市	Wuxi City	249.59	350.10	405.01	537.80
常州市	Changzhou City	115.06	163.43	190.69	250.01
镇江市	Zhenjiang City	68.55	140.95	150.87	185.54
南通市	Nantong City	193.31	239.50	258.09	309.89
扬州市	Yangzhou City	99.38	128.25	144.09	180.22
泰州市	Taizhou City	76.37	138.74	155.96	177.26
杭州市	Hangzhou City	232.34	515.49	630.97	769.76
宁波市	Ningbo City	264.19	360.75	470.28	601.27
嘉兴市	Jiaxing City	111.78	263.74	305.41	378.80
湖州市	Huzhou City	72.40	109.34	149.17	200.29
绍兴市	Shaoxing City	162.31	247.18	286.55	367.48
舟山市	Zhoushan City	36.59	42.18	55.72	64.54
台州市	Taizhou City	124.36	179.73	222.11	274.37
珠江三角洲经济区	**Pearl River Delta**				
广州市	Guangzhou City	618.26	923.67	972.50	999.33
深圳市	Shenzhen City	275.82	619.70	673.37	747.15
珠海市	Zhuhai City	90.73	94.98	104.87	120.53
佛山市	Foshan City	166.63	198.96	238.20	290.43
江门市	Jiangmen City	102.40	104.34	108.84	126.15
东莞市	Dongguan City	63.14	102.89	125.49	191.57
中山市	Zhongshan City	61.50	109.95	177.99	219.00
惠州市区	Huizhou Urban District	20.82	25.08	27.39	33.38
惠阳市	Huiyang City	12.65	23.94	26.84	38.03
惠东县	Huidong County	9.40	12.02	13.08	14.34
博罗县	Boluo County	16.06	13.48	14.56	15.76
肇庆市区	Zhaoqing Urban District	24.15	36.54	35.81	33.17
高要市	Gaoyao City	19.03	15.60	16.50	17.87
四会市	Sihui City	9.43	9.98	11.51	19.19

4-2 按经济类型分的全社会固定资产投资总额

Total Investment in Fixed Assets by Ownership

单位：亿元 (100 million yuan)

地区	Area	内资 Domestic Funds			外商投资及港澳台商投资 Foreign Funds & Hongkong, Macao and Taiwan Funds		
		2000	2001	2002	2000	2001	2002
长江三角洲经济区	**Yangtze River Delta**						
上海市	Shanghai City	829.98	760.58	742.72	319.05	637.81	369.96
南京市	Nanjing City	337.02	374.73	458.88	38.15	58.27	98.11
苏州市	Suzhou City			579.70			233.11
无锡市	Wuxi City	134.96	163.68	220.11	31.73	30.74	40.81
常州市	Changzhou City	90.31	98.51	116.84	13.45	19.09	29.86
镇江市	Zhenjiang City	54.37	52.34	79.89	25.54	20.23	11.97
南通市	Nantong City	92.23	110.72	129.10	19.31	14.15	23.97
扬州市	Yangzhou City	123.03	143.40	171.72	1.10	2.23	11.02
泰州市	Taizhou City	135.14	150.35	170.18	3.60	5.61	7.07
杭州市	Hangzhou City	357.22	413.88	530.28	19.43	49.61	32.06
宁波市	Ningbo City	328.33	430.80	543.46	32.42	39.48	57.81
嘉兴市	Jiaxing City	259.25	296.19	350.10	4.50	9.22	28.69
湖州市	Huzhou City	105.02	141.61	142.65	4.32	7.57	13.87
绍兴市	Shaoxing City	92.56	59.68	169.87	2.60	6.91	10.18
舟山市	Zhoushan City	41.16	52.84	61.61	1.02	2.87	2.92
台州市	Taizhou City	88.50	120.04	137.32	0.98	5.57	4.46
珠江三角洲经济区	**Pearl River Delta**						
广州市	Guangzhou City	731.49	922.81	697.00	151.49	223.46	229.92
深圳市	Shenzhen City	529.26	653.98	555.22	126.94	156.96	215.62
珠海市	Zhuhai City	53.75	142.66	76.68	39.80	58.10	43.33
佛山市	Foshan City	118.07	143.28	160.98	13.58	18.72	24.81
江门市	Jiangmen City	75.28	113.25	88.71	20.41	26.25	21.24
东莞市	Dongguan City	56.42	115.01	119.22	18.13	22.18	29.81
中山市	Zhongshan City	49.15	110.47	134.26	13.96	49.84	61.29
惠州市区	Huizhou Urban District	17.38	29.62	25.61	8.16	7.83	8.66
惠阳市	Huiyang City	9.75	13.60	11.40	7.73	2.58	15.21
惠东县	Huidong County	4.88	9.13	6.73	1.77	0.97	1.20
博罗县	Boluo County	5.71	18.24	6.18	4.47	5.44	6.02
肇庆市区	Zhaoqing Urban District	28.67	42.82	32.90	7.87	7.90	7.37
高要市	Gaoyao City	7.53	11.90	5.94	1.08	0.98	1.94
四会市	Sihui City	4.77	8.88	6.74	1.29	1.32	1.90

4-2 续表 1 continued

单位：亿元 (100 million yuan)

地区	Area	外商投资 Foreign Funds			# 独资企业 Single-investor Enterprises		
		2000	2001	2002	2000	2001	2002
长江三角洲经济区	**Yangtze River Delta**						
上海市	Shanghai City	96.19	362.25	117.84			
南京市	Nanjing City	18.63	37.67	74.22	3.82	3.51	12.01
苏州市	Suzhou City			154.64			134.41
无锡市	Wuxi City	26.55	27.33	33.65	12.96	17.91	26.23
常州市	Changzhou City	5.91	6.28	12.63	0.94	1.31	1.52
镇江市	Zhenjiang City	18.14	14.04	3.97	2.32	2.93	7.06
南通市	Nantong City	17.07	11.01	17.95	0.00	0.00	8.95
扬州市	Yangzhou City	0.26	0.70	3.18	0.07	0.35	1.46
泰州市	Taizhou City	2.22	4.17	3.15	0.20	2.47	2.01
杭州市	Hangzhou City	7.79	15.48	18.52	3.96	9.71	11.03
宁波市	Ningbo City	15.90	19.50	37.95	2.39	3.44	10.51
嘉兴市	Jiaxing City	2.92	7.24	12.08	1.23	1.82	5.14
湖州市	Huzhou City	0.55	2.50	4.27	0.00	0.52	0.43
绍兴市	Shaoxing City	1.00	4.96	3.72	0.21	3.73	1.83
舟山市	Zhoushan City	0.17	0.23	0.21	0.02	0.03	0.00
台州市	Taizhou City	0.34	4.91	1.16	0.00	3.88	0.77
珠江三角洲经济区	**Pearl River Delta**						
广州市	Guangzhou City	27.31	55.01	65.05	8.87	21.30	20.89
深圳市	Shenzhen City	44.23	45.11	73.04	16.01	12.76	33.16
珠海市	Zhuhai City	14.86	21.37	17.95	10.44	9.07	14.72
佛山市	Foshan City	4.80	2.90	5.15	1.35	0.00	0.16
江门市	Jiangmen City	4.43	7.93	6.47	0.68	2.34	4.14
东莞市	Dongguan City	5.08	4.30	8.46	3.38	2.09	1.21
中山市	Zhongshan City	7.20	18.80	25.28	4.36	12.33	17.64
惠州市区	Huizhou Urban District	1.87	2.87	3.29	0.17	0.81	0.50
惠阳市	Huiyang City	1.23	1.14	8.87	0.23	0.14	0.52
惠东县	Huidong County	0.64	0.09	0.30	0.58	0.09	0.30
博罗县	Boluo County	1.27	2.52	3.09	0.77	1.66	2.36
肇庆市区	Zhaoqing Urban District	4.84	4.83	1.85	4.50	3.74	1.78
高要市	Gaoyao City	0.26	0.18	0.92	0.03	0.18	0.92
四会市	Sihui City	0.84	0.80	1.28	0.80	0.21	0.43

4–2续表2 continued

单位：亿元 (100 million yuan)

地区	Area	港澳台商投资 Hongkong, Macao and Taiwan Funds			# 独资企业 Single-investor Enterprises		
		2000	2001	2002	2000	2001	2002
长江三角洲经济区	**Yangtze River Delta**						
上海市	Shanghai City	222.86	275.56	252.12			
南京市	Nanjing City	19.52	20.61	23.88	6.71	6.62	10.86
苏州市	Suzhou City			78.47			54.13
无锡市	Wuxi City	5.18	3.41	7.16	2.48	0.75	0.73
常州市	Changzhou City	7.54	12.81	17.23	2.35	7.70	5.00
镇江市	Zhenjiang City	7.39	6.20	8.01	0.74	0.87	0.69
南通市	Nantong City	2.23	3.14	6.03			3.69
扬州市	Yangzhou City	0.83	1.53	7.84	0.41	0.74	3.93
泰州市	Taizhou City	1.38	1.44	3.92	0.26	0.49	2.28
杭州市	Hangzhou City	11.64	34.13	13.53	0.71	18.69	2.43
宁波市	Ningbo City	16.52	19.98	19.86	7.76	11.48	13.67
嘉兴市	Jiaxing City	1.58	1.97	16.61	0.92	1.29	9.96
湖州市	Huzhou City	3.76	5.07	9.60	3.22	2.81	4.95
绍兴市	Shaoxing City	1.61	1.96	6.46	0.66	1.22	4.76
舟山市	Zhoushan City	0.85	2.64	2.72	0.16	0.18	0.14
台州市	Taizhou City	0.64	0.67	3.30	0.08	0.05	2.72
珠江三角洲经济区	**Pearl River Delta**						
广州市	Guangzhou City	124.18	168.45	164.87	8.34	21.98	30.04
深圳市	Shenzhen City	82.71	111.85	142.59	36.19	63.29	74.79
珠海市	Zhuhai City	24.94	36.73	25.38	9.57	25.64	20.93
佛山市	Foshan City	8.78	15.82	19.66	2.72	3.67	5.88
江门市	Jiangmen City	15.98	18.32	14.77	9.41	7.82	8.85
东莞市	Dongguan City	13.05	17.88	21.35	5.10	8.98	9.05
中山市	Zhongshan City	6.76	31.04	36.01	3.33	24.59	29.16
惠州市区	Huizhou Urban District	6.29	4.96	5.37	1.43	2.53	1.19
惠阳市	Huiyang City	6.50	1.43	6.34	5.78	1.01	3.69
惠东县	Huidong County	1.13	0.89	0.91	0.51	0.83	0.76
博罗县	Boluo County	3.21	2.92	2.92	1.88	1.77	2.49
肇庆市区	Zhaoqing Urban District	3.03	3.08	5.51	0.96	0.88	4.13
高要市	Gaoyao City	0.82	0.80	1.02	0.00	0.69	0.62
四会市	Sihui City	0.45	0.52	0.63	0.45	0.41	0.35

4-3 按管理渠道分的全社会固定资产投资总额（2002年）

Total Investment in Fixed Assets by Channel of Management(2002)

单位：亿元 (100 million yuan)

地区	Area	总计 Total	基本建设 Capital Construction	更新改造 Innovation	房地产开发 Real Estate Development	其他投资 Others
长江三角洲经济区	**Yangtze River Delta**					
上海市	Shanghai City	2187.06	784.13	422.58	748.89	231.46
南京市	Nanjing City	602.95	246.50	109.99	137.63	108.84
苏州市	Suzhou City	812.81	512.50	169.28	107.34	23.70
无锡市	Wuxi City	537.80	129.54	48.19	77.01	283.06
常州市	Changzhou City	250.01	58.64	47.04	41.02	103.31
镇江市	Zhenjiang City	185.54	64.26	23.11	19.80	78.37
南通市	Nantong City	309.89	70.71	37.52	35.96	165.70
扬州市	Yangzhou City	180.22	63.86	20.41	26.19	69.77
泰州市	Taizhou City	177.26	38.86	20.81	19.47	98.11
杭州市	Hangzhou City	769.76	242.46	101.11	198.25	20.52
宁波市	Ningbo City	601.27	212.03	49.94	125.97	14.79
嘉兴市	Jiaxing City	378.80	142.65	18.71	47.99	2.57
湖州市	Huzhou City	156.67	51.37	19.27	29.58	2.47
绍兴市	Shaoxing City	367.48	83.92	33.52	49.09	2.49
舟山市	Zhoushan City	64.54	22.77	6.35	18.69	0.54
台州市	Taizhou City	274.37	80.68	14.32	46.77	0.01
珠江三角洲经济区	**Pearl River Delta**					
广州市	Guangzhou City	999.33	276.74	184.72	426.39	111.48
深圳市	Shenzhen City	747.15	340.37	38.24	355.44	13.10
珠海市	Zhuhai City	120.53	73.50	5.42	37.21	4.40
佛山市	Foshan City	290.43	39.60	28.59	81.60	140.64
江门市	Jiangmen City	126.15	36.01	13.28	25.21	51.65
东莞市	Dongguan City	191.57	61.48	23.49	26.84	79.76
中山市	Zhongshan City	219.00	76.96	7.71	36.55	97.78
惠州市区	Huizhou Urban District	33.38	14.31	5.28	11.92	1.87
惠阳市	Huiyang City	38.03	16.58	4.88	1.78	14.79
惠东县	Huidong County	14.34	2.17	2.17	0.80	9.20
博罗县	Boluo County	15.76	7.68	0.46	1.34	6.28
肇庆市区	Zhaoqing Urban District	33.17	10.99	5.41	11.67	5.10
高要市	Gaoyao City	17.87	2.95	1.15	0.57	13.20
四会市	Sihui City	19.19	2.69	0.41	1.03	15.06

4-4 基本建设和更新改造投资主要指标
Main Indicators of Investment in Capital Construction and Innovation

地区	Area	基本建设 Investment in Capital					
		施工项目(个) Number of Projects under Construction(unit)			新增固定资产(亿元) Newly Increased Fixed Assets(100 million yuan)		
		2000	2001	2002	2000	2001	2002
长江三角洲经济区	**Yangtze River Delta**						
上海市	Shanghai City	1255	1151	1194	587.43	277.34	256.86
南京市	Nanjing City	474	386	470	148.49	143.73	104.76
苏州市	Suzhou City	259	261	294	115.35	51.91	114.53
无锡市	Wuxi City	158	152	169	44.85	50.55	95.69
常州市	Changzhou City	210	284	310	18.33	49.06	41.83
镇江市	Zhenjiang City	251	218	226	31.99	169.96	49.69
南通市	Nantong City	493	521	509	50.85	37.45	54.30
扬州市	Yangzhou City	230	189	182	67.95	36.70	42.04
泰州市	Taizhou City	213	180	174	38.66	23.35	54.59
杭州市	Hangzhou City	616	647	595	136.68	145.83	144.83
宁波市	Ningbo City	691	817	949	159.93	166.64	134.71
嘉兴市	Jiaxing City	405	419	397	57.69	136.61	156.34
湖州市	Huzhou City	119	271	272	36.30	22.34	28.06
绍兴市	Shaoxing City	342	342	347	58.00	48.23	63.97
舟山市	Zhoushan City	167	169	221	5.50	19.85	9.43
台州市	Taizhou City	545	537	751	42.00	59.18	40.29
珠江三角洲经济区	**Pearl River Delta**						
广州市	Guangzhou City	825	768	690	253.97	246.63	152.06
深圳市	Shenzhen City	466	465	474	225.42	178.70	184.22
珠海市	Zhuhai City	290	323	373	96.35	65.62	50.94
佛山市	Foshan City	112	133	126	11.00	24.78	24.16
江门市	Jiangmen City	139	128	188	9.18	14.39	9.75
东莞市	Dongguan City	151	129	143	23.83	3.00	4.59
中山市	Zhongshan City	207	533	584	13.59	48.84	57.14
惠州市区	Huizhou Urban District	95	80	93	16.43	12.93	7.82
惠阳市	Huiyang City	36	31	42	8.29	8.86	4.04
惠东县	Huidong County	35	32	27	2.32	2.07	1.74
博罗县	Boluo County	41	41	18	3.83	4.18	5.12
肇庆市区	Zhaoqing Urban District	85	77	85	10.34	19.25	8.14
高要市	Gaoyao City	19	17	14	1.73	2.13	2.21
四会市	Sihui City	14	17	32	1.24	1.03	1.65

4-4 续表 continued

地区	Area	更新改造 Innovation					
		施工项目（个） Number of Projects under Construction(unit)			新增固定资产（亿元） Newly Increased Fixed Assets(100 million yuan)		
		2000	2001	2002	2000	2001	2002
长江三角洲经济区	**Yangtze River Delta**						
上海市	Shanghai City	2539	3000	2196	271.08	212.96	194.70
南京市	Nanjing City	552	557	734	54.03	65.29	118.15
苏州市	Suzhou City	192	144	125	19.70	37.97	34.32
无锡市	Wuxi City	241	176	224	29.66	32.07	36.06
常州市	Changzhou City	794	773	476	25.94	27.92	36.48
镇江市	Zhenjiang City	208	209	226	16.84	10.86	12.64
南通市	Nantong City	316	289	342	26.10	25.68	29.90
扬州市	Yangzhou City	151	126	128	13.60	20.62	16.83
泰州市	Taizhou City	74	103	96	12.50	16.24	11.51
杭州市	Hangzhou City	487	505	627	50.23	74.44	67.37
宁波市	Ningbo City	713	1057	540	29.36	39.28	35.93
嘉兴市	Jiaxing City	132	142	94	10.21	10.58	11.98
湖州市	Huzhou City	88	97	54	3.56	6.35	23.80
绍兴市	Shaoxing City	212	168	401	17.96	17.74	21.42
舟山市	Zhoushan City	99	82	40	4.24	5.47	5.06
台州市	Taizhou City	198	166	161	10.79	11.59	11.28
珠江三角洲经济区	**Pearl River Delta**						
广州市	Guangzhou City	831	1312	1541	150.13	149.66	134.55
深圳市	Shenzhen City	160	99	213	30.22	24.33	28.00
珠海市	Zhuhai City	18	3	51	2.56	1.00	4.51
佛山市	Foshan City	179	184	205	13.72	19.63	17.41
江门市	Jiangmen City	120	114	87	9.63	12.46	11.31
东莞市	Dongguan City	540	21	61	10.41	12.76	19.84
中山市	Zhongshan City	60	64	166	4.09	7.80	6.10
惠州市区	Huizhou Urban District	27	23	36	3.52	3.67	4.44
惠阳市	Huiyang City	25	11	26	3.40	3.32	3.96
惠东县	Huidong County	26	34	3	1.25	1.52	2.17
博罗县	Boluo County	2	5	3	0.09	0.23	0.37
肇庆市区	Zhaoqing Urban District	54	56	57	1.83	2.45	4.04
高要市	Gaoyao City	59	84	48	1.48	1.07	0.97
四会市	Sihui City	4	2	5	0.03	0.58	0.12

4-5 按产业分的固定资产投资额
Investment in Fixed Assets by Industry

单位：亿元 (100 million yuan)

地区	Area	合计 Total				
		1978	1990	2000	2001	2002
长江三角洲经济区	**Yangtze River Delta**					
上海市	Shanghai City		227.08	1869.67	1994.73	2187.06
南京市	Nanjing City					
苏州市	Suzhou City					
无锡市	Wuxi City					
常州市	Changzhou City					
镇江市	Zhenjiang City					
南通市	Nantong City					
扬州市	Yangzhou City					
泰州市	Taizhou City					
杭州市①	Hangzhou City ①	2.39	22.92	376.65	463.49	562.34
宁波市	Ningbo City	5.02	39.28	360.75	470.28	601.27
嘉兴市	Jiaxing City		24.25	263.74	305.41	378.80
湖州市①	Huzhou City ①	0.59	3.61	56.75	70.91	155.30
绍兴市①	Shaoxing City ①			131.32	152.28	180.04
舟山市	Zhoushan City		5.82	42.18	55.72	64.54
台州市①	Taizhou City ①		3.51	89.48	117.72	141.78
珠江三角洲经济区	**Pearl River Delta**					
广州市	Guangzhou City				972.50	1002.36
深圳市	Shenzhen City				716.67	799.94
珠海市	Zhuhai City		12.12	94.98	104.87	120.53
佛山市	Foshan City		16.37	179.11	214.68	267.70
江门市	Jiangmen City				108.84	125.99
东莞市	Dongguan City	0.23	7.51	102.89	125.49	191.57
中山市	Zhongshan City			109.95	177.99	219.00
惠州市区	Huizhou Urban District				25.40	32.31
惠阳市	Huiyang City				16.72	27.16
惠东县	Huidong County				6.65	7.93
博罗县	Boluo County				11.12	12.19
肇庆市区	Zhaoqing Urban District				43.39	34.11
高要市	Gaoyao City				8.23	8.64
四会市	Sihui City				7.04	8.64

注：①不包括农村、集体及私人投资。

Note: ① Not including the investment in fixed assets rural areas, collective units and individuals.

4-5 续表 1 continued

单位：亿元 (100 million yuan)

地区	Area	第一产业 Primary Industry 1978	1990	2000	2001	2002
长江三角洲经济区	**Yangtze River Delta**					
上海市	Shanghai City		3.20	7.87	6.51	5.09
南京市	Nanjing City					
苏州市	Suzhou City					
无锡市	Wuxi City					
常州市	Changzhou City					
镇江市	Zhenjiang City					
南通市	Nantong City					
扬州市	Yangzhou City					
泰州市	Taizhou City					
杭州市	Hangzhou City	0.22	0.22	0.08	0.06	0.65
宁波市	Ningbo City		1.05		2.97	5.16
嘉兴市	Jiaxing City		0.98	4.90	6.09	9.89
湖州市	Huzhou City		0.16	0.03	0.07	0.12
绍兴市	Shaoxing City			0.12	0.08	0.26
舟山市	Zhoushan City		1.51	4.54	5.67	3.02
台州市	Taizhou City		0.10	0.83	0.24	0.34
珠江三角洲经济区	**Pearl River Delta**					
广州市	Guangzhou City				4.76	4.50
深圳市	Shenzhen City				2.02	2.95
珠海市	Zhuhai City			0.72	0.34	0.49
佛山市	Foshan City		0.17	2.13	1.96	1.08
江门市	Jiangmen City				4.11	3.80
东莞市	Dongguan City			0.05	0.08	0.14
中山市	Zhongshan City			0.01	0.20	0.16
惠州市区	Huizhou Urban District					0.20
惠阳市	Huiyang City				0.70	0.68
惠东县	Huidong County				0.83	0.90
博罗县	Boluo County				1.05	1.20
肇庆市区	Zhaoqing Urban District				0.31	0.14
高要市	Gaoyao City				1.23	0.73
四会市	Sihui City				0.17	0.42

4–5 续表 2 continued

单位：亿元 (100 million yuan)

地区	Area	第二产业 Secondary Industry				
		1978	1990	2000	2001	2002
长江三角洲经济区	**Yangtze River Delta**					
上海市	Shanghai City		133.00	615.94	683.61	726.19
南京市	Nanjing City					
苏州市	Suzhou City					
无锡市	Wuxi City					
常州市	Changzhou City					
镇江市	Zhenjiang City					
南通市	Nantong City					
扬州市	Yangzhou City					
泰州市	Taizhou City					
杭州市	Hangzhou City	1.45	12.63	84.43	95.35	110.42
宁波市	Ningbo City		17.48		176.00	244.23
嘉兴市	Jiaxing City		17.83	161.32	168.36	221.14
湖州市	Huzhou City	0.53	2.47	13.04	20.45	77.91
绍兴市	Shaoxing City			28.90	34.50	54.72
舟山市	Zhoushan City		1.92	9.51	11.80	12.46
台州市	Taizhou City		1.12	8.95	23.02	31.58
珠江三角洲经济区	**Pearl River Delta**					
广州市	Guangzhou City				135.91	184.37
深圳市	Shenzhen City				171.78	221.27
珠海市	Zhuhai City				51.66	46.74
佛山市	Foshan City		12.54	57.45	67.82	99.19
江门市	Jiangmen City				43.96	62.80
东莞市	Dongguan City			33.14	44.62	61.33
中山市	Zhongshan City			54.22	84.92	120.77
惠州市区	Huizhou Urban District				9.18	10.01
惠阳市	Huiyang City				6.07	13.92
惠东县	Huidong County				2.23	3.40
博罗县	Boluo County				6.15	6.27
肇庆市区	Zhaoqing Urban District				13.03	15.29
高要市	Gaoyao City				1.37	2.86
四会市	Sihui City				2.67	4.13

4—5 续表 3 continued

单位：亿元 (100 million yuan)

地区	Area	第三产业 Tertiary Industry				
		1978	1990	2000	2001	2002
长江三角洲经济区	**Yangtze River Delta**					
上海市	Shanghai City		90.88	1245.86	1304.61	1455.78
南京市	Nanjing City					
苏州市	Suzhou City					
无锡市	Wuxi City					
常州市	Changzhou City					
镇江市	Zhenjiang City					
南通市	Nantong City					
扬州市	Yangzhou City					
泰州市	Taizhou City					
杭州市	Hangzhou City	0.73	10.08	292.14	368.08	451.26
宁波市	Ningbo City		20.75		291.30	351.87
嘉兴市	Jiaxing City		5.44	97.52	130.97	147.77
湖州市	Huzhou City	0.05	0.98	43.68	50.39	77.27
绍兴市	Shaoxing City			102.29	117.70	125.06
舟山市	Zhoushan City		2.39	28.12	38.25	49.06
台州市	Taizhou City		2.29	79.69	94.47	109.87
珠江三角洲经济区	**Pearl River Delta**					
广州市	Guangzhou City				831.83	813.49
深圳市	Shenzhen City				542.88	575.72
珠海市	Zhuhai City				52.85	73.69
佛山市	Foshan City		3.67	119.53	144.91	167.44
江门市	Jiangmen City				60.77	59.39
东莞市	Dongguan City			69.71	80.80	130.10
中山市	Zhongshan City			55.71	92.87	98.07
惠州市区	Huizhou Urban District				16.22	22.10
惠阳市	Huiyang City				9.96	12.57
惠东县	Huidong County				3.59	3.64
博罗县	Boluo County				3.93	4.72
肇庆市区	Zhaoqing Urban District				30.04	18.68
高要市	Gaoyao City				5.62	5.05
四会市	Sihui City				4.20	4.08

4-6 按国民经济行业分的基本建设投资（2002 年）
Investment in Capital Construction by Sector(2002)

单位：万元 (10 000 yuan)

地区	Area	农、林、牧、渔业 Farming,Forestry, Animal Husbandry and Fishery	采掘业 Minning and Quarrying	制造业 Manufacturing	电力、煤气和水 Production and Supply of Electric Power,Gas and Water
长江三角洲经济区	**Yangtze River Delta**				
上海市	Shanghai City	28128	2800	2444200	569100
南京市	Nanjing City	1782	2000	911876	85475
苏州市	Suzhou City	9586		74424	197068
无锡市	Wuxi City	2350		166684	212919
常州市	Changzhou City			67584	105307
镇江市	Zhenjiang City	850		49983	68925
南通市	Nantong City	2563		82798	77525
扬州市	Yangzhou City	3615	23820	137548	60691
泰州市	Taizhou City	8538		7044	48957
杭州市	Hangzhou City	5664	307	179046	105198
宁波市	Ningbo City	7799		450536	96616
嘉兴市	Jiaxing City	246		130306	639501
湖州市	Huzhou City	1214	17151	577572	182125
绍兴市	Shaoxing City	2572	5551	465471	61331
舟山市	Zhoushan City	5465		2485	2220
台州市	Taizhou City	3364		81163	99062
珠江三角洲经济区	**Pearl River Delta**				
广州市	Guangzhou City	4005		490673	80580
深圳市	Shenzhen City	12555	28302	770838	751282
珠海市	Zhuhai City	994	350	373697	23080
佛山市	Foshan City			26251	44095
江门市	Jiangmen City	189		25657	172275
东莞市	Dongguan City	154		347259	129186
中山市	Zhongshan City			530559	32414
惠州市区	Huizhou Urban District	1766		44535	13560
惠阳市	Huiyang City			92356	3537
惠东县	Huidong County			11432	436
博罗县	Boluo County			56265	1550
肇庆市区	Zhaoqing Urban District	455		67917	4386
高要市	Gaoyao City			14090	5000
四会市	Sihui City				3917

4-6 续表 1 continued

单位：万元 (10 000 yuan)

地区	Area	建筑业 Construction	地质勘查、水利管理业 Geological Prospecting and Water Conservancy	交通运输仓储和邮电通信业 Transport,Storage,Post and Telecommunication Services	批发零售、贸易和餐饮业 Wholesale & Retail Trade and Catering Services
长江三角洲经济区	**Yangtze River Delta**				
上海市	Shanghai City	14847	264973	759676	70029
南京市	Nanjing City	380	38124	196454	45404
苏州市	Suzhou City	3340	30441	409086	795
无锡市	Wuxi City	79035	52785	188625	398
常州市	Changzhou City	6386	12613	170093	14149
镇江市	Zhenjiang City	33845	15840	197410	3963
南通市	Nantong City	593	25949	256925	8048
扬州市	Yangzhou City	2969	12672	126509	10659
泰州市	Taizhou City	200	7217	164134	2285
杭州市	Hangzhou City	5400	51178	387308	53254
宁波市	Ningbo City	2714	1147	338562	3520
嘉兴市	Jiaxing City	1479	47981	188694	9297
湖州市	Huzhou City	2285	9241	187496	13352
绍兴市	Shaoxing City	14854	25113	219572	14786
舟山市	Zhoushan City	314	354	147934	6444
台州市	Taizhou City	36567	45595	132246	15375
珠江三角洲经济区	**Pearl River Delta**				
广州市	Guangzhou City	170320	12025	523248	48790
深圳市	Shenzhen City	8628	66772	322562	78824
珠海市	Zhuhai City		2949	39899	7933
佛山市	Foshan City		13037	72642	4670
江门市	Jiangmen City	90	11751	64491	3990
东莞市	Dongguan City	2930	5099	3081	400
中山市	Zhongshan City	2060	8094	28139	7160
惠州市区	Huizhou Urban District	980	1393	32695	3860
惠阳市	Huiyang City		1395	16786	19300
惠东县	Huidong County		1026	4121	
博罗县	Boluo County			1100	13000
肇庆市区	Zhaoqing Urban District		5060	1892	
高要市	Gaoyao City		1315		
四会市	Sihui City	1980	2612	472	

4-6 续表 2 continued

单位：万元 (10 000 yuan)

地区	Area	金融、保险业 Banking and Insurance	房地产业 Real Estate	社会服务业 Social Services	卫生体育和社会福利业 Health Care, Sports and Social Welfare
长江三角洲经济区	**Yangtze River Delta**				
上海市	Shanghai City	19675	253467	2543705	169801
南京市	Nanjing City	10826	6562	744315	52091
苏州市	Suzhou City	37441	12693	569787	36426
无锡市	Wuxi City			514276	28956
常州市	Changzhou City	280		92349	12790
镇江市	Zhenjiang City	2196	1350	102123	16848
南通市	Nantong City	3682	7480	102660	20266
扬州市	Yangzhou City	398		82641	14754
泰州市	Taizhou City			53777	6702
杭州市	Hangzhou City	2673		1002743	67641
宁波市	Ningbo City	3911		15221	52825
嘉兴市	Jiaxing City		7942	218629	18044
湖州市	Huzhou City	1103	295765		15253
绍兴市	Shaoxing City	6915	491034	292877	37312
舟山市	Zhoushan City		2683	28352	2722
台州市	Taizhou City	11042	35890	152528	46521
珠江三角洲经济区	**Pearl River Delta**				
广州市	Guangzhou City	3150	34693	960728	92373
深圳市	Shenzhen City	12201	132482	718510	113886
珠海市	Zhuhai City	795	1590	118724	62124
佛山市	Foshan City		15834	43308	27404
江门市	Jiangmen City		11719	13592	5660
东莞市	Dongguan City	11696	2930	19882	2335
中山市	Zhongshan City	3793	3537	89131	11075
惠州市区	Huizhou Urban District			19616	7846
惠阳市	Huiyang City			9540	2084
惠东县	Huidong County			146	
博罗县	Boluo County			4835	
肇庆市区	Zhaoqing Urban District		2879	11263	250
高要市	Gaoyao City			5657	
四会市	Sihui City				280

4-6 续表 3 continued

单位：万元 (10 000 yuan)

地区	Area	教育、文化艺术和广播电影电视业 Education, Culture, Arts, Radio, Film and Television	科学研究和综合技术服务业 Scientific Research and Polytechnical Services	国家机关、政党机关和社会团体 Governments, Parties and Social Organizations	其他行业 Others
长江三角洲经济区	**Yangtze River Delta**				
上海市	Shanghai City	354049	153671	152019	41123
南京市	Nanjing City	366824	46830	72149	100834
苏州市	Suzhou City	144838	38656	25946	9523
无锡市	Wuxi City	29408	13168	6762	
常州市	Changzhou City	45738		48955	10199
镇江市	Zhenjiang City	52914		71152	25230
南通市	Nantong City	69881	2093	25563	21024
扬州市	Yangzhou City	83685	423	78170	
泰州市	Taizhou City	28132		56544	5103
杭州市	Hangzhou City	372364	6688	93585	
宁波市	Ningbo City	238506	780526	72007	
嘉兴市	Jiaxing City	86201	2187	69899	
湖州市	Huzhou City	47635	128513	34469	39858
绍兴市	Shaoxing City	105644	2722	53672	1000
舟山市	Zhoushan City	15448	102	10586	2542
台州市	Taizhou City	73996	1514	68776	3197
珠江三角洲经济区	**Pearl River Delta**				
广州市	Guangzhou City	270779	14939	58743	2382
深圳市	Shenzhen City	164709	15894	185627	20677
珠海市	Zhuhai City	94449	823	6145	1433
佛山市	Foshan City	92830	3223	51253	1464
江门市	Jiangmen City	17892	120	25865	6835
东莞市	Dongguan City	240		35246	54408
中山市	Zhongshan City	13979	1329	30859	7513
惠州市区	Huizhou Urban District	5975	260	10607	20
惠阳市	Huiyang City	9780		11033	
惠东县	Huidong County	1732		1273	
博罗县	Boluo County				
肇庆市区	Zhaoqing Urban District	7865		7916	
高要市	Gaoyao City	165		3253	
四会市	Sihui City	1880	8	7767	7950

4-7 按国民经济行业分的更新改造投资（2002 年）

Investment in Innovation by Sector(2002)

单位：万元 (10 000 yuan)

地区	Area	农、林、牧、渔业 Farming,Forestry, Animal Husbandry and Fishery	采掘业 Minning and Quarrying	制造业 Manufacturing	电力、煤气和水 Production and Supply of Electric Power,Gas and Water
长江三角洲经济区	**Yangtze River Delta**				
上海市	Shanghai City	4691	5300	2342700	206900
南京市	Nanjing City		5	522	53
苏州市	Suzhou City			304122	13476
无锡市	Wuxi City			346009	44036
常州市	Changzhou City			269856	933
镇江市	Zhenjiang City	1020	3178	128298	51339
南通市	Nantong City	782		680	276758
扬州市	Yangzhou City		60112	80371	10091
泰州市	Taizhou City			102251	55785
杭州市	Hangzhou City	350	50	566352	145759
宁波市	Ningbo City	1129		296052	31269
嘉兴市	Jiaxing City			115279	46493
湖州市	Huzhou City			51475	110906
绍兴市	Shaoxing City		5551	263086	24083
舟山市	Zhoushan City		1600	25778	3809
台州市	Taizhou City			71663	27095
珠江三角洲经济区	**Pearl River Delta**				
广州市	Guangzhou City	7337		440779	36562
深圳市	Shenzhen City	148	80	242003	53253
珠海市	Zhuhai City			38342	
佛山市	Foshan City		50	55965	85711
江门市	Jiangmen City	108		29643	35385
东莞市	Dongguan City	820		82296	2800
中山市	Zhongshan City			43363	
惠州市区	Huizhou Urban District			35177	1700
惠阳市	Huiyang City			35418	6945
惠东县	Huidong County			434	18131
博罗县	Boluo County			4600	
肇庆市区	Zhaoqing Urban District			24509	14102
高要市	Gaoyao City		453	2870	3520
四会市	Sihui City			2383	1710

4-7续表 1 continued

单位：万元 (10 000 yuan)

地区	Area	建筑业 Construction	地质勘查、水利管理业 Geological Prospecting and Water Conservancy	交通运输仓储和邮电通信业 Transport,Storage,Post and Telecommunication Services	批发零售、贸易和餐饮业 Wholesale & Retail Trade and Catering Services
长江三角洲经济区	**Yangtze River Delta**				
上海市	Shanghai City	24584	19884	963501	67335
南京市	Nanjing City	1		142	4
苏州市	Suzhou City	1204		67701	5000
无锡市	Wuxi City	6044	4000	76964	
常州市	Changzhou City	3347		74860	4796
镇江市	Zhenjiang City	687		28278	1316
南通市	Nantong City	18195	845	270	60005
扬州市	Yangzhou City			51210	
泰州市	Taizhou City	468		47757	
杭州市	Hangzhou City	4336		170833	2860
宁波市	Ningbo City	3698		84672	
嘉兴市	Jiaxing City	195		20438	
湖州市	Huzhou City			5690	
绍兴市	Shaoxing City	753	2940	36809	
舟山市	Zhoushan City	1940		28556	
台州市	Taizhou City	90	953	25513	1965
珠江三角洲经济区	**Pearl River Delta**				
广州市	Guangzhou City	60406	61323	744537	37976
深圳市	Shenzhen City		5365	44556	15034
珠海市	Zhuhai City			15134	
佛山市	Foshan City		4325	73358	357
江门市	Jiangmen City		298	46710	
东莞市	Dongguan City			119029	
中山市	Zhongshan City			31427	500
惠州市区	Huizhou Urban District		2056	10519	160
惠阳市	Huiyang City	190	701	200	
惠东县	Huidong County		10	3153	
博罗县	Boluo County				
肇庆市区	Zhaoqing Urban District			14769	
高要市	Gaoyao City			2497	822
四会市	Sihui City				

4-7续表 2 continued

单位：万元 (10 000 yuan)

地区	Area	金融、保险业 Banking and Insurance	房地产业 Real Estate	社会服务业 Social Services	卫生体育和社会福利业 Health Care, Sports and Social Welfare
长江三角洲经济区	**Yangtze River Delta**				
上海市	Shanghai City		43392	426809	32481
南京市	Nanjing City				
苏州市	Suzhou City	3600	1550		
无锡市	Wuxi City			4807	
常州市	Changzhou City	400	160	96142	4812
镇江市	Zhenjiang City	700	950	6784	1276
南通市	Nantong City	2210	2207	2572	4601
扬州市	Yangzhou City			1967	
泰州市	Taizhou City			250	287
杭州市	Hangzhou City			59578	38712
宁波市	Ningbo City	11707			6313
嘉兴市	Jiaxing City	788		818	582
湖州市	Huzhou City				
绍兴市	Shaoxing City				
舟山市	Zhoushan City				1377
台州市	Taizhou City			5168	9728
珠江三角洲经济区	**Pearl River Delta**				
广州市	Guangzhou City	66727	3715	223144	62658
深圳市	Shenzhen City		460	8293	3047
珠海市	Zhuhai City				80
佛山市	Foshan City	797		56403	1888
江门市	Jiangmen City			20032	
东莞市	Dongguan City	5505			
中山市	Zhongshan City	1711			
惠州市区	Huizhou Urban District	1631		1153	
惠阳市	Huiyang City			840	3737
惠东县	Huidong County				
博罗县	Boluo County				
肇庆市区	Zhaoqing Urban District	415			
高要市	Gaoyao City			640	390
四会市	Sihui City				

4-7续表 3 continued

单位：万元 (10 000 yuan)

地区	Area	教育、文化艺术和广播电影电视业 Education, Culture, Arts, Radio, Film and Television	科学研究和综合技术服务业 Scientific Research and Polytechnical Services	国家机关、政党机关和社会团体 Governments, Parties and Social Organizations	其他行业 Others
长江三角洲经济区	**Yangtze River Delta**				
上海市	Shanghai City	59778	9988	15518	2929
南京市	Nanjing City		5		2
苏州市	Suzhou City	1500			
无锡市	Wuxi City			65	
常州市	Changzhou City	7151		7253	727
镇江市	Zhenjiang City	821	2600	3126	730
南通市	Nantong City	5812		253	
扬州市	Yangzhou City	200		100	
泰州市	Taizhou City	1350			
杭州市	Hangzhou City	18010	3224	770	220
宁波市	Ningbo City	697	8465		
嘉兴市	Jiaxing City	2303	160		
湖州市	Huzhou City		23244	1000	
绍兴市	Shaoxing City			2000	
舟山市	Zhoushan City	172			230
台州市	Taizhou City	523		455	
珠江三角洲经济区	**Pearl River Delta**				
广州市	Guangzhou City	64735	7508	26077	3667
深圳市	Shenzhen City	3791		6217	200
珠海市	Zhuhai City	650			
佛山市	Foshan City	1743		5260	
江门市	Jiangmen City			670	
东莞市	Dongguan City			24422	
中山市	Zhongshan City			143	
惠州市区	Huizhou Urban District			440	
惠阳市	Huiyang City		800		
惠东县	Huidong County				
博罗县	Boluo County				
肇庆市区	Zhaoqing Urban District	132			
高要市	Gaoyao City	40		256	
四会市	Sihui City				

4-8 全社会固定资产投资资金来源（2002 年）
Total Investment in Fixed Assets by Source of Funds(2002)

单位：亿元 (100 million yuan)

地区	Area	合计 Total	国家预算内资金 State Budgetary Appropriation	国内贷款 Domestic Loans	债券 Bond
长江三角洲经济区	**Yangtze River Delta**				
上海市	Shanghai City	2420.14	29.26	563.64	10.03
南京市	Nanjing City	591.03	12.86	148.21	
苏州市	Suzhou City	852.20	2.67	127.08	
无锡市	Wuxi City	287.95	6.27	72.37	0.66
常州市	Changzhou City	229.48	2.21	41.87	
镇江市	Zhenjiang City	140.79	1.95	25.34	
南通市	Nantong City	155.66	5.74	30.36	
扬州市	Yangzhou City	182.74	2.12	37.50	
泰州市	Taizhou City	114.66	0.62	14.09	
杭州市	Hangzhou City	777.56	17.35	248.12	0.32
宁波市	Ningbo City	400.03	22.50	97.21	
嘉兴市	Jiaxing City	290.10	7.56	91.91	0.06
湖州市	Huzhou City	168.03	0.58	25.74	0.02
绍兴市	Shaoxing City	199.34	4.49	51.77	0.01
舟山市	Zhoushan City	90.09	0.73	22.21	
台州市	Taizhou City	174.92	4.60	48.44	
珠江三角洲经济区	**Pearl River Delta**				
广州市	Guangzhou City	575.16	21.21	132.89	0.44
深圳市	Shenzhen City	429.90	0.77	49.11	9.00
珠海市	Zhuhai City	88.63	0.35	17.09	
佛山市	Foshan City	211.71	3.46	33.85	0.28
江门市	Jiangmen City	101.46	2.42	22.61	0.05
东莞市	Dongguan City	233.58	0.08	20.94	
中山市	Zhongshan City	222.94	2.26	10.82	
惠州市区	Huizhou Urban District	41.14	2.35	3.12	
惠阳市	Huiyang City	20.84		1.39	
惠东县	Huidong County	7.78	0.08	0.01	
博罗县	Boluo County	15.50	0.20	0.76	0.15
肇庆市区	Zhaoqing Urban District	38.04	0.89	1.99	0.04
高要市	Gaoyao City	8.30	0.66	0.04	
四会市	Sihui City	9.89	0.50	0.53	

4–8续表　continued

单位：亿元　　　(100 million yuan)

地区	Area	利用外资 Foreign Investment	自筹资金 Fundraising	其他资金 Others
长江三角洲经济区	**Yangtze River Delta**			
上海市	Shanghai City	215.12	1042.01	560.08
南京市	Nanjing City	31.75	309.72	88.48
苏州市	Suzhou City	187.69	388.11	92.49
无锡市	Wuxi City	24.77	130.81	53.07
常州市	Changzhou City	14.96	127.82	42.61
镇江市	Zhenjiang City	15.02	86.44	12.04
南通市	Nantong City	11.38	85.58	22.59
扬州市	Yangzhou City	11.02	119.62	12.47
泰州市	Taizhou City	2.54	86.24	11.17
杭州市	Hangzhou City	1.15	302.49	197.80
宁波市	Ningbo City	23.05	180.09	77.18
嘉兴市	Jiaxing City	38.59	111.34	40.65
湖州市	Huzhou City	8.60	91.86	3.64
绍兴市	Shaoxing City	6.00	101.29	35.78
舟山市	Zhoushan City	0.03	48.64	11.68
台州市	Taizhou City	9.10	64.79	47.99
珠江三角洲经济区	**Pearl River Delta**			
广州市	Guangzhou City	76.08	292.94	51.60
深圳市	Shenzhen City	63.93	281.48	25.61
珠海市	Zhuhai City	33.12	35.35	2.72
佛山市	Foshan City	18.30	120.97	34.85
江门市	Jiangmen City	21.38	40.60	14.40
东莞市	Dongguan City	43.05	136.03	33.48
中山市	Zhongshan City	48.90	109.42	51.54
惠州市区	Huizhou Urban District	11.96	18.90	4.81
惠阳市	Huiyang City	6.67	10.16	2.61
惠东县	Huidong County	1.42	3.35	2.92
博罗县	Boluo County	5.66	4.66	4.07
肇庆市区	Zhaoqing Urban District	13.16	17.70	4.26
高要市	Gaoyao City	1.56	2.22	3.82
四会市	Sihui City	0.60	4.60	3.67

4-9 房地产开发主要指标（2002 年）
Main Indicators of Real Estate Development (2002)

地区	Area	企业个数（个） Mumber of Enterprises(unit)	投资额（万元） Investment (10 000 yuan)	施工房屋建筑面积（万平方米） Floor Space of Buildings Under Construction (10 000 sq.m)	竣工房屋建筑面积（万平方米） Floor Space of Buildings Completed (10 000 sq.m)
长江三角洲经济区	**Yangtze River Delta**				
上海市	Shanghai City		7488900	6856.96	1984.68
南京市	Nanjing City	240	1376260	1184.40	434.59
苏州市	Suzhou City	592	1073363	1467.06	558.05
无锡市	Wuxi City	202	770119	748.14	290.87
常州市	Changzhou City	127	410169	526.00	269.00
镇江市	Zhenjiang City	140	197973	223.25	110.62
南通市	Nantong City	205	359613	417.61	245.42
扬州市	Yangzhou City	154	261908	274.37	137.03
泰州市	Taizhou City	96	217211	253.81	118.09
杭州市	Hangzhou City	381	1982517	1898.63	564.27
宁波市	Ningbo City	289	1259694	1382.17	443.92
嘉兴市	Jiaxing City	174	479859	603.90	256.44
湖州市	Huzhou City	114	295765	381.16	189.65
绍兴市	Shaoxing City	195	490934	592.18	316.55
舟山市	Zhoushan City	103	186908	202.32	57.67
台州市	Taizhou City	127	467686	600.13	135.26
珠江三角洲经济区	**Pearl River Delta**				
广州市	Guangzhou City	1309	4263898	4505.24	1082.53
深圳市	Shenzhen City	406	3554445	2776.29	892.24
珠海市	Zhuhai City	206	372099	492.05	167.58
佛山市	Foshan City	297	815969	1051.17	450.10
江门市	Jiangmen City	269	252144	555.45	188.54
东莞市	Dongguan City	47	268350	401.90	127.70
中山市	Zhongshan City	161	365471	409.48	165.80
惠州市区	Huizhou Urban District	48	119194	161.88	61.37
惠阳市	Huiyang City	10	17754	15.65	4.96
惠东县	Huidong County	12	8017	14.38	10.42
博罗县	Boluo County	25	13378	17.27	9.75
肇庆市区	Zhaoqing Urban District	83	116716	209.10	55.23
高要市	Gaoyao City	14	5719	5.78	2.14
四会市	Sihui City	17	10322	17.27	15.91

4-9 续表 continued

地区	Area	竣工房屋价值（万元）Value of Buildings Completed (10 000 yuan)	竣工房屋造价（元／平方米）Cost of Buildings Completed (yuan/sq.m)	商品房销售面积（万平方米）Floor Space Sold (10 000 sq.m)	商品房销售额（万元）Total Sales of Commercial Houses (10 000 yuan)	房屋平均销售价格（元／平方米）Average Selling Price of Houses (yuan/sq.m)
长江三角洲经济区	**Yangtze River Delta**					
上海市	Shanghai City	4236200	2134	1971.47	8150300	4134
南京市	Nanjing City	552675		382.05	116574	
苏州市	Suzhou City	579022	1038	539.71	1163979	2157
无锡市	Wuxi City	306062		235.36	426604	
常州市	Changzhou City			249.00	465548	1873
镇江市	Zhenjiang City	100745	911	78.77	119547	1518
南通市	Nantong City	223311	910	197.80	332230	1680
扬州市	Yangzhou City	106217	775	114.57	180348	1574
泰州市	Taizhou City	134394	1138	98.02	143075	1459
杭州市	Hangzhou City	1251656	2218	443.24	1562930	
宁波市	Ningbo City	506656	1141	398.07	1040100	2613
嘉兴市	Jiaxing City	263797		180.15	341467	2368
湖州市	Huzhou City	214349	1130	163.42	303108	1855
绍兴市	Shaoxing City	348506		266.54	501549	
舟山市	Zhoushan City	56871	986	51.97	115482	2222
台州市	Taizhou City	160782	1189	119.12	231988	1947
珠江三角洲经济区	**Pearl River Delta**					
广州市	Guangzhou City	1718158	1587	728.07	3057915	4200
深圳市	Shenzhen City	2608858	2924	381.22	2211868	5802
珠海市	Zhuhai City	279648	1669	114.23	340149	2978
佛山市	Foshan City	602179	1338	309.21	818850	2648
江门市	Jiangmen City	157521	836	155.29	221318	1425
东莞市	Dongguan City	182231	1427	95.05	282948	2977
中山市	Zhongshan City	180091	1086	125.13	336750	2691
惠州市区	Huizhou Urban District	113507	1850	40.39	110685	2741
惠阳市	Huiyang City	9124	1840	1.79	6239	3493
惠东县	Huidong County	9744	935	6.21	6441	1037
博罗县	Boluo County	6468	663	7.43	8689	1169
肇庆市区	Zhaoqing Urban District	56129	1016	50.40	93284	1851
高要市	Gaoyao City	1596	747	3.65	4439	1217
四会市	Sihui City	10686	672	9.53	9178	963

主要统计指标解释

全社会固定资产投资 以货币形式表现的在一定时期内全社会建造和购置固定资产的工作量以及与此有关的费用的总称。该指标是反映固定资产投资规模、结构和发展速度的综合性指标。又是观察工程进度和考核投资效果的重要依据。全社会固定资产投资按注册登记类型可分为国有、集体、个体、联营、股份制、外商、港澳台商、其他等。按照管理渠道，可分为基本建设、更新改造、房地产开发投资和其他固定资产投资四个部分。

基本建设投资 基本建设指企业、事业、行政单位以扩大生产能力（或新增工程效益）为主要目的的新建、扩建工程及有关工作。其综合范围为总投资50万元以上（含50万元，下同）的基本建设项目。具体包括：（1）列入中央和各级地方本年基本建设计划的建设项目，以及虽未列入本年基本建设计划，但使用以前年度基建计划内结转投资（包括利用基建库存设备材料）在本年继续施工的建设项目；（2）本年基本建设计划内投资与更新改造计划内投资结合安排的新建项目和新增生产能力（或工程效益）达到大中型项目标准的扩建项目，以及为改变生产力布局而进行的全厂性迁建项目；（3）国有单位既未列入基建计划，也未列入更新改造计划的总投资在50万元以上的新建、扩建、恢复项目和为改变生产力布局而进行的全厂性迁建项目，以及行政、事业单位增建业务用房和行政单位增建生活福利设施的项目。

更新改造投资 更新改造一般是指企业、事业单位对原有设施进行技术改造（包括固定资产更新）以及相应配套的辅助性生产、生活福利设施等工程和有关的工作。其综合范围为总投资50万元以上的更新改造单位（或项目）。具体包括：（1）列入中央和各级地方本年更新改造计划的投资单位（项目）以及虽未列入本年更新改造计划，但使用上年更新改造计划内结转的投资在本年继续施工的单位（或项目）；（2）本年更新改造计划内投资与基本建设计划内投资结合安排的对企、事业单位原有设施进行技术改造或更新的项目和增建主要生产车间、分厂等其新增生产能力（或工程效益）未达到大中型项目标准的项目，以及由于城市环境保护和安全生产的需要而进行的迁建工程；（3）国有经济中既未列入基建计划也未列入更新改造计划，总投资在50万元以上的属于改建或更新改造性质的项目，以及由于城市环境保护和安全生产的需要而进行的迁建工程。

房地产开发投资 指各种登记注册类型的房地产开发公司、商品房建设公司及其他房地产开发法人单位和附属于其他法人单位实际从事房地产开发或经营的活动单位统一开发的包括统代建、拆迁还建的住宅、厂房、仓库、饭店、宾馆、度假村、写字楼、办公楼等房屋建筑物和配套的服务设施，土地开发工程（如道路、给水、排水、供电、供热、通讯、平整场地等基础设施工程）的投资；不包括单纯的土地交易活动。

其他固定资产投资 指全社会固定资产投资中未列入基本建设、更新改造和房地产开发投资的总投资在50万元以上的城镇范围内建造和购置固定资产的活动。以及城镇私人建房和农村企业、事业、行政单位和农村个人固定资产投资活动。具体包括：

（1）国有单位未纳入基本建设计划和更新改造计划管理，计划总投资（或实际需要总投资）在50万元以上的以下工程：①用油田维护费和石油开发基金进行的油田维护和开发工程；②煤炭、铁矿、森工等采掘采伐业用维简费进行的开拓延伸工程；③交通部门用公路养路费对原有公路、桥梁进行改建的工程；④商业部门用简易建筑费建造的仓库工程。

（2）城镇集体固定资产投资：指所有隶属直辖市、省辖市、县级市和县城所在地城关镇区域范围内的集体经济单位（乡镇企业局管理的除外）建造和购置固定资产其计划总投资（或实际需要总投资）在50万元及50万元以上的单位（项目）投资。

（3）除上述以外的其他各种登记注册类型的企、事业单位（包括城镇私营企、事业单位和个体户）建造和购置固定资产总投资在50万元及50万元以上、未列入基本建设计划和更新改造计划的单位（项目）。其中个体经营户只统计50万元以上非建房投资。

（4）城镇和工矿区私人建房投资：包括市、县城、镇关镇、工矿区所辖范围内的全部私人建房，不论其房主是否系本地的常住户口均应包括。

（5）农村投资：包括农村区域范围内进行固定资产投资活动的企业、事业、行政单位及农村个人投资。

固定资产投资的资金来源 根据固定资产投资的资金来源不同，分为国家预算内资金、国内贷款、利用外资、自筹资金和其他资金来源。

（1）国家预算内资金：分为财政拨款和财政安排的贷款两部分。包括中央财政的基本建设基金（分经营性基金和非经营性基金两部分）、专项支出（如煤代油专项等）、收回再贷、贴息资金，财政安排的挖潜改造和新产品试制支出、城建支出、商业部门简易建筑支出、不发达地区发展基金等资金中用于固定资产投资的资金；地方财政中由国家统筹安排的资金等。

（2）国内贷款：指报告期固定资产投资单位向银行及非银行金融机构借入的用于固定资产投资的各种国内借款。包括银行利用自有资金及吸收的存款发放的贷款、上级主管部门拨入的国内贷款、国家专项贷款（包括煤代油贷款、劳改煤矿专项贷款等）、地方财政专项资金安排的贷款、国内储备贷款、周转贷款等。

（3）利用外资：指报告期内收到的用于固定资产投资建造和购置的国外资金（包括设备、材料、技术在内）。包括对外借款（外国政府、国际金融组织贷款、出口信贷、外国商业贷款、对外发行债券和股票)、外国直接投资及外商其他投资。不包括我国自有外汇资金(国家外汇、地方外汇、留成外汇、调剂外汇和中国银行自有资金发行的外汇贷款等)。计算利用外资时，需要折算成人民币，折算中所使用的外汇汇率按现汇计算，即按使用外汇时的汇率计算。

(4)自筹资金：指固定资产单位报告期收到的，由各地区、各部门及企、事业单位筹集用于固定资产投资的预算外资金，包括中央各部门、各级地方和企、事业单位的自筹资金。

(5)其他资金来源：指在报告期收到的除以上各种资金之外其他用于固定资产投资的资金，包括企业或金融机构通过发行各种债券筹集到的资金、群众集资、个人资金、无偿捐赠的资金和其他单位拨入的资金等。

房屋建筑面积　指从房屋建筑物勒脚以上外墙外围的不平截面面积，包括房屋屋建筑的有效面积和结构面积。

住宅建筑面积　指施工和竣工房屋建筑面积中供居住用的房屋建筑面积。

施工面积　指报告期内施工的全部房屋建筑面积。包括本期新开工的面积和上期开工跨入本期继续施工的房屋面积，以及上期已停建在本期恢复施工的房屋面积。本期竣工和本期施工后又停缓建的房屋，其建筑面积仍计入本期房屋施工面积中。

竣工面积　指在报告期内房屋建筑按照设计要求已全部完工，达到住人和使用条件，经验收鉴定合格(或达到竣工验收标准)，正式移交使用单位的各栋房屋建筑面积的总和。

Explanatory Notes on Main Statistical Indicators

Total Investment in Fixed Assets in the Whole Country refers to the volume of activities in construction and purchases of fixed assets and related fees, expressed in monetary terms. It is a comprehensive indicator which shows the size, structure and growth of the investment in fixed assets, providing basis for observing the progress of construction projects and evaluating results of investment. Total investment in fixed assets in the whole country includes, by registration type of ownership, the investment by the state-owned units, collective units, individuals, joint ownership units, share-holding units, as well as investment by businessmen from foreign countries and from Hong Kong, Macao and Taiwan, and by other units. According to China's current management system, the investment in fixed assets in the whole country is classified into the following four parts: investment in capital construction, investment in innovation, investment in real estates development and other investment in fixed assets.

Investment in Capital Construction Capital construction refers to the new construction projects or extension projects and the related activities of the enterprises, institutions or administrative units mainly for the purpose of expanding production capacity(or improving project efficiency), covering only projects each with a total investment of 500,000 RMB yuan and over. It includes: (1) projects listed in the capital construction plan of the current year of the central government and the local governments at various levels as well as the projects, though not listed in the capital construction plan of the current year, but continued to be constructed in this year, using the investment listed in the plan of capital construction of previous years and carried forward to this year (also using the equipment and materials kept in stock of the capital construction); (2) new construction projects arranged both in the plan of capital construction and the plan of innovation; extension projects with the newly increased production capacity (or project efficiency) up to the standard of a large and medium-sized project; and the projects of moving the whole factory to a new site so as to improve the distribution of productive forces; (3) new construction projects, extension projects or restoration projects with the total investment of 500,000 RMB yuan and over by the state-owned units, though listed neither in the plan of capital construction nor in the plan of innovation; the projects in the state-owned units of moving the whole factory to a new site so as to improve the distribution of productive forces; and the projects of building additional business houses by the administrative units and institutions and building welfare facilities by the administrative units.

Investment in Innovation Innovation refers in general to the technological innovation of the original facilities (including renewal of fixed assets) by the enterprises and institutions as well as the corresponding supplementary projects for production or welfare facilities and the related activities , covering only projects each with a total investment of 500,000 RMB yuan and over. It includes: (1) projects listed in the innovation plan of the current year of the central government and the local governments at various levels as well as the projects, though not listed in the innovation plan of the current year, but continued to be constructed in this year, using the investment listed in the plan of innovation of previous years and carried forward to this year; (2) projects of technological innovation or renewal of the original facilities, arranged both in the plan of innovation and in the plan of capital construction; extension projects (main workshops or a branch of the factory) with the newly increased production capacity (or project efficiency) not up to the standard of a large and medium-sized project; and the projects of moving the whole factory to a new site so as to meet the requirements of urban environmental protection or safe production; (3) projects of reconstruction or technological innovation with the total investment of 500,000 RMB yuan and over by the state-owned units, though listed neither in the plan of capital construction nor in the plan of innovation; the projects in the state-owned units of moving the whole factory to a new site so as to meet the requirements of urban environmental protection or safe production.

Investment in Real Estate Development It includes the investment by the real estate development companies, commercial buildings construction companies and other real estate development units of various types of ownership in the construction of house buildings, such as residential buildings, factory buildings, warehouses, hotels, guesthouses, holiday villages, office buildings, and the complementary service facilities and land development projects, such as roads, water supply, water drainage, power supply, heating, telecommunications, land leveling and other projects of infrastructure. It excludes the activities in simple land transactions.

Other Investment in Fixed Assets refers to the construction and purchases of fixed assets with an investment of over 500,000 yuan which are not listed in the investment in capital construction, investment in innovation and investment in real estate development, as well as urban private housing projects and investment in fixed assets by enterprises, institutions and individuals in rural areas. It includes:

1) The following projects of the state-owned units with the total planned (or actually needed) investment of over 500,000 yuan, which are not included in the plan of capital construction and the plan of innovation: (1) projects of oil fields maintenance and exploitation with the oil fields maintenance funds and petroleum development funds; (2) opening and extending projects with the maintenance funds in coal, ore and other mining enterprises and logging enterprises; (3) project of reconstruction of the original highways and bridges with the highway maintenance funds in the department of communication; (4) projects of construction of warehouses with the funds of simple construction in the commercial department.

2) The investment in fixed assets by urban collective units: refer to projects of construction and purchases of fixed assets with the planned total investment of 500,000 yuan and over by all collective units in areas under the jurisdiction of cities and county towns (excluding investment by collective units under township enterprise administration offices).

3) The projects of construction and purchases of fixed assets by the enterprises, institutions(including urban private enterprises or institutions) or individuals other than those mentioned above with total investment of 500,000 yuan and over, which are not included in the plan of capital construction and the plan of innovation .For individual investment, only the investment in non-housing projects is to be included.

4)the Private Investment in housing construction in the urban areas and industrial and mining areas: including all the private house construction under the jurisdiction of cities, county towns and industrial and mining areas, no matter whether the owner of the house is registered as the permanent resident in the locality or not.

5)The investment in the rural areas: including the investment in fixed assets by enterprises, institutions and individuals in the rural areas.

Sources of Funds for Investment in Fixed Assets include fund from state budget, domestic loans, foreign investment, self-raised funds, and others depending on the source of investment.

(1)Fund from State budget consists of budgetary appropriation and loans from state budge. More specifically, it includes, from the budget of the central governments, capital construction fund(operation fund and non-operational fund), special expenses(e.g. expenses on substituting petroleum with coal), loans from repayment, discount fund, expenses on innovation and trial production of new products, expenses on urban construction, expenses on temporary construction by trade departments, development on fund for less developed areas, as well as local budgetary fund transferred from the central budget.

(2)Domestic loans refer to loans of various forms borrowed by investing units form banks and non-bank financial institutions during the reference period for the purpose of investment in fixed assets, including loans issued by banks from their self-owned funds and deposit, loans appropriated by higher responsible authorities, special loans by government (including loan for substituting petroleum with coal, special loan for reform-through-labour coal mines), loans arranged by local government from special funds, domestic reserve loan, and working loan, etc..

(3) Foreign Investment refers to foreign funds received during the reference period for the construction and purchase of investment in fixed assets(covering equipment, materials and technology), including foreign borrowings(loans from foreign government and international financial institutions, export credit, commercial loans from foreign banks, issue of bonds and stocks overseas), foreign direct investment and other foreign investment. Excluded in this category are capitals in foreign exchanges owned by China (foreign exchanges owned by the central and local governments by enterprises through regulating mechanism, loans in foreign exchanges issued by the Band of China with its own fund, etc.). In calculating the utilization of foreign capitals, foreign currencies are converted into Chinese Renminbi applying the current exchange rate when the foreign capitals are actually used.

(4)Self-raised funds refer to extra-budgetary funds for investment in fixed assets received by investing units from central government ministries, local governments, enterprises and institutions, including their self-raised funds.

(5) Others refer to funds or investment in fixed assets received from the sources other than those listed above, including capitals raised through issuing bonds by enterprises or financial institutions, funds raised from individuals and through donations, and funds transferred from other units.

Floor Space of Buildings under Construction and

Completed refers to total floor space of the horizontal section of outer walls above the plinth of the building, including the effective area and the area occupied by the structure.

Floor Space of Residential Buildings refers to the floor space of the residential buildings among the total space of buildings under construction or completed.

Floor Space under Construction refers to total floor space of all buildings under construction during the reference period, including floor space of newly started buildings during the reference period, floor space of construction extended from the previous period to the current period, and floor space of construction suspended during the previous period and resumed in the current period. Floor space of construction completed in the current period, and floor space of construction started and then suspended in the current period are also included in the floor space under construction of the current year.

Floor Space of Buildings Completed refers to the floor space of buildings completed in the reference period, which have been appraised and accepted(or come up to the designed standards) and have been transferred to the owners for use.

五、价格指数

Price Indices

5−1 居民消费价格指数
Consumer Price Indices

（上年 =100）　　　　(preceding year=100)

地区	Area	1978	1980	1985	1990
长江三角洲经济区	**Yangtze River Delta**				
上海市	Shanghai City	100.5	105.9	115.2	106.3
南京市	Nanjing City		104.9	110.1	105.3
苏州市	Suzhou City			111.9	103.9
无锡市	Wuxi City	101.0	106.7	112.1	104.5
常州市	Changzhou City			112.9	104.2
镇江市	Zhenjiang City			109.9	103.6
南通市	Nantong City	100.2	103.4	110.6	102.7
扬州市	Yangzhou City		102.5	108.8	104.8
泰州市	Taizhou City				
杭州市	Hangzhou City	100.1	100.8	117.2	104.6
宁波市	Ningbo City	100.0	115.0	116.6	104.0
嘉兴市	Jiaxing City		104.1	114.4	102.1
湖州市	Huzhou City			114.9	102.9
绍兴市	Shaoxing City			113.1	101.8
舟山市	Zhoushan City			115.4	101.9
台州市	Taizhou City	100.0	108.8	111.9	102.4
珠江三角洲经济区	**Pearl River Delta**				
广州市	Guangzhou City	100.3	107.2	121.5	97.3
深圳市	Shenzhen City		105.0	122.5	101.6
珠海市	Zhuhai City				101.4
佛山市	Foshan City	99.4	106.3	118.1	96.0
江门市	Jiangmen City				
东莞市③	Dongguan City ③	100.6		106.5	96.6
中山市	Zhongshan City				
惠州市区	Huizhou Urban District			115.3	97.7
惠阳市	Huiyang City				
惠东县	Huidong County				
博罗县	Boluo County				
肇庆市区	Zhaoqing Urban District	100.9	104.3	114.4	97.9
高要市	Gaoyao City				
四会市	Sihui City				
香港特别行政区①	**Hong Kong,SAR ①**			41.2	59.0
澳门特别行政区②	**Macao,SAR ②**				

5-1 续表 continued

(上年 =100) (preceding year=100)

地区	Area	1995	2000	2001	2002
长江三角洲经济区	**Yangtze River Delta**				
上海市	Shanghai City	118.7	102.5	100.0	100.5
南京市	Nanjing City	115.1	100.0	99.9	97.9
苏州市	Suzhou City	118.0	99.9	99.5	100.4
无锡市	Wuxi City	115.7	100.0	100.2	99.2
常州市	Changzhou City	114.9	99.5	100.1	98.5
镇江市	Zhenjiang City	115.0	99.9	100.3	99.1
南通市	Nantong City	115.3	99.3	100.8	100.0
扬州市	Yangzhou City	116.1	100.4	99.8	98.8
泰州市	Taizhou City	116.0	100.2	101.0	99.5
杭州市	Hangzhou City	116.5	100.8	99.5	98.8
宁波市	Ningbo City	119.1	100.3	99.3	99.2
嘉兴市	Jiaxing City	115.2	101.1	99.5	100.0
湖州市	Huzhou City	116.4	101.4	100.8	99.4
绍兴市	Shaoxing City	113.5	102.9	99.4	100.1
舟山市	Zhoushan City	114.8	101.6	99.3	99.5
台州市	Taizhou City	117.3	101.1	99.3	99.6
珠江三角洲经济区	**Pearl River Delta**				
广州市	Guangzhou City	113.5	102.8	98.9	97.6
深圳市	Shenzhen City	112.4	102.8	97.8	101.2
珠海市	Zhuhai City	111.8	101.4	98.6	97.6
佛山市	Foshan City	110.2	102.6	99.7	97.3
江门市	Jiangmen City	112.8	100.7	100.1	97.8
东莞市③	Dongguan City ③	113.9	101.5	98.2	98.1
中山市	Zhongshan City	113.1	102.5	99.8	99.3
惠州市区	Huizhou Urban District	109.9	102.5	100.3	98.2
惠阳市	Huiyang City				
惠东县	Huidong County				
博罗县	Boluo County				
肇庆市区	Zhaoqing Urban District	114.2	103.1	99.9	97.7
高要市	Gaoyao City				
四会市	Sihui City				
香港特别行政区①	**Hong Kong,SAR ①**	92.9	99.4	97.8	94.8
澳门特别行政区②	**Macao,SAR ②**	94.8	99.5	97.5	94.9

注:①为综合消费物价指数，以 1999 年 10 月到 2000 年 9 月为 100。② 1999 年以后以 1999 年 10 月到 2000 年 9 月为 100、1995 年以 1995 年 7 月到 1996 年 6 月为 100。③ 1978 和 1980 年为消费品价格指数。

Note: ① Refers to composite consumer price index(October 1999-September 2000=100). ② October 1999-September 2000=100 for data after 1999,July 1995-June 1996=100 for year 1995. ③ Refer to consumer goods indices for year 1978 and 1980.

5-2 居民消费价格分类指数
Consumer Price Indices by Category

(上年 =100) (preceding year=100)

地区	Area	食品③ Food ③			
		1995	2000	2001	2002
长江三角洲经济区	**Yangtze River Delta**				
上海市	Shanghai City	118.7	102.5	100.3	102.9
南京市	Nanjing City	120.0	96.8	98.6	100.1
苏州市	Suzhou City	122.3	98.4	97.1	101.5
无锡市	Wuxi City	121.5	97.7	99.9	99.0
常州市	Changzhou City	117.9	95.5	97.4	97.8
镇江市	Zhenjiang City	120.8	96.2	99.3	99.3
南通市	Nantong City	118.7	96.7	98.4	100.9
扬州市	Yangzhou City	121.4	100.4	98.7	100.8
泰州市	Taizhou City	121.3	97.6	98.5	97.9
杭州市	Hangzhou City	121.1	98.9	98.3	101.5
宁波市	Ningbo City	124.4	93.3	97.2	95.8
嘉兴市	Jiaxing City	120.3	98.9	96.7	101.5
湖州市	Huzhou City	117.9	98.7	101.1	99.3
绍兴市	Shaoxing City	118.8	97.7	96.8	103.0
舟山市	Zhoushan City	122.0	98.4	96.6	102.6
台州市	Taizhou City	123.3	100.2	98.2	101.7
珠江三角洲经济区	**Pearl River Delta**				
广州市	Guangzhou City	118.9	98.8	97.6	98.1
深圳市	Shenzhen City	116.7	100.2	97.5	100.5
珠海市	Zhuhai City	116.2	97.8	96.0	97.1
佛山市	Foshan City	116.2	98.5	98.4	97.2
江门市	Jiangmen City	112.4	97.9	100.3	95.9
东莞市	Dongguan City	119.1	100.4	98.9	99.0
中山市	Zhongshan City	122.3	99.3	97.0	99.4
惠州市区	Huizhou Urban District	114.0	98.4	100.3	96.7
惠阳市	Huiyang City				
惠东县	Huidong County				
博罗县	Boluo County				
肇庆市区	Zhaoqing Urban District	118.8	98.6	100.2	97.1
高要市	Gaoyao City				
四会市	Sihui City				
香港特别行政区①	**Hong Kong,SAR ①**	94.6	99.7	98.9	96.8
澳门特别行政区②	**Macao,SAR ②**	95.8	99.7	98.3	96.2

5-2 续表1 Continued

(上年=100) (preceding year=100)

地区	Area	衣着 Clothing			
		1995	2000	2001	2002
长江三角洲经济区	**Yangtze River Delta**				
上海市	Shanghai City			98.9	97.5
南京市	Nanjing City	111.7	102.9	94.6	96.5
苏州市	Suzhou City	120.2	99.8	97.5	97.5
无锡市	Wuxi City	116.8	99.2	98.9	98.7
常州市	Changzhou City	118.0	95.3	94.4	99.5
镇江市	Zhenjiang City	113.0	100.1	99.0	99.1
南通市	Nantong City	120.6	98.9	99.1	94.0
扬州市	Yangzhou City	121.1	98.5	96.6	98.3
泰州市	Taizhou City	113.2	99.4	94.3	92.6
杭州市	Hangzhou City	119.8	96.0	94.2	86.6
宁波市	Ningbo City	126.8	99.6	97.8	100.3
嘉兴市	Jiaxing City	112.8	95.9	91.0	90.7
湖州市	Huzhou City	119.8	100.8	100.5	99.7
绍兴市	Shaoxing City	108.4	99.9	97.3	98.2
舟山市	Zhoushan City	109.7	99.2	96.3	98.0
台州市	Taizhou City	112.3	99.4	98.2	98.2
珠江三角洲经济区	**Pearl River Delta**				
广州市	Guangzhou City	116.1	97.6	96.3	97.9
深圳市	Shenzhen City	105.8	102.9	98.7	105.2
珠海市	Zhuhai City	106.1	100.5	100.1	99.7
佛山市	Foshan City	112.2	103.3	99.8	101.1
江门市	Jiangmen City	108.5	95.9	101.2	100.1
东莞市	Dongguan City	103.8	98.9	98.4	92.3
中山市	Zhongshan City	106.1	96.6	100.3	96.9
惠州市区	Huizhou Urban District	109.2	102.1	102.3	103.2
惠阳市	Huiyang City				
惠东县	Huidong County				
博罗县	Boluo County				
肇庆市区	Zhaoqing Urban District	110.5	93.6	99.4	100.6
高要市	Gaoyao City				
四会市	Sihui City				
香港特别行政区①	**Hong Kong,SAR ①**	117.8	97.9	93.4	94.1
澳门特别行政区②	**Macao,SAR ②**	93.1	95.4	90.8	81.6

5-2 续表2 Continued

(上年=100) (preceding year=100)

地区	Area	家庭设备及用品④ Household Facilities and Articles ④			
		1995	2000	2001	2002
长江三角洲经济区	**Yangtze River Delta**				
上海市	Shanghai City			97.2	97.7
南京市	Nanjing City	103.6	99.9	97.8	90.6
苏州市	Suzhou City				
无锡市	Wuxi City		99.1	98.3	98.5
常州市	Changzhou City	105.3	99.7	98.5	97.5
镇江市	Zhenjiang City	104.7	97.1	93.7	94.3
南通市	Nantong City	103.8	98.1	96.8	98.5
扬州市	Yangzhou City	105.5	97.9	95.1	95.8
泰州市	Taizhou City	104.4	97.0	99.2	94.5
杭州市	Hangzhou City	106.6	95.7	97.1	95.7
宁波市	Ningbo City	104.4	98.4	94.0	94.9
嘉兴市	Jiaxing City	103.3	96.6	99.4	97.0
湖州市	Huzhou City	103.4	100.2	99.5	99.7
绍兴市	Shaoxing City	105.1	98.5	98.3	98.2
舟山市	Zhoushan City	106.2	96.2	95.8	96.5
台州市	Taizhou City	108.3	97.8	96.8	97.0
珠江三角洲经济区	**Pearl River Delta**				
广州市	Guangzhou City	102.8	100.2	96.4	97.4
深圳市	Shenzhen City	101.8	99.5	97.6	99.0
珠海市	Zhuhai City	105.4	101.0	101.2	96.4
佛山市	Foshan City	104.3	97.7	100.2	99.7
江门市	Jiangmen City	104.6	97.5	99.3	96.9
东莞市	Dongguan City	107.2	99.5	99.1	99.3
中山市	Zhongshan City	107.2	97.0	97.9	96.8
惠州市区	Huizhou Urban District	104.5	96.0	96.2	94.1
惠阳市	Huiyang City				
惠东县	Huidong County				
博罗县	Boluo County				
肇庆市区	Zhaoqing Urban District	102.9	94.6	95.4	97.9
高要市	Gaoyao City				
四会市	Sihui City				
香港特别行政区①	**Hong Kong,SAR ①**	105.8	98.7	91.7	85.9
澳门特别行政区②	**Macao,SAR ②**	96.7	99.2	94.1	90.6

5-2 续表3 Continued

(上年=100) (preceding year=100)

地区	Area	医疗保健 Medicine and Medical Articles			
		1995	2000	2001	2002
长江三角洲经济区	**Yangtze River Delta**				
上海市	Shanghai City			97.4	97.6
南京市	Nanjing City	115.1	97.3	102.0	99.8
苏州市	Suzhou City				
无锡市	Wuxi City		99.2	98.1	101.7
常州市	Changzhou City	103.9	101.8	101.6	100.3
镇江市	Zhenjiang City	113.0	102.8	101.5	99.5
南通市	Nantong City	118.3	97.9	101.1	100.3
扬州市	Yangzhou City	115.8	99.9	98.0	97.8
泰州市	Taizhou City	108.9	103.0	98.6	98.8
杭州市	Hangzhou City	109.9	102.2	99.0	97.4
宁波市	Ningbo City	112.8	97.4	98.0	97.8
嘉兴市	Jiaxing City	112.9	100.6	99.9	99.5
湖州市	Huzhou City			99.6	101.1
绍兴市	Shaoxing City	112.7	101.7	99.2	99.3
舟山市	Zhoushan City	104.6	102.6	97.4	96.3
台州市	Taizhou City	111.1	100.8	98.2	97.0
珠江三角洲经济区	**Pearl River Delta**				
广州市	Guangzhou City	107.9	93.7	97.7	96.7
深圳市	Shenzhen City	111.9	104.4	98.2	101.4
珠海市	Zhuhai City	106.7	100.5	98.9	94.9
佛山市	Foshan City	104.4	96.7	101.5	88.4
江门市	Jiangmen City	102.9	99.9	101.5	97.5
东莞市	Dongguan City	111.4	92.4	93.8	99.0
中山市	Zhongshan City	105.6	105.7	98.3	99.2
惠州市区	Huizhou Urban District	108.5	103.9	100.1	93.1
惠阳市	Huiyang City				
惠东县	Huidong County				
博罗县	Boluo County				
肇庆市区	Zhaoqing Urban District	111.2	104.0	96.2	97.9
高要市	Gaoyao City				
四会市	Sihui City				
香港特别行政区①	**Hong Kong,SAR ①**	79.0	100.2	101.1	
澳门特别行政区②	**Macao,SAR ②**	99.1	100.5	101.3	101.3

5-2 续表4 Continued

(上年 =100) (preceding year=100)

地区	Area	交通和通信⑤ Means of Transportation and Communication ⑤			
		1995	2000	2001	2002
长江三角洲经济区	**Yangtze River Delta**				
上海市	Shanghai City			98.1	96.9
南京市	Nanjing City	99.5	90.0	94.7	93.8
苏州市	Suzhou City				
无锡市	Wuxi City			99.5	95.8
常州市	Changzhou City	103.8	97.6	97.6	98.2
镇江市	Zhenjiang City	98.3	87.0	97.7	95.7
南通市	Nantong City	0.0	95.3	94.9	97.4
扬州市	Yangzhou City	99.1	99.4	96.2	98.2
泰州市	Taizhou City	99.8	95.4	96.5	93.2
杭州市	Hangzhou City	101.5	93.6	94.9	96.6
宁波市	Ningbo City	93.5	95.7	94.8	96.4
嘉兴市	Jiaxing City	99.9	94.8	98.7	96.7
湖州市	Huzhou City			99.1	98.3
绍兴市	Shaoxing City	89.3	93.0	98.6	99.2
舟山市	Zhoushan City	102.2	89.5	97.4	97.8
台州市	Taizhou City	99.9	90.7	98.1	96.1
珠江三角洲经济区	**Pearl River Delta**				
广州市	Guangzhou City	104.3	97.9	87.6	86.9
深圳市	Shenzhen City	95.5	96.2	97.6	98.0
珠海市	Zhuhai City	99.3	92.6	89.7	89.9
佛山市	Foshan City	94.4	96.7	93.8	90.4
江门市	Jiangmen City	102.5	88.6	89.8	90.8
东莞市	Dongguan City	99.5	85.2	83.6	97.3
中山市	Zhongshan City	94.2	91.6	101.2	99.1
惠州市区	Huizhou Urban District	96.1	97.7	89.4	87.3
惠阳市	Huiyang City				
惠东县	Huidong County				
博罗县	Boluo County				
肇庆市区	Zhaoqing Urban District	97.4	88.2	89.3	92.2
高要市	Gaoyao City				
四会市	Sihui City				
香港特别行政区①	**Hong Kong,SAR ①**	86.2	100.3	100.7	100.1
澳门特别行政区②	**Macao,SAR ②**	100.1	100.5	97.4	95.4

5–2 续表5 Continued

(上年 =100) (preceding year=100)

地区	Area	娱乐教育文化⑥ Recreation, Education and Culture ⑥			
		1995	2000	2001	2002
长江三角洲经济区	**Yangtze River Delta**				
上海市	Shanghai City			102.1	100.8
南京市	Nanjing City	104.3	94.6	106.5	97.3
苏州市	Suzhou City				
无锡市	Wuxi City			102.4	99.7
常州市	Changzhou City	105.8	101.7	112.8	97.5
镇江市	Zhenjiang City	101.2	97.6	106.3	102.7
南通市	Nantong City	103.4	97.0	112.5	103.9
扬州市	Yangzhou City	105.1	95.9	104.5	101.4
泰州市	Taizhou City	106.8	97.4	123.2	117.1
杭州市	Hangzhou City	104.8	100.9	103.0	98.0
宁波市	Ningbo City	103.1	92.7	104.0	96.4
嘉兴市	Jiaxing City	107.1	97.8	109.8	106.9
湖州市	Huzhou City			105.9	98.6
绍兴市	Shaoxing City	108.6	101.3	106.1	99.5
舟山市	Zhoushan City	106.5	96.5	111.0	99.6
台州市	Taizhou City	106.1	92.1	105.3	98.7
珠江三角洲经济区	**Pearl River Delta**				
广州市	Guangzhou City	94.6	99.9	97.9	88.5
深圳市	Shenzhen City	103.6	94.8	97.8	99.5
珠海市	Zhuhai City	106.9	103.3	99.4	97.1
佛山市	Foshan City	102.0	98.3	98.6	99.2
江门市	Jiangmen City	107.4	94.7	98.6	99.2
东莞市	Dongguan City	99.1	100.3	98.7	97.1
中山市	Zhongshan City	101.2	97.1	102.8	101.9
惠州市区	Huizhou Urban District	106.3	96.8	99.9	96.4
惠阳市	Huiyang City				
惠东县	Huidong County				
博罗县	Boluo County				
肇庆市区	Zhaoqing Urban District	107.7	100.5	99.8	93.5
高要市	Gaoyao City				
四会市	Sihui City				
香港特别行政区①	**Hong Kong,SAR ①**	69.0	100.4	102.0	
澳门特别行政区②	**Macao,SAR ②**	89.3	99.5	99.0	98.2

5-2 续表6 Continued

(上年 =100) (preceding year=100)

地区	Area	居住 ⑦ Residence ⑦			
		1995	2000	2001	2002
长江三角洲经济区	**Yangtze River Delta**				
上海市	Shanghai City			102.3	100.0
南京市	Nanjing City	113.8	109.2	102.2	99.4
苏州市	Suzhou City	125.7	105.8	103.3	99.7
无锡市	Wuxi City	107.9	105.6	102.6	99.4
常州市	Changzhou City	111.9	103.8	99.7	100.7
镇江市	Zhenjiang City	116.8	106.3	102.4	99.5
南通市	Nantong City		108.1	103.5	99.2
扬州市	Yangzhou City	110.9	105.3	103.1	100.8
泰州市	Taizhou City	119.7	107.1	100.0	97.8
杭州市	Hangzhou City	107.5	109.7	104.1	101.5
宁波市	Ningbo City	109.8	103.2	104.3	100.6
嘉兴市	Jiaxing City	109.4	107.4	101.5	97.2
湖州市	Huzhou City	123.4	109.6	98.6	98.2
绍兴市	Shaoxing City	112.5	105.7	101.6	97.6
舟山市	Zhoushan City	108.2	104.0	101.1	96.5
台州市	Taizhou City	111.8	105.5	100.2	99.8
珠江三角洲经济区	**Pearl River Delta**				
广州市	Guangzhou City	115.8	105.3	101.7	100.1
深圳市	Shenzhen City	110.3	105.6	99.1	102.4
珠海市	Zhuhai City	102.2	113.1	98.8	97.8
佛山市	Foshan City	110.4	104.8	100.5	95.1
江门市	Jiangmen City	103.7	105.7	99.7	99.4
东莞市	Dongguan City	107.4	113.8	96.7	99.4
中山市	Zhongshan City	102.3	115.9	104.5	98.6
惠州市区	Huizhou Urban District	105.4	110.7	99.2	100.7
惠阳市	Huiyang City				
惠东县	Huidong County				
博罗县	Boluo County				
肇庆市区	Zhaoqing Urban District	109.8	108.2	103.3	99.8
高要市	Gaoyao City				
四会市	Sihui City				
香港特别行政区①	**Hong Kong,SAR ①**	89.8	98.5	95.5	90.0
澳门特别行政区②	**Macao,SAR ②**	95.6	99.5	97.1	94.1

注：①香港以1999年10月至2000年9月为100。②澳门1999年以后以1999年10月到2000年9月为100，1995年以1995年7月至1996年6月为100。③澳门指粮食及饮品。④香港指耐用物品。⑤香港专指交通。⑥香港指教育服务，澳门指教育消闲类。⑦香港指住屋，澳门指租金及住屋开支。

Note: ① Hong Kong,October 1999- September 2000=100. ② Macao, October 1999- September 2000=100 for data after 1999,July 1995- June 1996=100 for year 1995. ③ Refer to foodstuffs and beverages for Macao. ④ Refer to durable goods for Hong Kong. ⑤ Refer only to transport for Hong Kong. ⑥ Refer to educational services for Hong Kong,Refer to education and leisure for Macao. ⑦ Refer to housing for Hong Kong,Refer to rent and housing expenses for Macao.

5-3 商品零售价格指数

Retail Price Indices

(上年 =100) (preceding year=100)

地区	Area	1978	1980	1985	1990
长江三角洲经济区	**Yangtze River Delta**				
上海市	Shanghai City	100.1	106.5	116.4	104.8
南京市	Nanjing City	107.4	105.0	110.5	104.4
苏州市	Suzhou City		104.2	112.1	103.2
无锡市	Wuxi City	101.0	107.1	112.9	103.8
常州市	Changzhou City			113.2	103.4
镇江市	Zhenjiang City			110.1	103.3
南通市	Nantong City	100.2	102.9	111.5	102.1
扬州市	Yangzhou City		104.7	109.2	103.8
泰州市	Taizhou City				
杭州市	Hangzhou City	100.1	109.3	117.5	104.4
宁波市	Ningbo City	99.6		116.9	103.2
嘉兴市	Jiaxing City	100.2	104.2	114.3	101.7
湖州市	Huzhou City			115.2	102.4
绍兴市	Shaoxing City			113.1	101.8
舟山市	Zhoushan City			116.3	100.2
台州市	Taizhou City	100.1	108.0	112.3	101.8
珠江三角洲经济区	**Pearl River Delta**				
广州市	Guangzhou City	100.3	107.6	122.5	96.3
深圳市	Shenzhen City		105.5	123.2	97.7
珠海市	Zhuhai City				99.8
佛山市	Foshan City	99.3	107.0	119.0	93.5
江门市	Jiangmen City			115.8	96.5
东莞市	Dongguan City	100.4	110.9	106.9	94.9
中山市	Zhongshan City				
惠州市区	Huizhou Urban District			115.0	96.2
惠阳市	Huiyang City				
惠东县	Huidong County				
博罗县	Boluo County				
肇庆市区	Zhaoqing Urban District	100.9	104.3	115.2	96.5
高要市	Gaoyao City				
四会市	Sihui City				

5-3 续表 Continued

(上年 =100) (preceding year=100)

地区	Area	1995	2000	2001	2002
长江三角洲经济区	**Yangtze River Delta**				
上海市	Shanghai City	113.0	96.4	98.6	98.7
南京市	Nanjing City	111.2	99.2	98.8	96.3
苏州市	Suzhou City	113.3	98.5	98.1	99.5
无锡市	Wuxi City	112.5	98.6	99.0	99.3
常州市	Changzhou City	112.8	98.0	97.3	99.0
镇江市	Zhenjiang City	110.8	98.0	98.6	97.0
南通市	Nantong City	113.0	98.4	98.3	97.6
扬州市	Yangzhou City	112.5	98.2	98.9	99.2
泰州市	Taizhou City	113.5	98.3	98.8	97.4
杭州市	Hangzhou City	113.3	98.3	95.3	97.9
宁波市	Ningbo City	112.6	98.3	94.8	98.6
嘉兴市	Jiaxing City	112.8	99.0	98.2	97.6
湖州市	Huzhou City	112.6	99.7	100.3	99.7
绍兴市	Shaoxing City	112.9	98.7	98.9	99.4
舟山市	Zhoushan City	111.0	99.2	96.7	99.3
台州市	Taizhou City	115.3	100.4	98.8	99.8
珠江三角洲经济区	**Pearl River Delta**				
广州市	Guangzhou City	109.7	99.4	97.4	97.4
深圳市	Shenzhen City	110.8	100.6	97.9	100.2
珠海市	Zhuhai City	110.2	101.6	98.6	97.1
佛山市	Foshan City	109.1	100.2	101.3	99.1
江门市	Jiangmen City	110.4	98.5	97.9	97.4
东莞市	Dongguan City	109.7	100.1	97.8	99.1
中山市	Zhongshan City	110.7	100.1	97.8	98.3
惠州市区	Huizhou Urban District	108.8	100.2	99.6	96.8
惠阳市	Huiyang City				
惠东县	Huidong County				
博罗县	Boluo County				
肇庆市区	Zhaoqing Urban District	110.5	99.9	99.5	98.1
高要市	Gaoyao City				
四会市	Sihui City				

主要统计指标解释

居民消费价格指数　是反映一定时期内城乡居民所购买的生活消费品价格和服务项目价格变动趋势和程度的相对数，是对城市居民消费价格指数和农村居民消费价格指数进行综合汇总计算的结果。该指数可以观察和分析消费品的零售价格和服务价格变动对城乡居民实际生活费支出的影响程度。

商品零售价格指数　是反映一定时期内城乡商品零售价格变动趋势和程度的相对数。商品零售物价的变动直接影响到城乡居民的生活支出和国家的财政收入，影响居民购买力和市场供需的平衡，影响到消费与积累的比例关系。因此，该指数可以从一个侧面对上述经济活动进行观察和分析。

Explanatory Notes on Main Statistical Indicators

Consumer Price Indices reflect the trend and degree of changes in prices of consumer goods and services purchased by urban and rural residents, and is a composite indices derived from the urban consumer price indices and the rural consumer price indices. Consumer price indices can be used to analyze the impact of consumer price change on actual expenditure for living cost of urban and rural residents.

Retail Price Indices reflect the trend and degree of change in retail prices of commodities during a given period. The change in retail prices of commodities directly affect the living expenditure of urban and rural residents, government revenue, purchasing power of residents and the equilibrium of market supply and demand, and the ratio of consumption to accumulation. Therefore, the retail price indices are useful to analyze the changes of the above economic activities.

六、人民生活

People's　Livelihood

6-1 城镇居民家庭平均每人年收入和可支配收入

Per Capita Annual Income and Disposable Income of Urban Households

单位：元　　　　(yuan)

地区	Area	平均每人年收入 Per Capita Annual Income				
		1978	1990	2000	2001	2002
长江三角洲经济区	**Yangtze River Delta**					
上海市	Shanghai City			14747	16407	19393
南京市	Nanjing City		1605	8261	8883	9856
苏州市	Suzhou City	514	2161	9336	10574	11511
无锡市	Wuxi City		1833	8674	9512	10540
常州市	Changzhou City		1782	8578	9478	10841
镇江市	Zhenjiang City		1936	7267	7901	8829
南通市	Nantong City			9543	8535	9031
扬州市	Yangzhou City					
泰州市	Taizhou City			7027	7503	8157
杭州市	Hangzhou City		1999	9709	10897	12912
宁波市	Ningbo City					
嘉兴市	Jiaxing City					
湖州市	Huzhou City		2001	8711	9926	12316
绍兴市	Shaoxing City		1989	9465	10731	13385
舟山市	Zhoushan City		1974	8925	10197	11652
台州市	Taizhou City		1678	9274	10736	12450
珠江三角洲经济区	**Pearl River Delta**					
广州市	Guangzhou City			13812	14734	15252
深圳市	Shenzhen City			21769	22947	23252
珠海市	Zhuhai City		3417	15328	16106	16391
佛山市	Foshan City		2907	12088	13751	14503
江门市	Jiangmen City					
东莞市	Dongguan City			14231	17062	17711
中山市	Zhongshan City					
惠州市区	Huizhou Urban District			9937	10368	11284
惠阳市	Huiyang City					
惠东县	Huidong County					
博罗县	Boluo County					
肇庆市区	Zhaoqing Urban District			7357	7809	7716
高要市	Gaoyao City					
四会市	Sihui City					

6-1 续表 continued

单位：元 (yuan)

地区	Area	人均可支配收入 Per Capita Disposable Income				
		1978	1990	2000	2001	2002
长江三角洲经济区	**Yangtze River Delta**					
上海市	Shanghai City	406	2182	11717	12883	13250
南京市	Nanjing City		1591	8233	8848	9157
苏州市	Suzhou City		2150	9274	10515	10617
无锡市	Wuxi City	340	1833	8603	9454	9988
常州市	Changzhou City		1769	8540	9406	9933
镇江市	Zhenjiang City		1747	7170	7699	8202
南通市	Nantong City			7911	8485	8640
扬州市	Yangzhou City	316	1750	6734	7205	7833
泰州市	Taizhou City			7005	7439	7788
杭州市	Hangzhou City	338	1985	9668	10896	11778
宁波市	Ningbo City	306	1963	10921	11991	12970
嘉兴市	Jiaxing City			9338	10920	11500
湖州市	Huzhou City		1988	8684	9872	11388
绍兴市	Shaoxing City		1834	9401	10669	12130
舟山市	Zhoushan City		1888	8886	10161	10985
台州市	Taizhou City	311	1619	8861	10260	11817
珠江三角洲经济区	**Pearl River Delta**					
广州市	Guangzhou City			13622	14416	13380
深圳市	Shenzhen City			20906	22760	24941
珠海市	Zhuhai City		3417	15110	15870	15320
佛山市	Foshan City		2675	11977	13600	13582
江门市	Jiangmen City					
东莞市	Dongguan City		2508	14142	16938	16949
中山市	Zhongshan City			11876	12803	14208
惠州市区	Huizhou Urban District			9825	10015	10691
惠阳市	Huiyang City					
惠东县	Huidong County					
博罗县	Boluo County					
肇庆市区	Zhaoqing Urban District			7301	7742	7335
高要市	Gaoyao City					
四会市	Sihui City					

6-2 农村居民家庭平均每人年收入和人均纯收入

Per Capita Annual Income and Per Capita Annual Net Income of Rural Households

单位：元 (yuan)

地区	Area	平均每人年收入 Per Capita Annual Income				
		1978	1990	2000	2001	2002
长江三角洲经济区	**Yangtze River Delta**					
上海市	Shanghai City		1990	6400	6827	7080
南京市	Nanjing City		1175	4790	5205	5474
苏州市	Suzhou City	260	2065	6456	6725	7202
无锡市	Wuxi City		1844	5977	6426	6792
常州市	Changzhou City		1873	5560	5850	6163
镇江市	Zhenjiang City			4879	5130	5403
南通市	Nantong City			5285	5331	5642
扬州市	Yangzhou City		1271	4401	4612	4765
泰州市	Taizhou City			4443	4670	4839
杭州市	Hangzhou City		1451	5281	6097	6370
宁波市	Ningbo City					
嘉兴市	Jiaxing City					
湖州市	Huzhou City		1704	5714	6458	6935
绍兴市	Shaoxing City		1458	6092	6588	6936
舟山市	Zhoushan City		1807	6228	5928	5927
台州市	Taizhou City					
珠江三角洲经济区	**Pearl River Delta**					
广州市	Guangzhou City					
深圳市	Shenzhen City					
珠海市	Zhuhai City					
佛山市	Foshan City					
江门市	Jiangmen City					
东莞市	Dongguan City			9802	10106	10073
中山市	Zhongshan City			9148	8976	9102
惠州市区	Huizhou Urban District					
惠阳市	Huiyang City					
惠东县	Huidong County					
博罗县	Boluo County					
肇庆市区	Zhaoqing Urban District					
高要市	Gaoyao City					
四会市	Sihui City					

6-2 续表 continued

单位：元 (yuan)

地区	Area	人均纯收入(可支配收入) Per Capita Net Income (Disposable Income)				
		1978	1990	2000	2001	2002
长江三角洲经济区	**Yangtze River Delta**					
上海市	Shanghai City	281	1665	5565	5850	6212
南京市	Nanjing City		970	4062	4311	4579
苏州市	Suzhou City	226	1664	5462	5796	6140
无锡市	Wuxi City	181	1496	5256	5524	5860
常州市	Changzhou City	103	1401	4430	4719	5138
镇江市	Zhenjiang City			4042	4191	4452
南通市	Nantong City		871	3710	3926	4133
扬州市	Yangzhou City	85	941	3464	3690	3926
泰州市	Taizhou City			3549	3649	3834
杭州市	Hangzhou City	162	1171	4496	4896	5242
宁波市	Ningbo City		1254	5069	5362	5764
嘉兴市	Jiaxing City			4734	5356	5532
湖州市	Huzhou City		1270	4335	4695	5052
绍兴市	Shaoxing City		1212	4982	5343	5690
舟山市	Zhoushan City		1478	4228	4422	4659
台州市	Taizhou City	120	918	4296	4631	4970
珠江三角洲经济区	**Pearl River Delta**					
广州市	Guangzhou City					
深圳市	Shenzhen City		1954	9270	9869	10610
珠海市	Zhuhai City		1230	4417	4800	5097
佛山市	Foshan City					
江门市	Jiangmen City					
东莞市	Dongguan City	149	1359	6731	7366	7907
中山市	Zhongshan City			6528	6738	6907
惠州市区	Huizhou Urban District					
惠阳市	Huiyang City					
惠东县	Huidong County					
博罗县	Boluo County					
肇庆市区	Zhaoqing Urban District					
高要市	Gaoyao City					
四会市	Sihui City					

6-3 城乡居民储蓄存款年末余额

Savings Deposit in Urban and Rural (Year-end)

单位：亿元 (100 million yuan)

地区	Area	1978 合计 Total	1978 城镇储蓄 Urban Deposit	1978 农村储蓄 Rural Deposit	1990 合计 Total	1990 城镇储蓄 Urban Deposit
长江三角洲经济区	**Yangtze River Delta**					
上海市	Shanghai City	18.18	16.92	1.26	252.16	223.05
南京市	Nanjing City	2.11			55.46	
苏州市	Suzhou City	1.77			73.33	
无锡市	Wuxi City	1.43			37.54	
常州市	Changzhou City	0.72			34.29	
镇江市	Zhenjiang City	0.49			21.42	
南通市	Nantong City	2.19			57.48	
扬州市	Yangzhou City	0.36			27.87	
泰州市	Taizhou City	0.54			25.79	
杭州市	Hangzhou City	8.68	1.71	1.13	69.75	47.90
宁波市	Ningbo City	1.52			46.12	
嘉兴市	Jiaxing City				31.43	
湖州市	Huzhou City	0.49			18.42	
绍兴市	Shaoxing City	0.69			34.08	
舟山市	Zhoushan City				9.56	3.97
台州市	Taizhou City	0.44	0.29	0.15	15.36	7.77
珠江三角洲经济区	**Pearl River Delta**					
广州市	Guangzhou City					
深圳市	Shenzhen City				57.45	
珠海市	Zhuhai City				18.92	
佛山市	Foshan City	1.64			106.07	
江门市	Jiangmen City	1.96	0.76	1.20	67.35	32.87
东莞市	Dongguan City	0.54	0.19	0.36	45.51	19.73
中山市	Zhongshan City					
惠州市区	Huizhou Urban District	0.07	0.07		6.88	6.58
惠阳市	Huiyang City	0.08	0.04	0.05	6.96	5.00
惠东县	Huidong County	0.03	0.01	0.02	4.74	3.27
博罗县	Boluo County	0.09	0.04	0.05	4.37	2.72
肇庆市区	Zhaoqing Urban District					
高要市	Gaoyao City	0.20	0.02	0.18	4.73	2.25
四会市	Sihui City	0.11	0.04	0.07	3.57	2.13

6-3 续表 continued

单位：亿元 (100 million yuan)

地区	Area	1990	2002		
		农村储蓄 Rural Deposit	合计 Total	城镇储蓄 Urban Deposit	农村储蓄 Rural Deposit
长江三角洲经济区	**Yangtze River Delta**				
上海市	Shanghai City	29.11	4915.54	4662.95	252.59
南京市	Nanjing City		1031.01		
苏州市	Suzhou City		1164.33		
无锡市	Wuxi City		812.64		
常州市	Changzhou City		499.94		
镇江市	Zhenjiang City		281.26		
南通市	Nantong City		754.71		
扬州市	Yangzhou City		378.09		
泰州市	Taizhou City		336.00		
杭州市	Hangzhou City	21.85	1183.40	949.23	234.17
宁波市	Ningbo City		862.39		
嘉兴市	Jiaxing City		436.42		
湖州市	Huzhou City		214.65		
绍兴市	Shaoxing City		539.64		
舟山市	Zhoushan City	5.59	110.38	102.35	8.03
台州市	Taizhou City	7.59	436.27		
珠江三角洲经济区	**Pearl River Delta**				
广州市	Guangzhou City		3132.80		
深圳市	Shenzhen City		1756.49		
珠海市	Zhuhai City		297.24		
佛山市	Foshan City		1535.93		
江门市	Jiangmen City	34.48	578.35		
东莞市	Dongguan City	25.78	1001.69	747.52	254.17
中山市	Zhongshan City		462.89		
惠州市区	Huizhou Urban District	0.30	136.07		
惠阳市	Huiyang City	1.96	68.35		
惠东县	Huidong County	1.46	48.37		
博罗县	Boluo County	1.65	54.37		
肇庆市区	Zhaoqing Urban District		98.99	87.77	11.22
高要市	Gaoyao City	0.74	35.17	16.67	18.49
四会市	Sihui City	1.44	33.47	21.71	11.76

6-4 城镇居民家庭平均每人全年消费支出

Per Capita Annual Living Expenditure of Urban Households

单位：元 (yuan)

地区	Area	总计 Total 1990	2000	2001	2002
长江三角洲经济区	**Yangtze River Delta**				
上海市	Shanghai City	1937	8868	9336	10464
南京市	Nanjing City	1453	7048	7326	7323
苏州市	Suzhou City	1805	7027	7270	7682
无锡市	Wuxi City	1454	6975	7405	7567
常州市	Changzhou City	1498	6759	7526	7973
镇江市	Zhenjiang City	1715	4027	4530	6305
南通市	Nantong City	1551	5898	5959	5852
扬州市	Yangzhou City	1555	4990	5416	5575
泰州市	Taizhou City		5637	4945	5550
杭州市	Hangzhou City	1685	7790	8968	9215
宁波市	Ningbo City	1628	7997	9463	9396
嘉兴市	Jiaxing City		7085	7800	7707
湖州市	Huzhou City	1750	6353	7644	8113
绍兴市	Shaoxing City	1721	7430	8243	9004
舟山市	Zhoushan City	1608	6540	7367	8010
台州市	Taizhou City	1403	6926	8128	9393
珠江三角洲经济区	**Pearl River Delta**				
广州市	Guangzhou City		10989	11137	10672
深圳市	Shenzhen City		16307	17809	18926
珠海市	Zhuhai City	2899	11694	11562	11988
佛山市	Foshan City	2570	10663	10327	10937
江门市	Jiangmen City				
东莞市	Dongguan City	2038	12529	14669	15157
中山市	Zhongshan City		10337	10626	10989
惠州市区	Huizhou Urban District		8555	8878	8603
惠阳市	Huiyang City				
惠东县	Huidong County				
博罗县	Boluo County				
肇庆市区	Zhaoqing Urban District		6751	6590	6322
高要市	Gaoyao City				
四会市	Sihui City				

6-4 续表1 continued

单位：元 (yuan)

地区	Area	食品 Food			
		1990	2000	2001	2002
长江三角洲经济区	**Yangtze River Delta**				
上海市	Shanghai City	1095	3947	4056	4120
南京市	Nanjing City	873	2818	2884	3066
苏州市	Suzhou City	966	2999	3054	3236
无锡市	Wuxi City	870	2920	2990	3011
常州市	Changzhou City	922	2710	2777	2933
镇江市	Zhenjiang City	935	2475	2591	2708
南通市	Nantong City	875	2439	2478	2318
扬州市	Yangzhou City		2095	2297	2341
泰州市	Taizhou City		2197	2107	2308
杭州市	Hangzhou City	917	3303	3501	3707
宁波市	Ningbo City		3184	3243	3791
嘉兴市	Jiaxing City		2682	2877	3083
湖州市	Huzhou City	1003	2843	3021	3425
绍兴市	Shaoxing City	984	3033	3028	3495
舟山市	Zhoushan City	900	2744	2967	3123
台州市	Taizhou City	814	2984	3150	3515
珠江三角洲经济区	**Pearl River Delta**				
广州市	Guangzhou City		4798	4495	4380
深圳市	Shenzhen City		4800	4828	5187
珠海市	Zhuhai City	1549	4323	4290	4423
佛山市	Foshan City	1441	3557	3559	3711
江门市	Jiangmen City				
东莞市	Dongguan City	1295	4048	4572	4818
中山市	Zhongshan City		4299	4213	4335
惠州市区	Huizhou Urban District		3085	3311	3369
惠阳市	Huiyang City				
惠东县	Huidong County				
博罗县	Boluo County				
肇庆市区	Zhaoqing Urban District		2831	2820	2937
高要市	Gaoyao City				
四会市	Sihui City				

6-4 续表 2 continued

单位：元 (yuan)

地区	Area	衣着 Clothing			
		1990	2000	2001	2002
长江三角洲经济区	**Yangtze River Delta**				
上海市	Shanghai City	208	567	577	613
南京市	Nanjing City	169	593	637	617
苏州市	Suzhou City	237	489	532	470
无锡市	Wuxi City	196	527	529	551
常州市	Changzhou City	167	536	495	587
镇江市	Zhenjiang City	212	579	555	534
南通市	Nantong City		419	442	419
扬州市	Yangzhou City		540	398	462
泰州市	Taizhou City		502	509	462
杭州市	Hangzhou City	225	645	729	837
宁波市	Ningbo City		620	735	753
嘉兴市	Jiaxing City		419	503	575
湖州市	Huzhou City	207	623	681	788
绍兴市	Shaoxing City	202	527	534	809
舟山市	Zhoushan City	179	554	637	693
台州市	Taizhou City	155	583	682	637
珠江三角洲经济区	**Pearl River Delta**				
广州市	Guangzhou City		556	558	565
深圳市	Shenzhen City		1143	1134	1399
珠海市	Zhuhai City	228	464	496	684
佛山市	Foshan City	197	460	503	594
江门市	Jiangmen City				
东莞市	Dongguan City	95	487	648	748
中山市	Zhongshan City		551	605	633
惠州市区	Huizhou Urban District		409	460	543
惠阳市	Huiyang City				
惠东县	Huidong County				
博罗县	Boluo County				
肇庆市区	Zhaoqing Urban District		227	235	253
高要市	Gaoyao City				
四会市	Sihui City				

6-4 续表 3 continued

单位：元 (yuan)

地区	Area	家庭设备用品及服务 Household Facilities, Articles and Services 1990	2000	2001	2002
长江三角洲经济区	**Yangtze River Delta**				
上海市	Shanghai City	196	683	579	653
南京市	Nanjing City		730	710	501
苏州市	Suzhou City	151	940	1004	625
无锡市	Wuxi City	134	693	819	588
常州市	Changzhou City	75	708	958	553
镇江市	Zhenjiang City	183	503	605	454
南通市	Nantong City		564	644	482
扬州市	Yangzhou City		486	462	381
泰州市	Taizhou City		1234	388	557
杭州市	Hangzhou City	157	627	945	
宁波市	Ningbo City		940	1353	618
嘉兴市	Jiaxing City		833	842	569
湖州市	Huzhou City		529	1367	469
绍兴市	Shaoxing City	158	851	1470	613
舟山市	Zhoushan City	125	380	394	
台州市	Taizhou City	133	489	1064	519
珠江三角洲经济区	**Pearl River Delta**				
广州市	Guangzhou City		771	834	747
深圳市	Shenzhen City		1910	1758	1394
珠海市	Zhuhai City	281	780	549	862
佛山市	Foshan City		1500	755	724
江门市	Jiangmen City				
东莞市	Dongguan City	153	623	746	611
中山市	Zhongshan City		654	726	613
惠州市区	Huizhou Urban District		645	869	544
惠阳市	Huiyang City				
惠东县	Huidong County				
博罗县	Boluo County				
肇庆市区	Zhaoqing Urban District		349	343	283
高要市	Gaoyao City				
四会市	Sihui City				

6–4 续表 4 continued

单位：元 (yuan)

地区	Area	医疗保健 Medicine and Medical Services 1990	2000	2001	2002
长江三角洲经济区	**Yangtze River Delta**				
上海市	Shanghai City	11	501	558	734
南京市	Nanjing City		380	491	502
苏州市	Suzhou City	9	393	324	330
无锡市	Wuxi City	10	597	554	630
常州市	Changzhou City	22	411	513	644
镇江市	Zhenjiang City		257	296	188
南通市	Nantong City		331	297	315
扬州市	Yangzhou City		251	401	424
泰州市	Taizhou City		152	252	493
杭州市	Hangzhou City	35	444	628	746
宁波市	Ningbo City		496	489	565
嘉兴市	Jiaxing City		574	555	618
湖州市	Huzhou City		453	514	667
绍兴市	Shaoxing City	30	318	325	441
舟山市	Zhoushan City	38	607	691	723
台州市	Taizhou City	29	569	406	821
珠江三角洲经济区	**Pearl River Delta**				
广州市	Guangzhou City		399	536	593
深圳市	Shenzhen City		636	870	1045
珠海市	Zhuhai City	37	583	662	656
佛山市	Foshan City		410	596	619
江门市	Jiangmen City				
东莞市	Dongguan City	42	431	513	529
中山市	Zhongshan City		557	510	527
惠州市区	Huizhou Urban District		519	554	741
惠阳市	Huiyang City				
惠东县	Huidong County				
博罗县	Boluo County				
肇庆市区	Zhaoqing Urban District		362	431	452
高要市	Gaoyao City				
四会市	Sihui City				

6-4 续表 5 continued

单位：元 (yuan)

地区	Area	交通通讯 Transport,Post and Communications Services			
		1990	2000	2001	2002
长江三角洲经济区	**Yangtze River Delta**				
上海市	Shanghai City	58	759	958	1115
南京市	Nanjing City		500	524	636
苏州市	Suzhou City	15	441	517	641
无锡市	Wuxi City	27	431	558	628
常州市	Changzhou City	44	396	728	661
镇江市	Zhenjiang City		453	492	455
南通市	Nantong City		665	351	454
扬州市	Yangzhou City		324	379	356
泰州市	Taizhou City		374	429	385
杭州市	Hangzhou City	31	548	698	788
宁波市	Ningbo City		603	750	915
嘉兴市	Jiaxing City		496	650	651
湖州市	Huzhou City		424	588	626
绍兴市	Shaoxing City	15	403	469	630
舟山市	Zhoushan City	41	496	616	751
台州市	Taizhou City		574	719	1256
珠江三角洲经济区	**Pearl River Delta**				
广州市	Guangzhou City		950	1029	1186
深圳市	Shenzhen City		3051	3162	3753
珠海市	Zhuhai City	78	1264	1467	1517
佛山市	Foshan City		1369	1369	1284
江门市	Jiangmen City				
东莞市	Dongguan City	25	3309	4258	4303
中山市	Zhongshan City		1449	1595	1766
惠州市区	Huizhou Urban District		1132	1073	1063
惠阳市	Huiyang City				
惠东县	Huidong County				
博罗县	Boluo County				
肇庆市区	Zhaoqing Urban District		802	653	627
高要市	Gaoyao City				
四会市	Sihui City				

6-4 续表6 continued

单位：元 (yuan)

地区	Area	娱乐文教服务 Recreation,Education and Cultural Services			
		1990	2000	2001	2002
长江三角洲经济区	**Yangtze River Delta**				
上海市	Shanghai City	231	1287	1422	1668
南京市	Nanjing City		963	992	967
苏州市	Suzhou City	247	911	954	1197
无锡市	Wuxi City	104	956	1033	1077
常州市	Changzhou City	101	826	722	1394
镇江市	Zhenjiang City	157	767	833	805
南通市	Nantong City		622	781	998
扬州市	Yangzhou City		603	618	699
泰州市	Taizhou City		551	679	560
杭州市	Hangzhou City	185	1079	1269	1461
宁波市	Ningbo City		1122	1661	1796
嘉兴市	Jiaxing City		881	1042	1142
湖州市	Huzhou City		662	776	1238
绍兴市	Shaoxing City	145	1347	1101	1503
舟山市	Zhoushan City	149	827	978	1202
台州市	Taizhou City		815	1070	1376
珠江三角洲经济区	**Pearl River Delta**				
广州市	Guangzhou City		1302	1377	1751
深圳市	Shenzhen City		2187	2423	2902
珠海市	Zhuhai City	361	1332	1338	1877
佛山市	Foshan City		1396	1606	2123
江门市	Jiangmen City				
东莞市	Dongguan City	113	1517	1429	2660
中山市	Zhongshan City		924	1015	1618
惠州市区	Huizhou Urban District		867	949	1083
惠阳市	Huiyang City				
惠东县	Huidong County				
博罗县	Boluo County				
肇庆市区	Zhaoqing Urban District		734	645	881
高要市	Gaoyao City				
四会市	Sihui City				

6-4 续表 7　continued

单位：元　　(yuan)

地区	Area	居住 Residence			
		1990	2000	2001	2002
长江三角洲经济区	**Yangtze River Delta**				
上海市	Shanghai City	90	794	796	1189
南京市	Nanjing City		675	647	819
苏州市	Suzhou City	101	512	539	927
无锡市	Wuxi City	59	518	520	833
常州市	Changzhou City	112	746	867	876
镇江市	Zhenjiang City		484	546	972
南通市	Nantong City		446	575	708
扬州市	Yangzhou City		417	419	716
泰州市	Taizhou City		368	326	547
杭州市	Hangzhou City	88	701	711	808
宁波市	Ningbo City		679	738	737
嘉兴市	Jiaxing City		884	909	850
湖州市	Huzhou City		414	398	605
绍兴市	Shaoxing City	100	613	933	1324
舟山市	Zhoushan City	120	582	670	717
台州市	Taizhou City		569	573	1014
珠江三角洲经济区	**Pearl River Delta**				
广州市	Guangzhou City		1473	1543	981
深圳市	Shenzhen City		2016	2335	2606
珠海市	Zhuhai City	261	2351	1823	1403
佛山市	Foshan City		1363	1191	1554
江门市	Jiangmen City				
东莞市	Dongguan City	184	1218	1173	1060
中山市	Zhongshan City		1127	1082	1022
惠州市区	Huizhou Urban District		1386	1175	976
惠阳市	Huiyang City				
惠东县	Huidong County				
博罗县	Boluo County				
肇庆市区	Zhaoqing Urban District		1065	1162	720
高要市	Gaoyao City				
四会市	Sihui City				

6-4 续表 8 continued

单位：元 (yuan)

地区	Area	杂项商品与服务 Miscellaneous Commodities and Services			
		1990	2000	2001	2002
长江三角洲经济区	**Yangtze River Delta**				
上海市	Shanghai City	48	330	390	372
南京市	Nanjing City		390	441	215
苏州市	Suzhou City	79	342	346	256
无锡市	Wuxi City	55	333	402	249
常州市	Changzhou City	54	425	466	326
镇江市	Zhenjiang City		286	319	191
南通市	Nantong City		412	392	159
扬州市	Yangzhou City		275	443	196
泰州市	Taizhou City		258	256	238
杭州市	Hangzhou City	49	443	488	302
宁波市	Ningbo City		354	495	222
嘉兴市	Jiaxing City		316	423	219
湖州市	Huzhou City		405	299	315
绍兴市	Shaoxing City	87	338	383	188
舟山市	Zhoushan City	56	350	414	261
台州市	Taizhou City		343	464	255
珠江三角洲经济区	**Pearl River Delta**				
广州市	Guangzhou City		739	764	469
深圳市	Shenzhen City		1249	1299	639
珠海市	Zhuhai City	104	596	938	565
佛山市	Foshan City		608	747	329
江门市	Jiangmen City				
东莞市	Dongguan City	131	896	1330	428
中山市	Zhongshan City		776	879	475
惠州市区	Huizhou Urban District		510	487	285
惠阳市	Huiyang City				
惠东县	Huidong County				
博罗县	Boluo County				
肇庆市区	Zhaoqing Urban District		380	302	170
高要市	Gaoyao City				
四会市	Sihui City				

6-5 城镇居民家庭平均每人全年消费支出构成
Composition of Per Capita Annual Living Expenditure of Urban Households

单位：%　　　　(%)

地区	Area	食品 Food			
		1990	2000	2001	2002
长江三角洲经济区	**Yangtze River Delta**				
上海市	Shanghai City	56.50	44.50	43.40	39.40
南京市	Nanjing City	60.08	39.98	39.37	41.87
苏州市	Suzhou City	53.54	42.67	42.00	42.12
无锡市	Wuxi City	59.80	41.80	40.40	39.80
常州市	Changzhou City	61.58	40.10	36.89	36.79
镇江市	Zhenjiang City	54.60	42.70	41.50	43.00
南通市	Nantong City		41.40	41.60	39.60
扬州市	Yangzhou City	54.70	42.00	42.40	42.00
泰州市	Taizhou City		38.98	42.60	41.59
杭州市	Hangzhou City	54.40	42.40	39.00	40.20
宁波市	Ningbo City		39.81	34.27	40.34
嘉兴市	Jiaxing City		37.85	36.88	40.00
湖州市	Huzhou City	57.03	44.80	39.50	42.20
绍兴市	Shaoxing City	57.20	40.82	36.74	38.82
舟山市	Zhoushan City	55.90	42.00	40.30	39.00
台州市	Taizhou City	58.00	43.10	38.80	37.40
珠江三角洲经济区	**Pearl River Delta**				
广州市	Guangzhou City		43.70	40.40	41.00
深圳市	Shenzhen City		28.20	27.10	27.40
珠海市	Zhuhai City	53.40	37.00	37.10	36.90
佛山市	Foshan City	64.50	33.40	34.50	33.90
江门市	Jiangmen City				
东莞市	Dongguan City		32.30	31.20	31.90
中山市	Zhongshan City		41.59	39.65	39.45
惠州市区	Huizhou Urban District		36.10	37.30	39.20
惠阳市	Huiyang City				
惠东县	Huidong County				
博罗县	Boluo County				
肇庆市区	Zhaoqing Urban District		41.90	42.80	46.50
高要市	Gaoyao City				
四会市	Sihui City				

6−5 续表1 continued

单位：% (%)

地区	Area	衣着 Clothing			
		1990	2000	2001	2002
长江三角洲经济区	**Yangtze River Delta**				
上海市	Shanghai City	10.80	6.40	6.20	5.90
南京市	Nanjing City	11.63	8.41	8.70	8.43
苏州市	Suzhou City	13.13	6.96	7.32	6.12
无锡市	Wuxi City	13.50	7.60	7.10	7.30
常州市	Changzhou City	11.13	7.93	6.58	7.36
镇江市	Zhenjiang City	12.40	10.00	8.90	8.70
南通市	Nantong City		7.10	7.40	7.20
扬州市	Yangzhou City	14.00	10.80	7.30	8.30
泰州市	Taizhou City		8.90	10.29	8.32
杭州市	Hangzhou City	13.40	8.30	8.10	9.10
宁波市	Ningbo City		7.75	7.77	8.01
嘉兴市	Jiaxing City		5.91	6.45	7.46
湖州市	Huzhou City	11.80	9.80	8.90	9.70
绍兴市	Shaoxing City	11.74	7.10	6.47	8.99
舟山市	Zhoushan City	11.10	8.50	8.60	8.70
台州市	Taizhou City	11.00	8.40	8.40	6.80
珠江三角洲经济区	**Pearl River Delta**				
广州市	Guangzhou City		5.10	5.00	5.30
深圳市	Shenzhen City		6.70	6.40	7.40
珠海市	Zhuhai City	7.90	3.90	4.30	5.70
佛山市	Foshan City	8.80	4.30	4.90	5.40
江门市	Jiangmen City				
东莞市	Dongguan City	4.70	3.90	4.40	4.90
中山市	Zhongshan City		5.33	5.70	5.76
惠州市区	Huizhou Urban District		4.80	5.20	6.30
惠阳市	Huiyang City				
惠东县	Huidong County				
博罗县	Boluo County				
肇庆市区	Zhaoqing Urban District		3.40	3.60	4.00
高要市	Gaoyao City				
四会市	Sihui City				

6–5 续表 2　continued

单位：%　　(%)

地区	Area	家庭设备用品及服务 Household Facilities,Articles and Services			
		1990	2000	2001	2002
长江三角洲经济区	**Yangtze River Delta**				
上海市	Shanghai City	10.10	7.70	6.20	6.20
南京市	Nanjing City		10.36	9.69	6.84
苏州市	Suzhou City	8.35	13.38	13.81	8.13
无锡市	Wuxi City	9.20	9.90	11.10	7.80
常州市	Changzhou City	5.01	10.48	12.73	6.94
镇江市	Zhenjiang City	10.70	8.70	9.70	7.10
南通市	Nantong City		9.60	10.80	8.20
扬州市	Yangzhou City	14.30	9.70	8.50	6.80
泰州市	Taizhou City		21.90	7.85	10.03
杭州市	Hangzhou City	0.60	8.00	10.50	6.10
宁波市	Ningbo City		11.75	14.29	6.58
嘉兴市	Jiaxing City		11.76	10.79	7.38
湖州市	Huzhou City		8.30	17.90	5.80
绍兴市	Shaoxing City	9.19	11.46	17.83	6.80
舟山市	Zhoushan City	7.80	5.80	5.30	6.70
台州市	Taizhou City	9.50	7.10	13.10	5.50
珠江三角洲经济区	**Pearl River Delta**				
广州市	Guangzhou City		7.00	7.50	7.00
深圳市	Shenzhen City		11.20	9.90	7.40
珠海市	Zhuhai City	9.70	6.70	4.70	7.20
佛山市	Foshan City		14.10	7.30	6.60
江门市	Jiangmen City				
东莞市	Dongguan City	7.50	5.00	5.10	4.30
中山市	Zhongshan City		6.33	6.83	5.58
惠州市区	Huizhou Urban District		7.50	9.80	6.30
惠阳市	Huiyang City				
惠东县	Huidong County				
博罗县	Boluo County				
肇庆市区	Zhaoqing Urban District		5.20	5.20	4.50
高要市	Gaoyao City				
四会市	Sihui City				

6-5 续表3 continued

单位：% (%)

地区	Area	医疗保健 Medicine and Medical Services 1990	2000	2001	2002
长江三角洲经济区	**Yangtze River Delta**				
上海市	Shanghai City	0.60	5.60	6.00	7.00
南京市	Nanjing City		5.39	6.70	6.86
苏州市	Suzhou City	0.48	5.59	4.46	4.29
无锡市	Wuxi City	0.70	8.60	7.50	8.30
常州市	Changzhou City	1.50	6.09	6.81	8.08
镇江市	Zhenjiang City		4.40	4.70	3.00
南通市	Nantong City		5.60	5.00	5.40
扬州市	Yangzhou City	2.20	5.10	7.40	7.60
泰州市	Taizhou City		2.70	5.09	8.88
杭州市	Hangzhou City	2.00	5.70	7.00	8.10
宁波市	Ningbo City		6.20	5.17	6.01
嘉兴市	Jiaxing City		8.10	7.12	8.02
湖州市	Huzhou City		7.10	6.70	8.20
绍兴市	Shaoxing City	1.72	4.27	3.94	4.90
舟山市	Zhoushan City	2.40	9.30	9.40	9.00
台州市	Taizhou City	2.10	8.20	5.00	8.80
珠江三角洲经济区	**Pearl River Delta**				
广州市	Guangzhou City		3.60	4.80	5.60
深圳市	Shenzhen City		3.70	4.90	5.60
珠海市	Zhuhai City	1.30	5.00	5.70	5.50
佛山市	Foshan City		3.80	5.80	5.70
江门市	Jiangmen City				
东莞市	Dongguan City	2.10	3.40	3.50	3.50
中山市	Zhongshan City		5.39	4.80	4.80
惠州市区	Huizhou Urban District		6.10	6.20	8.60
惠阳市	Huiyang City				
惠东县	Huidong County				
博罗县	Boluo County				
肇庆市区	Zhaoqing Urban District		3.40	3.60	4.00
高要市	Gaoyao City				
四会市	Sihui City				

6-5 续表 4　continued

单位：%　　(%)

地区	Area	交通通讯 Transport,Post and Communication Services			
		1990	2000	2001	2002
长江三角洲经济区	**Yangtze River Delta**				
上海市	Shanghai City	3.00	8.60	10.30	10.70
南京市	Nanjing City		7.09	7.15	8.68
苏州市	Suzhou City	0.83	6.28	7.11	8.35
无锡市	Wuxi City	0.20	6.20	7.50	8.30
常州市	Changzhou City	2.96	5.86	9.67	8.29
镇江市	Zhenjiang City		7.80	7.90	7.10
南通市	Nantong City		11.30	5.90	7.80
扬州市	Yangzhou City	4.80	6.50	7.00	6.40
泰州市	Taizhou City		6.63	8.67	6.94
杭州市	Hangzhou City	1.80	7.00	7.80	8.60
宁波市	Ningbo City		7.54	7.92	9.74
嘉兴市	Jiaxing City		7.00	8.33	8.45
湖州市	Huzhou City		6.70	7.70	7.70
绍兴市	Shaoxing City	0.84	5.43	5.69	7.00
舟山市	Zhoushan City	2.50	7.60	8.40	9.40
台州市	Taizhou City		8.30	8.80	13.40
珠江三角洲经济区	**Pearl River Delta**				
广州市	Guangzhou City		8.60	9.20	11.10
深圳市	Shenzhen City		17.90	17.80	19.80
珠海市	Zhuhai City	2.70	10.80	12.70	12.60
佛山市	Foshan City		12.80	13.30	11.70
江门市	Jiangmen City				
东莞市	Dongguan City	1.20	26.40	29.00	28.40
中山市	Zhongshan City		14.02	15.01	16.07
惠州市区	Huizhou Urban District		13.20	12.10	12.40
惠阳市	Huiyang City				
惠东县	Huidong County				
博罗县	Boluo County				
肇庆市区	Zhaoqing Urban District		5.20	5.20	4.50
高要市	Gaoyao City				
四会市	Sihui City				

6-5 续表 5 continued

单位：% (%)

地区	Area	娱乐文教服务 Recreation,Education and Cultural Services			
		1990	2000	2001	2002
长江三角洲经济区	**Yangtze River Delta**				
上海市	Shanghai City	11.90	14.50	15.20	15.90
南京市	Nanjing City		13.66	13.54	13.20
苏州市	Suzhou City	13.66	12.97	13.12	15.58
无锡市	Wuxi City	7.10	13.70	13.90	14.20
常州市	Changzhou City	6.74	12.23	9.59	17.49
镇江市	Zhenjiang City	9.20	13.20	13.40	12.70
南通市	Nantong City		10.50	13.10	17.10
扬州市	Yangzhou City	4.20	12.10	11.40	12.50
泰州市	Taizhou City		9.78	13.73	10.09
杭州市	Hangzhou City	10.90	13.90	14.10	15.90
宁波市	Ningbo City		14.03	17.56	19.12
嘉兴市	Jiaxing City		12.43	13.36	14.82
湖州市	Huzhou City		10.40	10.20	15.20
绍兴市	Shaoxing City	8.45	18.13	13.35	16.69
舟山市	Zhoushan City	9.30	12.60	13.30	15.00
台州市	Taizhou City		11.80	13.20	14.60
珠江三角洲经济区	**Pearl River Delta**				
广州市	Guangzhou City		11.80	12.40	16.40
深圳市	Shenzhen City		12.80	13.60	15.30
珠海市	Zhuhai City	12.40	11.40	11.60	15.70
佛山市	Foshan City		13.10	13.10	19.40
江门市	Jiangmen City				
东莞市	Dongguan City	5.50	12.10	9.70	17.50
中山市	Zhongshan City		8.93	9.55	14.72
惠州市区	Huizhou Urban District		10.10	10.70	12.60
惠阳市	Huiyang City				
惠东县	Huidong County				
博罗县	Boluo County				
肇庆市区	Zhaoqing Urban District		10.90	9.80	13.90
高要市	Gaoyao City				
四会市	Sihui City				

6-5 续表6 continued

单位：%　　　　(%)

地区	Area	居住 Residence			
		1990	2000	2001	2002
长江三角洲经济区	**Yangtze River Delta**				
上海市	Shanghai City	4.60	9.00	8.50	11.40
南京市	Nanjing City		9.58	8.83	11.18
苏州市	Suzhou City	5.61	7.29	7.41	12.07
无锡市	Wuxi City	0.40	7.40	7.00	11.00
常州市	Changzhou City	7.51	11.03	11.53	10.98
镇江市	Zhenjiang City		8.30	8.80	15.40
南通市	Nantong City		7.60	9.60	12.10
扬州市	Yangzhou City	3.20	8.30	7.80	12.80
泰州市	Taizhou City		6.54	6.59	9.85
杭州市	Hangzhou City	5.20	9.00	7.90	8.80
宁波市	Ningbo City		8.49	7.79	7.84
嘉兴市	Jiaxing City		12.48	11.65	11.03
湖州市	Huzhou City		6.50	5.20	7.40
绍兴市	Shaoxing City	5.81	8.25	11.32	14.71
舟山市	Zhoushan City	7.50	8.90	9.10	8.90
台州市	Taizhou City		8.20	7.00	10.80
珠江三角洲经济区	**Pearl River Delta**				
广州市	Guangzhou City		13.40	13.90	9.20
深圳市	Shenzhen City		11.80	13.10	13.80
珠海市	Zhuhai City	9.00	20.10	15.80	11.70
佛山市	Foshan City		12.80	11.50	14.20
江门市	Jiangmen City				
东莞市	Dongguan City	9.00	9.70	8.00	7.00
中山市	Zhongshan City		10.91	10.19	9.30
惠州市区	Huizhou Urban District		16.20	13.20	11.40
惠阳市	Huiyang City				
惠东县	Huidong County				
博罗县	Boluo County				
肇庆市区	Zhaoqing Urban District		15.80	17.60	11.40
高要市	Gaoyao City				
四会市	Sihui City				

6-5 续表 7 continued

单位：% (%)

地区	Area	杂项商品与服务 Miscellaneous Commodities and Services			
		1990	2000	2001	2002
长江三角洲经济区	**Yangtze River Delta**				
上海市	Shanghai City	2.40	3.70	4.20	3.60
南京市	Nanjing City		5.53	6.02	2.94
苏州市	Suzhou City	4.39	4.87	4.77	3.34
无锡市	Wuxi City		4.80	5.40	3.30
常州市	Changzhou City	3.59	6.29	6.19	4.08
镇江市	Zhenjiang City		4.90	5.10	3.00
南通市	Nantong City		7.00	6.60	2.70
扬州市	Yangzhou City	2.60	5.50	8.20	3.60
泰州市	Taizhou City		4.57	5.18	4.30
杭州市	Hangzhou City	2.90	5.70	5.40	3.30
宁波市	Ningbo City		4.43	5.23	2.36
嘉兴市	Jiaxing City		4.46	5.42	2.84
湖州市	Huzhou City		6.40	3.90	3.80
绍兴市	Shaoxing City	5.05	4.55	4.65	2.09
舟山市	Zhoushan City	3.50	5.30	5.60	3.30
台州市	Taizhou City		4.90	5.70	2.70
珠江三角洲经济区	**Pearl River Delta**				
广州市	Guangzhou City		6.80	6.80	4.40
深圳市	Shenzhen City		6.40	7.30	3.40
珠海市	Zhuhai City	3.60	5.10	8.10	4.70
佛山市	Foshan City		5.70	7.10	3.10
江门市	Jiangmen City				
东莞市	Dongguan City	6.40	7.20	9.10	2.50
中山市	Zhongshan City		7.50	8.27	4.32
惠州市区	Huizhou Urban District		6.00	5.50	3.30
惠阳市	Huiyang City				
惠东县	Huidong County				
博罗县	Boluo County				
肇庆市区	Zhaoqing Urban District		5.50	4.60	2.70
高要市	Gaoyao City				
四会市	Sihui City				

6-6 农村居民家庭平均每人全年生活消费支出
Per Capita Annual Living Expenditure of Rural Household

单位：元 (yuan)

地区	Area	总计 Total			
		1990	2000	2001	2002
长江三角洲经济区	**Yangtze River Delta**				
上海市	Shanghai City	1262	4138	4753	5311
南京市	Nanjing City	805	2498	2518	2590
苏州市	Suzhou City	1415	4073	4127	4229
无锡市	Wuxi City	1183	3881	3934	4018
常州市	Changzhou City	1231	3243	3277	3698
镇江市	Zhenjiang City		2685	2512	2643
南通市	Nantong City	828	2897	2776	2907
扬州市	Yangzhou City	798	2312	2396	2391
泰州市	Taizhou City		2695	2344	2589
杭州市	Hangzhou City	923	3020	3479	3957
宁波市	Ningbo City	1166	3929	4394	4508
嘉兴市	Jiaxing City		3644	3978	4328
湖州市	Huzhou City	1131	2677	2898	3226
绍兴市	Shaoxing City	992	3650	3767	3960
舟山市	Zhoushan City	1119	2957	3458	3628
台州市	Taizhou City				
珠江三角洲经济区	**Pearl River Delta**				
广州市	Guangzhou City				
深圳市	Shenzhen City				
珠海市	Zhuhai City				
佛山市	Foshan City				
江门市	Jiangmen City				
东莞市	Dongguan City		5953	7170	6842
中山市	Zhongshan City		4380	4280	4362
惠州市区	Huizhou Urban District		3065	2725	2805
惠阳市	Huiyang City		3084	3153	2496
惠东县	Huidong County		2646	2810	3257
博罗县	Boluo County		2710	2442	2999
肇庆市区	Zhaoqing Urban District				
高要市	Gaoyao City				
四会市	Sihui City				

6-6 续表1 continued

单位：元 (yuan)

地区	Area	食品 Food			
		1990	2000	2001	2002
长江三角洲经济区	**Yangtze River Delta**				
上海市	Shanghai City	586	1823	1915	1872
南京市	Nanjing City	494	1200	1206	1266
苏州市	Suzhou City	684	1631	1795	1716
无锡市	Wuxi City	591	1616	1602	1591
常州市	Changzhou City	609	1397	1439	1493
镇江市	Zhenjiang City		878	862	892
南通市	Nantong City	423	989	986	1050
扬州市	Yangzhou City	474	1033	1015	1057
泰州市	Taizhou City		1042	1068	1092
杭州市	Hangzhou City	525	1239	1388	1528
宁波市	Ningbo City	591	1777	1909	1944
嘉兴市	Jiaxing City		1588	1627	1683
湖州市	Huzhou City	603	1305	1366	1424
绍兴市	Shaoxing City	508	1616	1640	1660
舟山市	Zhoushan City	546	1568	1522	1573
台州市	Taizhou City				
珠江三角洲经济区	**Pearl River Delta**				
广州市	Guangzhou City				
深圳市	Shenzhen City				
珠海市	Zhuhai City				
佛山市	Foshan City				
江门市	Jiangmen City				
东莞市	Dongguan City		2674	2689	2969
中山市	Zhongshan City		1713	2006	2038
惠州市区	Huizhou Urban District		1554	1377	1389
惠阳市	Huiyang City		1387	1364	1197
惠东县	Huidong County		1267	1401	1547
博罗县	Boluo County		1428	1372	1478
肇庆市区	Zhaoqing Urban District				
高要市	Gaoyao City				
四会市	Sihui City				

6–6 续表2 continued

单位：元 (yuan)

地区	Area	衣着 Clothing			
		1990	2000	2001	2002
长江三角洲经济区	**Yangtze River Delta**				
上海市	Shanghai City	107	201	226	226
南京市	Nanjing City	51	165	162	181
苏州市	Suzhou City	82	204	233	243
无锡市	Wuxi City	88	262	271	271
常州市	Changzhou City	74	180	160	209
镇江市	Zhenjiang City		163	180	186
南通市	Nantong City		126	119	126
扬州市	Yangzhou City	54	119	112	115
泰州市	Taizhou City		136	135	151
杭州市	Hangzhou City	61	147	169	213
宁波市	Ningbo City	72	222	249	270
嘉兴市	Jiaxing City		160	179	195
湖州市	Huzhou City	112	154	165	187
绍兴市	Shaoxing City	55	181	187	201
舟山市	Zhoushan City	79	260	280	316
台州市	Taizhou City				
珠江三角洲经济区	**Pearl River Delta**				
广州市	Guangzhou City				
深圳市	Shenzhen City				
珠海市	Zhuhai City				
佛山市	Foshan City				
江门市	Jiangmen City				
东莞市	Dongguan City		248	182	267
中山市	Zhongshan City		127	91	109
惠州市区	Huizhou Urban District		93	103	139
惠阳市	Huiyang City		167	224	155
惠东县	Huidong County		134	116	141
博罗县	Boluo County		118	83	140
肇庆市区	Zhaoqing Urban District				
高要市	Gaoyao City				
四会市	Sihui City				

6-6 续表3 continued

单位：元 (yuan)

地区	Area	家庭设备用品及服务 Household Facilities,Articles and Services			
		1990	2000	2001	2002
长江三角洲经济区	**Yangtze River Delta**				
上海市	Shanghai City	129	225	294	281
南京市	Nanjing City		110	121	119
苏州市	Suzhou City	105	392	277	235
无锡市	Wuxi City	168	273	286	320
常州市	Changzhou City	95	165	167	254
镇江市	Zhenjiang City		148	128	136
南通市	Nantong City		136	127	130
扬州市	Yangzhou City	47	98	103	106
泰州市	Taizhou City		109	125	153
杭州市	Hangzhou City	68	145	159	211
宁波市	Ningbo City	138	182	173	194
嘉兴市	Jiaxing City		187	181	214
湖州市	Huzhou City	87	156	138	141
绍兴市	Shaoxing City		192	171	183
舟山市	Zhoushan City	61	160	115	117
台州市	Taizhou City				
珠江三角洲经济区	**Pearl River Delta**				
广州市	Guangzhou City				
深圳市	Shenzhen City				
珠海市	Zhuhai City				
佛山市	Foshan City				
江门市	Jiangmen City				
东莞市	Dongguan City		185	151	200
中山市	Zhongshan City		198	207	184
惠州市区	Huizhou Urban District		118	103	254
惠阳市	Huiyang City		433	256	134
惠东县	Huidong County		147	202	148
博罗县	Boluo County		121	250	125
肇庆市区	Zhaoqing Urban District				
高要市	Gaoyao City				
四会市	Sihui City				

6-6 续表4 continued

单位：元 (yuan)

地区	Area	医疗保健 Medicine and Medical Services			
		1990	2000	2001	2002
长江三角洲经济区	**Yangtze River Delta**				
上海市	Shanghai City	33	209	265	280
南京市	Nanjing City		97	122	106
苏州市	Suzhou City	31	341	227	230
无锡市	Wuxi City	15	202	234	252
常州市	Changzhou City	20	179	191	290
镇江市	Zhenjiang City		172	206	178
南通市	Nantong City		146	167	132
扬州市	Yangzhou City	20	119	146	142
泰州市	Taizhou City		143	145	204
杭州市	Hangzhou City	30	182	210	291
宁波市	Ningbo City		263	299	337
嘉兴市	Jiaxing City		218	260	291
湖州市	Huzhou City	11	117	186	246
绍兴市	Shaoxing City		225	249	262
舟山市	Zhoushan City	25	167	249	217
台州市	Taizhou City				
珠江三角洲经济区	**Pearl River Delta**				
广州市	Guangzhou City				
深圳市	Shenzhen City				
珠海市	Zhuhai City				
佛山市	Foshan City				
江门市	Jiangmen City				
东莞市	Dongguan City		201	159	245
中山市	Zhongshan City		227	218	204
惠州市区	Huizhou Urban District		130	136	105
惠阳市	Huiyang City		50	74	129
惠东县	Huidong County		73	75	123
博罗县	Boluo County		88	128	126
肇庆市区	Zhaoqing Urban District				
高要市	Gaoyao City				
四会市	Sihui City				

6-6 续表5 continued

单位：元 (yuan)

地区	Area	交通通讯 Transport,Post and Communication Services			
		1990	2000	2001	2002
长江三角洲经济区	**Yangtze River Delta**				
上海市	Shanghai City	6	279	340	462
南京市	Nanjing City		136	169	209
苏州市	Suzhou City	4	315	414	488
无锡市	Wuxi City	23	361	433	440
常州市	Changzhou City	4	264	265	317
镇江市	Zhenjiang City		220	259	286
南通市	Nantong City		160	178	214
扬州市	Yangzhou City	7	157	147	169
泰州市	Taizhou City		157	163	212
杭州市	Hangzhou City	8	283	283	350
宁波市	Ningbo City		307	370	399
嘉兴市	Jiaxing City		406	519	510
湖州市	Huzhou City	16	225	288	380
绍兴市	Shaoxing City		250	327	413
舟山市	Zhoushan City	25	240	256	300
台州市	Taizhou City				
珠江三角洲经济区	**Pearl River Delta**				
广州市	Guangzhou City				
深圳市	Shenzhen City				
珠海市	Zhuhai City				
佛山市	Foshan City				
江门市	Jiangmen City				
东莞市	Dongguan City		550	534	597
中山市	Zhongshan City		438	426	451
惠州市区	Huizhou Urban District		236	265	310
惠阳市	Huiyang City		214	247	299
惠东县	Huidong County		163	284	351
博罗县	Boluo County		249	207	239
肇庆市区	Zhaoqing Urban District				
高要市	Gaoyao City				
四会市	Sihui City				

6-6 续表 6　continued

单位：元　　　(yuan)

地区	Area	娱乐文教服务 Recreation,Education and Cultural Services			
		1990	2000	2001	2002
长江三角洲经济区	**Yangtze River Delta**				
上海市	Shanghai City	59	559	673	661
南京市	Nanjing City		283	271	274
苏州市	Suzhou City	43	335	439	524
无锡市	Wuxi City	98	369	451	514
常州市	Changzhou City	64	381	402	406
镇江市	Zhenjiang City		458	365	446
南通市	Nantong City		335	302	433
扬州市	Yangzhou City	34	328	312	301
泰州市	Taizhou City		272	263	300
杭州市	Hangzhou City	32	293	409	460
宁波市	Ningbo City	21	421	452	519
嘉兴市	Jiaxing City		302	330	431
湖州市	Huzhou City	30	278	321	359
绍兴市	Shaoxing City		426	412	495
舟山市	Zhoushan City	59	355	505	568
台州市	Taizhou City				
珠江三角洲经济区	**Pearl River Delta**				
广州市	Guangzhou City				
深圳市	Shenzhen City				
珠海市	Zhuhai City				
佛山市	Foshan City				
江门市	Jiangmen City				
东莞市	Dongguan City		564	567	643
中山市	Zhongshan City		440	445	473
惠州市区	Huizhou Urban District		348	310	326
惠阳市	Huiyang City		403	516	261
惠东县	Huidong County		385	247	431
博罗县	Boluo County		377	277	287
肇庆市区	Zhaoqing Urban District				
高要市	Gaoyao City				
四会市	Sihui City				

6-6 续表7 continued

单位：元 (yuan)

地区	Area	居住 Residence			
		1990	2000	2001	2002
长江三角洲经济区	**Yangtze River Delta**				
上海市	Shanghai City	272	724	890	1392
南京市	Nanjing City		405	374	321
苏州市	Suzhou City	442	699	607	632
无锡市	Wuxi City	245	635	512	412
常州市	Changzhou City	364	577	598	620
镇江市	Zhenjiang City		525	425	406
南通市	Nantong City		915	822	741
扬州市	Yangzhou City	157	379	485	441
泰州市	Taizhou City		742	367	381
杭州市	Hangzhou City	174	618	700	739
宁波市	Ningbo City	273	586	779	629
嘉兴市	Jiaxing City		635	740	867
湖州市	Huzhou City	270	328	306	334
绍兴市	Shaoxing City	190	604	612	574
舟山市	Zhoushan City	309	158	381	316
台州市	Taizhou City				
珠江三角洲经济区	**Pearl River Delta**				
广州市	Guangzhou City				
深圳市	Shenzhen City				
珠海市	Zhuhai City				
佛山市	Foshan City				
江门市	Jiangmen City				
东莞市	Dongguan City		1372	2483	1757
中山市	Zhongshan City		976	529	609
惠州市区	Huizhou Urban District		481	306	312
惠阳市	Huiyang City		304	394	282
惠东县	Huidong County		194	202	406
博罗县	Boluo County		267	250	189
肇庆市区	Zhaoqing Urban District				
高要市	Gaoyao City				
四会市	Sihui City				

6–6 续表 8 continued

单位：元 (yuan)

地区	Area	其他商品及服务 Miscellaneous Commodities and Services			
		1990	2000	2001	2002
长江三角洲经济区	**Yangtze River Delta**				
上海市	Shanghai City	70	118	150	137
南京市	Nanjing City		103	94	114
苏州市	Suzhou City	24	155	133	161
无锡市	Wuxi City	30	162	145	217
常州市	Changzhou City	1	100	54	108
镇江市	Zhenjiang City		121	88	113
南通市	Nantong City		90	75	81
扬州市	Yangzhou City	5	78	76	59
泰州市	Taizhou City		95	77	97
杭州市	Hangzhou City	23	128	162	165
宁波市	Ningbo City	51	170	163	216
嘉兴市	Jiaxing City		148	142	137
湖州市	Huzhou City	2	114	128	155
绍兴市	Shaoxing City	74	157	168	172
舟山市	Zhoushan City	16	48	150	221
台州市	Taizhou City				
珠江三角洲经济区	**Pearl River Delta**				
广州市	Guangzhou City				
深圳市	Shenzhen City				
珠海市	Zhuhai City				
佛山市	Foshan City				
江门市	Jiangmen City				
东莞市	Dongguan City		159	405	164
中山市	Zhongshan City		261	358	293
惠州市区	Huizhou Urban District		105	179	84
惠阳市	Huiyang City		58	77	59
惠东县	Huidong County		283	371	111
博罗县	Boluo County		63	40	414
肇庆市区	Zhaoqing Urban District				
高要市	Gaoyao City				
四会市	Sihui City				

6-7 农村居民家庭平均每人全年生活消费支出构成

Composition of Per Capita Annual Living Expenditure of Rural Household

单位：% (%)

地区	Area	食品 Food			
		1990	2000	2001	2002
长江三角洲经济区	**Yangtze River Delta**				
上海市	Shanghai City	46.40	44.10	40.30	35.20
南京市	Nanjing City	61.37	48.03	47.90	48.88
苏州市	Suzhou City	48.29	40.05	43.49	40.58
无锡市	Wuxi City	49.90	41.60	40.70	39.60
常州市	Changzhou City	49.49	43.09	43.92	40.37
镇江市	Zhenjiang City		32.70	34.32	33.75
南通市	Nantong City		34.10	35.50	36.10
扬州市	Yangzhou City	59.40	44.70	42.40	44.20
泰州市	Taizhou City		38.65	45.56	42.16
杭州市	Hangzhou City	56.90	41.00	39.90	38.60
宁波市	Ningbo City	54.00	45.23	43.45	43.12
嘉兴市	Jiaxing City		43.58	40.90	38.89
湖州市	Huzhou City	53.32	48.75	47.14	44.14
绍兴市	Shaoxing City	51.20	44.30	43.50	41.90
舟山市	Zhoushan City	48.80	53.00	44.00	43.30
台州市	Taizhou City				
珠江三角洲经济区	**Pearl River Delta**				
广州市	Guangzhou City				
深圳市	Shenzhen City				
珠海市	Zhuhai City				
佛山市	Foshan City				
江门市	Jiangmen City				
东莞市	Dongguan City		44.90	37.50	43.40
中山市	Zhongshan City		39.10	46.86	46.72
惠州市区	Huizhou Urban District		50.71	50.53	49.54
惠阳市	Huiyang City		44.97	43.27	47.94
惠东县	Huidong County		47.87	49.87	47.50
博罗县	Boluo County		52.67	56.16	49.30
肇庆市区	Zhaoqing Urban District				
高要市	Gaoyao City				
四会市	Sihui City				

6-7 续表 1 continued

单位：% (%)

地区	Area	衣着 Clothing			
		1990	2000	2001	2002
长江三角洲经济区	**Yangtze River Delta**				
上海市	Shanghai City	10.80	6.40	6.20	5.90
南京市	Nanjing City	6.34	6.59	6.43	6.98
苏州市	Suzhou City	5.81	5.01	5.66	5.74
无锡市	Wuxi City	7.40	6.70	6.90	6.70
常州市	Changzhou City	5.99	5.55	4.89	5.65
镇江市	Zhenjiang City		6.07	7.17	7.04
南通市	Nantong City		4.30	4.30	4.30
扬州市	Yangzhou City	6.80	5.20	4.70	4.80
泰州市	Taizhou City		5.04	5.78	5.81
杭州市	Hangzhou City	6.60	4.90	4.90	5.40
宁波市	Ningbo City	6.60	5.65	5.67	5.99
嘉兴市	Jiaxing City		4.39	4.50	4.51
湖州市	Huzhou City	9.90	5.75	5.69	5.80
绍兴市	Shaoxing City	5.50	5.00	5.00	5.10
舟山市	Zhoushan City	7.00	8.80	8.10	8.70
台州市	Taizhou City				
珠江三角洲经济区	**Pearl River Delta**				
广州市	Guangzhou City				
深圳市	Shenzhen City				
珠海市	Zhuhai City				
佛山市	Foshan City				
江门市	Jiangmen City				
东莞市	Dongguan City		4.20	2.50	3.90
中山市	Zhongshan City		2.90	2.13	2.51
惠州市区	Huizhou Urban District		3.03	3.79	4.96
惠阳市	Huiyang City		5.43	7.11	6.20
惠东县	Huidong County		5.07	4.12	4.34
博罗县	Boluo County		4.34	3.39	4.68
肇庆市区	Zhaoqing Urban District				
高要市	Gaoyao City				
四会市	Sihui City				

6-7 续表2　continued

单位：%　　(%)

地区	Area	家庭设备用品及服务 Household Facilities,Articles and Services			
		1990	2000	2001	2002
长江三角洲经济区	**Yangtze River Delta**				
上海市	Shanghai City	10.10	7.70	6.20	6.20
南京市	Nanjing City		4.40	4.79	4.61
苏州市	Suzhou City	7.42	9.62	6.72	5.56
无锡市	Wuxi City	14.20	7.00	7.30	7.90
常州市	Changzhou City	7.68	5.09	5.10	6.88
镇江市	Zhenjiang City		5.51	5.10	5.15
南通市	Nantong City		4.70	4.60	4.50
扬州市	Yangzhou City	5.80	4.20	4.30	4.50
泰州市	Taizhou City		4.03	5.33	5.90
杭州市	Hangzhou City	7.40	4.80	4.60	5.30
宁波市	Ningbo City	12.60	4.63	3.94	4.30
嘉兴市	Jiaxing City		5.13	4.55	4.94
湖州市	Huzhou City	7.69	5.83	4.76	4.37
绍兴市	Shaoxing City		5.30	4.50	4.60
舟山市	Zhoushan City	5.50	5.40	3.30	
台州市	Taizhou City				
珠江三角洲经济区	**Pearl River Delta**				
广州市	Guangzhou City				
深圳市	Shenzhen City				
珠海市	Zhuhai City				
佛山市	Foshan City				
江门市	Jiangmen City				
东莞市	Dongguan City		3.10	2.10	2.90
中山市	Zhongshan City		4.53	4.84	4.23
惠州市区	Huizhou Urban District		3.84	3.78	9.05
惠阳市	Huiyang City		14.06	8.13	5.35
惠东县	Huidong County		5.57	7.20	4.54
博罗县	Boluo County		4.47	10.22	4.17
肇庆市区	Zhaoqing Urban District				
高要市	Gaoyao City				
四会市	Sihui City				

6–7 续表 3　continued

单位：%　　(%)

地区	Area	医疗保健 Medicine and Medical Services			
		1990	2000	2001	2002
长江三角洲经济区	**Yangtze River Delta**				
上海市	Shanghai City	0.60	5.60	6.00	7.00
南京市	Nanjing City		3.88	4.85	4.09
苏州市	Suzhou City	2.21	8.38	5.51	5.44
无锡市	Wuxi City	1.30	5.20	5.90	6.30
常州市	Changzhou City	1.62	5.51	5.84	7.85
镇江市	Zhenjiang City		6.41	8.20	6.73
南通市	Nantong City		5.00	6.00	4.50
扬州市	Yangzhou City	2.50	5.10	6.10	5.90
泰州市	Taizhou City		5.32	6.20	7.87
杭州市	Hangzhou City	3.20	6.00	6.00	7.40
宁波市	Ningbo City		6.69	6.80	7.48
嘉兴市	Jiaxing City		5.98	6.54	6.72
湖州市	Huzhou City	0.97	4.37	6.42	7.63
绍兴市	Shaoxing City		6.20	6.60	6.60
舟山市	Zhoushan City	2.30	5.60	7.20	6.00
台州市	Taizhou City				
珠江三角洲经济区	**Pearl River Delta**				
广州市	Guangzhou City				
深圳市	Shenzhen City				
珠海市	Zhuhai City				
佛山市	Foshan City				
江门市	Jiangmen City				
东莞市	Dongguan City		3.40	2.20	3.60
中山市	Zhongshan City		5.18	5.10	4.68
惠州市区	Huizhou Urban District		4.24	5.00	3.74
惠阳市	Huiyang City		1.61	2.36	5.15
惠东县	Huidong County		2.75	2.68	3.76
博罗县	Boluo County		3.24	5.25	4.19
肇庆市区	Zhaoqing Urban District				
高要市	Gaoyao City				
四会市	Sihui City				

6-7 续表4 continued

单位：%　　　　(%)

地区	Area	交通通讯 Transport,Post and Communication Services			
		1990	2000	2001	2002
长江三角洲经济区	**Yangtze River Delta**				
上海市	Shanghai City	3.00	8.60	10.30	10.70
南京市	Nanjing City		5.43	6.69	8.08
苏州市	Suzhou City	0.28	7.74	10.03	11.54
无锡市	Wuxi City	1.90	9.30	11.00	10.90
常州市	Changzhou City	0.35	8.13	8.08	8.58
镇江市	Zhenjiang City		8.19	10.31	10.82
南通市	Nantong City		5.50	6.40	7.40
扬州市	Yangzhou City	0.90	6.80	6.10	7.10
泰州市	Taizhou City		5.83	6.96	8.20
杭州市	Hangzhou City	0.90	9.40	8.10	8.80
宁波市	Ningbo City		7.81	8.42	8.85
嘉兴市	Jiaxing City		11.14	13.05	11.78
湖州市	Huzhou City	1.41	8.40	9.94	11.78
绍兴市	Shaoxing City		6.80	8.70	10.40
舟山市	Zhoushan City	2.20	8.10	7.40	
台州市	Taizhou City				
珠江三角洲经济区	**Pearl River Delta**				
广州市	Guangzhou City				
深圳市	Shenzhen City				
珠海市	Zhuhai City				
佛山市	Foshan City				
江门市	Jiangmen City				
东莞市	Dongguan City		9.20	7.40	8.70
中山市	Zhongshan City		10.01	9.95	10.35
惠州市区	Huizhou Urban District		7.72	9.74	11.06
惠阳市	Huiyang City		6.94	7.82	11.97
惠东县	Huidong County		6.18	10.11	10.78
博罗县	Boluo County		9.19	8.49	7.97
肇庆市区	Zhaoqing Urban District				
高要市	Gaoyao City				
四会市	Sihui City				

6–7 续表 5 continued

单位：% (%)

地区	Area	娱乐文教服务 Recreation,Education and Cultural Services			
		1990	2000	2001	2002
长江三角洲经济区	**Yangtze River Delta**				
上海市	Shanghai City	11.90	14.50	15.20	15.90
南京市	Nanjing City		11.34	10.75	10.57
苏州市	Suzhou City	3.04	8.23	10.63	12.38
无锡市	Wuxi City	8.30	9.50	11.50	12.80
常州市	Changzhou City	5.17	11.75	12.28	10.99
镇江市	Zhenjiang City		17.06	14.53	16.87
南通市	Nantong City		11.60	10.90	14.90
扬州市	Yangzhou City	4.30	14.20	13.00	12.60
泰州市	Taizhou City		10.08	11.20	11.57
杭州市	Hangzhou City	3.50	9.70	11.80	11.60
宁波市	Ningbo City	1.80	10.72	10.29	11.51
嘉兴市	Jiaxing City		8.29	8.30	9.96
湖州市	Huzhou City	2.65	10.39	11.08	11.13
绍兴市	Shaoxing City		11.70	10.90	12.50
舟山市	Zhoushan City	5.30	12.00	14.60	15.70
台州市	Taizhou City				
珠江三角洲经济区	**Pearl River Delta**				
广州市	Guangzhou City				
深圳市	Shenzhen City				
珠海市	Zhuhai City				
佛山市	Foshan City				
江门市	Jiangmen City				
东莞市	Dongguan City		9.50	7.90	9.40
中山市	Zhongshan City		10.04	10.39	10.83
惠州市区	Huizhou Urban District		11.35	11.39	11.64
惠阳市	Huiyang City		13.07	16.37	10.44
惠东县	Huidong County		14.54	8.80	13.22
博罗县	Boluo County		13.91	11.34	9.57
肇庆市区	Zhaoqing Urban District				
高要市	Gaoyao City				
四会市	Sihui City				

6-7 续表6 continued

单位：% (%)

地区	Area	居住 Residence			
		1990	2000	2001	2002
长江三角洲经济区	**Yangtze River Delta**				
上海市	Shanghai City	4.60	9.00	8.50	11.40
南京市	Nanjing City		16.21	14.85	12.38
苏州市	Suzhou City	31.25	17.16	14.72	14.95
无锡市	Wuxi City	20.70	16.40	13.00	10.30
常州市	Changzhou City	29.61	17.79	18.25	16.76
镇江市	Zhenjiang City		8.19	10.31	10.82
南通市	Nantong City		31.60	29.60	25.50
扬州市	Yangzhou City	19.70	16.40	20.30	18.40
泰州市	Taizhou City		27.51	15.67	14.73
杭州市	Hangzhou City	18.90	20.40	20.10	18.70
宁波市	Ningbo City	25.00	14.91	17.73	13.95
嘉兴市	Jiaxing City		17.43	18.60	20.03
湖州市	Huzhou City	23.87	12.25	10.56	10.35
绍兴市	Shaoxing City	19.20	16.50	16.20	14.50
舟山市	Zhoushan City	27.60	5.30	11.00	
台州市	Taizhou City				
珠江三角洲经济区	**Pearl River Delta**				
广州市	Guangzhou City				
深圳市	Shenzhen City				
珠海市	Zhuhai City				
佛山市	Foshan City				
江门市	Jiangmen City				
东莞市	Dongguan City		23.00	34.60	25.70
中山市	Zhongshan City		22.28	12.36	13.97
惠州市区	Huizhou Urban District		15.69	11.22	11.12
惠阳市	Huiyang City		9.85	12.50	11.29
惠东县	Huidong County		7.33	7.20	12.46
博罗县	Boluo County		9.86	10.22	6.32
肇庆市区	Zhaoqing Urban District				
高要市	Gaoyao City				
四会市	Sihui City				

6-7 续表 7 continued

单位：% (%)

地区	Area	其他商品及服务 Miscellaneous Commodities and Services			
		1990	2000	2001	2002
长江三角洲经济区	**Yangtze River Delta**				
上海市	Shanghai City	12.60	11.40	10.40	9.70
南京市	Nanjing City		4.13	3.74	4.41
苏州市	Suzhou City	1.70	3.81	3.23	3.81
无锡市	Wuxi City	2.60	4.20	3.70	5.40
常州市	Changzhou City	0.09	3.09	1.65	2.92
镇江市	Zhenjiang City		4.51	3.50	4.28
南通市	Nantong City		3.10	2.70	2.80
扬州市	Yangzhou City	6.10	3.40	3.20	2.50
泰州市	Taizhou City		3.54	3.29	3.75
杭州市	Hangzhou City	2.50	4.20	4.70	4.20
宁波市	Ningbo City	4.40	4.33	3.71	4.79
嘉兴市	Jiaxing City	4.06	3.57	3.17	
湖州市	Huzhou City	4.26	4.41	4.80	
绍兴市	Shaoxing City	7.50	4.30	4.50	4.30
舟山市	Zhoushan City	1.40	1.60	4.30	6.10
台州市	Taizhou City				
珠江三角洲经济区	**Pearl River Delta**				
广州市	Guangzhou City				
深圳市	Shenzhen City				
珠海市	Zhuhai City				
佛山市	Foshan City				
江门市	Jiangmen City				
东莞市	Dongguan City		2.70	5.60	2.40
中山市	Zhongshan City		5.96	8.37	6.72
惠州市区	Huizhou Urban District		3.44	6.56	2.99
惠阳市	Huiyang City		1.87	2.45	2.37
惠东县	Huidong County		10.68	13.19	3.40
博罗县	Boluo County		2.33	1.62	13.80
肇庆市区	Zhaoqing Urban District				
高要市	Gaoyao City				
四会市	Sihui City				

6-8 城镇居民每百户拥有耐用品数量
Number of Durable Consumer Goods Owned Per 100 Urban Households

单位：台 (unit)

地区	Area	洗衣机 Washing Machine		电冰箱 Refrigerator		彩色电视机 Color TV Set	
		1990	2002	1990	2002	1990	2000
长江三角洲经济区	**Yangtze River Delta**						
上海市	Shanghai City	72.2	91.8	87.8	103.8	76.8	160.2
南京市	Nanjing City	88.0	97.8	71.0	100.0	63.3	138.3
苏州市	Suzhou City	92.5	99.5	82.5	99.5	66.7	157.5
无锡市	Wuxi City	79.0	99.3	60.0	99.9	55.0	154.9
常州市	Changzhou City	81.0	101.0	46.0	96.0	54.0	154.0
镇江市	Zhenjiang City	87.0	97.0	52.0	94.0	52.0	138.5
南通市	Nantong City		93.9		93.5		132.9
扬州市	Yangzhou City	94.0	100.0	46.0	97.0	58.0	119.0
泰州市	Taizhou City		104.0		92.0		130.0
杭州市	Hangzhou City	76.0	98.1	91.5	101.3	62.5	161.2
宁波市	Ningbo City	76.0	95.0	88.0	101.0	59.0	161.5
嘉兴市	Jiaxing City	88.0	97.0	95.0	100.0		159.0
湖州市	Huzhou City	65.0	89.0	78.0	95.0	60.0	141.0
绍兴市	Shaoxing City	84.0	99.5	74.0	100.6	60.0	140.3
舟山市	Zhoushan City	59.0	74.0	77.0	79.0	66.0	149.0
台州市	Taizhou City	69.0	96.0	60.0	102.0	61.0	157.0
珠江三角洲经济区	**Pearl River Delta**						
广州市	Guangzhou City	87.0	96.0	87.0	98.0	89.0	157.0
深圳市	Shenzhen City	88.0	100.0	97.0	104.0	109.0	166.0
珠海市	Zhuhai City	95.0	97.0	92.0	101.0	89.0	172.0
佛山市	Foshan City	94.0	102.0	94.0	98.0	108.0	160.0
江门市	Jiangmen City						
东莞市	Dongguan City	54.0	112.0	84.0	126.0	92.0	192.0
中山市	Zhongshan City		107.0		107.0		220.0
惠州市区	Huizhou Urban District	86.0	89.5	79.0	100.0	90.0	143.5
惠阳市	Huiyang City						
惠东县	Huidong County						
博罗县	Boluo County						
肇庆市区	Zhaoqing Urban District	77.0	92.0	71.0	92.0	73.0	146.0
高要市	Gaoyao City						
四会市	Sihui City						

6-8 续表 continued

单位：台 (unit)

地区	Area	微波炉 Oven	家用电脑 Computer	空调机 Air Conditioner	移动电话（部） Mobile Telephone	汽车（辆） Vehicle
		2002	2002	2002	2002	2002
长江三角洲经济区	**Yangtze River Delta**					
上海市	Shanghai City	87.2	51.2	117.6	93.4	
南京市	Nanjing City		32.8	98.3	70.8	
苏州市	Suzhou City	72.5	27.0	98.0	72.0	
无锡市	Wuxi City	82.1	27.8	102.0	73.5	0.5
常州市	Changzhou City	77.5	28.5	95.5	88.5	
镇江市	Zhenjiang City	68.5	23.0	75.5	74.0	
南通市	Nantong City	71.0	14.3	62.3	49.2	
扬州市	Yangzhou City	66.0	20.0	46.0	50.0	
泰州市	Taizhou City	47.0	10.0	38.0	39.0	1.0
杭州市	Hangzhou City	46.4	36.3	122.6	96.7	1.4
宁波市	Ningbo City	47.0	42.5	101.0	112.0	1.5
嘉兴市	Jiaxing City	59.0	27.0	98.0	88.0	0.0
湖州市	Huzhou City	49.0	22.0	102.0	68.0	
绍兴市	Shaoxing City	21.9	24.8	89.3	90.0	0.0
舟山市	Zhoushan City	43.0	16.0	35.0	87.0	
台州市	Taizhou City	38.0	17.0	50.0	106.0	1.0
珠江三角洲经济区	**Pearl River Delta**					
广州市	Guangzhou City	65.0	65.0	158.0	162.0	0.3
深圳市	Shenzhen City	56.0	70.0	233.0	195.0	20.0
珠海市	Zhuhai City	53.0	60.0	201.0	147.0	7.0
佛山市	Foshan City	65.0	63.0	144.0	152.0	
江门市	Jiangmen City					
东莞市	Dongguan City	86.0	102.0	204.0	200.0	24.0
中山市	Zhongshan City	74.0	76.0	201.0	195.0	11.0
惠州市区	Huizhou Urban District	33.0	44.5	135.5	128.0	2.0
惠阳市	Huiyang City					
惠东县	Huidong County					
博罗县	Boluo County					
肇庆市区	Zhaoqing Urban District	40.0	29.0	101.0	129.0	2.0
高要市	Gaoyao City					
四会市	Sihui City					

6-9 农村居民每百户拥有耐用品数量

Number of Durable Consumer Goods Owned Per 100 Rural Households

单位：台 (unit)

地区	Area	自行车（辆）Bicycle		缝纫机 Sewing Machine	
		1990	2002	1990	2002
长江三角洲经济区	**Yangtze River Delta**				
上海市	Shanghai City	254	216		
南京市	Nanjing City	150	181	50	
苏州市	Suzhou City	216	210	70	
无锡市	Wuxi City	218	207	66	
常州市	Changzhou City	213	244	55	
镇江市	Zhenjiang City		207		
南通市	Nantong City	191	193	63	
扬州市	Yangzhou City	152	211	1	
泰州市	Taizhou City		186		
杭州市	Hangzhou City	199	184		
宁波市	Ningbo City	184			
嘉兴市	Jiaxing City	190	242	79	
湖州市	Huzhou City	186	198	85	92
绍兴市	Shaoxing City	171	99	65	
舟山市	Zhoushan City	156	152	25	
台州市	Taizhou City				
珠江三角洲经济区	**Pearl River Delta**				
广州市	Guangzhou City				
深圳市	Shenzhen City				
珠海市	Zhuhai City				
佛山市	Foshan City				
江门市	Jiangmen City				
东莞市	Dongguan City				
中山市	Zhongshan City		216		
惠州市区	Huizhou Urban District		167		
惠阳市	Huiyang City		100		
惠东县	Huidong County		131		
博罗县	Boluo County		136		
肇庆市区	Zhaoqing Urban District				
高要市	Gaoyao City				
四会市	Sihui City				

6-9 续表 1 continued

单位：台 (unit)

地区	Area	电风扇 Electric Fan 1990	电风扇 Electric Fan 2002	洗衣机 Washing Machine 1990	洗衣机 Washing Machine 2002
长江三角洲经济区	**Yangtze River Delta**				
上海市	Shanghai City	204	342	45	71
南京市	Nanjing City	81	229	14	65
苏州市	Suzhou City	177	347	32	86
无锡市	Wuxi City	210	297	57	91
常州市	Changzhou City	157	250	33	88
镇江市	Zhenjiang City		230		69
南通市	Nantong City	57	240	18	55
扬州市	Yangzhou City	63	206	10	67
泰州市	Taizhou City		206		65
杭州市	Hangzhou City	143	275	7	43
宁波市	Ningbo City			12	48
嘉兴市	Jiaxing City	161	359	4	51
湖州市	Huzhou City	171	352	34	79
绍兴市	Shaoxing City	151	296	4	48
舟山市	Zhoushan City	109	248	2	17
台州市	Taizhou City				
珠江三角洲经济区	**Pearl River Delta**				
广州市	Guangzhou City				
深圳市	Shenzhen City				
珠海市	Zhuhai City				
佛山市	Foshan City				
江门市	Jiangmen City				
东莞市	Dongguan City				81
中山市	Zhongshan City		411		78
惠州市区	Huizhou Urban District		427		33
惠阳市	Huiyang City		300		19
惠东县	Huidong County		324		5
博罗县	Boluo County		320		6
肇庆市区	Zhaoqing Urban District				
高要市	Gaoyao City				
四会市	Sihui City				

6–9 续表 2　continued

单位：台　(unit)

地区	Area	电冰箱 Refrigerator 1990	电冰箱 Refrigerator 2002	彩色电视机 Color TV Set 1990	彩色电视机 Color TV Set 2002	影碟机 Video Disk Player 2002
长江三角洲经济区	**Yangtze River Delta**					
上海市	Shanghai City	29	79	25	120	31
南京市	Nanjing City		48	8	90	26
苏州市	Suzhou City	8	69	15	118	26
无锡市	Wuxi City	11	63	23	118	36
常州市	Changzhou City	3	43	14	101	20
镇江市	Zhenjiang City		35		80	18
南通市	Nantong City		25	3	63	16
扬州市	Yangzhou City	1	29	5	84	24
泰州市	Taizhou City		30		73	22
杭州市	Hangzhou City	12	53	11	105	
宁波市	Ningbo City	18	70	12	117	27
嘉兴市	Jiaxing City	4	53	9	108	38
湖州市	Huzhou City	5	50	14	115	42
绍兴市	Shaoxing City	4	57	8	113	
舟山市	Zhoushan City	15	59	16	106	20
台州市	Taizhou City					
珠江三角洲经济区	**Pearl River Delta**					
广州市	Guangzhou City					
深圳市	Shenzhen City					
珠海市	Zhuhai City					
佛山市	Foshan City					
江门市	Jiangmen City					
东莞市	Dongguan City		109		136	95
中山市	Zhongshan City		75		128	58
惠州市区	Huizhou Urban District		63		113	30
惠阳市	Huiyang City		41		93	30
惠东县	Huidong County		19		88	41
博罗县	Boluo County		13		98	50
肇庆市区	Zhaoqing Urban District					
高要市	Gaoyao City					
四会市	Sihui City					

6-9 续表3 continued

单位：台 (unit)

地区	Area	微波炉 Oven 2002	家用电脑 Computer 2002	空调机 Air Conditioner 2002	吸尘器 Cleaner 2002	移动电话（部）Mobile Telephone 2002
长江三角洲经济区	**Yangtze River Delta**					
上海市	Shanghai City	28	12	24	12	63
南京市	Nanjing City	11	4	15	4	29
苏州市	Suzhou City	15	5	42	13	81
无锡市	Wuxi City	23	6	53	17	69
常州市	Changzhou City	13	4	22	5	45
镇江市	Zhenjiang City	4	2	6	3	36
南通市	Nantong City	6	1	3	1	27
扬州市	Yangzhou City	4	1	2	1	28
泰州市	Taizhou City	7	2	4	3	33
杭州市	Hangzhou City		4	14	3	
宁波市	Ningbo City	8	9	12		63
嘉兴市	Jiaxing City	7	2	21	3	61
湖州市	Huzhou City	3	5	26	6	72
绍兴市	Shaoxing City			13		
舟山市	Zhoushan City	8	2	2	6	63
台州市	Taizhou City					
珠江三角洲经济区	**Pearl River Delta**					
广州市	Guangzhou City					
深圳市	Shenzhen City					
珠海市	Zhuhai City					
佛山市	Foshan City					
江门市	Jiangmen City					
东莞市	Dongguan City		31	69		125
中山市	Zhongshan City	5		46	1	104
惠州市区	Huizhou Urban District	3		17		100
惠阳市	Huiyang City	4		10		45
惠东县	Huidong County			1		48
博罗县	Boluo County			1		49
肇庆市区	Zhaoqing Urban District					
高要市	Gaoyao City					
四会市	Sihui City					

主要统计指标解释

城镇居民家庭收入 指被调查的城镇居民家庭全部的实际收入，包括经常或固定得到的收入和一次性收入。不包括周转性收入，如提取银行存款、向亲友借款、回收借出款以及其他各种暂收款。

城镇居民家庭可支配收入 指被调查的城镇居民家庭在支付个人所得税、记帐补贴、家庭副业生产支出后所余下的实际收入。

城镇居民家庭消费性支出 指被调查的城镇居民家庭用于日常生活的全部支出，包括购买商品支出和文化生活、服务等非商品性支出。不包括罚没、丢失款和缴纳的各种税款(如个人所得税、牌照税、房产税等)，也不包括个体劳动者生产经营过程中发生的各项费用。

农村居民家庭纯收入 指农村常住居民家庭总收入中，扣除从事生产和非生产经营费用支出、缴纳税款和上交承包集体任务金额以后剩余的，可直接用于进行生产性、非生产性建设投资、生活消费和积蓄的那一部分收入。农村居民家庭纯收入包括从事生产性和非生产性的经营收入，在外人口寄回带回和国家财政救济、各种补贴等非经营性收入；既包括货币收入，又包括自产自用的实物收入。但不包括向银行、信用社和向亲友借款等属于借贷性的收入。

农村居民家庭生活消费支出 指农村常住居民家庭用于日常生活的全部开支，是反映和研究农民家庭实际生活消费水平高低的重要指标。

全国城乡居民储蓄存款余额 指某一时点城乡居民存入银行及农村信用社的储蓄金额，包括城镇居民储蓄存款和农民个人储蓄存款，不包括居民的手存现金和工矿企业、部队、机关、团体等单位存款。

Explanatory Notes on Main Statistical Indicators

Total Income of Urban Households refers to the total actual income of the sample households, including regular or fixed income and occasional income. The income of a circulating nature such as withdrawal from bank deposits, loans borrowed from relatives or friends, repayment of loans received and various temporary collection of money is excluded.

Disposable Income of Urban Households refers to the actual income of the sample households which can be used for daily expenses, i.e., total income minus personal income tax, sample household subsidy and expenditure on household side-line production.

Expenditure for Consumption of Urban Households refers to total expenditure of the sample households for consumption in daily life, including expenditure for various commodities and expenses for non-commodity items such as culture and service, etc. ,but excluding fines and confiscation, loss, tax payments (such as income tax, license tax, real estates tax, etc.) and various expenses by individual laborers for business purposes.

Net Income of Rural Households refers to the total income of the permanent residents of the rural households during a year after the deduction of the expenses for productive and non-productive business operation, the payment for taxes and the payment for collective units for their contracted tasks, which can then be spent for investments in productive and non-productive construction, for consumption in daily life and for savings deposit. It is a comprehensive indicator to show the actual level of the income of the peasants household. The net income of the rural households includes not only the income from the productive and non-productive business operation, but also the income from the non-business operation, such as the money remitted or brought back by the members of the household who are in other places, the government relief payment and various subsidies. It includes not only the money income, but also the income in kind. But the income from borrowing from banks, friends and relatives is excluded.

Expenditure of Rural Households for Consumption refers to total expenses of rural households on daily life, including expenses on food, clothing, housing, fuel, articles for daily use, and expenses on cultural life and services. This indicator is used to show the actual consumption level of peasants.

The Savings Deposits of Urban and Rural Residents refers to the total value of savings deposits of urban and rural households in banks and rural credit cooperatives at a given point of time, including the savings deposit of urban residents and the savings deposit of rural residents. The cash in hand by residents and the deposits of organizations such as enterprises, military units, government agencies, institutions, etc. are not included.

七、农业

Agriculture

7-1 农村基层组织和农业基本情况(2002 年)

Basic Conditions of Rural Grassroots Units and Agriculture(2002)

地区	Area	乡镇数(个) Number of Township and Town Governments (unit)	乡村户数(万户) Number of Rural Households (10 000 units)	乡村从业人员(万人) Number of Rural Employed Persons (10 000 persons)	农林牧渔业 Farming, Forestry, Animal Husbandry & Fishery
长江三角洲经济区	**Yangtze River Delta**				
上海市	Shanghai City	133	115.17	253.45	81.45
南京市	Nanjing City	64	70.64	126.74	56.58
苏州市	Suzhou City	121	120.45	210.55	60.38
无锡市	Wuxi City	92	94.45	156.20	44.41
常州市	Changzhou City	79	81.77	124.97	45.72
镇江市	Zhenjiang City	67	58.94	99.46	43.41
南通市	Nantong City	144	215.86	360.62	183.41
扬州市	Yangzhou City	97	98.91	160.26	64.82
泰州市	Taizhou City	99	117.94	199.48	95.93
杭州市	Hangzhou City	177	132.09	253.24	106.42
宁波市	Ningbo City	115	153.73	270.04	92.29
嘉兴市	Jiaxing City	62	70.11	197.07	56.16
湖州市	Huzhou City	67	55.61	113.15	56.62
绍兴市	Shaoxing City	98	126.61	211.08	80.33
舟山市	Zhoushan City	36	23.55	42.54	17.61
台州市	Taizhou City	96	155.05	306.03	129.72
珠江三角洲经济区	**Pearl River Delta**				
广州市	Guangzhou City	121	88.55	164.64	87.90
深圳市	Shenzhen City	19	14.69	19.87	2.03
珠海市	Zhuhai City	17	9.99	16.05	8.85
佛山市	Foshan City	46	77.87	131.12	37.50
江门市	Jiangmen City	79	85.12	157.45	85.77
东莞市	Dongguan City	28	43.14	75.43	15.15
中山市	Zhongshan City	24	32.76	69.85	21.03
惠州市区	Huizhou Urban District	3	2.29	4.01	1.70
惠阳市	Huiyang City	20	14.71	25.05	14.49
惠东县	Huidong County	22	13.19	32.87	20.10
博罗县	Boluo County	20	15.34	34.70	22.01
肇庆市区	Zhaoqing Urban District	9	5.82	9.29	4.43
高要市	Gaoyao City	19	20.47	41.07	21.39
四会市	Sihui City	18	8.36	13.19	6.95

7-1 续表 1 continued

地区	Area	工业 Industry	建筑业 Construction	交通运输业、仓储及邮电通信业 Transportation, Storage, Postal and Telecommunications Services	批发零售贸易业餐饮业 Wholesale, Retail Sale and Catering Trades
长江三角洲经济区	**Yangtze River Delta**				
上海市	Shanghai City	108.75	11.14	7.07	13.49
南京市	Nanjing City	22.93	16.16	6.42	6.25
苏州市	Suzhou City	90.83	13.05	6.49	10.79
无锡市	Wuxi City	71.91	8.44	4.57	8.55
常州市	Changzhou City	39.39	13.86	5.39	6.11
镇江市	Zhenjiang City	29.76	7.66	3.29	3.90
南通市	Nantong City	52.84	58.82	10.46	14.66
扬州市	Yangzhou City	28.93	23.76	6.60	8.33
泰州市	Taizhou City	24.48	24.17	12.02	11.76
杭州市	Hangzhou City	68.20	14.24	10.14	12.32
宁波市	Ningbo City	98.96	15.50	10.17	19.13
嘉兴市	Jiaxing City	84.28	8.01	7.06	17.31
湖州市	Huzhou City	31.06	5.81	5.33	6.15
绍兴市	Shaoxing City	65.61	21.03	7.52	13.34
舟山市	Zhoushan City	7.99	2.87	2.09	2.62
台州市	Taizhou City	76.70	16.62	10.21	26.88
珠江三角洲经济区	**Pearl River Delta**				
广州市	Guangzhou City	31.92	8.42	6.86	12.89
深圳市	Shenzhen City	6.59	0.34	1.19	2.87
珠海市	Zhuhai City	2.67	0.57	0.58	1.19
佛山市	Foshan City	51.98	6.01	5.36	12.65
江门市	Jiangmen City	22.06	12.66	3.85	8.16
东莞市	Dongguan City	36.14	3.34	3.49	5.80
中山市	Zhongshan City	27.51	3.79	2.89	7.60
惠州市区	Huizhou Urban District	0.97	0.15	0.18	0.30
惠阳市	Huiyang City	5.55	0.87	0.69	1.34
惠东县	Huidong County	5.48	1.12	0.93	2.40
博罗县	Boluo County	8.08	1.02	0.81	1.52
肇庆市区	Zhaoqing Urban District	1.67	0.49	0.28	0.88
高要市	Gaoyao City	7.23	4.05	1.39	2.33
四会市	Sihui City	3.13	0.94	0.49	0.92

7-1 续表2 continued

地区	Area	其他非农行业 Other Non-agricultural Trades	农业机械总动力（万千瓦） Total Agricultural Machinery Power (10 000 kw)	农用大中型拖拉机（台） Number of Large and Medium Agricultural Tractors(unit)	小型拖拉机(台) Number of Mini-tractors (unit)
长江三角洲经济区	**Yangtze River Delta**				
上海市	Shanghai City	31.55	126.87	6408	8425
南京市	Nanjing City	14.44	163.61	3102	47858
苏州市	Suzhou City	29.01	239.81	5095	17154
无锡市	Wuxi City	18.32	160.90	10311	16187
常州市	Changzhou City	14.50	166.31	4606	29975
镇江市	Zhenjiang City	11.44	120.32	2912	16154
南通市	Nantong City	32.61	259.76	10103	47155
扬州市	Yangzhou City	27.61	174.03	4863	51748
泰州市	Taizhou City	31.12	198.76	2020	32880
杭州市	Hangzhou City	41.92	278.63	1004	25769
宁波市	Ningbo City	33.99	190.57	1455	23761
嘉兴市	Jiaxing City	10.37	193.90	69	27642
湖州市	Huzhou City	8.18	170.06	340	29078
绍兴市	Shaoxing City	23.25	194.21	587	28074
舟山市	Zhoushan City	9.36	18.62	265	1170
台州市	Taizhou City	45.90	141.75	561	20829
珠江三角洲经济区	**Pearl River Delta**				
广州市	Guangzhou City	16.64	249.19	332	57123
深圳市	Shenzhen City	6.86	4.43		82
珠海市	Zhuhai City	2.19	14.66	138	1976
佛山市	Foshan City	17.62	143.61	66	23978
江门市	Jiangmen City	24.96	138.10	227	28949
东莞市	Dongguan City	11.51	36.16	41	4254
中山市	Zhongshan City	7.02	51.38	33	3128
惠州市区	Huizhou Urban District	0.71	3.18	18	479
惠阳市	Huiyang City	2.12	13.62	22	2755
惠东县	Huidong County	2.85	19.44	113	3587
博罗县	Boluo County	1.25	35.41	8	10669
肇庆市区	Zhaoqing Urban District	1.55	8.99	10	1422
高要市	Gaoyao City	4.68	23.42	2	8895
四会市	Sihui City	0.76	12.29	3	1853

7-1 续表3 continued

地区	Area	大中型拖拉机机引农具(部)② Number of Large and Medium Tractor Towing Farm Machinery(unit) ②	小型拖拉机机引农具(部)③ Mini-Tractor Towing Farm Machinery(unit) ③	农用排灌柴油机(万台) Number of Diesel Engines (10 000 units)	渔用机动船(艘) Number of Motorized Fishing Boats (unit)
长江三角洲经济区	**Yangtze River Delta**				
上海市	Shanghai City	6400	8400		2662
南京市	Nanjing City	1900	65200	6.31	
苏州市	Suzhou City	10800	22500	1.19	16100
无锡市	Wuxi City			1.87	13002
常州市	Changzhou City	4606	29975	0.46	3852
镇江市	Zhenjiang City				
南通市	Nantong City				
扬州市	Yangzhou City	5600	94800	1.01	3697
泰州市	Taizhou City			3.50	5810
杭州市	Hangzhou City	1331		0.18	3091
宁波市	Ningbo City			3.87	
嘉兴市	Jiaxing City		39900	0.02	6923
湖州市	Huzhou City		29200		6434
绍兴市	Shaoxing City			4.37	14395 ①
舟山市	Zhoushan City	400	1300	0.08	10333
台州市	Taizhou City	131	20684	0.74	9945
珠江三角洲经济区	**Pearl River Delta**				
广州市	Guangzhou City	506	100678	0.69	4793
深圳市	Shenzhen City		3	0.03	728
珠海市	Zhuhai City	64	2176	0.05	1920
佛山市	Foshan City	4	25384	1.19	2294
江门市	Jiangmen City	195	33575	1.25	4942
东莞市	Dongguan City	27	2723	0.18	1169
中山市	Zhongshan City	42	6217	0.24	1300
惠州市区	Huizhou Urban District	2	58	0.01	27
惠阳市	Huiyang City	39	1537	0.06	2180
惠东县	Huidong County	3	887	0.27	1619
博罗县	Boluo County	4	9755	1.26	31
肇庆市区	Zhaoqing Urban District		445	0.02	206
高要市	Gaoyao City		3746	0.12	61
四会市	Sihui City	2	610	0.05	

7-1 续表4 continued

地区	Area	有效灌溉面积（千公顷） Irrigated Area (1 000 hectares)	农用化肥施用量④(万吨) Consumption of Chemical Fertilizers in Agriculture (10 000 tons) ④	乡村办水电站个数（个） Number of Hydropower Stations in Rural Areas (unit)	乡村办水电站发电能力(万千瓦) Generating Capacity of Hydropower Station in Rural Areas (10 000 kw)
长江三角洲经济区	**Yangtze River Delta**				
上海市	Shanghai City	270.40	74.11		
南京市	Nanjing City	194.80	18.40		
苏州市	Suzhou City	288.17	16.36		
无锡市	Wuxi City	160.35	11.96		
常州市	Changzhou City	154.71	9.63		
镇江市	Zhenjiang City		8.77		
南通市	Nantong City	375.31	27.57		
扬州市	Yangzhou City	282.67	15.81		
泰州市	Taizhou City	293.23	25.32		
杭州市	Hangzhou City	168.05	62.32	318	22.2
宁波市	Ningbo City	176.48	38.20		
嘉兴市	Jiaxing City	192.04	51.25		
湖州市	Huzhou City	124.80	27.72		
绍兴市	Shaoxing City	149.34	10.12		
舟山市	Zhoushan City	13.18	0.43		
台州市	Taizhou City	126.03	43.66	241	17.3
珠江三角洲经济区	**Pearl River Delta**				
广州市	Guangzhou City	102.97	10.58	95	4.22
深圳市	Shenzhen City	2.05	0.93	5	0.06
珠海市	Zhuhai City	14.16	1.53	2	0.03
佛山市	Foshan City	62.38	6.04	7	0.19
江门市	Jiangmen City	105.50	11.66	124	4.50
东莞市	Dongguan City	26.53	1.65		
中山市	Zhongshan City	33.71	2.38	17	0.34
惠州市区	Huizhou Urban District	1.85	0.14		
惠阳市	Huiyang City	17.79	1.66	2	0.04
惠东县	Huidong County	23.41	1.85	51	1.49
博罗县	Boluo County	30.52	3.59	34	1.43
肇庆市区	Zhaoqing Urban District	7.38	0.91	4	0.09
高要市	Gaoyao City	24.90	3.22	18	0.32
四会市	Sihui City	12.12	1.81	17	0.30

7-1 续表 5 continued

地区	Area	农村用电量（亿千瓦小时）Electricity Consumed in Rural Areas (100 million kwh)	农作物总播种面积（千公顷）Total Sown Area (1 000 hectares)	粮食 Grain Crops	油料 Oil-bearing Crops
长江三角洲经济区	**Yangtze River Delta**				
上海市	Shanghai City	81.78	47.67	18.77	5.18
南京市	Nanjing City	12.32	439.13	150.25	16.21
苏州市	Suzhou City	126.65	400.49	219.07	52.43
无锡市	Wuxi City	107.19	229.80	148.32	27.79
常州市	Changzhou City	41.33	269.11	169.87	48.62
镇江市	Zhenjiang City	15.30	213.77	164.06	47.45
南通市	Nantong City	31.06	891.45	563.32	144.02
扬州市	Yangzhou City	14.19	444.01	323.57	58.87
泰州市	Taizhou City	20.69	536.03	373.33	59.08
杭州市	Hangzhou City	54.79	410.70	214.25	45.65
宁波市	Ningbo City	63.07	386.85	172.34	24.51
嘉兴市	Jiaxing City	38.49	382.20	194.50	70.59
湖州市	Huzhou City	19.97	222.30	115.80	51.60
绍兴市	Shaoxing City	71.09	320.02	162.42	23.07
舟山市	Zhoushan City	3.40	27.78	13.42	3.13
台州市	Taizhou City	29.99	308.55	179.56	3.94
珠江三角洲经济区	**Pearl River Delta**				
广州市	Guangzhou City	103.70	287.22	114.63	9.67
深圳市	Shenzhen City	53.13	8.06	0.58	0.06
珠海市	Zhuhai City	0.98	29.49	12.91	0.39
佛山市	Foshan City	111.31	144.83	42.77	2.90
江门市	Jiangmen City	23.67	323.95	190.45	18.64
东莞市	Dongguan City	192.76	42.28	9.88	0.32
中山市	Zhongshan City	31.30	69.99	33.45	0.29
惠州市区	Huizhou Urban District	0.28	7.00	2.41	0.69
惠阳市	Huiyang City	2.49	70.27	35.50	8.80
惠东县	Huidong County	2.20	79.01	42.28	8.13
博罗县	Boluo County	2.37	92.38	47.98	10.11
肇庆市区	Zhaoqing Urban District	0.72	14.35	7.75	0.55
高要市	Gaoyao City	1.48	89.67	41.14	4.51
四会市	Sihui City	1.41	40.31	22.72	5.04

7-1 续表6 continued

地区	Area	棉花 Cotton	麻类 Fiber Crops	糖料 Sugar Crops	烟叶 Tobacco
长江三角洲经济区	**Yangtze River Delta**				
上海市	Shanghai City	0.08			
南京市	Nanjing City	3.35	1.24	2.07	
苏州市	Suzhou City	7.63	0.01	0.34	
无锡市	Wuxi City				
常州市	Changzhou City	0.77	0.02	0.43	
镇江市	Zhenjiang City	2.26			
南通市	Nantong City	27.19	0.01	2.33	
扬州市	Yangzhou City	7.84	0.01	0.13	
泰州市	Taizhou City	14.51		0.18	
杭州市	Hangzhou City	1.05	0.27	3.33	0.01
宁波市	Ningbo City	6.85		1.96	
嘉兴市	Jiaxing City	1.57	1.68	2.30	0.28
湖州市	Huzhou City				
绍兴市	Shaoxing City	3.56	0.06	1.37 ⑤	0.52
舟山市	Zhoushan City	0.20			
台州市	Taizhou City	0.96	0.01	4.67	0.07
珠江三角洲经济区	**Pearl River Delta**				
广州市	Guangzhou City			1.43	0.04
深圳市	Shenzhen City				
珠海市	Zhuhai City			7.90	
佛山市	Foshan City			0.15	
江门市	Jiangmen City			5.47	0.02
东莞市	Dongguan City			0.21	
中山市	Zhongshan City			0.95	
惠州市区	Huizhou Urban District				
惠阳市	Huiyang City			0.14	
惠东县	Huidong County			0.13	
博罗县	Boluo County			1.98	
肇庆市区	Zhaoqing Urban District				
高要市	Gaoyao City			0.19	0.07
四会市	Sihui City		0.05	0.04	0.20

7-1 续表7 continued

地区	Area	蔬菜 Vegetables	茶园面积 (千公顷)⑥ Area of Tea Plantations (1 000 hectares) ⑥	果园面积 (千公顷)⑦ Area of Orchards (1 000 hectares) ⑦
长江三角洲经济区	**Yangtze River Delta**			
上海市	Shanghai City	16.07		
南京市	Nanjing City	141.61	5.73	6.17
苏州市	Suzhou City	95.55	0.68	6.52
无锡市	Wuxi City	35.56		
常州市	Changzhou City	29.42	5.21	8.22
镇江市	Zhenjiang City		3.00	1.80
南通市	Nantong City	127.01		4.89
扬州市	Yangzhou City	39.12	1.48	2.57
泰州市	Taizhou City	77.87		0.23
杭州市	Hangzhou City	102.26	28.53	22.36
宁波市	Ningbo City	104.71	12.50	42.92
嘉兴市	Jiaxing City	83.01	0.13	4.65
湖州市	Huzhou City	38.00	8.17	6.71
绍兴市	Shaoxing City	74.95	29.26	16.03
舟山市	Zhoushan City	11.03	0.38	6.66
台州市	Taizhou City	73.62	5.50	51.16
珠江三角洲经济区	**Pearl River Delta**			
广州市	Guangzhou City	138.67	0.21	60.00
深圳市	Shenzhen City	6.38	0.02	10.34
珠海市	Zhuhai City	6.51		5.03
佛山市	Foshan City	72.75	0.33	5.52
江门市	Jiangmen City	75.20	0.43	31.03
东莞市	Dongguan City	29.70	0.01	14.00
中山市	Zhongshan City	28.16		9.19
惠州市区	Huizhou Urban District	3.57		1.92
惠阳市	Huiyang City	20.23		13.99
惠东县	Huidong County	24.31	0.09	12.57
博罗县	Boluo County	25.07	0.21	11.97
肇庆市区	Zhaoqing Urban District	3.35	0.02	1.23
高要市	Gaoyao City	28.49	0.32	8.01
四会市	Sihui City	9.08	0.31	11.31

注：①单位为千瓦。②珠江三角洲指大中型拖拉机配套农具。③珠江三角洲指小型拖拉机配套农具。④珠江三角洲指化肥施用折纯量。⑤指甘蔗。⑥珠江三角洲指茶叶年末实有面积。⑦珠江三角洲指水果年末实有面积。

Note: ① Unit is KW. ② Refer to farm tools for large and medium tractor for the Pearl River Delta. ③ Refer to farm tools for mini tractor for the Pearl River Delta. ④ Refer to consumption of chemical fertilizers(in purified) for the Pearl River Delta. ⑤ Refer to sugarcane. ⑥ Refer to planted area of tea at year-end for the Pearl River Delta. ⑦ Refer to planted area of fruits at year-end for the Pearl River Delta.

7-2 农林牧渔业总产值（当年价格）

Gross Output Value of Farming,Forestry,Animal Husbandry and Fishery(Current Price)

单位：亿元 (100 million yuan)

地区	Area	农林牧渔业总产值 Total			农业产值 Farming		
		2000	2001	2002	2000	2001	2002
长江三角洲经济区	**Yangtze River Delta**						
上海市	Shanghai City	216.5	227.6	233.6	89.8	95.5	97.2
南京市	Nanjing City	106.3	113.3	120.0	61.6	63.6	65.0
苏州市	Suzhou City	169.3	173.5	174.5	100.2	96.3	90.1
无锡市	Wuxi City	90.5	94.0	97.8	53.9	55.9	57.9
常州市	Changzhou City	85.9	89.4	92.7	51.4	47.6	45.9
镇江市	Zhenjiang City	61.8	64.6	66.8	43.4	45.0	46.1
南通市	Nantong City	246.9	257.4	267.9	134.1	144.0	147.9
扬州市	Yangzhou City	126.8	133.4	139.1	65.1	65.3	66.0
泰州市	Taizhou City	129.0	133.8	138.9	73.4	76.5	78.4
杭州市	Hangzhou City	152.7	165.0	168.5	90.3	96.5	93.3
宁波市	Ningbo City	148.4	156.4	163.3	71.6	74.3	73.6
嘉兴市	Jiaxing City	94.7	102.4	100.9	52.3	53.7	51.1
湖州市	Huzhou City	74.5	78.8	80.4	34.8	36.3	37.1
绍兴市	Shaoxing City	118.3	120.7	122.8	71.1	71.7	71.0
舟山市	Zhoushan City	74.5	73.8	72.9	7.1	7.5	6.3
台州市	Taizhou City	153.2	158.9	163.0	47.8	52.4	55.1
珠江三角洲经济区	**Pearl River Delta**						
广州市	Guangzhou City	163.0	167.1	175.1	89.0	94.6	101.3
深圳市	Shenzhen City	31.1	32.7	34.1	10.5	11.8	13.0
珠海市	Zhuhai City	22.6	24.8	26.5	7.7	7.2	5.9
佛山市	Foshan City	128.9	136.1	143.5	44.0	47.5	50.6
江门市	Jiangmen City	132.5	136.2	138.7	62.1	62.9	61.9
东莞市	Dongguan City	54.6	55.9	53.7	21.6	22.9	22.4
中山市	Zhongshan City	37.0	38.4	42.3	15.7	16.6	16.9
惠州市区	Huizhou Urban District	4.2	4.9	5.5	1.3	1.5	1.6
惠阳市	Huiyang City	27.1	28.6	30.4	12.9	13.3	18.1
惠东县	Huidong County	31.2	33.0	34.5	13.9	14.9	17.8
博罗县	Boluo County	31.9	33.8	36.0	16.7	17.6	21.6
肇庆市区	Zhaoqing Urban District	11.3	12.0	12.8	4.6	4.9	5.1
高要市	Gaoyao City	43.0	45.2	47.6	24.8	26.8	27.7
四会市	Sihui City	26.1	28.3	29.5	11.1	11.8	12.0

7-2 续表1 continued

单位：亿元 (100 million yuan)

地区	Area	林业产值 Forestry			牧业产值 Animal Husbandry		
		2000	2001	2002	2000	2001	2002
长江三角洲经济区	**Yangtze River Delta**						
上海市	Shanghai City	1.4	3.5	7.8	87.4	88.4	83.5
南京市	Nanjing City	2.4	3.5	4.8	25.3	27.3	28.2
苏州市	Suzhou City	1.2	2.7	4.3	23.1	24.7	24.5
无锡市	Wuxi City	1.4	1.5	2.3	23.1	23.0	23.2
常州市	Changzhou City	0.9	4.6	5.9	13.0	14.6	15.7
镇江市	Zhenjiang City	1.1	1.6	1.8	9.1	9.2	9.6
南通市	Nantong City	1.5	3.1	3.4	52.2	52.0	56.1
扬州市	Yangzhou City	1.7	3.1	3.9	30.0	31.6	32.4
泰州市	Taizhou City	2.5	2.9	3.9	30.2	30.8	31.9
杭州市	Hangzhou City	13.7	14.9	16.2	33.2	36.2	39.2
宁波市	Ningbo City	4.5	5.1	4.9	20.5	22.2	24.3
嘉兴市	Jiaxing City	0.3	0.3	0.5	32.4	36.1	35.2
湖州市	Huzhou City	9.3	10.0	10.7	14.8	15.6	14.5
绍兴市	Shaoxing City	10.7	11.4	12.6	20.1	20.2	20.7
舟山市	Zhoushan City	0.2	0.2	0.2	1.8	2.0	2.2
台州市	Taizhou City	2.2	2.4	2.8	14.5	15.0	15.4
珠江三角洲经济区	**Pearl River Delta**						
广州市	Guangzhou City	1.3	1.3	1.2	43.1	40.7	40.5
深圳市	Shenzhen City	0.6	0.5	0.5	12.8	12.8	13.5
珠海市	Zhuhai City	0.1	0.1	0.1	2.7	2.6	3.5
佛山市	Foshan City	0.3	0.4	0.3	26.3	28.7	30.2
江门市	Jiangmen City	1.3	1.4	1.6	34.5	35.5	36.8
东莞市	Dongguan City	0.4	0.5	0.2	22.6	24.5	24.3
中山市	Zhongshan City	0.1	0.2	0.2	5.2	5.1	5.3
惠州市区	Huizhou Urban District	0.1	-	0.1	2.1	2.6	3.1
惠阳市	Huiyang City	0.7	0.8	0.7	4.9	5.3	5.4
惠东县	Huidong County	1.6	1.7	1.8	2.7	2.8	3.3
博罗县	Boluo County	1.2	1.2	1.3	9.4	9.8	10.6
肇庆市区	Zhaoqing Urban District	0.3	0.3	0.4	4.0	4.1	4.4
高要市	Gaoyao City	1.7	1.8	1.7	9.3	9.2	9.7
四会市	Sihui City	1.2	1.3	1.4	7.9	8.8	9.2

7-2 续表2 continued

单位：亿元 (100 million yuan)

地区	Area	渔业产值 Fishery		
		2000	2001	2002
长江三角洲经济区	**Yangtze River Delta**			
上海市	Shanghai City	37.9	40.1	45.1
南京市	Nanjing City	17.0	18.9	22.0
苏州市	Suzhou City	44.8	49.7	55.5
无锡市	Wuxi City	12.0	13.6	14.4
常州市	Changzhou City	20.7	22.5	25.2
镇江市	Zhenjiang City	8.2	8.7	9.3
南通市	Nantong City	59.1	58.3	60.5
扬州市	Yangzhou City	30.0	33.5	36.8
泰州市	Taizhou City	22.9	23.6	24.6
杭州市	Hangzhou City	15.5	17.3	19.8
宁波市	Ningbo City	51.8	54.8	60.5
嘉兴市	Jiaxing City	9.6	12.2	14.1
湖州市	Huzhou City	15.6	16.9	18.1
绍兴市	Shaoxing City	16.5	17.4	18.5
舟山市	Zhoushan City	65.4	64.1	64.1
台州市	Taizhou City	88.7	89.1	89.7
珠江三角洲经济区	**Pearl River Delta**			
广州市	Guangzhou City	29.7	30.4	32.1
深圳市	Shenzhen City	7.3	7.6	7.6
珠海市	Zhuhai City	12.0	14.9	17.0
佛山市	Foshan City	58.3	59.5	62.4
江门市	Jiangmen City	34.5	36.3	38.3
东莞市	Dongguan City	8.1	7.2	6.7
中山市	Zhongshan City	16.0	16.5	19.9
惠州市区	Huizhou Urban District	0.7	0.7	0.8
惠阳市	Huiyang City	7.4	7.8	6.2
惠东县	Huidong County	10.7	11.2	11.7
博罗县	Boluo County	2.3	2.4	2.6
肇庆市区	Zhaoqing Urban District	2.5	2.7	3.0
高要市	Gaoyao City	7.1	7.4	8.5
四会市	Sihui City	6.0	6.5	6.8

7-3 农林牧渔业总产值指数

Indices of Gross Output of Farming,Forestry, Animal Husbandry and Fishery

(上年=100) (preceding year=100)

地区	Area	农业牧渔业总产值指数 Total			农业产值指数 Farming		
		2000	2001	2002	2000	2001	2002
长江三角洲经济区	**Yangtze River Delta**						
上海市	Shanghai City	103.9	107.1	103.0	106.0	102.9	100.3
南京市	Nanjing City	108.2	114.3	106.3	102.6	113.4	103.0
苏州市	Suzhou City	102.8	102.5	100.6	98.9	96.1	93.6
无锡市	Wuxi City	108.8	104.0	104.1	105.7	101.3	100.7
常州市	Changzhou City	107.0	106.0	106.0	105.0	92.0	100.0
镇江市	Zhenjiang City	103.9	102.8	103.6	100.0	101.8	102.6
南通市	Nantong City	105.1	104.7	104.9	105.1	103.2	103.5
扬州市	Yangzhou City	107.3	106.7	104.3	101.0	104.4	101.1
泰州市	Taizhou City	106.4	105.6	104.8	103.0	105.0	103.3
杭州市	Hangzhou City	112.4	132.8	105.5	106.9	105.1	86.8
宁波市	Ningbo City	105.3	106.1	107.1	98.2	106.3	104.7
嘉兴市	Jiaxing City	109.2	112.2	108.8	103.4	102.0	104.3
湖州市	Huzhou City	107.1	105.7	105.3	98.9	104.3	104.9
绍兴市	Shaoxing City	116.8	106.7	105.5	101.0	100.9	99.0
舟山市	Zhoushan City	110.5	99.0	98.7	97.0	105.3	85.0
台州市	Taizhou City	99.9	103.4	101.1	88.9	114.7	97.9
珠江三角洲经济区	**Pearl River Delta**						
广州市	Guangzhou City	102.0	101.6	109.1	101.1	102.9	117.5
深圳市	Shenzhen City	102.4	103.7	107.0	96.3	103.1	125.3
珠海市	Zhuhai City	109.3	107.1	106.9	89.3	98.6	85.8
佛山市	Foshan City	108.3	105.6	106.8	106.3	101.0	108.7
江门市	Jiangmen City	105.1	104.8	104.8	100.1	103.9	104.0
东莞市	Dongguan City	100.2	101.2	106.8	85.4	96.5	133.4
中山市	Zhongshan City	105.5	104.5	107.8	102.5	108.9	102.8
惠州市区	Huizhou Urban District	112.7	114.3	121.3	99.6	122.6	118.5
惠阳市	Huiyang City	106.5	105.6	108.5	107.6	104.2	152.3
惠东县	Huidong County	108.5	107.1	106.9	108.5	107.4	127.4
博罗县	Boluo County	106.3	106.5	111.3	101.8	106.6	113.7
肇庆市区	Zhaoqing Urban District	105.3	106.8	106.2	107.1	108.8	102.7
高要市	Gaoyao City	106.6	106.6	106.0	106.1	109.1	102.7
四会市	Sihui City	108.8	110.4	107.6	98.8	106.9	108.3

7–3 续表 1　continued

(上年 =100)　　(preceding year=100)

地区	Area	林业产值指数 Forestry			牧业产值指数 Animal Husbandry		
		2000	2001	2002	2000	2001	2002
长江三角洲经济区	**Yangtze River Delta**						
上海市	Shanghai City	160.6	151.8	245.5	99.1	104.6	96.0
南京市	Nanjing City	139.9	136.4	131.3	114.5	106.6	104.3
苏州市	Suzhou City	101.4	234.1	156.6	102.9	107.0	99.2
无锡市	Wuxi City	115.3	103.5	122.1	116.5	105.9	105.6
常州市	Changzhou City	129.0	955.0	116.0	115.0	112.0	111.0
镇江市	Zhenjiang City	100.0	162.3	109.4		100.8	103.3
南通市	Nantong City	109.9	238.5	109.1	106.7	106.4	109.5
扬州市	Yangzhou City	108.6	102.5	128.3	109.4	106.4	102.6
泰州市	Taizhou City	97.1	122.7	112.4	114.0	102.9	104.8
杭州市	Hangzhou City	103.5	108.4	111.3	110.9	106.8	117.0
宁波市	Ningbo City	96.5	111.9	91.8	106.0	108.4	112.7
嘉兴市	Jiaxing City	131.5	78.0	208.3	114.0	118.6	106.2
湖州市	Huzhou City	118.7	99.1	104.0	104.1	107.5	102.4
绍兴市	Shaoxing City	128.2	106.7	110.5	111.1	100.7	102.4
舟山市	Zhoushan City	113.5	88.8	88.8	103.3	110.1	108.4
台州市	Taizhou City	120.0	107.7	106.8	103.0	105.5	104.8
珠江三角洲经济区	**Pearl River Delta**						
广州市	Guangzhou City	108.4	92.9	96.1	101.5	94.9	97.4
深圳市	Shenzhen City	111.8	89.7	88.2	106.3	103.8	85.8
珠海市	Zhuhai City	98.0	45.6	95.2	96.4	91.9	132.7
佛山市	Foshan City	122.8	98.2	106.9	104.1	109.8	107.0
江门市	Jiangmen City	116.3	96.4	112.8	107.3	105.6	105.4
东莞市	Dongguan City	72.3	108.6	53.3	113.2	107.5	97.4
中山市	Zhongshan City	404.3	190.4	94.4	107.4	95.9	101.7
惠州市区	Huizhou Urban District	102.5	52.8	199.5	121.2	127.2	121.5
惠阳市	Huiyang City	148.4	116.2	68.3	105.5	104.9	98.8
惠东县	Huidong County	102.2	106.5	107.2	112.3	106.9	107.6
博罗县	Boluo County	102.2	103.8	89.7	110.6	106.5	108.5
肇庆市区	Zhaoqing Urban District	111.1	110.0	102.2	103.4	103.4	106.3
高要市	Gaoyao City	110.2	109.3	105.6	108.2	101.4	104.7
四会市	Sihui City	108.0	106.5	110.0	110.9	113.9	105.4

7-3 续表 2　continued

(上年 =100)　　(preceding year=100)

地区	Area	渔业产值指数 Fishery		
		2000	2001	2002
长江三角洲经济区	**Yangtze River Delta**			
上海市	Shanghai City	111.3	121.8	112.9
南京市	Nanjing City	114.0	127.5	114.7
苏州市	Suzhou City	112.6	110.9	111.7
无锡市	Wuxi City	115.5	116.7	117.8
常州市	Changzhou City	109.0	109.0	112.0
镇江市	Zhenjiang City		102.1	107.2
南通市	Nantong City	103.1	104.0	103.6
扬州市	Yangzhou City	120.6	112.6	109.9
泰州市	Taizhou City	109.9	109.6	109.2
杭州市	Hangzhou City	133.0	151.9	127.3
宁波市	Ningbo City	114.6	104.8	108.2
嘉兴市	Jiaxing City	124.1	139.4	126.5
湖州市	Huzhou City	129.8	116.9	108.1
绍兴市	Shaoxing City	116.0	105.8	106.2
舟山市	Zhoushan City	112.4	93.3	100.0
台州市	Taizhou City	104.1	98.5	101.8
珠江三角洲经济区	**Pearl River Delta**			
广州市	Guangzhou City	104.8	107.1	101.7
深圳市	Shenzhen City	104.4	104.6	115.4
珠海市	Zhuhai City	134.2	117.3	115.2
佛山市	Foshan City	111.3	106.6	105.8
江门市	Jiangmen City	108.6	105.5	104.9
东莞市	Dongguan City	112.2	99.5	85.2
中山市	Zhongshan City	107.1	103.2	113.2
惠州市区	Huizhou Urban District	116.2	98.2	126.0
惠阳市	Huiyang City	103.7	103.9	80.5
惠东县	Huidong County	109.3	105.9	106.5
博罗县	Boluo County	101.7	106.5	113.1
肇庆市区	Zhaoqing Urban District	104.2	107.1	111.8
高要市	Gaoyao City	105.6	104.0	115.6
四会市	Sihui City	126.2	113.2	108.3

7-4 主要农牧渔产品产量

Output of Farming, Animal Husbandry and Fishery

单位：万吨 (10 000tons)

地区	Area	粮食 Grain		棉花 Cotton		油料 Oil-bearing Crops	
		1990	2002	1990	2002	1990	2002
长江三角洲经济区	**Yangtze River Delta**						
上海市	Shanghai City	244.36	130.46	1.22	0.09	18.20	9.85
南京市	Nanjing City	173.26	110.52	0.24	0.51	9.68	21.49
苏州市	Suzhou City	283.50	146.42	3.69	0.75	14.01	7.81
无锡市	Wuxi City	153.95	96.29			4.17	3.79
常州市	Changzhou City	164.50	122.86	0.23	0.06	6.39	7.30
镇江市	Zhenjiang City	122.66	109.45	0.52	0.15	4.51	7.92
南通市	Nantong City	300.73	309.53	9.16	3.31	18.78	35.71
扬州市	Yangzhou City	238.65	212.87	1.81	1.10	4.83	11.71
泰州市	Taizhou City	251.92	247.37	4.47	1.91	6.24	12.25
杭州市	Hangzhou City	189.56	116.58	0.67	0.13	6.38	6.93
宁波市	Ningbo City	189.06	94.89	3.34	0.80	9.50	4.76
嘉兴市	Jiaxing City	229.00	132.75	0.65	0.19	14.00	15.14
湖州市	Huzhou City	135.79	82.20			7.49	8.13
绍兴市	Shaoxing City	186.20	100.01	0.82	0.41	3.54	3.87
舟山市	Zhoushan City	16.37	6.60	0.05	0.02	0.57	0.53
台州市	Taizhou City	150.70	92.59	0.21	0.10	0.14	0.64
珠江三角洲经济区	**Pearl River Delta**						
广州市	Guangzhou City	119.53	64.11			3.88	2.37
深圳市	Shenzhen City	8.10	0.31			0.61	0.03
珠海市	Zhuhai City	17.21	6.94			0.19	0.09
佛山市	Foshan City	82.07	22.72			1.85	0.71
江门市	Jiangmen City	148.54	95.63			3.92	4.25
东莞市	Dongguan City	49.43	5.37			1.34	0.09
中山市	Zhongshan City	55.75	18.49			0.59	0.09
惠州市区	Huizhou Urban District	3.13	1.19			0.17	0.17
惠阳市	Huiyang City	20.40	19.95			1.12	1.94
惠东县	Huidong County	19.60	21.82			0.81	1.74
博罗县	Boluo County	32.62	24.95			1.87	2.39
肇庆市区	Zhaoqing Urban District	10.61	4.90			0.19	0.13
高要市	Gaoyao City	31.89	28.38			1.09	1.46
四会市	Sihui City	17.33	14.11			0.74	1.38

7-4 续表 1 continued

单位：万吨 (10 000tons)

地区	Area	蔬菜 Vegetables		水果 Fruits		蚕茧 Silkworm Cocoons	
		1990	2002	1990	2002	1990	2002
长江三角洲经济区	**Yangtze River Delta**						
上海市	Shanghai City	186.79	476.60	9.42	27.72	0.03	0.01
南京市	Nanjing City	89.34	342.20	0.85	3.75	0.05	0.07
苏州市	Suzhou City	54.75	171.97	4.23	6.79	0.98	0.58
无锡市	Wuxi City		90.64	2.23	4.56	0.23	0.10
常州市	Changzhou City	51.89	83.78	0.97	3.70	0.87	0.50
镇江市	Zhenjiang City		65.05		1.56		0.31
南通市	Nantong City		265.24	4.43	13.13	3.26	4.11
扬州市	Yangzhou City	23.06	113.39	0.79	8.81	0.62	0.60
泰州市	Taizhou City		224.47		1.51		0.15
杭州市	Hangzhou City	111.35	267.58	17.89	38.92	1.11	1.20
宁波市	Ningbo City	135.64	291.67	15.05	89.36	0.06	0.02
嘉兴市	Jiaxing City	72.21	195.89	0.60	8.34	4.89	4.90
湖州市	Huzhou City	21.89	86.92	0.79	4.37	3.82	2.17
绍兴市	Shaoxing City	77.55	252.52	5.09	23.53	0.77	0.83
舟山市	Zhoushan City	13.48	21.17	0.80	5.12		
台州市	Taizhou City	3.53	188.52	26.30	89.69	0.15	0.07
珠江三角洲经济区	**Pearl River Delta**						
广州市	Guangzhou City	126.34	337.92	30.89	44.05		
深圳市	Shenzhen City	22.73	21.74	4.00	3.53		
珠海市	Zhuhai City	7.83	14.29	3.62	4.00		
佛山市	Foshan City	68.14	191.09	6.84	5.97	0.05	
江门市	Jiangmen City	62.22	149.60	29.76	12.31	-	0.02
东莞市	Dongguan City	44.44	65.33	28.24	18.93		
中山市	Zhongshan City	22.06	58.82	13.03	23.87	-	
惠州市区	Huizhou Urban District	1.87	7.64	0.17	0.62		
惠阳市	Huiyang City	7.89	54.86	2.29	5.23	0.01	
惠东县	Huidong County	7.84	46.40	2.02	5.43	-	
博罗县	Boluo County	6.20	56.73	7.94	7.74	0.02	-
肇庆市区	Zhaoqing Urban District	4.07	9.06	0.85	2.86	0.01	-
高要市	Gaoyao City	17.40	87.07	4.31	11.78	0.02	0.01
四会市	Sihui City	10.94	27.01	2.24	7.83		

7-4 续表2 continued

单位：万吨 (10 000tons)

地区	Area	肉类 Meat		奶类 Milk		禽蛋 Poultry Eggs	
		1990	2002	1990	2002	1990	2002
长江三角洲经济区	**Yangtze River Delta**						
上海市	Shanghai City		52.20		27.98	15.07	16.65
南京市	Nanjing City	13.68	19.79	2.39	9.95	5.49	9.43
苏州市	Suzhou City	10.14	16.18	1.61	10.51	2.91	3.22
无锡市	Wuxi City		13.98		9.97		2.62
常州市	Changzhou City	8.92	11.50	0.25	1.11	2.36	3.08
镇江市	Zhenjiang City		7.11		1.46		1.72
南通市	Nantong City	21.71	32.10		0.91	8.33	41.31
扬州市	Yangzhou City	14.05	25.70	0.12	1.08	6.65	12.83
泰州市	Taizhou City	18.34	22.59		1.05	8.72	11.56
杭州市	Hangzhou City	14.93	29.71	4.42	6.11	2.22	7.20
宁波市	Ningbo City	8.64	15.12	1.02	1.74	4.08	11.83
嘉兴市	Jiaxing City	9.59	27.73	0.09	0.28	1.52	4.20
湖州市	Huzhou City	5.49	10.41	0.13	0.21	1.32	2.62
绍兴市	Shaoxing City	10.42	14.78	0.08	0.11	1.31	4.01
舟山市	Zhoushan City	1.07	1.39	0.08	0.17	0.55	0.73
台州市	Taizhou City	9.27	12.85	0.69	1.24	2.22	3.59
珠江三角洲经济区	**Pearl River Delta**						
广州市	Guangzhou City	14.40	31.04	3.01	3.26	2.13	2.19
深圳市	Shenzhen City	6.25	7.55	1.89	2.28	0.19	0.04
珠海市	Zhuhai City	2.13	3.11		0.51	0.64	0.27
佛山市	Foshan City	16.99	30.37	0.12	0.49	1.19	0.94
江门市	Jiangmen City	13.36	27.70	-	-	1.22	2.92
东莞市	Dongguan City	6.22	18.88	-	0.04	0.69	0.41
中山市	Zhongshan City	4.96	5.68	-	-	0.52	0.56
惠州市区	Huizhou Urban District	0.38	2.04		0.04	0.09	0.20
惠阳市	Huiyang City	2.19	3.44	0.08	0.14	0.17	0.81
惠东县	Huidong County	1.88	2.31			0.16	0.12
博罗县	Boluo County	2.16	6.47		0.09	0.15	0.33
肇庆市区	Zhaoqing Urban District	3.05	2.93	-	0.22	0.40	0.63
高要市	Gaoyao City	3.44	6.56			0.32	0.98
四会市	Sihui City	2.20	8.30	-	-	0.29	0.83

7-4 续表3 continued

单位：万吨 (10 000tons)

地区	Area	水产品总产量 Total Aquatic Products		海水产品 Seawater Aquatic Products		淡水产品 Freshwater Aquatic Products	
		1990	2002	1990	2002	1990	2002
长江三角洲经济区	**Yangtze River Delta**						
上海市	Shanghai City	27.36	32.69	17.04	11.82	10.32	20.87
南京市	Nanjing City	4.69	15.22			4.69	15.22
苏州市	Suzhou City	21.73	35.72	1.45	3.11	17.07	32.61
无锡市	Wuxi City	6.66	11.11				11.11
常州市	Changzhou City	5.31	12.04			5.31	12.04
镇江市	Zhenjiang City	3.19	6.85				6.85
南通市	Nantong City	18.18	61.48		46.56		14.92
扬州市	Yangzhou City	5.77	28.13			5.77	28.13
泰州市	Taizhou City	6.88	18.95		0.14		18.81
杭州市	Hangzhou City	4.76	12.06			4.76	12.06
宁波市	Ningbo City	16.72	88.72	14.33	82.05	2.39	6.66
嘉兴市	Jiaxing City	4.27	11.97	0.30	0.80	3.97	11.17
湖州市	Huzhou City	4.40	15.19			4.40	15.19
绍兴市	Shaoxing City	3.20	9.95		0.51		9.44
舟山市	Zhoushan City	53.21	124.61	53.19	123.93	0.02	0.68
台州市	Taizhou City	28.07	141.10	26.98	136.36	1.09	4.74
珠江三角洲经济区	**Pearl River Delta**						
广州市	Guangzhou City		34.54		6.97		27.58
深圳市	Shenzhen City		6.43	2.40	5.49	1.43	0.93
珠海市	Zhuhai City	5.08	12.31	3.00	3.44	2.08	8.87
佛山市	Foshan City		46.69				46.69
江门市	Jiangmen City	19.70	70.16	11.39	48.13	8.31	22.03
东莞市	Dongguan City	6.85	8.23	4.10	3.08	2.75	5.16
中山市	Zhongshan City		23.58		1.97		21.61
惠州市区	Huizhou Urban District		0.97				0.97
惠阳市	Huiyang City		4.95		2.79		2.07
惠东县	Huidong County		6.41		5.66		0.76
博罗县	Boluo County		2.61				2.61
肇庆市区	Zhaoqing Urban District		3.25				3.25
高要市	Gaoyao City		9.56				9.56
四会市	Sihui City		5.81				5.81

主要统计指标解释

农业机械总动力　指主要用于农、林、牧、渔业的各种动力机械的动力总和。包括耕作机械、排灌机械、收获机械、农用运输机械、植物保护机械、牧业机械、林业机械、渔业机械和其他农业机械〔内燃机按引擎马力折成瓦（特）计算、电动机按功率折成瓦（特）计算〕。不包括专门用于乡、镇、村、组办工业、基本建设、非农业运输、科学试验和教学等非农业生产方面用的动力机械与作业机械。这个指标的统计数据主要来源于农机部门。

有效灌溉面积　指具有一定的水源，地块比较平整，灌溉工程或设备已经配套，在一般年景下当年能够进行正常灌溉的耕地面积。在一般情况下，有效灌溉面积应等于灌溉工程或设备已经配备，能够进行正常灌溉的水田和水浇地面积之和。该指标可以反映我国耕地的抗旱能力。

农用化肥施用量　指本年内实际用于农业生产的化肥数量，包括氮肥、磷肥、钾肥和复合肥。化肥施用量要求按折纯量计算数量。折纯量是指把氮肥、磷肥、钾肥分别按含氮、含五氧化二磷、含氧化钾的百分之百成份进行折算后的数量。复合肥按其所含主要成分折算。公式：

折纯量= 实物量×某种化肥有效成份含量的百分比

农作物播种面积　指实际播种或移植有农作物的面积。凡是实际种植农作物的面积，不论种植在耕地上还是种植在非耕地上，均包括在农作物播种面积中。在播种季节基本结束后，因遭灾而重新改种和补种的农作物面积，也包括在内。该指标可以反映我国耕地面积的利用情况。目前，农作物播种面积主要包括粮食、棉花、油料、糖料、麻类、烟叶、蔬菜和瓜类、药材和其它农作物九大类。

农林牧渔业总产值　指以货币形式表现的农、林、牧、渔业全部产品的总量，它反映一定时期内农业生产总规模和总成果。农业总产值的计算方法通常是按农林牧渔业产品及其副产品的产量分别乘以各自单位产品价格求得；少数生产周期较长，当年没有产品或产品产量不易统计的，则采用间接方法匡算其产值；然后将四业产品产值相加即为农业总产值。从1984年起村及村以下工业产值划归工业。从1993年起取消副业，将野生动物的捕猎划入牧业、野生植物采集和农民家庭兼营商品性工业划归农业。1996 年第一次农业普查以后，由于畜牧业产品年报数据与普查数据之间存在一定的差距，国家统计局对畜牧业年报数据与普查数据进行衔接，相应的畜牧业产值进行调整。

粮食产量　指稻谷、小麦、玉米、高粱等谷物及薯类和豆类的全社会产量。包括国有经济经营的、集体统一经营的和农民家庭经营的粮食产量，还包括工矿企业办的农场和其他生产单位的产量。其产量计算方法，豆类按去豆荚后的干豆计算；薯类(包括甘薯和马铃薯，不包括芋头和木薯)按5 公斤鲜薯折1 公斤粮食计算。城市郊区作为蔬菜的薯类(如马铃薯等)按鲜品计算，并且不作粮食统计。其他粮食一律按脱粒后的原粮计算。1989年以前全国粮食产量数据的取得主要是靠全面报表取得，1989年以后开始使用抽样调查数据。

水产品产量　指人工养殖的水产品和天然生长的水产品的捕捞量。包括海水的鱼类、虾蟹类、贝类和藻类以及内陆水域的鱼类、虾蟹类和贝类，不包括淡水生植物。水产品产量是通过各级水产和统计部门逐级上报取得数据。1995年及以前，贝类中牡蛎按鲜肉计算；蚶蛤、蛙按5 斤鲜品折1 斤计算。1996 年以后则统一按鲜品计算。

Explanatory Notes on Main Statistical Indicators

Total Power of Farm Machinery refers to total mechanical power of machinery used in farming, forestry, animal husbandry, and fishery, including ploughing, irrigation and drainage, harvesting, transport, plant protection, stock breeding, forestry and fishery. The power of internal combustion engines is required to convert horsepower into watts and the power of electric motors is required to be converted into watts. Machinery employed for nonagricultural purposes, such as the machines used in township run and villagerun industry, construction, nonagricultural transport, scientific experiments and teaching, is excluded. Data are mainly from agricultural machinery agencies.

Irrigated Area refers to areas that are effectively irrigated, i.e. level land, which has water source and complete sets of irrigation facilities to lift and move adequate water for irrigation purpose under normal conditions. Under normal conditions, irrigated area is the sum of watered fields and irrigated fields where irrigation systems or equipment have been installed for regular irrigation purpose. This indicator can reflect drought resistance capacity of the cultivated land in China.

Consumption of Chemical Fertilizers in Agriculture refers to the quantity of chemical fertilizers applied in agriculture in the year, including nitrogenous fertilizer, phosphate fertilizer, potash fertilizer, and compound fertilizer. The consumption of chemical fertilizers is required in calculation to convert the gross weight into weight containing 100% effective component(e.g. 100% nitrogen content in nitrogenous fertilizer, 100% phosphorous pentoxide contents in phosphate fertilizer, 100% potassium oxide contents in potash fertilizer). Compound fertilizer is converted with its major component. The formula is:

Volume of effective component=physical quantity X effective component of certain chemical fertilizer(%)

Sown Area of Crops refers to area of land sown or transplanted with crops regardless of being in cultivated area or noncultivated area. Area of land resown due to natural disasters is also included. The indicator can reflect the utilization condition of the cultivated land in China. At present, the sown area of crops mainly include the following 9 categories of crops: grain, cotton, oilbearing crops, sugar crops, fiber crops, Tobacco, Vegetables and melons, medicinal materials and other farm crops.

Gross Output Value of Farming, Forestry, Animal Husbandry and Fishery refers to the total value of products of farming, forestry, animal husbandry and fishery, which reflects the total scale and result of agricultural production during a given period. Gross output value of agriculture is obtained by first multiplying the output of each product or by product by its price, resulting in the output value of each single item. For a small number of products, annual output of which is not available or difficult to get due to the long production growing process involved, the output value is estimated through an indirect approach. The sum of output value of all products of farming, forestry, animal husbandry, and fishery is then equal to the gross output value of agriculture. Since 1984,industries run by villages and undervillages have been included in the sector of industry. Since 1993, the subdivision of sideline occupations has been canceled, and the hunting of wild animals has been classified into animal husbandry, and the gathering of wild plants and commodity industry run by rural household have been included in farming. The first agriculture census of China in 1996 revealed some discrepancy between the production of animal products from the annual reports and that from the census. Efforts were made by NBS to adjust the output value of animal husbandry to make the figures from the annual reports consistent with the census data.

Grain Output refers to the total output of rice, wheat, corn, sorghum, millet and other miscellaneous grains as well as tubers and bean in the whole country including grains produced by state farms, collective units, industrial enterprises and mines. Output of beans refers to dry beans without pods. The output of tubers (sweet potatoes and potatoes, not including taros and cassava) was converted into that of grain at the ratio 5:1, i.e. 5 kilograms of fresh tubers was equivalent to 1 kilogram of grain. Tubers supplied as vegetables (such as potatoes) in cities and suburbs are calculated as fresh vegetables and their output is not included in the output of grain. Output of all other grains refers to husked grain. Data on grain production before 1989 were obtained through Comprehensive Statistical Reporting System, since then, sample survey data are used.

Output of Aquatic Products refers to catches of both artificially cultured and naturally grown aquatic products, including fish, shrimps, crabs and shellfish in sea and inland water as well as seaweed. Freshwater plants are not included. Data on output of aquatic products are reported by aquatic product and statistical agencies level by level. Before 1995, among the shellfish, the oyster was counted as fresh meat; 5 kilograms of ark shell, clams and frogs are equivalent to 1 kilogram of fresh aquatic products; they are all counted as fresh aquatic products since 1996.

八、工业、能源和建筑业

Industry, Energy and Construction

8-1 全部国有及规模以上非国有工业企业总产值及全员劳动生产率

Gross Output Value of All State-owned and Non-state-owned above Designated Size Industrial Enterprises and Their Overall Labor Productivity

按当年价格计算。

Calculated at current prices.

单位：亿元　　(100 million yuan)

地区	Area	总产值 Gross Output Value			全员劳动生产率（元／人．年） Overall Labor Productivity (yuan/person-year)		
		2000	2001	2002	2000	2001	2002
长江三角洲经济区	**Yangtze River Delta**						
上海市	Shanghai City	6204.52	7003.90	7740.56	82327	95393	102019
南京市	Nanjing City	1602.79	1773.56	1973.25	58785	73407	81051
苏州市	Suzhou City	2396.51	2784.79	3465.87	67689	74741	85052
无锡市	Wuxi City	1779.07	2010.95	2445.08	52394	57916	72618
常州市	Changzhou City	874.63	1001.25	1167.02	44066	49996	54522
镇江市	Zhenjiang City	546.17	613.25	726.61	47393	53828	63263
南通市	Nantong City	697.10	775.44	877.55	44246	50013	57578
扬州市	Yangzhou City	596.34	609.98	673.83	43158	45016	51441
泰州市	Taizhou City	443.80	499.39	579.82	44068	54413	59740
杭州市	Hangzhou City	1543.57	1919.51	2400.30	52713	59518	76402
宁波市	Ningbo City	1427.70	1629.66	2000.16	46270	50427	63989
嘉兴市	Jiaxing City	575.52	642.51	936.24	44767	46805	47742
湖州市	Huzhou City	355.75	409.50	459.32	41775	48699	59381
绍兴市	Shaoxing City	1045.13	1201.93	1471.40	49222	52771	61028
舟山市	Zhoushan City	74.22	88.69	120.07	34377	40128	52923
台州市	Taizhou City	481.55	611.24	726.92	46101	43637	49830
珠江三角洲经济区	**Pearl River Delta**						
广州市	Guangzhou City	2568.57	2829.15	3176.43	54098	66121	66272
深圳市	Shenzhen City	2566.93	3079.63	3628.52	98996	106400	82939
珠海市	Zhuhai City	630.17	662.30	758.81	95290	108371	92049
佛山市	Foshan City	1560.55	1782.35	2040.66	62006	72402	67308
江门市	Jiangmen City	871.15	944.35	1027.74	61750	65705	63249
东莞市	Dongguan City	914.64	1039.68	1352.69	29532	32780	23750
中山市	Zhongshan City	532.95	684.42	948.08	42050	46754	47495
惠州市区	Huizhou Urban District	436.53	436.13	546.14	106090	104373	138553
惠阳市	Huiyang City	131.61	169.32	214.24	31514	44093	48123
惠东县	Huidong County	13.73	10.82	13.76	30334	33891	49203
博罗县	Boluo County	71.61	74.48	83.45	35341	34289	34153
肇庆市区	Zhaoqing Urban District	125.10	116.17	114.06	58231	52815	60519
高要市	Gaoyao City	93.83	114.57	128.14	29810	42438	46702
四会市	Sihui City	53.71	68.91	74.84	63511	85862	73744

8-2 全部国有及规模以上非国有工业企业职工人数(2002 年)

Number of Staff and Workers of All State-owned and Non-state-owned above Designated Size Industrial Enterprises(2002)

单位：万人 (10 000 persons)

地区	Area	总 计 Total	按登记注册类型分 Grouped by Status of Registration			按行业分 Grouped by Sector		
			国有 State-owned	集体 Collective-owned	其他 Others	采掘业 Mining and Quarrying	制造业 Manufac-turing	电力、煤气及水生产供应业 Production & Supply of Power,Gas & Water
长江三角洲经济区	**Yangtze River Delta**							
上海市	Shanghai City	208.43	24.97	14.59	168.74	1.93	201.18	5.32
南京市	Nanjing City	60.02	14.20	4.18	41.64	1.69	56.45	1.89
苏州市	Suzhou City	104.90	5.38	6.91	92.62	0.46	103.06	1.38
无锡市	Wuxi City	74.69	8.10	10.10	56.49	0.06	73.58	1.05
常州市	Changzhou City	51.27	4.80	4.64	41.84	0.04	50.27	0.97
镇江市	Zhenjiang City	30.41	4.41	5.30	20.71	0.67	29.07	0.68
南通市	Nantong City	41.02	3.28	2.58	35.16	0.11	39.88	1.03
扬州市	Yangzhou City	35.43	4.86	3.67	26.90	2.35	32.26	0.82
泰州市	Taizhou City	23.58	2.75	3.57	17.26	0.02	23.06	0.50
杭州市	Hangzhou City	78.14	6.23	5.31	5.62	0.63	75.93	1.58
宁波市	Ningbo City	77.22	2.11	3.41	71.70		75.82	1.32
嘉兴市	Jiaxing City	43.29	1.26	1.92	40.11	0.15	42.38	0.76
湖州市	Huzhou City	18.78	0.86	2.12	15.80	1.64	16.69	0.45
绍兴市	Shaoxing City	48.75	1.67	4.71	42.37	0.34	47.45	0.96
舟山市	Zhoushan City	5.50	0.96	0.25	4.30	0.08	5.07	0.35
台州市	Taizhou City	34.93	1.36	0.85	32.73	0.04	33.95	0.94
珠江三角洲经济区	**Pearl River Delta**							
广州市	Guangzhou City	118.58	9.99	11.17	97.42	0.61	115.08	2.89
深圳市	Shenzhen City	109.28	2.11	4.86	102.31	0.04	108.20	1.04
珠海市	Zhuhai City	21.75	0.36	2.07	19.32	0.02	21.40	0.33
佛山市	Foshan City	74.73	2.17	8.25	64.30	0.14	73.53	1.06
江门市	Jiangmen City	39.19	2.56	5.32	31.31	0.10	38.48	0.61
东莞市	Dongguan City	82.14	0.64	11.09	70.41	0.02	81.47	0.65
中山市	Zhongshan City	48.50	0.12	4.62	43.76	0.02	48.15	0.34
惠州市区	Huizhou Urban District	11.65	0.43	0.30	10.92		11.34	0.31
惠阳市	Huiyang City	9.71	0.14	0.02	9.55		9.64	0.07
惠东县	Huidong County	1.82	0.18	0.09	1.55	0.02	1.73	0.07
博罗县	Boluo County	5.53	0.16	0.29	5.08		5.45	0.08
肇庆市区	Zhaoqing Urban District	4.05	0.40	0.15	3.50		3.87	0.18
高要市	Gaoyao City	5.63	0.21	1.02	4.40	0.37	5.23	0.03
四会市	Sihui City	3.08	0.25	0.18	2.65	0.08	2.93	0.06

8-3 全部国有及规模以上非国有工业企业分行业总产值

Gross Output Value of All State-owned and Non-state-owned above Designated Size Industrial Enterprises by Industrial Branch

单位：亿元　　　　(100 million yuan)

地区	Area	采掘业 Mining and Quarrying			制造业 Manufacturing		
		2000	2001	2002	2000	2001	2002
长江三角洲经济区	**Yangtze River Delta**						
上海市	Shanghai City	24.63	27.30	28.66	5951.16	6746.43	7453.17
南京市	Nanjing City	6.70	3.49	16.84	1539.98	1708.31	1889.47
苏州市	Suzhou City	3.37	2.36	2.29	2329.71	2709.40	3379.47
无锡市	Wuxi City	0.85	0.87	0.92	1725.23	1952.49	2378.07
常州市	Changzhou City	0.61	0.34	0.34	851.12	31.16	1135.86
镇江市	Zhenjiang City	8.85	9.99	10.92	504.61	565.72	673.98
南通市	Nantong City	0.72	0.77	0.61	658.56	732.17	831.54
扬州市	Yangzhou City	27.66	25.00	24.57	537.33	551.09	615.80
泰州市	Taizhou City	0.19	0.20	0.97	433.04	488.21	565.98
杭州市	Hangzhou City	5.88	6.12	6.52	1503.90	1873.51	2343.87
宁波市	Ningbo City	0.51	0.41	0.55	1346.88	1526.38	1888.66
嘉兴市	Jiaxing City	30.34	29.13	35.14	517.31	583.61	857.64
湖州市	Huzhou City	10.73	11.80	15.69	329.34	373.83	417.67
绍兴市	Shaoxing City	2.52	3.34	4.22	1020.79	1169.61	1429.40
舟山市	Zhoushan City	0.25	0.38	0.59	67.95	81.75	112.44
台州市	Taizhou City	0.77	1.38	0.19	439.83	570.25	685.22
珠江三角洲经济区	**Pearl River Delta**						
广州市	Guangzhou City	67.44	16.63	16.85	2368.97	2672.93	3007.68
深圳市	Shenzhen City	159.94	151.30	140.77	2240.78	2745.63	3273.62
珠海市	Zhuhai City	2.62	2.07	1.92	577.38	598.01	687.32
佛山市	Foshan City	1.74	2.02	1.11	1487.50	1702.46	1961.82
江门市	Jiangmen City	3.18	3.53	3.24	854.11	925.46	1009.94
东莞市	Dongguan City	1.13	0.93	0.37	782.14	925.24	1224.81
中山市	Zhongshan City		0.08	0.28	511.65	667.46	921.13
惠州市区	Huizhou Urban District				428.80	426.39	534.82
惠阳市	Huiyang City				128.62	166.61	211.23
惠东县	Huidong County	0.11	0.11	0.05	13.11	10.07	13.31
博罗县	Boluo County	0.10	0.17	0.11	70.53	73.74	82.75
肇庆市区	Zhaoqing Urban District		0.02		121.63	112.96	109.79
高要市	Gaoyao City	6.35	8.86	11.61	86.45	105.09	115.85
四会市	Sihui City	0.77	0.75	0.85	52.12	67.23	73.14

8-3 续表 continued

单位：亿元 (100 million yuan)

地区	Area	电力、煤气及水生产供应业 Production&Supply of Power,Gas & Water		
		2000	2001	2002
长江三角洲经济区	**Yangtze River Delta**			
上海市	Shanghai City	228.73	230.17	258.74
南京市	Nanjing City	56.11	61.76	66.95
苏州市	Suzhou City	63.43	73.04	84.10
无锡市	Wuxi City	52.99	57.59	66.09
常州市	Changzhou City	22.91	24.99	30.82
镇江市	Zhenjiang City	32.71	37.54	41.71
南通市	Nantong City	37.82	42.49	45.40
扬州市	Yangzhou City	31.36	33.89	33.46
泰州市	Taizhou City	10.58	10.98	12.87
杭州市	Hangzhou City	33.79	39.88	49.91
宁波市	Ningbo City	80.31	102.87	110.96
嘉兴市	Jiaxing City	27.87	29.77	43.47
湖州市	Huzhou City	15.67	23.87	25.97
绍兴市	Shaoxing City	21.82	28.98	37.78
舟山市	Zhoushan City	6.02	6.56	7.04
台州市	Taizhou City	40.95	39.61	41.51
珠江三角洲经济区	**Pearl River Delta**			
广州市	Guangzhou City	132.16	139.59	151.90
深圳市	Shenzhen City	166.21	182.70	214.13
珠海市	Zhuhai City	50.17	62.23	69.56
佛山市	Foshan City	71.30	77.86	77.73
江门市	Jiangmen City	13.85	15.36	14.55
东莞市	Dongguan City	131.37	113.51	127.51
中山市	Zhongshan City	21.30	16.88	26.67
惠州市区	Huizhou Urban District	7.74	9.74	11.32
惠阳市	Huiyang City	2.99	2.72	3.01
惠东县	Huidong County	0.51	0.64	0.40
博罗县	Boluo County	0.98	0.56	0.59
肇庆市区	Zhaoqing Urban District	3.48	3.19	4.27
高要市	Gaoyao City	1.03	0.62	0.68
四会市	Sihui City	0.81	0.93	0.85

8-4 全部国有及规模以上非国有工业企业总产值(2002年)

Gross Output Value of All State-owned and Non-state-owned above Designated Size Industrial Enterprises (2002)

按当年价格计算。

Calculated at current prices.

单位：亿元 (100 million yuan)

地区	Area	总计 Total	按登记注册类型分 Grouped by Status of Registration				
			国有及国有控股企业 State-owned and State-holding Enterprises	集体企业 Collective-owned Enterprises	股份有限公司 Share-holding Corporation Ltd.	外商投资公司 Foreign Funded Enterprises	港澳台商投资企业 Enterprises with Funds from Hong Kong,Macao & Taiwan
长江三角洲经济区	**Yangtze River Delta**						
上海市	Shanghai City	7740.56	3564.41	318.35	564.65	3419.99	1152.66
南京市	Nanjing City	1973.25	298.53	84.09	404.71	380.57	148.19
苏州市	Suzhou City	3465.87	145.46	181.32	239.08	1383.70	549.38
无锡市	Wuxi City	2445.08	462.01	376.49	105.65	340.41	196.38
常州市	Changzhou City	1167.02	236.90	99.28	97.48	153.27	73.74
镇江市	Zhenjiang City	726.61	177.15	111.01	13.11	139.96	69.82
南通市	Nantong City	877.55	140.26	34.06	124.67	217.38	83.19
扬州市	Yangzhou City	673.83	220.90	69.56	94.40	50.70	37.06
泰州市	Taizhou City	579.82	197.66	104.81	90.01	39.25	39.63
杭州市	Hangzhou City	2400.30	428.35	215.15	91.25	371.97	248.47
宁波市	Ningbo City	2000.16	434.29	70.56	458.63	248.21	268.42
嘉兴市	Jiaxing City	936.24	75.38	48.50	546.87	69.72	139.57
湖州市	Huzhou City	459.32	50.87	57.95	61.48	16.02	32.31
绍兴市	Shaoxing City	1471.40	26.07	182.62	99.42	76.87	158.37
舟山市	Zhoushan City	120.07	18.92	8.21	10.55	9.20	5.76
台州市	Taizhou City	726.92	83.75	12.83	38.80	74.86	40.10
珠江三角洲经济区	**Pearl River Delta**						
广州市	Guangzhou City	3176.43	988.88	175.01	202.84	816.50	1062.30
深圳市	Shenzhen City	3628.52	595.11	11.63	395.38	1338.12	1498.25
珠海市	Zhuhai City	758.81	102.97	26.73	104.47	269.38	299.68
佛山市	Foshan City	2040.66	158.31	136.80	269.76	168.43	684.96
江门市	Jiangmen City	1027.74	133.63	126.99	41.41	152.22	330.64
东莞市	Dongguan City	1352.69	140.61	76.84	50.89	411.98	679.04
中山市	Zhongshan City	948.08	19.16	60.86	5.77	170.89	451.40
惠州市区	Huizhou Urban District	546.14	236.16	3.88	6.02	239.84	237.63
惠阳市	Huiyang City	214.24	9.95	0.16	1.08	85.34	149.04
惠东县	Huidong County	13.76	1.61	0.15	0.00	1.45	10.40
博罗县	Boluo County	83.45	2.42	3.21	1.21	12.79	60.40
肇庆市区	Zhaoqing Urban District	114.06	28.24	4.17	5.31	11.43	60.76
高要市	Gaoyao City	128.14	19.81	20.58	1.47	4.23	74.11
四会市	Sihui City	74.84	2.97	3.27	0.00	5.63	23.46

8-4 续表 continued

按当年价格计算。
Calculated at current prices.
单位：亿元 (100 million yuan)

地区	Area	按轻、重工业分 by Light、Heavy Industry		按生产规模分 by Production Size		
		轻工业 Light Industry	重工业 Heavy Industry	大型企业 Large Enterprises	中型企业 Medium-sized Enterprises	小型企业 Small Enterprises
长江三角洲经济区	**Yangtze River Delta**					
上海市	Shanghai City	2623.30	5117.26	4656.93	854.39	2229.24
南京市	Nanjing City	477.81	1495.44	1048.28	120.88	804.09
苏州市	Suzhou City	1544.45	1921.42	853.90	975.75	1636.22
无锡市	Wuxi City	939.24	1505.84	1010.74	329.89	1104.45
常州市	Changzhou City	472.07	694.95	333.14	243.60	590.27
镇江市	Zhenjiang City	337.62	388.99	301.22	56.16	369.23
南通市	Nantong City	496.69	380.56	257.83	156.57	463.15
扬州市	Yangzhou City	313.38	360.45	274.07	99.74	300.02
泰州市	Taizhou City	269.96	309.86	224.12	123.72	231.98
杭州市	Hangzhou City	1243.55	1156.75	629.54	214.37	1556.39
宁波市	Ningbo City	922.39	1077.78	512.69	163.22	1324.25
嘉兴市	Jiaxing City	606.82	329.43	104.27	171.10	662.67
湖州市	Huzhou City	246.87	212.45	58.24	101.01	300.08
绍兴市	Shaoxing City	1011.72	459.69	423.27	266.18	781.96
舟山市	Zhoushan City	76.36	43.70	16.87	18.32	84.88
台州市	Taizhou City	396.17	330.76	70.79	104.26	551.87
珠江三角洲经济区	**Pearl River Delta**					
广州市	Guangzhou City	1656.90	1519.53	1474.39	419.96	1282.08
深圳市	Shenzhen City	1225.93	2402.59	1558.82	408.31	1661.39
珠海市	Zhuhai City	388.18	370.63	440.59	65.27	252.95
佛山市	Foshan City	1177.98	862.68	829.03	264.42	947.21
江门市	Jiangmen City	679.30	348.43	244.58	94.34	688.82
东莞市	Dongguan City	672.69	680.01	603.97	98.95	649.77
中山市	Zhongshan City	632.16	315.91	253.64	209.49	484.95
惠州市区	Huizhou Urban District	274.17	271.98	252.32	117.97	175.86
惠阳市	Huiyang City	113.89	100.35	82.69	58.40	73.14
惠东县	Huidong County	9.38	4.38	1.58	0.84	11.34
博罗县	Boluo County	50.14	33.31	10.87	2.84	69.74
肇庆市区	Zhaoqing Urban District	46.07	67.99	38.47	19.29	56.30
高要市	Gaoyao City	83.36	44.79	8.06	12.47	107.61
四会市	Sihui City	41.85	32.99		20.83	54.01

8-5 全部国有及规模以上非国有工业企业主要指标（2002年）

Main Indicators of All State-owned and Non-state-owned above Designated Size Industrial Enterprises (2002)

单位：亿元 (100 million yuan)

地区	Area	企业单位数（个）Number of Enterprises (unit)	工业总产值 Gross Industrial Output Value	工业增加值 Value-added of Industry	实收资本 Total Capital Hold	资产合计 Total Assets	流动资产合计 Circulating Funds
长江三角洲经济区	**Yangtze River Delta**						
上海市	Shanghai City	9982	7740.56	2131.94		10100.07	4911.26
南京市	Nanjing City	1947	1973.25	486.51		2290.47	1075.17
苏州市	Suzhou City	4112	3465.87	892.21	976.55	3278.78	1658.39
无锡市	Wuxi City	3340	2445.08	580.43	544.71	2196.92	
常州市	Changzhou City	2474	1167.02	279.71	254.43	1104.39	629.04
镇江市	Zhenjiang City	1289	726.61	192.40	203.68	756.32	359.32
南通市	Nantong City	1933	877.55	236.18	200.55	801.52	373.41
扬州市	Yangzhou City	1341	673.83	182.25	208.93	736.81	327.20
泰州市	Taizhou City	1083	579.82	163.15	114.01	522.24	275.07
杭州市	Hangzhou City	4015	2400.30	597.01	578.01	2514.19	1313.92
宁波市	Ningbo City	4060	2000.16	499.44	456.74	1953.06	964.36
嘉兴市	Jiaxing City	1777	787.48	206.66	170.00	758.59	373.40
湖州市	Huzhou City	1118	459.32	111.52	95.30	443.51	185.08
绍兴市	Shaoxing City	2125	1471.40	297.53	288.28	1265.21	575.77
舟山市	Zhoushan City	300	120.07	31.91	27.67	125.25	62.83
台州市	Taizhou City	2257	726.92	174.07	152.73	625.42	331.34
珠江三角洲经济区	**Pearl River Delta**						
广州市	Guangzhou City	4632	3176.43	902.04	1029.26	3359.96	1668.85
深圳市	Shenzhen City	2134	3628.52	1020.91	885.91	3723.57	1994.87
珠海市	Zhuhai City	790	758.81	182.31	258.69	853.06	451.75
佛山市	Foshan City	2861	2040.66	514.37	490.34	1867.97	1018.16
江门市	Jiangmen City	1918	1027.74	228.46	242.27	887.39	430.38
东莞市	Dongguan City	1805	1352.69	367.20	511.02	1324.14	680.64
中山市	Zhongshan City	2018	948.08	230.37	250.01	762.93	413.26
惠州市区	Huizhou Urban District	353	546.14	115.75	94.36	369.46	240.31
惠阳市	Huiyang City	155	214.24	50.25	51.00	145.97	92.44
惠东县	Huidong County	51	13.76	4.00	10.48	20.49	7.56
博罗县	Boluo County	177	83.45	19.71	32.83	77.09	38.16
肇庆市区	Zhaoqing Urban District	157	114.06	26.76	39.48	170.00	86.52
高要市	Gaoyao City	245	128.14	26.27	18.65	62.17	24.73
四会市	Sihui City	192	74.84	21.47	11.78	39.88	18.21

8-5 续表 1 continued

单位：亿元 (100 million yuan)

地区	Area	流动资产年平均余额 Annual Average Balance of Circulating Funds	固定资产原价合计 Original Value of Fixed Assets	固定资产净值年平均余额 Annual Average Balance of Net Value of Fixed Assets	流动负债合计 Total Liquid Liabilities	长期负债合计 Long-term Liabilities	所有者权益合计 Creditors' Equity
长江三角洲经济区	**Yangtze River Delta**						
上海市	Shanghai City	4685.28	6164.08	3657.05	4000.48	915.58	5133.53
南京市	Nanjing City	1030.61	1336.03	759.07	1016.01		1006.03
苏州市	Suzhou City	1538.38	1875.81	1258.82	1603.74	323.37	1351.68
无锡市	Wuxi City	1136.34	1104.59	694.39			899.32
常州市	Changzhou City	602.32	508.89	327.34	583.17	82.86	434.79
镇江市	Zhenjiang City	350.37	433.84	306.89	396.28	104.09	255.95
南通市	Nantong City	364.02	504.50	328.24	481.13	103.75	320.40
扬州市	Yangzhou City	309.63	544.27	327.74	318.27	101.67	316.86
泰州市	Taizhou City	257.60	261.62	169.10	259.64	54.68	207.92
杭州市	Hangzhou City	1256.88	1214.79	776.25	1156.05	272.62	1085.53
宁波市	Ningbo City	894.54	808.81	703.90	854.63	231.57	866.86
嘉兴市	Jiaxing City	341.08	322.44	453.52	345.79	96.87	315.93
湖州市	Huzhou City	176.66	286.61	204.98	179.78	98.36	165.37
绍兴市	Shaoxing City	540.74	742.89	508.89	554.72	162.81	543.49
舟山市	Zhoushan City	58.40	65.19	45.24	62.04	16.51	46.69
台州市	Taizhou City	308.80	311.73	203.49	299.19	55.76	270.46
珠江三角洲经济区	**Pearl River Delta**						
广州市	Guangzhou City	1634.87	1996.99	1254.19	1456.33	282.84	1583.26
深圳市	Shenzhen City	1355.83	1881.84	1087.36	1535.41	460.26	1727.90
珠海市	Zhuhai City	407.99	456.24	302.00	405.20	91.63	353.60
佛山市	Foshan City	1049.25	1053.11	646.33	1015.53	113.53	727.46
江门市	Jiangmen City	450.48	486.94	316.60	413.30	119.23	326.64
东莞市	Dongguan City	670.96	913.68	522.42	603.84	57.87	662.43
中山市	Zhongshan City	403.10	409.85	273.71	401.90	61.88	293.60
惠州市区	Huizhou Urban District	223.37	145.48	90.10	204.17	21.06	143.17
惠阳市	Huiyang City	91.92	68.47	40.88	74.19	7.83	63.72
惠东县	Huidong County	7.41	14.77	11.44	7.25	1.53	11.28
博罗县	Boluo County	35.55	48.92	35.78	38.27	5.53	33.18
肇庆市区	Zhaoqing Urban District	84.04	93.94	55.64	67.92	39.32	62.13
高要市	Gaoyao City	31.00	35.02	25.19	18.58	13.27	29.03
四会市	Sihui City	25.91	18.70	16.81	13.90	5.61	18.26

8-5 续表2　continued

单位：亿元　　(100 million yuan)

地区	Area	产品销售收入 Sales Revenue	产品销售成本 Cost of Sales	产品销售税金及附加 Sales Tax and Extra Charges	产品销售利润 Sales Profit	利润总额 Total Profits	本年应交增值税 Value Added Tax Payable
长江三角洲经济区	**Yangtze River Delta**						
上海市	Shanghai City	7976.61	6436.78	115.65	1099.33	544.63	
南京市	Nanjing City	1890.19	1603.95	34.11	189.73	70.78	78.52
苏州市	Suzhou City	3329.70	2891.81	10.86	314.10	158.91	92.49
无锡市	Wuxi City	2395.61	2098.18	10.20	229.88	112.64	75.57
常州市	Changzhou City	1135.55	987.76	5.12	115.02	45.89	35.01
镇江市	Zhenjiang City	625.24	531.55	3.07	66.25	19.36	25.44
南通市	Nantong City	797.05	684.38	2.80	85.41	36.92	27.88
扬州市	Yangzhou City	608.68	516.49	4.04	64.79	21.10	25.94
泰州市	Taizhou City	495.16	395.97	4.28	54.11	21.11	22.06
杭州市	Hangzhou City	2288.21	105.95	38.03	271.76	145.49	91.47
宁波市	Ningbo City	1945.02	1595.40	41.21	246.38	152.34	73.54
嘉兴市	Jiaxing City	765.95	664.14	3.89	81.37	46.49	29.64
湖州市	Huzhou City	432.09	370.10	2.74	49.09	22.75	18.47
绍兴市	Shaoxing City	1421.10	1235.75	8.40	148.20	94.55	43.78
舟山市	Zhoushan City	110.37	95.66	0.73	10.69	3.40	3.84
台州市	Taizhou City	678.43	576.92	6.54	75.42	36.92	25.56
珠江三角洲经济区	**Pearl River Delta**						
广州市	Guangzhou City	3214.82	2572.76	48.83	409.35	207.54	124.16
深圳市	Shenzhen City	3434.72	2874.06	12.90	419.60	237.67	89.05
珠海市	Zhuhai City	754.84	650.60	1.46	72.05	34.29	20.80
佛山市	Foshan City	2051.57	1787.77	11.55	170.12	66.87	59.74
江门市	Jiangmen City	955.36	852.24	8.38	59.99	12.50	21.79
东莞市	Dongguan City	1465.72	1283.86	1.49	152.92	59.51	44.46
中山市	Zhongshan City	921.04	821.90	2.00	69.24	25.47	24.90
惠州市区	Huizhou Urban District	517.66	455.92	0.69	38.13	22.92	8.01
惠阳市	Huiyang City	231.29	207.90	0.05	15.34	7.76	1.49
惠东县	Huidong County	14.00	12.79	0.03	0.94	-0.04	0.14
博罗县	Boluo County	78.73	65.56	0.07	11.72	3.37	0.86
肇庆市区	Zhaoqing Urban District	112.31	98.55	0.75	10.40	2.65	4.15
高要市	Gaoyao City	108.38	91.25	0.46	8.41	2.56	1.87
四会市	Sihui City	72.27	64.95	0.52	3.36	0.88	0.77

8-6 全部国有及规模以上非国有工业企业主要经济效益指标（2002年）
Main Indicators on Economic Benefit of All State-owned and Non-state-owned above Designated Size Industrial Enterprises (2002)

地区	Area	工业增加值率(%) Ratio of Value Added to Gross Industrial Output Value(%)	总资产贡献率(%) Ratio of Total Assets to Industrial Output Value (%)	资产负债率(%) Assets-Liability Ratio (%)	流动资产周转次数（次/年） Number of Times of Turnover of Circulatin Fund (times/year)	工业成本费用利润率(%) Ratio of Profits to Industrial Cost (%)	全员劳动生产率（元/人.年） Overall Labor Productivity (yuan/ person-year)	产品销售率(%) Proportion of Products Sold (%)
长江三角洲经济区	**Yangtze River Delta**							
上海市	Shanghai City	27.50	10.34	49.17	1.70	7.34	110430	98.98
南京市	Nanjing City	21.65	11.36	56.08	1.83	3.92	81051	97.60
苏州市	Suzhou City	28.07	9.73	66.38	1.91	4.34	73681	97.57
无锡市	Wuxi City	23.74	11.02	59.06	2.11	4.90	72618	97.84
常州市	Changzhou City	20.85	9.69	60.63	1.89	4.21	54552	97.84
镇江市	Zhenjiang City	26.48	8.32	66.16	1.78	3.21	63263	96.48
南通市	Nantong City	26.91	9.81	60.03	2.19	4.85	57578	97.35
扬州市	Yangzhou City	27.05	7.90	57.00	1.97	3.62	51441	97.07
泰州市	Taizhou City	28.14	11.66	59.73	2.02	4.48	59740	96.42
杭州市	Hangzhou City	21.59	13.44	56.82	1.82	6.84	76402	98.50
宁波市	Ningbo City		17.07	54.29	2.20	8.63	63989	97.47
嘉兴市	Jiaxing City	26.24	14.11	58.35	2.25	6.42	47742	98.25
湖州市	Huzhou City	21.01	11.83	62.71	2.45	5.58	59381	97.80
绍兴市	Shaoxing City	17.64	13.27	56.71	2.63	7.11	61028	96.96
舟山市	Zhoushan City	23.82	8.99	60.84	1.86	3.18	52923	95.33
台州市	Taizhou City	23.10	16.79	57.49	2.05	6.36	49249	95.57
珠江三角洲经济区	**Pearl River Delta**							
广州市	Guangzhou City	28.40	12.23	52.88	1.97	6.96	66272	98.09
深圳市	Shenzhen City	28.14	9.64	53.60	2.53	7.32	82939	99.18
珠海市	Zhuhai City	24.03	7.44	58.55	1.85	4.75	92049	98.06
佛山市	Foshan City	25.21	8.42	61.06	1.96	3.38	67308	95.99
江门市	Jiangmen City	22.23	5.95	63.19	2.12	1.34	62349	96.81
东莞市	Dongguan City	27.15	8.48	49.97	2.18	4.24	23750	99.78
中山市	Zhongshan City	24.30	7.57	61.52	2.28	2.84	41214	97.24
惠州市区	Huizhou Urban District	21.89	9.96	61.20	2.34	4.46	138553	96.35
惠阳市	Huiyang City	20.18	7.83	56.06	2.47	3.67	48123	95.82
惠东县	Huidong County	29.09	0.87	44.93	1.89	-0.30	49203	102.08
博罗县	Boluo County	23.62	6.31	56.96	2.21	4.77	34153	94.80
肇庆市区	Zhaoqing Urban District	26.46	5.64	61.16	1.43	2.49	60519	98.21
高要市	Gaoyao City	20.50	10.71	53.31	3.50	2.43	46702	96.59
四会市	Sihui City	28.68	7.05	55.17	2.76	1.30	73744	95.72

8-7 港、澳、台商投资企业和外商投资企业主要指标
Main Indicators of Hong Kong,Macao,Taiwan and Foreign Funded Enterprises

地区	Area	企业单位数(个) Number of Enterprises(unit)			工业总产值（亿元） Gross Industrial Output Value (100 million yuan)		
		2000	2001	2002	2000	2001	2002
长江三角洲经济区	**Yangtze River Delta**						
上海市	Shanghai City	4716	4994	5382	3492.17	3962.99	4679.81
南京市	Nanjing City	418	457	488	470.44	540.45	528.76
苏州市	Suzhou City	982	1222	1410	1184.67	1406.02	1933.07
无锡市	Wuxi City	436	471	523	397.28	440.03	536.80
常州市	Changzhou City	268	291	352	169.30	211.24	227.02
镇江市	Zhenjiang City	153	194	250	125.43	155.01	209.78
南通市	Nantong City	362	411	471	236.84	243.30	300.56
扬州市	Yangzhou City	139	147	157	63.02	69.71	87.76
泰州市	Taizhou City	116	113	134	72.82	68.58	78.89
杭州市	Hangzhou City	514	660	710	398.60	519.21	620.44
宁波市	Ningbo City	629	825	929	359.56	425.36	516.63
嘉兴市	Jiaxing City	248	265	346	153.99	155.02	196.05
湖州市	Huzhou City	58	83	112	38.65	35.43	48.32
绍兴市	Shaoxing City	214	257	327	127.77	144.45	235.24
舟山市	Zhoushan City	14	14	19	9.28	12.29	14.96
台州市	Taizhou City	142	202	205	54.82	104.71	114.97
珠江三角洲经济区	**Pearl River Delta**						
广州市	Guangzhou City	1810	1858	1888	1448.53	1680.34	1878.80
深圳市	Shenzhen City	1450	1478	1681	2003.05	2459.08	2836.37
珠海市	Zhuhai City	528	545	528	449.44	467.57	569.07
佛山市	Foshan City	675	797	888	691.19	734.13	853.39
江门市	Jiangmen City	480	569	628	357.32	408.95	482.86
东莞市	Dongguan City	1320	1335	1397	726.00	857.27	1091.02
中山市	Zhongshan City	547	681	822	361.33	467.55	622.29
惠州市区	Huizhou Urban District	220	238	237	358.06	399.88	477.47
惠阳市	Huiyang City	102	100	154	129.21	164.79	234.38
惠东县	Huidong County	21	27	30	11.24	9.06	11.85
博罗县	Boluo County	108	115	128	62.00	65.10	73.18
肇庆市区	Zhaoqing Urban District	81	72	68	59.90	64.84	72.20
高要市	Gaoyao City	70	98	98	49.50	76.27	78.35
四会市	Sihui City	39	40	59	21.74	26.00	29.10

8-7 续表1 continued

单位：亿元 (100 million yuan)

地区	Area	工业增加值 Value-added of Industry			资产合计 Total Assets		
		2000	2001	2002	2000	2001	2002
长江三角洲经济区	**Yangtze River Delta**						
上海市	Shanghai City	858.38	1034.84	1161.51	4244.65	4528.77	5119.72
南京市	Nanjing City	114.37	112.88	120.46		419.29	456.47
苏州市	Suzhou City	277.68	360.46	501.43	1097.56	1417.64	1731.55
无锡市	Wuxi City	106.11	118.11	143.05	451.91	464.30	502.16
常州市	Changzhou City	40.14	49.08	51.68	167.68	199.87	225.27
镇江市	Zhenjiang City	27.53	38.77	57.91	256.05	257.59	260.03
南通市	Nantong City	64.02	67.17	89.84	250.28	259.57	302.57
扬州市	Yangzhou City	15.08	17.31	22.68	62.14	60.33	69.91
泰州市	Taizhou City	18.52	19.12	23.53	77.69	70.15	80.13
杭州市	Hangzhou City	91.62	116.10	163.26	387.46	470.57	559.87
宁波市	Ningbo City	78.35	99.56	113.45	389.68	437.64	518.19
嘉兴市	Jiaxing City	33.59	40.63	54.57	140.53	149.64	193.79
湖州市	Huzhou City	9.09	8.68	12.03	37.48	35.33	40.77
绍兴市	Shaoxing City	0.00	0.00	45.91	114.06	129.00	200.29
舟山市	Zhoushan City	2.57	3.06	3.89	108.45	113.30	125.25
台州市	Taizhou City	11.24	33.74	34.98	37.43	79.89	89.92
珠江三角洲经济区	**Pearl River Delta**						
广州市	Guangzhou City	390.75	470.66	528.49	1555.65	1671.23	1776.39
深圳市	Shenzhen City	572.98	663.61	731.14	1812.14	2003.94	2163.23
珠海市	Zhuhai City	104.83	100.06	126.50	490.94	496.17	594.60
佛山市	Foshan City	174.53	184.61	203.28	691.27	740.35	817.65
江门市	Jiangmen City	82.00	84.44	103.89	332.95	341.35	366.75
东莞市	Dongguan City	183.47	211.17	272.98	792.66	816.99	937.84
中山市	Zhongshan City	87.18	107.48	148.14	375.85	436.90	532.52
惠州市区	Huizhou Urban District	67.06	65.05	104.09	212.30	223.47	279.56
惠阳市	Huiyang City	23.84	31.51	48.21	86.30	95.05	130.35
惠东县	Huidong County	2.77	2.39	3.34	8.43	13.08	13.74
博罗县	Boluo County	13.17	14.38	17.20	53.38	61.63	66.75
肇庆市区	Zhaoqing Urban District	143.08	144.95	15.81	48.79	48.38	48.57
高要市	Gaoyao City	7.85	15.46	15.38	33.52	40.81	40.38
四会市	Sihui City	5.26	7.14	7.86	10.36	13.08	15.82

8-7 续表 2 continued

单位：亿元 (100 million yuan)

地区	Area	流动资产合计 Circulating Funds			固定资产原价合计 Original Value of Fixed Assets		
		2000	2001	2002	2000	2001	2002
长江三角洲经济区	**Yangtze River Delta**						
上海市	Shanghai City	2267.30	2404.48	2750.92	2153.60	2397.44	2805.22
南京市	Nanjing City				192.53	221.68	271.75
苏州市	Suzhou City						
无锡市	Wuxi City		1036.94	1208.94	281.53	306.99	321.64
常州市	Changzhou City	90.25	109.00	124.64	78.92	91.12	103.49
镇江市	Zhenjiang City	105.94	85.15	92.98	151.05	181.05	184.89
南通市	Nantong City	100.24	103.43	124.39	161.01	179.15	249.79
扬州市	Yangzhou City	36.48	36.23	41.85	30.14	27.84	33.51
泰州市	Taizhou City	36.56	35.24	41.05	46.63	43.35	48.33
杭州市	Hangzhou City	220.91	279.00	357.31	186.66	224.94	250.04
宁波市	Ningbo City	194.81	224.71	262.91	217.27	241.07	280.06
嘉兴市	Jiaxing City	72.09	73.89	100.28	57.54	65.49	80.04
湖州市	Huzhou City	14.90	13.69	17.65	24.16	21.09	23.60
绍兴市	Shaoxing City	49.06	56.33	91.13	76.17	88.86	128.75
舟山市	Zhoushan City	53.13	56.22	62.83	61.21	62.77	65.19
台州市	Taizhou City	23.56	32.26	41.32	14.82	72.11	75.60
珠江三角洲经济区	**Pearl River Delta**						
广州市	Guangzhou City	800.98	856.43	934.52	881.38	988.16	1048.16
深圳市	Shenzhen City	949.82	1042.98	1233.44	1075.78	1201.26	1276.46
珠海市	Zhuhai City	230.99	230.94	324.48	243.27	307.15	338.33
佛山市	Foshan City	366.14	406.99	473.69	404.75	426.62	462.81
江门市	Jiangmen City	179.85	171.34	195.25	146.32	180.25	190.52
东莞市	Dongguan City	376.08	406.48	517.75	541.35	599.09	663.36
中山市	Zhongshan City	190.15	224.91	279.90	213.46	257.85	305.57
惠州市区	Huizhou Urban District	154.70	159.28	206.18	73.30	83.16	91.00
惠阳市	Huiyang City	55.64	62.45	87.70	40.53	45.29	58.25
惠东县	Huidong County	4.44	6.21	6.21	3.96	7.04	8.05
博罗县	Boluo County	24.16	29.25	33.34	29.26	36.46	42.55
肇庆市区	Zhaoqing Urban District	27.24	27.63	28.54	32.30	31.31	32.39
高要市	Gaoyao City	10.93	15.70	15.20	18.19	22.37	21.61
四会市	Sihui City	4.08	6.22	7.19	6.75	8.20	8.61

8–7 续表 3　continued

单位：亿元　　　　(100 million yuan)

地区	Area	流动负债合计 Total Liquid Liabilities			长期负债合计 Long-term Liabilities		
		2000	2001	2002	2000	2001	2002
长江三角洲经济区	**Yangtze River Delta**						
上海市	Shanghai City	1855.08	1927.49	2192.07	259.40	257.01	322.07
南京市	Nanjing City	191.01					
苏州市	Suzhou City						
无锡市	Wuxi City		925.33	1089.09		203.91	208.52
常州市	Changzhou City	88.76	99.53	110.24	10.39	13.31	13.12
镇江市	Zhenjiang City	106.60	120.62	129.85	78.44	61.24	43.71
南通市	Nantong City	99.57	108.55	127.21	44.86	44.73	36.65
扬州市	Yangzhou City	35.75	34.93	37.11	2.10	1.92	2.98
泰州市	Taizhou City	37.90	34.48	40.01	5.59	3.85	3.88
杭州市	Hangzhou City	201.07	242.76	295.49	21.90	23.85	22.22
宁波市	Ningbo City	167.99	191.11	229.27	55.85	47.84	49.63
嘉兴市	Jiaxing City	63.65	65.59	85.70	11.84	10.16	12.66
湖州市	Huzhou City	14.74	13.13	17.89	3.55	4.59	3.98
绍兴市	Shaoxing City			84.35			21.58
舟山市	Zhoushan City	51.50	55.50	62.04	18.37	18.82	16.51
台州市	Taizhou City	21.75	41.31	47.45	1.94	1.60	2.29
珠江三角洲经济区	**Pearl River Delta**						
广州市	Guangzhou City	799.86	813.26	819.00	138.47	129.82	142.05
深圳市	Shenzhen City	803.31	921.05	1051.96	205.95	149.28	141.40
珠海市	Zhuhai City	194.10	179.35	290.51	82.37	90.68	76.59
佛山市	Foshan City	379.72	392.99	451.19	69.05	53.37	40.85
江门市	Jiangmen City	170.46	158.89	167.39	40.74	42.36	50.30
东莞市	Dongguan City	326.39	350.91	442.13	76.81	66.02	38.39
中山市	Zhongshan City	182.32	210.53	270.16	49.43	50.93	48.87
惠州市区	Huizhou Urban District	128.58	133.20	178.99	13.99	16.04	13.39
惠阳市	Huiyang City	43.01	47.55	68.61	1.59	1.76	1.63
惠东县	Huidong County	2.66	6.38	5.70	0.21	1.59	1.31
博罗县	Boluo County	24.27	31.22	33.56	7.85	5.59	4.49
肇庆市区	Zhaoqing Urban District	23.50	22.82	6.97	2.75	2.52	35.17
高要市	Gaoyao City	11.76	11.03	12.38	8.89	8.56	9.13
四会市	Sihui City	4.06	5.09	6.44	0.82	0.73	0.98

8-7 续表4　continued

单位：亿元　　(100 million yuan)

地区	Area	所有者权益合计 Creditors' Equity			产品销售收入 Sales Revenue		
		2000	2001	2002	2000	2001	2002
长江三角洲经济区	**Yangtze River Delta**						
上海市	Shanghai City	2116.02	2327.64	2586.64	3565.76	3955.51	4663.25
南京市	Nanjing City				451.63		
苏州市	Suzhou City	444.13	628.84	747.54	1144.49	1367.67	1872.90
无锡市	Wuxi City	205.84	219.89	231.12	386.28	428.20	530.36
常州市	Changzhou City	67.94	86.08	101.30	163.40	201.74	225.49
镇江市	Zhenjiang City	70.89	75.73	86.47	108.92	141.61	198.32
南通市	Nantong City	103.90	106.28	158.71	218.58	224.99	284.14
扬州市	Yangzhou City	23.73	23.45	29.82	55.97	62.23	79.39
泰州市	Taizhou City	34.01	31.82	36.24	63.17	58.26	65.20
杭州市	Hangzhou City	164.49	203.96	242.16	380.41	504.77	615.23
宁波市	Ningbo City	165.85	198.68	239.30	343.78	409.80	496.34
嘉兴市	Jiaxing City	65.03	73.89	95.43	131.08	147.72	189.86
湖州市	Huzhou City	19.19	17.61	18.91	35.01	33.47	46.11
绍兴市	Shaoxing City			94.36	121.36	137.23	223.82
舟山市	Zhoushan City	38.58	38.99	46.69	91.47	86.84	110.37
台州市	Taizhou City	13.73	36.98	40.18	51.97	72.30	82.42
珠江三角洲经济区	**Pearl River Delta**						
广州市	Guangzhou City	617.32	709.05	795.64	1388.46	1597.36	1836.21
深圳市	Shenzhen City	785.57	912.78	969.87	1927.79	2263.72	2629.56
珠海市	Zhuhai City	201.28	215.72	226.85	415.69	455.08	561.27
佛山市	Foshan City	233.99	283.52	316.93	680.18	717.41	815.31
江门市	Jiangmen City	116.57	134.16	138.23	326.75	376.07	441.72
东莞市	Dongguan City	389.45	399.69	457.32	722.82	848.67	1078.43
中山市	Zhongshan City	141.96	171.66	210.82	338.31	428.01	587.81
惠州市区	Huizhou Urban District	68.63	73.45	86.35	336.77	372.09	455.59
惠阳市	Huiyang City	39.98	45.38	59.88	127.68	159.53	224.38
惠东县	Huidong County	4.62	5.11	6.31	10.95	9.06	12.33
博罗县	Boluo County	21.00	24.64	28.58	60.57	61.63	69.36
肇庆市区	Zhaoqing Urban District	22.41	5.57	23.33	55.82	58.84	65.64
高要市	Gaoyao City	12.03	16.26	17.71	36.17	58.10	64.26
四会市	Sihui City	5.05	6.81	7.95	16.30	22.45	26.16

8–7 续表 5 continued

单位：亿元 (100 million yuan)

地区	Area	产品销售利润 Sales Profit			利润总额 Total Profits		
		2000	2001	2002	2000	2001	2002
长江三角洲经济区	**Yangtze River Delta**						
上海市	Shanghai City		545.38	643.97	242.92	256.82	300.79
南京市	Nanjing City						
苏州市	Suzhou City	165.65	206.88	253.61	56.79	70.62	93.26
无锡市	Wuxi City	52.84	54.22	63.91	25.38	28.41	33.84
常州市	Changzhou City	18.59	22.91	25.82	8.17	10.81	12.83
镇江市	Zhenjiang City	10.75	14.48	26.76	12.02	11.38	9.85
南通市	Nantong City	23.78	27.14	40.80	14.22	11.01	21.66
扬州市	Yangzhou City	5.52	5.69	8.35	2.55	2.83	4.44
泰州市	Taizhou City	7.78	6.77	7.40	1.95	2.00	2.96
杭州市	Hangzhou City	48.18	60.82	90.71	23.00	29.86	51.75
宁波市	Ningbo City	46.33	53.98	65.23	14.37	31.18	37.25
嘉兴市	Jiaxing City	15.87	17.96	23.40	8.42	10.38	13.41
湖州市	Huzhou City	4.01	4.18	5.01	1.78	1.88	2.72
绍兴市	Shaoxing City	12.26	14.46	22.76	6.57	8.47	13.83
舟山市	Zhoushan City	8.65	8.02	10.69	3.16	2.54	3.40
台州市	Taizhou City	5.61	7.07	8.57	2.63	6.28	4.27
珠江三角洲经济区	**Pearl River Delta**						
广州市	Guangzhou City	171.04	210.91	260.08	68.39	95.62	147.15
深圳市	Shenzhen City	227.13	238.87	262.93	145.49	160.49	175.76
珠海市	Zhuhai City	39.40	47.77	54.78	27.35	22.15	24.72
佛山市	Foshan City	55.11	62.80	74.50	17.91	21.81	34.84
江门市	Jiangmen City	20.30	20.62	29.69	3.22	4.92	9.89
东莞市	Dongguan City	90.97	84.49	107.82	32.24	23.29	37.31
中山市	Zhongshan City	24.09	28.90	45.43	3.34	6.15	17.25
惠州市区	Huizhou Urban District	22.95	24.27	33.00	11.61	12.03	22.93
惠阳市	Huiyang City	7.39	10.47	14.39	2.74	5.18	7.61
惠东县	Huidong County	1.71	0.91	0.80	0.06	-0.01	0.24
博罗县	Boluo County	7.75	10.37	10.35	2.50	2.86	3.18
肇庆市区	Zhaoqing Urban District	5.53	29.60	2.91	1.48	0.11	0.75
高要市	Gaoyao City	2.01	4.52	4.00	0.11	1.27	0.67
四会市	Sihui City	0.59	0.85	1.07	-0.01	0.19	0.21

8-8 主要工业产品产量
Output of Major Industrial Products

地区	Area	化学纤维(万吨) Chemical Fiber (10 000 tons)		纱(万吨) Yarn (10 000 tons)		布(亿米) Cloth (100 million meters)	
		1990	2002	1990	2002	1990	2002
长江三角洲经济区	**Yangtze River Delta**						
上海市	Shanghai City	25.74	51.67	34.17	14.00	14.90	2.06
南京市	Nanjing City	1.98	2.24	1.40	3.36	0.71	0.40
苏州市	Suzhou City	0.27	71.70	12.06	20.81	3.59	4.26
无锡市	Wuxi City	4.00	84.84	6.69	29.09	4.72	5.87
常州市	Changzhou City	1.34	9.52	6.01	16.11	3.97	13.37
镇江市	Zhenjiang City	0.75	0.83	2.40	3.67	1.26	1.39
南通市	Nantong City		15.99		20.78		11.46
扬州市	Yangzhou City		60.48		7.59		1.76
泰州市	Taizhou City		2.20		9.51		1.51
杭州市	Hangzhou City	2.63	80.72	5.37	12.75	3.34	14.08
宁波市	Ningbo City	2.39	24.34	6.68	11.54	1.84	1.53
嘉兴市	Jiaxing City		83.89		3.42	0.53	3.16
湖州市	Huzhou City	1.09	2.41	0.32	0.99	0.49	1.20
绍兴市	Shaoxing City	1.05	108.23	2.10	7.04	7.41	10.08
舟山市	Zhoushan City		5.61	0.33	1.17	0.13	0.05
台州市	Taizhou City				0.36		0.38
珠江三角洲经济区	**Pearl River Delta**						
广州市	Guangzhou City						
深圳市	Shenzhen City						
珠海市	Zhuhai City						
佛山市	Foshan City						
江门市	Jiangmen City						
东莞市	Dongguan City			0.03	1.19	0.01	4.35
中山市	Zhongshan City		4.68		1.67	0.08	0.91
惠州市区	Huizhou Urban District						0.39
惠阳市	Huiyang City				0.19		
惠东县	Huidong County						0.03
博罗县	Boluo County						0.38
肇庆市区	Zhaoqing Urban District						
高要市	Gaoyao City						
四会市	Sihui City						

8-8 续表1 continued

地区	Area	丝(万米) Silk (10 000 meters)		机制纸及纸板(万吨) Machine-made Paper and Paperboards (10 000 tons)		塑 料(万吨) Plastics (10 000 tons)	
		1990	2002	1990	2002	1990	2002
长江三角洲经济区	**Yangtze River Delta**						
上海市	Shanghai City	1352.00	1037.46	46.49	18.13	25.35	53.94
南京市	Nanjing City			4.71	11.03	22.48	
苏州市	Suzhou City	0.13	0.18	15.34	60.04	6.19	30.65
无锡市	Wuxi City	0.18	0.21	8.80		2.08	62.67
常州市	Changzhou City	0.09	0.07	1.03	5.54	0.98	21.82
镇江市	Zhenjiang City	0.09	0.03	4.07	122.48	0.67	41.60
南通市	Nantong City		0.35		2.95		
扬州市	Yangzhou City		0.06	3.71			12.02
泰州市	Taizhou City		0.02		6.14		0.08
杭州市	Hangzhou City	0.17	0.22	27.07	219.37	1.84	39.55
宁波市	Ningbo City	0.09		11.01	79.43	10.05	61.51
嘉兴市	Jiaxing City	0.65	1.88	10.16	85.78		1.18
湖州市	Huzhou City	0.43	0.84	6.99	16.40	0.14	3.42
绍兴市	Shaoxing City	0.15	0.12	4.70	17.14	2.01	26.24
舟山市	Zhoushan City			0.48	1.02	0.91	2.11
台州市	Taizhou City		0.03		10.52		
珠江三角洲经济区	**Pearl River Delta**						
广州市	Guangzhou City			8.62		7.42	80.93
深圳市	Shenzhen City			2.34	24.46	5.39	61.16
珠海市	Zhuhai City			11.27	45.93	3.11	13.86
佛山市	Foshan City			19.38	37.94	13.33	50.80
江门市	Jiangmen City			7.38	150.42	3.28	158.82
东莞市	Dongguan City			6.79	30.05	1.33	63.06
中山市	Zhongshan City	0.09		0.03	0.05	1.59	22.16
惠州市区	Huizhou Urban District					0.53	6.59
惠阳市	Huiyang City					0.06	2.91
惠东县	Huidong County			0.10	1.30		
博罗县	Boluo County			0.65	0.03	0.12	0.42
肇庆市区	Zhaoqing Urban District			0.03		0.30	0.64
高要市	Gaoyao City			0.27		0.29	0.37
四会市	Sihui City					0.29	

8-8 续表 2 continued

地区	Area	原 盐(万吨) Salt(10 000 tons)		卷 烟(万箱) Cigarettes(10 000 cases)		家用电冰箱(万台) Household Refrigerators (10 000 units)	
		1990	2002	1990	2002	1990	2002
长江三角洲经济区	**Yangtze River Delta**						
上海市	Shanghai City			82.00	138.21	53.36	35.97
南京市	Nanjing City			23.48	42.72	2.57	16.66
苏州市	Suzhou City					33.33	106.50
无锡市	Wuxi City						22.08
常州市	Changzhou City	3.15	52.82				
镇江市	Zhenjiang City						
南通市	Nantong City		5.02				
扬州市	Yangzhou City						
泰州市	Taizhou City						43.28
杭州市	Hangzhou City			46.02	66.48	15.19	15.09
宁波市	Ningbo City	16.12	3.60	31.78	42.75	8.13	
嘉兴市	Jiaxing City						
湖州市	Huzhou City						
绍兴市	Shaoxing City						
舟山市	Zhoushan City	25.33	13.75				
台州市	Taizhou City		2.15				2.72
珠江三角洲经济区	**Pearl River Delta**						
广州市	Guangzhou City	0.02		7.62	23.12		
深圳市	Shenzhen City					2.05	
珠海市	Zhuhai City			8.43	13.14	30.05	228.14
佛山市	Foshan City	0.56					
江门市	Jiangmen City					0.23	
东莞市	Dongguan City						
中山市	Zhongshan City						
惠州市区	Huizhou Urban District	0.05					
惠阳市	Huiyang City	1.02					
惠东县	Huidong County						
博罗县	Boluo County						
肇庆市区	Zhaoqing Urban District						
高要市	Gaoyao City						
四会市	Sihui City						

8−8 续表 3 continued

地区	Area	房间空调器(万台) Air-conditioners for Room (10 000 units)		家用洗衣机(万台) Household Washing Machines (10 000 units)		彩色电视机(万台) Color Television Sets (10 000 units)	
		1990	2002	1990	2002	1990	2002
长江三角洲经济区	**Yangtze River Delta**						
上海市	Shanghai City	1.83	217.57	101.29	95.92	81.48	137.02
南京市	Nanjing City	0.13	2.22	2.63	71.44	31.51	184.28
苏州市	Suzhou City	2.61	114.19	0.30	34.99	24.29	87.42
无锡市	Wuxi City	1.80	56.25	5.77	170.84	16.14	1.41
常州市	Changzhou City		99.64	0.07		0.91	
镇江市	Zhenjiang City		12.87			11.88	51.34
南通市	Nantong City						53.57
扬州市	Yangzhou City	2.83					1.39
泰州市	Taizhou City		90.33		3.07		2.73
杭州市	Hangzhou City		23.64	20.27	94.54	14.52	46.34
宁波市	Ningbo City	1.43	292.75	17.00	262.68	12.00	
嘉兴市	Jiaxing City				2.47		
湖州市	Huzhou City						
绍兴市	Shaoxing City						
舟山市	Zhoushan City						
台州市	Taizhou City		30.51		15.17		
珠江三角洲经济区	**Pearl River Delta**						
广州市	Guangzhou City		90.08			213.67	1369.49
深圳市	Shenzhen City	1.34	276.02			13.05	5.60
珠海市	Zhuhai City	2.06	546.18		62.23	20.05	17.02
佛山市	Foshan City		69.35	4.92	70.37		32.49
江门市	Jiangmen City		47.05			1.04	89.16
东莞市	Dongguan City		110.12	110.33	7.36		52.98
中山市	Zhongshan City				15.62		438.00
惠州市区	Huizhou Urban District						
惠阳市	Huiyang City						
惠东县	Huidong County						
博罗县	Boluo County						
肇庆市区	Zhaoqing Urban District	8.68					
高要市	Gaoyao City	0.54					
四会市	Sihui City						

8-8 续表4　continued

地区	Area	发电量(亿千瓦小时) Electricity(100 million kwh)		生　铁(万吨) Pig Iron(10 000 tons)	
		1990	2002	1990	2002
长江三角洲经济区	**Yangtze River Delta**				
上海市	Shanghai City	284.10	608.92	526.90	1276.12
南京市	Nanjing City	46.20	131.55	77.12	414.42
苏州市	Suzhou City	14.92	144.71	29.38	159.00
无锡市	Wuxi City	12.09	135.80	2.99	
常州市	Changzhou City	9.45	46.11	1.15	
镇江市	Zhenjiang City	101.27	147.45	7.49	16.08
南通市	Nantong City		119.23		
扬州市	Yangzhou City		109.28		0.47
泰州市	Taizhou City		10.77		
杭州市	Hangzhou City			58.70	134.77
宁波市	Ningbo City	57.21	285.69		
嘉兴市	Jiaxing City		103.42		0.53
湖州市	Huzhou City	8.25	60.15		
绍兴市	Shaoxing City	4.78	40.07	1.07	
舟山市	Zhoushan City	3.11	13.05		
台州市	Taizhou City		94.51		
珠江三角洲经济区	**Pearl River Delta**				
广州市	Guangzhou City	3.09	351.66		
深圳市	Shenzhen City	2.71	92.43		
珠海市	Zhuhai City	15.26	108.01		
佛山市	Foshan City	9.44	14.81		
江门市	Jiangmen City	93.17	282.89		
东莞市	Dongguan City	3.04	22.14		
中山市	Zhongshan City	0.03	5.88		
惠州市区	Huizhou Urban District	0.02	4.44		
惠阳市	Huiyang City	1.17	0.55		
惠东县	Huidong County	0.72	0.72		
博罗县	Boluo County	0.31	0.31	1.72	
肇庆市区	Zhaoqing Urban District	0.14	0.29		
高要市	Gaoyao City	0.59	0.54		
四会市	Sihui City				

8-8 续表 5 continued

地区	Area	钢(万吨) Steel(10 000 tons)		成品钢材(万吨) Steel Products (10 000 tons)		水 泥(万吨) Cement(10 000 tons)	
		1990	2002	1990	2002	1990	2002
长江三角洲经济区	**Yangtze River Delta**						
上海市	Shanghai City	914.62	1719.42	609.59	1626.98	230.30	351.58
南京市	Nanjing City	66.04	427.22	54.29	481.52	240.11	1089.90
苏州市	Suzhou City	38.82	455.19	54.51	752.85	207.33	742.00
无锡市	Wuxi City	48.18	278.50	52.60	718.31	158.60	663.59
常州市	Changzhou City	12.52	41.04	17.06	128.58	152.99	756.00
镇江市	Zhenjiang City	1.76	0.96	4.78	2.55	164.07	723.49
南通市	Nantong City		61.53		51.72		288.29
扬州市	Yangzhou City				1.97		111.00
泰州市	Taizhou City				23.71		124.08
杭州市	Hangzhou City	55.99	219.67	53.86	260.92	372.11	1041.59
宁波市	Ningbo City	6.52		7.58	23.38	46.00	295.30
嘉兴市	Jiaxing City		16.33		21.29	248.24	911.00
湖州市	Huzhou City	8.70	4.28	2.37	0.73	271.00	1165.89
绍兴市	Shaoxing City			18.02	50.49	84.00	607.93
舟山市	Zhoushan City					7.81	
台州市	Taizhou City						16.51
珠江三角洲经济区	**Pearl River Delta**						
广州市	Guangzhou City	55.00	200.59	72.80	280.91	342.60	1402.38
深圳市	Shenzhen City			5.65	39.96	22.28	3.61
珠海市	Zhuhai City					11.25	11.70
佛山市	Foshan City	0.24			9.73	275.98	745.68
江门市	Jiangmen City		0.01		9.72	261.52	571.75
东莞市	Dongguan City				24.01	139.78	450.90
中山市	Zhongshan City			2.60	19.98	20.01	40.05
惠州市区	Huizhou Urban District				2.50	3.95	6.64
惠阳市	Huiyang City				30.07	6.08	39.79
惠东县	Huidong County					14.74	27.83
博罗县	Boluo County					21.92	98.00
肇庆市区	Zhaoqing Urban District					15.04	29.00
高要市	Gaoyao City					17.22	89.00
四会市	Sihui City					28.91	88.00

8-8 续表6 continued

地区	Area	硫　酸(万吨) Sulfuric Acid(10 000 tons)		烧　碱(万吨) Caustic Soda (10 000 tons)	
		1990	2002	1990	2002
长江三角洲经济区	**Yangtze River Delta**				
上海市	Shanghai City	40.04	30.41	29.09	37.98
南京市	Nanjing City	44.25	57.55	3.90	4.63
苏州市	Suzhou City	16.03	55.12	3.70	9.23
无锡市	Wuxi City	5.11	26.89	3.94	13.37
常州市	Changzhou City	3.05	16.95	3.85	12.56
镇江市	Zhenjiang City	10.22	29.01	3.21	7.90
南通市	Nantong City		17.35		8.39
扬州市	Yangzhou City		12.06		6.76
泰州市	Taizhou City		13.00		17.72
杭州市	Hangzhou City	4.22	6.15	6.17	13.04
宁波市	Ningbo City	4.85	11.60	1.53	10.70
嘉兴市	Jiaxing City		9.74		4.59
湖州市	Huzhou City			0.46	2.10
绍兴市	Shaoxing City		4.76		
舟山市	Zhoushan City				
台州市	Taizhou City				
珠江三角洲经济区	**Pearl River Delta**				
广州市	Guangzhou City	28.09	7.31	5.35	17.01
深圳市	Shenzhen City		0.01		8.47
珠海市	Zhuhai City				
佛山市	Foshan City	1.26		0.97	2.73
江门市	Jiangmen City	5.74	18.56	2.53	5.51
东莞市	Dongguan City	1.29			
中山市	Zhongshan City	0.69			
惠州市区	Huizhou Urban District				
惠阳市	Huiyang City				
惠东县	Huidong County				
博罗县	Boluo County				
肇庆市区	Zhaoqing Urban District	3.47	3.68		
高要市	Gaoyao City				
四会市	Sihui City				

8–8 续表7 continued

地区	Area	农用氮、磷、钾化肥(万吨) Chemical Fertilizer (10 000 tons)		化学农药(万吨) Chemical Pesticide (10 000 tons)		金属切削机床(万台) Metal-cutting Machine Tools (10 000 units)	
		1990	2002	1990	2002	1990	2002
长江三角洲经济区	**Yangtze River Delta**						
上海市	Shanghai City	28.85	10.38	0.82	2.08	1.38	2.73
南京市	Nanjing City	42.05	40.44	0.18	0.91	0.39	1.09
苏州市	Suzhou City	13.02	35.75	0.97	4.40	0.08	0.25
无锡市	Wuxi City	5.63	18.53	0.39	0.86	0.19	1823.00
常州市	Changzhou City	4.98	2.06	0.58	2.82	0.07	0.18
镇江市	Zhenjiang City	4.09	2.46	0.08	1.28	402.00	572.00
南通市	Nantong City		9.77		4.75		0.52
扬州市	Yangzhou City		2.78		0.78		0.82
泰州市	Taizhou City		17.31		0.40		0.24
杭州市	Hangzhou City		5.57	0.91	5.20	0.71	0.66
宁波市	Ningbo City	28.43	28.96	0.40	0.63	0.07	
嘉兴市	Jiaxing City		6.69		1.45		0.01
湖州市	Huzhou City	3.34	3.27	0.48	1.76	0.01	
绍兴市	Shaoxing City			-	0.01	0.14	0.74
舟山市	Zhoushan City	0.45		0.01			
台州市	Taizhou City		0.13		0.36		0.71
珠江三角洲经济区	**Pearl River Delta**						
广州市	Guangzhou City	30.16	0.40	0.36	0.20	0.46	0.71
深圳市	Shenzhen City						0.01
珠海市	Zhuhai City	0.44					
佛山市	Foshan City	1.97	2.00			0.04	
江门市	Jiangmen City	5.00	2.78	0.05	0.30		
东莞市	Dongguan City	0.80					0.02
中山市	Zhongshan City	0.25		0.11	0.20		0.80
惠州市区	Huizhou Urban District	0.06					
惠阳市	Huiyang City	0.57					
惠东县	Huidong County						
博罗县	Boluo County	0.44					
肇庆市区	Zhaoqing Urban District	0.78	0.26				
高要市	Gaoyao City						
四会市	Sihui City						

8−8 续表 8 continued

地区	Area	汽 车(万辆) Motor Vehicles (10 000 uints)		微型电子计算机(万部) Micro-computers (10 000 units)		集成电路(亿块) Integrated Circuit (10 000 units)	
		1990	2002	1990	2002	1990	2002
长江三角洲经济区	**Yangtze River Delta**						
上海市	Shanghai City	2.81	39.19	0.77	75.25	1200	339500
南京市	Nanjing City	3.97	13.53		7.93		
苏州市	Suzhou City	0.04	3.69	0.12	191.71		130000
无锡市	Wuxi City		0.99			3795	144445
常州市	Changzhou City	0.06	0.70			249	1868200
镇江市	Zhenjiang City		0.05				
南通市	Nantong City						
扬州市	Yangzhou City	0.61	0.82				240000
泰州市	Taizhou City				0.76		
杭州市	Hangzhou City	0.38	0.95				
宁波市	Ningbo City	0.15	1.73				
嘉兴市	Jiaxing City						
湖州市	Huzhou City						
绍兴市	Shaoxing City					900	26700
舟山市	Zhoushan City						
台州市	Taizhou City		2.60				
珠江三角洲经济区	**Pearl River Delta**						
广州市	Guangzhou City	0.63	6.48	0.08	29.34		462
深圳市	Shenzhen City	0.02		1.76	307.61	998	134966
珠海市	Zhuhai City						72676
佛山市	Foshan City						
江门市	Jiangmen City		0.01				4188
东莞市	Dongguan City						2711
中山市	Zhongshan City				12.40		6707
惠州市区	Huizhou Urban District				18.45		
惠阳市	Huiyang City		0.01		47.90		308
惠东县	Huidong County						
博罗县	Boluo County						
肇庆市区	Zhaoqing Urban District						
高要市	Gaoyao City						
四会市	Sihui City						

8-9 工业用电量
Industry Electricity Consumption

单位：亿千瓦小时　　　　(100 million kwh)

地区	Area	1978	1980	1985	1990
长江三角洲经济区	**Yangtze River Delta**				
上海市	Shanghai City	131.87	143.13	179.91	220.97
南京市	Nanjing City			26.75	52.36
苏州市	Suzhou City				38.14
无锡市	Wuxi City				39.82
常州市	Changzhou City		10.27	13.11	22.34
镇江市	Zhenjiang City	5.07	5.82	7.69	20.32
南通市	Nantong City				
扬州市	Yangzhou City	3.04	4.15	6.99	15.28
泰州市	Taizhou City				
杭州市	Hangzhou City			24.53	44.17
宁波市	Ningbo City	4.37	6.69	9.85	23.38
嘉兴市	Jiaxing City	3.15	4.3	7.24	16.63
湖州市	Huzhou City	3.27	4.27	6.07	13.11
绍兴市	Shaoxing City	3.44	5.02	8.46	15.51
舟山市	Zhoushan City	0.36	0.69	1.15	2.77
台州市	Taizhou City	1.16	1.83	4.29	6.94
珠江三角洲经济区	**Pearl River Delta**				
广州市	Guangzhou City			27.27	49.27
深圳市	Shenzhen City			2.49	21.97
珠海市	Zhuhai City			0.61	3.63
佛山市	Foshan City			7.53	26.34
江门市	Jiangmen City			6.88	17.74
东莞市	Dongguan City	1.08	1.34	2.21	11.93
中山市	Zhongshan City	1.30	1.76	1.62	4.29
惠州市区	Huizhou Urban District				1.75
惠阳市	Huiyang City			3.18	1.00
惠东县	Huidong County				0.82
博罗县	Boluo County				1.09
肇庆市区	Zhaoqing Urban District			2.69	6.50
高要市	Gaoyao City				
四会市	Sihui City				
香港特别行政区①	**Hong Kong,SAR ①**				
澳门特别行政区	**Macao,SAR**				

8-9 续表　continued

单位：亿千瓦小时　　　　(100 million kwh)

地区	Area	1995	2000	2001	2002
长江三角洲经济区	**Yangtze River Delta**				
上海市	Shanghai City	307.01	393.13	413.33	447.46
南京市	Nanjing City	73.98	98.34	105.07	116.01
苏州市	Suzhou City	70.74	153.17	186.14	233.99
无锡市	Wuxi City	76.15	106.42	127.01	155.07
常州市	Changzhou City	36.23	49.30	54.29	98.22
镇江市	Zhenjiang City	26.63	35.66	40.40	48.24
南通市	Nantong City		42.00	48.64	60.02
扬州市	Yangzhou City	25.98	29.98	32.73	37.93
泰州市	Taizhou City				
杭州市	Hangzhou City	71.83	105.26	120.22	142.90
宁波市	Ningbo City	43.95	84.01	94.38	114.66
嘉兴市	Jiaxing City	31.99	49.41	57.10	68.33
湖州市	Huzhou City	24.27	30.59	33.94	41.10
绍兴市	Shaoxing City	34.01	63.29	73.53	91.29
舟山市	Zhoushan City	4.08	5.51	6.21	6.20
台州市	Taizhou City	15.56	30.94	35.82	45.30
珠江三角洲经济区	**Pearl River Delta**				
广州市	Guangzhou City	90.06	137.63	144.47	160.76
深圳市	Shenzhen City	49.98	101.88	116.81	147.24
珠海市	Zhuhai City	11.44	17.82	18.73	22.07
佛山市	Foshan City	50.04	123.26	143.86	166.30
江门市	Jiangmen City	34.27	40.99	42.24	49.23
东莞市	Dongguan City	48.79	134.58	156.71	207.07
中山市	Zhongshan City	15.15	33.38	37.66	45.87
惠州市区	Huizhou Urban District	5.19	8.55	9.32	11.07
惠阳市	Huiyang City	4.01	9.23	10.74	13.24
惠东县	Huidong County	1.33	2.48	2.84	3.85
博罗县	Boluo County	2.18	5.69	6.75	8.82
肇庆市区	Zhaoqing Urban District	11.57	15.32	16.95	19.89
高要市	Gaoyao City				
四会市	Sihui City				
香港特别行政区①	**Hong Kong,SAR ①**		17769.00	16759.00	16112.00
澳门特别行政区	**Macao,SAR**		1.50	1.40	1.50

注：①万亿焦耳。

Note: ① Terajoules.

8-10　建筑业企业单位数及从业人数

Number of Construction Enterprises and Persons Employed

地区	Area	企业单位数(个) Number of Enterprises (units)			从业人数(万人) Number of Persons Employed(10 000 persons)		
		1990	2000	2002	1990	2000	2002
长江三角洲经济区	**Yangtze River Delta**						
上海市	Shanghai City			1679	34.01	35.91	41.97
南京市	Nanjing City	52	329	582	10.40	183.23	29.32
苏州市	Suzhou City	195	491	520	8.92	13.13	19.00
无锡市	Wuxi City	27	338	452	2.42	11.14	16.38
常州市	Changzhou City	164	374	426	7.63	14.57	16.42
镇江市	Zhenjiang City		153	151		6.75	6.49
南通市	Nantong City			486			36.36
扬州市	Yangzhou City		318	435			23.90
泰州市	Taizhou City		308	288		21.45	24.14
杭州市	Hangzhou City		735	670		33.13	36.99
宁波市	Ningbo City	133	557	504	6.54	25.00	28.98
嘉兴市	Jiaxing City		261	202		7.74	8.02
湖州市	Huzhou City	63	177	146	1.63	5.98	6.47
绍兴市	Shaoxing City		343	345		7.60	9.77
舟山市	Zhoushan City	48	133	82	1.23	2.95	2.75
台州市	Taizhou City		290	286		15.40	18.07
珠江三角洲经济区	**Pearl River Delta**						
广州市	Guangzhou City	71	757	1214	12.07	28.12	29.79
深圳市	Shenzhen City	27	447	406	3.11	14.09	20.31
珠海市	Zhuhai City	7	143	139	1.90	3.83	3.50
佛山市	Foshan City	3	248	345	0.70	8.42	10.72
江门市	Jiangmen City	3	342	188	0.46	9.51	10.87
东莞市	Dongguan City	1	183	108	0.16	6.43	7.26
中山市	Zhongshan City	8	388	301	1.01	3.54	5.06
惠州市区	Huizhou Urban District	3	169	76	0.53	2.09	2.17
惠阳市	Huiyang City		32	28		0.45	0.89
惠东县	Huidong County		12	6		0.19	0.16
博罗县	Boluo County		18	17		0.44	0.52
肇庆市区	Zhaoqing Urban District	7	75	81	0.57	1.57	1.77
高要市	Gaoyao City		17	7		0.77	0.26
四会市	Sihui City		12	27		0.29	0.33

8-11 建筑业企业增加值

Value-added of Construction Enterprises

单位：亿元 (100 million yuan)

地区	Area	1990	1995	2000	2001	2002
长江三角洲经济区	**Yangtze River Delta**					
上海市	Shanghai City	19.82	87.41	101.72	103.94	135.33
南京市	Nanjing City			38.99	49.63	63.76
苏州市	Suzhou City			26.77	40.49	55.86
无锡市	Wuxi City			19.64	25.30	32.99
常州市	Changzhou City			32.38	38.07	38.28
镇江市	Zhenjiang City			8.81	11.78	14.28
南通市	Nantong City			65.24	74.44	99.01
扬州市	Yangzhou City			40.28	41.99	54.41
泰州市	Taizhou City			38.71	41.25	48.98
杭州市	Hangzhou City			57.77	68.86	101.11
宁波市	Ningbo City		117.50	44.37	57.47	75.32
嘉兴市	Jiaxing City		3.46	13.47	14.49	18.60
湖州市	Huzhou City			8.43	11.56	15.71
绍兴市	Shaoxing City			73.25	91.43	127.43
舟山市	Zhoushan City					5.28
台州市	Taizhou City		21.00	36.12	40.10	47.72
珠江三角洲经济区	**Pearl River Delta**					
广州市	Guangzhou City		62.58	60.81	84.42	114.94
深圳市	Shenzhen City		22.39	33.34	43.12	69.47
珠海市	Zhuhai City		3.71	5.64	4.87	7.17
佛山市	Foshan City		11.82	15.70	19.90	26.28
江门市	Jiangmen City		14.57	9.71	11.34	13.09
东莞市	Dongguan City		2.23	7.48	9.07	12.32
中山市	Zhongshan City		2.21	6.54	9.20	11.51
惠州市区	Huizhou Urban District		1.68	2.76	2.35	5.17
惠阳市	Huiyang City		0.28	0.71	1.30	1.29
惠东县	Huidong County		0.65	0.28	0.34	0.33
博罗县	Boluo County		0.22	0.79	0.83	0.91
肇庆市区	Zhaoqing Urban District		2.21	1.90	3.27	3.40
高要市	Gaoyao City		0.81	0.56	0.17	0.27
四会市	Sihui City		0.25	0.33	0.41	0.61

8-12 建筑业企业主要指标（2002 年）

Main Indicators of Construction Enterprises(2002)

地区	Area	施工面积（万平方米）Floor Space of Buildings under Construction (10 000 sq.m)	竣工面积（万平方米）Floor Space of Building Completed (10 000 sq.m)	利润总额（万元）Total Profits (10 000 yuan)	税金总额（万元）Total Tax (10 000 yuan)	劳动生产率按增加值计算（元／人）Overall Labor Productivity In Term of Value-added (yuan/person)
长江三角洲经济区	**Yangtze River Delta**					
上海市	Shanghai City	6240.08	2596.95	235400	244983	32245
南京市	Nanjing City	2640.32	1220.45	36396	70353	21810
苏州市	Suzhou City	3259.10	1756.26	50452	60325	29407
无锡市	Wuxi City	1923.36	1152.13	45009	41822	20148
常州市	Changzhou City		904.79	25014	36867	22854
镇江市	Zhenjiang City	487.43	316.81	-2112	27996	20180
南通市	Nantong City	5954.81	2895.04	51560	106588	24293
扬州市	Yangzhou City	2820.60	1528.31	34955	52195	21502
泰州市	Taizhou City	3462.53	1866.28	27638	51287	20290
杭州市	Hangzhou City	5701.34	2482.07	135048	154889	22713
宁波市	Ningbo City	4202.00	1778.00	112705	98866	26111
嘉兴市	Jiaxing City	1104.95	604.73	12385	20356	20242
湖州市	Huzhou City	736.05	422.53	19682	19635	20630
绍兴市	Shaoxing City	7465.20	3393.31	152329	183484	23455
舟山市	Zhoushan City	252.88	108.39	4720	6349	19206
台州市	Taizhou City	2597.00	1188.00	46640	52050	23877
珠江三角洲经济区	**Pearl River Delta**					
广州市	Guangzhou City	3522.67	1334.43	80922	148723	38584
深圳市	Shenzhen City	3282.73	1181.23	100171	106213	34205
珠海市	Zhuhai City	508.55	244.71	6765	13359	20480
佛山市	Foshan City	1994.40	899.29	45924	43156	24517
江门市	Jiangmen City	1499.60	484.81	11246	18633	12041
东莞市	Dongguan City	1350.47	714.59	15384	15529	16969
中山市	Zhongshan City	677.36	383.85	16180	13464	22776
惠州市区	Huizhou Urban District	240.01	87.57	2425	10137	23816
惠阳市	Huiyang City	141.54	93.13	282	2002	14482
惠东县	Huidong County	16.96	11.79	75	439	20750
博罗县	Boluo County	70.17	50.56	1679	1201	17531
肇庆市区	Zhaoqing Urban District	259.42	71.59	852	5322	19192
高要市	Gaoyao City	16.07	4.21	204	333	10258
四会市	Sihui City	36.42	21.46	744	837	18430

8-12 续表 continued

地区	Area	技术装备率（元／人） Value of Machines per Laborer (yuan/person)	动力装备率（千瓦／人） Power of Machines per Laborer (kw/person)	房屋建筑面积竣工率（%） Rate of Floor Space of Buildings Completed (%)	单位工程质量优良品率（%） Rate of High Quality Projects (%)	产值利润率（%） Ratio of Profit to Gross Output Value (%)	产值利税率（%） Ratio of Pre-tax Profit to Gross Output Value (%)
长江三角洲经济区	**Yangtze River Delta**						
上海市	Shanghai City	13639	5.6	41.6		2.9	5.8
南京市	Nanjing City	8151	4.2	46.2		1.5	4.3
苏州市	Suzhou City	7505	3.7	53.9		2.3	5.1
无锡市	Wuxi City	8705	4.2	59.9		2.9	5.5
常州市	Changzhou City	12865	4.5	57.9		1.6	3.9
镇江市	Zhenjiang City	5862	2.4	65.0		-0.3	3.6
南通市	Nantong City	7556	3.9	48.6		1.3	4.0
扬州市	Yangzhou City	7365	3.5	54.2		1.5	3.7
泰州市	Taizhou City	6699	2.7	53.9		1.1	3.2
杭州市	Hangzhou City	9243	3.8			2.7	6.5
宁波市	Ningbo City	6969	2.9	42.3		3.4	6.4
嘉兴市	Jiaxing City	8180	3.5	54.7		1.9	5.8
湖州市	Huzhou City	9052	3.8	57.4		3.0	5.8
绍兴市	Shaoxing City	7037	2.8	45.5		2.4	6.0
舟山市	Zhoushan City	9911	4.2	42.9	87.1	2.2	5.7
台州市	Taizhou City	8736	4.1	45.7		2.5	6.1
珠江三角洲经济区	**Pearl River Delta**						
广州市	Guangzhou City	14668	7.9	37.9	78.9	2.2	6.2
深圳市	Shenzhen City	11177	5.8	36.0	74.9	3.9	8.1
珠海市	Zhuhai City	7393	5.3	48.1	69.6	1.7	5.0
佛山市	Foshan City	8427	4.5	45.1	79.1	4.3	8.3
江门市	Jiangmen City	5819	3.9	32.3	83.5	2.2	5.9
东莞市	Dongguan City	6229	3.9	52.9	62.0	2.3	4.7
中山市	Zhongshan City	9409	5.8	56.7	66.0	3.4	7.1
惠州市区	Huizhou Urban District	17518	7.2	36.5	88.7	1.0	5.2
惠阳市	Huiyang City	5956	2.7	65.8	60.8	0.4	3.6
惠东县	Huidong County	11182	8.8	69.5	75.6	0.8	5.7
博罗县	Boluo County	6457	4.8	72.1	64.8	5.1	8.8
肇庆市区	Zhaoqing Urban District	21953	12.6	27.6	87.8	0.6	4.4
高要市	Gaoyao City	13049	1.6	26.2	26.7	2.2	5.9
四会市	Sihui City	19377	1.9	58.9	99.7	3.7	7.9

主要统计指标解释

全部国有及规模以上非国有工业企业 指全部国有工业企业及年销售收入在500万元以上的非国有企业。

国有及国有控股企业 指国有企业加上国有控股企业。国有企业（即原全民所有制工业或国营工业）是指企业全部资产归国家所有，并按《中华人民共和国企业法人登记管理条例》规定登记注册的非公司制的经济组织。包括国有企业、国有独资公司和国有联营企业。

集体企业 指企业资产归集体所有，并按《中华人民共和国企业法人登记管理条例》规定登记注册的经济组织。是社会主义公有制经济的组成部分。包括城乡所有使用集体投资举办的企业，以及部分个人通过集资自愿放弃所有权并依法经工商行政管理机关认定为集体所有制的企业。

股份有限公司 指根据《中华人民共和国企业法人登记管理条例》规定登记注册，其全部注册资本由等额股份构成并通过发行股票筹集资本，股东以其认购的股份对公司承担有限责任，公司以其全部资产对其债务承担责任的经济组织。

港、澳、台商投资企业 指企业注册登记类型中的港、澳、台资合资、合作、独资经营企业和股份有限公司之和。

外商投资企业 指企业注册登记类型中的中外合资、合作经营企业、外资企业和外商投资股份有限公司之和。

轻工业 指主要提供生活消费品和制作手工工具的工业。按其所使用的原料不同，可分为两大类：（1）以农产品为原料的轻工业，是指直接或间接以农产品为基本原料的轻工业。主要包括食品制造、饮料制造、烟草加工、纺织、缝纫、皮革和毛皮制作、造纸以及印刷等工业；（2）以非农产品为原料的轻工业，是指以工业品为原料的轻工业。主要包括文教体育用品、化学药品制造、合成纤维制造、日用化学制品、日用玻璃制品、日用金属制品、手工工具制造、医疗器械制造、文化和办公用机械制造等工业。

重工业 是指为国民经济各部门提供物质技术基础的主要生产资料的工业。按其生产性质和产品用途，可以分为下列三类：（1）采掘（伐）工业，是指对自然资源的开采，包括石油开采、煤炭开采、金属矿开采、非金属矿开采和木材采伐等工业；（2）原材料工业，指向国民经济各部门提供基本材料、动力和燃料的工业。包括金属冶炼及加工、炼焦及焦炭、化学、化工原料、水泥、人造板以及电力、石油和煤炭加工等工业；（3）加工工业，是指对工业原材料进行再加工制造的工业。包括装备国民经济各部门的机械设备制造工业、金属结构、水泥制品等工业，以及为农业提供的生产资料如化肥、农药等工业。

根据上述划分原则，修理业中以重工业产品为修理作业对象的划为重工业，反之划为轻工业。

工业总产值 是以货币表现的工业企业在一定时期内生产的已出售或可供出售工业产品总量，它反映一定时间内工业生产的总规模和总水平。

工业增加值 是指工业行业在报告期内以货币表现的工业生产活动的最终成果。

实收资本 指企业实际收到的投资者的可作为长期周转使用的经营资金。实收资本按投资主体分为国家资本、集体资本、法人资本、个人资本、港澳台资本和外商资本等。

国家资本：指有权代表国家投资的政府部门或者机构以国有资产投入企业形成的资本。

集体资本：指有权代表国家投资的集体部门或者机构以国有资产投入企业形成的资本。

法人资本：指其他法人单位以其依法可以支配的资产投入企业形成的资本。

个人资本：指社会个人或者本企业内部职工以个人合法财产投放到企业形成的资本。

港澳台资本：指我国香港、澳门和台湾地区投资者以各种形式的资产进行投资形成的资本。

外商资本：指外国投资者对企业投资形成的资本。

资产合计 指企业拥有或控制的能以货币计量的经济资源。包括各种财产、债权和其他权利。资产按其流动性划分为流动资产、长期投资、固定资产、无形及递延资产和其他资产。该指标根据企业会计“资产负债表”中“资产总计”项目的期末数增加。

流动资产合计 指可以在一年或者超过一年的一个营业周期内变现或者耗用的资产，包括现金及各种存款、短期投资、应收及预付货款、存款等。

流动资产平均余额 指企业在报告期内全部流动资产的平均余额。

固定资产原价 指企业在建造、购置、安装、改建、扩建、技术改造某项固定资产时所支出的全部货币总额。它一般包括买价、包装费、运杂费和安装费等。

固定资产净值年平均余额 指固定资产净值在报告期内余额的平均数。计算公式为：

固定资产净值年平均余额=1 至12 月各月月初、月末固定资产净值之和/24

该指标根据“资产负债表”中“固定资产原价”、“累计折旧”指标的期初、期末数计算填列。

固定资产净值指固定资产原价减去历年已提折旧额后的净额。计算公式为：

固定资产净值= 固定资产原价- 累计折旧

流动负债合计 指将在一年或超过一年的一个营业周期内偿还的债务。流动负债包括短期负债、应付票据、应付帐款、预收帐款、应付工资、应付福利费、应交税金、应付利润、其他应付款、预提费用等。

流动负债具有偿还期限短，在债权人提出要求时即期偿付，或在一年内必须偿还的特点。该指标根据“资产负债表”

中“流动负债”项的期末数填列。

长期负债合计 指偿还期在一年或超过一年的一个营业周期以上的债务，它是除了投资人投入企业的资本以外，企业向债权人筹集、可供企业长期使用的资金，是企业必须以资产或劳务偿还的经济责任，包括长期借款、应付债款、长期应付款、其他长期负债等。与流动负债相比，长期负债具有为数较大、偿还期限较长的特点，且对投资者来说可带来更大的利益。指标根据“资产负债表”中“长期负债合计”项的期末数填列。

所有者权益 指企业投资人对企业净资产的所有权。企业净资产等于企业全部资产减去全部负债后的余额，包括企业投资人对企业的最初投入的实际到位的资产及资本公积金、盈余公积金和未分配利润。所有者权益合计数小于零，表示企业资不抵债。

产品销售收入 指企业在报告期内生产的成品、自制半成品和工业性劳务取得的收入。

产品销售成本 指企业在报告期内销售本企业生产的成品、自制半成品和工业性劳务等的实际成本。

产品销售税金及附加 指企业在品销售税金及附加指企业在报告期内销售产品、提供的劳务等主要经营业务应负担的城市维护建设税、消费税、资源税和教育费附加等。

产品销售利润 指企业销售产品、提供的劳务等主要经营业务收入扣除其成本、费用、税金的利润。

利润总额 指企业生产经营活动的最终成果，是企业在一定时期内实现的盈亏相抵后的利润总额(亏损以“-”号表示)，它等于营业利润加上补贴收入加上投资收益加上营业外净收入再加上以前年度损益调整。

本年应交增值税 指企业在报告期内应交纳的增值税额。它等于本年销项税额加上出口退税加上进项税额转出数减去本年进项税额。小规模纳税企业直接按全年计税销售额乘以征收率计算取得。

本年应交增值税 指企业在报告期内应交纳的增值税额。它等于本年销项税额加上出口退税加上进项税额转出数减去本年进项税额。小规模纳税企业直接按全年计税销售额乘以征收率计算取得。

总资产贡献率 反映企业全部资产的获利能力，是企业经营业绩和管理水平的集中体现，是评价和考核企业盈利能力的核心指标。计算公式为：

总资产贡献率（%）=（利润总额+税金总额+利息支出）/平均资产总额×100%

公式中：税金总额为产品销售税金及附加与应交增值税之和；平均资产总额为期初期末资产之和的算术平均值。

资产负债率 该指标既反映企业经营风险的大小，也反映企业利用债权人提供的资金从事经营活动的能力。计算公式为：

资产负债率（%）=负债总额/资产总额×100 %

资产与负债均为报告期期末数。

流动资产周转次数 指一定时期内流动资产完成的周转次数，反映投入工业企业流动资金的周转速度。计算公式为：

流动资金周转次数=产品销售收入/全部流动资产平均余额

公式中：全部流动资产平均余额为期初和期末的流动资产之和的算术平均值。

成本费用利润率 反映企业投入的生产成本及费用的经济效益，同时也反映企业降低成本所取得的经济效益。计算公式为：

成本费用利润率（%）=利润总额/成本费用总额×100%

公式中：成本费用总额为产品销售成本、销售费用、管理费用、财务费用之和。

全员劳动生产率 该指标反映企业的生产效率和劳动投入的经济效益。计算公式为：

全员劳动生产率（元/人）=工业增加值/全部从业人员平均人数

产品销售率 该指标反映工业产品已实现销售的程度，是分析工业产销衔接情况、研究工业产品满足社会需求的指标。计算公式为：

产品销售率（%）=工业销售产值/工业总产值（现价）×100%

建筑业增加值 指建筑业企业在报告期内以货币表现的建筑业生产经营活动的最终成果。目前建筑业增加值采用分配法（收入法）计算，即从收入的角度出发，根据生产要素在生产过程中应得的收入份额计算。具体计算公式为：

建筑业增加值=本年提取的固定资产折旧+主营业务应付工资+主营业务应付福利费+管理费用中的劳动待业保险金、税金+工程结算税金及附加+工程结算利润

房屋建筑施工面积 指在报告期内施工的全部房屋建筑面积，包括本期新开工的房屋面积、上期施工跨入本期继续施工的房屋面积、上期停缓建在本期恢复施工的房屋面积、本期竣工的房屋面积及本期施工后又停缓建的房屋面积。

房屋建筑竣工面积 指在报告期内房屋建筑按照设计要求全部完工，达到了使用条件，经验收鉴定合格，正式移交使用单位的房屋建筑面积。

Explanatory Notes on Main Statistical Indicators

All State-owned and Non-state-owned Industrial Enterprises Above Designated Size refer to all state-owned industrial enterprises and the non-state-owned industrial enterprises with an annual sales income of over 5 million yuan.

State-owned Enterprises refers to industrial enterprises where the means of production or income are owned by the state.

Collective-owned Enterprises refers to industrial enterprises where the means of production are owned collectively, including urban and rural enterprises invested by collectives and some enterprises which were formerly owned privately but have been registered in industrial and commercial administration agency as collective units through raising fund from the public.

Share-holding Corporations Ltd. refer to economic units registered in accordance with the regulation of the People's Republic of China on the Management of Registration of Corporate Enterprises, with total registered capitals divided into equal shares and raised through issuing stocks. Each investor bears limited liability to the corporation depending on the holding of shares, and the corporation bears liability to its debt to the maximum of its total assets.

Enterprises with Funds form Hong Kong, Macao and Taiwan refers to all industrial enterprises registered as the joint-venture, cooperative, sole (exclusive) investment industrial enterprises and limited liability corporations with funds from Hong Kong, Macao and Taiwan.

Foreign Funded Enterprises refers to all industrial enterprises registered as the joint-venture, cooperative, sole (exclusive) investment industrial enterprises and limited liability corporations with foreign funds.

Light Industry refers to the industry that produces consumer goods and hand tools. It consists of two categories, depending on the materials used:

(1)Industries using farm products as raw materials. These are branches of light industry which directly or indirectly use farm products as basic raw materials, including the manufacture of food and beverages, tobacco processing, textile, clothing, fur and leather manufacturing, paper making, printing, etc.

(2)Industries using non farm products as raw materials. These are branches of light industry which use manufactured goods as raw materials, including the manufacture of cultural, educational articles and sports goods, chemicals, synthetic fiber, chemical products for daily use, glass products for daily use, metal products for daily use, hand tools, medical apparatus and instruments, and the manufacture of cultural and clerical machinery.

Heavy Industry refers to the industry which produces capital goods, and provides various sectors of the national economy with necessary material and technical basis. It consists of the following three branches according to the purpose of production or the use of products:

(1)Mining, quarrying and logging industry refers to the industry that extracts natural resources, including extraction of petroleum, coal, metal and non-metal ores and logging.

(2)Raw materials industry refers to the industry that provides various sectors of the national economy with raw materials, fuels and power. It includes smelting and processing of metals, coking and coke chemistry, chemical materials and building materials such as cement, plywood, and power, petroleum refining and coal dressing.

(3)Manufacturing industry refers to the industry that processes raw materials. It includes machine building industry which equips sectors of the national economy, industries of metal structure and cement products, industries producing means of agricultural production, such as chemical fertilizers and pesticides.

According to the above principle of classification, the repairing trades which are engaged primarily in repairing products of heavy industry are classified into heavy industry while these engaged in repairing products of light industry are classified into light industry.

Gross Industrial Output Value is the total volume of industrial products sold or available for sale in value terms which reflects the total achievements and overall scale of industrial production during a given period.

Value-added of Industry refers to the final results of industrial production of the industrial trade in money terms during the reference period.

Capitals Obtained refers to capital actually received by the enterprise from investors that could be used as operational capitals for a long period. According to the current accounting system, capitals obtained can be classified by investors as state capital, collective capital, corporate capital, individual capital, capital from Hong Kong, Macao and Taiwan and foreign capital.

State capital: refers to capital which is formed through state-owned investment into the enterprise by government agencies or institutions that could represent the state in the investment.

Collective capital: refers to capital which is formed through state-owned investment into the enterprise by collective institutions or units that could represent the state in the investment.

Corporate capital: refers to capital which is formed through investment by other corporate units using assets which is at their disposal by law.

Individual capital: refers to capital which is formed through investment by individuals outside the enterprise or employees of the enterprise using their personal legal properties.

Capital from Hong Kong, Macao and Taiwan: refers to capital which is formed through investment by investors from Hong Kong, Macao and Taiwan of China using t heir assets of various forms.

Foreign capital: refers to capital which is formed through investment by foreign investors.

Total Assets refer to all economic resources, in monetary terms, that is owned or controlled by enterprises, including properties, creditors equity and other economic rights of all forms. Classified by the degree of equitability, total assets include circulating assets , long-term investment, fixed assets, intangible assets and deferred assets, and other as sets. Data on this indicator can be obtained by the year-end figures of tot al assets in the Assets and Liability Table of accounting records of enterprises.

Total of Working Capitals refer to capitals which can be cashed in or spent or consumed in an operating cycle of one year or over one year, including cash, all kinds of deposits, short term investment, receivable and payable payment for goods or deposits.

Average Value of Working Capitals refers to the average value of all working capitals of t he enterprise during the reference period.

Original Value of Fixed As sets refers to the value of payment by the enterprise in building, purchasing installing reconstructing, expending or transforming a particular item of fixed assets . In general, it includes value of purchase, cost for packaging, transportation, installation, etc.

Annual Average of Net Value of Fixed Assets refer to average of the net value of fixed as sets during t he reference period, calculated with the following formula:

Annual Average of Net Value of Fixed Assets = sum of net value of fixed assets at the beginning and at the end of each month from January to December / 24.

Information on this indicator can be obtained from the beginning and ending figures of the original value of fixed assets and cumulative depreciation from the Assets and Liability Table of enterprises.

Net value of fixed assets refers to the original value of fixed assets minus depreciation over the years, i.e.:

Net value of fixed assets = original value of fixed assets - cumulative depreciation

Total Liquid Liabilities refer to enterprises' total debt payable within an operating cycle of one year or over one year, including short-term loans, notes and accounts payable, advance payments received, wages and welfare funds payable, taxes and profit payable, other payables, fees received by advance payment, etc.

Liquid liabilities feature in the short term of payment , immediate payment at the request of creditors, or payable within one year. Data on this item can be obtained from the ending figures on liquid liabilities from the Assets and Liability Table of enterprises.

Total Long-term Liabilities refers to the debt payable within an operating cycle of one year or over one year. It is the capital that enterprises raised from creditors for the long-term use of enterprises in addition to capitals put into the enterprise by investors, and constitutes the economic liabilities that enterprises have to repay by assets or labor services, including long-term loans , payable liabilities, long term payable, other long-term liabilities, etc. Compared with the liquid liabilities, the long-term liabilities feature in large volume, longer term for repayment, and larger benefits for investors. Data on this item can be obtained from the ending figures on long-term liabilities from the Assets and Liability Table of enterprises.

Creditors' Equity refers to investors ownership of net assets of the enterprise, which is equal to the total assets of the enterprise minus its total liabilities, including the primary input actually received at the enterprise from invest ors, capital accumulation fund, surplus accumulation fund and undistributed profit. When the total of creditors' equity is less than zero, that indicates the liability of the enterprise is larger that its assets.

Sales Revenue of Industrial Products refers to the revenue from the sales of finished and semi-finished products and from rendering of industrial services by industrial enterprises during the reference period.

Cost of Industrial Products Sold refers to the actual cost of finished and semi-finished products sold and industrial services rendered by industrial enterprises during the reference period.

Tax and Extra Charges on Sales of Products refer to the tax on city maintenance and construction, consumption tax, resources tax and extra charges for education, which should be borne by the enterprises in selling products and providing industrial services during the reference period.

Profit from Sales of Products refers to the profit gained by the enterprises by deducting cost, charges and taxes from the business income of the enterprises obtained in selling products and providing industrial services.

Total Profits refer to the final achievements of production and operation of the enterprises, represented by the total profits after deducting losses (loss is expressed by the negative figure).It is the sum of profits from operation, income from subsidies, investment earnings, net income from activities other than operation, and adjustment of profits and losses of previous years.

Value-added Tax Payable refers to the amount of the value-added tax which should be paid by the enterprises during the reference period. It is the sum of tax on sales, export rebate, and transferred tax on purchases of the current year, minus the tax on purchases of the current year. Value-added tax payable of small-size enterprises is determined by the taxable sales of the year multiplied by the tax rate.

Ratio of Profits, Taxes and Interests to Average Assets reflects the profit-making cap ability of all assets of the enterprise and is a key indicator manifesting the performance and management and evaluating the profit -making potential of the enterprise. It is calculated as follows:

Ratio of profits, taxes and interests to average as sets (%) =[(total profits + total taxes + interest payment) / average assets] × 100%

In the above formula, total taxes is the sum of tax and extra charges on the sales of products and value-added tax payable; and average assets is the arithmetic mean of the sum of beginning assets and ending assets.

Ratio of Debts to Assets reflect both the operation risk and the capability of the enterprise in making use of the capital from the credit ors. It is calculated as follows:

Ratio of debts to asset s (%) = (total debts / total assets) × 100%

Both assets and debts are figures at the end of the reference period.

Turn over of Working Capital refers to the number of times of turnover of working capital in a given period of time, which reflects the speed of the turnover of working capital of industrial enterprises, and is calculated as follows:

Turnover of working capital=(sales revenue of products)/(average balance of total working capital)

In the above formula, average balance of total working capital refers to the arithmetic mean of the sum of working capital at the beginning and at the end of the reference period.

Ratio of Profits to Total Industrial Costs refers to the ratio of profits realized in a given period to the total costs in the same period, which reflects the economic efficiency of input cost and is calculated as follows:

Ratio of profits to total industrial cost (%)=(total profits/ total cost s) × 100%

Total costs in the above formula is the sum of cost of products sold, marketing cost, management cost and financial cost.

Overall Labor Productivity of Industrial Enterprises reflects efficiency of production and economic results of labour input of enterprises. The formula used is:

Overall labour productivity=(value added of industry) / (average number of staff and workers)

Ratio of Sales to Gross Output Value reflects the degree at which industrial products are sold. It helps to analyze the linkage between production and sales and the extent of the needs of the society that has been met by the supply of industrial products. It is calculated as follows:

Ratio of Sales to Gross Output Value=[Industrial sales / Gross industrial output value (at current prices)] × 100%

Value-added of Construction refers to the final result of the activities of production and management of construction in monetary terms in the reference period. At present, the value-added of construction is calculated with the income approach. In other words, it is the sum of income of various production factors in the production process. The formula is as follows:

Value-added of construction=depreciation of fixed assets in the year + wages payable + welfare expenses payable + insurance premium and tax for waiting for employment in the administrative expenses +taxes and surcharges on project settlement + profit gained from project settlement.

Floor Space of Buildings Under Construction refers to floor space of buildings under construction during the reference period, including newly started buildings, buildings started earlier and continued during the reference period, and buildings suspended earlier but restarted during the reference period, buildings completed during the reference period, and buildings under construction and then suspended during the reference period.

Floor Space of Buildings Completed refers to the floor space of buildings that are completed in the reference period in accordance with the requirements of the design, up to the standard for putting them into use, and have been checked and accepted by concerned departments as qualified ones.

九、运输和邮电

Transportation , Post and Telecommunication Services

9-1 客运量
Passenger Traffic

单位：万人 (10 000 persons)

地区	Area	总计 Total			
		1978	1990	2000	2002
长江三角洲经济区	**Yangtze River Delta**				
上海市	Shanghai City	1763	3835	6893	7326
南京市	Nanjing City	2486	4595	15294	16868
苏州市	Suzhou City	3653	5713	19500	22193
无锡市	Wuxi City	1476	4923	16587	16885
常州市	Changzhou City	2447	5048	10197	11216
镇江市	Zhenjiang City	1736	3509	5638	6148
南通市	Nantong City			7663	7947
扬州市	Yangzhou City	3369	5768	6207	6590
泰州市	Taizhou City	560	408	1891	2560
杭州市	Hangzhou City	2878	8119	20342	21089
宁波市	Ningbo City	2966	7378	22736	23816
嘉兴市	Jiaxing City		3597	6495	8095
湖州市	Huzhou City	1146	3145	6769	7252
绍兴市	Shaoxing City	1505	4592	12048	13376
舟山市	Zhoushan City	966	2769	7518	7781
台州市	Taizhou City	1914	7934	12324	14224
珠江三角洲经济区	**Pearl River Delta**				
广州市	Guangzhou City		7056	23430	26757
深圳市	Shenzhen City		8833	9346	10644
珠海市	Zhuhai City		1940	3209	3387
佛山市	Foshan City		5148	8503	11606
江门市	Jiangmen City		4134	6609	7182
东莞市	Dongguan City	403	5758	30697	32100
中山市	Zhongshan City		920	7122	8625
惠州市区	Huizhou Urban District			1861	1938
惠阳市	Huiyang City			832	951
惠东县	Huidong County			676	741
博罗县	Boluo County			724	842
肇庆市区	Zhaoqing Urban District		8633	6095	6878
高要市	Gaoyao City				
四会市	Sihui City		374	684	1215

9–1 续表 1 continued

单位：万人 (10 000 persons)

地区	Area	铁路 Railways			
		1978	1990	2000	2002
长江三角洲经济区	**Yangtze River Delta**				
上海市	Shanghai City	1272	2476	2980	3518
南京市	Nanjing City	618	1214	1181	1196
苏州市	Suzhou City	356	756	940	1162
无锡市	Wuxi City	344	795	765	799
常州市	Changzhou City	187	585	557	603
镇江市	Zhenjiang City	388	569	436	507
南通市	Nantong City				
扬州市	Yangzhou City				
泰州市	Taizhou City				
杭州市	Hangzhou City	485	1056	1202	1574
宁波市	Ningbo City	105	462	288	393
嘉兴市	Jiaxing City		330	376	398
湖州市	Huzhou City	57	67	94	88
绍兴市	Shaoxing City		457	295	356
舟山市	Zhoushan City				
台州市	Taizhou City				
珠江三角洲经济区	**Pearl River Delta**				
广州市	Guangzhou City		1939	2818	2797
深圳市	Shenzhen City		803	1068	1215
珠海市	Zhuhai City				
佛山市	Foshan City		225	139	118
江门市	Jiangmen City				
东莞市	Dongguan City				
中山市	Zhongshan City				
惠州市区	Huizhou Urban District			219	192
惠阳市	Huiyang City				
惠东县	Huidong County				
博罗县	Boluo County				
肇庆市区	Zhaoqing Urban District			55	51
高要市	Gaoyao City				
四会市	Sihui City				

9-1 续表2 continued

单位：万人 (10 000 persons)

地区	Area	公路 Highways			
		1978	1990	2000	2002
长江三角洲经济区	**Yangtze River Delta**				
上海市	Shanghai City	140	605	2482	2046
南京市	Nanjing City	1800	3211	13869	15355
苏州市	Suzhou City	2482	4803	18447	20935
无锡市	Wuxi City	249	4008	15769	16036
常州市	Changzhou City	1770	4428	9620	10598
镇江市	Zhenjiang City	1209	2867	5175	5615
南通市	Nantong City			7628	7936
扬州市	Yangzhou City	2538	5494	6180	6571
泰州市	Taizhou City			1802	2480
杭州市	Hangzhou City		6350	17102	19213
宁波市	Ningbo City	2311	6611	22255	23160
嘉兴市	Jiaxing City		2921	6105	7690
湖州市	Huzhou City	780	2808	6670	7164
绍兴市	Shaoxing City	1086	4000	11751	13017
舟山市	Zhoushan City	857	1784	5958	6198
台州市	Taizhou City	1502	7652	12174	14164
珠江三角洲经济区	**Pearl River Delta**				
广州市	Guangzhou City		3963	19964	23157
深圳市	Shenzhen City		7845	7866	8840
珠海市	Zhuhai City		1862	2653	2900
佛山市	Foshan City		4882	8284	11392
江门市	Jiangmen City		4008	6500	7059
东莞市	Dongguan City	224	5728	30680	32081
中山市	Zhongshan City		856	7040	8525
惠州市区	Huizhou Urban District			1638	1744
惠阳市	Huiyang City			832	770
惠东县	Huidong County			676	741
博罗县	Boluo County			724	842
肇庆市区	Zhaoqing Urban District		8337	5664	6484
高要市	Gaoyao City				
四会市	Sihui City				

9–1 续表3 continued

单位：万人 (10 000 persons)

地区	Area	水运 Waterways			
		1978	1990	2000	2002
长江三角洲经济区	**Yangtze River Delta**				
上海市	Shanghai City	330	555	539	526
南京市	Nanjing City	65	132		
苏州市	Suzhou City	814	154	112	96
无锡市	Wuxi City	883	120	52	49
常州市	Changzhou City	490	32	1	
镇江市	Zhenjiang City	139	73	27	26
南通市	Nantong City			26	4
扬州市	Yangzhou City	831	274	27	19
泰州市	Taizhou City	560	408	89	80
杭州市	Hangzhou City		691	179	108
宁波市	Ningbo City	550	299	133	135
嘉兴市	Jiaxing City		345	14	7
湖州市	Huzhou City	309	270	5	
绍兴市	Shaoxing City	419	135	2	3
舟山市	Zhoushan City	109	985	1560	1583
台州市	Taizhou City	417	280	138	53
珠江三角洲经济区	**Pearl River Delta**				
广州市	Guangzhou City		711	190	172
深圳市	Shenzhen City		185	159	157
珠海市	Zhuhai City		78	498	410
佛山市	Foshan City		39	75	92
江门市	Jiangmen City		127	109	123
东莞市	Dongguan City	179	30	17	19
中山市	Zhongshan City		64	82	100
惠州市区	Huizhou Urban District			1	1.3
惠阳市	Huiyang City			7	15.7
惠东县	Huidong County				
博罗县	Boluo County				
肇庆市区	Zhaoqing Urban District		493	376	343
高要市	Gaoyao City				
四会市	Sihui City				

9-1 续表4 continued

单位：万人 (10 000 persons)

地区	Area	民用航空 Civil Aviation 1978	1990	2000	2002
长江三角洲经济区	**Yangtze River Delta**				
上海市	Shanghai City	21	199	892	1236
南京市	Nanjing City	3	38	244	317
苏州市	Suzhou City				
无锡市	Wuxi City			1	1
常州市	Changzhou City		3	19	15
镇江市	Zhenjiang City				
南通市	Nantong City			9	7
扬州市	Yangzhou City				
泰州市	Taizhou City				
杭州市	Hangzhou City	3	22	124	194
宁波市	Ningbo City		6	60	128
嘉兴市	Jiaxing City				
湖州市	Huzhou City				
绍兴市	Shaoxing City				
舟山市	Zhoushan City			18	30
台州市	Taizhou City		2	12	7
珠江三角洲经济区	**Pearl River Delta**				
广州市	Guangzhou City		443	458	630
深圳市	Shenzhen City			253	432
珠海市	Zhuhai City			58	77
佛山市	Foshan City		2	5	4
江门市	Jiangmen City				
东莞市	Dongguan City				
中山市	Zhongshan City				
惠州市区	Huizhou Urban District			3	1
惠阳市	Huiyang City				
惠东县	Huidong County				
博罗县	Boluo County				
肇庆市区	Zhaoqing Urban District				
高要市	Gaoyao City				
四会市	Sihui City				

9–2 旅客周转量(2002年)
Passenger-Kilometers(2002)

单位：万人公里　　　　(10 000 person-km)

地区	Area	总计 Total	铁路 Railways	公路 Highways	水运 Waterways	民用航空 Civil Aviation
长江三角洲经济区	**Yangtze River Delta**					
上海市	Shanghai City	3321200	394800	504300	44100	2378000
南京市	Nanjing City	2024977	366843	1394959		207082
苏州市	Suzhou City	288264		1196358	1038	
无锡市	Wuxi City	729437		728066	1371	
常州市	Changzhou City	474890		474890		
镇江市	Zhenjiang City	250228		249803	425	
南通市	Nantong City	711986		711762	224	
扬州市	Yangzhou City	413812		413426	386	
泰州市	Taizhou City	208892		208081	811	
杭州市	Hangzhou City	322332		318352	3980	
宁波市	Ningbo City	870546		867830	2716	
嘉兴市	Jiaxing City	273503		273056	447	
湖州市	Huzhou City	285045		285045		
绍兴市	Shaoxing City	426003		425960	43	
舟山市	Zhoushan City	155691		106004	49687	
台州市	Taizhou City	730493		728095	2398	
珠江三角洲经济区	**Pearl River Delta**					
广州市	Guangzhou City	3938021	1583781	1121315	12616	1220309
深圳市	Shenzhen City	1311000	224700	524600	7700	554000
珠海市	Zhuhai City	291975		179283	25906	86786
佛山市	Foshan City	526078	184906	322331	11488	7353
江门市	Jiangmen City	394116		380766	13350	
东莞市	Dongguan City	1091821		1090155	1666	
中山市	Zhongshan City	403255		393704	9551	
惠州市区	Huizhou Urban District	145357	49344	94149	249	1615
惠阳市	Huiyang City	41793		40426	1368	
惠东县	Huidong County	34086		34086		
博罗县	Boluo County	54528		54528		
肇庆市区	Zhaoqing Urban District	403192	7846	379013	16333	
高要市	Gaoyao City	55769		53086	2683	
四会市	Sihui City	51048		51048		

9-3 货运量
Freight Traffic

单位：万吨 (10 000 tons)

地区	Area	货运量总计 Total			
		1978	1990	2000	2002
长江三角洲经济区	**Yangtze River Delta**				
上海市	Shanghai City	19645	26777	52206	58901
南京市	Nanjing City	3654	8035	12699	14201
苏州市	Suzhou City	1596	1190	7974	7388
无锡市	Wuxi City	1321	4554	7443	7493
常州市	Changzhou City	1627	4375	4696	5140
镇江市	Zhenjiang City	1170	3631	4100	4385
南通市	Nantong City			6678	7073
扬州市	Yangzhou City	875	1985	4686	4933
泰州市	Taizhou City	506	1997	3264	5387
杭州市	Hangzhou City	1706	6522	11459	14347
宁波市	Ningbo City	1385	4763	10819	12431
嘉兴市	Jiaxing City	640	2339	6024	6624
湖州市	Huzhou City	990	3347	6772	9481
绍兴市	Shaoxing City	198	1461	5670	6192
舟山市	Zhoushan City	214	964	2947	3265
台州市	Taizhou City	391	2113	5000	6343
珠江三角洲经济区	**Pearl River Delta**				
广州市	Guangzhou City		17842	24585	25434
深圳市	Shenzhen City		1349	4697	5778
珠海市	Zhuhai City		1754	3725	4140
佛山市	Foshan City		3902	9642	12444
江门市	Jiangmen City		1529	3259	4075
东莞市	Dongguan City	394	2701	5431	5857
中山市	Zhongshan City		1250	3132	3956
惠州市区	Huizhou Urban District			1273	1404
惠阳市	Huiyang City			1364	1637
惠东县	Huidong County			496	386
博罗县	Boluo County			716	887
肇庆市区	Zhaoqing Urban District		6652	4802	5760
高要市	Gaoyao City				
四会市	Sihui City				

9–3 续表 1 continued

单位：万吨 (10 000 tons)

地区	Area	铁路 Railways			
		1978	1990	2000	2002
长江三角洲经济区	**Yangtze River Delta**				
上海市	Shanghai City	4329	5186	5307	5836
南京市	Nanjing City	858	941	829	817
苏州市	Suzhou City	87	116	159	164
无锡市	Wuxi City	74	122	178	183
常州市	Changzhou City	57	126	223	246
镇江市	Zhenjiang City	226	326	383	437
南通市	Nantong City				
扬州市	Yangzhou City				
泰州市	Taizhou City				
杭州市	Hangzhou City	418	449	417	446
宁波市	Ningbo City	45	355	682	980
嘉兴市	Jiaxing City		54	72	69
湖州市	Huzhou City	111	205	231	212
绍兴市	Shaoxing City		226	110	113
舟山市	Zhoushan City				
台州市	Taizhou City				
珠江三角洲经济区	**Pearl River Delta**				
广州市	Guangzhou City		1898	2018	1657
深圳市	Shenzhen City		147	281	273
珠海市	Zhuhai City				
佛山市	Foshan City		64	171	98
江门市	Jiangmen City				
东莞市	Dongguan City				
中山市	Zhongshan City				
惠州市区	Huizhou Urban District			70	229
惠阳市	Huiyang City				
惠东县	Huidong County				
博罗县	Boluo County				
肇庆市区	Zhaoqing Urban District			86	92
高要市	Gaoyao City				
四会市	Sihui City				

9-3 续表 2 continued

单位：万吨 (10 000 tons)

地区	Area	公路 Highways			
		1978	1990	2000	2002
长江三角洲经济区	**Yangtze River Delta**				
上海市	Shanghai City	7184	8714	28369	29759
南京市	Nanjing City	1041	3756	7590	9255
苏州市	Suzhou City	226		4567	4381
无锡市	Wuxi City	174	2057	5932	6057
常州市	Changzhou City	473	2943	3335	3783
镇江市	Zhenjiang City	541	2828	3343	3632
南通市	Nantong City			5314	5728
扬州市	Yangzhou City	320	1112	3516	3740
泰州市	Taizhou City	154	549	1631	1794
杭州市	Hangzhou City	633	4479	7865	10391
宁波市	Ningbo City	625	3800	8219	8630
嘉兴市	Jiaxing City	63	551	2072	2063
湖州市	Huzhou City	123	1587	3329	3734
绍兴市	Shaoxing City	198	1235	5560	6079
舟山市	Zhoushan City	62	466	1268	1323
台州市	Taizhou City	136	1281	3659	4240
珠江三角洲经济区	**Pearl River Delta**				
广州市	Guangzhou City		7799	12549	14122
深圳市	Shenzhen City		1055	3825	4819
珠海市	Zhuhai City		664	1734	1951
佛山市	Foshan City		2213	6789	8876
江门市	Jiangmen City		641	1838	2366
东莞市	Dongguan City	73	1171	3440	4015
中山市	Zhongshan City		544	2160	2934
惠州市区	Huizhou Urban District			1173	1157
惠阳市	Huiyang City			618	929
惠东县	Huidong County			408	365
博罗县	Boluo County			562	642
肇庆市区	Zhaoqing Urban District		5517	3651	4439
高要市	Gaoyao City				
四会市	Sihui City				

9–3 续表 3 continued

单位：万吨 (10 000 tons)

地区	Area	水运 Waterways			
		1978	1990	2000	2002
长江三角洲经济区	**Yangtze River Delta**				
上海市	Shanghai City	8131	12864	18442	23174
南京市	Nanjing City	1755	3337	4275	4122
苏州市	Suzhou City	1283	1073	3248	2843
无锡市	Wuxi City	1073	2375	1333	1253
常州市	Changzhou City	1097	1306	1137	1111
镇江市	Zhenjiang City	403	477	374	316
南通市	Nantong City			1364	1345
扬州市	Yangzhou City	555	873	1170	1193
泰州市	Taizhou City	352	1448	1633	3593
杭州市	Hangzhou City	655	1594	3173	3504
宁波市	Ningbo City	715	608	1829	2716
嘉兴市	Jiaxing City	577	1673	3886	4492
湖州市	Huzhou City	756	1555	3212	5535
绍兴市	Shaoxing City	538	1282	910	1055
舟山市	Zhoushan City	152	498	1679	1942
台州市	Taizhou City	255	832	1341	2103
珠江三角洲经济区	**Pearl River Delta**				
广州市	Guangzhou City		7012	9569	9201
深圳市	Shenzhen City		147	586	678
珠海市	Zhuhai City		1055	1990	2188
佛山市	Foshan City		1625	2682	3470
江门市	Jiangmen City		889	1421	1709
东莞市	Dongguan City		1036	1991	1842
中山市	Zhongshan City		706	972	1022
惠州市区	Huizhou Urban District			30	18
惠阳市	Huiyang City			66	26
惠东县	Huidong County			88	21
博罗县	Boluo County			154	245
肇庆市区	Zhaoqing Urban District		1135	1065	1229
高要市	Gaoyao City				
四会市	Sihui City				

9-3 续表4 continued

单位：万吨 (10 000 tons)

地区	Area	民用航空 Civil Aviation			
		1978	1990	2000	2002
长江三角洲经济区	**Yangtze River Delta**				
上海市	Shanghai City	1.00	13.00	88.00	132.00
南京市	Nanjing City	0.13	0.60	5.38	6.80
苏州市	Suzhou City				
无锡市	Wuxi City				
常州市	Changzhou City		0.06	0.60	0.30
镇江市	Zhenjiang City				
南通市	Nantong City			0.18	0.13
扬州市	Yangzhou City				
泰州市	Taizhou City				
杭州市	Hangzhou City			4.00	6.00
宁波市	Ningbo City		0.08	1.10	2.53
嘉兴市	Jiaxing City				
湖州市	Huzhou City				
绍兴市	Shaoxing City				
舟山市	Zhoushan City			0.24	0.26
台州市	Taizhou City				
珠江三角洲经济区	**Pearl River Delta**				
广州市	Guangzhou City		8.00	20.00	24.00
深圳市	Shenzhen City			5.00	8.00
珠海市	Zhuhai City			1.00	1.00
佛山市	Foshan City				
江门市	Jiangmen City				
东莞市	Dongguan City				
中山市	Zhongshan City				
惠州市区	Huizhou Urban District				0.05
惠阳市	Huiyang City				
惠东县	Huidong County				
博罗县	Boluo County				
肇庆市区	Zhaoqing Urban District				
高要市	Gaoyao City				
四会市	Sihui City				

9-4 货物周转量(2002年)
Freight Ton-Kilometers(2002)

单位：万吨公里 (10 000 ton-km)

地区	Area	总计 Total	铁路 Railways	公路 Highways	水运 Waterways	民用航空 Civil Aviation
长江三角洲经济区	**Yangtze River Delta**					
上海市	Shanghai City	74720000	1000000	650000	72950000	120000
南京市	Nanjing City	7049878	990282	546284	5018222	3398
苏州市	Suzhou City	22973		9200	13773	
无锡市	Wuxi City	401874		218062	183812	
常州市	Changzhou City	274835		151418	123417	
镇江市	Zhenjiang City	256626	1228	178882	76516	
南通市	Nantong City	502640		331592	171048	
扬州市	Yangzhou City	541569		224275	317294	
泰州市	Taizhou City	587040		156276	430764	
杭州市	Hangzhou City	809484		458951	350533	
宁波市	Ningbo City	3342614		492170	2844927	
嘉兴市	Jiaxing City	605959		124410	481549	
湖州市	Huzhou City	1007750		166847	840903	
绍兴市	Shaoxing City			213791	84879	
舟山市	Zhoushan City	1365575		31769	1333806	
台州市	Taizhou City	2204590		470459	1734131	
珠江三角洲经济区	**Pearl River Delta**					
广州市	Guangzhou City	21602946	1547417	986717	19005094	61666
深圳市	Shenzhen City	2618003	19800	341803	2244700	11700
珠海市	Zhuhai City	200750		133643	65109	1998
佛山市	Foshan City	12444	272638	464372	803242	
江门市	Jiangmen City	269783		86901	182882	
东莞市	Dongguan City	420684		265908	154776	
中山市	Zhongshan City	268613		181652	86961	
惠州市区	Huizhou Urban District	195837	65723	127957	2070	87
惠阳市	Huiyang City	52408		56058.2	2730	
惠东县	Huidong County	32135		52408	2205	
博罗县	Boluo County	64205		64205	24990	
肇庆市区	Zhaoqing Urban District	377051	15641	274942	86468	
高要市	Gaoyao City	45671		31732	13939	
四会市	Sihui City	68818		55176	13642	

9-5 运输线路长度(2002年)
Length of Transportation Routes(2002)

单位：公里 (km)

地区	Area	境内铁路里程 Length of Rainways	复线里程 Double-traking Length	境内公路里程 Length of Highways	高速公路 Express-way	内河 Length of Navigable Inland Waterways	管道 Length of Petroleum and Gas Pipelines
长江三角洲经济区	**Yangtze River Delta**						
上海市	Shanghai City	257		6286		2037	
南京市	Nanjing City	131	131	7329	234	659	
苏州市	Suzhou City	73	73	5520	124	2897	
无锡市	Wuxi City	37	37	3682	86	1656	
常州市	Changzhou City	56	56	2359	43	1264	
镇江市	Zhenjiang City	80	80	1810	82	592	
南通市	Nantong City			6845	38	3465	
扬州市	Yangzhou City			3239	195	2171	
泰州市	Taizhou City			5209	139	2541	
杭州市	Hangzhou City			6560	167	2141	
宁波市	Ningbo City	187		5506	184	1262	229
嘉兴市	Jiaxing City	72		1966	150	1941	
湖州市	Huzhou City			2801	86	1163	
绍兴市	Shaoxing City	122		4087	205	1790	
舟山市	Zhoushan City			949			
台州市	Taizhou City			4019	128		
珠江三角洲经济区	**Pearl River Delta**						
广州市	Guangzhou City	383	318	5397	260	1255	78
深圳市	Shenzhen City			1314			
珠海市	Zhuhai City			1017			
佛山市	Foshan City			3890			
江门市	Jiangmen City			4058			
东莞市	Dongguan City			2533			
中山市	Zhongshan City			1027			
惠州市区①	Huizhou Urban District ①			7084			
惠阳市	Huiyang City						
惠东县	Huidong County						
博罗县	Boluo County						
肇庆市区②	Zhaoqing Urban District ②			7662			
高要市	Gaoyao City						
四会市	Sihui City						

注：①为惠州市。②为肇庆市。

Note：① Refer to Huizhou City. ② Refer to Zhaoqing City.

9-6 港口基本情况（2002 年）

Basic Conditions of Port(2002)

地区	Area	码头泊位个数（个）Number of Berths(unit)	# 万吨级泊位 Berths at 10 000 ton class	码头泊位长度（米）Length of Quay Line(m)	总面积（万平方米）Total Area (10 000 sq.m)	仓库 Ware-houses	堆场 Store Sites
长江三角洲经济区	**Yangtze River Delta**						
上海市	Shanghai City	131	74	2	350	51	299
南京市	Nanjing City	128	17	7667		7	70
苏州市	Suzhou City						
无锡市	Wuxi City						
常州市	Changzhou City						
镇江市	Zhenjiang City	161	19	10170			
南通市①	Nantong City ①	41	9	7936		2	32
扬州市	Yangzhou City						
泰州市	Taizhou City						
杭州市	Hangzhou City						
宁波市	Ningbo City	175	32	16823			
嘉兴市	Jiaxing City	2110	6	62169			
湖州市	Huzhou City	1553		56466			
绍兴市	Shaoxing City	309		5789	23294	1856	21433
舟山市	Zhoushan City	352	11	18321	11	1	11
台州市	Taizhou City	105	2	6955	41	5	36
珠江三角洲经济区	**Pearl River Delta**						
广州市	Guangzhou City	1270	50	65920	296		
深圳市	Shenzhen City	128	39				
珠海市	Zhuhai City						
佛山市	Foshan City						
江门市	Jiangmen City						
东莞市	Dongguan City						
中山市	Zhongshan City						
惠州市区	Huizhou Urban District						
惠阳市	Huiyang City						
惠东县	Huidong County						
博罗县	Boluo County						
肇庆市区	Zhaoqing Urban District						
高要市	Gaoyao City						
四会市	Sihui City						

注：①为 2001 年数。

Note：① Data refer to 2001.

9-7 港口货物吞吐量
Volume of Freight Handled

单位：万吨 (10 000 tons)

地区	Area	1978	1980	1985	1990
长江三角洲经济区	**Yangtze River Delta**				
上海市	Shanghai City	7955	8483	11291	13959
南京市	Nanjing City	2804	3291	3663	4390
苏州市	Suzhou City	1368	1529	2084	1821
无锡市	Wuxi City				
常州市	Changzhou City	628	643	722	597
镇江市	Zhenjiang City	706	709	1076	1669
南通市	Nantong City	302	293	1013	1043
扬州市	Yangzhou City	446	450	575	378
泰州市	Taizhou City				
杭州市	Hangzhou City				
宁波市	Ningbo City	214	326	1040	2554
嘉兴市	Jiaxing City				
湖州市	Huzhou City				
绍兴市	Shaoxing City				
舟山市	Zhoushan City				281
台州市	Taizhou City				507
珠江三角洲经济区	**Pearl River Delta**				
广州市	Guangzhou City				5099
深圳市	Shenzhen City				1105
珠海市	Zhuhai City				269
佛山市	Foshan City				675
江门市	Jiangmen City				615
东莞市	Dongguan City				233
中山市	Zhongshan City				300
惠州市区	Huizhou Urban District				39
惠阳市	Huiyang City				
惠东县	Huidong County				
博罗县	Boluo County				
肇庆市区	Zhaoqing Urban District				421
高要市	Gaoyao City				
四会市	Sihui City				
香港特别行政区①	**Hong Kong,SAR ①**	2783	3356	5366	9073
澳门特别行政区	**Macao,SAR**				4729

9-7 续表 continued

单位：万吨 (10 000 tons)

地区	Area	1995	2000	2001	2002
长江三角洲经济区	**Yangtze River Delta**				
上海市	Shanghai City	16567	20440	22099	26384
南京市	Nanjing City	5258	6850	5963	6398
苏州市	Suzhou City	2132	8028	8064	9308
无锡市	Wuxi City		807	1024	2017
常州市	Changzhou City	553	1711	1819	1945
镇江市	Zhenjiang City	1971	2996	2949	3247
南通市	Nantong City	1610	2748	3511	3746
扬州市	Yangzhou City	469	1429	1506	1611
泰州市	Taizhou City		662	742	841
杭州市	Hangzhou City				
宁波市	Ningbo City	6853	11547	12852	15398
嘉兴市	Jiaxing City		5604	6314	7094
湖州市	Huzhou City	2061	3388	3905	5460
绍兴市	Shaoxing City				
舟山市	Zhoushan City	1005	3189	3281	4068
台州市	Taizhou City	893	1271	1397	1614
珠江三角洲经济区	**Pearl River Delta**				
广州市	Guangzhou City	8340	12455	13539	16772
深圳市	Shenzhen City	3080	5697	6643	8767
珠海市	Zhuhai City	500	1770	1998	2340
佛山市	Foshan City	1058	2033	2329	2990
江门市	Jiangmen City	766	879	1072	1942
东莞市	Dongguan City	2011	746	883	1611
中山市	Zhongshan City	357	635	677	850
惠州市区	Huizhou Urban District	201	825	834	956
惠阳市	Huiyang City				
惠东县	Huidong County				
博罗县	Boluo County				
肇庆市区	Zhaoqing Urban District	382	189	135	357
高要市	Gaoyao City				
四会市	Sihui City				
香港特别行政区①	**Hong Kong,SAR ①**	12718	17464	17821	19251
澳门特别行政区	**Macao,SAR**	5793 ②	6102	5731	5748

注：①1978—1990年数为国际海运货物。自1993年开始为水运进出香港货物，水运包括海运和河运。1993年前的数字是根据旧定义编制，因此不能与1993年起的数字作严格比较。 ②为1996年数。

Note: ① Data from 1978 to 1990 are international movements of commercial cargo by sea.Since 1993,data of inward and outward movements of cargo by water.Transport by water includes transport by ocean and by river.Hence,figers from 1993 onwards are not strictly comparable with those prior to 1993 which are compiled based on the old definition. ② Data refer to 1996.

9-8 港口国际标准集装箱吞吐量
Volume of International Standard Containers Handled

单位：标准集装箱 TEU

地区	Area	1990 合计 Total	1990 进港 In-port	1990 出港 Out-port	2002 合计 Total	2002 进港 In-port	2002 出港 Out-port
长江三角洲经济区	**Yangtze River Delta**						
上海市	Shanghai City	456000			8612000		
南京市	Nanjing City	44486			250222		
苏州市	Suzhou City						
无锡市	Wuxi City						
常州市	Changzhou City				20011	6947	13064
镇江市	Zhenjiang City						
南通市	Nantong City	10915			205097	69274	135823
扬州市	Yangzhou City				133	100	33
泰州市	Taizhou City						
杭州市	Hangzhou City						
宁波市	Ningbo City	22000			1859000		
嘉兴市	Jiaxing City				4959	2506	2453
湖州市	Huzhou City						
绍兴市	Shaoxing City						
舟山市	Zhoushan City				26631	13407	13224
台州市	Taizhou City				13314	6481	6833
珠江三角洲经济区	**Pearl River Delta**						
广州市	Guangzhou City				2718133	1329264	1388869
深圳市	Shenzhen City	17900			7617801	3659716	3958145
珠海市	Zhuhai City						
佛山市	Foshan City						
江门市	Jiangmen City						
东莞市	Dongguan City						
中山市	Zhongshan City						
惠州市区	Huizhou Urban District						
惠阳市	Huiyang City						
惠东县	Huidong County						
博罗县	Boluo County						
肇庆市区	Zhaoqing Urban District						
高要市	Gaoyao City						
四会市	Sihui City						
香港特别行政区	**Hong Kong,SAR**	5101000			19144000		
澳门特别行政区	**Macao,SAR**				106176	45206	60970

9-9 民用车辆拥有量

Number of Civil Vehicles Owned

单位：辆 (unit)

地区	Area	总计 Total			
		1978	1990	2000	2002
长江三角洲经济区	**Yangtze River Delta**				
上海市	Shanghai City	67300	212100	1042900	1390300
南京市	Nanjing City				429806
苏州市	Suzhou City		94026	887513	1014062
无锡市	Wuxi City		106493	739276	843314
常州市	Changzhou City	7523	63117	438027	556641
镇江市	Zhenjiang City		46114	27453	328738
南通市	Nantong City				974851
扬州市	Yangzhou City	15058	85753	765460	1023251
泰州市	Taizhou City				322615
杭州市	Hangzhou City		115079	395973	627946
宁波市	Ningbo City			102951	153838
嘉兴市	Jiaxing City		31363	264479	463821
湖州市	Huzhou City	1288	8412	152591	327836
绍兴市	Shaoxing City		4483	232873	349461
舟山市	Zhoushan City		10548	32702	63233
台州市	Taizhou City	1456	28025	337564	475615
珠江三角洲经济区	**Pearl River Delta**				
广州市	Guangzhou City		331242	1344405	1584382
深圳市	Shenzhen City		93379	323885	464143
珠海市	Zhuhai City		42392	86331	136030
佛山市	Foshan City		213038	1359046	1405989
江门市	Jiangmen City		104472	655107	862849
东莞市	Dongguan City	3356	89010	637863	863810
中山市	Zhongshan City		41656	425162	463048
惠州市区	Huizhou Urban District		53310	305074	422783
惠阳市	Huiyang City				
惠东县	Huidong County				
博罗县	Boluo County				
肇庆市区	Zhaoqing Urban District		89413	329746	469018
高要市	Gaoyao City				
四会市	Sihui City				
香港特别行政区①	**Hong Kong,SAR ①**	233150		582141	589808 ②
澳门特别行政区	**Macao,SAR**			113231	114765 ②

9-9 续表1 continued

单位：辆 (unit)

地区	Area	汽 车 Vehicles			
		1978	1990	2000	2002
长江三角洲经济区	**Yangtze River Delta**				
上海市	Shanghai City	52500	147700	491900	623000
南京市	Nanjing City			109289	150735
苏州市	Suzhou City		37871	125918	209941
无锡市	Wuxi City		33521	89117	145297
常州市	Changzhou City	2832	18374	57600	78391
镇江市	Zhenjiang City		15174	34712	44734
南通市	Nantong City			57146	74878
扬州市	Yangzhou City	20	7501	29552	45319
泰州市	Taizhou City			28872	39322
杭州市	Hangzhou City		42987	162831	250018
宁波市	Ningbo City			52597	136796
嘉兴市	Jiaxing City		10797	43595	63567
湖州市	Huzhou City	1288	8412	27866	41183
绍兴市	Shaoxing City		2611	57646	80426
舟山市	Zhoushan City		3858	9436	11121
台州市	Taizhou City	1184	11008	51618	81683
珠江三角洲经济区	**Pearl River Delta**				
广州市	Guangzhou City		102915	389473	487556
深圳市	Shenzhen City		49920	269489	410409
珠海市	Zhuhai City		15740	55204	70520
佛山市	Foshan City		35313	216870	254762
江门市	Jiangmen City		23469	82139	98224
东莞市	Dongguan City	623	19394	153684	220134
中山市	Zhongshan City		10142	78926	111462
惠州市区	Huizhou Urban District		16043	56419	76960
惠阳市	Huiyang City				
惠东县	Huidong County				
博罗县	Boluo County				
肇庆市区	Zhaoqing Urban District		18076	28274	42694
高要市	Gaoyao City				
四会市	Sihui City				
香港特别行政区①	**Hong Kong,SAR ①**	211045		548056	553617 ②
澳门特别行政区	**Macao,SAR**			55939	56515 ②

9-9 续表2 continued

单位：辆 (unit)

地区	Area	摩托车 Motorcycles			
		1978	1990	2000	2002
长江三角洲经济区	**Yangtze River Delta**				
上海市	Shanghai City	8400	40200	537700	740900
南京市	Nanjing City			182061	249337
苏州市	Suzhou City		37879	725523	789696
无锡市	Wuxi City		44921	631365	686288
常州市	Changzhou City	172	23820	349876	443669
镇江市	Zhenjiang City		9468	216270	264601
南通市	Nantong City				862935
扬州市	Yangzhou City	35	15444	422192	585169
泰州市	Taizhou City				276763
杭州市	Hangzhou City		32919	223630	370987
宁波市	Ningbo City				
嘉兴市	Jiaxing City		13745	209650	387174
湖州市	Huzhou City			124725	286653
绍兴市	Shaoxing City		1872	161243	266668
舟山市	Zhoushan City		1715	19732	48472
台州市	Taizhou City	221	8996	280882	392507
珠江三角洲经济区	**Pearl River Delta**				
广州市	Guangzhou City		205661	946632	1088511
深圳市	Shenzhen City		38914	54186	53548
珠海市	Zhuhai City		18183	29517	63884
佛山市	Foshan City		152128	1126210	1144880
江门市	Jiangmen City		50576	560431	751086
东莞市	Dongguan City	134	47881	482636	642034
中山市	Zhongshan City		23656	342825	349785
惠州市区	Huizhou Urban District		23638	237466	344630
惠阳市	Huiyang City				
惠东县	Huidong County				
博罗县	Boluo County				
肇庆市区	Zhaoqing Urban District		39242	289220	411255
高要市	Gaoyao City				
四会市	Sihui City				
香港特别行政区①	**Hong Kong,SAR ①**	22105		34085	36191 ②
澳门特别行政区	**Macao,SAR**			57292	58250 ②

9-9 续表 3　continued

单位：辆　　(unit)

地区	Area	拖拉机(台)　Tractors			
		1978	1990	2000	2002
长江三角洲经济区	**Yangtze River Delta**				
上海市	Shanghai City	5300	2600	4500	8000
南京市	Nanjing City			13852	446
苏州市	Suzhou City		15554		5793
无锡市	Wuxi City		23477	11783	5627
常州市	Changzhou City	3675	20923	30551	34581
镇江市	Zhenjiang City		19196	12255	2474
南通市	Nantong City				31054
扬州市	Yangzhou City	14973	39328	58718	56611
泰州市	Taizhou City				106
杭州市	Hangzhou City		31498		
宁波市	Ningbo City			15026	16544
嘉兴市	Jiaxing City		6821	11234	13080
湖州市	Huzhou City				
绍兴市	Shaoxing City				
舟山市	Zhoushan City		4975	3534	3640
台州市	Taizhou City				
珠江三角洲经济区	**Pearl River Delta**				
广州市	Guangzhou City		20420	4016	2057
深圳市	Shenzhen City		4545	4	
珠海市	Zhuhai City		7379	1606	13
佛山市	Foshan City		24614	15228	24
江门市	Jiangmen City		26271	12042	140
东莞市	Dongguan City	2599	21735	1534	8
中山市	Zhongshan City		7268	1575	
惠州市区	Huizhou Urban District		12589	11189	
惠阳市	Huiyang City				
惠东县	Huidong County				
博罗县	Boluo County				
肇庆市区	Zhaoqing Urban District		32061	12199	438
高要市	Gaoyao City				
四会市	Sihui City				
香港特别行政区①	**Hong Kong,SAR ①**				
澳门特别行政区	**Macao,SAR**				

注：①为按种类划分的登记车辆。②为2001年数。
Note: ① Motor vehicles registered by type. ② Data refer to 2001.

9–10 私人车辆拥有量
Number of Private-owned Vehicles

单位：辆 (unit)

地区	Area	总计 Total 1990	2000	2002
长江三角洲经济区	**Yangtze River Delta**			
上海市	Shanghai City			850500
南京市	Nanjing City			324795
苏州市	Suzhou City			
无锡市	Wuxi City			732262
常州市	Changzhou City		461948 ①	506437
镇江市	Zhenjiang City			
南通市	Nantong City			
扬州市	Yangzhou City			
泰州市	Taizhou City			
杭州市	Hangzhou City			
宁波市	Ningbo City			
嘉兴市	Jiaxing City	8636	29466	415010
湖州市	Huzhou City		132592	302177
绍兴市	Shaoxing City	1796	141797	275453
舟山市	Zhoushan City		27654	44842
台州市	Taizhou City	16173	319843	462377
珠江三角洲经济区	**Pearl River Delta**			
广州市	Guangzhou City	191357	1108488	1335215
深圳市	Shenzhen City	25740	141473	245439
珠海市	Zhuhai City	11470	40129	83098
佛山市	Foshan City	137421	1246587	1327797
江门市	Jiangmen City	29499	602460	806473
东莞市	Dongguan City	69390	517537	703129
中山市	Zhongshan City	26694	384389	410614
惠州市区	Huizhou Urban District	40706	256660	383463
惠阳市	Huiyang City			
惠东县	Huidong County			
博罗县	Boluo County			
肇庆市区	Zhaoqing Urban District	67789	310424	443788
高要市	Gaoyao City			
四会市	Sihui City			
香港特别行政区	**Hong Kong,SAR**		374013	381757 ①
澳门特别行政区	**Macao,SAR**		51456	52209 ①

9-10 续表1　continued

单位：辆　　(unit)

地区	Area	汽车 Vehicles		
		1990	2000	2002
长江三角洲经济区	**Yangtze River Delta**			
上海市	Shanghai City			146800
南京市	Nanjing City		27413	56609
苏州市	Suzhou City		59997	104068
无锡市	Wuxi City		19551	45976
常州市	Changzhou City		13801	29058
镇江市	Zhenjiang City		7752	15098
南通市	Nantong City		9782	24410
扬州市	Yangzhou City		5580	6831
泰州市	Taizhou City		6182	9243
杭州市	Hangzhou City		42349	106683
宁波市	Ningbo City		21595	43176
嘉兴市	Jiaxing City	885	13007	29870
湖州市	Huzhou City		8204	15825
绍兴市	Shaoxing City	24	8536	25476
舟山市	Zhoushan City		2473	4815
台州市	Taizhou City	3033	33897	68445
珠江三角洲经济区	**Pearl River Delta**			
广州市	Guangzhou City	18437	207668	287696
深圳市	Shenzhen City	2106	102871	207129
珠海市	Zhuhai City	868	16969	26181
佛山市	Foshan City	3630	141869	197206
江门市	Jiangmen City	4570	40722	60618
东莞市	Dongguan City	13464	91205	128692
中山市	Zhongshan City	2075	47939	69051
惠州市区	Huizhou Urban District	6677	28705	42322
惠阳市	Huiyang City			
惠东县	Huidong County			
博罗县	Boluo County			
肇庆市区	Zhaoqing Urban District	5339	14526	24745
高要市	Gaoyao City			
四会市	Sihui City			
香港特别行政区	**Hong Kong,SAR**			
澳门特别行政区	**Macao,SAR**			

9–10 续表 2　continued

单位：辆 (unit)

地区	Area	摩托车 Motorcycles		
		1990	2000	2002
长江三角洲经济区	**Yangtze River Delta**			
上海市	Shanghai City			700700
南京市	Nanjing City		177471 ①	249337
苏州市	Suzhou City			
无锡市	Wuxi City			675102
常州市	Changzhou City		406998 ①	440429
镇江市	Zhenjiang City			264601
南通市	Nantong City		812627 ①	
扬州市	Yangzhou City			
泰州市	Taizhou City			
杭州市	Hangzhou City			
宁波市	Ningbo City			
嘉兴市	Jiaxing City	7751	16459	385140
湖州市	Huzhou City		124388	286352
绍兴市	Shaoxing City	1772	133261	249977
舟山市	Zhoushan City		25181	40027
台州市	Taizhou City	6302	280882	392507
珠江三角洲经济区	**Pearl River Delta**			
广州市	Guangzhou City	152784	900820	1044040
深圳市	Shenzhen City	23642	38602	38305
珠海市	Zhuhai City	7057	23092	56836
佛山市	Foshan City	115139	1095589	1128878
江门市	Jiangmen City	44036	549746	734075
东莞市	Dongguan City	34326	426215	574302
中山市	Zhongshan City	19120	336268	341314
惠州市区	Huizhou Urban District	21346	216610	340063
惠阳市	Huiyang City			
惠东县	Huidong County			
博罗县	Boluo County			
肇庆市区	Zhaoqing Urban District	32564	284211	404784
高要市	Gaoyao City			
四会市	Sihui City			
香港特别行政区	**Hong Kong,SAR**			
澳门特别行政区	**Macao,SAR**			

9-10 续表3 continued

单位：辆 (unit)

地区	Area	拖拉机（台） Tractors		
		1990	2000	2002
长江三角洲经济区	**Yangtze River Delta**			
上海市	Shanghai City			2400
南京市	Nanjing City		13474 ①	375
苏州市	Suzhou City			
无锡市	Wuxi City		6861	6894
常州市	Changzhou City		34820 ①	34581
镇江市	Zhenjiang City			2474
南通市	Nantong City		20969 ①	
扬州市	Yangzhou City			
泰州市	Taizhou City			
杭州市	Hangzhou City			
宁波市	Ningbo City			16544
嘉兴市	Jiaxing City			
湖州市	Huzhou City			
绍兴市	Shaoxing City			
舟山市	Zhoushan City			
台州市	Taizhou City			
珠江三角洲经济区	**Pearl River Delta**			
广州市	Guangzhou City	19656	3445	1644
深圳市	Shenzhen City			
珠海市	Zhuhai City	3127	68	
佛山市	Foshan City	18340	11345	5
江门市	Jiangmen City	20792	11992	5
东莞市	Dongguan City	21600	117	7
中山市	Zhongshan City	5372	182	
惠州市区	Huizhou Urban District	11799	11345	
惠阳市	Huiyang City			
惠东县	Huidong County			
博罗县	Boluo County			
肇庆市区	Zhaoqing Urban District	29886	11673	403
高要市	Gaoyao City			
四会市	Sihui City			
香港特别行政区	**Hong Kong,SAR**			
澳门特别行政区	**Macao,SAR**			

注：①为2001年数。

Note: ① Data refer to 2001.

9-11 全社会运输船舶拥有量

Number of Vessels Owned

地区	Area	机动船 Motor Vessels			
		艘数（艘）Number(unit)		净载重量(吨) Dead Weight Tonage(ton)	
		1990	2002	1990	2002
长江三角洲经济区	**Yangtze River Delta**				
上海市	Shanghai City	1226	965	5390500	10851200
南京市	Nanjing City	3986	2133	117714	2365770
苏州市	Suzhou City	546	4269	3206	121826
无锡市	Wuxi City	8043	3314	172494	207922
常州市	Changzhou City	8464	1768	193450	152638
镇江市	Zhenjiang City	1278	984	35509	99746
南通市	Nantong City		1274		299017
扬州市	Yangzhou City	12369	2946	461461	422077
泰州市	Taizhou City		9253		514414
杭州市	Hangzhou City				
宁波市	Ningbo City	3381	625	94586	897470
嘉兴市	Jiaxing City	15013	11797	229407	665313
湖州市	Huzhou City	7018	7464	159859	709282
绍兴市	Shaoxing City				
舟山市	Zhoushan City	835	1054	115422	787733
台州市	Taizhou City	5460	2481	168792	652575
珠江三角洲经济区	**Pearl River Delta**				
广州市	Guangzhou City	6195	5646	236440	2958798
深圳市	Shenzhen City	55	72	8651	277420
珠海市	Zhuhai City	1005	568	37348	170963
佛山市	Foshan City	4430	1318	191826	376625
江门市	Jiangmen City	2802	1268	75031	186622
东莞市	Dongguan City	5984	483	186056	122805
中山市	Zhongshan City	3738	2941	87674	199762
惠州市区	Huizhou Urban District	1127	98	40541	4953
惠阳市	Huiyang City		62		6511
惠东县	Huidong County		113		10403
博罗县	Boluo County		232		21164
肇庆市区	Zhaoqing Urban District	4464	1455	208916	102918
高要市	Gaoyao City				
四会市	Sihui City				

9-11 续表1 continued

地区	Area	机动船 Motor Vessels			
		载客量（客位） Passenger Capacity (seat)		拖船功率(千瓦) Drawing Power (kw)	
		1990	2002	1990	2002
长江三角洲经济区	**Yangtze River Delta**				
上海市	Shanghai City	62777	18684	137300	139600
南京市	Nanjing City	5978			88993
苏州市	Suzhou City	4634	3539	34623	5943
无锡市	Wuxi City	3922	5589		9640
常州市	Changzhou City	1627	2242	16743	3983
镇江市	Zhenjiang City	3705	6208	13330	6000
南通市	Nantong City		3058		6330
扬州市	Yangzhou City	18736	3738	27715	9982
泰州市	Taizhou City		1010		10501
杭州市	Hangzhou City				
宁波市	Ningbo City	8462	6977	1371	747
嘉兴市	Jiaxing City	1925	704	15546	53766
湖州市	Huzhou City	4876		97578	371081
绍兴市	Shaoxing City				
舟山市	Zhoushan City	17320	26684	121604	452709
台州市	Taizhou City	19918	1545		
珠江三角洲经济区	**Pearl River Delta**				
广州市	Guangzhou City	45921	65110	59047	11496
深圳市	Shenzhen City	1407	3734	5424	19353
珠海市	Zhuhai City	5313	6053	2975	26068
佛山市	Foshan City	14705	2391	2618	1835
江门市	Jiangmen City	4083	8017	1583	176
东莞市	Dongguan City	776	928	927	
中山市	Zhongshan City	3723	2865	10	2266
惠州市区	Huizhou Urban District	2896	480	1923	
惠阳市	Huiyang City		368		
惠东县	Huidong County				
博罗县	Boluo County				
肇庆市区	Zhaoqing Urban District	20139	13076	7791	1936
高要市	Gaoyao City				
四会市	Sihui City				

9-11 续表2 continued

地区	Area	驳船 Barges					
		艘数（艘）Number (unit)		净载重量(吨) Dead Weight Tonage (ton)		载客量（客位）Passenger Capacity(seat)	
		1990	2002	1990	2002	1990	2002
长江三角洲经济区	**Yangtze River Delta**						
上海市	Shanghai City	3191	303	710100	241700		
南京市	Nanjing City	1085	542	106857	683200	320	
苏州市	Suzhou City	3685	343	173719	22514	5470	682
无锡市	Wuxi City	3436	584	207872	47775		
常州市	Changzhou City	1574	348	91052	40685	1228	
镇江市	Zhenjiang City	890	189	68639	45778	562	
南通市	Nantong City		602		61632		
扬州市	Yangzhou City	1030	742	82995	133509	15736	435
泰州市	Taizhou City		793		88445		
杭州市	Hangzhou City						
宁波市	Ningbo City	480	6	7875	5090	1753	
嘉兴市	Jiaxing City	1242	847	78653	75669		404
湖州市	Huzhou City	2673	995	181945	86895		
绍兴市	Shaoxing City						
舟山市	Zhoushan City	12	4	7941	6600		
台州市	Taizhou City	26		266		202	
珠江三角洲经济区	**Pearl River Delta**						
广州市	Guangzhou City	1296	219	267469	46308		127
深圳市	Shenzhen City	7	15	5107	26602		
珠海市	Zhuhai City	231	20	15502	14516	380	
佛山市	Foshan City	320	9	22082	4101	134	
江门市	Jiangmen City	153	1	13169			176
东莞市	Dongguan City	12		4688			
中山市	Zhongshan City	42	17	4415	6483	45	
惠州市区	Huizhou Urban District	156		4215			
惠阳市	Huiyang City		1		65		
惠东县	Huidong County						
博罗县	Boluo County						
肇庆市区	Zhaoqing Urban District	1255	25	91690	7500	239	
高要市	Gaoyao City						
四会市	Sihui City						

9-12 邮电业务基本情况

Basic Conditions of Post and Telecommunication Services

地区	Area	年末邮电局所数(处) Number of Post and Telecommunication Offices at Year-end (unit)			邮政业务总量（万元） Business Volume of Post (10 000 yuan)		
		2000	2001	2002	2000	2001	2002
长江三角洲经济区	**Yangtze River Delta**						
上海市	Shanghai City	535	585	594		224000	281000
南京市	Nanjing City	322	290	297			61531
苏州市	Suzhou City	376	387	389	31674	47022	591563
无锡市	Wuxi City	355	321	326	23792	43263	46578
常州市	Changzhou City	248	263	263		24365	26859
镇江市	Zhenjiang City	248	245	320	11149	18210	18786
南通市	Nantong City	531	540	602	20384	33331	38106
扬州市	Yangzhou City	281	289	285	21988	26584	30079
泰州市	Taizhou City	357	358	360	13499	25572	28870
杭州市	Hangzhou City	443	413	410	40200	50659	55818
宁波市	Ningbo City	373	370	376	14900	39515	42733
嘉兴市	Jiaxing City	251	249	239	6960	15490	15878
湖州市	Huzhou City	166	176	155	7693	9057	9459
绍兴市	Shaoxing City	468	520	538	15730	17705	19910
舟山市	Zhoushan City	112	133	109	4171	4943	5308
台州市	Taizhou City	408	365	343	9530	20105	22212
珠江三角洲经济区	**Pearl River Delta**						
广州市	Guangzhou City	821	531	614	101735	108742	130605
深圳市	Shenzhen City	652	717	703	1336000	1823700	1644200
珠海市	Zhuhai City	128	124	126	6900	13100	15700
佛山市	Foshan City					30000	33700
江门市	Jiangmen City					18200	20600
东莞市	Dongguan City	594	689	696		38500	43500
中山市	Zhongshan City	35	39	37	6300	15400	17400
惠州市区	Huizhou Urban District	57	70	43		5400	5400
惠阳市	Huiyang City						
惠东县	Huidong County						
博罗县	Boluo County						
肇庆市区	Zhaoqing Urban District					8600	9900
高要市	Gaoyao City						
四会市	Sihui City						
香港特别行政区	**Hong Kong,SAR**						
澳门特别行政区	**Macao,SAR**						

9-12 续表 1 continued

地区	Area	电信业务总量（万元） Business Volume of Telecommunication Services(10 000 yuan)			本地电话用户数（万户） Number of Subscribers of Local Telephone(10 000 subscribers)		
		2000	2001	2002	2000	2001	2002
长江三角洲经济区	**Yangtze River Delta**						
上海市	Shanghai City	1493000	1696000	2077000	549.00	616.40	672.00
南京市	Nanjing City			353441	131.85	159.28	182.63
苏州市	Suzhou City	410236	432985	591563	169.98	200.54	218.75
无锡市	Wuxi City	305128	292300	353977	116.21	135.01	153.03
常州市	Changzhou City		86598	95097	75.88	88.97	106.79
镇江市	Zhenjiang City	150920	210912	233521	63.56	76.40	86.34
南通市	Nantong City	100273	97228	113698	116.95	147.73	164.80
扬州市	Yangzhou City	147147	199728	154363	91.58	108.88	125.58
泰州市	Taizhou City	163574	264386	345957	82.20	106.70	124.70
杭州市	Hangzhou City	178147	450052	615922	161.19	203.52	251.16
宁波市	Ningbo City	540939	366283	781336	130.15	163.21	203.58
嘉兴市	Jiaxing City	220540	180039	191225	71.49	91.36	106.30
湖州市	Huzhou City	85317	112438	159736	45.13	60.28	73.33
绍兴市	Shaoxing City	170321	209495	279292	96.02	119.00	135.15
舟山市	Zhoushan City	48911	61202	67771	22.68	27.79	35.05
台州市	Taizhou City	352802	311710	378049	100.81	117.09	143.66
珠江三角洲经济区	**Pearl River Delta**						
广州市	Guangzhou City	1209390	1571600	1878400	260.24	310.08	357.50
深圳市	Shenzhen City		1536600	1740800	173.51	219.38	271.18
珠海市	Zhuhai City	192500	286200	306000	31.00	40.63	49.00
佛山市	Foshan City		652700	748600	107.49	136.13	150.28
江门市	Jiangmen City		279400	314700	76.32	89.81	103.66
东莞市	Dongguan City		847900	1051000	78.12	98.96	127.93
中山市	Zhongshan City	119500	301300	338100	44.20	49.20	55.89
惠州市区	Huizhou Urban District		125900	217800	18.06	21.24	41.31
惠阳市	Huiyang City						15.85
惠东县	Huidong County						13.08
博罗县	Boluo County						14.57
肇庆市区	Zhaoqing Urban District		116600	146000	48.99	56.98	63.61
高要市	Gaoyao City				5.29	7.79	9.26
四会市	Sihui City				8.24	9.87	10.91
香港特别行政区	**Hong Kong,SAR**				394.60 ①	392.60 ①	384.20 ①
澳门特别行政区	**Macao,SAR**				17.70 ①	17.60 ①	17.60 ①

9-12 续表2　continued

地区	Area	移动电话用户数(万户) Number of Mobile Telephoneb Subscribers (10 000 subscribers)			国际互联网用户数(万户) Number of Subscribers of Internet Services (10 000 subscribers)		
		2000	2001	2002	2000	2001	2002
长江三角洲经济区	**Yangtze River Delta**						
上海市	Shanghai City	362.00	626.00	912.00	88.24	310.00	420.00
南京市	Nanjing City	95.00	136.84	190.75	18.39	88.32	68.05
苏州市	Suzhou City	110.30	192.38	274.39	36.25	94.35	56.42
无锡市	Wuxi City	76.92	128.96	192.21	31.68	56.59	47.64
常州市	Changzhou City	56.68	95.59	123.57	16.56	26.13	22.05
镇江市	Zhenjiang City	33.36	38.20	60.77	13.28	17.93	12.91
南通市	Nantong City	52.23	83.32	114.32	13.03	29.19	25.56
扬州市	Yangzhou City	37.30	56.18	88.47	5.52	12.34	18.78
泰州市	Taizhou City	31.34	46.69	66.61	5.51	17.39	5.14
杭州市	Hangzhou City	99.99	192.90	275.95	11.42	18.28	21.30
宁波市	Ningbo City	117.92	195.65	256.86	7.09	9.62	10.43
嘉兴市	Jiaxing City	49.90	63.56	105.25	3.16	13.60	18.15
湖州市	Huzhou City	33.15	51.28	77.21	3.38	7.67	10.90
绍兴市	Shaoxing City	52.74	69.30	104.62	7.62	17.00	24.16
舟山市	Zhoushan City	17.82	27.75	36.23	1.51	4.62	7.08
台州市	Taizhou City	78.35	127.33	157.78	6.23	18.23	27.89
珠江三角洲经济区	**Pearl River Delta**						
广州市	Guangzhou City	318.46	554.82	696.63	82.59	120.95	271.71
深圳市	Shenzhen City	230.91	387.69	605.00	59.77	106.16	187.96
珠海市	Zhuhai City	32.50	91.02	101.00			
佛山市	Foshan City	134.55	220.21	300.69			
江门市	Jiangmen City	61.83	104.72	132.15			
东莞市	Dongguan City	123.68	295.76	412.39	13.78	28.44	39.34
中山市	Zhongshan City	54.08	89.42	128.80	11.30	20.50	44.50
惠州市区	Huizhou Urban District	11.80	29.76	40.64	2.79	7.36	20.50
惠阳市	Huiyang City						
惠东县	Huidong County						
博罗县	Boluo County						
肇庆市区	Zhaoqing Urban District	24.40	43.39	58.60			
高要市	Gaoyao City	3.11	6.51	9.09	0.45	0.75	1.93
四会市	Sihui City	2.53	4.06	6.59			
香港特别行政区	**Hong Kong,SAR**	417.33	425.64	420.75	228.00	202.00	137.00
澳门特别行政区	**Macao,SAR**	11.80 ①	15.60 ①	17.30 ①	2.70	3.40	4.10

注：①为电话操作线路数。

Note: ① Number of working lines.

主要统计指标解释

铁路营业里程 又称营业长度（包括正式营业和临时营业里程），指办理客货运输业务的铁路正线总长度。凡是全线或部分建成双线及以上业务的线路，以第一线的实际长度计算复线、站线、段管线、岔线和特殊用途以及不计算运费的联络线都不计算营业里程。该指标可以反映铁路运输业基础设施的发展水平。也是计算客货周转量、运输密度和机车车辆运用效率等指标的基础资料。

公路里程 指在一定时期内实际达到《公路工程[WTBZ]技术标准JTJ01－88》规定的等级公路，并经公路主管部门正式验收交付使用的公路里程数。包括大中城市的郊区公路以及通过小城镇街道部分的公路里程和桥梁、渡口的长度、不包括大中城市的街道、厂矿、林区生产用道和农业生产用道的里程。两条或多条公路共同经由同一路径，只计算一次，不得重复计算公路里程长度。该指标可以反映公路建设的发展规模，也是计算运输网密度等指标的基础资料。

内河航道里程 也称内河通航里程，指在一定时期内，能通航运输船舶及排筏的天然河流、湖泊水库、运河及通航渠道的长度。包括全年季节性通航累计三个月以上的航道，不包括仅供零散流放竹、木排的河道。它是反映内河水运网规模、水平和发展情况的主要指标。

输油（气）管道长度 也称输油（气）里程，指油品（或天然气）的实际输送距离，一般按输油（气）管道的单线长度计算。若包括复线和备用线长度则称为输油（气）管道延展长度，是指管道铺设的实际长度。我们通常使用的是不包括复线的“输油（气）管道里程”，它是反映管道运输发展规模和水平的主要指标。

货（客）运量 指在一定时期内，各种运输工具实际运送的货物（旅客）数量。它是反映运输业为国民经济和人民生活服务的数量指标，也是制定和检查运输生产计划、研究运输发展规模和速度的重要指标。货运按吨计算，客运按人计算。货物不论运输距离长短、货物类别，均按实际重量统计。旅客不论行程远近或票价多少，均按一人一次客运量统计；半价票、小孩票也按一人统计。

货物（旅客）周转量 指在一定时期内，由各种运输工具运送的货物（旅客）数量与其相应运输距离的乘积之总和。它是反映运输业生产总成果的重要指标，也是编制和检查运输生产计划，计算运输效率、劳动生产率以及核算运输单位成本的主要基础资料。计算货物周转量通常按发出站与到达站之间的最短距离，也就是计费距离计算。计算公式为：

货物（旅客）周转量＝Σ货物（旅客）运输量×运输距离

沿海主要港口货物吞吐量 指经水运进出沿海主要港区范围，并经过装卸的货物数量，包括邮件及办理托运手续的行李、包裹以及补给运输船舶的燃、物料和淡水。货物吞吐量按货物流向分为进口、出口吞吐量，按货物交流性质分为外贸货物吞吐量和国内贸易货物吞吐量。货物吞吐量的货类构成及其流向，是衡量港口生产能力大小的重要指标。

邮电业务总量 指以价值量形式表现的邮电通信企业为社会提供各类邮电通信服务的总数量。邮电业务量按专业分类包括函件、包件、汇票、报刊发行、邮政快件、特快专递、邮政储蓄、集邮、公众电报、用户电报、传真、长途电话、出租电路、市话无线寻呼、移动电话、分组交换数据通信、出租代维等。计算方法为各类产品乘以相应的平均单价（不变价）之和，再加上出租电路和设备、代用户维护电话交换机和线路等的服务收入。它综合反映了一定时期邮电业务发展的总成果，是研究邮电业务量构成和发展趋势的重要指标。计算公式为：

邮电业务总量＝Σ（各类邮电业务量×不变单价）+ 出租代维及其他业务收入＝邮电业务总量+电信业务总量

移动电话用户 指在移动电话营业部门登记，通过移动电话交换机进入移动电话网、占有移动电话号码的电话用户。用户数量以实际办理登记手续进入邮电部门移动电话网的户数进行计算，一部或一台移动电话统计为一户。

Explanatory Notes on Main Statistical Indicators

Length of Railways in Operation refers to the total length of the trunk line under passenger and freight transportation (including both full operation and temporary operation). The calculation is based on the actual length of the first line even if this line has a full or partial double track or more tracks, excluding double tracks, station sidings, tracks under the charge of stations, branch lines, special-purpose lines and the non-payable connecting lines. The length of railways in operation is an important indicator to show the development of the infrastructure for the railway transport, and also the essential data to calculate volume of passenger freight transport , traffic density and utilization efficiency of the locomotives and carriages.

Length of Highways refers to the length of highways which are built in conformity with the grades specified by the highway engineering standard formulated by the Ministry of Communications, and have been formally checked and accepted by the departments of highways and put into use. The length of highways includes that of the suburb highways at large and medium sized cities, highways passing through streets at small cities and towns , and also the length of bridges and ferries. It does not include the length of streets in big and medium-sized cities and highways built for the production purpose at factories, mines, forest areas and agricultural areas. If two or more highways go the same section of the way, the length of the section is only calculated for once and no duplication is allowed. The length of highways is an important indicator to show the development of the highway construction and to provide essential information to calculate the transport network density.

Length of Navigable Inland Waterways it is an indicator reflecting the size and development of inland water network, it refers to the length of the natural rivers, lakes , reservoirs, canals, and ditches open to navigation during a given period, which enables the transport by ships and rafts . It includes the channels open to navigation for over an accumulative 3 months in a year, yet this does not include the river courses, which are only used to float odd logs and bamboo rafts. This indicator can reflect the scale, level and development situation of the inland waterway network.

Length of Oil (Gas) Pipelines used as an indicator to show the development, scale and level of the pipeline transportation it refers to t he actual transport distance of oil (or gas) products, and is in general calculated in the length of single pipeline. If the length of the double pipelines and alternate pipeline are included, it is called the extension length of the oil (gas) pipelines, which indicates the actual length of the pipelines built, excluding double pipelines.

Freight (Passenger) Traffic refers to the volume of freight (passenger) transported with various means. Freight transport is calculated in tons and passenger traffic is calculated in the number of persons. Despite the type of freight and traveling distance, the freight transport is calculated in t he actual weight of t he goods: and despite the traveling distance and ticket price, the passenger traffic is calculated by the principle that one person can be counted only once in one travel. The passengers who travel with a half price ticket or a child ticket is also calculated as one person. The freight (passenger) traffic provides a quantitative measure to show how the transport industry serves the national economy and people, and is also an important indicator for planning the transport industry and for studying the development scale and speed of the transport industry.

Freight Ton-kilometers (Passenger-kilometers) refer to the sum of the products of the volume of transported cargo (passengers) multiplying by the transport distance. It is an important indicator to reflect the achievement of transportation industry. Normally , the shortest distance between the departure station and the destination station (i.e., the payable distance) is the basis to calculate the freight ton-kilometers. This is an import ant indicator to show the total results of the transport industry, to prepare and examine the transport plan and to measure the efficiency , the labour productivity and the unit cost of transport .

The formula is as follows:

Freight Ton-kilometers (Passenger-kilometers) = Σ {Freight(Passenger) Traffic x Distance of Transportation}

Measuring unit: ton-kilometer (person-kilometer)

Volume of Freight Handled in Major Coastal Ports refers to the volume of cargo passing in and out the harbor area of the major coastal ports and having been loaded and unloaded. The volume includes that of the postal matters, registered luggage and fuels, materials and fresh water as supplies of the ships .The volume of freight handled may be classified by direction of flow as freight for import and freight for export , or by nature of cargo as freight for domestic trade and freight for foreign trade. As an important indicator, the volume of freight handled by type of cargo and by main flow direction reflects the production capacity of ports.

Business Volume of Post and Telecommunications refers to the total amount of post and telecommunication services, expressed in value terms, provided by the post and telecommunications departments for the society. Post and telecommunication services can be classified as letters, parcels, remittance, issue of newspapers and magazines, fast mail service, express mail service, savings deposits, stamps for collection, public and individual telegraph service, facsimiles, long-distance telephone service, leasing of telephone lines, urban paging service, mobile telephone service, data transfer and transmission, etc. The accounting approach is to multiply the service products of all types with their average unit price (constant price) to get sum of business value, plus income from other services such as leasing of telephone lines and equipment , maintenance of telephone switchboards and lines on behalf of customers . This indicator reflects the overall results of post and telecommunications service during a given period, and is important to study the composition of business service and the development of post and telecommunications service.

The formula is as follows:

Business Volume of Pos t and Telecommunications= Σ (Transaction of Post and Telecommunication Service x Constant Price) + Income from Leasing, Maintenance and other Services

Mobile Telephone Subscribers refer to the persons who own mobile telephone numbers and are connected with the mobile telephone communication network through the mobile telephone switchboards, including contracted subscribers and prepaid subscribers for intelligent network. One mobile telephone is taken as a subscriber.

十、国内贸易

Domestic Trade

10-1 社会消费品零售总额
Total Retail Sale of Consumer Goods

单位：亿本币 (100 million local currency units)

地区	Area	1978	1980	1985	1990
长江三角洲经济区	**Yangtze River Delta**				
上海市	Shanghai City	54.10	80.43	173.39	333.86
南京市	Nanjing City	12.11	17.84	37.79	77.74
苏州市	Suzhou City	9.47	15.67	37.05	72.15
无锡市	Wuxi City	7.30	11.89	27.76	50.63
常州市	Changzhou City	4.82	7.27	18.17	38.19
镇江市	Zhenjiang City	3.63	5.60	11.73	23.11
南通市	Nantong City	8.19	13.56	25.86	52.45
扬州市	Yangzhou City	6.56	10.27	21.74	41.12
泰州市	Taizhou City	5.48	7.59	16.21	30.82
杭州市	Hangzhou City	9.36	16.08	37.45	77.00
宁波市	Ningbo City	7.07	11.18	25.33	54.98
嘉兴市	Jiaxing City	4.45	7.41	16.62	33.95
湖州市	Huzhou City	3.27	5.35	11.14	21.32
绍兴市	Shaoxing City	3.68	5.96	14.77	31.40
舟山市	Zhoushan City	1.92	2.67	6.20	12.26
台州市	Taizhou City	4.11	6.38	14.08	31.22
珠江三角洲经济区	**Pearl River Delta**				
广州市	Guangzhou City				147.78
深圳市	Shenzhen City		1.96	26.56	66.76
珠海市	Zhuhai City		2.02	10.46	21.76
佛山市	Foshan City				57.11
江门市	Jiangmen City				42.62
东莞市	Dongguan City	2.13	3.07	8.44	26.77
中山市	Zhongshan City	2.58	3.47	8.61	19.75
惠州市区	Huizhou Urban District				6.86
惠阳市	Huiyang City				4.01
惠东县	Huidong County				5.34
博罗县	Boluo County				3.66
肇庆市区	Zhaoqing Urban District	0.64	0.97	1.75	4.43
高要市	Gaoyao City	0.43	0.67	1.27	3.58
四会市	Sihui City				
香港特别行政区	**HongKong,SAR**				
澳门特别行政区	**Macao,SAR**				

10-1 续表 continued

单位：亿本币 (100 million local currency units)

地区	Area	1995	2000	2001	2002
长江三角洲经济区	**Yangtze River Delta**				
上海市	Shanghai City	970.04	1722.27	1861.30	2035.21
南京市	Nanjing City	245.98	419.81	465.83	525.17
苏州市	Suzhou City	242.31	348.17	391.54	451.62
无锡市	Wuxi City	207.73	351.51	390.82	444.29
常州市	Changzhou City	131.78	202.31	222.61	248.80
镇江市	Zhenjiang City	76.35	124.46	134.62	149.27
南通市	Nantong City	171.49	250.11	270.98	297.14
扬州市	Yangzhou City	101.18	152.04	165.73	182.76
泰州市	Taizhou City	87.31	133.57	146.16	161.19
杭州市	Hangzhou City	234.76	403.95	458.82	523.53
宁波市	Ningbo City	226.82	389.29	414.18	462.87
嘉兴市	Jiaxing City	137.12	200.33	223.74	249.21
湖州市	Huzhou City	86.01	149.18	159.15	170.88
绍兴市	Shaoxing City	115.88	215.36	238.96	269.27
舟山市	Zhoushan City	31.61	59.48	65.40	74.07
台州市	Taizhou City	111.45	181.75	201.50	232.10
珠江三角洲经济区	**Pearl River Delta**				
广州市	Guangzhou City	549.97	1120.97	1243.90	1370.68
深圳市	Shenzhen City	259.33	538.17	609.26	689.59
珠海市	Zhuhai City	80.70	115.20	128.44	143.47
佛山市	Foshan City	207.47	337.55	374.85	419.80
江门市	Jiangmen City	122.97	200.06	222.81	248.39
东莞市	Dongguan City	87.85	169.77	196.12	224.95
中山市	Zhongshan City	59.80	106.77	119.53	134.33
惠州市区	Huizhou Urban District	26.43	38.88	42.07	46.80
惠阳市	Huiyang City	19.48	29.55	33.04	37.19
惠东县	Huidong County	23.79	39.33	42.09	45.50
博罗县	Boluo County	12.61	19.16	21.75	24.78
肇庆市区	Zhaoqing Urban District	21.17	37.11	36.47	40.70
高要市	Gaoyao City	10.50	19.36	21.41	23.93
四会市	Sihui City	11.43	20.44	21.55	23.70
香港特别行政区	**HongKong,SAR**		1867.00	1843.87	1768.59
澳门特别行政区	**Macao,SAR**				

10-2 按行业分的社会消费品零售总额
Total Retail Sale of Consumer Goods by Sector

单位：亿元 (100 million yuan)

地区	Area	批发零售贸易业 Wholesale and Retail Trade 1978	1990	2000	2002
长江三角洲经济区	**Yangtze River Delta**				
上海市	Shanghai City	47.55	265.67	1368.18	1609.61
南京市	Nanjing City	9.56	51.14	327.08	399.44
苏州市	Suzhou City		65.42	307.07	379.22
无锡市	Wuxi City	5.97	38.30	265.27	333.19
常州市	Changzhou City		25.10	153.51	220.32
镇江市	Zhenjiang City	3.09	16.81	82.96	125.09
南通市	Nantong City			174.23	209.48
扬州市	Yangzhou City	5.84	27.80	104.61	128.70
泰州市	Taizhou City	4.88	21.16	88.82	116.05
杭州市	Hangzhou City	9.63	56.82	253.18	347.09
宁波市	Ningbo City			296.58	344.21
嘉兴市	Jiaxing City		28.95	130.95	160.07
湖州市	Huzhou City		14.66	101.90	116.85
绍兴市	Shaoxing City	4.40	25.58	148.56	184.68
舟山市	Zhoushan City		9.17	37.87	48.45
台州市	Taizhou City	3.23	22.49	136.85	172.19
珠江三角洲经济区	**Pearl River Delta**				
广州市	Guangzhou City		96.76	783.78	973.31
深圳市	Shenzhen City		47.72	422.45	547.21
珠海市	Zhuhai City		13.18	84.81	109.41
佛山市	Foshan City		36.87	244.39	305.54
江门市	Jiangmen City		29.45	138.59	177.12
东莞市	Dongguan City	1.85	19.59	103.74	138.06
中山市	Zhongshan City		9.27	77.24	105.62
惠州市	Huizhou City				
惠州市区	Huizhou Urban District		3.84	24.66	32.34
惠阳市	Huiyang City		2.47	19.14	25.26
惠东县	Huidong County		3.56	30.46	35.69
博罗县	Boluo County		2.29	14.77	19.57
肇庆市区	Zhaoqing Urban District	0.69	4.08	18.35	25.21
高要市	Gaoyao City	0.53	4.02	11.84	14.06
四会市	Sihui City	0.51	3.32	14.34	17.35

10-2 续表1 continued

单位：亿元 (100 million yuan)

地区	Area	餐饮业 Catering			
		1978	1990	2000	2002
长江三角洲经济区	**Yangtze River Delta**				
上海市	Shanghai City	2.39	17.08	127.65	184.23
南京市	Nanjing City	0.49	4.08	37.12	56.12
苏州市	Suzhou City		3.98	33.82	67.13
无锡市	Wuxi City	0.40	2.91	46.29	66.42
常州市	Changzhou City		1.80	14.08	23.22
镇江市	Zhenjiang City	0.16	1.45	15.18	21.20
南通市	Nantong City			12.78	18.78
扬州市	Yangzhou City	0.23	1.79	15.43	21.20
泰州市	Taizhou City	0.21	1.06	12.16	16.11
杭州市	Hangzhou City	0.44	3.77	35.75	55.28
宁波市	Ningbo City			37.81	57.02
嘉兴市	Jiaxing City		1.55	13.70	20.38
湖州市	Huzhou City		0.69	11.56	15.22
绍兴市	Shaoxing City	0.12	1.38	17.68	26.32
舟山市	Zhoushan City		0.34	6.10	8.24
台州市	Taizhou City	0.10	1.15	14.54	25.38
珠江三角洲经济区	**Pearl River Delta**				
广州市	Guangzhou City		22.95	208.15	265.98
深圳市	Shenzhen City		7.47	106.32	134.24
珠海市	Zhuhai City		2.08	19.69	22.93
佛山市	Foshan City		6.80	64.10	82.61
江门市	Jiangmen City		5.59	30.34	36.74
东莞市	Dongguan City	0.14	2.56	25.92	40.93
中山市	Zhongshan City		2.06	19.73	22.49
惠州市	Huizhou City				
惠州市区	Huizhou Urban District		1.10	6.60	8.86
惠阳市	Huiyang City		0.32	4.66	7.30
惠东县	Huidong County		0.37	5.50	7.74
博罗县	Boluo County		0.34	2.00	2.64
肇庆市区	Zhaoqing Urban District	0.07	1.20	6.64	8.28
高要市	Gaoyao City	0.05	0.30	2.11	2.87
四会市	Sihui City	0.03	0.36	1.48	1.99

10–2 续表2　continued

单位：亿元 (100 million yuan)

地区	Area	其他行业 Others 1978	1990	2000	2002
长江三角洲经济区	**Yangtze River Delta**				
上海市	Shanghai City	2.51	35.96	181.01	192.72
南京市	Nanjing City	2.06	22.52	55.61	69.60
苏州市	Suzhou City		2.75	7.29	5.27
无锡市	Wuxi City	0.94	9.42		
常州市	Changzhou City		11.29	34.72	5.25
镇江市	Zhenjiang City	0.21	2.50	16.83	2.98
南通市	Nantong City		0.00	63.10	68.88
扬州市	Yangzhou City	0.50	11.53	4.36	4.77
泰州市	Taizhou City	0.39	8.59	32.60	29.03
杭州市	Hangzhou City	1.15	11.59	90.02	96.14
宁波市	Ningbo City			54.90	61.64
嘉兴市	Jiaxing City		4.78	21.59	26.62
湖州市	Huzhou City		3.24	24.29	26.83
绍兴市	Shaoxing City	0.30	8.93	49.12	58.27
舟山市	Zhoushan City		1.79	8.84	10.52
台州市	Taizhou City	0.53	4.77	18.97	20.90
珠江三角洲经济区	**Pearl River Delta**				
广州市	Guangzhou City		28.07	129.04	131.39
深圳市	Shenzhen City		10.93	5.80	7.06
珠海市	Zhuhai City		6.50	10.70	11.14
佛山市	Foshan City		13.44	29.06	31.65
江门市	Jiangmen City		7.58	31.13	34.53
东莞市	Dongguan City		4.48	40.07	45.96
中山市	Zhongshan City		2.25	9.80	6.22
惠州市	Huizhou City				
惠州市区	Huizhou Urban District		1.18	7.63	5.59
惠阳市	Huiyang City		0.86	5.75	4.63
惠东县	Huidong County		0.79	3.38	2.07
博罗县	Boluo County		0.53	2.39	2.57
肇庆市区	Zhaoqing Urban District		2.27	9.46	7.21
高要市	Gaoyao City		1.57	5.41	7.00
四会市	Sihui City		1.32	3.93	4.37

10-2 续表3 continued

单位：亿元 (100 million yuan)

地区	Area	# 制造业 Manufacturing			
		1978	1990	2000	2002
长江三角洲经济区	**Yangtze River Delta**				
上海市	Shanghai City	1.65	15.15	45.43	48.65
南京市	Nanjing City	0.17	7.43	16.55	18.80
苏州市	Suzhou City				
无锡市	Wuxi City				
常州市	Changzhou City		3.95	16.78	2.07
镇江市	Zhenjiang City	0.16	2.35	9.49	9.80
南通市	Nantong City			38.17	43.06
扬州市	Yangzhou City	0.23	6.24	11.12	12.82
泰州市	Taizhou City	0.30	4.94	11.92	13.19
杭州市	Hangzhou City	0.73	7.74	25.00	25.02
宁波市	Ningbo City			14.86	15.43
嘉兴市	Jiaxing City		7.25	34.09	42.15
湖州市	Huzhou City		2.73	11.42	11.97
绍兴市	Shaoxing City	0.26	3.99	16.17	20.80
舟山市	Zhoushan City		0.96	6.67	6.87
台州市	Taizhou City	0.25	2.81	11.39	13.63
珠江三角洲经济区	**Pearl River Delta**				
广州市	Guangzhou City		7.14	58.97	47.65
深圳市	Shenzhen City		0.63	3.60	1.08
珠海市	Zhuhai City		1.49	4.27	4.53
佛山市	Foshan City		4.62	4.53	4.84
江门市	Jiangmen City		2.27	11.05	11.44
东莞市	Dongguan City		1.32	13.37	26.34
中山市	Zhongshan City		1.85	1.47	0.03
惠州市	Huizhou City				
惠州市区	Huizhou Urban District		0.67	2.37	1.32
惠阳市	Huiyang City		0.30	2.63	1.90
惠东县	Huidong County		0.24	0.86	0.66
博罗县	Boluo County		0.33	0.61	0.70
肇庆市区	Zhaoqing Urban District	0.01	0.28	0.58	0.63
高要市	Gaoyao City	0.02	0.61	1.66	1.53
四会市	Sihui City	0.04	0.43	1.07	1.28

10-3 限额以上批发零售贸易、餐饮业法人企业数
Number of Corporation Units above Designated Size in Wholesale and Retail Trade,Catering Services

单位：个 (unit)

地区	Area	合计 Total		批发业 Wholesale Trade	
		2000	2002	2000	2002
长江三角洲经济区	**Yangtze River Delta**				
上海市	Shanghai City	1002	1263	445	763
南京市	Nanjing City	247	286	149	144
苏州市	Suzhou City	308	293	179	141
无锡市	Wuxi City	190	250	90	96
常州市	Changzhou City		184		90
镇江市	Zhenjiang City		105		48
南通市	Nantong City	163	170	92	81
扬州市	Yangzhou City	93	105	51	47
泰州市	Taizhou City		101		46
杭州市	Hangzhou City	519	612	305	442
宁波市	Ningbo City	368	309	264	230
嘉兴市	Jiaxing City	241	224	150	141
湖州市	Huzhou City	129	146	73	63
绍兴市	Shaoxing City	158	161	101	91
舟山市	Zhoushan City		82		41
台州市	Taizhou City	147	141	86	99
珠江三角洲经济区	**Pearl River Delta**				
广州市	Guangzhou City	861	1263	486	637
深圳市	Shenzhen City	450	532	287	310
珠海市	Zhuhai City	86	131	38	42
佛山市	Foshan City	243	413	163	219
江门市	Jiangmen City	182	180	122	94
东莞市	Dongguan City	193	219	74	61
中山市	Zhongshan City	89	171	48	80
惠州市区	Huizhou Urban District	32	35	17	21
惠阳市	Huiyang City	7	8	6	5
惠东县	Huidong County	1	2	-	1
博罗县	Boluo County	9	10	5	6
肇庆市区	Zhaoqing Urban District	36	35	23	18
高要市	Gaoyao City	5	7	4	3
四会市	Sihui City	10	12	2	6

10−3 续表 continued

单位：个 (unit)

地区	Area	零售业 Retail Trade		餐饮业 Catering Service	
		2000	2002	2000	2002
长江三角洲经济区	**Yangtze River Delta**				
上海市	Shanghai City	384	299	173	201
南京市	Nanjing City	76	87	22	55
苏州市	Suzhou City	87	84	42	68
无锡市	Wuxi City	34	57	66	97
常州市	Changzhou City	26	43	25	51
镇江市	Zhenjiang City	24	34	15	23
南通市	Nantong City	67	77	4	12
扬州市	Yangzhou City	39	44	3	14
泰州市	Taizhou City	50	49	5	6
杭州市	Hangzhou City	214	170	27	64
宁波市	Ningbo City		79	27	
嘉兴市	Jiaxing City	91	83	30	42
湖州市	Huzhou City	34	50	22	33
绍兴市	Shaoxing City	35	48	22	22
舟山市	Zhoushan City		33		8
台州市	Taizhou City	42	42	19	14
珠江三角洲经济区	**Pearl River Delta**				
广州市	Guangzhou City	164	269	211	357
深圳市	Shenzhen City	139	161	24	61
珠海市	Zhuhai City	33	60	15	29
佛山市	Foshan City	27	68	53	126
江门市	Jiangmen City	20	38	40	48
东莞市	Dongguan City	27	49	92	109
中山市	Zhongshan City	7	43	34	48
惠州市区	Huizhou Urban District	15	14	12	13
惠阳市	Huiyang City	1	3	18	8
惠东县	Huidong County	1	1	8	2
博罗县	Boluo County	4	4	4	1
肇庆市区	Zhaoqing Urban District	8	11	5	6
高要市	Gaoyao City	1	4	0	0
四会市	Sihui City	6	2	2	4

10-4 限额以上批发零售贸易、餐饮业从业人数

Number of Persons Employed in Enterprises above Designated Size in Wholesale and Retail Trade,Catering Services

单位：人 (person)

地区	Area	合计 Total		批发业 Wholesale Trade	
		2000	2002	2000	2002
长江三角洲经济区	**Yangtze River Delta**				
上海市	Shanghai City	313006	360230	132767	105981
南京市	Nanjing City	86907	82189	34680	29817
苏州市	Suzhou City	49972	51180	20836	13335
无锡市	Wuxi City	54957	53364	21782	15765
常州市	Changzhou City		25817		8643
镇江市	Zhenjiang City		15779		6078
南通市	Nantong City	23078	23448	9652	9669
扬州市	Yangzhou City	17204	14975	6370	4959
泰州市	Taizhou City		14561		3892
杭州市	Hangzhou City	429858	529023	34539	42083
宁波市	Ningbo City	32752	33672	17851	32752
嘉兴市	Jiaxing City	22341	21626	10326	8281
湖州市	Huzhou City	14902	14103	5974	4651
绍兴市	Shaoxing City	27928	26717	14341	9102
舟山市	Zhoushan City		7627		2672
台州市	Taizhou City	16733	13433	8572	8595
珠江三角洲经济区	**Pearl River Delta**				
广州市	Guangzhou City	134931	159081	57620	53676
深圳市	Shenzhen City	72104	145932	22034	39359
珠海市	Zhuhai City	15181	16586	2601	2663
佛山市	Foshan City	43211	43382	17294	14490
江门市	Jiangmen City	22383	19442	12340	7551
东莞市	Dongguan City	19912	26233	2943	2626
中山市	Zhongshan City	7532	16618	311	4000
惠州市区	Huizhou Urban District				
惠阳市	Huiyang City				
惠东县	Huidong County				
博罗县	Boluo County				
肇庆市区	Zhaoqing Urban District	3707	3670	2122	1443
高要市	Gaoyao City	706	686	658	141
四会市	Sihui City	234	1236	118	412

10-4 续表 continued

单位：人 (person)

地区	Area	零售业 Retail Trade		餐饮业 Catering Services	
		2000	2002	2000	2002
长江三角洲经济区	**Yangtze River Delta**				
上海市	Shanghai City	137530	198405	42709	55844
南京市	Nanjing City	39718	36581	12509	15791
苏州市	Suzhou City	20520	25184	8616	12661
无锡市	Wuxi City	18535	21464	14640	16135
常州市	Changzhou City		10350		6824
镇江市	Zhenjiang City		7064		2637
南通市	Nantong City	12534	12493	892	1286
扬州市	Yangzhou City	8950	8043	1884	1973
泰州市	Taizhou City		9738		931
杭州市	Hangzhou City	20380	18729	11010	14127
宁波市	Ningbo City	14901	15159	12529	14602
嘉兴市	Jiaxing City	6874	7049	4944	6296
湖州市	Huzhou City	5218	4821	3710	4631
绍兴市	Shaoxing City	8384	9326	5203	8289
舟山市	Zhoushan City		3186		1769
台州市	Taizhou City	3685	4838	4476	5471
珠江三角洲经济区	**Pearl River Delta**				
广州市	Guangzhou City	31901	38916	45410	66489
深圳市	Shenzhen City	36098	60436	13972	46137
珠海市	Zhuhai City	5080	5947	7500	7976
佛山市	Foshan City	6984	7433	18933	21459
江门市	Jiangmen City	3218	4231	6825	7660
东莞市	Dongguan City	2198	4340	14771	19267
中山市	Zhongshan City	1802	5047	2419	7571
惠州市区	Huizhou Urban District				
惠阳市	Huiyang City				
惠东县	Huidong County				
博罗县	Boluo County				
肇庆市区	Zhaoqing Urban District	424	1165	1161	1062
高要市	Gaoyao City	48	545		
四会市	Sihui City	234	199	186	625

10-5 限额以上批发零售贸易业商品购、销、存总额（2002年）

Total Purchases,Sales and Inventory of Enterprises above Designated Size in Wholesale and Retail Trade(2002)

单位：亿元 (100 million yuan)

地区	Area	购进总额 Total Purchases	销售总额 Total Sales	批发 Wholesale	零售 Retail	年末库存总额 Inventory (year-end)
长江三角洲经济区	**Yangtze River Delta**					
上海市	Shanghai City	3235.95	3786.06	2640.88	1145.17	253.95
南京市	Nanjing City	1014.50	1098.49	902.22	196.27	63.92
苏州市	Suzhou City	459.29	488.38	369.79	118.59	28.61
无锡市	Wuxi City	424.99	476.89	329.17	147.72	24.57
常州市	Changzhou City	235.43	255.36	193.95	61.41	17.76
镇江市	Zhenjiang City	73.54	79.04	54.12	24.92	6.42
南通市	Nantong City	191.00	209.73	157.12	52.61	16.14
扬州市	Yangzhou City	85.47	98.28	65.32	32.97	13.00
泰州市	Taizhou City	96.36	106.09	85.73	20.36	19.84
杭州市	Hangzhou City	1672.93	1792.80	1589.42	203.39	110.71
宁波市	Ningbo City	649.77	681.03	562.21	118.82	36.99
嘉兴市	Jiaxing City	206.49	220.20	180.40	39.80	16.00
湖州市	Huzhou City	105.55	114.57	95.79	18.78	7.59
绍兴市	Shaoxing City	158.38	175.69	124.71	50.97	14.27
舟山市	Zhoushan City	54.89	60.61	48.47	12.14	3.80
台州市	Taizhou City	188.34	206.28	169.50	36.78	8.61
珠江三角洲经济区	**Pearl River Delta**					
广州市	Guangzhou City	1962.17	2096.23	1795.67	300.92	125.68
深圳市	Shenzhen City	1333.89	1476.11	928.90	305.16	1034.65
珠海市	Zhuhai City	107.08	111.42	76.62	34.80	8.27
佛山市	Foshan City	464.01	493.22	407.45	85.77	28.82
江门市	Jiangmen City	125.18	133.04	107.32	25.73	6.56
东莞市	Dongguan City	158.89	168.26	134.81	33.45	10.27
中山市	Zhongshan City	129.19	139.15	107.15	32.00	7.98
惠州市区	Huizhou Urban District	87.72	93.40	84.99	8.41	4.92
惠阳市	Huiyang City	5.48	5.63	3.44	0.22	0.35
惠东县	Huidong County	2.70	2.88	2.46	0.42	0.17
博罗县	Boluo County	5.16	5.50	3.27	2.23	0.07
肇庆市区	Zhaoqing Urban District	30.20	33.48	30.42	3.07	1.12
高要市	Gaoyao City	4.28	3.76	2.25	1.51	0.68
四会市	Sihui City	4.69	4.06	3.20	0.86	0.11

10-6 限额以上批发零售贸易业主要商品分类销售额（2002 年）

Total Sales of Enterprises above Designated Size in Wholesale and Retail Trade By Category of Main Commodities(2002)

单位：亿元 (100 million yuan)

地区	Area	食品、饮料、烟酒类 Food,Beverages, Tobacco and Liquor	服装鞋帽、针、纺织品类 Clothing, Shoes,Hats and Textiles	化妆品类 Cosmetics	金银珠宝类 Gold,Silver and Jewelry	五金、电料类 Hardware and Electrical Materials	体育、娱乐用品类 Sports and Recreation Articles
长江三角洲经济区	**Yangtze River Delta**						
上海市	Shanghai City	836.91	498.17	48.31	32.59	49.69	18.17
南京市	Nanjing City	144.91	182.42	1.67	1.52	6.04	5.58
苏州市	Suzhou City	46.38	134.71	1.00		1.68	1.57
无锡市	Wuxi City	72.31	18.67	0.34		1.73	0.20
常州市	Changzhou City	27.75	16.36			1.00	0.47
镇江市	Zhenjiang City	17.72	3.77	1.00		3.06	0.10
南通市	Nantong City	29.56	12.79	1.42	0.51	0.49	0.49
扬州市	Yangzhou City	19.42	2.08	0.39		0.17	0.06
泰州市	Taizhou City	17.88	0.22	0.09			
杭州市	Hangzhou City					86.34	
宁波市	Ningbo City	69.15	65.60	0.94		24.53	2.88
嘉兴市	Jiaxing City	38.26	30.02	0.66	0.87	3.63	0.35
湖州市	Huzhou City	20.98	18.46	0.37	0.65	1.37	0.06
绍兴市	Shaoxing City	32.02	46.83	1.09	0.76	1.38	0.35
舟山市	Zhoushan City	18.17	0.87	0.18	0.04	0.13	
台州市	Taizhou City	37.86	6.11	0.75	0.16	5.06	0.20
珠江三角洲经济区	**Pearl River Delta**						
广州市	Guangzhou City	232.69	167.12	11.67	6.42	1.15	1.99
深圳市	Shenzhen City	17.37	5.00	0.56	0.64	0.30	0.18
珠海市	Zhuhai City	14.35	3.09	0.51	0.14		
佛山市	Foshan City	2.85	3.36	0.08	0.09	0.73	0.06
江门市	Jiangmen City	3.37	1.44	0.05	0.02	0.45	
东莞市	Dongguan City	1.75	1.25	0.12	0.02	0.35	0.06
中山市	Zhongshan City	15.96	16.22	0.38	0.13	0.59	0.10
惠州市区	Huizhou Urban District	5.87	4.56	0.10	0.05		
惠阳市	Huiyang City	2.23	0.06	0.03			
惠东县	Huidong County	2.16					
博罗县	Boluo County	1.96					
肇庆市区	Zhaoqing Urban District	10.38				0.10 ①	
高要市	Gaoyao City	1.67	2.75				
四会市	Sihui City	0.74	0.09	0.04			

10-6 续表1 continued

单位：亿元 (100 million yuan)

地区	Area	书报杂志类 Newspapers and Magazines	家用电器和音像器材类 Household Appliances and Video Appliances	中西药品类 Traditional Chinese and Western Medicines	文化办公用品类 Culture and Official Goods	家具类 Furniture
长江三角洲经济区	**Yangtze River Delta**					
上海市	Shanghai City	43.28	176.54	180.54	56.38	8.20
南京市	Nanjing City	28.07	55.08	22.55	2.71	0.71
苏州市	Suzhou City	0.11	17.19	8.16	0.77	0.39
无锡市	Wuxi City	0.29	8.75	12.57	1.14	
常州市	Changzhou City	0.52	2.67	8.47	0.09	
镇江市	Zhenjiang City	0.12	1.84	1.37		0.08
南通市	Nantong City	0.71	7.30	1.99	0.53	0.05
扬州市	Yangzhou City	0.18	3.92	3.82	0.08	
泰州市	Taizhou City	0.39	31.30	0.90	0.10	
杭州市	Hangzhou City	17.58				
宁波市	Ningbo City	0.42	40.39	21.90	9.46	1.26
嘉兴市	Jiaxing City	1.38	5.02	15.63	0.85	1.08
湖州市	Huzhou City	0.79	2.79	4.42	0.52	0.05
绍兴市	Shaoxing City	2.07	13.52	17.34	0.86	0.10
舟山市	Zhoushan City	0.38	0.96	3.55	0.10	
台州市	Taizhou City	2.07	3.45	11.49	1.11	1.11
珠江三角洲经济区	**Pearl River Delta**					
广州市	Guangzhou City	4.10	12.60	15.31	1.55	1.82
深圳市	Shenzhen City	0.64	3.94	4.26	1.21	0.53
珠海市	Zhuhai City		0.60	1.44		
佛山市	Foshan City	0.19	2.33	1.70	0.26	0.54
江门市	Jiangmen City	0.13	0.34	0.27	0.08	0.09
东莞市	Dongguan City		1.25	0.73	0.11	0.22
中山市	Zhongshan City		2.55	0.58	0.15	0.24
惠州市区	Huizhou Urban District	0.06	0.13	0.12		
惠阳市	Huiyang City					
惠东县	Huidong County					
博罗县	Boluo County					
肇庆市区	Zhaoqing Urban District			0.25 ①		0.15 ①
高要市	Gaoyao City					
四会市	Sihui City					

10–6 续表 2　continued

单位：亿元　　　　(100 million yuan)

地区	Area	通讯器材类 Communication Appliances	煤炭及制品类 Coal and Related Products	木材及制品类 Wood and Wooden Products	石油及制品类 Petroleum and Related Products	化工材料及制品类 Raw Chemical Materials	金属材料类 Metal Materials
长江三角洲经济区	**Yangtze River Delta**						
上海市	Shanghai City	56.06	66.10	4.67	114.32	102.07	153.25
南京市	Nanjing City	6.63	14.74	3.15	167.15	55.07	54.20
苏州市	Suzhou City	0.06	7.12	0.25	36.56	28.06	29.78
无锡市	Wuxi City	0.33	3.69	0.14	63.66	17.50	35.64
常州市	Changzhou City	0.32	1.52	0.22	21.88	31.93	11.85
镇江市	Zhenjiang City	0.17	1.16		7.09	3.55	3.67
南通市	Nantong City	0.43	1.84		30.29	26.21	3.77
扬州市	Yangzhou City		1.57		5.19	2.16	3.86
泰州市	Taizhou City				10.03	4.63	7.61
杭州市	Hangzhou City		51.43	0.40	247.82	57.29	238.79
宁波市	Ningbo City	1.93	1.39	1.77	48.16	54.89	28.54
嘉兴市	Jiaxing City	0.21	1.86	1.43	25.27		
湖州市	Huzhou City	0.45	3.33	1.29	27.77		
绍兴市	Shaoxing City	0.26	2.15	0.18	22.17		
舟山市	Zhoushan City		2.98	0.25	26.79		
台州市	Taizhou City	0.07	3.69	0.84	48.43		
珠江三角洲经济区	**Pearl River Delta**						
广州市	Guangzhou City	2.04	7.53	2.02	62.56		
深圳市	Shenzhen City	7.39	1.45	0.14	16.01		
珠海市	Zhuhai City	0.49			2.75		
佛山市	Foshan City	0.89	0.24	0.17	9.46		
江门市	Jiangmen City		0.15		1.88		
东莞市	Dongguan City	0.12	0.19		3.42		
中山市	Zhongshan City			0.12	1.89		
惠州市区	Huizhou Urban District				1.35		
惠阳市	Huiyang City						
惠东县	Huidong County						
博罗县	Boluo County						
肇庆市区	Zhaoqing Urban District	0.06 ①			0.63 ①		
高要市	Gaoyao City						
四会市	Sihui City						

10–6 续表3 continued

单位：亿元 (100 million yuan)

地区	Area	建筑及装潢材料类 Building and Decoration Materials	机电产品及设备类 Mechanical and Electrical Products	日用品类 Articles for Daily Use	种子饲料类 Seed and Feedstuff	棉麻类 Cotton, Hemp	其他类 Others
长江三角洲经济区	**Yangtze River Delta**						
上海市	Shanghai City	57.31	825.42	204.29	0.37	1.41	247.11
南京市	Nanjing City	2.56	101.31	36.45	1.03	7.30	46.25
苏州市	Suzhou City	0.95	32.45	6.27		3.61	34.05
无锡市	Wuxi City	2.25	14.47	4.45		0.80	21.59
常州市	Changzhou City	0.15	18.90	1.22		1.62	46.94
镇江市	Zhenjiang City	0.01	2.55	1.44			4.58
南通市	Nantong City	0.88	3.93	3.07		4.87	2.11
扬州市	Yangzhou City	0.10	1.97	1.75	0.16	0.69	16.03
泰州市	Taizhou City	0.47	12.30	0.63		0.60	0.31
杭州市	Hangzhou City		75.84	32.32		5.15	
宁波市	Ningbo City	1.24	72.42	29.04	0.44	4.10	
嘉兴市	Jiaxing City	1.00	11.52	6.20	0.26	2.77	
湖州市	Huzhou City	0.26	7.26	1.06		2.67	
绍兴市	Shaoxing City	0.45	18.86	3.82	0.14	0.96	
舟山市	Zhoushan City		0.94	1.01			
台州市	Taizhou City	0.48	22.44	3.25			
珠江三角洲经济区	**Pearl River Delta**						
广州市	Guangzhou City	2.36	21.42	8.29		0.30	12.30
深圳市	Shenzhen City	0.51	8.77	2.74	0.25		2.94
珠海市	Zhuhai City		1.23	0.13			0.58
佛山市	Foshan City	1.32	5.19	0.98			3.28
江门市	Jiangmen City		0.72	0.75			0.50
东莞市	Dongguan City	0.05	0.78	1.09			1.50
中山市	Zhongshan City	0.17	1.36	1.09		0.11	1.30
惠州市区	Huizhou Urban District		0.35	0.18			0.28
惠阳市	Huiyang City						
惠东县	Huidong County						
博罗县	Boluo County						
肇庆市区	Zhaoqing Urban District	0.07 ①	0.33 ①	0.18 ①			0.30 ①
高要市	Gaoyao City						
四会市	Sihui City						

注：①肇庆市数据。
Note: ① Refer to Zhaoqing City.

10-7 限额以上批发零售贸易业商品销售数量（2002 年）

Total Sales Volume of Enterprises above Designated Size in Wholesale and Retail Trade by Commodities(2002)

地区	Area	粮食（吨） Grain(ton)	食用植物油(吨) Edible Vegetable Oil(ton)	食糖（吨） Sugar (ton)	棉花（吨） Cotton (ton)
长江三角洲经济区	**Yangtze River Delta**				
上海市	Shanghai City		410925	233525	70799
南京市	Nanjing City	858065	43083	126324	94433
苏州市	Suzhou City	156960	18542	18572	26920
无锡市	Wuxi City	318668	6730	1973	11775
常州市	Changzhou City	28005	1017	29386	26920
镇江市	Zhenjiang City		1099	23347	335
南通市	Nantong City	47960	1658	3561	28302
扬州市	Yangzhou City	37398	3958	23	4382
泰州市	Taizhou City	112769	5	1354	5223
杭州市	Hangzhou City		93717	37238	80218
宁波市	Ningbo City		5860	30636	36180
嘉兴市	Jiaxing City		24208	22619	4877
湖州市	Huzhou City		1048	4923	
绍兴市	Shaoxing City		3047	825	6473
舟山市	Zhoushan City		4993	38036	2
台州市	Taizhou City		2349	43305	
珠江三角洲经济区	**Pearl River Delta**				
广州市	Guangzhou City	1073077	54249	103255	32110
深圳市	Shenzhen City	919495	39697	924	
珠海市	Zhuhai City	5643	1000	21	
佛山市	Foshan City	260525	2839	32425	
江门市	Jiangmen City	73554	994	2000	2
东莞市	Dongguan City	63053	1497	4604	
中山市	Zhongshan City	14	109	8	
惠州市区	Huizhou Urban District	632	854	6525	
惠阳市	Huiyang City	302	269	54	
惠东县	Huidong County				
博罗县	Boluo County	46	59	16	
肇庆市区	Zhaoqing Urban District	41847	398	150	
高要市	Gaoyao City				
四会市	Sihui City			299	

10-7 续表1 continued

地区	Area	鞋（万双） Shoes (10 000 pairs)	布(万米) Cloth(10 000 meters)	电视机（台） Television Set(unit)	组合音响（台） Hi-Fi Stereo Component System (unit)	摄像机（台） Pickup Camera(unit)
长江三角洲经济区	**Yangtze River Delta**					
上海市	Shanghai City	692923	103978	1505779	337656	36667
南京市	Nanjing City	2550	43985	984731	4675	54
苏州市	Suzhou City	1153	37367	178593	491	
无锡市	Wuxi City	229	5176	206954	108	42
常州市	Changzhou City	827	4791	4054	1	124
镇江市	Zhenjiang City		20	17835	124	
南通市	Nantong City	69	766	51360	2487	49
扬州市	Yangzhou City	21		4901	271	
泰州市	Taizhou City	2	3	16812		
杭州市	Hangzhou City	2371	21211	400452	36626	5271
宁波市	Ningbo City	1487	10184	66997	319	
嘉兴市	Jiaxing City	127	338	59748	6251	150
湖州市	Huzhou City	171	9694	33925	5022	172
绍兴市	Shaoxing City	610	19492	151077	6850	131
舟山市	Zhoushan City	376	28	30753	553	
台州市	Taizhou City	1933	7	47308	2915	92
珠江三角洲经济区	**Pearl River Delta**					
广州市	Guangzhou City	246008	723852	800913	92048	5286
深圳市	Shenzhen City	3005	6207	740348	58697	10670
珠海市	Zhuhai City	29		85966	1786	550
佛山市	Foshan City	772	3947	80333	5987	1166
江门市	Jiangmen City	86	879	10872	3556	395
东莞市	Dongguan City	1942	95	15493	3984	101
中山市	Zhongshan City	158		21441	66744	84
惠州市区	Huizhou Urban District	3	364	3015636	20582	65
惠阳市	Huiyang City	1		4656	69	151
惠东县	Huidong County					
博罗县	Boluo County	1				
肇庆市区	Zhaoqing Urban District	1	399	50		
高要市	Gaoyao City					
四会市	Sihui City	1				

10-7 续表2 continued

地区	Area	家用电冰箱(台) Household Refrigerator(unit)	家用洗衣机(台) Household Washing Machine(unit)	房间空调器(台) Room Air Conditioner(unit)	微波炉(台) Micro-oven (unit)
长江三角洲经济区	**Yangtze River Delta**				
上海市	Shanghai City	561858	549768	1032560	552868
南京市	Nanjing City	323818	227324	348420	249957
苏州市	Suzhou City	85024	82194	190136	138053
无锡市	Wuxi City	51682	20959	10625	10180
常州市	Changzhou City	90	19	4293	573
镇江市	Zhenjiang City	4863	688	20517	980
南通市	Nantong City	49815	47909	30351	184125
扬州市	Yangzhou City	8310	6466	5571	3822
泰州市	Taizhou City	83642	40306	871749	
杭州市	Hangzhou City	171126	501990	567470	141431
宁波市	Ningbo City	8529	86983	1001621	114
嘉兴市	Jiaxing City	19680	18720	32649	18062
湖州市	Huzhou City	10887	10971	22644	13561
绍兴市	Shaoxing City	118686	146152	75559	21143
舟山市	Zhoushan City	12734	8340	5204	4433
台州市	Taizhou City	17017	15722	24198	13276
珠江三角洲经济区	**Pearl River Delta**				
广州市	Guangzhou City	781027	363407	571680	198131
深圳市	Shenzhen City	161905	148768	208025	98983
珠海市	Zhuhai City	11327	8920	78281	6975
佛山市	Foshan City	82541	41982	123963	71225
江门市	Jiangmen City	4323	4885	21398	3007
东莞市	Dongguan City	5404	4951	53857	5399
中山市	Zhongshan City	7654	6796	21090	5589
惠州市区	Huizhou Urban District	162414	526	47729	2492
惠阳市	Huiyang City	747		58	540
惠东县	Huidong County				
博罗县	Boluo County				
肇庆市区	Zhaoqing Urban District	43	49		165
高要市	Gaoyao City				
四会市	Sihui City				

10-7 续表3 continued

地区	Area	微型计算机(台) Personal Computer (unit)	普通电话机(台) Telephone (unit)	移动电话机(台) Mobil Telephone (unit)	化学肥料(吨) Chemical Fertilizers(ton)
长江三角洲经济区	**Yangtze River Delta**				
上海市	Shanghai City	87385	1557568	2393338	1241587
南京市	Nanjing City	48134	22807	205217	300831
苏州市	Suzhou City	1937	2550		219864
无锡市	Wuxi City	461	222	226	45734
常州市	Changzhou City				108475
镇江市	Zhenjiang City		227	9209	50556
南通市	Nantong City	11	26729	11785	84534
扬州市	Yangzhou City		1449	142	50398
泰州市	Taizhou City	2821			93107
杭州市	Hangzhou City	81434	666110	687444	2674512
宁波市	Ningbo City		5		367817
嘉兴市	Jiaxing City	1527	25728	2206	332046
湖州市	Huzhou City	3226	62827	6000	44764
绍兴市	Shaoxing City	4774	27479	10422	266859
舟山市	Zhoushan City		5327	5084	6407
台州市	Taizhou City	49	17844	15	43353
珠江三角洲经济区	**Pearl River Delta**				
广州市	Guangzhou City	200449	489381	2442338	1046882
深圳市	Shenzhen City	12616	840922	5858920	85197
珠海市	Zhuhai City	780	19855	100212	161
佛山市	Foshan City		47188	580281	4274
江门市	Jiangmen City		12595	5336	83953
东莞市	Dongguan City		60338	2151	138238
中山市	Zhongshan City		12601		34185
惠州市区	Huizhou Urban District		15516		14676
惠阳市	Huiyang City		7383	329	
惠东县	Huidong County				
博罗县	Boluo County				116702
肇庆市区	Zhaoqing Urban District		436559		
高要市	Gaoyao City				10268
四会市	Sihui City				12902

10−7 续表 4 continued

地区	Area	化学农药(吨) Chemical Fertilizer(ton)	煤炭(万吨) Coal (10 000 tons)	木材(立方米) Wood (cu.m)	汽油(万吨) Gasoline (10 000 tons)
长江三角洲经济区	**Yangtze River Delta**				
上海市	Shanghai City	47535	9110000	218265	1189
南京市	Nanjing City	4229	6080702	252859	1562813
苏州市	Suzhou City	3642	2011503	10958	166654
无锡市	Wuxi City	35110	865916	2458	757116
常州市	Changzhou City	1825	469876	8258	254301
镇江市	Zhenjiang City	1072	230542		71881
南通市	Nantong City	2426	493741		362099
扬州市	Yangzhou City	811	131620		31073
泰州市	Taizhou City	3212			102219
杭州市	Hangzhou City	24269	1188	3843	230
宁波市	Ningbo City	8507	48	122545	27
嘉兴市	Jiaxing City	10299	50		27
湖州市	Huzhou City	2296	98	76346	20
绍兴市	Shaoxing City	16317	64	8865	23
舟山市	Zhoushan City	161	196	49481	10
台州市	Taizhou City	177	140		32
珠江三角洲经济区	**Pearl River Delta**				
广州市	Guangzhou City	21956	2449	259300	329
深圳市	Shenzhen City	13638	102	13588	116
珠海市	Zhuhai City	10			12
佛山市	Foshan City	117	33	20306	66
江门市	Jiangmen City	484			20
东莞市	Dongguan City	949	120		40
中山市	Zhongshan City	2960		89407	10
惠州市区	Huizhou Urban District	32			9
惠阳市	Huiyang City				2
惠东县	Huidong County				
博罗县	Boluo County				4
肇庆市区	Zhaoqing Urban District	136			1
高要市	Gaoyao City	9998			1
四会市	Sihui City				1

10-7 续表5 continued

地区	Area	煤油(万吨) Kerosene (10 000 tons)	柴油(万吨) Diesel Oil (10 000 tons)	钢材(万吨) Steel Products (10 000 tons)	水泥(万吨) Cement (10 000 tons)
长江三角洲经济区	**Yangtze River Delta**				
上海市	Shanghai City	367	2590	417	192
南京市	Nanjing City	12082	3566369	1758802	158159
苏州市	Suzhou City	1966	250680	675305	53254
无锡市	Wuxi City	864	1761149	698084	63076
常州市	Changzhou City	2141	394880	225015	44358
镇江市	Zhenjiang City	396	150940	76731	
南通市	Nantong City	9705	601672	182232	39532
扬州市	Yangzhou City	10612	40424	104129	400
泰州市	Taizhou City	957	180821	116424	
杭州市	Hangzhou City	5	575	549	8
宁波市	Ningbo City	5	76	88	19
嘉兴市	Jiaxing City	-	51	63	1
湖州市	Huzhou City	-	76	9	-
绍兴市	Shaoxing City	7	50	13	-
舟山市	Zhoushan City	-	183	5	-
台州市	Taizhou City	2	123	27	
珠江三角洲经济区	**Pearl River Delta**				
广州市	Guangzhou City	48	598	481	128
深圳市	Shenzhen City		273	54	6
珠海市	Zhuhai City		21		-
佛山市	Foshan City	8	115	265	-
江门市	Jiangmen City	2	30	4	
东莞市	Dongguan City		54	-	-
中山市	Zhongshan City		13	22	
惠州市区	Huizhou Urban District		16		
惠阳市	Huiyang City		3		
惠东县	Huidong County		1		
博罗县	Boluo County		9		
肇庆市区	Zhaoqing Urban District		-	-	
高要市	Gaoyao City		3		
四会市	Sihui City		2	-	

10-7 续表6 continued

地区	Area	汽车(辆) Motor Vehicles (unit)	# 轿车(辆) Car(unit)	摩托车(辆) Motor(unit)	拖拉机(台) Tractors (unit)
长江三角洲经济区	**Yangtze River Delta**				
上海市	Shanghai City	438318	406295	42775	43592
南京市	Nanjing City	34451	7230	134	1095
苏州市	Suzhou City	7460	1914	7165	885
无锡市	Wuxi City	33	31	1477	
常州市	Changzhou City	786	18	50296	3253
镇江市	Zhenjiang City	152	143		27
南通市	Nantong City	2640	114	31860	40
扬州市	Yangzhou City	468	341		622
泰州市	Taizhou City	6327	67	40771	6
杭州市	Hangzhou City	87979	50525	130059	14
宁波市	Ningbo City	4188	1176	31964	4778
嘉兴市	Jiaxing City	4470	1324	43074	
湖州市	Huzhou City	2472	451	21942	
绍兴市	Shaoxing City	6508	3058	74489	
舟山市	Zhoushan City	1558	447		
台州市	Taizhou City	10072	4741	12603	
珠江三角洲经济区	**Pearl River Delta**				
广州市	Guangzhou City	99383	39102	100514	481
深圳市	Shenzhen City	31782	20366	1013	
珠海市	Zhuhai City	7767	5902		
佛山市	Foshan City	38195	14854	16269	
江门市	Jiangmen City	1233	1233	7307	200
东莞市	Dongguan City	6855	1048	547	82
中山市	Zhongshan City	2250	1439	44	
惠州市区	Huizhou Urban District	901	594		
惠阳市	Huiyang City				
惠东县	Huidong County				
博罗县	Boluo County				
肇庆市区	Zhaoqing Urban District			21736	
高要市	Gaoyao City	912	151	4695	
四会市	Sihui City				

10-8 限额以上批发零售贸易业主要财务指标(2002年)
Main Financial Indicators of Enterprises above Designated Size in Wholesale and Retail Trade (2002)

单位：亿元 (100 million yuan)

地区	Area	流动资产合计 Total Circulating Funds	# 存货 Inventories	长期投资 Long Term Investment	固定资产投资 Fixed Assets Investment
长江三角洲经济区	**Yangtze River Delta**				
上海市	Shanghai City	1412.98	281.92	207.22	298.17
南京市	Nanjing City	315.65	63.69	58.91	89.25
苏州市	Suzhou City	131.50	25.49	9.06	42.50
无锡市	Wuxi City	107.99	23.40	18.43	46.95
常州市	Changzhou City	58.89	16.04	3.39	19.22
镇江市	Zhenjiang City	25.97	6.16	1.56	11.38
南通市	Nantong City	51.62			15.09
扬州市	Yangzhou City	23.15	7.02	0.79	11.98
泰州市	Taizhou City	60.10	19.43	0.62	9.79
杭州市	Hangzhou City	479.63	109.91	58.98	105.39
宁波市	Ningbo City	189.27	42.27	13.30	33.71
嘉兴市	Jiaxing City	0.75	5.17	1.25	2.22
湖州市	Huzhou City	32.80	5.50	1.79	10.39
绍兴市	Shaoxing City	51.51	12.02	6.58	23.84
舟山市	Zhoushan City	11.34	3.15	0.62	5.51
台州市	Taizhou City	37.62	7.90	2.33	13.43
珠江三角洲经济区	**Pearl River Delta**				
广州市	Guangzhou City	670.19	129.97	69.59	146.76
深圳市	Shenzhen City	387.05	77.89	75.96	111.69
珠海市	Zhuhai City	40.83	8.81	3.73	12.85
佛山市	Foshan City	146.29	27.10	3.88	27.78
江门市	Jiangmen City	51.22	5.70	7.73	12.55
东莞市	Dongguan City	42.36	8.31	6.46	19.84
中山市	Zhongshan City	44.43	8.00	1.59	7.14
惠州市区	Huizhou Urban District	24.17	4.57	1.24	3.55
惠阳市	Huiyang City	0.89	0.28	0.00	1.40
惠东县	Huidong County	0.24	0.14	0.00	0.02
博罗县	Boluo County	1.09	0.07	0.07	2.19
肇庆市区	Zhaoqing Urban District	14.56	0.86	0.89	2.13
高要市	Gaoyao City	1.55	0.22	0.28	1.82
四会市	Sihui City	0.67	0.10	0.00	0.88

10-8 续表 1　continued

单位：亿元　　(100 million yuan)

地区	Area	固定资产原值 Fixed Assets Original Value	# 生产经营用 For Business Use	累计折旧 Accumulated Depreciation	# 本年折旧 Depreciation in Local Year
长江三角洲经济区	**Yangtze River Delta**				
上海市	Shanghai City	359.83	135.89	96.53	18.50
南京市	Nanjing City	103.73	66.73	20.13	3.78
苏州市	Suzhou City	50.87	48.87	12.66	2.40
无锡市	Wuxi City	55.90	48.48	15.69	3.06
常州市	Changzhou City	23.20	16.91	5.50	1.05
镇江市	Zhenjiang City	12.87	9.45	3.29	0.46
南通市	Nantong City	19.91		6.30	
扬州市	Yangzhou City	14.09	9.04	3.15	0.38
泰州市	Taizhou City	10.06	8.89	1.95	0.35
杭州市	Hangzhou City	122.78		26.29	4.37
宁波市	Ningbo City	39.65		9.10	1.90
嘉兴市	Jiaxing City	4.14	3.06	4.99	0.87
湖州市	Huzhou City	11.58	11.58	2.46	0.71
绍兴市	Shaoxing City	26.51		5.92	1.23
舟山市	Zhoushan City	7.20		2.04	0.50
台州市	Taizhou City	13.51		3.22	0.71
珠江三角洲经济区	**Pearl River Delta**				
广州市	Guangzhou City	181.97		48.49	7.10
深圳市	Shenzhen City	127.34		39.33	6.32
珠海市	Zhuhai City	17.86		6.49	0.81
佛山市	Foshan City	32.02		9.39	1.40
江门市	Jiangmen City	15.67		4.29	0.77
东莞市	Dongguan City	22.79		4.47	0.59
中山市	Zhongshan City	9.17		2.17	0.59
惠州市区	Huizhou Urban District	4.42		0.91	0.19
惠阳市	Huiyang City	1.59		0.91	0.79
惠东县	Huidong County	0.02		-	-
博罗县	Boluo County	2.41		0.27	0.05
肇庆市区	Zhaoqing Urban District	2.55		0.63	0.11
高要市	Gaoyao City	2.00		0.21	0.05
四会市	Sihui City	0.89		0.05	0.03

10-8 续表2 continued

单位：亿元 (100 million yuan)

地区	Area	无形及递延资产 Immaterial and Prolong Assets	# 无形资产 Immaterial Assets	资产总计 Total Assets	流动负债 Liquid Liabilities
长江三角洲经济区	**Yangtze River Delta**				
上海市	Shanghai City	65.70	34.39	2023.84	1232.49
南京市	Nanjing City	6.85	1.93	473.46	273.27
苏州市	Suzhou City	5.38	3.06	193.19	134.14
无锡市	Wuxi City	8.99	6.38	185.19	110.12
常州市	Changzhou City	1.88	1.47	83.52	58.81
镇江市	Zhenjiang City	1.76	0.83	40.77	27.39
南通市	Nantong City			74.28	
扬州市	Yangzhou City	1.63	1.09	37.94	23.42
泰州市	Taizhou City	0.67	0.23	72.06	62.93
杭州市	Hangzhou City			689.18	
宁波市	Ningbo City			244.29	
嘉兴市	Jiaxing City			96.70	
湖州市	Huzhou City			47.65	
绍兴市	Shaoxing City			86.46	
舟山市	Zhoushan City			18.88	
台州市	Taizhou City			56.46	
珠江三角洲经济区	**Pearl River Delta**				
广州市	Guangzhou City		1006.15		
深圳市	Shenzhen City		612.69		
珠海市	Zhuhai City		68.63		
佛山市	Foshan City		186.93		
江门市	Jiangmen City		74.50		
东莞市	Dongguan City		72.18		
中山市	Zhongshan City		56.86		
惠州市区	Huizhou Urban District		29.38		
惠阳市	Huiyang City		2.61		
惠东县	Huidong County		0.25		
博罗县	Boluo County		3.40		
肇庆市区	Zhaoqing Urban District		21.25		
高要市	Gaoyao City		3.58		
四会市	Sihui City		1.55		

10-8 续表3 continued

单位：亿元 (100 million yuan)

地区	Area	长期负债 Long Term Liabilities	负债合计 Total liabilities	所有者权益 Creditors'Equity	实收资本 Paid-up Capital	# 国家资本 State Capital
长江三角洲经济区	**Yangtze River Delta**					
上海市	Shanghai City	162.88	1395.37	628.46	670.01	111.52
南京市	Nanjing City	39.10	322.61	150.85	58.12	29.99
苏州市	Suzhou City	10.52	149.55	43.64	25.61	13.00
无锡市	Wuxi City	16.32	128.83	56.36	36.67	18.06
常州市	Changzhou City	1.87	62.43	21.08	10.85	4.03
镇江市	Zhenjiang City	3.47	31.79	8.98	5.43	1.68
南通市	Nantong City		56.21	18.08	10.36	4.14
扬州市	Yangzhou City	2.82	27.04	10.91	6.26	1.75
泰州市	Taizhou City	0.89	64.70	73.50	3.58	1.56
杭州市	Hangzhou City		452.90	236.28	117.37	55.32
宁波市	Ningbo City		181.93	62.37	31.61	-
嘉兴市	Jiaxing City		74.02	22.68	10.92	2.97
湖州市	Huzhou City		32.70	14.95	6.15	1.93
绍兴市	Shaoxing City		56.85	29.61	14.08	4.08
舟山市	Zhoushan City		11.25	7.63	2.94	1.07
台州市	Taizhou City		36.49	19.97	9.22	2.73
珠江三角洲经济区	**Pearl River Delta**					
广州市	Guangzhou City		744.41	261.74	189.80	62.12
深圳市	Shenzhen City		404.97	207.71	122.57	66.01
珠海市	Zhuhai City		43.62	25.01	16.15	4.76
佛山市	Foshan City		172.05	14.88	25.82	7.76
江门市	Jiangmen City		68.20	6.30	8.09	4.97
东莞市	Dongguan City		60.84	11.35	12.45	6.96
中山市	Zhongshan City		47.28	9.57	15.12	0.49
惠州市区	Huizhou Urban District		25.15	4.23	3.13	0.47
惠阳市	Huiyang City		2.20	4.64	0.20	0.01
惠东县	Huidong County		0.19	0.07	0.01	-
博罗县	Boluo County		3.33	0.07	0.23	0.11
肇庆市区	Zhaoqing Urban District		17.94	3.31	1.51	1.30
高要市	Gaoyao City		4.09	-0.50	0.59	0.59
四会市	Sihui City		1.23	0.32	0.31	0.28

10-8 续表4 continued

单位：亿元 (100 million yuan)

地区	Area	商品销售收入 Sales Revenue	商品销售收入净额 Net Sales Revenue	商品销售成本 Cost of Sales	经营费用 Business Expenses
长江三角洲经济区	**Yangtze River Delta**				
上海市	Shanghai City	4868.80	4824.87	4425.00	176.43
南京市	Nanjing City	887.75	873.39	794.51	32.68
苏州市	Suzhou City	424.13	374.45	386.69	16.12
无锡市	Wuxi City	393.35	392.91	359.54	14.11
常州市	Changzhou City	225.50	224.80	207.66	6.91
镇江市	Zhenjiang City	71.62	71.33	63.27	3.23
南通市	Nantong City	189.51		162.03	8.08
扬州市	Yangzhou City	87.75	87.19	78.47	3.79
泰州市	Taizhou City	91.86	91.45	81.77	7.19
杭州市	Hangzhou City		1548.65	1443.34	40.97
宁波市	Ningbo City		622.58	582.61	18.52
嘉兴市	Jiaxing City			96.70	
湖州市	Huzhou City	102.32	102.32	92.25	4.14
绍兴市	Shaoxing City		153.42	139.05	4.73
舟山市	Zhoushan City		53.90	48.63	2.07
台州市	Taizhou City	181.03	181.03	166.93	5.29
珠江三角洲经济区	**Pearl River Delta**				
广州市	Guangzhou City		1862.35	1731.86	67.24
深圳市	Shenzhen City		985.46	888.73	45.97
珠海市	Zhuhai City		104.00	94.32	6.17
佛山市	Foshan City		455.29	433.42	11.66
江门市	Jiangmen City		112.94	105.78	3.42
东莞市	Dongguan City	157.89		147.34	5.42
中山市	Zhongshan City		173.13	164.06	6.02
惠州市区	Huizhou Urban District		91.44	87.00	2.10
惠阳市	Huiyang City		5.14	4.72	0.20
惠东县	Huidong County		2.15	1.87	0.06
博罗县	Boluo County		5.37	4.88	0.20
肇庆市区	Zhaoqing Urban District		36.16	33.65	1.55
高要市	Gaoyao City		4.57	4.13	0.29
四会市	Sihui City		3.79	3.61	0.10

10-8 续表5 continued

单位：亿元 (100 million yuan)

地区	Area	销售税金及附加 Sales Tax and Extra Changes	商品销售利润 Sales Profit	代购代销收入 Income of Purchase and Sales on Commission Basis	主营业务利润 Profits of Major Management
长江三角洲经济区	**Yangtze River Delta**				
上海市	Shanghai City	7.18	216.26	2.28	218.54
南京市	Nanjing City	1.57	44.63	0.83	45.46
苏州市	Suzhou City	0.77	17.97		-
无锡市	Wuxi City	0.63	18.63		18.64
常州市	Changzhou City	0.31	9.91		9.95
镇江市	Zhenjiang City	0.16	4.68	0.10	4.79
南通市	Nantong City	0.34			
扬州市	Yangzhou City	0.18	4.74		4.75
泰州市	Taizhou City	0.14	2.35		2.35
杭州市	Hangzhou City	2.93	61.41	0.28	61.69
宁波市	Ningbo City	0.58	20.87	0.44	21.31
嘉兴市	Jiaxing City		74.02		10.92
湖州市	Huzhou City	0.19	5.73		5.74
绍兴市	Shaoxing City	0.33	9.32		9.32
舟山市	Zhoushan City	0.10	3.09		3.09
台州市	Taizhou City	0.28	8.54		8.55
珠江三角洲经济区	**Pearl River Delta**				
广州市	Guangzhou City	2.19	61.06	1.17	62.23
深圳市	Shenzhen City	1.68	49.08	0.90	49.98
珠海市	Zhuhai City	0.19	3.33	0.01	3.34
佛山市	Foshan City	0.43	9.77	0.15	9.92
江门市	Jiangmen City	0.24	3.50	0.05	3.55
东莞市	Dongguan City	0.13	5.00	-	5.46
中山市	Zhongshan City	0.16	2.88	0.10	2.98
惠州市区	Huizhou Urban District	0.10	2.24		2.24
惠阳市	Huiyang City	0.01	0.21		0.21
惠东县	Huidong County	-	0.22		0.22
博罗县	Boluo County	0.01	0.29		0.29
肇庆市区	Zhaoqing Urban District	0.04	0.91		0.92
高要市	Gaoyao City	0.02	0.14		0.14
四会市	Sihui City	-	0.08		0.08

10-8 续表6 continued

单位：亿元 (100 million yuan)

地区	Area	其他业务利润 Other Business Profit	管理费用 Management Cost	财务费用 Financial Cost	营业利润 Sales Profits
长江三角洲经济区	**Yangtze River Delta**				
上海市	Shanghai City	40.45	102.55	30.02	52.09
南京市	Nanjing City	4.98	25.75	3.44	21.83
苏州市	Suzhou City		11.48		
无锡市	Wuxi City	3.65	11.78	2.08	10.59
常州市	Changzhou City	0.77	6.03	0.93	3.71
镇江市	Zhenjiang City	0.28	2.83	0.48	1.39
南通市	Nantong City	-	4.73	0.65	
扬州市	Yangzhou City	0.31	2.72	0.38	2.51
泰州市	Taizhou City	0.25	2.13	0.51	
杭州市	Hangzhou City	5.21	29.11	6.39	29.82
宁波市	Ningbo City	2.30	11.54	2.84	8.63
嘉兴市	Jiaxing City	0.75	5.17	1.25	2.22
湖州市	Huzhou City	0.42	2.81	0.49	1.56
绍兴市	Shaoxing City	0.65	4.74	1.04	3.84
舟山市	Zhoushan City	0.17	1.77	0.26	1.32
台州市	Taizhou City	0.34	3.80	0.54	4.55
珠江三角洲经济区	**Pearl River Delta**				
广州市	Guangzhou City	15.78	53.56	10.20	13.90
深圳市	Shenzhen City	12.69	36.06	4.62	23.81
珠海市	Zhuhai City	1.93	3.33	0.47	0.96
佛山市	Foshan City	1.43	7.07	1.95	2.33
江门市	Jiangmen City	0.33	2.91	0.82	0.25
东莞市	Dongguan City	1.39	4.52	1.31	0.44
中山市	Zhongshan City	0.15	2.31	0.52	0.32
惠州市区	Huizhou Urban District	0.10	2.07	0.25	-0.06
惠阳市	Huiyang City	0.06	0.16	0.01	0.00
惠东县	Huidong County		0.13	-	0.09
博罗县	Boluo County	0.01	0.16	0.02	-0.01
肇庆市区	Zhaoqing Urban District	0.02	0.13	0.03	-0.05
高要市	Gaoyao City				
四会市	Sihui City	-	0.05	0.01	0.03

10-8 续表7 continued

单位：亿元 (100 million yuan)

地区	Area	利润总额 Total Profits	应付工资总额 Total Wages Payable	应付福利费总额 Total Welfare Expenses Payable	应交增值税总额 Total Increment Tax Value
长江三角洲经济区	**Yangtze River Delta**				
上海市	Shanghai City	105.72	67.42	9.71	78.98
南京市	Nanjing City	26.75	12.81	2.13	29.94
苏州市	Suzhou City	7.92	5.50		18.65
无锡市	Wuxi City	9.84	4.75	0.65	7.68
常州市	Changzhou City	3.65	3.16	0.47	5.35
镇江市	Zhenjiang City	1.82	1.28	0.19	2.34
南通市	Nantong City	4.02	2.62		4.80
扬州市	Yangzhou City	2.55	1.36	0.19	2.05
泰州市	Taizhou City	1.95	1.12	0.12	0.61
杭州市	Hangzhou City	38.10	12.48	2.07	11.98
宁波市	Ningbo City	12.68	7.27	0.89	4.22
嘉兴市	Jiaxing City	4.14	3.06	0.65	2.01
湖州市	Huzhou City	3.06	1.56	0.49	1.44
绍兴市	Shaoxing City	5.26	2.62	0.28	2.30
舟山市	Zhoushan City	1.38	1.00	0.24	1.34
台州市	Taizhou City	4.95	2.49	0.41	2.27
珠江三角洲经济区	**Pearl River Delta**				
广州市	Guangzhou City	25.07	27.65	3.97	18.06
深圳市	Shenzhen City	26.16	17.80	1.80	22.94
珠海市	Zhuhai City	1.81	1.52	0.16	1.62
佛山市	Foshan City	3.37	3.23	0.43	4.19
江门市	Jiangmen City	0.53	1.29	0.16	0.84
东莞市	Dongguan City	0.91	1.47	0.15	1.03
中山市	Zhongshan City	0.68	1.27	0.35	1.04
惠州市区	Huizhou Urban District	-0.04	0.80	0.07	0.55
惠阳市	Huiyang City	0.02	0.10	0.01	0.06
惠东县	Huidong County	0.10	0.06		0.03
博罗县	Boluo County	0.03	0.10	0.01	0.34
肇庆市区	Zhaoqing Urban District	-0.10	0.36	0.06	0.32
高要市	Gaoyao City		0.07	0.02	0.07
四会市	Sihui City	0.04	0.07	0.01	0.03

10-9 限额以上餐饮企业主要财务指标(2002 年)

Main Financial Indicators Enterprises above Designated Size in Catering Services(2002)

单位：万元　　(10 000 yuan)

地区	Area	流动资产合计 Total Circulating Funds	# 存货 Inventories	长期投资 Long Term Investment	固定资产投资 Fixed Assets Investment
长江三角洲经济区	**Yangtze River Delta**				
上海市	Shanghai City	156564	14093	25285	173681
南京市	Nanjing City	27706	3031	765	54335
苏州市	Suzhou City	39227	3824	926	79635
无锡市	Wuxi City	109259	8423	10721	313888
常州市	Changzhou City	22535	2456	2297	53326
镇江市	Zhenjiang City	6248	846	1102	21294
南通市	Nantong City	1959	240	53	2722
扬州市	Yangzhou City	5322	456	1459	14415
泰州市	Taizhou City	1033	136	-	6629
杭州市	Hangzhou City				
宁波市	Ningbo City				
嘉兴市	Jiaxing City	7271	933	104	25703
湖州市	Huzhou City	9986	1063	80	61932
绍兴市	Shaoxing City	26975	1108	543	39005
舟山市	Zhoushan City	686	49		1655
台州市	Taizhou City	3030	293	2	1903
珠江三角洲经济区	**Pearl River Delta**				
广州市	Guangzhou City	148668	14189	4871	115071
深圳市	Shenzhen City	37012	4911	3357	27655
珠海市	Zhuhai City	7470	779	116	4249
佛山市	Foshan City	49125	5018	2241	84473
江门市	Jiangmen City	29882	2034	2366	39397
东莞市	Dongguan City	94792	8714	19608	259174
中山市	Zhongshan City	18593	1773		38564
惠州市区	Huizhou Urban District	5409	593	51	4470
惠阳市	Huiyang City	2890	600	160	2950
惠东县	Huidong County	122	72		468
博罗县	Boluo County	3781	135		1889
肇庆市区	Zhaoqing Urban District	6599	167	40	6431
高要市	Gaoyao City				
四会市	Sihui City	588	53	500	243

10-9 续表1 continued

单位：万元 (10 000 yuan)

地区	Area	固定资产原值 Fixed Assets Original Value	# 生产经营用 For Business Use	累计折旧 Accumulative Depreciation	# 本年折旧 Depreciation in Local Year
长江三角洲经济区	**Yangtze River Delta**				
上海市	Shanghai City	182293	101596	54209	11971
南京市	Nanjing City	68180	63505	16831	2334
苏州市	Suzhou City	102565	85849	32867	5778
无锡市	Wuxi City	387462	358225	101791	19715
常州市	Changzhou City	71358	47622	19915	5524
镇江市	Zhenjiang City	27979	19695	7136	736
南通市	Nantong City	3054	3019	332	165
扬州市	Yangzhou City	17892	14303	3576	375
泰州市	Taizhou City	7278	5229	652	171
杭州市	Hangzhou City	8937			
宁波市	Ningbo City				
嘉兴市	Jiaxing City	35132		9790	1894
湖州市	Huzhou City	72125	72125	13248	3890
绍兴市	Shaoxing City	50547		13514	2477
舟山市	Zhoushan City	1976	1976	522	62
台州市	Taizhou City	2168		681	265
珠江三角洲经济区	**Pearl River Delta**				
广州市	Guangzhou City	192530		82827	13974
深圳市	Shenzhen City	55724		28291	2574
珠海市	Zhuhai City	6213		2165	436
佛山市	Foshan City	112101		37702	7287
江门市	Jiangmen City	54651		16809	1933
东莞市	Dongguan City	378765		128314	17477
中山市	Zhongshan City	49558		14057	2141
惠州市区	Huizhou Urban District	11429		6959	472
惠阳市	Huiyang City	4387		1439	563
惠东县	Huidong County	494		26	17
博罗县	Boluo County	3780		1890	122
肇庆市区	Zhaoqing Urban District	7991		1780	204
高要市	Gaoyao City				
四会市	Sihui City	349		105	45

10-9 续表 2 continued

单位：万元 (10 000 yuan)

地区	Area	无形及递延资产 Immaterial and Prolong Assets	# 无形资产 Immaterial Assets	资产合计 Total Assets	流动负债 Liquid Liabilities
长江三角洲经济区	**Yangtze River Delta**				
上海市	Shanghai City	80210	11084	459818	287267
南京市	Nanjing City	18788	961	108017	76055
苏州市	Suzhou City	18223	11758	149014	73121
无锡市	Wuxi City	31035	12050	472925	240095
常州市	Changzhou City	9989	5738	88536	48410
镇江市	Zhenjiang City	1291	128	31870	117226
南通市	Nantong City	452	35	5186	3252
扬州市	Yangzhou City	96	5	21326	9868
泰州市	Taizhou City	52	1	7715	3973
杭州市	Hangzhou City		16945		8152
宁波市	Ningbo City		4566	673	1828
嘉兴市	Jiaxing City			37202	
湖州市	Huzhou City			78555	
绍兴市	Shaoxing City			72847	
舟山市	Zhoushan City			2812	
台州市	Taizhou City			5488	
珠江三角洲经济区	**Pearl River Delta**				
广州市	Guangzhou City			339230	
深圳市	Shenzhen City			110856	
珠海市	Zhuhai City			13460	
佛山市	Foshan City			140971	
江门市	Jiangmen City			72809	
东莞市	Dongguan City			303553	
中山市	Zhongshan City			69044	
惠州市区	Huizhou Urban District			12114	
惠阳市	Huiyang City			7432	
惠东县	Huidong County			590	
博罗县	Boluo County			6596	
肇庆市区	Zhaoqing Urban District			13628	
高要市	Gaoyao City				
四会市	Sihui City			1554	

10-9 续表 3 continued

单位：万元 (10 000 yuan)

地区	Area	长期负债 Long Term Liabilities	负债合计 Total liabilities	所有者权益 Creditors'Equity	实收资本 Paid-up Capital	# 国家资本 State Capital
长江三角洲经济区	**Yangtze River Delta**					
上海市	Shanghai City	51781	349048	110769	214817	65094
南京市	Nanjing City	10598	87848	20169	29017	4970
苏州市	Suzhou City	12950	86167	62847	48438	29796
无锡市	Wuxi City	51506	292676	180249	191731	77504
常州市	Changzhou City	6666	55176	33360	23535	5566
镇江市	Zhenjiang City	1561	18787	13083	17585	8437
南通市	Nantong City	1688	5548	-361	1084	30
扬州市	Yangzhou City	2231	12427	8900	9344	8209
泰州市	Taizhou City	2838	6811	904	1602	917
杭州市	Hangzhou City	13457	16939	1757		
宁波市	Ningbo City	1954	6930	700		
嘉兴市	Jiaxing City		35874	1328	6282	2439
湖州市	Huzhou City		60362	18192	15237	1961
绍兴市	Shaoxing City		44956	27891	24686	11252
舟山市	Zhoushan City		2161	651	838	
台州市	Taizhou City		4229	1259	1127	
珠江三角洲经济区	**Pearl River Delta**					
广州市	Guangzhou City		286096	53134	158346	9640
深圳市	Shenzhen City		66864	43992	43897	4274
珠海市	Zhuhai City		6726	6734	5518	290
佛山市	Foshan City		107157	33814	75778	22544
江门市	Jiangmen City		42488	30321	46309	19875
东莞市	Dongguan City		139800	163754	149150	38977
中山市	Zhongshan City		59988	9056	17387	1000
惠州市区	Huizhou Urban District		16385	-4271	7349	394
惠阳市	Huiyang City		4958	-2474	2299	400
惠东县	Huidong County		368	222	80	
博罗县	Boluo County		3397	3199	3103	300
肇庆市区	Zhaoqing Urban District		7628	5999	7383	331
高要市	Gaoyao City					
四会市	Sihui City		810	745	786	

10-9 续表 4 continued

单位：万元 (10 000 yuan)

地区	Area	营业收入 Business Income	营业成本 Business Cost	营业费用 Business Expenses	营业税金及附加 Business Tax and Extra Charges
长江三角洲经济区	**Yangtze River Delta**				
上海市	Shanghai City	542187	237421	193570	27450
南京市	Nanjing City	144721	70353	51993	7661
苏州市	Suzhou City	120956	65052	30971	6220
无锡市	Wuxi City	163761	64442	47835	8494
常州市	Changzhou City	71263	33675	24053	3946
镇江市	Zhenjiang City	17807	9691	4965	1146
南通市	Nantong City	6993	4127	2355	390
扬州市	Yangzhou City	9551	5133	2734	519
泰州市	Taizhou City	3376	1580	1179	220
杭州市	Hangzhou City	172937	80281	56334	8937
宁波市	Ningbo City	64132	38917	14087	4061
嘉兴市	Jiaxing City	30761	15091	9498	1758
湖州市	Huzhou City	36522	15419	10412	2048
绍兴市	Shaoxing City	36732	15149	10588	2034
舟山市	Zhoushan City	4045	2217	1198	254
台州市	Taizhou City	12235	8409	2379	693
珠江三角洲经济区	**Pearl River Delta**				
广州市	Guangzhou City	596060	291667	214985	32332
深圳市	Shenzhen City	205659	88866	86782	10507
珠海市	Zhuhai City	29870	17176	9215	1724
佛山市	Foshan City	135070	71812	40028	8136
江门市	Jiangmen City	52909	24547	19246	3071
东莞市	Dongguan City	173403	68523	67354	10133
中山市	Zhongshan City	60544	30627	21816	3925
惠州市区	Huizhou Urban District	15048	7641	5209	809
惠阳市	Huiyang City	7101	3458	1720	700
惠东县	Huidong County	562	364	172	50
博罗县	Boluo County	342	205	82	17
肇庆市区	Zhaoqing Urban District	8213	3704	3259	420
高要市	Gaoyao City				
四会市	Sihui City	1487	608	734	89

10-9 续表 5　continued

单位：万元　　　　(10 000 yuan)

地区	Area	管理费用 Management Expenses	财务费用 Financial Expenses	营业利润 Operating Profits	利润总额 Total Profits	应付工资 Total Wages Payable
长江三角洲经济区	**Yangtze River Delta**					
上海市	Shanghai City	52829	19363	11553	10065	56761
南京市	Nanjing City	12606	1229	880	-991	14594
苏州市	Suzhou City	14263	1392	3059	2750	12371
无锡市	Wuxi City	44382	7778	-9170	-10066	17244
常州市	Changzhou City	7947	1824	-182	171	9059
镇江市	Zhenjiang City	2215	330	-541	-652	2332
南通市	Nantong City	617	31	-527	-304	1078
扬州市	Yangzhou City	1504	10	-349	-334	1382
泰州市	Taizhou City	781	178	-561	-77	524
杭州市	Hangzhou City	16945	2287	8152	13457	16939
宁波市	Ningbo City	4566	673	1828	1954	
嘉兴市	Jiaxing City	4959	851	-1396	-1181	4286
湖州市	Huzhou City	8033	1626	-1016	-402	4748
绍兴市	Shaoxing City	7191	1456	315	196	4563
舟山市	Zhoushan City	139	101	137	137	597
台州市	Taizhou City	560	85	109	63	1050
珠江三角洲经济区	**Pearl River Delta**					
广州市	Guangzhou City	57880	6030	-6834	-6032	71270
深圳市	Shenzhen City	13982	688	4833	4415	23803
珠海市	Zhuhai City	1394	62	300	171	3372
佛山市	Foshan City	16021	1193	-2121	-1692	17407
江门市	Jiangmen City	7690	536	-2180	-1471	5304
东莞市	Dongguan City	35602	9513	-17722	-16590	24386
中山市	Zhongshan City	6621	643	-3087	-3081	7838
惠州市区	Huizhou Urban District	1873	213	-697	-726	1825
惠阳市	Huiyang City	1234	76	-88	22	1466
惠东县	Huidong County	11		-35	-35	101
博罗县	Boluo County	10	7	21	21	48
肇庆市区	Zhaoqing Urban District	597	328	-95	331	967
高要市	Gaoyao City					
四会市	Sihui City	189	1	-134	-133	377

10-10 限额以上连锁店基本情况(2002年)
The Basic Statistics of Chain Stores above Designated Size (2002)

地区	Area	连锁店总店数(个) Total Chain Stores(unit)	连锁店网点数(个) Number of Chain Stores(unit)	直营店(个) Directly Business Stores(unit)	营业面积(平方米) Business Area (sq.m)
长江三角洲经济区	**Yangtze River Delta**				
上海市	Shanghai City	102	9911	7841	3809038
南京市	Nanjing City	15	817		325703
苏州市	Suzhou City	25	546	410	300326
无锡市	Wuxi City	9	226	206	116928
常州市	Changzhou City	11	362	264	122301
镇江市	Zhenjiang City		2	2	13600
南通市	Nantong City	6	140	131	223129
扬州市	Yangzhou City				
泰州市	Taizhou City	5	54	54	21870
杭州市	Hangzhou City	43	735	584	372186
宁波市	Ningbo City	18	356	306	247155
嘉兴市	Jiaxing City	2	19	19	11901
湖州市	Huzhou City	3	41	38	9530
绍兴市	Shaoxing City	2	49	49	13650
舟山市	Zhoushan City	3	66	66	25669
台州市	Taizhou City	3	13	13	20500
珠江三角洲经济区	**Pearl River Delta**				
广州市	Guangzhou City	50	1134	862	681149
深圳市	Shenzhen City	50	1516	1150	1908374
珠海市	Zhuhai City	19	160	101	96208
佛山市	Foshan City	5	63	55	43990
江门市	Jiangmen City	5	42	42	16412
东莞市	Dongguan City				
中山市	Zhongshan City	8	99	89	127182
惠州市区	Huizhou Urban District	1	12	9	1738
惠阳市	Huiyang City				
惠东县	Huidong County				
博罗县	Boluo County				
肇庆市区	Zhaoqing Urban District	2	12	12	1798
高要市	Gaoyao City				
四会市	Sihui City				

10—10 续表 continued

地区	Area	从业人数(人) Number of Persons Employed(person)	销售总额(亿元) Total Sales Value (100 million yuan)	零售额(亿元) Retail Value (100 million yuan)
长江三角洲经济区	**Yangtze River Delta**			
上海市	Shanghai City	173817	597.55	438.96
南京市	Nanjing City	12912	98.45	65.84
苏州市	Suzhou City	11373	30.14	
无锡市	Wuxi City	4839	11.45	10.92
常州市	Changzhou City	6795	21.45	20.69
镇江市	Zhenjiang City	404	1.56	1.56
南通市	Nantong City	8096	39.27	34.43
扬州市	Yangzhou City			
泰州市	Taizhou City	777	19.73	18.62
杭州市	Hangzhou City	17713	60.99	57.16
宁波市	Ningbo City	9783	27.81	27.84
嘉兴市	Jiaxing City	291	13.74	13.68
湖州市	Huzhou City	711	0.72	0.72
绍兴市	Shaoxing City	790	1.73	1.68
舟山市	Zhoushan City	686	2.65	1.98
台州市	Taizhou City	910	3.33	2.51
珠江三角洲经济区	**Pearl River Delta**			
广州市	Guangzhou City	39068	109.31	105.32
深圳市	Shenzhen City	67040	220.57	215.70
珠海市	Zhuhai City	3164	7.61	6.73
佛山市	Foshan City	1027	2.48	2.04
江门市	Jiangmen City	1284	2.27	1.54
东莞市	Dongguan City			
中山市	Zhongshan City	3545	7.97	7.55
惠州市区	Huizhou Urban District	147	0.15	0.15
惠阳市	Huiyang City			
惠东县	Huidong County			
博罗县	Boluo County			
肇庆市区	Zhaoqing Urban District	106	0.20	0.14
高要市	Gaoyao City			
四会市	Sihui City			

主要统计指标解释

社会消费品零售总额 指国民经济各行业直接售给城乡居民和社会集团的消费品总额。它是反映各行业通过多种商品流通渠道向居民和社会集团供应的生活消费品总量，是研究国内零售市场变动情况、反映经济景气程度的重要指标。

社会消费品零售总额包括：(1)售给城乡居民作为生活用的商品和修建房屋用的建筑材料；(2)售给社会集团的各种办公用品和公用消费品；(3)售给机关、团体、学校、部队、(4)企业、事业单位的职工食堂和旅店(招待所)附设专门供本店旅客食用，不对外营业的食堂的各种食品、燃料；(5)企业、单位和国营农场直接售给本单位职工和职工食堂的自己生产的产品；(6)售给部队干部、战士生活用的粮食、副食品、衣着品、日用品、燃料；(7)售给来华的外国人、华侨、港澳台同胞的消费品；(8)居民自费购买的中、西药品、中药材及医疗用品；(9)报社、出版社直接售给居民和社会集团的报纸、图书、杂志，集邮公司出售的新、旧纪念邮票、特种邮票、首日封、集邮册、集邮工具等；旧货寄售商店自购、自销部分的商品；(10)煤气公司、液化石油气站售给居民和社会集团的煤气灶具和罐装液化石油气；农民售给非农业居民和社会集团的商品。不包括售给国民经济各部门企业、事业单位(包括国有经济的农场)生产经营用的各种原材料、燃料、设备、工具等和售给批发零售贸易业、餐饮业作为转卖用的商品，旧货寄售商店受托寄售卖出的商品，服务业的营业收入，邮局出售邮票的收入，自来水、电力、煤气生产(供应)单位的产品供应收入，也不包括农民之间的商品销售。

商品购进总额 指从本企业(单位)以外的单位和个人购进(包括从境外直接进口)作为转卖或加工后转卖的商品总额。它反映批发零售贸易业从国内、国外市场上购进商品的总量。商品购进总额包括：(1)从工农业生产者购进的商品；(2)从出版社、报社的出版发行部门购进的图书、杂志和报纸；(3)从各种登记注册类型的批发零售贸易企业(单位)购进的商品；(4)从其他单位购进的商品，如从机关、团体、企业等单位购进的剩余物资，从餐饮业、服务业购进的商品，从海关、市场管理部门购进的缉私和没收的商品，从居民手中收购的废旧商品等；(5)从国(境)外直接进口的商品。不包括企业(单位)为自身经营用和未通过买卖行为而收入的商品以及销售退回、商品升溢等。

商品销售总额 指对本企业(单位)以外的单位和个人出售(包括对境外直接出口)的商品总额。它反映批发零售贸易业在国内市场上销售商品以及出口商品的总量。商品销售总额包括：(1)售给城乡居民和社会集团消费用的商品；(2)售给工业、农业、建筑业、运输邮电业、批发零售贸易业、餐饮业、服务业等作为生产、经营使用的商品；(3)售给批发零售贸易业作为转卖或加工后转卖的商品；(4)对国(境)外直接出口的商品。不包括出售本企业(单位)自用的废旧包装用品；未通过买卖行为付出的商品；经本单位介绍，由买卖双方直接结算，本单位只收取手续费的业务；购货退出的商品以及商品损耗和损失等。

批发零售贸易业库存 指报告期末各种登记注册类型的批发零售贸易企业(单位)已取得所有权的商品。它反映批发零售贸易企业(单位)的商品库存情况和对市场商品供应的保证程度。期末库存包括：(1)存放在批发零售贸易业经营单位(如门市部、批发站、经营处)仓库、货场、货柜和货架中的商品；(2)挑选、整理、包装中的商品；(3)已记入购进而尚未运到本单位的商品，即发货单或银行承兑凭证已到而货未到的部分；(4)寄放他处的商品，如因购货方拒绝承付而暂时存放在购货方的商品和已办完加工成品收回手续而未提回的商品；(5)委托其他单位代销(未作销售或调出)尚未售出的商品；(6)代其他单位购进尚未交付的商品。不包括所有权不属于本单位的商品、拨付除批发零售贸易业以外的其他行业所属独立核算加工厂等加工生产尚未收回成品的商品、代国家物资储备部门保管的商品等。库存总额采用的计算价格是：农副产品采购单位按购进价计算；批发单位按进货价计算；零售单位按核算价格计算。

批发零售贸易、餐饮业统计限额标准 批发业年末从业人员在20人及以上，年销售额在2000万元及以上；零售业年末从业人员在60人及以上，年销售额在500万元及以上；餐饮业年末从业人员在40人及以上，年营业额在200万元及以上。外贸企业一律包括在批发业中，按批发标准执行。

Explanatory Notes on Main Statistical Indicators

Total Retail Sales of Consumer Goods refer to the sum of retail sales of consumer goods sold by all sectors of the national economy to urban and rural residents and social groups. This indicator is used to show the supply of consumers goods through various channels to households and institutions, and is very important for the study on changes at the domestic retail market, and on economic cycles.

The retail sales of consumer goods include: (1) commodities sold to urban and rural residents for their daily use and building materials sold to them for the construction or repair of houses; (2) office appliances and supplies sold to institutions; (3) food and fuels sold to canteens of institutions, enterprises, schools, military units and to canteens of hotels and hostels that only serve their guests, and commodities produced by enterprises, institutions or state farms and sold directly to their employees or their canteens; (4) grain and non-staple food, clothing, daily articles and fuels sold to military personnel; (5)consumer goods sold to foreigners, overseas Chinese, and Chinese compatriots from Taiwan, Hong Kong and Macao during their stay in the mainland of China; (6) Chinese and western medicines, herbs and medical facilities purchased by residents; (7) newspapers, books and magazines directly sold to residents and social groups by publishers, new and old commemorative stamps, special stamps, first-day covers, stamp albums and other stamp-collection articles sold by stamp companies; (8) consumer goods purchased and then sold by second-hand shops; (9) stoves and other heating facilities and liquefied gas sold by gas companies to households and institutions; and (10) commodities sold by farmers to non-agricultural residents and social groups. Excluded under this heading are: raw materials, fuels, equipment, tools sold to enterprises, institutions and state farms for production purpose; commodities sold to trade establishments for re-selling; commissioned sales at second-hand shops; operational income of urban public utilities; stamps sold at post offices; income of water, power, gas production and supply establishments from the supply of their products; and sales of commodities among farmers.

Total Purchases of Commodities refer to the total value of purchases of commodities by the establishments from other establishments or individuals (including direct import from abroad) for the purpose of re-selling, either with or without further processing of the commodities purchased. This indicator is used to show the total value of purchases of commodities by wholesale and retail establishments from domestic and overseas markets. The total purchases include: (1) agricultural and industrial products purchased from producers; (2) books, magazines and newspapers purchased from distribution departments of the publishers; (3) commodities purchased from wholesale and retail establishments of different status of registration; (4) commodities purchased from other units, such as surplus materials purchased from government agencies, enterprises or institutions, commodities purchased from catering and service establishments, confiscated goods purchased from customs authorities or market management agencies, second-hand goods and wastes purchased from residents; and (5) commodities directly imported from abroad. Excluded are commodities purchased by establishments (units) for use in their own business operation, commodities obtained without buying or selling procedures, rejected commodities, etc.

Total Sales of Commodities refer to value of commodities sold by the establishments to other establishments and individuals (including direct export). This indicator is used to show the total value of sales of commodities at domestic markets and export. The total sales include: (1) commodities sold to urban and rural residents and social groups for their consumption; (2) commodities sold to establishments in industry, agriculture, construction, transportation, post and telecommunications, wholesale and retail trades, catering trade and public utility for their production and operation; (3) commodities sold to wholesale and retail establishments for re selling, with or without further processing; and (4)commodities for direct export to other countries. Excluded are selling of waste packaging materials used by the establishments (units) themselves, commodities transferred without buying or selling procedures, commission income from brokerage in transactions whose settlement is directly handled by buyers and sellers, rejected commodities in the purchase, loss in commodities, etc.

Commodity Inventory of Wholesale and Retail Enterprises refers to total commodities possessed by wholesale and retail enterprises (units) of various types of registration status at the end of the reference period, which reflects the commodity level of various wholesale and retail enterprises and the potential for market supply. It includes: (1) commodities located in storage, garages, counters, and shelves of operating units (such as sale stores, wholesale centers, and operating offices) of wholesale and retail enterprises; (2) commodities in the process of selecting, sorting, and packing; (3)commodities not arrived but recorded as purchase in the account, i.e. commodities not arrived but payment receipts for the commodities from the sellers or the banks arrived; (4) commodities deposited in other places rather than places mentioned above, for instance: commodities in the hold of purchasers temporarily due to the refusal of payment and commodities not taken back after going through the formalities; (5) commodities entrusted to other units to sell but not sold yet; (6) commodities purchased for other units but not delivered yet. Commodities not included as stock are those not owned by the enterprises (units), those allocated to financially independent factories rather than wholesale and retail enterprises for processing but not taken back yet, and finally those put in stock by wholesale and retail enterprises on behalf of the state material reserves units.

For the calculation of the value of commodities stock, the value is calculated at purchasing prices in agricultural goods purchasing units and wholesale units, and at the accounting prices in retail units.

The Statistical Designated Size Standard in Wholesale, Retail Trade and Catering Industry refer to persons employed at the year-end in wholesale are 20 persons and above, annual sales are 20 million yuan and above; persons employed at the year-end in retail are 60 persons and above; annual sales are 5 million yuan and above; persons employed at the year-end in catering are 40 persons and above, annual turnover are 2 million yuan and above. Foreign trade enterprise are all included in retail industry and executed according to the wholesale standard.

十一、对外贸易和旅游

Foreign Trade and Tourism

11-1 进出口贸易总额
Total Value of Imports and Exports

单位：亿美元 (USD 100 million)

地区	Area	1990	1995	2000	2001	2002
长江三角洲经济区	**Yangtze River Delta**					
上海市	Shanghai City	74.31	190.25	547.10	608.98	726.64
南京市	Nanjing City	1.84	10.66	91.02	95.88	100.94
苏州市	Suzhou City	1.88	45.92	200.70	236.62	363.90
无锡市	Wuxi City		16.29	59.83	66.57	97.41
常州市	Changzhou City	0.62	9.93	28.22	32.59	39.18
镇江市	Zhenjiang City		5.26	14.61	14.54	20.98
南通市	Nantong City	2.03	16.88	31.56	32.33	38.96
扬州市	Yangzhou City			11.18	12.32	15.14
泰州市	Taizhou City			4.48	5.32	5.73
杭州市	Hangzhou City	1.46	45.18	104.76	112.98	131.07
宁波市	Ningbo City	2.98	38.53	75.41	88.92	122.73
嘉兴市	Jiaxing City			18.90	22.17	36.96
湖州市	Huzhou City		3.06	6.93	7.49	8.87
绍兴市	Shaoxing City			16.62	24.71	38.70
舟山市	Zhoushan City	0.14	2.31	4.67	4.59	4.97
台州市	Taizhou City		3.26	11.44	15.43	21.91
珠江三角洲经济区	**Pearl River Delta**					
广州市	Guangzhou City	41.79	166.99	233.51	230.37	279.27
深圳市	Shenzhen City	157.01	387.70	639.40	686.11	872.31
珠海市	Zhuhai City	6.48	38.03	91.65	98.03	128.39
佛山市	Foshan City		61.32	103.27	110.69	129.70
江门市	Jiangmen City		32.32	48.33	43.88	47.76
东莞市	Dongguan City	10.82	153.91	320.45	344.55	442.47
中山市	Zhongshan City		36.23	60.89	71.49	93.42
惠州市区	Huizhou Urban District				51.93	70.19
惠阳市	Huiyang City				22.20	25.67
惠东县	Huidong County				5.12	5.79
博罗县	Boluo County				8.49	10.04
肇庆市区	Zhaoqing Urban District		5.70	8.21	7.72	10.44
高要市	Gaoyao City		1.27	1.33	1.52	1.62
四会市	Sihui City		1.06	1.39	1.65	0.71
香港特别行政区①	**HongKong,SAR ①**		28352.50	32306.50	30491.80	31799.40
澳门特别行政区①	**Macao,SAR ①**	259.81	321.80	384.80	376.40	

注：①万本币。

Note: ① 10 000 local currency units.

11-2 进口总额
Total Value of Imports

单位：亿美元 (USD 100 million)

地区	Area	1990	1995	2000	2001	2002
长江三角洲经济区	**Yangtze River Delta**					
上海市	Shanghai City	21.10	74.48	293.56	332.70	406.09
南京市	Nanjing City	0.28	2.58	37.33	38.37	40.83
苏州市	Suzhou City	0.33	22.57	95.89	113.55	178.69
无锡市	Wuxi City		3.82	26.17	30.67	45.97
常州市	Changzhou City	0.12	2.24	9.62	10.93	12.62
镇江市	Zhenjiang City		2.63	8.03	7.08	10.87
南通市	Nantong City	0.48	3.22	11.21	11.50	13.65
扬州市	Yangzhou City			5.12	5.68	7.14
泰州市	Taizhou City			1.19	1.47	1.53
杭州市	Hangzhou City	0.46	12.00	35.11	40.14	46.26
宁波市	Ningbo City	0.19	15.85	23.73	26.47	41.10
嘉兴市	Jiaxing City			8.38	10.52	11.48
湖州市	Huzhou City		1.01	2.30	1.73	1.78
绍兴市	Shaoxing City			3.85	5.96	9.69
舟山市	Zhoushan City		0.38	0.56	0.57	0.52
台州市	Taizhou City		0.48	2.76	3.64	3.89
珠江三角洲经济区	**Pearl River Delta**					
广州市	Guangzhou City	14.43	62.47	115.60	114.12	141.47
深圳市	Shenzhen City	75.50	182.42	293.76	311.31	406.74
珠海市	Zhuhai City	1.60	16.87	55.19	60.14	76.34
佛山市	Foshan City		25.76	45.91	47.13	50.82
江门市	Jiangmen City		12.78	18.48	18.17	18.24
东莞市	Dongguan City	5.14	75.92	148.86	154.65	205.11
中山市	Zhongshan City		14.27	24.12	27.91	36.17
惠州市区	Huizhou Urban District				22.51	35.09
惠阳市	Huiyang City				10.20	11.21
惠东县	Huidong County				2.21	2.25
博罗县	Boluo County				4.04	4.58
肇庆市区	Zhaoqing Urban District		2.13	2.94	2.71	3.28
高要市	Gaoyao City		0.69	0.53	0.47	0.50
四会市	Sihui City		0.41	0.56	0.54	0.53
香港特别行政区①	**HongKong,SAR ①**	6425.30	14911.21	16579.62	15681.94	16194.19
澳门特别行政区①	**Macao,SAR ①**	126.74	162.67	180.98	191.70	

注：①万本币。

Note: ① 10 000 local currency units.

11-3 出口总额
Total Value of Exports

单位：亿美元 (USD 100 million)

地区	Area	1990	1995	2000	2001	2002
长江三角洲经济区	**Yangtze River Delta**					
上海市	Shanghai City	53.21	115.77	253.54	276.28	320.55
南京市	Nanjing City	1.56	8.08	53.69	57.51	60.11
苏州市	Suzhou City	1.55	23.35	104.81	123.07	185.21
无锡市	Wuxi City	0.88	12.47	33.67	35.90	51.44
常州市	Changzhou City	0.50	7.69	18.60	21.66	26.56
镇江市	Zhenjiang City		2.63	6.59	7.46	10.11
南通市	Nantong City	1.56	13.66	20.35	20.84	25.31
扬州市	Yangzhou City		3.38	6.06	6.64	8.01
泰州市	Taizhou City		1.66	3.29	3.85	4.20
杭州市	Hangzhou City	0.99	33.18	69.65	72.84	84.81
宁波市	Ningbo City	2.80	22.68	51.68	62.45	81.63
嘉兴市	Jiaxing City			18.90	22.17	25.48
湖州市	Huzhou City		2.05	4.63	5.76	7.09
绍兴市	Shaoxing City			12.77	18.75	29.01
舟山市	Zhoushan City	0.14	1.92	4.12	4.02	4.44
台州市	Taizhou City		2.78	8.69	11.79	18.02
珠江三角洲经济区	**Pearl River Delta**					
广州市	Guangzhou City	14.43	95.67	117.90	116.23	137.76
深圳市	Shenzhen City	81.52	205.27	345.63	374.80	465.57
珠海市	Zhuhai City	4.89	21.15	36.46	37.89	52.04
佛山市	Foshan City	8.88	35.56	57.36	63.55	78.88
江门市	Jiangmen City	5.21	19.54	29.85	25.71	29.52
东莞市	Dongguan City	5.68	77.99	171.59	189.89	237.36
中山市	Zhongshan City	3.42	21.96	36.77	43.58	57.25
惠州市区	Huizhou Urban District	2.48	14.69	26.16	29.43	35.10
惠阳市	Huiyang City	0.15	3.72	11.30	12.00	14.46
惠东县	Huidong County	0.14	2.17	2.37	2.91	3.54
博罗县	Boluo County		2.51	4.89	4.45	5.46
肇庆市区	Zhaoqing Urban District		3.58	5.28	5.01	7.17
高要市	Gaoyao City		0.59	0.80	1.05	1.12
四会市	Sihui City		0.66	0.82	1.11	0.18
香港特别行政区①	**HongKong,SAR ①**	6398.74	13441.27	15726.89	14809.87	15605.17
澳门特别行政区①	**Macao,SAR ①**	138.51	159.13	203.80	184.73	

注：①万本币。

Note: ① 10 000 local currency units.

11-4 主要商品出口数量和金额(2002年)
Main Export Commodities in Volume and Value(2002)

单位：万美元 (USD 10 000)

品名		Item		上海市 Shanghai City	杭州市 Hangzhou City		宁波市 Ningbo City	
				金额 Value	数量 Volume	金额 Value	数量 Volume	金额 Value
活猪	(万头)	Live Hogs	(10 000 heads)	919.00	2193.00	21.62	1740.00	1.94
活家禽	(万只)	Live Poultry	(10 000 heads)					
鲜、冻牛肉	(万吨)	Frozen, Fresh Beef	(10 000 tons)	5.00	31.00	0.02	5.00	0.00
鲜、冻猪肉	(万吨)	Frozen, Fresh Pork	(10 000 tons)	349.00	591.00	0.35		
冻鸡	(万吨)	Frozen Chicken	(10 000 tons)	1357.00				
水海产品	(万吨)	Aquatic and Seawater Products	(10 000 tons)	4078.00	1178.00	0.59	8127.00	3.65
谷物及谷物粉	(万吨)	Cereals and Cereals Flour	(10 000 tons)	546.00	15.00	0.05		
蔬菜	(万吨)	Vegetables	(10 000 tons)	4858.00	5756.00	6.75	5454.00	
食糖	(万吨)	Sugar	(10 000 tons)	14.00	1.00	-	42.00	0.09
天然蜂蜜	(吨)	Natural Honey	(ton)	141.00	731.00	7172.00	33.00	386.34
茶叶	(吨)	Tea	(ton)	1314.00	8501.00	71879.00	3100.00	28023.32
猪肉罐头	(吨)	Canned Pork	(ton)	2202.00	98.00	700.00	16.00	131.40
蘑菇罐头	(吨)	Canned Mushroom	(ton)	208.00	423.00	6002.00	49.00	642.24
填充用羽毛;羽绒	(吨)	Feathers and Down for Stuffing	(ton)		9972.00	14098.00	45.00	195.98
药材	(吨)	Medical Materials	(ton)	318.00	1937.00	7488.00	21.00	78.20
生丝	(吨)	Raw Silk	(ton)	230.00	2295.00	1410.00		
兔毛	(吨)	Rabbit Hair	(ton)	167.00	877.00	914.00		
煤	(万吨)	Coal	(10 000 tons)	1.00	-	-		
原油	(万吨)	Crude Oil	(10 000 tons)	0.00	-	-		
成品油	(万吨)	Petroleum Products Refined	(10 000 tons)	6056.00	51.00	0.10	3638.00	16.76
石蜡	(万吨)	Paraffin Wax	(10 000 tons)	2230.00	-	-		
合成有机染料	(吨)	Synthetic Organic Dyestuffs	(ton)	6592.00	9020.00	38759.00	2668.00	1.08
医药品	(吨)	Medical and Pharmaceutical Products	(ton)	28861.00	11997.00	11011.00	14495.00	
烟花、爆竹	(吨)	Fireworks and Firecrackers	(ton)	31.00	423.00	2399.00		
松香及树脂酸	(吨)	Resin and Resin Acids	(ton)		-	-		
轮胎	(万条)	Rubber Tyres	(10 000 units)	12604.00	6358.00	514.05	102.00	14.56
纸及纸板(未切成形)	(万吨)	Paper and Paperboard in Rolls	(10 000 tons)	3583.00	656.00	566.13	486.00	
水泥	(万吨)	Cement	(10 000 tons)	1516.00	129.00	4.30		
平板玻璃	(万平方米)	Plate Glass	(10 000 sq.m)	2678.00	30.00	11.25	97.00	
玻璃制品		Glass Products		5875.00	1366.00		1616.00	
家用陶瓷器皿	(吨)	Porcelain and Pottery Ware for Household Use	(ton)	866.00	287.00	2770.00	67.00	1210.00
生铁及镜铁	(万吨)	Pig Iron and Spiegeleise	(10 000 tons)	183.00	-	-		
钢材	(万吨)	Rolled Steel	(10 000 tons)	46276.00	1992.00	5.22	1842.00	
未锻造铜及合金	(吨)	Unwrought Copper and its Alloys	(ton)	5386.00	1083.00	3611.00	736.00	3333.00
铜材	(吨)	Rolled Copper	(ton)	4049.00	1083.00	3611.00	649.00	1743.80
未锻造铝及合金	(吨)	Unwrought Aluminum and its Alloys	(ton)	11546.00	231.00	1736.00	326.00	2190.40
铝材	(吨)	Rolled Aluminum	(ton)	2495.00	261.00	947.00	662.00	2549.10

11-4 续表 1　continued

单位：万美元　　　　(USD 10 000)

品名	Item	湖州市 Huzhou City 数量 Volume	金额 Value	绍兴市 Shaoxing City 数量 Volume	金额 Value	舟山市 Zhoushan City 数量 Volume	金额 Value
活猪 （万头）	Live Hogs (10 000 heads)						
活家禽 （万只）	Live Poultry (10 000 heads)						
鲜、冻牛肉 （万吨）	Frozen, Fresh Beef (10 000 tons)						
鲜、冻猪肉 （万吨）	Frozen, Fresh Pork (10 000 tons)						
冻鸡 （万吨）	Frozen Chicken (10 000 tons)						
水海产品 （万吨）	Aquatic and Seawater Products (10 000 tons)		155.00		9.17	12.21	28403.85
谷物及谷物粉 （万吨）	Cereals and Cereals Flour (10 000 tons)				0.21		
蔬菜 （万吨）	Vegetables (10 000 tons)		497.00	0.23	321.23	0.03	24.49
食糖 （万吨）	Sugar (10 000 tons)						
天然蜂蜜 （吨）	Natural Honey (ton)						
茶叶 （吨）	Tea (ton)	278.00	32.00	18569.00	2364.55		
猪肉罐头 （吨）	Canned Pork (ton)						
蘑菇罐头 （吨）	Canned Mushroom (ton)			16.00	1.13		
填充用羽毛；羽绒 （吨）	Feathers and Down for Stuffing (ton)			1486.00	831.46		
药材 （吨）	Medical Materials (ton)	15.00	3.00	4.00	1.74	10.00	2.80
生丝 （吨）	Raw Silk (ton)	474.00	768.00				
兔毛 （吨）	Rabbit Hair (ton)						
煤 （万吨）	Coal (10 000 tons)						
原油 （万吨）	Crude Oil (10 000 tons)						
成品油 （万吨）	Petroleum Products Refined (10 000 tons)					26.58	5724.30
石蜡 （万吨）	Paraffin Wax (10 000 tons)						
合成有机染料 （吨）	Synthetic Organic Dyestuffs (ton)			18116.00	3381.17		
医药品 （吨）	Medical and Pharmaceutical Products (ton)	2091.00	1411.00	12772.00	8730.49	10.00	8.31
烟花、爆竹 （吨）	Fireworks and Firecrackers (ton)						
松香及树脂酸 （吨）	Resin and Resin Acids (ton)						
轮胎 （万条）	Rubber Tyres (10 000 units)		1.00	86.00	68.83		
纸及纸板(未切成形) （万吨）	Paper and Paperboard in Rolls (10 000 tons)		4.00	0.22	106.36		
水泥 （万吨）	Cement (10 000 tons)				0.04		
平板玻璃 （万平方米）	Plate Glass (10 000 sq.m)			30.00	89.71		
玻璃制品	Glass Products				23.20	112.70	17.82
家用陶瓷器皿 （吨）	Porcelain and Pottery Ware for Household Use (ton)	10.00	1.00			11.34	0.98
生铁及镜铁 （万吨）	Pig Iron and Spiegeleise (10 000 tons)						
钢材 （万吨）	Rolled Steel (10 000 tons)		350.00	0.08	71.92		11.97
未锻造铜及合金 （吨）	Unwrought Copper and its Alloys (ton)	43.00	10.00	3728.00	788.52		
铜材 （吨）	Rolled Copper (ton)	45.00	10.00	3728.00	788.52		
未锻造铝及合金 （吨）	Unwrought Aluminum and its Alloys (ton)	46.00	13.00	289.00	110.12	0.27	0.42
铝材 （吨）	Rolled Aluminum (ton)	46.00	13.00	289.00	110.06		

11-4 续表 2　continued

单位：万美元 (USD 10 000)

品名	Item	台州市 Taizhou City 数量 Volume	台州市 Taizhou City 金额 Value	广州市 Guangzhou City 数量 Volume	广州市 Guangzhou City 金额 Value
活猪 (万头)	Live Hogs (10 000 heads)			9.00	1245.00
活家禽 (万只)	Live Poultry (10 000 heads)	0.68	6.83	715.00	1709.00
鲜、冻牛肉 (万吨)	Frozen, Fresh Beef (10 000 tons)				
鲜、冻猪肉 (万吨)	Frozen, Fresh Pork (10 000 tons)			6161.00	
冻鸡 (万吨)	Frozen Chicken (10 000 tons)				
水海产品 (万吨)	Aquatic and Seawater Products (10 000 tons)	0.60	4331.24	20777.00	
谷物及谷物粉 (万吨)	Cereals and Cereals Flour (10 000 tons)			36020.00	
蔬菜 (万吨)	Vegetables (10 000 tons)	0.31	338.78	29978.00	
食糖 (万吨)	Sugar (10 000 tons)				
天然蜂蜜 (吨)	Natural Honey (ton)				
茶叶 (吨)	Tea (ton)			15132.00	
猪肉罐头 (吨)	Canned Pork (ton)				
蘑菇罐头 (吨)	Canned Mushroom (ton)				
填充用羽毛;羽绒 (吨)	Feathers and Down for Stuffing (ton)				
药材 (吨)	Medical Materials (ton)			3970.00	520.00
生丝 (吨)	Raw Silk (ton)				
兔毛 (吨)	Rabbit Hair (ton)				
煤 (万吨)	Coal (10 000 tons)				
原油 (万吨)	Crude Oil (10 000 tons)				
成品油 (万吨)	Petroleum Products Refined (10 000 tons)			42.84	9783.00
石蜡 (万吨)	Paraffin Wax (10 000 tons)	0.02	9.02		
合成有机染料 (吨)	Synthetic Organic Dyestuffs (ton)	7372.00	2367.32		
医药品 (吨)	Medical and Pharmaceutical Products (ton)	129.00	67.00	15799.00	6695.00
烟花、爆竹 (吨)	Fireworks and Firecrackers (ton)			36407.00	4674.00
松香及树脂酸 (吨)	Resin and Resin Acids (ton)				
轮胎 (万条)	Rubber Tyres (10 000 units)	569.57	303.00		
纸及纸板(未切成形) (万吨)	Paper and Paperboard in Rolls (10 000 tons)	0.07	170.00		
水泥 (万吨)	Cement (10 000 tons)		0.27	26.24	920.00
平板玻璃 (万平方米)	Plate Glass (10 000 sq.m)				
玻璃制品	Glass Products		626.00		
家用陶瓷器皿 (吨)	Porcelain and Pottery Ware for Household Use (ton)	12.00	12.31		
生铁及镜铁 (万吨)	Pig Iron and Spiegeleise (10 000 tons)				
钢材 (万吨)	Rolled Steel (10 000 tons)		2.78	22.85	9115.00
未锻造铜及合金 (吨)	Unwrought Copper and its Alloys (ton)				
铜材 (吨)	Rolled Copper (ton)	655.49	258.69		
未锻造铝及合金 (吨)	Unwrought Aluminum and its Alloys (ton)	8205.15	1200.09		
铝材 (吨)	Rolled Aluminum (ton)	317.81	5255.63		

11—4续表3　continued

单位：万美元 (USD 10 000)

品名	Item	佛山市 Foshan City 数量 Volume	佛山市 Foshan City 金额 Value	东莞市 Dongguan City 数量 Volume	东莞市 Dongguan City 金额 Value
活猪 (万头)	Live Hogs (10 000 heads)	3.43	435.48	1.91	212.94
活家禽 (万只)	Live Poultry (10 000 heads)	187.88	481.43	34.76	86.90
鲜、冻牛肉 (万吨)	Frozen, Fresh Beef (10 000 tons)				
鲜、冻猪肉 (万吨)	Frozen, Fresh Pork (10 000 tons)		9.45		
冻鸡 (万吨)	Frozen Chicken (10 000 tons)		66.27		
水海产品 (万吨)	Aquatic and Seawater Products (10 000 tons)	2.10	3686.53	0.07	209.29
谷物及谷物粉 (万吨)	Cereals and Cereals Flour (10 000 tons)	2.00	580.23	0.02	16.66
蔬菜 (万吨)	Vegetables (10 000 tons)	3.10	943.54	0.26	78.75
食糖 (万吨)	Sugar (10 000 tons)	0.10	288.53		
天然蜂蜜 (吨)	Natural Honey (ton)				
茶叶 (吨)	Tea (ton)	233.97	276.03		
猪肉罐头 (吨)	Canned Pork (ton)				
蘑菇罐头 (吨)	Canned Mushroom (ton)				
填充用羽毛;羽绒 (吨)	Feathers and Down for Stuffing (ton)	22309.00	17.87	358.40	47.16
药材 (吨)	Medical Materials (ton)	781.83	873.49	469.51	66.45
生丝 (吨)	Raw Silk (ton)				
兔毛 (吨)	Rabbit Hair (ton)				
煤 (万吨)	Coal (10 000 tons)	0.66	9.90		
原油 (万吨)	Crude Oil (10 000 tons)				
成品油 (万吨)	Petroleum Products Refined (10 000 tons)				0.85
石蜡 (万吨)	Paraffin Wax (10 000 tons)				
合成有机染料 (吨)	Synthetic Organic Dyestuffs (ton)			12.39	1.82
医药品 (吨)	Medical and Pharmaceutical Products (ton)	54.03	237.73	929.86	263.64
烟花、爆竹 (吨)	Fireworks and Firecrackers (ton)	770.83	874.57	2220.01	280.68
松香及树脂酸 (吨)	Resin and Resin Acids (ton)	0.22	0.34		
轮胎 (万条)	Rubber Tyres (10 000 units)	155.02	125.23		
纸及纸板(未切成形) (万吨)	Paper and Paperboard in Rolls (10 000 tons)	0.03	348.93	1.54	1382.63
水泥 (万吨)	Cement (10 000 tons)	0.50	313.11		
平板玻璃 (万平方米)	Plate Glass (10 000 sq.m)	0.03	115.80		
玻璃制品	Glass Products	0.34	2490.98		893.16
家用陶瓷器皿 (吨)	Porcelain and Pottery Ware for Household Use (ton)			8883.47	600.60
生铁及镜铁 (万吨)	Pig Iron and Spiegeleise (10 000 tons)				
钢材 (万吨)	Rolled Steel (10 000 tons)	0.28	2138.45	1.73	1123.37
未锻造铜及合金 (吨)	Unwrought Copper and its Alloys (ton)	48.49	65.18		
铜材 (吨)	Rolled Copper (ton)	49.29	118.64		
未锻造铝及合金 (吨)	Unwrought Aluminum and its Alloys (ton)	1841.53	2477.72	2419.44	509.34
铝材 (吨)	Rolled Aluminum (ton)	160.67	304.44		

11-4 续表 4 continued

单位：万美元 (USD 10 000)

品名	Item	杭州市 Hangzhou City 数量 Volume	杭州市 Hangzhou City 金额 Value	宁波市 Ningbo City 数量 Volume	宁波市 Ningbo City 金额 Value	绍兴市 Shaoxing City 数量 Volume	绍兴市 Shaoxing City 金额 Value
手用或机用工具 (吨)	Hand Tools and Tools for Machines (ton)	45640.00	9345.00		11079.00	1017.00	155.54
锁 (吨)	Locks (ton)	10365.00	2156.00		2732.00	150.00	36.21
缝纫机(包括工业用)(万架)	Sewing Machines (Including Industrial Use) (10 000 sets)	34.93	1409.00	29.22	884.00	0.02	1.10
纺织机械	Textile Machinery (10 000 sets)		901.00		492.00		171.96
电动机及发电机 (万台)	Electric Motors and Generators (10 000 sets)	329.91	2605.00		1434.00	27.00	394.72
金属加工机床 (万台)	Machine Tools (10 000 sets)	90.13	2979.00		877.00	0.50	523.99
轴承 (万套)	Bearings (10 000 units)	3019.60	1255.00	68511.00	17565.00	3455.00	1778.79
静止式变流器 (万个)	Static Converters (10 000 units)	533.49	595.00		1474.00	2.79	19.19
电容器 (吨)	Electrical Capacitors (ton)	149.00	117.00		397.00	2.21	1.73
二极管及类似半导体器件 (万个)	Diode and Semi Conductors (10 000 units)	4083.55	189.00	37766.00	789.00	18433.00	490.62
电线电缆 (吨)	Insulated Wire or Cable (ton)	24036.00	8317.00		9654.00	7867.00	1025.52
电子计算器 (万台)	Electric Calculator (10 000 sets)	28.63	20.00	149.22	113.00		
通断保护电路装置	Electrical Apparatus for Switching or Protecting Electrical Circuits		4613.00				92.30
电扇 (万台)	Fans (10 000 sets)	7007.18	262.00	273.18	569.00		
原电池 (万个)	Primary Cells and Batteries (10 000 units)	124.31	476.00	273.18	569.00	1109.00	46.17
蓄电池 (万个)	Electric Accumulators (10 000 units)	0.60	34.00		3.00		
有线电话机 (万台)	Line Telephone Sets (10 000 sets)	3482.88	1867.00	2125.26	4313.00		
扬声器 (万个)	Loudspeakers (10 000 units)	0.10	1.00		32.00	353.00	302.24
收录机及组合音响 (万台)	Sound Recording Apparatus (10 000 sets)	8.69	150.00	7.70	4.00		
收音机 (万台)	Radio (10 000 sets)	47.35	1291.00		97.00		
电视机(包括整套散件) (万台)	TV Sets (including a Complete Set of Spare Parts) (10 000 sets)	-	-			0.25	9.18
集装箱 (个)	Containers (unit)	857.00	1649.00		193.00		
船舶 (艘)	Ships (unit)		7274.00		9162.00		
汽车的零件	Parts of Motor Vehicles	355.29	5773.00	207.19	3410.00		2241.15
自行车 (万辆)	Bicycles (10 000 units)		4884.00		1539.00	43.65	976.03
医疗仪器及器械	Medical Instruments and Appliances	3.90	4.00		13.00		6.96
照相机 (万架)	Cameras (10 000 sets)	3.82	3.00	345.11	77.00		
手表 (万只)	Wrist Watches (10 000 units)	306.91	540.00	1694.01	641.00		
日用钟 (万只)	Clocks (10 000 sets)		21596.00		8576.00	0.60	1.36
家俱	Furniture		116303.00		39067.00		361.51
服装(针织、钩织的除外)	Garments (Excluding Knitwear and Crochet)	766.54	3608.00		1356.00		56093.44
皮鞋 (万双)	Leather Shoes (10 000 pairs)	4.68	8566.00	20013.29	34715.00	7.60	25.16
塑料制品 (万吨)	Plastic Articles (10 000 tons)		6263.00		6218.00	0.61	1106.25
玩具	Toys	232.77	224.00	388.67	442.00		452.47
足球、篮球、排球 (万个)	Footballs, Basketballs and Volleyballs(10 000 units)	390.00	81.00	15785.00	3.00		
柳编结品 (吨)	Wickerwork (ton)	4040.97	732.00	226.86	31.00	9.46	1.07
鬃刷 (万把)	Bristle Brushes (10 000 units)	204.06	236.00	83.08	91.00	26.72	4.56
热水瓶 (万个)	Vacuum Flasks (10 000 units)	615.00	244.00	125.76	392.00	0.40	1.60
人造花 (吨)	Artificial Flowers (ton)		249508.00			10.46	1.51
机电产品	Mechanical and Electrical Products						31780.57

11-4 续表 5 continued

单位：万美元 (USD 10 000)

品名	Item	舟山市 Zhoushan City		台州市 Taizhou City		佛山市 Foshan City	
		数量 Volume	金额 Value	数量 Volume	金额 Value	数量 Volume	金额 Value
手用或机用工具 (吨)	Hand Tools and Tools for Machines (ton)	2248.91	359.13	7393.61	1412.51	1380.07	1856.06
锁 (吨)	Locks (ton)	57.12	16.59	565.00	129.00	133.34	376.02
缝纫机(包括工业用)(万架)	Sewing Machines (Including Industrial Use) (10 000 sets)				7196.00		
纺织机械	Textile Machinery (10 000 sets)		65.07		709.00		
电动机及发电机 (万台)	Electric Motors and Generators (10 000 sets)			0.37	1349.00	10776.83	5151.61
金属加工机床 (万台)	Machine Tools (10 000 sets)	0.26	3.98	1.79	281.41	0.14	186.25
轴承 (万套)	Bearings (10 000 units)			1936.36	678.00	0.4	0.09
静止式变流器 (万个)	Static Converters (10 000 units)	1.00	0.48	41.88	61.79	856.1	519.42
电容器 (吨)	Electrical Capacitors (ton)			33.24	20.76	57.31	461.66
二极管及类似半导体器件 (万个)	Diode and Semi Conductors (10 000 units)			5200.62	619.40	8287.7	313.4
电线电缆 (吨)	Insulated Wire or Cable (ton)	0.27	0.26	1201.50	356.94	437.61	657.45
电子计算器 (万台)	Electric Calculator (10 000 sets)					6.21	4.58
通断保护电路装置	Electrical Apparatus for Switching or Protecting Electrical Circuits	190.63	41.04		339.96		
电扇 (万台)	Fans (10 000 sets)						
原电池 (万个)	Primary Cells and Batteries (10 000 units)			1018.95	53.73	49009.22	1969.76
蓄电池 (万个)	Electric Accumulators (10 000 units)	0.41	0.11	6.08	15.22	1946.88	2030.68
有线电话机 (万台)	Line Telephone Sets (10 000 sets)						
扬声器 (万个)	Loudspeakers (10 000 units)			1082.98	894.61	1737.11	293.03
收录机及组合音响 (万台)	Sound Recording Apparatus (10 000 sets)					50.67	922.9
收音机 (万台)	Radio (10 000 sets)					56.9	176.87
电视机(包括整套散件) (万台)	TV Sets (including a Complete Set of Spare Parts) (10 000 sets)			0.16	7.72	0.57	64.6
集装箱 (个)	Containers (unit)					88457	17275.81
船舶 (艘)	Ships (unit)	13.00	8.44				
汽车的零件	Parts of Motor Vehicles		20.75		2138.71		
自行车 (万辆)	Bicycles (10 000 units)	0.43	15.76	3.36	53.46	392.56	7908.45
医疗仪器及器械	Medical Instruments and Appliances		5.16		375.37	115.66	202.53
照相机 (万架)	Cameras (10 000 sets)					970.65	36361.07
手表 (万只)	Wrist Watches (10 000 units)					689.49	653.83
日用钟 (万只)	Clocks (10 000 sets)			94.83	79.46		
家俱	Furniture		263.80		6236.92	5139.04	9819.02
服装(针织、钩织的除外)	Garments (Excluding Knitwear and Crochet)		999.31		6775.27	1107.17	1446.1
皮鞋 (万双)	Leather Shoes (10 000 pairs)			7580.24	14907.00		
塑料制品 (万吨)	Plastic Articles (10 000 tons)	0.07	191.17	4.62	8415.97	60361.2	7964.3
玩具	Toys		320.96		1940.00	30811.53	16056.57
足球、篮球、排球 (万个)	Footballs, Basketballs and Volleyballs(10 000 units)			1.73	1.58	3.22	3.02
柳编结品 (吨)	Wickerwork (ton)	1.06	0.16	39.67	12.97		
鬃刷 (万把)	Bristle Brushes (10 000 units)	5.59	1.24				
热水瓶 (万个)	Vacuum Flasks (10 000 units)	0.00	0.00	8.05	4.73		
人造花 (吨)	Artificial Flowers (ton)	0.00	3.57	217.42	58.39	1071.52	3433.8
机电产品	Mechanical and Electrical Products		2769.21		80163.49		

11-5 主要商品进口数量和金额(2002 年)
Main Import Commodities in Volume and Value (2002)

单位：万美元 (USD 10 000)

品名	Item	上海市 Shanghai City 金额 Value	杭州市 Hangzhou City 数量 Volume	金额 Value	宁波市 Ningbo City 数量 Volume	金额 Value
谷物及谷物粉 (万吨)	Cereals and Cereals Flour (10 000 tons)	443.00	8.40	1335.00	10.28	1552.00
食用植物油 (万吨)	Edible Vegetable Oil (10 000 tons)	10414.00	2.58	982.00	3.04	1557.00
其他植物油 (万吨)	Other Vegetable Oils (10 000 tons)	1386.00	2.43	914.00	0.50	214.00
食糖 (万吨)	Sugar (10 000 tons)	143.00		3.00	0.46	130.00
天然橡胶(包括胶乳)(万吨)	Natural Rubber (including Latex) (10 000 tons)	7229.00	3.72	2862.00	0.80	532.00
合成橡胶(包括胶乳)(万吨)	Synthetic Rubber (including Latex) (10 000 tons)	9658.00	0.43	792.00	3.10	2389.00
原木 (万立方米)	Logs (10 000 cu.m)	21574.00	13.13	2287.00		3771.00
纸浆 (万吨)	Paper Pulp (10 000 tons)	11945.00	13.06	5646.00		10054.00
锯材 (立方米)	Wood Sawn (cu.m)	27906.00	72181.00	2308.00		1516.00
棉花(原棉) (万吨)	Cotton, not Carded or Combed (10 000 tons)	1007.00			0.19	201.00
羊毛及条 (吨)	Wool and Wool Tops (ton)	9474.00	5088.00	2507.00	1.84	8545.00
纺织用合成纤维 (万吨)	Synthetic Fibers Suitable for Spinning (10 000 tons)	13685.00	0.62	645.00	4.17	4055.00
铁矿砂 (万吨)	Iron Ore (10 000 tons)	66320.00	150.64	4834.00	33.55	825.00
锰矿砂 (万吨)	Manganese Ores (10 000 tons)	1244.00	9.10	678.00		
铜矿砂 (万吨)	Copper Ores (10 000 tons)	1588.00	2.51	928.00	0.58	96.00
氧化铝 (万吨)	Aluminum Oxide (10 000 tons)	2249.00				1.00
原油 (万吨)	Crude Oil (10 000 tons)	10.00			52.96	10217.00
成品油 (万吨)	Petroleum Products Refined (10 000 tons)	45891.00	37.20	6149.00	15.20	3182.00
乙二醇 (万吨)	Ethylene Glycol (10 000 tons)	23660.00	13.39	5826.00	0.48	209.00
对苯二甲酸 (吨)	Telephthalic Acid (ton)	34275.00	416598.00	20553.00	475.00	12.00
己内酰胺 (吨)	Carprolactam (ton)	1787.00	4514.00	458.00	33127.00	3343.00
纯碱 (吨)	Soda Ash (ton)	559.00	0.07			
合成有机染料 (吨)	Synthetic Organic Dyestuffs (ton)	6309.00	1019.00	1073.00	1084.00	505.00
医药品 (吨)	Pharmaceutical Products (ton)	43939.00	849.00	5649.00		361.00
肥料(自然吨) (万吨)	Chemical Fertilizers, Manufactured (Actual Weight) (10 000 tons)	420.00		17.00		2.00
原形聚乙烯 (万吨)	Polyethylene in primary Forms (10 000 tons)	37582.00	9.31	5261.00		14639.00
原形聚丙烯 (万吨)	Polypropylene in Primary Forms (10 000 tons)	12235.00	2.63	1651.00		11590.00
原形聚氯乙烯 (万吨)	Polyvinyl Chloride in Primary Forms (10 000 tons)	19257.00	1.06	643.00		858.00
聚酯切片 (万吨)	Slices or Chips of Polyethylene Terephthalate (10 000 tons)	3272.00	0.25	143.00	0.58	301.00
农药 (吨)	Pesticides (ton)	7102.00	144.00	206.00	5.60	2.00
纸及纸板(未切成形)(万吨)	Paper and Paperboard (Unchopped in Shape) (10 000 tons)	36781.00	5.68	3180.00		3727.00
钢材 (万吨)	Rolled Steel (10 000 tons)	120052.00	103.65	36011.00		29225.00
铜材 (吨)	Rolled Copper (ton)	16765.00	2999.00	783.00	4365.00	1295.00
铝材 (吨)	Rolled Aluminum (ton)	15782.00	1736.00	417.00	1494.00	421.00
金属加工机床 (台)	Machine Tools (set)	48278.00	1004.00	5406.00		8409.00
橡胶、塑料加工机械	Rubber, Plastic Manufactured Machinary	23816.00				5823.00
电视机 (万台)	TV Sets (10 000 sets)	556.00		9.00		3.00
显像管 (万只)	Cathode-ray TV Picture Tube (10 000 sets)	2075.00	0.13	13.00		
制冷压缩机 (万台)	Compressors for Refrigerating Equipment (10 000 sets)	15348.00			66.50	2431.00
空调 (台)	Air Conditional	3493.00			6215.00	379.00
阀门 (万套)	Valves (10 000 sets)	22344.00	200.23	1112.00		1578.00
自动数据处理	Automatic Data Processing Machines and Components (10 000 sets)					1497.00
设备及其部件 (万台)	Line Telephonic or Telegraphic Switching Apparatus(set)	134674.00	5.05	4502.00		
有线电话或电报交换机(台)	Sound Recording Apparatus (10 000 sets)	1293.00	1.00			21.00
汽车和汽车底盘 (辆)	Motor Vehicles and Chassis (unit)	44429.00	693.00	1351.00		1147.00
船舶 (艘)	Ships (unit)	8089.00	4.00	1723.00		663.00
医疗仪器及器械	Medical Instruments and Appliances	27913.00		3606.00		735.00
机电产品	Mechanical and Electrical Products	2407688.00		243015.00		

11-5 续表 1　continued

单位：万美元　　　　　　　　　　　　　　　　　　　　　　　　　　(USD 10 000)

品名	Item	湖州市 Huzhou City		绍兴市 Shaoxing City	
		数量 Volume	金额 Value	数量 Volume	金额 Value
谷物及谷物粉 (万吨)	Cereals and Cereals Flour (10 000 tons)				
食用植物油 (万吨)	Edible Vegetable Oil (10 000 tons)				
其他植物油 (万吨)	Other Vegetable Oils (10 000 tons)				
食糖 (万吨)	Sugar (10 000 tons)				6.30
天然橡胶(包括胶乳) (万吨)	Natural Rubber (including Latex) (10 000 tons)			0.19	129.69
合成橡胶(包括胶乳) (万吨)	Synthetic Rubber (including Latex) (10 000 tons)				20.97
原木 (万立方米)	Logs (10 000 cu.m)	24.00	3680.00		13.46
纸浆 (万吨)	Paper Pulp (10 000 tons)			0.06	37.60
锯材 (立方米)	Wood Sawn (cu.m)	3234.00	140.00	29064.00	1072.72
棉花(原棉) (万吨)	Cotton, not Carded or Combed (10 000 tons)		57.00		
羊毛及条 (吨)	Wool and Wool Tops (ton)			225.00	79.96
纺织用合成纤维 (万吨)	Synthetic Fibers Suitable for Spinning (10 000 tons)	2666.00	358.00	0.53	562.90
铁矿砂 (万吨)	Iron Ore (10 000 tons)				
锰矿砂 (万吨)	Manganese Ores (10 000 tons)			12.45	1101.52
铜矿砂 (万吨)	Copper Ores (10 000 tons)				
氧化铝 (万吨)	Aluminum Oxide (10 000 tons)				10.12
原油 (万吨)	Crude Oil (10 000 tons)				
成品油 (万吨)	Petroleum Products Refined (10 000 tons)		60.00		7.08
乙二醇 (万吨)	Ethylene Glycol (10 000 tons)			16.86	7015.29
对苯二甲酸 (吨)	Telephthalic Acid (ton)			445190.00	22372.54
己内酰胺 (吨)	Carprolactam (ton)				
纯碱 (吨)	Soda Ash (ton)				
合成有机染料 (吨)	Synthetic Organic Dyestuffs (ton)	17.00	15.00	70.96	35.51
医药品 (吨)	Pharmaceutical Products (ton)			14.56	89.28
肥料(自然吨) (万吨)	Chemical Fertilizers, Manufactured (Actual Weight) (10 000 tons)				
原形聚乙烯 (万吨)	Polyethylene in primary Forms (10 000 tons)			0.80	497.34
原形聚丙烯 (万吨)	Polypropylene in Primary Forms (10 000 tons)	283.00	16.00	1.45	820.69
原形聚氯乙烯 (万吨)	Polyvinyl Chloride in Primary Forms (10 000 tons)			0.23	109.60
聚酯切片 (万吨)	Slices or Chips of Polyethylene Terephthalate (10 000 tons)			0.60	388.18
农药 (吨)	Pesticides (ton)				
纸及纸板(未切成形) (万吨)	Paper and Paperboard (Unchopped in Shape) (10 000 tons)		187.00	3.60	1042.41
钢材 (万吨)	Rolled Steel (10 000 tons)		493.00	1.04	761.38
铜材 (吨)	Rolled Copper (ton)	110.00	36.00	111.00	49.14
铝材 (吨)	Rolled Aluminum (ton)	6.00	2.00	18.48	102.90
金属加工机床 (台)	Machine Tools (set)	399.00	843.00	169.00	895.91
橡胶、塑料加工机械	Rubber, Plastic Manufactured Machinary		43.00		2811.00
电视机 (万台)	TV Sets (10 000 sets)				
显像管 (万只)	Cathode-ray TV Picture Tube (10 000 sets)				
制冷压缩机 (万台)	Compressors for Refrigerating Equipment (10 000 sets)		3.00	0.70	111.30
空调 (台)	Air Conditional			1.00	0.06
阀门 (万套)	Valves (10 000 sets)			25.89	171.97
自动数据处理	Automatic Data Processing Machines and Components (10 000 sets)				
设备及其部件 (万台)	Line Telephonic or Telegraphic Switching Apparatus(set)	54.00	17.00	0.04	143.56
有线电话或电报交换机 (台)	Sound Recording Apparatus (10 000 sets)				
汽车和汽车底盘 (辆)	Motor Vehicles and Chassis (unit)			4.00	11.64
船舶 (艘)	Ships (unit)				
医疗仪器及器械	Medical Instruments and Appliances				5.27
机电产品	Mechanical and Electrical Products				45136.86

11-5续表2 continued

单位：万美元 (USD 10 000)

品名	Item	舟山市 Zhoushan City 数量 Volume	舟山市 Zhoushan City 金额 Value	台州市 Taizhou City 数量 Volume	台州市 Taizhou City 金额 Value
谷物及谷物粉 (万吨)	Cereals and Cereals Flour (10 000 tons)				
食用植物油 (万吨)	Edible Vegetable Oil (10 000 tons)				4.07
其他植物油 (万吨)	Other Vegetable Oils (10 000 tons)				0.96
食糖 (万吨)	Sugar (10 000 tons)			0.15	44.34
天然橡胶(包括胶乳) (万吨)	Natural Rubber (including Latex) (10 000 tons)			0.16	117.83
合成橡胶(包括胶乳) (万吨)	Synthetic Rubber (including Latex) (10 000 tons)				26.75
原木 (万立方米)	Logs (10 000 cu.m)	2.03	333.95	11.17	1325.51
纸浆 (万吨)	Paper Pulp (10 000 tons)				
锯材 (立方米)	Wood Sawn (cu.m)				100.04
棉花(原棉) (万吨)	Cotton, not Carded or Combed (10 000 tons)				8.38
羊毛及羊毛织物 (吨)	Wool and Wool Tops (ton)				0.24
纺织用合成纤维 (万吨)	Synthetic Fibers Suitable for Spinning (10 000 tons)	0.01	9.71	0.35	218.11
铁矿砂 (万吨)	Iron Ore (10 000 tons)				
锰矿砂 (万吨)	Manganese Ores (10 000 tons)				
铜矿砂 (万吨)	Copper Ores (10 000 tons)				
氧化铝 (万吨)	Aluminum Oxide (10 000 tons)				
原油 (万吨)	Crude Oil (10 000 tons)				
成品油 (万吨)	Petroleum Products Refined (10 000 tons)	35.04	9179.76	0.47	67.40
乙二醇 (万吨)	Ethylene Glycol (10 000 tons)				
对苯二甲酸 (吨)	Telephthalic Acid (ton)				
己内酰胺 (吨)	Carprolactam (ton)				
纯碱 (吨)	Soda Ash (ton)				
合成有机染料 (吨)	Synthetic Organic Dyestuffs (ton)			205.65	268.63
医药品 (吨)	Pharmaceutical Products (ton)				
肥料(自然吨) (万吨)	Chemical Fertilizers, Manufactured (Actual Weight) (10 000 tons)				
原形聚乙烯 (万吨)	Polyethylene in primary Forms (10 000 tons)				
原形聚丙烯 (万吨)	Polypropylene in Primary Forms (10 000 tons)				
原形聚氯乙烯 (万吨)	Polyvinyl Chloride in Primary Forms (10 000 tons)				
聚酯切片 (万吨)	Slices or Chips of Polyethylene Terephthalate (10 000 tons)				
农药 (吨)	Pesticides (ton)				
纸及纸板(未切成形) (万吨)	Paper and Paperboard (Unchopped in Shape) (10 000 tons)	0.01	2.11	0.05	21.81
钢材 (万吨)	Rolled Steel (10 000 tons)	0.08	55.27	2.85	548.73
铜材 (吨)	Rolled Copper (ton)			1000194.00	21450.13
铝材 (吨)	Rolled Aluminum (ton)			13764.00	704.29
金属加工机床 (台)	Machine Tools (set)	3.00	14.61	54.00	354.76
橡胶、塑料加工机械	Rubber, Plastic Manufactured Machinary		25.82		770.03
电视机 (万台)	TV Sets (10 000 sets)				
显像管 (万只)	Cathode-ray TV Picture Tube (10 000 sets)				
制冷压缩机 (万台)	Compressors for Refrigerating Equipment (10 000 sets)				
空调 (台)	Air Conditional				
阀门 (万套)	Valves (10 000 sets)	5.24	35.00		17.38
自动数据处理设备及其部件 (万台)	Automatic Data Processing Machines and Components (10 000 sets)				
有线电话或电报交换机 (台)	Line Telephonic or Telegraphic Switching Apparatus (set)				1.20
录音设备 (万台)	Sound Recording Apparatus (10 000 sets)			1.00	0.14
汽车和汽车底盘 (辆)	Motor Vehicles and Chassis (unit)			2.00	1.38
船舶 (艘)	Ships (unit)	2.00	218.08		
医疗仪器及器械	Medical Instruments and Appliances				288.32
机电产品	Mechanical and Electrical Products		897.42		6526.00

11–5续表3　continued

单位：万美元　　　　　　　　　　　　　　　　　　　　　　　　　　　　　　　(USD 10 000)

品名	Item	佛山市 Foshan City 数量 Volume	佛山市 Foshan City 金额 Value	东莞市 Dongguan City 数量 Volume	东莞市 Dongguan City 金额 Value
谷物及谷物粉（万吨）	Cereals and Cereals Flour (10 000 tons)	1.57	305.30	0.28	102.31
食用植物油（万吨）	Edible Vegetable Oil (10 000 tons)			0.04	24.34
其他植物油（万吨）	Other Vegetable Oils (10 000 tons)				
食糖（万吨）	Sugar (10 000 tons)	4.83	862.24	4.86	953.66
天然橡胶(包括胶乳)（万吨）	Natural Rubber (including Latex) (10 000 tons)	0.64	530.83	2.62	2637.66
合成橡胶(包括胶乳)（万吨）	Synthetic Rubber (including Latex) (10 000 tons)	3.11	2783.15	14.45	11923.09
原木（万立方米）	Logs (10 000 cu.m)	33.53	2353.21	3.56	1120.99
纸浆（万吨）	Paper Pulp (10 000 tons)				
锯材（立方米）	Wood Sawn (cu.m)			817911.00	16655.88
棉花(原棉)（万吨）	Cotton, not Carded or Combed (10 000 tons)	0.05	52.29		
羊毛及条（吨）	Wool and Wool Tops (ton)			3312.67	1323.94
纺织用合成纤维（万吨）	Synthetic Fibers Suitable for Spinning (10 000 tons)	2.43	4200.54	3.93	4440.12
铁矿砂（万吨）	Iron Ore (10 000 tons)		0.03		
锰矿砂（万吨）	Manganese Ores (10 000 tons)				
铜矿砂（万吨）	Copper Ores (10 000 tons)				
氧化铝（万吨）	Aluminum Oxide (10 000 tons)				
原油（万吨）	Crude Oil (10 000 tons)				
成品油（万吨）	Petroleum Products Refined (10 000 tons)			14.22	2705.90
乙二醇（万吨）	Ethylene Glycol (10 000 tons)				
对苯二甲酸（吨）	Telephthalic Acid (ton)				
己内酰胺（吨）	Carprolactam (ton)				
纯碱（吨）	Soda Ash (ton)				
合成有机染料（吨）	Synthetic Organic Dyestuffs (ton)			6948.65	1492.99
医药品（吨）	Pharmaceutical Products (ton)	86.25	377.10		
肥料(自然吨)（万吨）	Chemical Fertilizers, Manufactured (Actual Weight) (10 000 tons)		0.12		
原形聚乙烯（万吨）	Polyethylene in primary Forms (10 000 tons)			31.95	24572.08
原形聚丙烯（万吨）	Polypropylene in Primary Forms (10 000 tons)			31.92	26022.52
原形聚氯乙烯（万吨）	Polyvinyl Chloride in Primary Forms (10 000 tons)			37.95	26217.05
聚酯切片（万吨）	Slices or Chips of Polyethylene Terephthalate (10 000 tons)			16.59	20502.39
农药（吨）	Pesticides (ton)				
纸及纸板(未切成形)（万吨）	Paper and Paperboard (Unchopped in Shape) (10 000 tons)	3.10	1532.41	148.40	72631.12
钢材（万吨）	Rolled Steel (10 000 tons)	0.04	64.73	205.34	110660.38
铜材（吨）	Rolled Copper (ton)			318300.00	67364.97
铝材（吨）	Rolled Aluminum (ton)	40.89	6.70	61100.00	12790.23
金属加工机床（台）	Machine Tools (set)	2045.00	3659.10	19631.00	24065.06
橡胶、塑料加工机械	Rubber, Plastic Manufactured Machinary		3375.48		18250.27
电视机（万台）	TV Sets (10 000 sets)				
显像管（万只）	Cathode-ray TV Picture Tube (10 000 sets)			99.34	1935.19
制冷压缩机（万台）	Compressors for Refrigerating Equipment(10 000 sets)				
空调（台）	Air Conditional				
阀门（万套）	Valves (10 000 sets)				
自动数据处理设备及其部件（万台）	Automatic Data Processing Machines and Components (10 000 sets)	486.52	15491.73		
有线电话或电报交换机（台）	Line Telephonic or Telegraphic Switching Apparatus(set)			600.50	8683.50
录音设备（万台）	Sound Recording Apparatus (10 000 sets)		7174.03		
汽车和汽车底盘（辆）	Motor Vehicles and Chassis (unit)				
船舶（艘）	Ships (unit)				
医疗仪器及器械	Medical Instruments and Appliances		175.88		
机电产品	Mechanical and Electrical Products				

11-6 外商直接投资
Foreign Direct Investment

地区	Area	项目总计(个) Number of Projects (unit)			金额总计(万美元) Amount of Capital (USD 10 000)		
		1990	2000	2002	1990	2000	2002
长江三角洲经济区	**Yangtze River Delta**						
上海市	Shanghai City	203	1814	3012	21400	639000	1057600
南京市	Nanjing City		156	369		81277	150162
苏州市	Suzhou City	130	943	2465	11000	288338	481398
无锡市	Wuxi City		359	745		108240	174019
常州市	Changzhou City	43	329	363	1751	55977	56120
镇江市	Zhenjiang City	27	179	349	515	28925	50095
南通市	Nantong City		229	369		14292	23848
扬州市	Yangzhou City	65	670	734	1492	6654	25580
泰州市	Taizhou City		28	154		10197	18060
杭州市	Hangzhou City	68	315	587	751	43093	52186
宁波市	Ningbo City	89	550	1017	2197	62186	124696
嘉兴市	Jiaxing City	15	188	456	131	15318	48054
湖州市	Huzhou City	19	115	344	224	8205	38473
绍兴市	Shaoxing City	41	156	484	503	11598	38167
舟山市	Zhoushan City	11	23	26	203	1055	1124
台州市	Taizhou City	9	120	173	21	5083	11790
珠江三角洲经济区	**Pearl River Delta**						
广州市	Guangzhou City	389	647	776	47183	152759	302322
深圳市	Shenzhen City	757	1130	1917	67899	173813	354400
珠海市	Zhuhai City	385	554	704	25584	54490	131883
佛山市	Foshan City	231	223	270	19736	53538	78966
江门市	Jiangmen City	153	275	364	12819	80823	104657
东莞市	Dongguan City	192	405	867	17834	114331	201629
中山市	Zhongshan City	90	178	386	11274	67469	94583
惠州市区	Huizhou Urban District	83	92	122	10918	27872	36764
惠阳市	Huiyang City	23	59	111	2266	16982	49187
惠东县	Huidong County	7	42	47	671	9112	10743
博罗县	Boluo County	10	39	117	877	22155	49719
肇庆市区	Zhaoqing Urban District	7	15	34	463	7828	4232
高要市	Gaoyao City	18	12	19	1026	1281	4492
四会市	Sihui City						
香港特别行政区①	**HongKong,SAR ①**					6187 ①	2377 ①②
澳门特别行政区	**Macao,SAR**						272 ①

注：①亿本币。②2001年数据。

Note: ① 100 million local currency units. ② Refer to 2001.

11-7 按行业分的外商实际直接投资额(2002年)
Actually Used Amount of Foreign Direct Investment by Sector(2002)

单位：万美元 (USD 10 000)

地区	Area	总计 Total	农、林、牧、渔业 Farming, Forestry, Animal Husbandry and Fishery	采掘业 Mining and Quarrying	制造业 Manufacturing
长江三角洲经济区	**Yangtze River Delta**				
上海市	Shanghai City	502951	923	1549	308181
南京市	Nanjing City	150162	1983	760	119164
苏州市	Suzhou City				
无锡市	Wuxi City				
常州市	Changzhou City	56102	597		44949
镇江市	Zhenjiang City	50095	284		44445
南通市	Nantong City				
扬州市	Yangzhou City				
泰州市	Taizhou City				
杭州市	Hangzhou City	52186	299		41054
宁波市	Ningbo City	124696	242		94716
嘉兴市	Jiaxing City	44478	255	230	40903
湖州市	Huzhou City	38473	1285	456	22679
绍兴市	Shaoxing City	38167	459		34765
舟山市	Zhoushan City	1124			1124
台州市	Taizhou City	11790	550	5	8584
珠江三角洲经济区	**Pearl River Delta**				
广州市	Guangzhou City	228386	530	6	128516
深圳市	Shenzhen City	319101	27	1289	192820
珠海市	Zhuhai City	69801	225		52506
佛山市	Foshan City	98355	451		70124
江门市	Jiangmen City	73546	1042	182	56654
东莞市	Dongguan City	145868	30	60	144681
中山市	Zhongshan City	63857	34		60524
惠州市区	Huizhou Urban District	47824	18100		29407
惠阳市	Huiyang City	42042	32260		28500
惠东县	Huidong County	18072	12852	60	9843
博罗县	Boluo County	24130	20310		18564
肇庆市区	Zhaoqing Urban District		115		8899
高要市	Gaoyao City		437		13766
四会市	Sihui City		340		5953

11-7续表1 continued

单位：万美元 (USD 10 000)

地区	Area	电力、煤气及水的生产和供应业 Electric Power, Gas and Water Production and Supply	建筑业 Construction	地质勘查业、水利管理业 Geological Prospecting and Water Conservancy	交通运输、仓储及邮电通信业 Transport, Storage, Post and Telecommunication
长江三角洲经济区	**Yangtze River Delta**				
上海市	Shanghai City		3587		3293
南京市	Nanjing City	52	830		1255
苏州市	Suzhou City				
无锡市	Wuxi City				
常州市	Changzhou City	500	54		151
镇江市	Zhenjiang City	19	762		120
南通市	Nantong City				
扬州市	Yangzhou City				
泰州市	Taizhou City				
杭州市	Hangzhou City	395	17		
宁波市	Ningbo City	1611	10564		978
嘉兴市	Jiaxing City	298	171		884
湖州市	Huzhou City	494	461		180
绍兴市	Shaoxing City	436			
舟山市	Zhoushan City				
台州市	Taizhou City				
珠江三角洲经济区	**Pearl River Delta**				
广州市	Guangzhou City	2425			12434
深圳市	Shenzhen City	36254	657		18696
珠海市	Zhuhai City	619	303		2094
佛山市	Foshan City	2752	1320		5425
江门市	Jiangmen City	102	697		670
东莞市	Dongguan City		2		
中山市	Zhongshan City		6		
惠州市区	Huizhou Urban District	904	2015		147
惠阳市	Huiyang City				65
惠东县	Huidong County				
博罗县	Boluo County	111			
肇庆市区	Zhaoqing Urban District	551	1287		
高要市	Gaoyao City	195	40		
四会市	Sihui City		32		

11-7 续表 2 continued

单位：万美元 (USD 10 000)

地区	Area	批发和零售贸易餐饮业 Wholesale & Retail Trade and Catering Services	金融、保险业 Banking and Insurance	房地产业 Real Estate Management	社会服务业 Social Services
长江三角洲经济区	**Yangtze River Delta**				
上海市	Shanghai City	16532	-	66063	19829
南京市	Nanjing City	4597		14641	4083
苏州市	Suzhou City				
无锡市	Wuxi City				
常州市	Changzhou City	287		5148	4266
镇江市	Zhenjiang City	639		2359	583
南通市	Nantong City				
扬州市	Yangzhou City				
泰州市	Taizhou City				
杭州市	Hangzhou City	1626		3136	4554
宁波市	Ningbo City	7840	1500	3791	1966
嘉兴市	Jiaxing City	25		1421	114
湖州市	Huzhou City	685		4940	4173
绍兴市	Shaoxing City	181		1447	871
舟山市	Zhoushan City				
台州市	Taizhou City	150		1409	1092
珠江三角洲经济区	**Pearl River Delta**				
广州市	Guangzhou City	3078		64712	12411
深圳市	Shenzhen City	7866		23133	27329
珠海市	Zhuhai City	459	2158	1609	6489
佛山市	Foshan City	557	58	14795	1676
江门市	Jiangmen City	650		10224	2278
东莞市	Dongguan City	366		244	285
中山市	Zhongshan City	80		1297	965
惠州市区	Huizhou Urban District				
惠阳市	Huiyang City				
惠东县	Huidong County				
博罗县	Boluo County				
肇庆市区	Zhaoqing Urban District			2028	954
高要市	Gaoyao City	317			
四会市	Sihui City	186			345

11-7 续表 3　continued

单位：万美元　　(USD 10 000)

地区	Area	卫生体育和社会福利业 Health Care, Sports and Social Welfare	教育、文化艺术和广播电影电视业 Education, Culture and Arts, Radio, Film and Television	科学研究和综合技术服务业 Scientific Research and Polytechnical Services	其他行业 Other Sectors
长江三角洲经济区	**Yangtze River Delta**				
上海市	Shanghai City	1832	3585	760	27385
南京市	Nanjing City	139		413	2245
苏州市	Suzhou City				
无锡市	Wuxi City				
常州市	Changzhou City			150	
镇江市	Zhenjiang City		884		
南通市	Nantong City				
扬州市	Yangzhou City				
泰州市	Taizhou City				
杭州市	Hangzhou City		30	147	928
宁波市	Ningbo City			52	1436
嘉兴市	Jiaxing City		12	26	139
湖州市	Huzhou City	5			3116
绍兴市	Shaoxing City				8
舟山市	Zhoushan City				
台州市	Taizhou City				
珠江三角洲经济区	**Pearl River Delta**				
广州市	Guangzhou City	1589	98	93	2448
深圳市	Shenzhen City	1514	63	2846	6607
珠海市	Zhuhai City		211		3128
佛山市	Foshan City	258			939
江门市	Jiangmen City				1047
东莞市	Dongguan City				200
中山市	Zhongshan City			90	861
惠州市区	Huizhou Urban District				
惠阳市	Huiyang City				
惠东县	Huidong County				
博罗县	Boluo County				
肇庆市区	Zhaoqing Urban District				
高要市	Gaoyao City				
四会市	Sihui City				

11-8 国内与入境旅游人数及收入

Total Numbers and Receipts of Domestic Tourists and International Tourists Arrival to China

地区	Area	国内旅游 Domestic Tourists					
		人数（万人次） Numbers (10 000 person-times)			收入（万元） Receipts (10 000 yuan)		
		1990	2000	2002	1990	2000	2002
长江三角洲经济区	**Yangtze River Delta**						
上海市	Shanghai City		7848	8761		7750000	9938000
南京市	Nanjing City		1505	2027		1376509	1935910
苏州市	Suzhou City		1496	2010		1252247	1752662
无锡市	Wuxi City		1133	1456		1017520	1386759
常州市	Changzhou City		326	532		360980	561887
镇江市	Zhenjiang City		443	596		419102	474775
南通市	Nantong City		320	443		280981	351754
扬州市	Yangzhou City		501	633		372640	480609
泰州市	Taizhou City		285	331		204601	259551
杭州市	Hangzhou City		2376	2758		2143725	2940000
宁波市	Ningbo City		1230	1600		1160000	1514000
嘉兴市	Jiaxing City						
湖州市	Huzhou City						
绍兴市	Shaoxing City		729	1007		632600	755000
舟山市	Zhoushan City	160	454	624	5407	201542	321141
台州市	Taizhou City		508	921		378700	718559
珠江三角洲经济区	**Pearl River Delta**						
广州市	Guangzhou City	479	1879	2232		2911874	3500883
深圳市	Shenzhen City	315	928	1074		1845000	2129500
珠海市	Zhuhai City	119	286	364		375500	497700
佛山市	Foshan City	84	419	370		431300	557900
江门市	Jiangmen City	79	475	556		305900	407200
东莞市	Dongguan City	98	245	534		266800	286300
中山市	Zhongshan City	32	311	345	52204	268300	377500
惠州市区	Huizhou Urban District						
惠阳市	Huiyang City						
惠东县	Huidong County						
博罗县	Boluo County						
肇庆市区	Zhaoqing Urban District						
高要市	Gaoyao City						
四会市	Sihui City						
香港特别行政区	**HongKong,SAR**						
澳门特别行政区	**Macao,SAR**						

11-8 续表 continued

地区	Area	入境旅游 International Tourists Arrival to China					
		人数（万人次） Number of Persons (10 000 person-times)			收入（万元） Receipts (10 000 yuan)		
		1990	2000	2002	1990	2000	2002
长江三角洲经济区	**Yangtze River Delta**						
上海市	Shanghai City	89	181	273	23100	161300	227500
南京市	Nanjing City		42	56		183430	268090
苏州市	Suzhou City		56	74		167121	231138
无锡市	Wuxi City		28	48		81232	122541
常州市	Changzhou City		3	8		20020	50613
镇江市	Zhenjiang City		10	15		41398	55725
南通市	Nantong City		6	8		39865	57146
扬州市	Yangzhou City		9	12		32661	39591
泰州市	Taizhou City		1	1		5614	9849
杭州市	Hangzhou City						
宁波市	Ningbo City						
嘉兴市	Jiaxing City	1	5	10		17496	29623
湖州市	Huzhou City	2	6	8	306	24642	32768
绍兴市	Shaoxing City		2	4		902	3720
舟山市	Zhoushan City	509	1138	1332	315011	3223800	4027200
台州市	Taizhou City	189	421	474	150013	1245300	1548000
珠江三角洲经济区	**Pearl River Delta**						
广州市	Guangzhou City	189	421	474	150013	1245300	1548000
深圳市	Shenzhen City	148	397	449	20933	141100	172342
珠海市	Zhuhai City	38	97	130	43117	325800	415000
佛山市	Foshan City	22	64	69	6126	132100	174600
江门市	Jiangmen City	21	27	31	5250	68600	84900
东莞市	Dongguan City	27	31	68	1023	63000	98000
中山市	Zhongshan City	26	62	66	5069	121500	176300
惠州市区	Huizhou Urban District						
惠阳市	Huiyang City						
惠东县	Huidong County						
博罗县	Boluo County						
肇庆市区	Zhaoqing Urban District						
高要市	Gaoyao City						
四会市	Sihui City						
香港特别行政区	**HongKong,SAR**	3184	7203	8112	3797786 ①	5928312 ①	6220961 ①
澳门特别行政区	**Macao,SAR**		916	1153			

注：①万本币。

Note: ① 10 000 local currency units.

11-9 涉外宾馆接待能力
Reception Capability of Foreign Concerned Hotel

地区	Area	宾馆酒店数（家） Total Number of Hotel and Restaurant (unit)			房间数（间） Total Number of Room (unit)		
		1990	2000	2002	1990	2000	2002
长江三角洲经济区	**Yangtze River Delta**						
上海市	Shanghai City			319			53800
南京市	Nanjing City		135	115			
苏州市	Suzhou City	12	94	88			
无锡市	Wuxi City		77	86		9643	10970
常州市	Changzhou City		24	46			
镇江市	Zhenjiang City		31	25			
南通市	Nantong City		20	26			
扬州市	Yangzhou City		31	40			
泰州市	Taizhou City		16	13			
杭州市	Hangzhou City	16	102	167	3641	16000	23641
宁波市	Ningbo City	18	76	122	1893	8935	12547
嘉兴市	Jiaxing City		35	50		3427	4306
湖州市	Huzhou City		29	50		1392	3615
绍兴市	Shaoxing City		51	66		5286	5951
舟山市	Zhoushan City	8		42	325	3480	3809
台州市	Taizhou City		44	68		2838	5242
珠江三角洲经济区	**Pearl River Delta**						
广州市	Guangzhou City	106	1680	1496	25405	108969	98886
深圳市	Shenzhen City	98	297	270	13395	26410	28640
珠海市	Zhuhai City	27	54	70	3901	8272	9661
佛山市	Foshan City	43	39	97	3311	4690	8846
江门市	Jiangmen City	49	57	57	4137	6861	9088
东莞市	Dongguan City	27	34	74	1949	2711	9427
中山市	Zhongshan City	12	57	72	2057	5100	6287
惠州市区	Huizhou Urban District					2412	2667
惠阳市	Huiyang City					689	969
惠东县	Huidong County					339	582
博罗县	Boluo County					289	519
肇庆市区	Zhaoqing Urban District		31	34		3305	3192
高要市	Gaoyao City		1	2		30	143
四会市	Sihui City		5	5		553	508
香港特别行政区	**HongKong,SAR**	75	92	495	28146	36438	43624
澳门特别行政区	**Macao,SAR**	98	71	68	5007	9284	8954

11-9续表 continued

地区	Area	床位数（张） Total Number of Beds (unit)			入住率（%） The Ratio of Occupation(%)		
		1990	2000	2002	1990	2000	2002
长江三角洲经济区	**Yangtze River Delta**						
上海市	Shanghai City			95800		63.8	71.8
南京市	Nanjing City						
苏州市	Suzhou City	3212	19906	20248			
无锡市	Wuxi City		18113	20248			
常州市	Changzhou City						
镇江市	Zhenjiang City						
南通市	Nantong City						
扬州市	Yangzhou City	7297	32000	45632	71.0	65.0	70.4
泰州市	Taizhou City		15000	22324	63.0	65.5	70.0
杭州市	Hangzhou City		6532	8113		61.2	66.5
宁波市	Ningbo City		2610	7754		72.4	61.3
嘉兴市	Jiaxing City		10079	11085		64.3	73.3
湖州市	Huzhou City	743	6920	7488			61.0
绍兴市	Shaoxing City		4813	9711		58.6	66.1
舟山市	Zhoushan City						
台州市	Taizhou City						
珠江三角洲经济区	**Pearl River Delta**						
广州市	Guangzhou City	53288	218005	189917			
深圳市	Shenzhen City	28161	47509	50645			
珠海市	Zhuhai City	8442	16543	18465			
佛山市	Foshan City	7371	14076	19903			
江门市	Jiangmen City	9139	14625	16812			
东莞市	Dongguan City	4060	4941	14475			
中山市	Zhongshan City	4165	10200	9960			
惠州市区	Huizhou Urban District						
惠阳市	Huiyang City						
惠东县	Huidong County						
博罗县	Boluo County						
肇庆市区	Zhaoqing Urban District						
高要市	Gaoyao City						
四会市	Sihui City						
香港特别行政区	**HongKong,SAR**				79.0	83.0	84.0
澳门特别行政区	**Macao,SAR**	8712	19115	18777	78.0	57.6	67.1

主要统计指标解释

进出口总额 指实际进出我国国境的货物总金额。包括对外贸易实际进出口货物，来料加工装配进出口货物，国家间、联合国及国际组织无偿援助物资和赠送品，华侨、港澳台同胞和外籍华人捐赠品，租赁期满归承租人所有的租赁货物，进料加工进出口货物，边境地方贸易及边境地区小额贸易进出口货物(边民互市贸易除外)，中外合资企业、中外合作经营企业、外商独资经营企业进出口货物和公用物品，到、离岸价格在规定限额以上的进出口货样和广告品(无商业价值、无使用价值和免费提供出口的除外)，从保税仓库提取在中国境内销售的进口货物，以及其他进出口货物。进出口总额用以观察一个国家在对外贸易方面的总规模。我国规定出口货物按离岸价格统计，进口货物按到岸价格统计。

外商直接投资 指外国企业和经济组织或个人(包括华侨、港澳台胞以及我国在境外注册的企业)按我国有关政策、法规，用现汇、实物、技术等在我国境内开办外商独资企业、与我国境内的企业或经济组织共同举办中外合资经营企业、合作经营企业或合作开发资源的投资(包括外商投资收益的再投资)，以及经政府有关部门批准的项目投资总额内企业从境外借入的资金。

旅游者人数 包括入境国际旅游者人数、出境居民人数和国内旅游者人数。

(1)入境国际旅游者人数：指来中国参观、访问、旅行、探亲、访友、休养、考察、参加会议和从事经济、科技、文化、教育、宗教等活动的外国人、华侨、港澳同胞和台湾同胞的人数。不包括外国在我国的常驻机构，如使领馆、通讯社、企业办事处的工作人员；来我国常住的外国专家、留学生以及在岸逗留不过夜人员。

(2)出境居民人数：指大陆居民因公务活动或私人事务短期出境的人数。公务活动出境居民人数包括在国际交通工具上的中国服务员工，因私出境居民人数不包括在国际交通工具上的中国服务员工。

(3)国内旅游者人数：指我国大陆居民和在我国常住1年以上的外国人、华侨、港澳台同胞离开常住地在境内其他地方的旅游设施内至少停留一夜，最长不超过6个月的人数。

国际旅游(外汇)收入 指入境旅游的外国人、华侨、港澳同胞和台湾同胞在中国大陆旅游过程中发生的一切旅游支出，对于国家来说就是国际旅游(外汇)收入。

Explanatory Notes on Main Statistical Indicators

Total Value of Imports and Exports refer to the real value of commodities imported into and exported from the boundary of China. They include the actual imports and exports through foreign trade, imported and exported goods under the processing and assembling trades and materials, supplies and gifts as aid given gratis between governments and by the United Nations and other international organizations, and contributions donated by overseas Chinese, compatriots in Hong Kong and Macao and Chinese with foreign citizenship, leasing commodities owned by tenant at the expiration of leasing period, the imported and exported commodities processed with imported materials, commodities trading in border areas (excluding mutual exchange goods), the imported and exported commodities and articles for public use of the Sino-foreign joint ventures, cooperative enterprises and ventures exclusively with foreign own investment. Also included are import or export of samples and advertising goods for whose CIF or FOB value are beyond the permitted ceiling (excluding goods of no trading or use value and free commodities for export), imported goods sold in China from bonded warehouses and other imported or exported goods. The indicator of the total imports and exports at customs can be used to observe the total size of external trade in a country. In accordance with the stipulation of the Chinese government, imports are calculated at CIF, while exports are calculated at FOB.

Foreign Direct Investment refers to the investments inside China by foreign enterprises and economic organizations or individuals (including overseas Chinese, compatriots from Hong Kong and Macao, and Chinese enterprises registered abroad), following the relevant policies and laws of China, for the establishment of ventures exclusively with foreign own investment, Sino-foreign joint ventures and cooperative enterprises or for cooperative exploration of resources with enterprises or economic organizations in China. It includes the re investment of the foreign entrepreneurs with the profits gained from the investment and the funds that enterprises borrow from abroad in the total investment of projects which are approved by the relevant department of the government.

Number of Tourists including international tourists, Chinese residents going abroad and domestic tourists.

(1) International Tourists refer to foreigners, overseas Chinese, Chinese compatriots from Hong Kong, Macao and Taiwan coming to China for sight-seeing, visits, tours, family reunions, vacations, study tours, conferences and other activities of a business, scientific and technological, cultural, educational and religious nature. It does not include representatives and employees of resident institutions of foreign countries in China such as embassies, consulates, news agencies and offices of foreign companies and organizations, nor does it include long-term foreign experts or students residing in China, or persons in transition without spending a night in China.

(2) Chinese Residents going abroad refer to Chinese residents going abroad for short terms for either public business or private purposes. Chinese employees working on international transport carriers are included in those going abroad for public business purpose, not in those for private purpose.

(3) Domestic Tourists refer to residents of the mainland of China who stay for one night at least but no more than 6 months at tourist facilities in other places than their permanent residence within the territory of the mainland China, including foreigners, overseas Chinese and Chinese compatriots from Hong Kong, Macao and Taiwan who have resided in China for over one year.

Foreign Exchange Earnings from International Tourism refer to the total expenditures of foreigners, overseas Chinese, Chinese compatriots from Hong Kong, Macao and Taiwan during their stay in the mainland of China, which are earnings of foreign exchange from international tourism from the point of view from China.

十二、财政和金融

Government Budget and Finance

12-1 地方一般预算收入
Budgetary Revenue of the Local Government

单位：亿本币 (100 million local currency units)

地区	Area	1978	1980	1985	1990
长江三角洲经济区	**Yangtze River Delta**				
上海市	Shanghai City	169.22	174.73	184.23	170.03
南京市	Nanjing City	10.85	14.96	24.77	36.18
苏州市	Suzhou City	8.28	9.46	15.91	21.47
无锡市	Wuxi City	9.40	10.77	16.49	21.40
常州市	Changzhou City	6.21	6.70	10.04	13.10
镇江市	Zhenjiang City	2.19	2.29	3.94	6.04
南通市	Nantong City	5.49	5.94	8.88	12.69
扬州市	Yangzhou City	2.03	2.06	3.56	6.66
泰州市	Taizhou City	2.18	2.16	3.38	5.20
杭州市	Hangzhou City	9.41	11.85	18.65	25.25
宁波市	Ningbo City	4.97	5.63	9.12	15.89
嘉兴市	Jiaxing City	2.36	2.86	6.72	10.12
湖州市	Huzhou City				
绍兴市	Shaoxing City	1.86	2.35	5.72	10.12
舟山市	Zhoushan City				
台州市	Taizhou City				
珠江三角洲经济区	**Pearl River Delta**				
广州市	Guangzhou City	13.65	15.43	28.85	36.94
深圳市	Shenzhen City		0.30	6.29	21.70
珠海市	Zhuhai City		0.37	3.03	4.44
佛山市	Foshan City	2.71	2.70	4.84	13.49
江门市	Jiangmen City				7.00
东莞市	Dongguan City	0.66	0.67	1.11	3.57
中山市	Zhongshan City	0.88	0.82	1.32	3.87
惠州市区	Huizhou Urban District				
惠阳市	Huiyang City				
惠东县	Huidong County				
博罗县	Boluo County				
肇庆市区	Zhaoqing Urban District				
高要市	Gaoyao City				
四会市	Sihui City				
香港特别行政区①	**HongKong,SAR ①**	125.57	167.96	363.43	895.24
澳门特别行政区①	**Macao,SAR ①**		3.04		41.60

12-1 续表 continued

单位：亿本币 (100 million local currency units)

地区	Area	1995	2000	2001	2002
长江三角洲经济区	**Yangtze River Delta**				
上海市	Shanghai City	227.30	497.96	553.86	719.79
南京市	Nanjing City	29.43	89.06	108.48	115.60
苏州市	Suzhou City	26.89	80.39	108.81	123.74
无锡市	Wuxi City	21.46	55.85	75.10	78.99
常州市	Changzhou City	13.49	32.25	42.10	43.23
镇江市	Zhenjiang City	7.29	17.40	21.10	23.01
南通市	Nantong City	13.93	28.45	35.29	38.73
扬州市	Yangzhou City	8.87	16.34	20.51	23.16
泰州市	Taizhou City	7.47	17.03	20.67	21.90
杭州市	Hangzhou City	23.04	69.20	104.28	118.32
宁波市	Ningbo City	24.79	69.21	103.10	115.62
嘉兴市	Jiaxing City	7.56	19.20	29.73	31.69
湖州市	Huzhou City	3.96	9.89	16.34	18.63
绍兴市	Shaoxing City	9.52	24.54	35.59	39.62
舟山市	Zhoushan City	2.17	6.23	7.98	9.01
台州市	Taizhou City	10.46	26.15	38.81	43.11
珠江三角洲经济区	**Pearl River Delta**				
广州市	Guangzhou City	97.08	200.55	246.19	245.87
深圳市	Shenzhen City	88.02	225.02	265.65	269.20
珠海市	Zhuhai City	15.18	24.23	31.56	31.23
佛山市	Foshan City	25.60	59.53	72.30	85.00
江门市	Jiangmen City	15.97	21.24	22.82	25.74
东莞市	Dongguan City	11.56	30.47	45.02	55.29
中山市	Zhongshan City	8.08	17.46	25.55	31.21
惠州市区	Huizhou Urban District	3.11	6.58	9.96	10.54
惠阳市	Huiyang City	1.89	2.79	4.13	4.71
惠东县	Huidong County	1.17	1.19	1.37	1.48
博罗县	Boluo County	1.13	1.99	2.38	2.50
肇庆市区	Zhaoqing Urban District		4.83	5.33	5.36
高要市	Gaoyao City		1.70	1.97	2.10
四会市	Sihui City		1.32	1.52	1.74
香港特别行政区①	**HongKong,SAR ①**	1800.45	2250.60	1755.59	1774.89
澳门特别行政区①	**Macao,SAR ①**		161.12	152.59	110.84

注：①香港特别行政区和澳门特别行政区均指政府财政收入总额。

Note: ① HongKong SAR and Macao SAR refer to the total value of government budgetary revenue.

12-2 地方一般预算收入构成(2002年)
Proportion of Local government Budgetary Revenue (2002)

单位：亿本币 (100 million local currency units)

地区	Area	总收入 Total Revenue	增值税 Value Added Tax	营业税 Business Tax	企业所得税 Company Income Tax
长江三角洲经济区	**Yangtze River Delta**				
上海市	Shanghai City	719.79	136.83	251.85	139.46
南京市	Nanjing City	115.60	24.80	33.34	14.08
苏州市	Suzhou City	123.74	38.78	26.09	18.41
无锡市	Wuxi City	78.99	25.77	14.54	11.64
常州市	Changzhou City	43.23	12.39	9.57	6.14
镇江市	Zhenjiang City	23.01	7.99	4.68	2.20
南通市	Nantong City	38.73	10.85	7.89	3.99
扬州市	Yangzhou City	23.16	7.40	4.40	1.82
泰州市	Taizhou City	21.90	6.68	3.92	2.79
杭州市	Hangzhou City	118.32	28.26	34.81	20.88
宁波市	Ningbo City	111.84	28.06	31.92	23.28
嘉兴市	Jiaxing City	31.69	10.52	10.76	5.45
湖州市	Huzhou City	18.63	5.12	5.88	2.62
绍兴市	Shaoxing City	39.62	11.75	12.85	5.86
舟山市	Zhoushan City	9.01	1.56	3.79	1.09
台州市	Taizhou City	43.11	9.92	10.50	6.74
珠江三角洲经济区	**Pearl River Delta**				
广州市	Guangzhou City	245.87	52.64	61.32	23.64
深圳市	Shenzhen City	269.20	40.24	102.16	44.00
珠海市	Zhuhai City	31.23	10.11	5.88	3.18
佛山市	Foshan City	85.00	24.17	18.96	8.99
江门市	Jiangmen City	25.74	7.27	5.27	1.46
东莞市	Dongguan City	55.29	17.40	17.20	4.69
中山市	Zhongshan City	31.21	9.33	5.94	2.03
惠州市区	Huizhou Urban District	10.54	3.34	2.13	0.97
惠阳市	Huiyang City	4.71	1.06	1.38	0.38
惠东县	Huidong County	1.48	0.39	0.36	0.05
博罗县	Boluo County	2.50	0.62	0.57	0.08
肇庆市区	Zhaoqing Urban District	5.36	1.18	1.47	0.30
高要市	Gaoyao City	2.10	0.35	0.29	0.10
四会市	Sihui City	1.74	0.33	0.30	0.07
香港特别行政区①	**HongKong,SAR ①**	1774.89			
澳门特别行政区①	**Macao,SAR ①**	110.84			

12-2 续表 1 continued

单位：亿本币 (100 million local currency units)

地区	Area				
		个人所得税 Personal Income Tax	城市维护建设税 Urban Maintenance and Development Tax	房产税 Tax on Real Estates	印花税 Stamp Tax
长江三角洲经济区	**Yangtze River Delta**				
上海市	Shanghai City	67.08	30.21	19.68	
南京市	Nanjing City				
苏州市	Suzhou City	6.73	6.47	5.46	1.53
无锡市	Wuxi City	4.31	5.24	3.10	0.77
常州市	Changzhou City	2.55	3.08	1.63	0.53
镇江市	Zhenjiang City				
南通市	Nantong City	1.86	1.89	1.44	0.41
扬州市	Yangzhou City	1.03	1.53	0.74	0.25
泰州市	Taizhou City	0.87	1.44	0.65	0.24
杭州市	Hangzhou City	9.85	11.46	3.42	0.94
宁波市	Ningbo City	9.06	8.24	2.96	1.00
嘉兴市	Jiaxing City	3.36	2.09	1.16	0.11
湖州市	Huzhou City	1.58	1.09	0.42	0.10
绍兴市	Shaoxing City	3.82	2.80	1.49	0.49
舟山市	Zhoushan City	0.75	0.53	0.28	0.05
台州市	Taizhou City	3.64	2.82	1.03	0.31
珠江三角洲经济区	**Pearl River Delta**				
广州市	Guangzhou City	15.97	16.49	13.41	3.56
深圳市	Shenzhen City				
珠海市	Zhuhai City				
佛山市	Foshan City	4.20	5.34	3.11	0.66
江门市	Jiangmen City	0.97	1.66		
东莞市	Dongguan City	2.58	3.27	0.38	0.40
中山市	Zhongshan City	1.25	1.50	0.87	0.34
惠州市区	Huizhou Urban District	0.63	0.38		
惠阳市	Huiyang City	0.33	0.18		
惠东县	Huidong County	0.06	0.05		
博罗县	Boluo County	0.09	0.08		
肇庆市区	Zhaoqing Urban District	0.23	0.32	0.30	0.04
高要市	Gaoyao City	0.06	0.08	0.05	0.01
四会市	Sihui City	0.06	0.09	0.06	0.01
香港特别行政区①	**HongKong,SAR ①**				74.58
澳门特别行政区①	**Macao,SAR ①**				

12-2 续表2 continued

单位：亿本币 (100 million local currency units)

地区	Area	农牧业税和耕地占用税 Tax on Agriculture and Animal Husbandry,on the Occupancy of Cultivated Land	国有企业计划亏损补贴 Planning Subsidies to Loss-suffering Stated-owned Enterprises	行政性收费收入 Income from Administrative Fees	罚没收入 Penalty and Confiscatory Income	专项收入 Expert Project Income
长江三角洲经济区	**Yangtze River Delta**					
上海市	Shanghai City					
南京市	Nanjing City					
苏州市	Suzhou City	3.87			2.84	3.49
无锡市	Wuxi City	2.86	-0.42	3.19	2.82	2.02
常州市	Changzhou City	1.75		2.97	1.38	1.43
镇江市	Zhenjiang City					
南通市	Nantong City	5.22		1.62	1.69	1.25
扬州市	Yangzhou City	1.94	-0.15	0.80	1.22	0.91
泰州市	Taizhou City	2.00	0.00	0.78	0.89	0.84
杭州市	Hangzhou City	3.58	-11.73		3.48	4.81
宁波市	Ningbo City	2.96	-13.27		3.57	4.10
嘉兴市	Jiaxing City	3.36	8.15		1.46	1.09
湖州市	Huzhou City	0.91	-2.63		1.49	0.53
绍兴市	Shaoxing City	3.93	-7.57		2.45	1.29
舟山市	Zhoushan City	0.24	-1.39		0.58	0.26
台州市	Taizhou City	2.34	-2.47		4.32	1.54
珠江三角洲经济区	**Pearl River Delta**					
广州市	Guangzhou City	0.84	-1.47	13.59	12.76	9.36
深圳市	Shenzhen City			4.66	10.06	4.99
珠海市	Zhuhai City					
佛山市	Foshan City	1.83	-0.19	3.64	2.25	1.73
江门市	Jiangmen City			1.16	1.91	1.00
东莞市	Dongguan City	0.59	-0.01	1.65	1.83	2.64
中山市	Zhongshan City	0.52		0.31	1.19	1.40
惠州市区	Huizhou Urban District					
惠阳市	Huiyang City					
惠东县	Huidong County					
博罗县	Boluo County					
肇庆市区	Zhaoqing Urban District	0.07	-0.05	0.30	0.37	0.20
高要市	Gaoyao City	0.03		0.47	0.16	0.06
四会市	Sihui City	0.03		0.15	0.11	0.06
香港特别行政区①	**HongKong,SAR ①**				8.43	
澳门特别行政区①	**Macao,SAR ①**					

注：①香港特别行政区和澳门特别行政区均指政府财政收入构成。

Note: ① HongKong SAR and Macao SAR all refer to the proportion of government budgetary revenue.

12-3 地方一般预算支出
Budgetary Expenditure of the Local Government

单位：亿本币 (100 million local currency units)

地区	Area	1978	1980	1985	1990
长江三角洲经济区	**Yangtze River Delta**				
上海市	Shanghai City	26.01	19.18	46.07	75.56
南京市	Nanjing City	1.78	2.30	4.76	9.81
苏州市	Suzhou City	1.35	1.67	4.05	7.99
无锡市	Wuxi City	1.16	1.42	3.15	6.07
常州市	Changzhou City	0.93	1.16	2.52	5.11
镇江市	Zhenjiang City	0.90	0.85	1.68	3.69
南通市	Nantong City	1.61	1.74	3.25	7.15
扬州市	Yangzhou City	0.99	1.09	2.01	4.93
泰州市	Taizhou City	0.76	1.09	1.71	3.69
杭州市	Hangzhou City	1.62	2.17	5.77	11.82
宁波市	Ningbo City	1.12	1.57	3.46	9.71
嘉兴市	Jiaxing City	0.63	0.82	2.03	4.29
湖州市	Huzhou City	0.48	0.61	1.22	2.54
绍兴市	Shaoxing City	0.74	0.92	2.16	4.59
舟山市	Zhoushan City	0.28	0.45	0.98	2.02
台州市	Taizhou City				
珠江三角洲经济区	**Pearl River Delta**				
广州市	Guangzhou City	3.87	4.35	10.75	24.31
深圳市	Shenzhen City		0.40	5.87	19.81
珠海市	Zhuhai City		0.30	2.73	5.54
佛山市	Foshan City	0.59	0.59	2.38	9.71
江门市	Jiangmen City				5.63
东莞市	Dongguan City	0.18	0.20	0.50	2.28
中山市	Zhongshan City	0.19	0.23	0.50	2.56
惠州市区	Huizhou Urban District				
惠阳市	Huiyang City				
惠东县	Huidong County				
博罗县	Boluo County				
肇庆市区	Zhaoqing Urban District				
高要市	Gaoyao City				
四会市	Sihui City				
香港特别行政区①	**HongKong,SAR ①**	110.90	138.72	369.02	855.57
澳门特别行政区①	**Macao,SAR ①**		3.04		41.60

12-3 续表1 continued

单位：亿本币 (100 million local currency units)

地区	Area	1995	2000	2001	2002
长江三角洲经济区	**Yangtze River Delta**				
上海市	Shanghai City	267.89	622.84	726.38	877.84
南京市	Nanjing City	36.22	98.66	113.35	133.12
苏州市	Suzhou City	24.73	77.56	110.36	136.39
无锡市	Wuxi City	19.59	52.05	71.04	84.22
常州市	Changzhou City	13.33	31.64	41.16	51.82
镇江市	Zhenjiang City	9.03	18.82	24.43	28.67
南通市	Nantong City	17.31	33.87	42.66	50.65
扬州市	Yangzhou City	12.62	22.37	28.32	32.74
泰州市	Taizhou City	10.45	22.48	28.58	34.76
杭州市	Hangzhou City	24.91	73.43	104.93	141.02
宁波市	Ningbo City	35.37	83.91	116.28	145.26
嘉兴市	Jiaxing City	8.63	21.52	31.07	38.54
湖州市	Huzhou City	5.61	13.25	19.23	24.34
绍兴市	Shaoxing City	10.96	25.76	37.37	45.16
舟山市	Zhoushan City	4.63	11.48	15.84	20.00
台州市	Taizhou City	14.49	33.19	42.86	55.64
珠江三角洲经济区	**Pearl River Delta**				
广州市	Guangzhou City	111.24	240.72	292.63	326.67
深圳市	Shenzhen City	93.40	229.21	260.08	312.19
珠海市	Zhuhai City	16.57	31.08	37.35	41.80
佛山市	Foshan City	36.47	72.21	94.67	104.19
江门市	Jiangmen City	18.73	27.98	31.42	36.44
东莞市	Dongguan City	12.42	33.61	47.86	64.96
中山市	Zhongshan City	9.57	19.24	26.78	34.97
惠州市区	Huizhou Urban District	5.17	9.26	12.43	15.49
惠阳市	Huiyang City	2.27	3.69	5.28	6.82
惠东县	Huidong County	1.65	2.37	2.73	3.60
博罗县	Boluo County	1.76	3.01	3.72	4.86
肇庆市区	Zhaoqing Urban District		7.59	7.87	9.06
高要市	Gaoyao City		2.55	3.14	3.60
四会市	Sihui City		2.32	3.08	3.36
香港特别行政区①	**HongKong,SAR ①**	1831.58	2328.93	2388.90	2391.77
澳门特别行政区①	**Macao,SAR ①**		161.12	152.59	93.44

注：①香港特别行政区和澳门特别行政区均指政府财政支出总额。

Note: ① HongKong SAR and Macao SAR all refer to total value of government budgetary expenditure.

12-4 地方一般预算支出构成(2002 年)

Proportion of Budgetary Expenditure of the Local Government(2002)

单位：亿本币　　　　(100 million local currency units)

地区	Area	总支出 Total Expenditure	基本建设支出 Expenditure for Capital Construction	企业挖潜改造资金 Expenditure for Innovation Exterprises	科技三项费用 Expenditure for Science and Technology Promotion	支援农村生产支出 Expenditure for Supporting Agriculture Production
长江三角洲经济区	**Yangtze River Delta**					
上海市	Shanghai City	877.84	184.14	121.20	1.92	15.05
南京市	Nanjing City	133.12	8.73	16.96	2.04	6.22
苏州市	Suzhou City	136.39	16.85	5.50	2.87	3.53
无锡市	Wuxi City	84.22	6.49	10.33	1.01	2.14
常州市	Changzhou City	51.82	3.21	2.83	0.99	2.40
镇江市	Zhenjiang City	28.67	0.93	1.18	0.48	0.81
南通市	Nantong City	50.65	3.28	1.58	0.94	0.73
扬州市	Yangzhou City	32.74	2.11	0.92	0.47	0.84
泰州市	Taizhou City	34.76	2.14	3.79	0.53	0.55
杭州市	Hangzhou City	141.02	7.18	8.29	2.68	6.68
宁波市	Ningbo City	145.26	19.62	17.61	2.59	3.68
嘉兴市	Jiaxing City	38.54	0.90	2.18	0.86	0.93
湖州市	Huzhou City	24.34	1.62	0.86	0.61	0.49
绍兴市	Shaoxing City	45.16	1.85	1.84	1.14	1.95
舟山市	Zhoushan City	20.00	1.70	1.03	0.31	1.18
台州市	Taizhou City	55.64	3.98	1.28	1.01	1.30
珠江三角洲经济区	**Pearl River Delta**					
广州市	Guangzhou City	326.67	56.59	11.32	19.10	5.18
深圳市	Shenzhen City	312.19	97.56		16.85	
珠海市	Zhuhai City	41.80	5.92	0.24	1.12	0.42
佛山市	Foshan City	104.19	1.03	1.14	3.53	0.92
江门市	Jiangmen City	36.44	0.45	0.20	0.54	2.14
东莞市	Dongguan City	64.96	16.53	0.14	2.80	2.07
中山市	Zhongshan City	34.97	3.26	0.05	0.82	2.58
惠州市区	Huizhou Urban District	15.49	0.80	-	0.33	0.38
惠阳市	Huiyang City	6.82	0.19	-	-	0.24
惠东县	Huidong County	3.60	0.06	-	0.01	0.23
博罗县	Boluo County	4.86	0.06	-		0.32
肇庆市区	Zhaoqing Urban District	9.06	0.13	0.27	0.31	0.11
高要市	Gaoyao City	3.60	0.01	0.01	0.06	0.26
四会市	Sihui City	3.36	0.16	0.05	0.06	0.20
香港特别行政区①	**HongKong,SAR ①**	2391.77				
澳门特别行政区①	**Macao,SAR ①**					

12-4 续表1 continued

单位：亿本币 (100 million local currency units)

地区	Area	行政事业费 Expenditure for Government Enterprises	工业交通商业部门事业费 Expenditure for Operating Expenses of Departments of Industry & Transportation	农林水利气象等部门事业费 Expenditure for Operating Expenses of Agriculture,Foresty, Water Conser-vancy and Meteorology	文教科学卫生事业费 Expenditure for Perating Expenses of Culture,Education, Scienceand Public Health	抚恤和社会福利救济费 Expenditure for Pensions and Relief Funds for Social Welfare
长江三角洲经济区	**Yangtze River Delta**					
上海市	Shanghai City	259000	4000	6000	194000	13000
南京市	Nanjing City					
苏州市	Suzhou City	438567	4097	27053	249782	18911
无锡市	Wuxi City	295511	10971	15666	185265	19265
常州市	Changzhou City	205443	2983	7613	132793	11129
镇江市	Zhenjiang City				89218	6509
南通市	Nantong City		2099	10512	104207	8348
扬州市	Yangzhou City	242797	2719	12545	115697	10069
泰州市	Taizhou City	148308	1581	15275	149630	16276
杭州市	Hangzhou City	513463	21534	37169	308075	21581
宁波市	Ningbo City	103865		31295	276807	21371
嘉兴市	Jiaxing City	191530	8931	14229	111548	7314
湖州市	Huzhou City	37042	4431	7180	73489	4742
绍兴市	Shaoxing City	231528	18956	11696	133305	8965
舟山市	Zhoushan City	134143	1801	14766	55880	4702
台州市	Taizhou City	405593	1274	25032	169719	12474
珠江三角洲经济区	**Pearl River Delta**					
广州市	Guangzhou City		18685	31405	608876	64619
深圳市	Shenzhen City				507202	
珠海市	Zhuhai City			10566	71777	6235
佛山市	Foshan City		6064	34222	174739	18584
江门市	Jiangmen City				108438	
东莞市	Dongguan City		4820	16685	147402	4695
中山市	Zhongshan City	121042	1102	8015	83437	7146
惠州市区	Huizhou Urban District			8462	31077	
惠阳市	Huiyang City			1834	16476	
惠东县	Huidong County			1566	12482	
博罗县	Boluo County			1369	14899	
肇庆市区	Zhaoqing Urban District		904	4689	19893	1740
高要市	Gaoyao City		255	1108	9523	1005
四会市	Sihui City		296	2222	9967	812
香港特别行政区①	**HongKong,SAR ①**					
澳门特别行政区①	**Macao,SAR ①**					

12–4 续表 2 continued

单位：亿本币 (100 million local currency units)

地区	Area	行政管理费 Expenditure for Government Administration	城市维护费 Expenditure for City Maintenance	价格补贴支出 Expenditure for Price Subsidies	专项支出 Expenditure for Special Item
长江三角洲经济区	**Yangtze River Delta**				
上海市	Shanghai City	41000	54000	5000	18000
南京市	Nanjing City		226590		
苏州市	Suzhou City	138724	224040		30998
无锡市	Wuxi City	75315	121836		19899
常州市	Changzhou City	50925	57471	137	16367
镇江市	Zhenjiang City		31829		
扬州市	Nantong City	52115	12442	182	8750
泰州市	Yangzhou City	49005	15199	448	8114
南通市	Taizhou City	58938	19430		10125
杭州市	Hangzhou City	125104	149394	55	45330
宁波市	Ningbo City	103865	193665	3426	38502
嘉兴市	Jiaxing City	49508	42409	4	10064
湖州市	Huzhou City	37042	12195	162	5641
绍兴市	Shaoxing City	58606	22524	626	11655
舟山市	Zhoushan City	29368	7225	355	7096
台州市	Taizhou City	76915	27712		12977
珠江三角洲经济区	**Pearl River Delta**				
广州市	Guangzhou City	269976	178011		78871
深圳市	Shenzhen City	184477	116713		46033
珠海市	Zhuhai City	29091	20536	1947	
佛山市	Foshan City	105019	107749	4538	102349
江门市	Jiangmen City	43422	15266	2213	10232
东莞市	Dongguan City	43678	64483		
中山市	Zhongshan City	21342	15307	4500	13999
惠州市区	Huizhou Urban District	16397			
惠阳市	Huiyang City	9092			
惠东县	Huidong County	4152			
博罗县	Boluo County	5437			
肇庆市区	Zhaoqing Urban District	15552	4321		2095
高要市	Gaoyao City	2598	856		679
四会市	Sihui City	3856	797		730
香港特别行政区①	**HongKong,SAR ①**				
澳门特别行政区①	**Macao, SAR ①**				

注：①香港特别行政区和澳门特别行政区均指政府财政支出构成。

Note: ① HongKong SAR and Macao SAR all refer to the proportion of government budgetary expenditure.

12-5 用于文教、科学和卫生事业费的财政支出
Budgetary Expenditure of Operating Expenses for Culture, Education,Science and Health Care

单位：万元 (10 000 yuan)

地区	Area	1978	1980	1985	1990
长江三角洲经济区	**Yangtze River Delta**				
上海市	Shanghai City	3.43	4.77	11.14	21.81
南京市	Nanjing City			1.36	3.52
苏州市	Suzhou City	0.42	0.57	1.21	2.61
无锡市	Wuxi City				1.96
常州市	Changzhou City	0.22	0.30		1.60
镇江市	Zhenjiang City				
南通市	Nantong City				
扬州市	Yangzhou City	0.28	0.44	0.83	1.59
泰州市	Taizhou City				
杭州市	Hangzhou City	0.47	0.66	1.48	3.23
宁波市	Ningbo City				2.66
嘉兴市	Jiaxing City			0.30	1.40
湖州市	Huzhou City	0.16	0.22	0.47	0.88
绍兴市	Shaoxing City	0.27	0.37	0.79	1.61
舟山市	Zhoushan City				
台州市	Taizhou City				
珠江三角洲经济区	**Pearl River Delta**				
广州市	Guangzhou City				5.94
深圳市	Shenzhen City				
珠海市	Zhuhai City		0.06	0.24	0.77
佛山市	Foshan City				2.95
江门市	Jiangmen City				
东莞市	Dongguan City		0.11	0.21	0.74
中山市	Zhongshan City	0.07	0.10	0.18	0.80
惠州市区	Huizhou Urban District				
惠阳市	Huiyang City				
惠东县	Huidong County				
博罗县	Boluo County				
肇庆市区	Zhaoqing Urban District				
高要市	Gaoyao City				
四会市	Sihui City				

12-5 续表 continued

单位：万元 (10 000 yuan)

地区	Area	1995	2000	2001	2002
长江三角洲经济区	**Yangtze River Delta**				
上海市	Shanghai City	70.97	133.93	167.37	170.73
南京市	Nanjing City	7.75	17.70	22.72	26.01
苏州市	Suzhou City	8.36	16.23	20.59	24.98
无锡市	Wuxi City	6.39	13.29	15.49	18.53
常州市	Changzhou City	4.63	9.63	11.65	13.28
镇江市	Zhenjiang City		6.55	7.90	8.92
南通市	Nantong City		11.48	13.68	14.96
扬州市	Yangzhou City	4.48	8.02	9.46	10.42
泰州市	Taizhou City		9.00	10.26	11.57
杭州市	Hangzhou City	8.77	18.27	25.08	30.81
宁波市	Ningbo City	8.14	17.20	23.14	27.68
嘉兴市	Jiaxing City	3.03	6.54	8.87	11.15
湖州市	Huzhou City	2.13	4.38	5.81	7.35
绍兴市	Shaoxing City	3.94	8.41	10.86	13.33
舟山市	Zhoushan City		3.67	4.67	5.59
台州市	Taizhou City	4.95	10.78	13.63	16.97
珠江三角洲经济区	**Pearl River Delta**				
广州市	Guangzhou City	22.15	44.46	53.50	60.89
深圳市	Shenzhen City				50.72
珠海市	Zhuhai City	3.29	4.48	5.85	7.18
佛山市	Foshan City	9.79	13.19	15.18	17.47
江门市	Jiangmen City				10.84
东莞市	Dongguan City	3.10	8.67	10.60	14.74
中山市	Zhongshan City	3.33	4.86	6.08	8.34
惠州市区	Huizhou Urban District				3.11
惠阳市	Huiyang City				1.65
惠东县	Huidong County				1.25
博罗县	Boluo County				1.49
肇庆市区	Zhaoqing Urban District			1.90	1.99
高要市	Gaoyao City			0.75	0.95
四会市	Sihui City			0.85	1.00

12-6 用于抚恤和社会福利救济费的财政支出
Budgetary Expenditure for Pensions and Social Welfare Relief Funds

单位：万本币 (10 000 local currency units)

地区	Area	1978	1980	1985	1990
长江三角洲经济区	**Yangtze River Delta**				
上海市	Shanghai City	2760	3303	4954	7183
南京市	Nanjing City				
苏州市	Suzhou City				2555
无锡市	Wuxi City				
常州市	Changzhou City	413	877		1441
镇江市	Zhenjiang City				
南通市	Nantong City				
扬州市	Yangzhou City	756	845	1073	2031
泰州市	Taizhou City				
杭州市	Hangzhou City			1767	3665
宁波市	Ningbo City				2600
嘉兴市	Jiaxing City			546	1087
湖州市	Huzhou City	150	215	395	1020
绍兴市	Shaoxing City	242	316	603	1639
舟山市	Zhoushan City				
台州市	Taizhou City				
珠江三角洲经济区	**Pearl River Delta**				
广州市	Guangzhou City				4966
深圳市	Shenzhen City				
珠海市	Zhuhai City				409
佛山市	Foshan City				
江门市	Jiangmen City				
东莞市	Dongguan City		75	132	368
中山市	Zhongshan City	66	105	167	2120
惠州市区	Huizhou Urban District				
惠阳市	Huiyang City				
惠东县	Huidong County				
博罗县	Boluo County				
肇庆市区	Zhaoqing Urban District				
高要市	Gaoyao City				
四会市	Sihui City				
香港特别行政区①	**HongKong,SAR ①**				
澳门特别行政区①	**Macao,SAR ①**				

12-6 续表 continued

单位：万本币 (10 000 local currency units)

地区	Area	1995	2000	2001	2002
长江三角洲经济区	**Yangtze River Delta**				
上海市	Shanghai City	25750	72495	96650	113329
南京市	Nanjing City		39736	62114	81594
苏州市	Suzhou City	4914	11044	13870	18911
无锡市	Wuxi City				
常州市	Changzhou City	3477	7322	8589	11129
镇江市	Zhenjiang City				
南通市	Nantong City		12354	15043	16276
扬州市	Yangzhou City	4543	6293	8002	8348
泰州市	Taizhou City		7854	8836	10069
杭州市	Hangzhou City	8403	13731	16931	21581
宁波市	Ningbo City	6382	11255	14492	21371
嘉兴市	Jiaxing City	2376	4241	5395	7314
湖州市	Huzhou City	2253	3152	3803	4742
绍兴市	Shaoxing City	3010	5067	6159	8965
舟山市	Zhoushan City		2539	3051	4702
台州市	Taizhou City	3974	7808	8385	12474
珠江三角洲经济区	**Pearl River Delta**				
广州市	Guangzhou City	16482	34898	45734	64619
深圳市	Shenzhen City				
珠海市	Zhuhai City	1942	4195	4676	6235
佛山市	Foshan City				18584
江门市	Jiangmen City				
东莞市	Dongguan City	1705	2888	3786	4695
中山市	Zhongshan City	1261	3859	4730	7146
惠州市区	Huizhou Urban District				610
惠阳市	Huiyang City				648
惠东县	Huidong County				423
博罗县	Boluo County				541
肇庆市区	Zhaoqing Urban District			1583	1740
高要市	Gaoyao City			551	1005
四会市	Sihui City			710	812
香港特别行政区①	**HongKong,SAR ①**		2816500	3005900	3256200
澳门特别行政区①	**Macao,SAR ①**		1917	1447	1954

注：①社会福利支出。

Note: ① Socail Welfare Expenditure.

12-7 财政收入占地区生产总值比重

Budgetary Revenue as Percentage of Gross Domestic Product

单位：%　　　　(%)

地区	Area	1978	1980	1985	1990
长江三角洲经济区	**Yangtze River Delta**				
上海市	Shanghai City	69.90	63.80	56.50	37.60
南京市	Nanjing City	31.50	35.20	31.00	20.50
苏州市	Suzhou City	25.90	23.30	17.30	10.60
无锡市	Wuxi City	37.70	30.30	20.60	13.30
常州市	Changzhou City	35.40	29.40	20.20	13.80
镇江市	Zhenjiang City	18.00	15.30	12.30	9.20
南通市	Nantong City	18.70	16.70	13.20	9.50
扬州市	Yangzhou City	14.10	11.70	8.70	7.50
泰州市	Taizhou City	15.40	11.80	9.30	6.20
杭州市	Hangzhou City	33.13	29.16	20.61	13.32
宁波市	Ningbo City	24.64	19.07	12.84	11.24
嘉兴市	Jiaxing City	17.77	16.04	16.40	12.45
湖州市	Huzhou City				
绍兴市	Shaoxing City	16.49	14.23	14.29	12.28
舟山市	Zhoushan City				
台州市	Taizhou City				
珠江三角洲经济区	**Pearl River Delta**				
广州市	Guangzhou City	32.50	28.30	13.10	11.80
深圳市	Shenzhen City		11.27	16.12	12.64
珠海市	Zhuhai City		13.98	30.93	10.73
佛山市	Foshan City	20.60	16.10	10.00	9.90
江门市	Jiangmen City	14.00	11.00	8.40	6.96
东莞市	Dongguan City	10.80	9.50	5.50	5.53
中山市	Zhongshan City	15.21	11.33	6.89	7.59
惠州市区	Huizhou Urban District	15.90	8.70	4.40	9.20
惠阳市	Huiyang City	7.10	4.30	2.80	3.40
惠东县	Huidong County	7.80	5.00	5.20	5.80
博罗县	Boluo County	19.10	4.90	3.30	4.60
肇庆市区	Zhaoqing Urban District				8.10
高要市	Gaoyao City				4.10
四会市	Sihui City				4.70
香港特别行政区	**HongKong,SAR**	15.50	22.10	15.80	15.40
澳门特别行政区	**Macao,SAR**				20.30

12-7 续表 continued

单位：% (%)

地区	Area	1995	2000	2001	2002
长江三角洲经济区	**Yangtze River Delta**				
上海市	Shanghai City	28.50	38.50	40.30	40.70
南京市	Nanjing City	5.10	8.70	9.40	8.90
苏州市	Suzhou City	3.00	5.20	6.20	5.90
无锡市	Wuxi City	2.80	4.70	5.50	5.00
常州市	Changzhou City	3.60	5.40	6.70	5.70
镇江市	Zhenjiang City	2.50	3.80	4.20	4.10
南通市	Nantong City	3.00	3.90	4.40	4.40
扬州市	Yangzhou City	3.00	3.50	4.10	4.10
泰州市	Taizhou City	2.80	4.20	4.60	4.30
杭州市	Hangzhou City	3.00	5.00	6.70	6.60
宁波市	Ningbo City	3.90	5.90	7.90	7.70
嘉兴市	Jiaxing City	2.40	3.60	4.90	4.50
湖州市	Huzhou City	1.80	2.90	4.20	4.40
绍兴市	Shaoxing City	2.30	3.30	4.30	4.20
舟山市	Zhoushan City	3.00	5.40	6.30	6.20
台州市	Taizhou City	2.60	3.90	5.20	5.00
珠江三角洲经济区	**Pearl River Delta**				
广州市	Guangzhou City	8.00	9.30	10.10	9.00
深圳市	Shenzhen City	11.06	13.51	13.59	11.93
珠海市	Zhuhai City	8.20	7.34	8.61	7.69
佛山市	Foshan City	4.69	6.22	6.77	7.23
江门市	Jiangmen City	4.21	3.74	3.70	3.90
东莞市	Dongguan City	5.62	6.18	7.78	8.22
中山市	Zhongshan City	4.73	5.58	7.05	7.51
惠州市区	Huizhou Urban District	5.00	4.90	7.20	5.90
惠阳市	Huiyang City	3.00	2.40	3.30	3.40
惠东县	Huidong County	2.50	1.30	1.40	1.70
博罗县	Boluo County	2.60	2.40	2.80	2.70
肇庆市区	Zhaoqing Urban District	5.90	5.60	6.10	5.60
高要市	Gaoyao City	2.50	1.50	1.70	1.60
四会市	Sihui City	3.30	2.40	2.40	2.50
香港特别行政区	**HongKong,SAR**	16.70	17.50	13.80	14.10
澳门特别行政区	**Macao,SAR**	22.73	30.80	31.40	20.50

12-8 财政支出占地区生产总值比重
Budgetary Expenditure as percentage of Gross Domestic Product

单位：%　　　　(%)

地区	Area	1978	1980	1985	1990
长江三角洲经济区	**Yangtze River Delta**				
上海市	Shanghai City	9.50	6.10	9.90	10.00
南京市	Nanjing City	5.20	5.40	6.00	5.60
苏州市	Suzhou City	4.20	4.10	4.40	4.00
无锡市	Wuxi City	4.60	4.00	3.90	3.80
常州市	Changzhou City	5.30	5.10	5.10	5.40
镇江市	Zhenjiang City	7.40	5.70	5.20	5.70
南通市	Nantong City	5.50	4.90	4.80	5.30
扬州市	Yangzhou City	6.90	6.20	4.90	5.50
泰州市	Taizhou City	5.40	6.00	4.70	4.40
杭州市	Hangzhou City	5.70	5.30	6.40	6.20
宁波市	Ningbo City	5.60	5.30	4.90	6.90
嘉兴市	Jiaxing City	4.80	4.60	5.00	5.30
湖州市	Huzhou City	5.40	5.00	4.90	4.60
绍兴市	Shaoxing City	6.50	5.50	5.40	5.60
舟山市	Zhoushan City	7.10	9.20	7.50	8.20
台州市	Taizhou City	9.80	7.40	6.10	6.30
珠江三角洲经济区	**Pearl River Delta**				
广州市	Guangzhou City				
深圳市	Shenzhen City		14.82	15.03	11.54
珠海市	Zhuhai City		11.41	27.84	13.38
佛山市	Foshan City	4.60	3.50	4.90	7.10
江门市	Jiangmen City				5.60
东莞市	Dongguan City	2.90	2.90	2.50	3.53
中山市	Zhongshan City	3.38	3.19	2.63	5.02
惠州市区	Huizhou Urban District	29.40	25.70	26.80	14.40
惠阳市	Huiyang City	8.00	7.60	5.70	5.60
惠东县	Huidong County	5.10	7.60	8.00	7.30
博罗县	Boluo County	13.00	5.70	5.50	7.20
肇庆市区	Zhaoqing Urban District				12.00
高要市	Gaoyao City				4.40
四会市	Sihui City				4.90
香港特别行政区	**HongKong,SAR**				
澳门特别行政区	**Macao,SAR**				18.50

12–8 续表 continued

单位：% (%)

地区	Area	1995	2000	2001	2002
长江三角洲经济区	**Yangtze River Delta**				
上海市	Shanghai City	10.90	13.70	14.70	16.20
南京市	Nanjing City	6.30	9.70	9.90	10.30
苏州市	Suzhou City	2.70	5.00	6.30	6.60
无锡市	Wuxi City	2.60	4.30	5.20	5.30
常州市	Changzhou City	3.60	5.30	6.60	6.80
镇江市	Zhenjiang City	3.20	4.20	4.90	5.10
南通市	Nantong City	3.70	4.60	5.30	5.70
扬州市	Yangzhou City	4.20	4.70	5.60	5.90
泰州市	Taizhou City	4.00	5.50	6.40	6.90
杭州市	Hangzhou City	3.30	5.30	6.70	7.90
宁波市	Ningbo City	5.50	7.60	9.30	10.00
嘉兴市	Jiaxing City	2.70	4.00	5.10	5.50
湖州市	Huzhou City	2.50	3.90	5.00	5.80
绍兴市	Shaoxing City	2.70	3.50	4.50	4.90
舟山市	Zhoushan City	6.30	10.00	12.50	13.70
台州市	Taizhou City	3.50	4.90	5.70	6.50
珠江三角洲经济区	**Pearl River Delta**				
广州市	Guangzhou City				
深圳市	Shenzhen City	11.74	13.76	13.31	13.83
珠海市	Zhuhai City	8.96	9.41	10.19	10.29
佛山市	Foshan City	6.68	7.54	8.86	8.86
江门市	Jiangmen City	4.94	4.93	0.51	5.51
东莞市	Dongguan City	6.04	6.82	8.27	9.65
中山市	Zhongshan City	5.60	6.15	7.39	8.41
惠州市区	Huizhou Urban District	8.30	6.90	8.90	8.60
惠阳市	Huiyang City	3.60	3.20	4.50	5.00
惠东县	Huidong County	3.40	2.70	2.80	3.70
博罗县	Boluo County	4.10	3.70	4.10	5.10
肇庆市区	Zhaoqing Urban District	10.60	8.90	9.00	9.50
高要市	Gaoyao City	4.10	2.30	2.70	3.00
四会市	Sihui City	4.80	4.10	4.90	4.70
香港特别行政区	**HongKong,SAR**	17.00	18.10	18.80	18.90
澳门特别行政区	**Macao,SAR**	28.34	30.20	30.60	17.28

12-9 金融机构存款年末余额
Deposits Balance of Financial Institutions(year-end)

单位：亿元 (100 million yuan)

地区	Area	1978	1980	1985	1990
长江三角洲经济区	**Yangtze River Delta**				
上海市	Shanghai City				851.51
南京市	Nanjing City	20.79	25.28	52.80	140.57
苏州市	Suzhou City	7.37	15.68	37.57	132.20
无锡市	Wuxi City	5.53	9.70	27.46	94.67
常州市	Changzhou City	3.41	5.78	16.91	59.37
镇江市	Zhenjiang City	2.52	4.22	11.42	39.13
南通市	Nantong City	6.87	9.46	23.07	88.25
扬州市	Yangzhou City	2.04	2.63	16.50	45.66
泰州市	Taizhou City	1.65	3.15	10.53	37.36
杭州市	Hangzhou City	8.68	18.07	48.50	164.62
宁波市	Ningbo City	4.84	8.37	24.33	90.13
嘉兴市	Jiaxing City	2.57	3.96	18.77	63.64
湖州市	Huzhou City	1.97	3.40	8.98	24.23
绍兴市	Shaoxing City	2.29	4.49	14.47	54.11
舟山市	Zhoushan City	2.99	4.15	12.45	27.41
台州市	Taizhou City	1.64	3.24	9.85	31.26
珠江三角洲经济区	**Pearl River Delta**				
广州市	Guangzhou City	25.56	43.73	100.72	440.47
深圳市	Shenzhen City		2.03	30.26	194.69
珠海市	Zhuhai City		1.68	9.15	40.44
佛山市	Foshan City				160.18
江门市	Jiangmen City				109.00
东莞市	Dongguan City	1.05	2.61	13.49	68.07
中山市	Zhongshan City	1.00	2.35	10.86	52.26
惠州市区	Huizhou Urban District		0.57	2.74	11.82
惠阳市	Huiyang City		0.29	1.24	7.91
惠东县	Huidong County		0.21	0.86	5.21
博罗县	Boluo County		0.37	1.10	4.37
肇庆市区	Zhaoqing Urban District				
高要市	Gaoyao City	0.04	0.93	1.91	4.73
四会市	Sihui City	0.30	0.55	1.40	5.14

12-9 续表 continued

单位：亿元 (100 million yuan)

地区	Area	1995	2000	2001	2002
长江三角洲经济区	**Yangtze River Delta**				
上海市	Shanghai City	4675.09	9349.83	11247.90	14035.77
南京市	Nanjing City	622.33	1963.76	2489.64	3005.89
苏州市	Suzhou City	566.65	1477.01	1731.62	2232.03
无锡市	Wuxi City	406.41	1078.35	1269.12	1626.83
常州市	Changzhou City	257.61	629.36	735.25	904.71
镇江市	Zhenjiang City	141.16	337.22	385.35	457.52
南通市	Nantong City	365.28	773.42	916.96	1087.42
扬州市	Yangzhou City	188.55	444.47	497.79	592.79
泰州市	Taizhou City	170.81	388.82	431.46	488.61
杭州市	Hangzhou City	707.97	2088.47	2621.51	3373.15
宁波市	Ningbo City	454.68	1172.94	1444.53	1906.24
嘉兴市	Jiaxing City	201.21	545.83	627.63	763.40
湖州市	Huzhou City	70.45	268.87	299.38	369.64
绍兴市	Shaoxing City	239.41	655.66	759.57	970.24
舟山市	Zhoushan City	71.37	184.74	213.87	270.44
台州市	Taizhou City	139.99	528.96	629.04	811.76
珠江三角洲经济区	**Pearl River Delta**				
广州市	Guangzhou City	2001.96	5545.19	6228.04	7498.35
深圳市	Shenzhen City	1202.93	3169.00	4092.57	4952.73
珠海市	Zhuhai City	224.37	445.23	494.24	575.38
佛山市	Foshan City	754.89	1955.97	2152.03	2434.40
江门市	Jiangmen City	386.00	670.00	715.00	793.84
东莞市	Dongguan City	383.68	1228.67	1458.65	1790.18
中山市	Zhongshan City	245.70	554.07	593.45	707.92
惠州市区	Huizhou Urban District	82.88	173.61	197.95	244.03
惠阳市	Huiyang City	48.91	74.00	79.03	94.25
惠东县	Huidong County	26.63	46.81	49.93	56.93
博罗县	Boluo County	27.99	52.61	59.36	68.96
肇庆市区	Zhaoqing Urban District				166.86
高要市	Gaoyao City	14.48	38.44	41.57	43.70
四会市	Sihui City	17.47	32.40	34.99	41.93

12-10 金融机构贷款年末余额

Loans Balance of Financial Institutions (yaer-end)

单位：亿元 (100 million yuan)

地区	Area	1978	1980	1985	1990
长江三角洲经济区	**Yangtze River Delta**				
上海市	Shanghai City				1106.80
南京市	Nanjing City	13.97	15.25	61.87	122.23
苏州市	Suzhou City	15.45	21.19	53.01	134.10
无锡市	Wuxi City	13.66	15.30	45.96	106.53
常州市	Changzhou City	9.18	10.68	29.68	74.24
镇江市	Zhenjiang City	2.60	8.89	20.48	50.11
南通市	Nantong City	13.67	17.27	36.98	91.22
扬州市	Yangzhou City	6.07	5.88	31.00	64.15
泰州市	Taizhou City	5.09	7.16	17.20	41.50
杭州市	Hangzhou City	13.68	17.42	58.02	180.33
宁波市	Ningbo City	6.50	9.71	27.09	97.44
嘉兴市	Jiaxing City	2.01	2.61	7.81	19.18
湖州市	Huzhou City	2.30	3.36	10.24	24.65
绍兴市	Shaoxing City	3.62	5.58	17.19	50.32
舟山市	Zhoushan City	1.81	2.07	6.28	13.55
台州市	Taizhou City	3.46	5.37	12.36	30.79
珠江三角洲经济区	**Pearl River Delta**				
广州市	Guangzhou City	26.04	40.25	105.19	420.38
深圳市	Shenzhen City		1.35	53.70	238.62
珠海市	Zhuhai City		1.53	21.13	60.59
佛山市	Foshan City				195.67
江门市	Jiangmen City				118.00
东莞市	Dongguan City	1.96	3.08	14.24	63.04
中山市	Zhongshan City	1.86	3.56	19.95	61.95
惠州市区	Huizhou Urban District		1.03	3.94	12.01
惠阳市	Huiyang City		0.59	1.53	5.76
惠东县	Huidong County		0.79	1.52	4.91
博罗县	Boluo County		0.80	1.90	4.64
肇庆市区	Zhaoqing Urban District				
高要市	Gaoyao City	0.06	1.15	2.86	10.29
四会市	Sihui City	0.37	0.79	2.35	5.54

12-10 续表 continued

单位：亿元 (100 million yuan)

地区	Area	1995	2000	2001	2002
长江三角洲经济区	**Yangtze River Delta**				
上海市	Shanghai City	3832.04	7254.26	8543.02	10550.94
南京市	Nanjing City	447.13	1706.44	2063.69	2549.31
苏州市	Suzhou City	424.07	970.60	1059.82	1490.96
无锡市	Wuxi City	331.44	712.39	809.28	1046.99
常州市	Changzhou City	211.88	389.26	444.54	559.85
镇江市	Zhenjiang City	135.24	252.13	281.76	328.03
南通市	Nantong City	264.23	394.34	433.42	526.90
扬州市	Yangzhou City	165.09	276.05	296.90	356.23
泰州市	Taizhou City	142.22	236.26	260.76	287.59
杭州市	Hangzhou City	567.21	1686.64	2087.70	2752.38
宁波市	Ningbo City	389.23	883.12	1051.56	1479.47
嘉兴市	Jiaxing City	55.05	137.81	163.97	198.87
湖州市	Huzhou City	72.11	192.52	209.52	261.93
绍兴市	Shaoxing City	193.64	458.51	514.25	695.10
舟山市	Zhoushan City	33.63	73.69	85.65	109.45
台州市	Taizhou City	105.21	330.43	403.00	571.62
珠江三角洲经济区	**Pearl River Delta**				
广州市	Guangzhou City	1312.15	3895.49	4336.50	5257.21
深圳市	Shenzhen City	786.34	2292.18	2860.75	3512.48
珠海市	Zhuhai City	182.93	300.26	317.60	347.17
佛山市	Foshan City	642.16	1453.96	1549.64	1588.47
江门市	Jiangmen City	322.00	520.00	547.00	584.41
东莞市	Dongguan City	254.85	630.84	750.18	933.41
中山市	Zhongshan City	226.48	360.35	371.47	442.13
惠州市区	Huizhou Urban District	80.18	115.83	129.00	173.58
惠阳市	Huiyang City	68.50	45.48	44.85	42.48
惠东县	Huidong County	22.38	20.58	20.54	18.10
博罗县	Boluo County	19.80	25.20	25.58	25.38
肇庆市区	Zhaoqing Urban District				158.38
高要市	Gaoyao City	48.59	38.44	21.57	20.19
四会市	Sihui City	14.30	21.54	22.68	24.34

12-11 金融机构现金收入
Cash Income of Financial Institutions

单位：亿元 (100 million yuan)

地区	Area	收入总计 Total			商品销售收入 Commodity Sales Revenue		
		1978	1990	2002	1978	1990	2002
长江三角洲经济区	**Yangtze River Delta**						
上海市	Shanghai City	65.24	554.62	11698.86	44.95	267.02	2428.06
南京市	Nanjing City			3493.46			587.64
苏州市	Suzhou City	11.06	207.09	5340.40			931.53
无锡市	Wuxi City	7.54	118.72	3477.89		43.88	691.61
常州市	Changzhou City	2.41	89.18	2195.00	1.66	34.85	423.44
镇江市	Zhenjiang City			1007.83			181.62
南通市	Nantong City			2353.91			319.68
扬州市	Yangzhou City	4.81	70.17	1234.75	3.83	30.97	191.37
泰州市	Taizhou City			1199.36			178.76
杭州市	Hangzhou City	10.08	128.47	6188.89	4.60	42.64	304.67
宁波市	Ningbo City		110.25	5037.95		6.63	323.93
嘉兴市	Jiaxing City		61.17	2067.69		12.98	75.44
湖州市	Huzhou City	3.09	39.45	1521.12	1.20	9.66	61.53
绍兴市	Shaoxing City	4.07	68.45	4128.02	1.09	11.31	149.41
舟山市	Zhoushan City		24.33	451.49		3.43	21.45
台州市	Taizhou City		84.69	4481.74		11.22	148.39
珠江三角洲经济区	**Pearl River Delta**						
广州市	Guangzhou City	23.25	468.51	9983.76	15.17	137.58	927.09
深圳市	Shenzhen City		294.54	6764.25			
珠海市	Zhuhai City		58.24	1054.75		14.21	87.77
佛山市	Foshan City						
江门市	Jiangmen City	6.85	132.59	1646.75			12.69
东莞市	Dongguan City	2.08	120.97	4508.54	1.41	19.53	407.17
中山市	Zhongshan City	2.13	87.29	1892.38			198.12
惠州市区	Huizhou Urban District		35.70	827.18		5.78	28.03
惠阳市	Huiyang City		28.52	373.00		2.21	23.02
惠东县	Huidong County		34.64	340.98		2.66	12.47
博罗县	Boluo County		17.47	301.04		2.82	20.09
肇庆市区	Zhaoqing Urban District						
高要市	Gaoyao City						
四会市	Sihui City						

12–11 续表1 continued

单位：亿元 (100 million yuan)

地区	Area	服务业收入 Service Revenue			税款收入 Taxes Revenue	
		1978	1990	2002	1990	2002
长江三角洲经济区	**Yangtze River Delta**					
上海市	Shanghai City	5.50	45.30	616.39		35.39
南京市	Nanjing City			166.94		15.39
苏州市	Suzhou City			220.84		25.47
无锡市	Wuxi City		6.29	148.23		19.42
常州市	Changzhou City	0.24	4.37	99.99	0.46	12.92
镇江市	Zhenjiang City			57.09		9.58
南通市	Nantong City			117.28		19.09
扬州市	Yangzhou City			72.26		9.26
泰州市	Taizhou City			75.82		13.79
杭州市	Hangzhou City	0.46	8.13	87.81	0.90	29.40
宁波市	Ningbo City			122.68		22.02
嘉兴市	Jiaxing City		10.25	48.06	0.54	8.24
湖州市	Huzhou City	0.35	7.40	47.53	0.36	12.26
绍兴市	Shaoxing City	0.55	7.27	77.89	0.66	21.79
舟山市	Zhoushan City		2.97	39.23	0.27	1.02
台州市	Taizhou City		7.04	93.61	0.55	23.72
珠江三角洲经济区	**Pearl River Delta**					
广州市	Guangzhou City	2.62	40.70	542.68		37.97
深圳市	Shenzhen City					
珠海市	Zhuhai City		3.61	66.78	0.81	9.58
佛山市	Foshan City					
江门市	Jiangmen City			7.07		
东莞市	Dongguan City			325.02		33.06
中山市	Zhongshan City			86.20		12.68
惠州市区	Huizhou Urban District		2.09	14.61	0.10	4.45
惠阳市	Huiyang City		0.93	29.84	0.19	4.35
惠东县	Huidong County		0.72	10.61	0.23	1.31
博罗县	Boluo County		0.39	8.58	0.12	2.07
肇庆市区	Zhaoqing Urban District					
高要市	Gaoyao City					
四会市	Sihui City					0.66

12－11 续表2 continued

单位：亿元 (100 million yuan)

地区	Area	城乡个体经营收入 Urban and Rural Individual Business Revenue		储蓄存款收入 Saving Deposits Revenue		
		1990	2002	1978	1990	2002
长江三角洲经济区	**Yangtze River Delta**					
上海市	Shanghai City		170.73	9.66	166.78	7155.32
南京市	Nanjing City		98.87			2226.41
苏州市	Suzhou City		279.59			3475.35
无锡市	Wuxi City		89.41			2095.25
常州市	Changzhou City	0.24	93.82	0.43	23.13	1326.94
镇江市	Zhenjiang City		34.11			596.06
南通市	Nantong City		69.18			1436.88
扬州市	Yangzhou City		46.03			732.95
泰州市	Taizhou City		44.81			749.74
杭州市	Hangzhou City	1.09	108.77	1.58	46.59	4069.85
宁波市	Ningbo City		238.33	1.52	46.12	3150.81
嘉兴市	Jiaxing City	0.30	52.55		14.97	1338.04
湖州市	Huzhou City	0.61	122.28	0.30	10.23	937.58
绍兴市	Shaoxing City	0.93	239.41	0.39	25.84	2881.45
舟山市	Zhoushan City	0.14	2.29		8.14	297.77
台州市	Taizhou City	0.63	805.21		24.92	2628.74
珠江三角洲经济区	**Pearl River Delta**					
广州市	Guangzhou City		312.58			7589.27
深圳市	Shenzhen City					
珠海市	Zhuhai City				27.62	811.42
佛山市	Foshan City					
江门市	Jiangmen City					
东莞市	Dongguan City		229.08			3210.95
中山市	Zhongshan City		110.05			1404.25
惠州市区	Huizhou Urban District	0.71	11.47		14.31	375.09
惠阳市	Huiyang City	1.08	12.14		12.08	165.24
惠东县	Huidong County	0.51	15.45		15.43	180.23
博罗县	Boluo County	0.52	17.47		5.17	154.83
肇庆市区	Zhaoqing Urban District					
高要市	Gaoyao City					
四会市	Sihui City		10.31		1.02	46.77

12—11 续表3 continued

单位：亿元 (100 million yuan)

地区	Area	其他金融机构收入 Other Financial Institutions Revenue			居民归还贷款收入 Repayment of the Local by Residents
		1978	1990	2002	2002
长江三角洲经济区	**Yangtze River Delta**				
上海市	Shanghai City	2.51	26.62	222.04	78.70
南京市	Nanjing City			26.62	31.95
苏州市	Suzhou City			18.70	75.19
无锡市	Wuxi City			35.84	25.85
常州市	Changzhou City	0.02		11.65	21.86
镇江市	Zhenjiang City			2.78	34.81
南通市	Nantong City			13.69	95.47
扬州市	Yangzhou City			11.14	41.86
泰州市	Taizhou City			5.50	64.27
杭州市	Hangzhou City		2.05	39.71	78.48
宁波市	Ningbo City			32.21	56.46
嘉兴市	Jiaxing City		0.29	5.41	38.76
湖州市	Huzhou City		0.45	0.98	36.81
绍兴市	Shaoxing City		1.02	12.85	29.64
舟山市	Zhoushan City				5.01
台州市	Taizhou City		0.31	5.99	139.41
珠江三角洲经济区	**Pearl River Delta**				
广州市	Guangzhou City			26.17	4.67
深圳市	Shenzhen City				
珠海市	Zhuhai City				
佛山市	Foshan City				
江门市	Jiangmen City				
东莞市	Dongguan City			26.78	3.66
中山市	Zhongshan City			3.37	1.47
惠州市区	Huizhou Urban District		0.34	0.88	0.49
惠阳市	Huiyang City		0.75	0.28	1.19
惠东县	Huidong County		1.49	0.48	1.30
博罗县	Boluo County		1.68	0.69	2.60
肇庆市区	Zhaoqing Urban District				
高要市	Gaoyao City				
四会市	Sihui City				

12−11 续表4 continued

单位：亿元 (100 million yuan)

地区	Area	汇兑收入 Remittances Revenue			有价证券收入 Valuable Securities Revenue	
		1978	1990	2002	1990	2002
长江三角洲经济区	Yangtze River Delta					
上海市	Shanghai City			134.32		125.93
南京市	Nanjing City			41.52		12.27
苏州市	Suzhou City			91.81		11.07
无锡市	Wuxi City			49.97		11.66
常州市	Changzhou City	0.02	0.58	32.35	0.95	7.27
镇江市	Zhenjiang City			18.43		0.56
南通市	Nantong City			26.59		16.78
扬州市	Yangzhou City			15.10		3.52
泰州市	Taizhou City			15.27		1.84
杭州市	Hangzhou City	0.08	0.95	98.26	1.75	30.76
宁波市	Ningbo City			74.19		22.30
嘉兴市	Jiaxing City		0.39	31.81		4.98
湖州市	Huzhou City		0.88	25.11	0.36	2.10
绍兴市	Shaoxing City		0.68	47.29		3.98
舟山市	Zhoushan City		0.49	4.21		0.87
台州市	Taizhou City		1.11	53.44	0.10	1.64
珠江三角洲经济区	Pearl River Delta					
广州市	Guangzhou City			152.20		23.81
深圳市	Shenzhen City					
珠海市	Zhuhai City					
佛山市	Foshan City					
江门市	Jiangmen City					
东莞市	Dongguan City			167.77		1.97
中山市	Zhongshan City			24.80		0.16
惠州市区	Huizhou Urban District		0.29	4.82	0.10	1.14
惠阳市	Huiyang City		0.55	7.49	0.15	
惠东县	Huidong County		0.39	10.58	0.04	
博罗县	Boluo County		0.16	4.02	0.02	0.04
肇庆市区	Zhaoqing Urban District					
高要市	Gaoyao City					
四会市	Sihui City					

12-11 续表 5 continued

单位：亿元 (100 million yuan)

地区	Area	其他收入 Others Revenue 1978	1990	2002	# 兑换外币收入 Exchange of Foreign Currency Revenue 2002
长江三角洲经济区	**Yangtze River Delta**				
上海市	Shanghai City	2.06	48.90	731.98	13.33
南京市	Nanjing City			285.84	1.38
苏州市	Suzhou City			210.86	1.46
无锡市	Wuxi City			310.65	0.40
常州市	Changzhou City	0.06	4.89	164.77	0.31
镇江市	Zhenjiang City			72.78	0.05
南通市	Nantong City			239.28	0.38
扬州市	Yangzhou City			111.26	0.19
泰州市	Taizhou City			49.56	0.03
杭州市	Hangzhou City	0.32	5.96	755.39	1.70
宁波市	Ningbo City			444.92	
嘉兴市	Jiaxing City		3.40	138.46	0.20
湖州市	Huzhou City	0.09	1.92	104.22	
绍兴市	Shaoxing City	0.20	4.99	228.92	
舟山市	Zhoushan City		1.82	55.38	
台州市	Taizhou City		5.35	236.18	0.40
珠江三角洲经济区	**Pearl River Delta**				
广州市	Guangzhou City			367.32	
深圳市	Shenzhen City				
珠海市	Zhuhai City				
佛山市	Foshan City				
江门市	Jiangmen City				
东莞市	Dongguan City			103.08	0.10
中山市	Zhongshan City			51.27	0.59
惠州市区	Huizhou Urban District		1.22	26.65	0.19
惠阳市	Huiyang City		1.09	15.57	
惠东县	Huidong County		1.19	11.00	
博罗县	Boluo County		0.85	5.43	
肇庆市区	Zhaoqing Urban District				
高要市	Gaoyao City				
四会市	Sihui City		0.01	5.50	0.02

12-12 金融机构现金支出
Cash Expenditures of Financial Institutions

单位：亿元 (100 million yuan)

地区	Area	支出合计 Total			工资性支出 Wages		
		1978	1990	2002	1978	1990	2002
长江三角洲经济区	**Yangtze River Delta**						
上海市	Shanghai City	55.97	523.97	11947.35	28.58	213.50	1079.77
南京市	Nanjing City			3416.15			250.59
苏州市	Suzhou City	11.38	191.55	5488.58			356.76
无锡市	Wuxi City	7.61	122.34	3451.05		27.64	399.75
常州市	Changzhou City	2.05	88.40	2264.51	0.71	18.11	241.93
镇江市	Zhenjiang City			1051.51			120.61
南通市	Nantong City			2358.71			224.15
扬州市	Yangzhou City	5.26	65.91	1278.48	1.70	15.10	150.85
泰州市	Taizhou City			1229.06			137.97
杭州市	Hangzhou City	10.08	128.47	6188.89	4.60	42.64	304.67
宁波市	Ningbo City		110.25	5037.95		6.63	323.93
嘉兴市	Jiaxing City		61.17	2067.69		12.98	75.44
湖州市	Huzhou City	3.09	39.45	1521.12	1.20	9.66	61.53
绍兴市	Shaoxing City	4.07	68.45	4128.02	1.09	11.31	149.41
舟山市	Zhoushan City		24.33	451.49		3.43	21.45
台州市	Taizhou City		84.69	4481.74		11.22	148.39
珠江三角洲经济区	**Pearl River Delta**						
广州市	Guangzhou City	22.34	414.69	10057.40	9.23	108.60	653.21
深圳市	Shenzhen City		283.11	7442.95			
珠海市	Zhuhai City		59.64	1133.91		9.69	79.26
佛山市	Foshan City						
江门市	Jiangmen City	6.84	122.56	1652.43			9.07
东莞市	Dongguan City	2.21	125.88	4461.17			566.49
中山市	Zhongshan City	2.21	95.46	1954.16			254.21
惠州市区	Huizhou Urban District		25.41	483.51		3.84	51.90
惠阳市	Huiyang City		10.59	260.36		2.98	59.30
惠东县	Huidong County		24.20	237.40		2.01	20.43
博罗县	Boluo County		11.33	213.85		2.03	13.19
肇庆市区	Zhaoqing Urban District						
高要市	Gaoyao City						
四会市	Sihui City						

12-12 续表1 continued

单位：亿元 (100 million yuan)

地区	Area	农副产品采购支出 Purchases of Agricultural and Sideline Products			工矿及其他产品采购支出 Purchase Expenditure for Industry,Mining and Other Product		
		1978	1990	2002	1978	1990	2002
长江三角洲经济区	**Yangtze River Delta**						
上海市	Shanghai City	1.49	18.74	69.29			88.93
南京市	Nanjing City			44.89			37.90
苏州市	Suzhou City			109.08			278.97
无锡市	Wuxi City			130.83			72.82
常州市	Changzhou City	0.03	5.35	45.45	0.01	0.47	50.12
镇江市	Zhenjiang City			28.47			23.67
南通市	Nantong City			62.14			49.77
扬州市	Yangzhou City	0.43	7.86	44.09			17.19
泰州市	Taizhou City			40.05			25.21
杭州市	Hangzhou City	0.46	8.13	87.81	10.08	128.47	6188.89
宁波市	Ningbo City			122.68		110.25	5037.95
嘉兴市	Jiaxing City		10.25	48.06		61.17	2067.69
湖州市	Huzhou City	0.35	7.40	47.53	3.09	39.45	1521.12
绍兴市	Shaoxing City	0.55	7.27	77.89	4.07	68.45	4128.02
舟山市	Zhoushan City		2.97	39.23		24.33	451.49
台州市	Taizhou City		7.04	93.61		84.69	4481.74
珠江三角洲经济区	**Pearl River Delta**						
广州市	Guangzhou City		25.56	94.33			73.07
深圳市	Shenzhen City						
珠海市	Zhuhai City		2.67	9.48			6.39
佛山市	Foshan City						
江门市	Jiangmen City			2.16			
东莞市	Dongguan City			64.47			86.62
中山市	Zhongshan City			25.70			14.86
惠州市区	Huizhou Urban District		1.22	1.68		0.29	1.95
惠阳市	Huiyang City		0.61	3.28		0.69	1.93
惠东县	Huidong County		2.00	2.97		0.61	1.53
博罗县	Boluo County		1.27	11.79		0.11	8.42
肇庆市区	Zhaoqing Urban District						
高要市	Gaoyao City						
四会市	Sihui City					0.05	2.04

12-12 续表 2 continued

单位：亿元 (100 million yuan)

地区	Area	行政企事业管理费支出 Government,Institutions and Enterprises Overhead			城乡个体经营支出 Expenditure for Urban and Rural Individual Business		
		1978	1990	2002	1978	1990	2002
长江三角洲经济区	**Yangtze River Delta**						
上海市	Shanghai City	2.37	52.04	1789.68			328.76
南京市	Nanjing City			357.51			124.08
苏州市	Suzhou City			370.32			404.98
无锡市	Wuxi City		6.92	318.92			139.70
常州市	Changzhou City	0.15	4.82	229.82		0.54	163.67
镇江市	Zhenjiang City			100.18			59.75
南通市	Nantong City			136.73			93.65
扬州市	Yangzhou City			96.19			63.14
泰州市	Taizhou City			100.56			68.06
杭州市	Hangzhou City	4.60	42.64	304.67	0.46	8.13	87.81
宁波市	Ningbo City		6.63	323.93			122.68
嘉兴市	Jiaxing City		12.98	75.44		10.25	48.06
湖州市	Huzhou City	1.20	9.66	61.53	0.35	7.40	47.53
绍兴市	Shaoxing City	1.09	11.31	149.41	0.55	7.27	77.89
舟山市	Zhoushan City		3.43	21.45		2.97	39.23
台州市	Taizhou City		11.22	148.39		7.04	93.61
珠江三角洲经济区	**Pearl River Delta**						
广州市	Guangzhou City			578.44			373.31
深圳市	Shenzhen City						
珠海市	Zhuhai City	1.30	5.50	102.99			
佛山市	Foshan City						
江门市	Jiangmen City						
东莞市	Dongguan City			229.24			284.28
中山市	Zhongshan City			77.09			127.77
惠州市区	Huizhou Urban District		2.90	33.27		1.29	16.83
惠阳市	Huiyang City		0.50	13.93		1.57	13.28
惠东县	Huidong County		0.58	4.52		1.49	14.64
博罗县	Boluo County		0.63	7.85		0.48	16.26
肇庆市区	Zhaoqing Urban District						
高要市	Gaoyao City						
四会市	Sihui City		0.05	1.78		0.09	8.67

12-12 续表3 continued

单位：亿元 (100 million yuan)

地区	Area	储蓄存款支出 Expenditure for Saving Deposists 1978	1990	2002	其他金融机构支出 Other Expenditure for Financial Institutions 1978	1990	2002
长江三角洲经济区	**Yangtze River Delta**						
上海市	Shanghai City	9.02	126.17	7196.26	7.97	66.43	295.22
南京市	Nanjing City			2241.30			30.41
苏州市	Suzhou City			3587.67			17.58
无锡市	Wuxi City			2007.75			40.00
常州市	Changzhou City	0.36	16.45	1313.47			27.22
镇江市	Zhenjiang City			595.57			2.75
南通市	Nantong City			1391.22			14.68
扬州市	Yangzhou City			707.01			14.33
泰州市	Taizhou City			728.49			6.03
杭州市	Hangzhou City	1.48	36.88	4122.51		0.68	37.77
宁波市	Ningbo City			3169.93			36.46
嘉兴市	Jiaxing City		12.20	1438.59		0.26	3.39
湖州市	Huzhou City	0.26	8.06	928.48		0.14	1.19
绍兴市	Shaoxing City	0.34	22.80	2994.57		1.14	9.43
舟山市	Zhoushan City		6.90	289.55			
台州市	Taizhou City		23.84	2655.68		0.80	6.10
珠江三角洲经济区	**Pearl River Delta**						
广州市	Guangzhou City			7837.80			8.82
深圳市	Shenzhen City						
珠海市	Zhuhai City		27.88	850.64			
佛山市	Foshan City						
江门市	Jiangmen City						
东莞市	Dongguan City			3069.37			20.04
中山市	Zhongshan City			1394.97			1.76
惠州市区	Huizhou Urban District		12.62	342.81		0.92	3.88
惠阳市	Huiyang City		10.42	152.41		0.73	0.86
惠东县	Huidong County		14.09	171.53		1.74	0.03
博罗县	Boluo County		4.43	145.56		1.67	0.76
肇庆市区	Zhaoqing Urban District						
高要市	Gaoyao City						
四会市	Sihui City		1.07	50.42			0.68

12–12 续表4 continued

单位：亿元 (100 million yuan)

地区	Area	居民提取贷款支出 Expenditure for Draw Loans by Residents	汇兑支出 Expenditure for Remittances		
		2002	1978	1990	2002
长江三角洲经济区	**Yangtze River Delta**				
上海市	Shanghai City	57.51			67.90
南京市	Nanjing City	39.48			14.25
苏州市	Suzhou City	94.19			40.42
无锡市	Wuxi City	17.50			27.51
常州市	Changzhou City	21.67	0.05	0.91	14.98
镇江市	Zhenjiang City	36.02			7.00
南通市	Nantong City	104.59			20.56
扬州市	Yangzhou City	44.85			10.14
泰州市	Taizhou City	52.97			11.66
杭州市	Hangzhou City	60.79	0.24	1.56	27.12
宁波市	Ningbo City	48.32			37.11
嘉兴市	Jiaxing City	23.95		0.46	10.33
湖州市	Huzhou City	27.35		0.27	20.21
绍兴市	Shaoxing City	14.22	0.17	1.61	21.07
舟山市	Zhoushan City	4.04		0.38	2.63
台州市	Taizhou City	137.23		3.67	31.58
珠江三角洲经济区	**Pearl River Delta**				
广州市	Guangzhou City	2.67			40.28
深圳市	Shenzhen City				
珠海市	Zhuhai City				
佛山市	Foshan City				
江门市	Jiangmen City				
东莞市	Dongguan City	1.19			4.26
中山市	Zhongshan City	0.09			9.67
惠州市区	Huizhou Urban District	0.12		0.05	1.86
惠阳市	Huiyang City	0.83		0.06	1.54
惠东县	Huidong County	1.29		0.08	6.04
博罗县	Boluo County	2.71		0.09	1.59
肇庆市区	Zhaoqing Urban District				
高要市	Gaoyao City				
四会市	Sihui City				0.20

12-12 续表5 continued

单位：亿元 (100 million yuan)

地区	Area	有价证券支出 Expenditure for Valuable Securities		其他支出 Others		
		1990	2002	1978	1990	2002
长江三角洲经济区	**Yangtze River Delta**					
上海市	Shanghai City		187.54	2.27	47.09	786.49
南京市	Nanjing City		12.42			263.33
苏州市	Suzhou City		10.79			217.84
无锡市	Wuxi City		12.60			283.67
常州市	Changzhou City	0.60	5.09	0.06	5.17	151.09
镇江市	Zhenjiang City		0.36			77.10
南通市	Nantong City		6.35			254.89
扬州市	Yangzhou City		3.85			126.82
泰州市	Taizhou City		2.54			55.52
杭州市	Hangzhou City	1.49	26.38	0.21	7.97	692.82
宁波市	Ningbo City		22.79			494.58
嘉兴市	Jiaxing City		7.19		2.18	133.48
湖州市	Huzhou City	0.31	2.81	0.06	1.85	125.10
绍兴市	Shaoxing City		6.06	1.70	6.22	268.06
舟山市	Zhoushan City		0.63		4.32	65.15
台州市	Taizhou City		2.21		2.19	245.37
珠江三角洲经济区	**Pearl River Delta**					
广州市	Guangzhou City		22.69			372.79
深圳市	Shenzhen City					
珠海市	Zhuhai City					
佛山市	Foshan City					
江门市	Jiangmen City					
东莞市	Dongguan City		-0.21			-4.47
中山市	Zhongshan City		0.19			47.85
惠州市区	Huizhou Urban District	0.06	0.36		2.23	28.76
惠阳市	Huiyang City	0.03	0.08		2.00	13.52
惠东县	Huidong County	0.02	0.01		1.60	14.42
博罗县	Boluo County	0.01	0.08		0.62	5.64
肇庆市区	Zhaoqing Urban District					
高要市	Gaoyao City					
四会市	Sihui City		0.01		0.02	7.40

12-13 金融机构数
Number of Financial Institutions

单位：个 (number)

地区	Area	1995	2000	2001	2002
长江三角洲经济区	**Yangtze River Delta**				
上海市	Shanghai City	339	427	421	401
南京市	Nanjing City				
苏州市	Suzhou City				
无锡市	Wuxi City				
常州市	Changzhou City				
镇江市	Zhenjiang City				
南通市	Nantong City				
扬州市	Yangzhou City				
泰州市	Taizhou City				
杭州市	Hangzhou City	1997	1678	1507	1579
宁波市	Ningbo City		1154	1743	1741
嘉兴市	Jiaxing City		900	839	808
湖州市	Huzhou City	728	545	544	405
绍兴市	Shaoxing City		1023	1027	937
舟山市	Zhoushan City	511	401	390	384
台州市	Taizhou City		267	264	263
珠江三角洲经济区	**Pearl River Delta**				
广州市	Guangzhou City				
深圳市	Shenzhen City				
珠海市	Zhuhai City			128	
佛山市	Foshan City				
江门市	Jiangmen City				
东莞市	Dongguan City				
中山市	Zhongshan City	18	16	16	16
惠州市区	Huizhou Urban District				
惠阳市	Huiyang City				
惠东县	Huidong County				
博罗县	Boluo County				
肇庆市区	Zhaoqing Urban District				
高要市	Gaoyao City				
四会市	Sihui City				
香港特别行政区	**Hong Kong,SAR**				
澳门特别行政区	**Macao,SAR**		23	22	

12－14 金融机构从业人员数

Number of Employed Persons in Financial System

单位：万人 (10 000 persons)

地区	Area	1995	2000	2001	2002
长江三角洲经济区	**Yangtze River Delta**				
上海市	Shanghai City	56800	99000	110700	126200
南京市	Nanjing City				
苏州市	Suzhou City				
无锡市	Wuxi City				
常州市	Changzhou City				
镇江市	Zhenjiang City				
南通市	Nantong City				
扬州市	Yangzhou City				
泰州市	Taizhou City				
杭州市	Hangzhou City	21073	25221	27734	27505
宁波市	Ningbo City		21723	23639	25916
嘉兴市	Jiaxing City		10143	9941	10118
湖州市	Huzhou City	7707	6880	7343	6938
绍兴市	Shaoxing City		10853	12686	11704
舟山市	Zhoushan City	4795			4153
台州市	Taizhou City		12739	12687	12639
珠江三角洲经济区	**Pearl River Delta**				
广州市	Guangzhou City				
深圳市	Shenzhen City		29129	28056	28811
珠海市	Zhuhai City			7476	
佛山市	Foshan City				
江门市	Jiangmen City				
东莞市	Dongguan City	13382	21709	25758	25897
中山市	Zhongshan City			8519	8335
惠州市区	Huizhou Urban District				
惠阳市	Huiyang City				
惠东县	Huidong County				
博罗县	Boluo County				
肇庆市区	Zhaoqing Urban District				
高要市	Gaoyao City	1632	1403	1243	1159
四会市	Sihui City	1046	983	942	858
香港特别行政区	**Hong Kong,SAR**				
澳门特别行政区	**Macao,SAR**		3649	3611	

主要统计指标解释

财政收入 指国家财政参与社会产品分配所取得的收入，是实现国家职能的财力保证。财政收入所包括的内容几经变化，目前主要包括：(1)各项税收；(2)专项收入；(3)其他收入；(4)国有企业亏损补贴。

财政支出 指国家财政将筹集起来的资金进行分配使用，以满足经济建设和各项事业的需要，主要包括：(1)基本建设支出；(2)企业挖潜改造资金；(3)地质勘探费用；(4)科技三项费用；(5)支援农村生产支出；(6)农林水利气象等部门的事业费用；(7)工业交通商业等部门的事业费；(8)文教科学卫生事业费；(9)抚恤和社会福利救济费；(10)行政事业单位离退休支出；(11)社会保障补助支出；(12)国防支出；(13)行政管理费；(14)政策性补贴支出；(15)债务利息支出。

中央财政收入和地方财政收入 指按现行分税制财政体制划分的中央本级收入和地方本级收入。1994年实行分税制财政体制以后，属于中央财政的收入包括关税、海关代征消费税和增值税，消费税，中央企业所得税，地方银行和外资银行及非银行金融企业所得税，铁道部门、各银行总行、各保险总公司等集中缴纳的营业税、利润或城市维护建设税，车辆购置税，船舶吨税，增值税的75%部分，证券交易税(印花税)94%部分，个人所得税中的利息所得税，利息所得税之外的个人所得税中央分享的部分，海洋石油资源税。属于地方财政的收入包括营业税，地方企业所得税，利息所得税之外的个人所得税地方分享的部分，城镇土地使用税，固定资产投资方向调节税，城镇维护建设税，房产税，车船使用税，印花税，屠宰税，农牧业税，农业特产税，耕地占用税，契税，土地增值税、国有土地有偿使用收入，增值税25%部分，证券交易税(印花税)6%部分和除海洋石油资源税以外的其他资源税。

中央财政支出和地方财政支出 指根据政府在经济和社会活动中的不同职责，划分中央和地方政府的责权，按照政府的责权划分确定的支出。中央政府支出包括国防支出，武装警察部队支出，中央级行政管理费和各项事业费，重点建设支出以及中央政府调整国民经济结构、协调地区发展、实施宏观调控的支出。地方财政支出主要包括地方行政管理和各项事业费，地方统筹的基本建设、技术改造支出，支援农村生产支出，城市维护和建设经费、价格补贴支出等。

存款 指企业、机关、团体或居民根据资金必须收回的原则，把货币资金存入银行或其他信用机构保管并取得一定利息的一种信用活动形式。根据存款对象或性质的不同可划分为企业存款、财政存款、机关团体存款、基本建设存款、储蓄存款、农村存款、委托存款、其他存款等科目。它是银行信贷资金的主要来源。

贷款 指银行或其他信用机构根据资金必须归还的原则，按一定利率，为企业、个人等提供资金的一种信用活动形式。我国银行贷款分为短期贷款、中期流动资金贷款、中长期贷款、信托贷款、融资租赁、委托贷款、票据融资、各项垫款等。

Explanatory Notes on Main Statistical Indicators

Government Revenue refers to the revenue of the government finance by means of participating in the distribution of the social products, which is the financial resources for ensuring the government to function, The contents of government revenue have been changed several times. Now it includes the following main items: (1)Various tax revenues; (2)Special revenues; (3)Other revenues; (4) Subsidies for the losses of the state-owned enterprises.

Government Expenditure refers to the distribution and use of the funds the government finance has raised, so as to meet the needs of economic construction and various causes. It includes the following main items: (1) Expenditure for capital construction; (2)Innovation funds of the enterprises; (3)Geological prospecting expenses; (4)Expenditures for science and technology promotion; (5)Expenditure for supporting rural production; (6)Operating expenses of the departments of farming, forestry, water conservancy and meteorology etc.; (7)Operating expenses of the departments of industry, transport and commerce; (8)Operating expenses of the departments of culture, education, science and public health; (9)Pension for the disabled or for the families of the bereaved and relief funds for social welfare; (10)Expenditures on retirees; (11)Expenses on subsidies to social security system; (12)Expenditures for national defence; (13)Administrative expenses; (14)Expenditure on policy-related subsidies; (15)Expenditure on interest of debts.

Revenue of the central government and revenue of the local governments refers to the revenue of the central government and that of the local government as defined by the decentralized taxation system starting from 1994. In accordance with this system, the revenue of the central government includes tariff, consumption tax and value added tax levied by the customs, consumption tax, income tax of the enterprises subordinate to the central government, income taxes of the local banks, foreign-funded banks and non-bank financial institutions, business tax and profits of railways, head officers of banks, head office of insurance company, which are handed over to the government in a centralized way, tax on city maintenance and construction, tax on purchasing motor vehicles, tonnage tax of ships,75%of the value added tax,94% of the tax on stock dealing(stamp tax), interest income tax in the personal income tax, proportion of the personal income tax(other that interest income tax) to be shared by the central government, and tax on ocean petroleum resources,. The revenue of the local governments includes business tax, income tax of the enterprises subordinate to the local government, proportion of the personal income tax(other that interest income tax) to be shared by the central government, tax on the use of urban land, tax on the adjustment of the investment in fixed assets, tax on town maintenance and construction, tax on real estates, tax on the use of vehicles and ships, stamp tax, slaughter tax, tax on agriculture and animal husbandry, tax on special agriculture products, tax on the occupancy of cultivated land, contract tax, value-added tax on land, income from charges on use of state-owned land,25% of the value added tax,6% of the tax on stock dealing(stamp tax) and tax on resources other than the ocean petroleum resources.

Expenditure of the central government and expenditure of the local governments according to the different functions of the central government and local governments in the economic and social activities, the rights of affairs administration are classified between the central government and local government; and the classification of the expenditure between the central government and local governments are made on the basis of the classification of the rights of affairs administration between them. The expenditure of the central government includes the expenditure for national defence, expenditure for armed police forces, the administrative expenses and various operating expenses at the level of central government, expenditure for key projects and the expenditure of the central government for adjusting the national economic structure, coordinating the development among different regions and exercising the macro-economic regulation and control. The expenditure of the local governments includes mainly the administrative expenses and various operating expenses at the level of local government, the expenditure for capital construction and technological innovation with the funds raised by the local government, expenditure for supporting rural production, expenditure for city maintenance and construction and expenditure for price subsidies, etc.

Deposit is a form of credit by which enterprises, institutions, organizations or households can put money into banks and other credit institutions for safekeeping and interest earning under the principle of free withdrawal. According to different depositors, deposits are divided into enterprise deposits, treasury deposits, deposits of government agencies and organizations, capital construction deposits, savings deposits, rural saving deposits, entrusted deposits and other deposits. Deposits are major sources of the credit funds of banks.

Loan is a form of credit by which banks and other credit institutions provide funds at certain interest rate to enterprises and individuals in the light of the principle of unconditional repayment. Loans from Chinese banks include circulating capital loans, fixed assets loans, loans to urban and rural individuals engaged in industrial and commercial business and agricultural loans.

十三、城市建设和环境保护

Urban Construction and Environmental Protection

13-1 市政建设
Municipal Construction

单位：公里 (km)

地区	Area	道路长度 Length of Roads		
		1990	2000	2002
长江三角洲经济区	**Yangtze River Delta**			
上海市	Shanghai City	1631	6641	9562
南京市	Nanjing City	979	1802	5369
苏州市	Suzhou City	228	736	1247
无锡市	Wuxi City	356	1192	4261
常州市	Changzhou City	336	697	2497
镇江市	Zhenjiang City			586
南通市	Nantong City			333
扬州市	Yangzhou City			428
泰州市	Taizhou City			991
杭州市	Hangzhou City	518	1050	1744
宁波市	Ningbo City			1776
嘉兴市	Jiaxing City			862
湖州市	Huzhou City			711
绍兴市	Shaoxing City			770
舟山市	Zhoushan City			423
台州市	Taizhou City			1973
珠江三角洲经济区	**Pearl River Delta**			
广州市	Guangzhou City	945	2053	4447
深圳市	Shenzhen City		2197	4021
珠海市	Zhuhai City	365	1321	1597
佛山市	Foshan City		2377	2619
江门市	Jiangmen City			
东莞市	Dongguan City		1157	2360
中山市	Zhongshan City		310	390
惠州市区	Huizhou Urban District	186	327	373
惠阳市	Huiyang City	817	1482	1534
惠东县	Huidong County	1076	1860	1939
博罗县	Boluo County	1158	1754	1745
肇庆市区	Zhaoqing Urban District	70	202	260
高要市	Gaoyao City	18	62	75
四会市	Sihui City	15	83	180
香港特别行政区	**Hong Kong,SAR**		1904	1925
澳门特别行政区	**Macao,SAR**			

13-1 续表1 continued

单位：公里 (km)

地区	Area	排水管道长度 Length of Sewage Pipes		
		1990	2000	2002
长江三角洲经济区	**Yangtze River Delta**			
上海市	Shanghai City	1892	3920	4001
南京市	Nanjing City	655	1370	2250
苏州市	Suzhou City	417	1034	2014
无锡市	Wuxi City	650	1259	3153
常州市	Changzhou City	231	929	1544
镇江市	Zhenjiang City		381	466
南通市	Nantong City		339	504
扬州市	Yangzhou City		420	537
泰州市	Taizhou City		254	554
杭州市	Hangzhou City	504	1431	2480
宁波市	Ningbo City			2932
嘉兴市	Jiaxing City			968
湖州市	Huzhou City			1060
绍兴市	Shaoxing City			986
舟山市	Zhoushan City			288
台州市	Taizhou City			1485
珠江三角洲经济区	**Pearl River Delta**			
广州市	Guangzhou City	1217	1952	3393
深圳市	Shenzhen City		3158	2553
珠海市	Zhuhai City	163	940	1841
佛山市	Foshan City		2303	2322
江门市	Jiangmen City			
东莞市	Dongguan City		2106	2479
中山市	Zhongshan City	60	347	438
惠州市区	Huizhou Urban District		471	330
惠阳市	Huiyang City			
惠东县	Huidong County			
博罗县	Boluo County			
肇庆市区	Zhaoqing Urban District		188	285
高要市	Gaoyao City		70	78
四会市	Sihui City		74	189
香港特别行政区	**Hong Kong,SAR**			
澳门特别行政区	**Macao,SAR**			

13−1 续表 2 continued

单位：公顷 (hectare)

地区	Area	绿化覆盖面积 Total Green Areas		园林绿地面积 Total Area of Parks,Gardens and Green Areas	
		2000	2002	2000	2002
长江三角洲经济区	**Yangtze River Delta**				
上海市	Shanghai City	14208	20125	12601	18758
南京市	Nanjing City	8250	18819	10587	66379
苏州市	Suzhou City	2691	4672	2529	4126
无锡市	Wuxi City	3621	5530	3566	10722
常州市	Changzhou City	2185	2973	1441	4779
镇江市	Zhenjiang City	2086	2574	2676	4351
南通市	Nantong City	1980	2864	1100	2467
扬州市	Yangzhou City	1750	2029	1604	1834
泰州市	Taizhou City	949	1497	684	2454
杭州市	Hangzhou City		11685	6035	10363
宁波市	Ningbo City		6680		5539
嘉兴市	Jiaxing City		3201		2801
湖州市	Huzhou City		2877		2242
绍兴市	Shaoxing City		7232		4053
舟山市	Zhoushan City		2817		2667
台州市	Taizhou City		4324		3168
珠江三角洲经济区	**Pearl River Delta**				
广州市	Guangzhou City	49088	108815	45473	103678
深圳市	Shenzhen City	19644	19596	18789	18780
珠海市	Zhuhai City	16623	17480	2977	3602
佛山市	Foshan City	4301	4916	4147	4665
江门市	Jiangmen City	1345	2840	6928	8007
东莞市	Dongguan City	1364	2713	1396	3586
中山市	Zhongshan City	1033	1160	960	1053
惠州市区	Huizhou Urban District	1365	1566	989	1394
惠阳市	Huiyang City				
惠东县	Huidong County				
博罗县	Boluo County				
肇庆市区	Zhaoqing Urban District	1422	1555	1803	1375
高要市	Gaoyao City	716	726	665	694
四会市	Sihui City	510	810	440	991
香港特别行政区	**Hong Kong,SAR**				
澳门特别行政区	**Macao,SAR**	568	577	68	68

13-2 城市公用事业
Urban Public Utilities

地区	Area	供水生产能力（万立方米／日）Production Capacity of Tap Water (10 000 cu.m/day)		年供水总量（万立方米）Annual Volume of Water Supply (10 000 cu.m)		#居民家庭用水量（万立方米）for Residential Use (10 000 cu.m)	
		1990	2002	1990	2002	1990	2002
长江三角洲经济区	**Yangtze River Delta**						
上海市	Shanghai City	462	1064	133200	244000	61100	118900
南京市	Nanjing City	112	593	34695	121372	18147	56434
苏州市	Suzhou City	43	105	14559	52528		9059
无锡市	Wuxi City	43	138	18630	24683	6481	9373
常州市	Changzhou City	103	114	25994	31431	2899	10350
镇江市	Zhenjiang City		91		20394		7522
南通市	Nantong City	78	50	10042	12294	2145	5423
扬州市	Yangzhou City	20	129	11967	19627	5720	7413
泰州市	Taizhou City		28		4934		1935
杭州市	Hangzhou City		280		62016		16344
宁波市	Ningbo City		200		45924		14718
嘉兴市	Jiaxing City		100		16226		4223
湖州市	Huzhou City		62		11216		5024
绍兴市	Shaoxing City		150		22485		5381
舟山市	Zhoushan City		30		3926		1477
台州市	Taizhou City		73		17772		6624
珠江三角洲经济区	**Pearl River Delta**						
广州市	Guangzhou City		578		163410		67190
深圳市	Shenzhen City		195		49361		36755
珠海市	Zhuhai City		79		19806		12159
佛山市	Foshan City		340		55658		11810
江门市	Jiangmen City						
东莞市	Dongguan City		309		93112		33159
中山市	Zhongshan City	12	70	4273	7115	957	3984
惠州市区	Huizhou Urban District		40		8590		3712
惠阳市	Huiyang City		20		2557		1023
惠东县	Huidong County		7		1700		669
博罗县	Boluo County		6		1250		650
肇庆市区	Zhaoqing Urban District	15	39	4033	7269	1989	2868
高要市	Gaoyao City	1	9	190	1805	63	565
四会市	Sihui City	1	10	410	1852	144	822
香港特别行政区	**Hong Kong,SAR**			84432	99624		
澳门特别行政区	**Macao,SAR**				5579		

13-2 续表1 continued

地区	Area	全年煤气供气总量（万立方米） Annual Volume of Gas Supply (10 000 cu.m)		#家庭用量 for Residential Use	
		1990	2002	1990	2002
长江三角洲经济区	**Yangtze River Delta**				
上海市	Shanghai City	127200	232800	76300	175000
南京市	Nanjing City	15770	756888	8155	14618
苏州市	Suzhou City	2142	7531	1438	5218
无锡市	Wuxi City	1654	4541	1452	3535
常州市	Changzhou City	1601	5058	1382	3805
镇江市	Zhenjiang City		4267		3291
南通市	Nantong City		3522		3145
扬州市	Yangzhou City	564	2099	482	1835
泰州市	Taizhou City				
杭州市	Hangzhou City		10831		4884
宁波市	Ningbo City		4		4
嘉兴市	Jiaxing City				
湖州市	Huzhou City				
绍兴市	Shaoxing City				
舟山市	Zhoushan City		544		316
台州市	Taizhou City		27		27
珠江三角洲经济区	**Pearl River Delta**				
广州市	Guangzhou City		16599		9988
深圳市	Shenzhen City				
珠海市	Zhuhai City				
佛山市	Foshan City				
江门市	Jiangmen City				
东莞市	Dongguan City				
中山市	Zhongshan City		969		184
惠州市区	Huizhou Urban District				
惠阳市	Huiyang City				
惠东县	Huidong County				
博罗县	Boluo County				
肇庆市区	Zhaoqing Urban District				
高要市	Gaoyao City				
四会市	Sihui City				

13–2 续表 2 continued

地区	Area	液化石油气供气总量（吨） Annual Volume of Liquefied Petroleum Gas Supply (ton)		#家庭用量 for Residential Use	
		1990	2002	1990	2002
长江三角洲经济区	**Yangtze River Delta**				
上海市	Shanghai City	59700	472000	42700	188500
南京市	Nanjing City	38825	363261	34681	95546
苏州市	Suzhou City	19653	206500	17329	43970
无锡市	Wuxi City	8303	65050	6993	63010
常州市	Changzhou City	5469	92852	5455	69672
镇江市	Zhenjiang City		68044		34496
南通市	Nantong City		33000		22500
扬州市	Yangzhou City	211	74509	211	40042
泰州市	Taizhou City		16950		16222
杭州市	Hangzhou City		189644		145972
宁波市	Ningbo City		299313		143751
嘉兴市	Jiaxing City		100767		63068
湖州市	Huzhou City		46571		31975
绍兴市	Shaoxing City		68911		53426
舟山市	Zhoushan City		18940		18317
台州市	Taizhou City		87378		82095
珠江三角洲经济区	**Pearl River Delta**				
广州市	Guangzhou City		286345		225755
深圳市	Shenzhen City		518675		181560
珠海市	Zhuhai City		209536		70076
佛山市	Foshan City		224661		157711
江门市	Jiangmen City		55321		30800
东莞市	Dongguan City		61199		16511
中山市	Zhongshan City		67908		46873
惠州市区	Huizhou Urban District		59402		55833
惠阳市	Huiyang City		9300		5760
惠东县	Huidong County		19850		18350
博罗县	Boluo County				
肇庆市区	Zhaoqing Urban District		24870		14648
高要市	Gaoyao City		2613		2560
四会市	Sihui City		8910		6237

13-3 城市公共交通
Urban Public Traffic

地区	Area	年末实有公共汽（电）车营运车辆（辆） Number of Vehicles for Public Transportation under Operation (Buses & Trolley Buses, etc.) (unit)			公共汽（电）车运营线路（条） Number of Vehicles lines for Business Transportation under Operation (Buses & Trolley Buses , etc.)(unit)	
		1978	1990	2002	1990	2002
长江三角洲经济区	**Yangtze River Delta**					
上海市	Shanghai City	2983	6264	18541	390	951
南京市	Nanjing City	626	1286	4360	86	
苏州市	Suzhou City	134	316	1231	21	68
无锡市	Wuxi City		371	1980	29	89
常州市	Changzhou City	117	213	1651	19	64
镇江市	Zhenjiang City			425		
南通市	Nantong City	74	118	367		
扬州市	Yangzhou City		80	1150		
泰州市	Taizhou City			230		22
杭州市	Hangzhou City			3524		
宁波市	Ningbo City			2952		
嘉兴市	Jiaxing City			595		
湖州市	Huzhou City			554		
绍兴市	Shaoxing City			1378		
舟山市	Zhoushan City			254		
台州市	Taizhou City			798		
珠江三角洲经济区	**Pearl River Delta**					
广州市①	Guangzhou City ①			7051		503
深圳市	Shenzhen City			16249		291
珠海市	Zhuhai City			1189		
佛山市	Foshan City			816		
江门市	Jiangmen City			172		
东莞市	Dongguan City			613		47
中山市	Zhongshan City		38	611		43
惠州市区	Huizhou Urban District			373		
惠阳市	Huiyang City					
惠东县	Huidong County					
博罗县	Boluo County					
肇庆市区	Zhaoqing Urban District		33	304		
高要市	Gaoyao City			8		
四会市	Sihui City			64		
香港特别行政区	**Hong Kong,SAR**		11975	17301		

13-3 续表 continued

地区	Area	公共汽（电）车客运总量（万人次） Passengers of Vehicles for Public Transportation (Buses & Trolley Buses, etc.) (10 000 person-times)		年末出租汽车数（辆） Number of Taxis Year-end (unit)	
		1990	2002	1990	2002
长江三角洲经济区	**Yangtze River Delta**				
上海市	Shanghai City	543700	277500	11298	47509
南京市	Nanjing City	71476	105695	325	8877
苏州市	Suzhou City	12263	20427	569	2403
无锡市	Wuxi City	11910	27645	654	3840
常州市	Changzhou City	9482	14195	137	1442
镇江市	Zhenjiang City		7086		1258
南通市	Nantong City	4958	8436		1278
扬州市	Yangzhou City	1785	12562		1846
泰州市	Taizhou City		721		745
杭州市	Hangzhou City		68502		7892
宁波市	Ningbo City		34731		2941
嘉兴市	Jiaxing City		4602		1827
湖州市	Huzhou City		5764		1244
绍兴市	Shaoxing City		11812		2962
舟山市	Zhoushan City		1864		1078
台州市	Taizhou City		12313		2199
珠江三角洲经济区	**Pearl River Delta**				
广州市①	Guangzhou City ①		197449		16690
深圳市	Shenzhen City		95679		12754
珠海市	Zhuhai City		22633		1873
佛山市	Foshan City		9011		2019
江门市	Jiangmen City		4017		332
东莞市	Dongguan City		9642		3256
中山市	Zhongshan City	111	8062		2203
惠州市区	Huizhou Urban District		4988		758
惠阳市	Huiyang City				
惠东县	Huidong County				
博罗县	Boluo County				
肇庆市区	Zhaoqing Urban District	76	1081		564
高要市	Gaoyao City		11		
四会市	Sihui City		793		137
香港特别行政区	**Hong Kong,SAR**	546016	185160	17380	18040

注：①广州市数据为市区口径。

Note: ① Data on Guangzhou city refer to Guangzhou Urban districts.

13-4 环境治理和工业废水排放及处理

Environmental Treatment and Discharge of Waste Water by Sector Engaged

单位：万元 (10 000 yuan)

地区	Area	环境污染治理投资额 Investment Volume in Environment Anti-pollution		"三废"综合利用产品产值 Output value of Products Made from Comprehensive Utilization of Waste Gas,Waste Water & Industrial Solide Wastes	
		1990	2002	1990	2002
长江三角洲经济区	**Yangtze River Delta**				
上海市	Shanghai City	32015	1623900	20554	72505
南京市	Nanjing City	4202	13312		84714
苏州市	Suzhou City		17509	2583	72715
无锡市	Wuxi City		87836		22164
常州市	Changzhou City	1787	158419	5954	38692
镇江市	Zhenjiang City		104767		13235
南通市	Nantong City		24149		35173
扬州市	Yangzhou City		121165		12010
泰州市	Taizhou City		91854		8860
杭州市	Hangzhou City		413645	4789	13035
宁波市	Ningbo City		29874	1443	55482
嘉兴市	Jiaxing City	600	6880	892	20270
湖州市	Huzhou City		87648		78235
绍兴市	Shaoxing City		33251		28121
舟山市	Zhoushan City		18	210	244
台州市	Taizhou City			212	16720
珠江三角洲经济区	**Pearl River Delta**				
广州市	Guangzhou City				
深圳市	Shenzhen City				
珠海市	Zhuhai City		88449		5917
佛山市	Foshan City		270131		8341
江门市	Jiangmen City		57019		9902
东莞市	Dongguan City		219780		
中山市	Zhongshan City		6436		
惠州市区	Huizhou Urban District		7628		13
惠阳市	Huiyang City		1107		346
惠东县	Huidong County		76		17
博罗县	Boluo County		1375		
肇庆市区	Zhaoqing Urban District	152	860	446	5960
高要市	Gaoyao City	7	165	14	56
四会市	Sihui City	9	224	170	2

13-4 续表 continued

地区	Area	工业废水排放量(万吨) Volume of Industrial Waste Water Discharged(10 000 tons)		工业废水排放达标率(%) Up-to-Standards Rate of Industrial Waste Water Discharged(%)	
		1990	2002	1990	2002
长江三角洲经济区	**Yangtze River Delta**				
上海市	Shanghai City	133200	64857	72.40	94.90
南京市	Nanjing City	75379	53386		91.09
苏州市	Suzhou City	12327	59082		98.74
无锡市	Wuxi City		32936		96.78
常州市	Changzhou City	16004	23912		98.10
镇江市	Zhenjiang City		14293		98.68
南通市	Nantong City		13196		100.00
扬州市	Yangzhou City		9012		98.07
泰州市	Taizhou City		14516		95.01
杭州市	Hangzhou City	36088	69983	64.84	97.39
宁波市	Ningbo City	11439	11376	83.35	85.94
嘉兴市	Jiaxing City	5118	3567	52.66	95.32
湖州市	Huzhou City	8326	9958	74.42	97.65
绍兴市	Shaoxing City		17779		99.33
舟山市	Zhoushan City	782	1043	10.49	73.44
台州市	Taizhou City	5313	4273	14.96	92.16
珠江三角洲经济区	**Pearl River Delta**				
广州市	Guangzhou City		24148		84.13
深圳市	Shenzhen City		4561		98.04
珠海市	Zhuhai City	381	2226		98.82
佛山市	Foshan City		11807		89.71
江门市	Jiangmen City		14968		89.09
东莞市	Dongguan City	4124	25587	46.10	90.60
中山市	Zhongshan City	6198	6800	47.68	94.80
惠州市区	Huizhou Urban District		822		96.00
惠阳市	Huiyang City		704		82.40
惠东县	Huidong County		82		84.26
博罗县	Boluo County		1096		80.54
肇庆市区	Zhaoqing Urban District	1208	2537		96.39
高要市	Gaoyao City	466	540		94.50
四会市	Sihui City	309	589		95.48

13-5 工业废气排放和处理
Emission and Treatment of Industrial Waste Gas

单位：吨 (ton)

地区	Area	工业二氧化硫去除量 Volume of Industrial Sulfur Dioxide Removed	工业二氧化硫排放量 Volume of Industrial Sulfur Dioxide Emission	
		2002	1990	2002
长江三角洲经济区	**Yangtze River Delta**			
上海市	Shanghai City	55784	415000	324920
南京市	Nanjing City	87257		128555
苏州市	Suzhou City	86824	33422	226510
无锡市	Wuxi City	14315		95825
常州市	Changzhou City	4338	56099	45157
镇江市	Zhenjiang City	36324		94073
南通市	Nantong City	9396		73668
扬州市	Yangzhou City	3088		69560
泰州市	Taizhou City	4098		22815
杭州市	Hangzhou City	31424	90504	89715
宁波市	Ningbo City	162723		158659
嘉兴市	Jiaxing City	10351	29443	50194
湖州市	Huzhou City	28504	53602	53738
绍兴市	Shaoxing City	36493	15502	45616
舟山市	Zhoushan City		11128	14516
台州市	Taizhou City	3519	52710	66396
珠江三角洲经济区	**Pearl River Delta**			
广州市	Guangzhou City			208000
深圳市	Shenzhen City	11182		40780
珠海市	Zhuhai City	4507	667	29813
佛山市	Foshan City	8400		118500
江门市	Jiangmen City			32000
东莞市	Dongguan City	15800		144500
中山市	Zhongshan City		10702	19945
惠州市区	Huizhou Urban District	287		3815
惠阳市	Huiyang City	501		1300
惠东县	Huidong County			958
博罗县	Boluo County	99		1687
肇庆市区	Zhaoqing Urban District	562	1578	4835
高要市	Gaoyao City	455	55	4466
四会市	Sihui City	747	1822	4764

13–5 续表 continued

单位：吨 (ton)

地区	Area	工业烟尘排放量 Volume of Industrial Soot Discharged		工业烟尘处理量 Volume of Industrial Soot Treated	
		1990	2002	1990	2002
长江三角洲经济区	**Yangtze River Delta**				
上海市	Shanghai City		55986		3664433
南京市	Nanjing City	9	44672		1747766
苏州市	Suzhou City	13286	47790		891378
无锡市	Wuxi City		21736		813767
常州市	Changzhou City	55662	18840		471077
镇江市	Zhenjiang City		46051		3004713
南通市	Nantong City		40159		1006852
扬州市	Yangzhou City		17150		561162
泰州市	Taizhou City		8246		60849
杭州市	Hangzhou City	59311	44622		864753
宁波市	Ningbo City	36686	22345		1962491
嘉兴市	Jiaxing City	17415	30647	10100	285579
湖州市	Huzhou City	26136	13316		546283
绍兴市	Shaoxing City	23187	22026		311172
舟山市	Zhoushan City	5189	4611	3835	131849
台州市	Taizhou City	36165	9515		634446
珠江三角洲经济区	**Pearl River Delta**				
广州市	Guangzhou City		31500		
深圳市	Shenzhen City		4227		240072
珠海市	Zhuhai City	15	3260	40	293449
佛山市	Foshan City		14000		325700
江门市	Jiangmen City		16000		
东莞市	Dongguan City		5300		44700
中山市	Zhongshan City		2546		
惠州市区	Huizhou Urban District		398		6189
惠阳市	Huiyang City		143		5355
惠东县	Huidong County		25		463
博罗县	Boluo County		95		3501
肇庆市区	Zhaoqing Urban District	1028	1579		
高要市	Gaoyao City	253	1827		
四会市	Sihui City	132	965		

13-6 工业固体废物排放和处理

Discharge and Treatments of Industrial Solid Wastes

单位：万吨 (10 000 tons)

地区	Area	工业固体废物产生量 Volume of Industrial Solid Wastes Produced		工业固体废物排放量 Volume of Industrial Solid Wastes Discharged	
		1990	2002	1990	2002
长江三角洲经济区	**Yangtze River Delta**				
上海市	Shanghai City	1107.00	1595.00		0.15
南京市	Nanjing City	425.00	700.00		
苏州市	Suzhou City	72.00	620.00		
无锡市	Wuxi City		327.54		
常州市	Changzhou City	84.00	144.00		
镇江市	Zhenjiang City		347.30		
南通市	Nantong City		194.25		
扬州市	Yangzhou City		137.00		
泰州市	Taizhou City		86.22		
杭州市	Hangzhou City	210.73	380.07	31.23	0.57
宁波市	Ningbo City		357.00		0.07
嘉兴市	Jiaxing City	37.29	129.94	0.23	0.06
湖州市	Huzhou City		97.71		0.72
绍兴市	Shaoxing City	140.88	258.25	3.33	0.19
舟山市	Zhoushan City	13.23	22.98	1.38	0.05
台州市	Taizhou City	87.89	104.09	3.21	0.05
珠江三角洲经济区	**Pearl River Delta**				
广州市	Guangzhou City		417.74		1.96
深圳市	Shenzhen City		42.20		0.02
珠海市	Zhuhai City	1.00	47.00		0.16
佛山市	Foshan City		148.90		0.23
江门市	Jiangmen City				0.39
东莞市	Dongguan City		168.59		1.43
中山市	Zhongshan City	24.00	17.47		
惠州市区	Huizhou Urban District		6.57		0.12
惠阳市	Huiyang City		0.50		
惠东县	Huidong County		0.25		
博罗县	Boluo County		1.68		
肇庆市区	Zhaoqing Urban District	8.13	8.67		0.07
高要市	Gaoyao City	13.50	22.84	0.15	
四会市	Sihui City	5.68	10.67	0.01	

13-6 续表 continued

单位：万吨 (10 000 tons)

地区	Area	工业固体废物处置量 Volume of Industrial Solid Wastes Treated		工业固体废物利用量 Volume of Industrial Solid Wastes Utiliezed	
		1990	2002	1990	2002
长江三角洲经济区	**Yangtze River Delta**				
上海市	Shanghai City	28.00	27.00	900.00	1604.00
南京市	Nanjing City				
苏州市	Suzhou City	1.00	22.09	64.00	597.05
无锡市	Wuxi City		21.31		287.63
常州市	Changzhou City	7.00	3.30	90.00	146.54
镇江市	Zhenjiang City		23.34		298.62
南通市	Nantong City				
扬州市	Yangzhou City				
泰州市	Taizhou City				
杭州市	Hangzhou City	42.68	24.25	123.99	354.04
宁波市	Ningbo City		85.35		266.00
嘉兴市	Jiaxing City	0.76	2.58	35.56	126.08
湖州市	Huzhou City		1.39		113.94
绍兴市	Shaoxing City	101.88	69.18	35.17	170.95
舟山市	Zhoushan City	0.43	1.54	10.71	17.04
台州市	Taizhou City		1.78	10.80	99.92
珠江三角洲经济区	**Pearl River Delta**				
广州市	Guangzhou City		39.31		395.76
深圳市	Shenzhen City		6.69		
珠海市	Zhuhai City		2.00		46.00
佛山市	Foshan City		29.71		118.75
江门市	Jiangmen City				
东莞市	Dongguan City		4.80		152.62
中山市	Zhongshan City	18.00	2.48		14.86
惠州市区	Huizhou Urban District		0.85		5.60
惠阳市	Huiyang City		0.01		0.48
惠东县	Huidong County		0.37		0.21
博罗县	Boluo County		0.05		1.31
肇庆市区	Zhaoqing Urban District		0.09	8.13	7.91
高要市	Gaoyao City	10.81	22.33	2.75	0.51
四会市	Sihui City	1.80	0.09	0.94	6.58

13-7 噪声和生活方面污染治理（2002年）
Treatment of Noise Pollution and Living Pollution (2002)

地区	Area	环境噪声达标面积（平方公里）Area of Environmental Noise up to the National Standard (sq.km)	生活污水处理率(%) Ratio of Living Waste Water Treatment (%)	生活垃圾无害化处理率(%) Ratio of Living Trash Innocuity (%)
长江三角洲经济区	**Yangtze River Delta**			
上海市	Shanghai City		18.8	37.2
南京市	Nanjing City	179	69.5	68.8
苏州市	Suzhou City	166	44.8	100.0
无锡市	Wuxi City	221	56.6	62.0
常州市	Changzhou City	86	53.9	86.2
镇江市	Zhenjiang City	95	57.3	100.0
南通市	Nantong City	115	22.8	87.7
扬州市	Yangzhou City	102	23.0	100.0
泰州市	Taizhou City	66	69.6	93.5
杭州市	Hangzhou City	433	65.2	97.0
宁波市	Ningbo City	85	38.9	88.1
嘉兴市	Jiaxing City	73	34.8	77.9
湖州市	Huzhou City	48	34.9	55.5
绍兴市	Shaoxing City	30	60.1	97.7
舟山市	Zhoushan City	11		72.6
台州市	Taizhou City	49	32.8	53.5
珠江三角洲经济区	**Pearl River Delta**			
广州市	Guangzhou City			
深圳市	Shenzhen City		62.0	100.0
珠海市	Zhuhai City	37	63.5	80.1
佛山市	Foshan City	67	25.0	81.0
江门市	Jiangmen City	91	17.0	
东莞市	Dongguan City	30	25.0	100.0
中山市	Zhongshan City	19	60.3	100.0
惠州市区	Huizhou Urban District	21	53.0	99.0
惠阳市	Huiyang City	16		
惠东县	Huidong County	10		
博罗县	Boluo County	6		
肇庆市区	Zhaoqing Urban District	36	43.6	100.0
高要市	Gaoyao City	12		100.0
四会市	Sihui City	15		

主要统计指标解释

年末道路长度　指年末道路长度和与道路相通的广场、桥梁、隧道的长度，按车行道中心线计算。在统计时只统计路面宽度在3.5米（含3.5米）以上的各种铺装道路。包括开放型工业区和住宅区道路在内。

排水管道长度　指所有排水总管、干管、支管、检查井及连接井进出水口等长度之和。

园林绿地面积　指报告期末用作园林和绿化的各种绿地面积。包括城市公共绿地、居住区绿地、单位附属绿地、防护绿地、生产绿地、道路绿地和风景林地面积。

不包括：1.屋顶绿化、阳台绿化、室内绿化和垂直绿化。

2.以物质生产为主的林地、耕地、牧草地、果园和竹园等。

3.城市总体规划中不列入绿地的水域。

供水综合生产能力　指按供水设施取水、净化、送水、出厂输水干管等设计能力计算的综合生产能力。包括在原设计能力基础上，经挖、革、改增加的生产能力。计算时，以四个环节中最薄弱的环节为主确定能力。

全年供水总量　指报告期供水企业（单位）供给的全部水量。包括有效供水量及损失水量。

年末公共汽（电）车运营车辆　指年末公交企业（单位）用于运营业务的全部车辆数。以企业（单位）固定资产台帐中已投入运营的车辆数为准。

“三废”综合利用产品产值　指报告期内企业利用“三废”作为主要原料生产的产品价值（现行价）；已经销售或准备销售的应计算产品价值，留作生产自用的不应计算产品价值。

工业废水排放量　指经过企业厂区所有排放口排到企业外部的工业废水量。包括生产废水、外排的直接冷却水、超标排放的矿井地下水和与工业废水混排的厂区生活污水，不包括外排的间接冷却水（清污不分流的间接冷却水应计算在内）。

工业废水排放达标率　指工业废水排放达标量占工业废水排放量的百分比。工业废水排放达标量指报告期内废水中各项污染物指标都达到国家或地方排放标准的外排工业废水总量，包括未经处理外排达标的，经废水处理设施处理后达标排放的，以及经污水处理厂处理后达标排放的。计算公式为：

工业废水排放达标率=工业废水排放达标量/工业废水排放量*100%

工业二氧化硫排放量　指报告期内企业在燃料燃烧和生产工艺过程中排入大气的二氧化硫总量。测算公式为：

工业二氧化硫排放量=燃料燃烧过程中的二氧化硫排放量+生产工艺过程中的二氧化硫排放量

工业烟尘排放量　指企业厂区内燃料燃烧过程中产生的烟气中夹带的颗粒排放量。

工业固体废物产生量　指报告期企业在生产过程中产生的固体状、半固体状和高浓度液体状废弃物的总量，包括危险废物、冶炼废渣、粉煤灰、炉渣、煤矸石、尾矿、放射性废物和其他废物等；不包括矿山开采的剥离废石和掘进废石（煤矸石和呈酸性或碱性的废石除外）。酸性或碱性废石指采掘的废石其流经水、雨淋水PH值小于4或PH值大于10.5者。

工业固体废物排放量　指报告期内企业将产生的固体废物排到固体废物污染防治设施、场所以外的数量，不包括矿山开采的剥离废石和掘进废石（煤矸石和呈酸性或碱性的废石除外）。

工业固体废物处置量　指报告期内企业将固体废物焚烧或者最终置于符合环境保护规定要求的场所，并不再回取的工业固体废物量（包括当年处置往年的工业固体废物贮存量）。处置方式有填埋（其中危险物应安全填埋）、焚烧、专业贮存场（库）封场处理、深层灌注、回填矿井及海洋处置（经海洋管理部门同意投海处置）等。

工业固体废物利用量　指报告期内企业通过回收、加工、循环、交换等方式，从固体废物中提取或者使其转化为可以利用的资源、能源和其他原材料的固体废物量（包括当年利用往年的工业固体废物贮存量），如用作农业肥料、生产建筑材料、筑路等。工业固体废物利用量由原产生固体废物的单位统计。

Explanatory Notes on Main Statistical Indicators

Length of Roads Paved at the Year-end refers to the length of roads with paved surface including squares bridges and tunnels connected with roads by the end of the year. Length of the roads is measured by the central lines for vehicles paved roads with a width of 3.5meters and over, including roads in open-ended factory compounds and residential quarters.

Length of Sewage Pipes refers to the total length of general drainage, trunks, branch and inspection wells, connection wells, inlets and outlets, etc.

Area of Gardens and Green Lands refers to the total area occupied for green projects at the end of the reference period, including public green land, green land in residential quarters, green land attached to institutions, protection green land, production green land, roadside green land and forest in scenic spots. It does not include the following.

(1)Greenery and plants on roofs, balconies, indoors and vertical green areas;

(2)Forest, cultivated land grassland, orchards and bamboo grooves that are for production purpose; and

(3)Water areas that is not included in urban master plan as green land.

Production Capacity of Water Supply refers to the designed comprehensive production capacity of water facilities, covering the 4 links of water collection, purification, conveyance, and outflow through trunk pipelines. Increase capacity through transformation and innovation projects are included as well. The capacity is determined mainly on the weakest of the above-mentioned 4 links.

Annual Volume of Water Supply refers to the total volume of water supplied by water-works (units) during the reference period, including both the effective water supply and loss during the water supply.

Number of Vehicles for Public Transportation under Operation at the Year-end refers to the total number of vehicles under operation by public transport enterprises (units) at the end of the year, base on the records of operational vehicles by the enterprises (units).

Output Value of Products Made from Utilization of Waste Gas, Waste Water and Industrial Solid Wastes refers to the value of products (calculated at current prices) made by industrial enterprises using recovered waste water, waste gas or solid wastes as main raw materials during the reference period. Only the value of the products, which have been sold or are ready to be sold should be included. The value of the products, which will be used in the production of the enterprises, should not be included.

Volume of Industrial Waste Water Discharged refers to the volume of industrial waste water discharged, through all outlets, to the outside of industrial enterprises, including waste water produced, direct-cooling water, underground water from mines that does not meet the standard of discharge, and the domestics wage mixed up with industrial waste water when discharged, but excluding discharged indirect-cooling water.

Up-to-Standards Rate of Industrial Waste Water Discharged refers to the share of the volume of wastewater up-to-standards for discharge of the total volume. Volume of Waste Water Up-to-Standard discharged refer to the volume of discharged industrial waster water that, with or without treatment, has come up to the national or local standards for discharge. The formula is as follows:

Up-to-Standards Rate of Industrial Waste Water Discharged = Volume of Waste Water Up-to-Standards Discharged / Volume of Industrial Waste Water Discharged*100%

Volume of Industrial Sulfur Dioxide Discharged refers to the volume of sulfur dioxide discharged to the air in the process of fuel burning or in the production process during the reference period. The formula is:

Volume of industrial sulfur dioxide discharged= sulfur dioxide discharged from burning + sulfur dioxide discharged from production process

Industrial Soot Discharged refers to the volume of solid soot in the smoke discharged in the process of fuel burning in the area of the factory.

Volume of Volume of Industrial Solid Wastes Produced refers to the total volume of solid, semi-solid or high concentration liquid residue produced by industrial enterprises in their production process during the reference period, including dangerous wastes, residues from melting, slag, powdered coal ash, gangue, chemical residues, tailings, radioactive residues and other residues, but excluding stripped or dug stones in mining (except gangue and acid or alkali s tones which are stones washed or soaked by water with a pH value smaller than 4 or larger than 10.5)

Volume of Industrial Solid Wastes Discharged refers to the volume of industrial solid wastes produced and discharged at the places outside the special facilities or special sites for preventing against pollution, excluding stripped or dug stones in mining during the reference period (except gangue and acid or alkali waste stones).

Volume of Industrial Solid Wastes Treated refers to solid wastes disposed of in a non-recoverable place that meet the requirement of environmental protection during the reference period, such as burying (the dangerous wastes should be buried safely), burning, piling in designated sites, pouring water into the deep strata, filling of old mines, and oceanic treatment (being approved by oceanic management agencies) etc. (including treatment of solid wastes piled up in the previous years).

Volume of Industrial Solid Wastes Utilized refers to the volume of solid wastes from which useful materials can be extracted or which can be changed to be utilizable resources, energy or other materials, including the volume of industrial solid wastes stored up in the previous years and utilized in the current year, such as the solid wastes utilized as fertilizers, building materials, for making roads or for other purpose. Statistical data on utilization of industrial solid wastes are collected by solid wastes producing units.

十四、教育、科技、文化和卫生

Education, Science & Technology, Culture and Public Health

14-1 各级各类学校数

Number of Schools by Level and Type of School

单位：所 (unit)

地区	Area	普通高校 Regular Institutions of Higher Education 1978	1990	2002	普通中等学校 Secondary Schools 1978	1990	2002
长江三角洲经济区	**Yangtze River Delta**						
上海市	Shanghai City	45	50	50	1158	1219	1070
南京市	Nanjing City	16	29	35	592	369	274
苏州市	Suzhou City	4	9	9	557	499	348
无锡市	Wuxi City	1	2	7	459	300	212
常州市	Changzhou City		3	8	517	278	219
镇江市	Zhenjiang City	3	3	4	6	11	7
南通市	Nantong City			6			9
扬州市	Yangzhou City	3	7	2	286	463	236
泰州市	Taizhou City						5
杭州市	Hangzhou City	9	21	34	632	523	410
宁波市	Ningbo City		4	11		411	305
嘉兴市	Jiaxing City		8	8		228	208
湖州市	Huzhou City		1	2		213	179
绍兴市	Shaoxing City	1	2	4	508		
舟山市	Zhoushan City	2	2	3	112	94	73
台州市	Taizhou City	1	1	2	573	421	391
珠江三角洲经济区	**Pearl River Delta**						
广州市	Guangzhou City	15	26	39	343	539	612
深圳市	Shenzhen City					49	132
珠海市	Zhuhai City					37	52
佛山市	Foshan City		1	2		159	188
江门市	Jiangmen City					338	286
东莞市	Dongguan City			1	39	64	91
中山市	Zhongshan City		1	1	49	69	81
惠州市区	Huizhou Urban District			1			30
惠阳市	Huiyang City						31
惠东县	Huidong County						36
博罗县	Boluo County						45
肇庆市区	Zhaoqing Urban District						
高要市	Gaoyao City						
四会市	Sihui City						
香港特别行政区	**Hong Kong,SAR**						
澳门特别行政区	**Macao,SAR**						

14–1 续表 continued

单位：所 (unit)

地区	Area	小学 Primary Schools		
		1978	1990	2002
长江三角洲经济区	**Yangtze River Delta**			
上海市	Shanghai City	3641	2630	751
南京市	Nanjing City	1613	1866	743
苏州市	Suzhou City	3828	2757	678
无锡市	Wuxi City	2166	1749	680
常州市	Changzhou City	1952	1736	450
镇江市	Zhenjiang City	1976	1659	392
南通市	Nantong City			1024
扬州市	Yangzhou City	2968	2173	679
泰州市	Taizhou City			844
杭州市	Hangzhou City	4959	4077	1197
宁波市	Ningbo City		2747	901
嘉兴市	Jiaxing City		1645	559
湖州市	Huzhou City		1740	392
绍兴市	Shaoxing City	4436	3166	795
舟山市	Zhoushan City	664	416	126
台州市	Taizhou City	5420	3377	914
珠江三角洲经济区	**Pearl River Delta**			
广州市	Guangzhou City	1515	1575	1566
深圳市	Shenzhen City		263	395
珠海市	Zhuhai City		194	181
佛山市	Foshan City		936	653
江门市	Jiangmen City		1402	1115
东莞市	Dongguan City	794	570	563
中山市	Zhongshan City	404	403	290
惠州市区	Huizhou Urban District			82
惠阳市	Huiyang City			311
惠东县	Huidong County			309
博罗县	Boluo County			324
肇庆市区	Zhaoqing Urban District			
高要市	Gaoyao City			
四会市	Sihui City			
香港特别行政区	**Hong Kong,SAR**		978 ①	815 ②
澳门特别行政区	**Macao,SAR**			85 ②

注：①为 1991 年数。②为 2001 年数。

Note: ① Data refer to 1991. ② Data refer to 2001.

14-2 各级各类学校教师数

Number of Teachers by Level and Type of School

单位：人 (person)

地区	Area	普通高校 Regular Institutions of Higher Education			普通中等学校 Secondary Schools		
		1978	1990	2002	1978	1990	2002
长江三角洲经济区	**Yangtze River Delta**						
上海市	Shanghai City	16300	25800	22900	59600	56200	61200
南京市	Nanjing City	8371	14841	19235	14616	16277	19921
苏州市	Suzhou City	1300	2900	3800	15600	17400	26200
无锡市	Wuxi City	400	1400	2500	11600	13200	18700
常州市	Changzhou City		697	2654	9539	11372	14190
镇江市	Zhenjiang City		1800	2600		700	400
南通市	Nantong City			1872			1010
扬州市	Yangzhou City	146	1999	2850	425	515	878
泰州市	Taizhou City						600
杭州市	Hangzhou City	3900	8100	13600	18300	15400	22500
宁波市	Ningbo City		800	3500		10700	17300
嘉兴市	Jiaxing City		300	500		6300	10800
湖州市	Huzhou City		200	600		5500	9200
绍兴市	Shaoxing City	63	253	1114	11020	10662	16688
舟山市	Zhoushan City	200	600	1000	4000	3700	4700
台州市	Taizhou City		100	700	10400	11000	21700
珠江三角洲经济区	**Pearl River Delta**						
广州市	Guangzhou City	5400	11900	20800	23400	25900	37300
深圳市	Shenzhen City					2915	8643
珠海市	Zhuhai City					1735	3724
佛山市	Foshan City		400	15600		7181	15586
江门市	Jiangmen City					8689	14055
东莞市	Dongguan City			290	3600	2963	6373
中山市	Zhongshan City		41	262		2704	5334
惠州市区①	Huizhou Urban District ①			400			1800
惠阳市	Huiyang City						2400
惠东县	Huidong County						1800
博罗县	Boluo County						2400
肇庆市区②	Zhaoqing Urban District ②					11057	11960
高要市	Gaoyao City						
四会市	Sihui City						
香港特别行政区	**Hong Kong,SAR**		1583 ③	1409 ④		20360 ③	25560 ④
澳门特别行政区	**Macao,SAR**			923 ④			1599 ④

14–2 续表 continued

单位：人 (person)

地区	Area	小学 Primary Schools		
		1978	1990	2002
长江三角洲经济区	**Yangtze River Delta**			
上海市	Shanghai City	49200	58800	40600
南京市	Nanjing City	17050	20060	20959
苏州市	Suzhou City	23100	19600	20900
无锡市	Wuxi City	16000	17200	17500
常州市	Changzhou City	13110	13086	12358
镇江市	Zhenjiang City		11700	10000
南通市	Nantong City			22938
扬州市	Yangzhou City	16609	17400	17034
泰州市	Taizhou City			17100
杭州市	Hangzhou City	22300	18100	23100
宁波市	Ningbo City		15500	18200
嘉兴市	Jiaxing City		9200	11900
湖州市	Huzhou City	10200	7300	8500
绍兴市	Shaoxing City	16687	13026	14615
舟山市	Zhoushan City	4300	3900	4100
台州市	Taizhou City	21900	17000	18400
珠江三角洲经济区	**Pearl River Delta**			
广州市	Guangzhou City		25112	37056
深圳市	Shenzhen City		4221	15763
珠海市	Zhuhai City		2542	4870
佛山市	Foshan City		12009	17006
江门市	Jiangmen City		13326	14472
东莞市	Dongguan City		6785	10880
中山市	Zhongshan City		4440	6151
惠州市区①	Huizhou Urban District ①		11635	17777
惠阳市	Huiyang City			
惠东县	Huidong County			
博罗县	Boluo County			
肇庆市区②	Zhaoqing Urban District ②		24447	17057
高要市	Gaoyao City			
四会市	Sihui City			
香港特别行政区	**Hong Kong,SAR**		19346 ③	23916 ④
澳门特别行政区	**Macao,SAR**			1747 ④

注：①为惠州市。 ②为肇庆市。 ③为 1991 年数。④为 2001 年数。

Note: ① Refer to Huizhou City. ② Refer to Zhaoqing City. ③ Data refer to 1991. ④ Data refer to 2001.

14-3 各级各类学校在校学生数
Number of Students Enrollment by Level and Type of School

单位：万人　　(10 000 persons)

地区	Area	普通高校 Regular Institutions of Higher Education			普通中等学校 Secondary Schools		
		1978	1990	2002	1978	1990	2002
长江三角洲经济区	**Yangtze River Delta**						
上海市	Shanghai City	5.06	12.13	33.16	101.81	62.59	103.59
南京市	Nanjing City	2.72	7.51	34.78	23.14	23.01	32.38
苏州市	Suzhou City	0.65	1.63	6.96	33.15	24.84	44.52
无锡市	Wuxi City	0.12	0.63	3.55	25.93	20.82	30.18
常州市	Changzhou City	0.43	0.51	3.52	21.74	17.84	29.31
镇江市	Zhenjiang City	0.23	0.93	3.78		0.53	1.84
南通市	Nantong City	0.22	0.53	3.44			3.77
扬州市	Yangzhou City	0.56	1.31	3.73	24.57	19.48	24.84
泰州市	Taizhou City						1.70
杭州市	Hangzhou City	1.33	3.99	22.40	35.87	22.35	40.08
宁波市	Ningbo City		0.59	6.20		18.20	30.86
嘉兴市	Jiaxing City		0.32	1.75		9.06	22.01
湖州市	Huzhou City		0.10	1.00		8.02	18.00
绍兴市	Shaoxing City	0.06	0.15	1.43	24.14	18.55	32.29
舟山市	Zhoushan City	0.07	0.13	0.67	6.38	3.92	5.98
台州市	Taizhou City	0.04	0.10	1.06	22.77	21.58	40.06
珠江三角洲经济区	**Pearl River Delta**						
广州市	Guangzhou City	2.17	6.55	29.9	40.59	36.00	70.03
深圳市	Shenzhen City		0.40	2.68		5.80	16.30
珠海市	Zhuhai City					2.81	6.23
佛山市	Foshan City		0.39	1.86		13.41	27.75
江门市	Jiangmen City					14.88	25.76
东莞市	Dongguan City			0.51	7.60	6.12	13.63
中山市	Zhongshan City		0.05	0.36	5.98	5.34	10.68
惠州市区	Huizhou Urban District						3.10
惠阳市	Huiyang City						4.71
惠东县	Huidong County						4.26
博罗县	Boluo County						4.6
肇庆市区	Zhaoqing Urban District		0.38	1.4	0.12	0.40	0.84
高要市	Gaoyao City				0.02		
四会市	Sihui City				0.01		0.05
香港特别行政区	**Hong Kong,SAR**			31.88			46.59
澳门特别行政区	**Macao,SAR**		0.74	0.85		1.69	3.88

14–3 续表 continued

单位：万人 (10 000 persons)

地区	Area	小学 Primary Schools 1978	1990	2002	成人高等教育学校（人） Adult Education Schools(person) 1978	1990	2002
长江三角洲经济区	**Yangtze River Delta**						
上海市	Shanghai City	87.06	110.19	67.24	10800	60900	170900
南京市	Nanjing City	39.17	42.08	38.88		30250	151046
苏州市	Suzhou City	62.96	44.56	10.02		5256	37711
无锡市	Wuxi City	43.13	36.18	34.78		4200	10157
常州市	Changzhou City	37.94	27.70	27.38		3153	15835
镇江市	Zhenjiang City	0.00	22.51	19.75		1900	20357
南通市	Nantong City	0.00	0.00	54.38			10562
扬州市	Yangzhou City	65.03	37.62	33.39		3220	28325
泰州市	Taizhou City	0.00	0.00	38.84			3632
杭州市	Hangzhou City	60.51	46.05	45.65		21196	149818
宁波市	Ningbo City	0.01	42.7	44.55		1328	35387
嘉兴市	Jiaxing City	0	23.35	28.04		1374	5351
湖州市	Huzhou City	29.82	19.44	20.15		683	5809
绍兴市	Shaoxing City	49.2926	34.0081	33.9127		1529	13604
舟山市	Zhoushan City	11.04	8.97	5.62			5659
台州市	Taizhou City	64.96	46.02	35.33		2000	13200
珠江三角洲经济区	**Pearl River Delta**						
广州市	Guangzhou City	56.92	57.23	81.66		41546	183782
深圳市	Shenzhen City		11.17	41.51			
珠海市	Zhuhai City		6.58	11.05			5256
佛山市	Foshan City		30.17	40.10		4200	10700
江门市	Jiangmen City		36.11	41.01			
东莞市	Dongguan City	16.11	16.27	34.28		531	8945
中山市	Zhongshan City	13.69	12.57	18.23		548	8315
惠州市区	Huizhou Urban District			6.32			
惠阳市	Huiyang City			8.44			
惠东县	Huidong County			9.05			
博罗县	Boluo County			7.78			
肇庆市区	Zhaoqing Urban District	1.75	3.02	4.85		1531	9983
高要市	Gaoyao City	11	6.91	7.3			
四会市	Sihui City	4.98	4.45	4.58			
香港特别行政区	**Hong Kong,SAR**			48.32			211533
澳门特别行政区	**Macao,SAR**		3.50	4.37		38399	82401

14-4 各类专业技术人员数
Number of Scientific and Technical Personnel

单位：万人　　　　　　　　　　(10 000 persons)

地区	Area	合计 Total			
		1978	1990	2000	2002
长江三角洲经济区	**Yangtze River Delta**				
上海市	Shanghai City	21.94	86.16	71.03	67.73
南京市	Nanjing City	3.77	30.75	28.84	28.15
苏州市	Suzhou City		13.18	29.12	32.92
无锡市	Wuxi City		15.44	22.43	26.24
常州市	Changzhou City		11.52	19.10	22.34
镇江市	Zhenjiang City			11.01	11.59
南通市	Nantong City			17.85	20.80
扬州市	Yangzhou City			13.52	15.24
泰州市	Taizhou City			8.13	14.48
杭州市	Hangzhou City	-	11.82	18.98	17.37
宁波市	Ningbo City		10.04	23.1	36.79
嘉兴市	Jiaxing City			5.68	5.71
湖州市	Huzhou City		3.06	3.64	3.32
绍兴市	Shaoxing City		6.23	6.75	6.92
舟山市	Zhoushan City		1.91	1.98	1.88
台州市	Taizhou City			7.06	7.24
珠江三角洲经济区	**Pearl River Delta**				
广州市	Guangzhou City		31.95	43.74	41.47
深圳市	Shenzhen City		1.90	6.10	6.10
珠海市	Zhuhai City		0.79	5.70	7.41
佛山市	Foshan City		1.94	7.48	6.79
江门市	Jiangmen City			6.49	8.43
东莞市	Dongguan City		1.16		3.42
中山市	Zhongshan City		2.34	14.80	19.02
惠州市区	Huizhou Urban District			1.67	1.93
惠阳市	Huiyang City				
惠东县	Huidong County				
博罗县	Boluo County				
肇庆市区	Zhaoqing Urban District			3.85	6.89
高要市	Gaoyao City			1.15	1.19
四会市	Sihui City			0.84	1.04

14–4 续表1 continued

单位：万人 (10 000 persons)

地区	Area	工程技术人员 Engineering			
		1978	1990	2000	2002
长江三角洲经济区	**Yangtze River Delta**				
上海市	Shanghai City	9.81	26.30	17.07	16.56
南京市	Nanjing City			8.48 ①	8.38
苏州市	Suzhou City				
无锡市	Wuxi City			9.56 ①	9.26
常州市	Changzhou City			5.04 ①	3.99
镇江市	Zhenjiang City				
南通市	Nantong City			2.12 ①	
扬州市	Yangzhou City				
泰州市	Taizhou City				
杭州市	Hangzhou City		2.60	4.48	3.36
宁波市	Ningbo City				
嘉兴市	Jiaxing City			0.84	0.86
湖州市	Huzhou City		0.42	0.47	0.36
绍兴市	Shaoxing City		1.54	1.21	1.15
舟山市	Zhoushan City		0.23	0.26	0.24
台州市	Taizhou City			0.75	0.76
珠江三角洲经济区	**Pearl River Delta**				
广州市	Guangzhou City		8.75	9.91	10.15
深圳市	Shenzhen City		0.20	1.40	1.40
珠海市	Zhuhai City				
佛山市	Foshan City				
江门市	Jiangmen City				
东莞市	Dongguan City		0.11		0.53
中山市	Zhongshan City		3.00	7.51	9.13
惠州市区	Huizhou Urban District				
惠阳市	Huiyang City				
惠东县	Huidong County				
博罗县	Boluo County				
肇庆市区	Zhaoqing Urban District			1.31	1.59
高要市	Gaoyao City			0.17	0.18
四会市	Sihui City			0.06	0.10

14–4 续表 2 continued

单位：万人 (10 000 persons)

地区	Area	农业技术人员 Agriculture			
		1978	1990	2000	2002
长江三角洲经济区	**Yangtze River Delta**				
上海市	Shanghai City	0.15	0.37	0.31	0.27
南京市	Nanjing City			0.19 ①	0.21
苏州市	Suzhou City				
无锡市	Wuxi City			0.29 ①	0.30
常州市	Changzhou City			0.42 ①	0.46
镇江市	Zhenjiang City				
南通市	Nantong City			0.45 ①	
扬州市	Yangzhou City				
泰州市	Taizhou City				
杭州市	Hangzhou City		0.24	0.23	0.24
宁波市	Ningbo City				
嘉兴市	Jiaxing City			0.17	0.15
湖州市	Huzhou City		0.09	0.11	0.10
绍兴市	Shaoxing City		0.15	0.13	0.12
舟山市	Zhoushan City		0.03	0.04	0.03
台州市	Taizhou City			0.22	0.19
珠江三角洲经济区	**Pearl River Delta**				
广州市	Guangzhou City		0.31	0.31	0.29
深圳市	Shenzhen City		0.07	0.04	0.04
珠海市	Zhuhai City				
佛山市	Foshan City				
江门市	Jiangmen City				
东莞市	Dongguan City		0.04		0.02
中山市	Zhongshan City		0.04	0.14	0.18
惠州市区	Huizhou Urban District				
惠阳市	Huiyang City				
惠东县	Huidong County				
博罗县	Boluo County				
肇庆市区	Zhaoqing Urban District				
高要市	Gaoyao City				
四会市	Sihui City				

14–4 续表 3 continued

单位：万人 (10 000 persons)

地区	Area	科学研究人员 Scientific Research 1978	1990	2000	2002
长江三角洲经济区	**Yangtze River Delta**				
上海市	Shanghai City	2.84	2.55	1.76	1.59
南京市	Nanjing City			0.94 ①	0.92
苏州市	Suzhou City				
无锡市	Wuxi City			0.16 ①	0.16
常州市	Changzhou City			0.04 ①	0.14
镇江市	Zhenjiang City				
南通市	Nantong City			0.07 ①	
扬州市	Yangzhou City				
泰州市	Taizhou City				
杭州市	Hangzhou City		0.06	0.29	0 .32
宁波市	Ningbo City				
嘉兴市	Jiaxing City			0.01	0.01
湖州市	Huzhou City				
绍兴市	Shaoxing City		0.01	0.01	0.01
舟山市	Zhoushan City		0.01		
台州市	Taizhou City			0.01	0.01
珠江三角洲经济区	**Pearl River Delta**				
广州市	Guangzhou City		0.78	0.71	0.72
深圳市	Shenzhen City		0.01	0.04	0.03
珠海市	Zhuhai City				
佛山市	Foshan City				
江门市	Jiangmen City				
东莞市	Dongguan City		0.02		0.03
中山市	Zhongshan City		-	0.18	0.20
惠州市区	Huizhou Urban District				
惠阳市	Huiyang City				
惠东县	Huidong County				
博罗县	Boluo County				
肇庆市区	Zhaoqing Urban District				
高要市	Gaoyao City				
四会市	Sihui City				

14—4 续表4 continued

单位：万人 (10 000 persons)

地区	Area	卫生技术人员 Health Care			
		1978	1990	2000	2002
长江三角洲经济区	**Yangtze River Delta**				
上海市	Shanghai City	5.42	9.07	9.00	9.11
南京市	Nanjing City			2.85 ①	2.84
苏州市	Suzhou City				
无锡市	Wuxi City			2.11 ①	2.74
常州市	Changzhou City			1.58 ①	1.58
镇江市	Zhenjiang City				
南通市	Nantong City			1.86 ①	
扬州市	Yangzhou City				
泰州市	Taizhou City				
杭州市	Hangzhou City		1.39	2.63	2.80
宁波市	Ningbo City	0.93	1.58	1.91	2.01
嘉兴市	Jiaxing City			1.11	1.13
湖州市	Huzhou City	0.56	0.42	0.61	0.60
绍兴市	Shaoxing City		0.64	1.08	1.22
舟山市	Zhoushan City		0.25	0.35	0.37
台州市	Taizhou City			1.08	1.25
珠江三角洲经济区	**Pearl River Delta**				
广州市	Guangzhou City		3.60	5.06	4.97
深圳市	Shenzhen City		0.50	1.30	1.40
珠海市	Zhuhai City		0.27	0.42	0.53
佛山市	Foshan City				
江门市	Jiangmen City				
东莞市	Dongguan City		0.14		0.65
中山市	Zhongshan City		0.25	0.70	0.80
惠州市区	Huizhou Urban District				
惠阳市	Huiyang City				
惠东县	Huidong County				
博罗县	Boluo County				
肇庆市区	Zhaoqing Urban District				
高要市	Gaoyao City				
四会市	Sihui City				

14-4 续表5 continued

单位：万人 (10 000 persons)

地区	Area	教学人员 Teaching			
		1978	1990	2000	2002
长江三角洲经济区	**Yangtze River Delta**				
上海市	Shanghai City	3.72	20.12	16.55	16.09
南京市	Nanjing City			7.36 ①	7.48
苏州市	Suzhou City				
无锡市	Wuxi City			4.71 ①	6.36
常州市	Changzhou City			3.53 ①	3.81
镇江市	Zhenjiang City				
南通市	Nantong City			5.93 ①	
扬州市	Yangzhou City				
泰州市	Taizhou City				
杭州市	Hangzhou City		0.92	6.14	6.79
宁波市	Ningbo City				
嘉兴市	Jiaxing City			2.44	2.66
湖州市	Huzhou City		0.29	1.84	1.90
绍兴市	Shaoxing City		2.65	3.12	3.37
舟山市	Zhoushan City		0.75	0.96	0.96
台州市	Taizhou City			4.24	4.32
珠江三角洲经济区	**Pearl River Delta**				
广州市	Guangzhou City		6.99	9.81	9.94
深圳市	Shenzhen City		0.40	1.90	2.00
珠海市	Zhuhai City		0.72	1.34	1.44
佛山市	Foshan City				
江门市	Jiangmen City				
东莞市	Dongguan City		0.75		1.88
中山市	Zhongshan City		0.96	1.47	1.64
惠州市区	Huizhou Urban District				
惠阳市	Huiyang City				
惠东县	Huidong County				
博罗县	Boluo County				
肇庆市区	Zhaoqing Urban District				
高要市	Gaoyao City				
四会市	Sihui City				

注：①为2001年数。

Note: ① Data refer to 2001.

14-5 从事科技活动人员数

Number of Persons Engaged in Scientific and Technical Activities

单位：万人 (10 000 persons)

地区	Area	1985	1990	1995	2000	2001	2002
长江三角洲经济区	**Yangtze River Delta**						
上海市	Shanghai City	15.12	19.34	18.25	16.31	15.19	15.18
南京市	Nanjing City					6.41	6.85
苏州市	Suzhou City					2.46	2.69
无锡市	Wuxi City					2.78	3.05
常州市	Changzhou City					1.69	2.09
镇江市	Zhenjiang City					1.02	1.00
南通市	Nantong City					0.87	1.00
扬州市	Yangzhou City					1.29	1.44
泰州市	Taizhou City					0.48	0.62
杭州市	Hangzhou City			1.86	3.69	3.40	3.45
宁波市	Ningbo City				1.77	1.89	1.95
嘉兴市	Jiaxing City		0.11	0.25	0.36	0.41	0.47
湖州市	Huzhou City				0.50	0.44	0.50
绍兴市	Shaoxing City				1.54	1.73	1.79
舟山市	Zhoushan City				0.20	0.17	0.20
台州市	Taizhou City					1.35	1.26
珠江三角洲经济区	**Pearl River Delta**						
广州市	Guangzhou City			6.16	8.11	8.54	9.35
深圳市	Shenzhen City			0.54	4.47	5.06	6.00
珠海市	Zhuhai City			0.04	0.80	0.62	0.95
佛山市	Foshan City			0.65	2.20	2.43	2.39
江门市	Jiangmen City			0.35	0.67	0.74	0.77
东莞市	Dongguan City			0.10	0.71	0.70	0.94
中山市	Zhongshan City			0.13	0.54	0.71	0.80
惠州市区	Huizhou Urban District				0.02		0.33
惠阳市	Huiyang City						
惠东县	Huidong County						
博罗县	Boluo County						
肇庆市区	Zhaoqing Urban District				0.39	0.31	0.28
高要市	Gaoyao City				0.04	0.04	0.05
四会市	Sihui City				0.04	0.07	0.05

14-6 公共图书馆图书藏量
Total Collections of Public Libraries

单位：万册 (10 000 volumes)

地区	Area	1978	1980	1985	1990
长江三角洲经济区	**Yangtze River Delta**				
上海市	Shanghai City	1064.0	1138.0	1430.0	1586.0
南京市	Nanjing City		567.0	722.4	846.5
苏州市	Suzhou City				209.9
无锡市	Wuxi City				138.8
常州市	Changzhou City				
镇江市	Zhenjiang City				
南通市	Nantong City				
扬州市	Yangzhou City				
泰州市	Taizhou City				
杭州市	Hangzhou City			405.5	51.6
宁波市	Ningbo City				12.0
嘉兴市	Jiaxing City			97.8	108.0
湖州市	Huzhou City		24.8	35.2	
绍兴市	Shaoxing City			75.0	89.0
舟山市	Zhoushan City	8.7	9.5	29.4	28.0
台州市	Taizhou City	34.0	45.0	64.0	77.0
珠江三角洲经济区	**Pearl River Delta**				
广州市	Guangzhou City	232.0	262.0	378.0	519.0
深圳市	Shenzhen City				66.0
珠海市	Zhuhai City				23.4
佛山市	Foshan City			37.8	61.3
江门市	Jiangmen City				57.0
东莞市	Dongguan City	11.0	16.0	30.0	30.0
中山市	Zhongshan City			13.3	16.2
惠州市区	Huizhou Urban District				
惠阳市	Huiyang City				
惠东县	Huidong County				
博罗县	Boluo County				
肇庆市区	Zhaoqing Urban District				
高要市	Gaoyao City				
四会市	Sihui City				

14-6 续表 continued

单位：万册 (10 000 volumes)

地区	Area	1995	2000	2001	2002
长江三角洲经济区	**Yangtze River Delta**				
上海市	Shanghai City	1586.0	5500.0	5668.0	5816.6
南京市	Nanjing City	908.0	1003.1	1026.4	1048.7
苏州市	Suzhou City		296.2	290.4	299.5
无锡市	Wuxi City	169.0	203.4	198.9	206.0
常州市	Changzhou City	141.2	160.7	165.2	172.7
镇江市	Zhenjiang City		120.2	116.3	116.3
南通市	Nantong City		177.5	180.6	186.9
扬州市	Yangzhou City		141.5	136.0	138.4
泰州市	Taizhou City		90.8	91.9	91.9
杭州市	Hangzhou City	618.3	625.6	647.6	706.0
宁波市	Ningbo City	154.0	131.0	137.0	145.0
嘉兴市	Jiaxing City	128.0	141.0	146.0	151.2
湖州市	Huzhou City	46.2	52.0	53.0	56.0
绍兴市	Shaoxing City	93.0	107.0	111.0	116.0
舟山市	Zhoushan City	34.8	43.1	45.0	46.4
台州市	Taizhou City	70.9	92.2	93.4	96.2
珠江三角洲经济区	**Pearl River Delta**				
广州市	Guangzhou City	619.0	651.0	795.0	779.0
深圳市	Shenzhen City	231.1	245.2	294.7	
珠海市	Zhuhai City	28.0	35.3	36.0	36.0
佛山市	Foshan City	114.8	154.0	183.0	140.0
江门市	Jiangmen City	66.0	127.5	131.2	134.7
东莞市	Dongguan City	68.0	97.0	99.0	109.0
中山市	Zhongshan City	27.0	38.6	42.0	37.6
惠州市区	Huizhou Urban District		26.2	26.0	28.2
惠阳市	Huiyang City				
惠东县	Huidong County				
博罗县	Boluo County				
肇庆市区	Zhaoqing Urban District				
高要市	Gaoyao City				
四会市	Sihui City				

14-7 剧场、影剧院数
Number of Theaters and Music Halls

单位：个 (unit)

地区	Area	1978	1980	1985	1990
长江三角洲经济区	**Yangtze River Delta**				
上海市	Shanghai City	109	119	156	211
南京市	Nanjing City				
苏州市	Suzhou City	27	28	131	161
无锡市	Wuxi City				237
常州市	Changzhou City				
镇江市	Zhenjiang City				
南通市	Nantong City				
扬州市	Yangzhou City				
泰州市	Taizhou City				
杭州市	Hangzhou City			235	223
宁波市	Ningbo City				
嘉兴市	Jiaxing City			108	113
湖州市	Huzhou City				
绍兴市	Shaoxing City	21	10	79	142
舟山市	Zhoushan City	6	7	67	91
台州市	Taizhou City			83	104
珠江三角洲经济区	**Pearl River Delta**				
广州市	Guangzhou City	19	12	15	14
深圳市	Shenzhen City				
珠海市	Zhuhai City				38
佛山市	Foshan City				52
江门市	Jiangmen City				
东莞市	Dongguan City	5	5	7	26
中山市	Zhongshan City			4	22
惠州市区	Huizhou Urban District				
惠阳市	Huiyang City				
惠东县	Huidong County				
博罗县	Boluo County				
肇庆市区	Zhaoqing Urban District			4	5
高要市	Gaoyao City			1	2
四会市	Sihui City			2	2

14-7 续表 continued

单位：个 (unit)

地区	Area	1995	2000	2001	2002
长江三角洲经济区	**Yangtze River Delta**				
上海市	Shanghai City	249	242	273	273
南京市	Nanjing City		126	60	60
苏州市	Suzhou City	165	163	163	
无锡市	Wuxi City	163	142	142	126
常州市	Changzhou City	7	106	67	87
镇江市	Zhenjiang City		87	86	86
南通市	Nantong City		155	159	
扬州市	Yangzhou City		297	297	297
泰州市	Taizhou City		92	92	90
杭州市	Hangzhou City	163	123	125	
宁波市	Ningbo City		60	57	53
嘉兴市	Jiaxing City	103	74	69	69
湖州市	Huzhou City		51	39	42
绍兴市	Shaoxing City	98	66	52	36
舟山市	Zhoushan City	64	35	25	23
台州市	Taizhou City	89	75	68	68
珠江三角洲经济区	**Pearl River Delta**				
广州市	Guangzhou City	19	19	19	16
深圳市	Shenzhen City		126	126	82
珠海市	Zhuhai City	50	26	17	17
佛山市	Foshan City	89	96	66	71
江门市	Jiangmen City				
东莞市	Dongguan City	97	87	84	81
中山市	Zhongshan City	12	44	43	47
惠州市区	Huizhou Urban District		3	17	2
惠阳市	Huiyang City				
惠东县	Huidong County				
博罗县	Boluo County				
肇庆市区	Zhaoqing Urban District	11	5	5	4
高要市	Gaoyao City	7	1	1	1
四会市	Sihui City	3	1	1	

14-8 卫生机构数
Number of Health Institutions

单位：个 (unit)

地区	Area	医院 Hospitals 1978	1990	2000	2002
长江三角洲经济区	**Yangtze River Delta**				
上海市	Shanghai City	388	462	459	192
南京市	Nanjing City				
苏州市	Suzhou City	204	49	53	71
无锡市	Wuxi City		160	160	67
常州市	Changzhou City		28	27	30
镇江市	Zhenjiang City			28	32
南通市	Nantong City			43 ①	
扬州市	Yangzhou City				
泰州市	Taizhou City				
杭州市	Hangzhou City	421	440	396	116
宁波市	Ningbo City	400	344	56	58
嘉兴市	Jiaxing City		28	31	31
湖州市	Huzhou City		158		28
绍兴市	Shaoxing City	14	24	26	37
舟山市	Zhoushan City		10	14	18
台州市	Taizhou City		21	35	43
珠江三角洲经济区	**Pearl River Delta**				
广州市	Guangzhou City		120	158	196
深圳市	Shenzhen City		38	72	77
珠海市	Zhuhai City		22	19	21
佛山市	Foshan City		69	85	87
江门市	Jiangmen City				
东莞市	Dongguan City			46	53
中山市	Zhongshan City	2	4	4	4
惠州市区	Huizhou Urban District			8	12
惠阳市	Huiyang City			10	11
惠东县	Huidong County			3	2
博罗县	Boluo County			6	1
肇庆市区	Zhaoqing Urban District	7	8	14	18
高要市	Gaoyao City	1	3	4	4
四会市	Sihui City	2	3	5	7
香港特别行政区	**Hong Kong,SAR**		88	102	98
澳门特别行政区	**Macao,SAR**		36	2	2

14–8 续表 continued

单位：个 (unit)

地区	Area	卫生院 Health Centers			
		1978	1990	2000	2002
长江三角洲经济区	**Yangtze River Delta**				
上海市	Shanghai City		178	168	128
南京市	Nanjing City				
苏州市	Suzhou City		158	144	142
无锡市	Wuxi City			116	115
常州市	Changzhou City		135	90	81
镇江市	Zhenjiang City			93	81
南通市	Nantong City			274 ①	
扬州市	Yangzhou City				
泰州市	Taizhou City				
杭州市	Hangzhou City	362	356	301	302
宁波市	Ningbo City			238	275
嘉兴市	Jiaxing City		142	112	126
湖州市	Huzhou City				100
绍兴市	Shaoxing City			231	300
舟山市	Zhoushan City		91	84	74
台州市	Taizhou City		340	310	189
珠江三角洲经济区	**Pearl River Delta**				
广州市	Guangzhou City		70	94	73
深圳市	Shenzhen City				
珠海市	Zhuhai City		12	22	22
佛山市	Foshan City			57	56
江门市	Jiangmen City				
东莞市	Dongguan City			39	
中山市	Zhongshan City	31	22	26	26
惠州市区	Huizhou Urban District			6	8
惠阳市	Huiyang City			20	21
惠东县	Huidong County			21	21
博罗县	Boluo County			23	23
肇庆市区	Zhaoqing Urban District	2	4	5	5
高要市	Gaoyao City	21	10	19	19
四会市	Sihui City	14	13	15	16
香港特别行政区	**Hong Kong,SAR**				
澳门特别行政区	**Macao,SAR**				

14-9 卫生机构床位数

Number of Beds in Health Institutions

单位：张 (unit)

地区	Area	医院床位 Beds in Hospitals 1978	1990	2000	2002
长江三角洲经济区	**Yangtze River Delta**				
上海市	Shanghai City	46800	62100	73100	63900
南京市	Nanjing City	12231	17407	18140	18945
苏州市	Suzhou City		9144	10410	12893
无锡市	Wuxi City		12767	14855	12083
常州市	Changzhou City		5873	6663	7671
镇江市	Zhenjiang City			4763	5222
南通市	Nantong City				
扬州市	Yangzhou City				
泰州市	Taizhou City				
杭州市	Hangzhou City	11704	18879	23303	22797
宁波市	Ningbo City	5549	10522	9968	10292
嘉兴市	Jiaxing City		4940	5660	6245
湖州市	Huzhou City	5883	7005	7377	7809
绍兴市	Shaoxing City	2800	4056		7248
舟山市	Zhoushan City		1911	2725	2763
台州市	Taizhou City		4120	7006	8734
珠江三角洲经济区	**Pearl River Delta**				
广州市	Guangzhou City		21901	30860	35093
深圳市	Shenzhen City		3108	9616	11808
珠海市	Zhuhai City		1243	2412	2962
佛山市	Foshan City		7279	12540	13617
江门市	Jiangmen City				
东莞市	Dongguan City			7048	8396
中山市	Zhongshan City	782	946	1565	1720
惠州市区	Huizhou Urban District			1585	1889
惠阳市	Huiyang City			737	693
惠东县	Huidong County			420	332
博罗县	Boluo County			665	709
肇庆市区	Zhaoqing Urban District	854	1725	2286	2689
高要市	Gaoyao City	200	319	406	397
四会市	Sihui City	244	314	420	498
香港特别行政区	**Hong Kong,SAR**		25282	35100	35159
澳门特别行政区	**Macao,SAR**		966	990	995

14-9 续表 continued

单位：张 (unit)

地区	Area	卫生院床位 Beds in Health Centers			
		1978	1990	2000	2002
长江三角洲经济区	**Yangtze River Delta**				
上海市	Shanghai City		8074	8762	11199
南京市	Nanjing City				
苏州市	Suzhou City		7079	7172	6793
无锡市	Wuxi City			5765	5610
常州市	Changzhou City		3622	4067	3942
镇江市	Zhenjiang City			2930	2647
南通市	Nantong City				
扬州市	Yangzhou City				
泰州市	Taizhou City				
杭州市	Hangzhou City	-	3840	3913	2892
宁波市	Ningbo City			3903	3170
嘉兴市	Jiaxing City		3132	2888	2837
湖州市	Huzhou City				
绍兴市	Shaoxing City				2666
舟山市	Zhoushan City		887	568	498
台州市	Taizhou City		2722	2353	1923
珠江三角洲经济区	**Pearl River Delta**				
广州市	Guangzhou City		2494	2856	3288
深圳市	Shenzhen City				
珠海市	Zhuhai City		144	539	629
佛山市	Foshan City			5392	5587
江门市	Jiangmen City				
东莞市	Dongguan City			5218	
中山市	Zhongshan City	658	1225	2370	2682
惠州市区	Huizhou Urban District			92	214
惠阳市	Huiyang City			516	588
惠东县	Huidong County			680	738
博罗县	Boluo County			653	769
肇庆市区	Zhaoqing Urban District	30	130	115	119
高要市	Gaoyao City	638	272	358	485
四会市	Sihui City	306	270	305	312
香港特别行政区	**Hong Kong,SAR**				
澳门特别行政区	**Macao,SAR**				

14-10 卫生机构的人员数

Number of Employed Personnel in Health Institutions

单位：人 (person)

地区	Area	医生 Doctors 1978	1990	2000	2002
长江三角洲经济区	**Yangtze River Delta**				
上海市	Shanghai City	33500	58200	49900	43800
南京市	Nanjing City	7800	15726	15239	13313
苏州市	Suzhou City				9468
无锡市	Wuxi City	3860	8786	9903	8373
常州市	Changzhou City		4668	6404	6424
镇江市	Zhenjiang City			3860	4001
南通市	Nantong City				
扬州市	Yangzhou City				
泰州市	Taizhou City				
杭州市	Hangzhou City	7375	14483	16317	16092
宁波市	Ningbo City		7453	9472	9927
嘉兴市	Jiaxing City		3921	5211	5351
湖州市	Huzhou City	1347	2054	2826	2754
绍兴市	Shaoxing City	2620	5288	5707	6665
舟山市	Zhoushan City		1592	2072	1938
台州市	Taizhou City		4512	7100	6898
珠江三角洲经济区	**Pearl River Delta**				
广州市	Guangzhou City	12014	21015	14502	20205
深圳市	Shenzhen City		3426	7418	8260
珠海市	Zhuhai City			1633	1816
佛山市	Foshan City		5131	7048	7000
江门市	Jiangmen City				
东莞市	Dongguan City		1180	2420	3091
中山市	Zhongshan City	387	1101	2387	2263
惠州市区	Huizhou Urban District				
惠阳市	Huiyang City				
惠东县	Huidong County				
博罗县	Boluo County				
肇庆市区	Zhaoqing Urban District	582	1051	1474	1390
高要市	Gaoyao City	459	437	624	627
四会市	Sihui City	322	413	551	472
香港特别行政区	**Hong Kong,SAR**		6260	10130	10731
澳门特别行政区	**Macao,SAR**		347	895	921

14—10 续表 continued

单位：人 (person)

地区	Area	护士 Nurses			
		1978	1990	2000	2002
长江三角洲经济区	**Yangtze River Delta**				
上海市	Shanghai City		36600	38300	37100
南京市	Nanjing City				1170
苏州市	Suzhou City				8127
无锡市	Wuxi City		4620	6517	6511
常州市	Changzhou City		1930	2210	5284
镇江市	Zhenjiang City			3357	3685
南通市	Nantong City				
扬州市	Yangzhou City				
泰州市	Taizhou City				
杭州市	Hangzhou City	3483	7822	11186	11922
宁波市	Ningbo City		3989	5162	5960
嘉兴市	Jiaxing City		2109	3008	3543
湖州市	Huzhou City	700	1084	2468	2625
绍兴市	Shaoxing City			2658	3511
舟山市	Zhoushan City		1164	1296	1362
台州市	Taizhou City		2193	3576	4658
珠江三角洲经济区	**Pearl River Delta**				
广州市	Guangzhou City	8110	15329	7756	19925
深圳市	Shenzhen City		2145	5425	6635
珠海市	Zhuhai City			1592	1878
佛山市	Foshan City		3456	6188	6548
江门市	Jiangmen City				
东莞市	Dongguan City		1164	2673	3462
中山市	Zhongshan City	162	869	1017	2005
惠州市区	Huizhou Urban District				1269
惠阳市	Huiyang City				618
惠东县	Huidong County				500
博罗县	Boluo County				660
肇庆市区	Zhaoqing Urban District	390	937	1408	1361
高要市	Gaoyao City	160	253	479	507
四会市	Sihui City	143	187	428	413
香港特别行政区	**Hong Kong,SAR**		27679	40388	43383
澳门特别行政区	**Macao,SAR**		594	943	980

主要统计指标解释

普通高等学校 指按照国家规定的标准和审批程序批准举办的，通过全国统一招生考试，招收高中毕业生为主要培养对象，实施高等教育的全日制大学、独立设置的学院和高等专科学校、高等职业学校和其他机构。

大学、独立设置的学院主要实施本科层次以上教育，高等专科学校、高等职业学校实施专科层次教育，其他机构是承担国家普通招生计划任务不计校数的机构。包括普通高等学校 分校和批准筹建的普通高等学校等。

成人高等学校 指按照国家规定的设置标准和审批程序批准举办的，通过全国成人高等学校统一招生考试，招收具有高中毕业或同等学历的在职从业人员为主要培养对象，利用函授、业余、脱产等多种形式对其实施高等学历教育的学校。包括职工高等学校、农民高等学校、管理干部学院、教育学院、独立函授学院、广播电视大学、其他机构等。其他机构是承担国家成人招生计划任务不计校数的机构。

科技活动人员 指直接从事科技活动，以及专门从事科技活动管理和为科技活动提供直接服务，累计的实际工作时间占全年制度工作时间10%及以上的人员。(1) 直接从事科技活动的人员包括：在独立核算的科学研究与技术开发机构，高等院校、各类企业及其他事业单位内设的研究室、实验室、技术开发中心及中试车间（基地）等机构中从事科技活动研究人员、工程技术人员、技术工人及其他人员；虽不在上述机构工作，但编入科技活动项目（课题）组的人员；科技信息与文献机构中的专业技术人员；从事论文设计的研究生等。(2) 专门从事科技活动管理和为科技活动提供直接服务的人员，包括：独立核算的科学研究与技术开发机构，科技信息与文献机构、高等院校、各类企业及其他事业单位主管科技工作的负责人，专门从事科技活动的计划、行政、人事、财务、物资供应、设备维护、图书资料管理等工作的各类人员，但不包括保卫、医疗保健人员、司机、食堂人员、茶炉工、水暖工、清洁工等为科技活动提供间的接服务人员。该指标用来反映投入科技活动人力的规模。

专业技术人员 指从事专业技术工作和专业技术管理工作的人员，即企事业单位中已经聘任专业技术职务从事专业技术工作和专业技术管理工作的人员，以及未聘任专业技术职务，现在专业技术岗位上工作的人员。包括工程技术人员、农业技术人员、科学研究人员、卫生技术人员、教学人员、经济人员、会计人员、统计人员、翻译人员、图书资料、档案、文博人员、新闻出版人员、律师、公证人员、广播电视播音人员、工艺美术人员、 体育人员、艺术人员及企业政治思想工作人员，共十七个专业技术职务类别。用来反映科技人力资源情况。

卫生机构 包括医疗机构、疾病预防控制中心（防疫站）、采供血机构、卫生监督及监测（检验）机构、医学科研和在职培训机构、健康教育所等。

医院 包括综合医院、中医医院、中西医结合医院、民族医院、各类专科医院和护理院。

医生 指在医疗、预防保健机构工作且取得《执业医师证书》的执业医师和执业助理医师。

Explanatory Notes on Main Statistical Indicators

Regular Institutions of Higher Learning refer to educational establishments set up according to the government evaluation and approval procedures , enrolling graduates from senior secondary schools and providing higher education courses and training for senior professionals. They include full-time universities, colleges, high professional schools, high professional vocational schools and others.

Universities and colleges are mainly providing undergraduate courses; those high profess ional schools and high professional vocational schools are mainly providing professional trainings; and others refer to educational establishments, which are responsible for enrolling students but not covered in the total number of schools, including: branch schools of universities and colleges, and universities and colleges that have been proved and prepared to construct.

Institutions of Higher Learning for Adults refer to educational establishments, set up in line with relevant rules approved by the government, enrolling staff and workers with senior secondary school or equivalent education, and providing higher education courses in many forms of correspondence, spare time, or full time for adults. Professionals thus trained receive a qualification equivalent to graduates studying regular courses at regular universities, colleges and professional colleges. Institutions of higher learning for adults include schools of high education for staff and workers, schools of high education for peasants, colleges for management cadres, pedagogical colleges , independent correspondence colleges, Radio and TV universities and other educational establishment s. Other educational establishments are responsible for enrolling adult students but not covered in the number of schools.

Personnel Engaged in S&T Activities refer to personnel directly engaged in S&T activities, in the management of S&T activities, and in providing direct service to S&T activities, who spend over 10% of the total working hours in a year in S&T activities. (1) Personnel directly engaged in S&T activities include researchers , engineers, technicians and other related personnel engaged in S&T activities in independent-accounting R&D institutions, institutions of higher learning, and in research institutes, laboratories, technology development centers and central experiment workshops under enterprises and institutions. Also included are people working in S&T research project teams, professional and technical personnel working in S&T information archiving institutes, and graduate students working on the design of their thesis. (2) Personnel engaged in the management of S&T activities and in providing direct service to S&T activities include senior management people responsible for S&T activities in independent accounting R&D institutions , S&T information archiving institutes, institutions of higher learning, and in enterprises and institutions where S&T activities are undertaken. Also included are people responsible for the planning, administration, personnel management, financial management , logistics supply, equipment maintenance, information and library management that are related with S&T activities. People providing indirect services are excluded, such as security, medical service, drivers, plumbers, cleaners and those providing catering and related service. This indicator reflects the size of personnel engaged in S&T activities.

Professional and Technical Personnel refer to persons engaged in professional and technical work or in the management of professional and technical activities, i.e., people with professional or technical posit ions who are engaged in professional and technical work or in the management of professional and technical activities, and people without professional or technical positions but are working on professional or technical posts. They include professionals and technicians working in 17 categories of technical occupations including engineering, agriculture, scientific researches, medical service, teaching, economic research and application, accounting, statistics , translation, libraries, archives, cultural and museum service, journalism and publication, lawyers, notarization service, radio and television broadcasting, handicraft and fine arts, sports, performing art, and political workers in enterprises. This indicator reflect s the condition of human resources in S&T.

Health Care Institutions include: medical institutions, disease prevent ion and control centers (epidemic prevention stations), blood gathering and supplying institutions, health supervision and inspection (check up) institutions, medicinal scientific research and on-job training institutions , health education and so on.

Hospitals include: polyclinics, traditional Chinese medical hospitals, hospitals integrated with traditional Chinese therapeutics and western therapeutics, ethical hospitals, various specialties hospitals and nursing hospitals.

Doctors refer to certified physicians and certified assistant physicians with certifications working in medical and health care and prevention agencies.

十五、社会
福利和其他

Social Welfare and Others

15-1 年末离休、退休、退职人员数

Number of Retired and Resigned at the Year-end

单位：人 (person)

地区	Area	离休人员 Retired Veterans 1990	离休人员 Retired Veterans 2000	离休人员 Retired Veterans 2002	退休人员 Retired Persons 1990	退休人员 Retired Persons 2000
长江三角洲经济区	**Yangtze River Delta**					
上海市	Shanghai City	42600	36971	35465	1517800	2274849
南京市	Nanjing City					
苏州市	Suzhou City	6394	6149	5509	169738	299490
无锡市	Wuxi City		4027	3625		263389
常州市	Changzhou City	2077	3231	2857	64338	168059
镇江市	Zhenjiang City		4049	2635		111321
南通市	Nantong City			8298		
扬州市	Yangzhou City		4435	4291		126360
泰州市	Taizhou City		4307	3784		113640
杭州市	Hangzhou City		11209	11450		398727
宁波市	Ningbo City		3844	3469		166984
嘉兴市	Jiaxing City		923	1205		95559
湖州市	Huzhou City	151	2027	867	2001	73309
绍兴市	Shaoxing City					
舟山市	Zhoushan City	1031	931	890	14446	21482
台州市	Taizhou City	2980	2605	2341	41665	74031
珠江三角洲经济区	**Pearl River Delta**					
广州市	Guangzhou City					
深圳市	Shenzhen City					
珠海市	Zhuhai City		560	530		28436
佛山市	Foshan City					
江门市	Jiangmen City					
东莞市	Dongguan City	887	791	620	23385	31962
中山市	Zhongshan City	1107	507	630	22312	26308
惠州市区	Huizhou Urban District		688	667		14348
惠阳市	Huiyang City		294	268		5342
惠东县	Huidong County		265	230		3723
博罗县	Boluo County		264	223		6694
肇庆市区	Zhaoqing Urban District		870	934		24781
高要市	Gaoyao City		108	175		4992
四会市	Sihui City		84	109		5887

15-1 续表 continued

单位：人 (person)

地区	Area	退休人员 Retired Persons	退职人员 Resigned Persons		
		2002	1990	2000	2002
长江三角洲经济区	**Yangtze River Delta**				
上海市	Shanghai City	2402496	31000	30517	31192
南京市	Nanjing City				
苏州市	Suzhou City	322620	2472	10883	11961
无锡市	Wuxi City	283390		10626	9523
常州市	Changzhou City	180870	1496	4142	4244
镇江市	Zhenjiang City	113488		3568	4855
南通市	Nantong City	253949			4893
扬州市	Yangzhou City	140082		4796	6057
泰州市	Taizhou City	123565		4223	4408
杭州市	Hangzhou City	439515		12117	12902
宁波市	Ningbo City	205794		7631	6231
嘉兴市	Jiaxing City	124211		499	2133
湖州市	Huzhou City	72956	11	2215	1235
绍兴市	Shaoxing City				
舟山市	Zhoushan City	30177	615	627	1996
台州市	Taizhou City	88472	2280	1962	2086
珠江三角洲经济区	**Pearl River Delta**				
广州市	Guangzhou City				
深圳市	Shenzhen City				
珠海市	Zhuhai City	24710			
佛山市	Foshan City				
江门市	Jiangmen City				
东莞市	Dongguan City	25639	143	505	505
中山市	Zhongshan City	56909	583	63	
惠州市区	Huizhou Urban District	15592			
惠阳市	Huiyang City	5921			
惠东县	Huidong County	4643			
博罗县	Boluo County	10850			
肇庆市区	Zhaoqing Urban District	31203			295
高要市	Gaoyao City	9063			5
四会市	Sihui City	7283			108

15-2 社会保险情况
Statistics of Social Welfare

单位：万人 (10 000 persons)

地区	Area	基本养老保险参保职工 Workers Participating in the Basic Endowment Insurance			基本医疗保险参保职工 Workers Participating in the Basic Medical Care Insurance	
		2000	2001	2002	2000	2001
长江三角洲经济区	**Yangtze River Delta**					
上海市	Shanghai City	441.09	443.67	452.85	566.73	666.00
南京市	Nanjing City	86.38	91.55	110.97	25.47	34.70
苏州市	Suzhou City	76.81	103.85	123.77	49.34	106.15
无锡市	Wuxi City	55.23	76.56	83.62	61.59	75.79
常州市	Changzhou City	34.91	36.23	39.36	13.29	30.00
镇江市	Zhenjiang City	40.76	31.92	33.93	39.85	41.24
南通市	Nantong City	55.08	58.73	59.99	34.82	47.86
扬州市	Yangzhou City	45.89	48.04	48.13	7.71	30.10
泰州市	Taizhou City	35.07	36.07	35.88	12.77	19.64
杭州市	Hangzhou City	81.96	109.31	127.99	53.39	76.99
宁波市	Ningbo City	158.07	81.50	71.26	42.93	52.28
嘉兴市	Jiaxing City	33.20	38.15	47.48		1.65
湖州市	Huzhou City	2.20	27.29	35.45		13.14
绍兴市	Shaoxing City	39.43	51.80	54.48		14.10
舟山市	Zhoushan City	17.78	11.63	12.07	10.45	11.51
台州市	Taizhou City	26.01	26.90	40.46	9.63	9.01
珠江三角洲经济区	**Pearl River Delta**					
广州市	Guangzhou City	152.07	157.55	159.14		41.50
深圳市	Shenzhen City	127.85	170.84	221.24	86.10	104.39
珠海市	Zhuhai City	27.09	32.60	36.05	13.60	19.60
佛山市	Foshan City	34.80	66.90	67.40	38.72	35.70
江门市	Jiangmen City	43.46	43.84	44.05	23.72	30.99
东莞市	Dongguan City	82.95	80.27	100.04	88.21	88.00
中山市	Zhongshan City	31.49	50.63	45.84	12.49	54.82
惠州市区	Huizhou Urban District	14.01	15.97	17.18		11.81
惠阳市	Huiyang City	4.68	7.07	6.05		3.79
惠东县	Huidong County	3.56	3.98	4.24		2.30
博罗县	Boluo County	5.18	4.71	5.00		2.31
肇庆市区	Zhaoqing Urban District	10.37	11.76	11.80		10.78
高要市	Gaoyao City	3.88	4.42	4.41		
四会市	Sihui City	2.99	3.49	3.49		

15-2 续表 continued

单位：万人 (10 000 persons)

地区	Area	基本医疗保险参保职工 Workers Participating in the Basic Medical Care Insurance	失业保险参保职工 Workers Participating in the Basic Unemployment Insurance		
		2002	2000	2001	2002
长江三角洲经济区	**Yangtze River Delta**				
上海市	Shanghai City	675.91	434.86	430.71	436.01
南京市	Nanjing City	70.22	108.63	109.46	112.40
苏州市	Suzhou City	144.75	86.10	91.34	97.52
无锡市	Wuxi City	89.50	66.01	66.06	64.32
常州市	Changzhou City	48.21	51.15	49.60	49.71
镇江市	Zhenjiang City	43.40	38.25	39.83	38.00
南通市	Nantong City	58.38	73.18	70.33	67.24
扬州市	Yangzhou City	38.97	53.19	49.75	45.75
泰州市	Taizhou City	35.24	45.85	45.55	42.33
杭州市	Hangzhou City	139.75		95.52	96.93
宁波市	Ningbo City	53.45		59.85	69.76
嘉兴市	Jiaxing City	19.03	33.65	33.65	33.65
湖州市	Huzhou City	15.29	21.70	21.50	19.50
绍兴市	Shaoxing City	24.05	36.71	37.73	37.22
舟山市	Zhoushan City	12.20		10.66	10.42
台州市	Taizhou City	15.70		28.41	31.00
珠江三角洲经济区	**Pearl River Delta**				
广州市	Guangzhou City	108.60	178.85	183.02	186.01
深圳市	Shenzhen City	127.38	81.64	90.47	110.15
珠海市	Zhuhai City	25.35	29.17	32.12	31.54
佛山市	Foshan City	34.10	41.05	45.10	43.90
江门市	Jiangmen City	36.88	36.41	36.61	37.83
东莞市	Dongguan City	105.20	17.84	17.91	67.91
中山市	Zhongshan City	53.90	25.84	50.67	44.51
惠州市区	Huizhou Urban District	16.20	15.39	18.83	19.13
惠阳市	Huiyang City	4.81	5.71	6.89	7.30
惠东县	Huidong County	3.04	3.94	4.18	4.40
博罗县	Boluo County	3.82	5.22	4.57	4.63
肇庆市区	Zhaoqing Urban District	11.60	10.03	11.33	11.40
高要市	Gaoyao City	2.60	2.92	3.33	3.32
四会市	Sihui City	1.30	2.63	3.00	3.05

15-3 福利机构基本情况

Basic Statistics on Welfare Institutions

地区	Area	福利机构数（个） Number of Welfare Institutions (unit)			福利机构床位数（张） Beds of Welfare Institutions (bed)
		1990	2000	2002	1990
长江三角洲经济区	**Yangtze River Delta**				
上海市①	Shanghai City ①		427	451	
南京市	Nanjing City		166	151	
苏州市	Suzhou City	6	6	7	845
无锡市	Wuxi City		6	6	
常州市	Changzhou City	154	125	99	3220
镇江市	Zhenjiang City		94	76	
南通市	Nantong City		139	178	
扬州市	Yangzhou City	261	183	153	584
泰州市	Taizhou City		5	5	
杭州市	Hangzhou City		284	259	934
宁波市	Ningbo City	215	211	196	3737
嘉兴市	Jiaxing City		123	102	
湖州市	Huzhou City	44	85	93	1000
绍兴市	Shaoxing City		161	145	148
舟山市	Zhoushan City		64	67	
台州市	Taizhou City	86	240	161	1355
珠江三角洲经济区	**Pearl River Delta**				
广州市①	Guangzhou City ①	120	182	166	2084
深圳市	Shenzhen City		3	6	
珠海市	Zhuhai City	1	3	3	16
佛山市	Foshan City		3	5	280
江门市	Jiangmen City				
东莞市	Dongguan City		2	3	
中山市	Zhongshan City		2	2	55
惠州市区	Huizhou Urban District	1	1	1	100
惠阳市	Huiyang City		1	2	
惠东县	Huidong County	1	1	1	20
博罗县	Boluo County	1	1	1	80
肇庆市区	Zhaoqing Urban District	1	1	2	90
高要市	Gaoyao City				
四会市	Sihui City				

15–3 续表 continued

地区	Area	福利机构床位数（张） Bed of Welfare Institution (bed)		社区服务设施数（个） Number of Urban Welfare Facilities (unit)	
		2000	2002	2000	2002
长江三角洲经济区	**Yangtze River Delta**				
上海市①	Shanghai City ①		36853		10306
南京市	Nanjing City	7587	9048	1953	1220
苏州市	Suzhou City	1315	1477	3811	5606
无锡市	Wuxi City	1054	1142		5852
常州市	Changzhou City	4991	5185	169	2028
镇江市	Zhenjiang City	2732	2789	1524	1755
南通市	Nantong City	6859	9394	813	1194
扬州市	Yangzhou City	5517	5634	143	1287
泰州市	Taizhou City	497	580	245	542
杭州市	Hangzhou City	6770	7357	1529	2085
宁波市	Ningbo City	10322	12345	1155	2180
嘉兴市	Jiaxing City	3713	4302	585	542
湖州市	Huzhou City	1894	3068	402	491
绍兴市	Shaoxing City	3306	4168	943	454
舟山市	Zhoushan City	951	1063	87	66
台州市	Taizhou City	4635	5877	444	516
珠江三角洲经济区	**Pearl River Delta**				
广州市①	Guangzhou City ①	12371	13916	236	862
深圳市	Shenzhen City	900	1170		351
珠海市	Zhuhai City	215	223	64	119
佛山市	Foshan City	586	1500	400	623
江门市	Jiangmen City				
东莞市	Dongguan City	430	598		
中山市	Zhongshan City	530	567	261	309
惠州市区	Huizhou Urban District	108	128		13
惠阳市	Huiyang City		150		
惠东县	Huidong County	20	20		
博罗县	Boluo County	100	120		
肇庆市区	Zhaoqing Urban District	142	287	40	43
高要市	Gaoyao City				
四会市	Sihui City				

注：①上海、广州为收养性福利事业单位。

Note: ① The data of Shanghai and Guangzhou are on adopting social welare institutes.

15-4 居民最低生活保障人数

Number of Persons Receiving Lowest Cost-of-living

单位：人 (person)

地区	Area	2000	2001	2002
长江三角洲经济区	**Yangtze River Delta**			
上海市	Shanghai City	196000	338500	431600
南京市	Nanjing City	23782	37285	71625
苏州市	Suzhou City	17100	32671	39802
无锡市	Wuxi City		52105	54184
常州市	Changzhou City	1775	4105	8056
镇江市	Zhenjiang City	7592	10495	12283
南通市	Nantong City		36777	45189
扬州市	Yangzhou City	20714	23520	31943
泰州市	Taizhou City	4764	26275	29504
杭州市	Hangzhou City	2847	5029	44414
宁波市	Ningbo City	2531	5487	10388
嘉兴市	Jiaxing City	10067	18725	26666
湖州市	Huzhou City	1492	2012	4071
绍兴市	Shaoxing City	11754	20368	28597
舟山市	Zhoushan City	389	1039	1644
台州市	Taizhou City	29611	33487	48926
珠江三角洲经济区	**Pearl River Delta**			
广州市	Guangzhou City	35819	44900	58257
深圳市	Shenzhen City		4978	8478
珠海市	Zhuhai City	4361	5956	7945
佛山市	Foshan City			49960
江门市	Jiangmen City			
东莞市	Dongguan City		2711	2876
中山市	Zhongshan City	8500	12400	16500
惠州市区	Huizhou Urban District	1099	1295	1507
惠阳市	Huiyang City	3492	3702	5737
惠东县	Huidong County	1409	1414	6326
博罗县	Boluo County	1715	2206	6730
肇庆市区	Zhaoqing Urban District			
高要市	Gaoyao City			
四会市	Sihui City			

15-5 交通事故基本情况
Basic Statistics on Traffic Accidents

地区	Area	交通事故数量（起） Number of Traffic Accidents (case)			
		道路 Road		船舶 Ship	
		1990	2002	1990	2002
长江三角洲经济区	**Yangtze River Delta**				
上海市	Shanghai City	7624	46733		60
南京市	Nanjing City				
苏州市	Suzhou City		10024		9
无锡市	Wuxi City		10811		
常州市	Changzhou City	1163	2931		13
镇江市	Zhenjiang City				
南通市	Nantong City		3894		3
扬州市	Yangzhou City	2011	7280		
泰州市	Taizhou City		2990		
杭州市	Hangzhou City	2171	11254	246	118
宁波市	Ningbo City		6760		66
嘉兴市	Jiaxing City	1016	3840		126
湖州市	Huzhou City	785	3085	114	53
绍兴市	Shaoxing City	121	4353	53	28
舟山市	Zhoushan City		603		91
台州市	Taizhou City		6384		12
珠江三角洲经济区	**Pearl River Delta**				
广州市	Guangzhou City		13400		
深圳市	Shenzhen City		1535		
珠海市	Zhuhai City	516	1846		
佛山市	Foshan City	418	8573		
江门市	Jiangmen City		5084		8
东莞市	Dongguan City		9389		4
中山市	Zhongshan City	521	4245		
惠州市区	Huizhou Urban District		378		
惠阳市	Huiyang City		561		
惠东县	Huidong County		149		
博罗县	Boluo County		844		
肇庆市区	Zhaoqing Urban District	98	906		
高要市	Gaoyao City	35	427		
四会市	Sihui City	62	438		
香港特别行政区	**Hong Kong,SAR**	15269	15576		
澳门特别行政区	**Macao,SAR**		10523		

15–5 续表 continued

地区	Area	死亡人数（人） Number of Deaths (person)			
		道路 Road		船舶 Ship	
		1990	2002	1990	2002
长江三角洲经济区	**Yangtze River Delta**				
上海市	Shanghai City	608	1398		
南京市	Nanjing City				
苏州市	Suzhou City		1071		
无锡市	Wuxi City		676		
常州市	Changzhou City	212	506		
镇江市	Zhenjiang City				
南通市	Nantong City		673		
扬州市	Yangzhou City	388	459		
泰州市	Taizhou City		409		
杭州市	Hangzhou City	494	1069	19	8
宁波市	Ningbo City		916		14
嘉兴市	Jiaxing City	233	499		23
湖州市	Huzhou City	232	362	11	7
绍兴市	Shaoxing City	24	708	3	2
舟山市	Zhoushan City		37		12
台州市	Taizhou City		688		8
珠江三角洲经济区	**Pearl River Delta**				
广州市	Guangzhou City		16452		
深圳市	Shenzhen City		309		
珠海市	Zhuhai City	10	171		
佛山市	Foshan City	36	864		
江门市	Jiangmen City		673		1
东莞市	Dongguan City		1260		3
中山市	Zhongshan City	508	488		
惠州市区	Huizhou Urban District		167		
惠阳市	Huiyang City		232		
惠东县	Huidong County		120		
博罗县	Boluo County		261		
肇庆市区	Zhaoqing Urban District	23	99		
高要市	Gaoyao City	20	71		
四会市	Sihui City	22	70		
香港特别行政区	**Hong Kong,SAR**	20374	20600		
澳门特别行政区	**Macao,SAR**		22		

15-6 社会治安基本情况

Basic Statistics on Public Security

地区	Area	刑事案件立案数（件）Criminal Cases Accepted (case)			犯罪嫌疑人数（人）Number of Criminal Suspects (person)		
		2000	2001	2002	2000	2001	2002
长江三角洲经济区	**Yangtze River Delta**						
上海市	Shanghai City	104946	107449	101052	15449	16909	16400
南京市	Nanjing City	4118	40290	37323	4898	6231	6148
苏州市	Suzhou City	4148	35780	34369	5967	6494	7449
无锡市	Wuxi City	3301	30967	29389	4369	5066	5333
常州市	Changzhou City	2379	26011	21388	7595	7736	8175
镇江市	Zhenjiang City	1982	14576	1975	2420	2900	2253
南通市	Nantong City	2880	15504	2816	3897	3544	3300
扬州市	Yangzhou City	2019	12758	2132	2324	2478	2372
泰州市	Taizhou City	1761	12550	2427	2627	2688	2619
杭州市	Hangzhou City	29666	33569	33231	11887	15511	13151
宁波市	Ningbo City	38566	43954	40956	6861	8733	8041
嘉兴市	Jiaxing City	19218	18878	17830	2995	3844	3785
湖州市	Huzhou City	12913	14816	13627	1739	2131	2261
绍兴市	Shaoxing City	22215	42039	23088	3587	7744	3713
舟山市	Zhoushan City	8707	11426	10438	1028	4186	1100
台州市	Taizhou City	38657	40044	38160	5382	6780	8186
珠江三角洲经济区	**Pearl River Delta**						
广州市	Guangzhou City		123554	113901			
深圳市	Shenzhen City	20745	24518	19070	1225	10076	4301
珠海市	Zhuhai City	13849	16543	17592	4313	4211	4167
佛山市	Foshan City	48571	48271	41257	5241	5145	6577
江门市	Jiangmen City	23835	29767	25613	5878	7173	6929
东莞市	Dongguan City		44604	41786		2913	3627
中山市	Zhongshan City	16684	17973	15972	1934	2430	3117
惠州市区	Huizhou Urban District	5575	4059	3949	528	297	1643
惠阳市	Huiyang City	4726	4159	3628	1209	1679	2282
惠东县	Huidong County	2418	2307	2197	677	535	669
博罗县	Boluo County	3652	3101	3049	1049	1544	1577
肇庆市区	Zhaoqing Urban District	5960	5852	5552	1293	1240	1101
高要市	Gaoyao City	1397	1574	1308	540	578	584
四会市	Sihui City	1588	1375	1260	403	397	452
香港特别行政区	**Hong Kong,SAR**	1159	73008	75877	40930	38829	39665
澳门特别行政区	**Macao,SAR**			3683			299

主要统计指标解释

离休、退休、退职人员 指正式办理了离休、退休、退职手续，并享受相应的离休、退休、退职待遇的人员。

基本养老保险参保人数 指报告期末按照国家法律、法规和有关政策规定参加基本养老保险的职工人数。包括不能正常缴费，已中断缴费但未终止保险关系的职工人数。

基本医疗保险参保人数 指报告期末按照国家有关规定参加基本医疗保险的人数。包括参加保险的职工人数和退休人员人数。

失业保险参保人数 指报告期末按照国家法律、法规和有关政策规定参加了失业保险的城镇企业事业单位的职工及地方政府规定参加失业保险的其他人员的人数。

社会福利机构 指集中收养社会孤老、残、幼的机构，包括由民政部门管理的社会福利院、儿童福利院、精神病人福利院和城镇集体举办的福利院及农村集体举办的敬老院以及优抚医院和具有收养能力的社区服务中心等。该指标主要反映我国在社会福利性单位投入的水平。

Explanatory Notes on Main Statistical Indicators

Retired or Resigned Personnel refers to people who have formally gone through the formalities for their retirement or quitting work and enjoy the corresponding treatments.

Numbers of People Participating in the Basic Endowment Insurance by the end of reference period, number of staff and workers participating in the insurance program in line with national laws, regulations and related policies, including those who can not make regular payment or interrupt payment but not terminate the insurance program.

Numbers of People Participating in the Basic Medical Care Insurance refer to number of people participated in the basic medical care insurance program according to related regulation by the end of reference period, including: number of staff and workers and retired persons participated in this insurance program.

Numbers of People Participating the Unemployment Insurance number of staff and workers in urban enterprises or institutions and other people according to local government regulations participated in unemployment insurance program in line with national law, regulations and related policies by the end of the reference period.

Social Welfare Institutions refer to institutions taking care of old people without children, handicapped people and orphans. They include social welfare institutions run by civil affairs departments, children welfare institutions, social welfare institutions for mental patients, collective-owned old peoples homes in rural areas, convalescent homes and community service centers with the capacity of receiving those people. This indicator reflects the input in social welfare institutions.

附录一　长江和珠江三角洲地区企业排名

Appendix I. Rank of Enterprises in Delta of Yangtze River and Pearl River

附录 1-1　2002 年上海市工业企业前 100 家

The Top 100 Industrial Enterprises of Shanghai in 2002

位次	企业名称	负责人	销售收入（万元）
1	上海大众汽车有限公司	陈祥麟	3626528
2	宝山钢铁股份有限公司	谢企华	3387661
3	上海市电力公司	于新阳	2170860
4	中国石化上海石油化工股份有限公司	陆益平	1997256
5	上海通用汽车有限公司	韩德胜	1856297
6	中国石化股份有限公司上海高桥分公司	章建华	1462709
7	上海烟草（集团）公司	董浩林	1418864
8	上海西门子移动通信有限公司	徐为煊	1071893
9	达丰(上海)电脑有限公司	黄健堂	805049
10	上海贝尔阿尔卡特股份有限公司	袁　欣	736348
11	飞利浦电子元件(上海)有限公司	张　玥	575936
12	上海三钢有限责任公司	汪金德	525152
13	宝钢集团上海五钢有限公司	谢　蔚	516034
14	上海光明乳业股份有限公司	王佳芬	502150
15	宝钢集团上海第一钢铁有限公司	伏中哲	485160
16	上海汽车股份有限公司	陈祥麟	476924
17	惠普计算机产品(上海)有限公司	Chow.S.C	434747
18	上海永新彩色显像管股份有限公司	顾培柱	428384
19	上海惠普有限公司	林鸿满	406068
20	上海汇众汽车制造有限公司	蒋志伟	389642
21	上海申达股份有限公司	席时平	384239
22	上海三菱电梯有限公司	夏　灼	370787
23	惠普科技（上海）有限公司	CHOW.S.C	368158
24	上海振华港口机械（集团）股份有限公司	刘怀远	325543
25	上海电力股份有限公司	丁中智	322022
26	江南造船(集团)有限责任公司	陈金海	313766
27	伟创力电子制造(上海)有限公司	MANNY MARIMUTHU	308077
28	英业达（上海）有限公司	叶国一	297123
29	上海广电信息产业股份有限公司	陈光平	290268
30	沪东中华造船（集团）有限公司	顾宝龙	287390
31	上海贝尔阿尔卡特移动通信系统有限公司	袁　欣	263898
32	上海索广映像有限公司	藤田长一	243599
33	上海焦化有限公司	胡公明	233214
34	上海宝钢益昌薄板有限公司	赵　昆	228683
35	上海轮胎橡胶(集团)股份有限公司	范　宪	226997
36	上海氯碱化工股份有限公司	周　波	224772
37	上海延锋江森座椅有限公司	赵启华	219646
38	上海吴泾第二发电有限责任公司	吴家骅	216350
39	上海外高桥发电有限责任公司	周世平	209208
40	上海索广电子有限公司	倪士高	208182
41	上海柴油机股份有限公司	陈龙兴	206103
42	远纺工业（上海）有限公司	席家宜	201036
43	中国石化上海高桥石化公司	江正洪	199448
44	联合汽车电子有限公司	陈志鑫	193828
45	上海联想电子有限公司	杨元庆	192821
46	上海旭电子玻璃有限公司	顾培柱	190306
47	上海美蓓亚精密机电有限公司	山本次男	188711
48	上海日立电器有限公司	顾惠龙	185902
49	上海夏普电器有限公司	蒋松涛	185713
50	上海紫江企业集团股份有限公司	李　彧	182135

附录1-1　续表 continued

位次	企业名称	负责人	销售收入（万元）
51	上海嘉里粮油工业有限公司	潘昆利	178770
52	上海乐金广电电子有限公司	卢光锡	177560
53	可口可乐（中国）饮料有限公司	包逸秋	168939
54	延锋伟世通汽车饰件系统有限公司	陈因达	166756
55	上海宝钢化工有限公司	魏国瑞	164265
56	上海海欣集团股份有限公司	严镇博	162916
57	上海锅炉厂有限公司	陈干锦	160135
58	金士顿科技电子（上海）有限公司	王　之	155487
59	上海浦东一汽青岛专用车厂	孙开松	152703
60	迪比特公司	莫皓然	152625
61	联合利华股份有限公司	柏亚伦	150687
62	富士通将军(上海)有限公司	吉村昭彦	149139
63	上海华虹NEC电子有限公司	张文义	145904
64	上海日立家用电器有限公司	冯　樑	141937
65	上海石油天然气有限公司	吴家骅	140261
66	上海JVC电器有限公司	孙玉焕	138710
67	上海家化联合股份有限公司	葛文耀	136389
68	上海雷允上药业有限公司	朱　翔	136363
69	强生(中国)有限公司	吴人伟	135695
70	先锋高科技（上海）有限公司	安田信治	134112
71	凤凰股份有限公司	陈国强	133525
72	新大洲本田摩托有限公司上海分公司	吴秀山	132285
73	上海大江(集团)股份有限公司	雷黎光	129650
74	上海新格有色金属有限公司	黄耀滨	129619
75	上海申美饮料食品有限公司	翁　懋	126487
76	东芝电脑(上海)有限公司	下光秀尔郎	125506
77	柯达电子(上海)有限公司	WISNEWSKI	120548
78	上海易初通用机器有限公司	胡茂元	120137
79	上海百事可乐饮料有限公司	郑国培	116414
80	上海中集冷藏箱有限公司	麦伯良	116379
81	宝钢集团上海二钢有限公司	赵之玉	114198
82	中国华东电力集团公司望亭发电厂	孙孜平	113127
83	上海先锋电声器材有限公司	广末晴彦	111954
84	上海新美（集团)有限公司	李加清	108939
85	上海耀华皮尔金顿玻璃股份有限公司	朱伯安	108352
86	上海新锐实业有限公司	邹西原	107773
87	上海松下微波炉有限公司	王海涛	106490
88	三菱电机上菱空调机电器有限公司	王树民	106338
89	上海白猫有限公司	马立行	105862
90	巴斯夫染料化工有限公司	博　宁	105717
91	上海吴泾发电有限责任公司	吴家骅	104961
92	上海大金空调有限公司	王秉华	104535
93	立邦涂料(中国)有限公司	杨逸坤	102631
94	德尔福派克电气系统有限公司	艾博彬	99708
95	上海京瓷电子有限公司	西口泰夫	99011
96	上海大众燃气有限公司	杨国平	98585
97	上海汽车制动系统有限公司	蒋志伟	96154
98	上海华谊丙烯酸有限公司	邵敬铭	95973
99	上海汽轮机有限公司	金明达	94711
100	上海燃气市北销售有限公司	崔忠毅	94433

附录1-2　2002年上海市商业企业前100家

The Top 100 Business Enterprises of Shanghai in 2002

名次	企业名称	法人代表	销售额（万元）
1	上海友谊集团股份有限公司	王宗南	2092324
2	上海华联商厦股份有限公司	吕勇明	1863523
3	上海市第一百货商店股份有限公司	王迪芬	719868
4	上海永乐家用电器有限公司	陈　晓	321230
5	上海豫园旅游商城股份有限公司	吴　平	289079
6	上海国美电器公司	何　炬	208582
7	上海开开实业股份有限公司	江玉森	194799
8	上海新世界股份有限公司	顾振奋	193394
9	上海太平洋百货有限公司	严志强	177695
10	上海商务中心股份有限公司	陈晓宏	155118
11	上海第一食品商店股份有限公司	吴顺宝	151684
12	上海友谊南方商城有限公司	张国忠	148000
13	上海第一八佰伴有限公司	谢振华	147505
14	华联集团家用电器有限公司	汪伯申	109118
15	上海新宇钟表股份有限公司	张瑜平	108810
16	东方商厦有限公司	厉伟达	102393
17	上海三联（集团）有限公司	王宗南	94329
18	上海长江口商城股份有限公司	刘　健	85646
19	上海汇金房地产有限公司汇金百货商厦	张世明	69937
20	上海九海百盛广场有限公司	钟廷豪	67006
21	上海徐家汇商城股份有限公司	胡宗正	62603
22	上海第一医药股份有限公司	赵　刚	59985
23	上海蔡同德药业有限公司	王龙根	56206
24	上海益民百货股份有限公司	陈　圣	54235
25	雷允上北区药业股份有限公司	朱　翔	50230
26	上海置地广场	王立群	46271
27	上海华氏大药房	郁庆华	45633
28	上海培罗蒙西服公司	金建华	45099
29	上海梅龙镇伊势丹百货有限公司	浅野俊之	44264
30	上海雷允上药业西区有限公司	江玉森	43256
31	上海药房股份有限公司	郭广昌	42400
32	上海虹桥友谊商城有限公司	杨俊生	40911
33	南汇区药材医药总公司	钱火林	40597
34	上海童涵春堂药业股份有限公司	程秉海	38690
35	上海浦东新区医药药材有限公司	王大良	38305
36	上海市曹杨商城有限公司	王美华	38032
37	上海复星药业有限公司	郭广昌	31564
38	上海盛春商厦	盛全荣	29750
39	上海金机(集团)公司	梅红健	29705
40	上海信谊联合医药药材有限公司	陆培康	28920
41	上海菱原电器有限公司	赵志刚	28920
42	上海新世纪药业有限公司	马丽萍	28908
43	上海汇丰医药药材有限责任公司	高　峰	25407
44	上海天山商厦有限公司	蔡志刚	25282
45	上海古今内衣有限公司	浦雅玲	25069
46	上海新时代药业有限公司	张元芳	24151
47	上海立丰食品有限公司	曹稼桢	24017
48	上海新华联大厦有限公司	李国定	23270
49	上海泰康食品有限公司	邹建国	23222
50	上海金叶商厦	陆正峰	23007

附录1-2　续表 continued

名次	企业名称	法人代表	销售额（万元）
51	上海华亭伊势丹有限公司	浅野俊之	22288
52	上海城隍庙第一购物中心有限公司	曹晓风	21524
53	上海第七百货商店	孙昌基	20659
54	上海书城	赵建平	19944
55	上海市浦东商场股份有限公司	王文喜	19487
56	上海汇联商厦有限公司	童光耀	18899
57	上海时装经营管理公司	浦建群	17573
58	上海云湖医药药材股份有限公司	孙建伟	17131
59	上海信谊天一药业有限公司	陈军力	17094
60	上海二百永新有限公司	曹其东	16439
61	上海东虹医药有限公司	陈为钢	16007
62	上海凯托纺织制衣有限公司	蔡瑞贤	15435
63	上海汇美百货有限公司	张子钦	15413
64	上海真丝商厦有限公司	屠原纲	14528
65	上海外文图书公司	张瑞芷	14412
66	上海名品商厦	王建平	14331
67	上海三角地菜场	楼勇祥	14076
68	老介福商厦	戴洪华	13563
69	上海大东海综合商社股份有限公司	朱盛齐	13414
70	上海华源药业有限公司	倪小伟	13392
71	上海江珂百货商业有限公司	何红娣	12547
72	上海美美百货有限公司	吴建华	12338
73	上海长江口五金交电有限公司	王杏华	12285
74	上海金山医药药材有限公司	张大奎	11451
75	上海市第二食品商店有限责任公司	马金花	10516
76	上海妇女用品商店	江之琳	10450
77	上海第九百货商店有限公司	陈奕明	10245
78	上海中联商厦	李少末	9811
79	上海一百集团交家电有限公司	阮国忠	9287
80	上海宝大祥青少年儿童购物中心	江育明	9256
81	上海新黄浦(集团)有限责任公司新黄浦商厦	宋亦飞	8755
82	上海余天成药业连锁有限公司	胡秀菊	8616
83	上海崇明医药药材有限公司	印建华	8363
84	上海松江商城	杜银龙	8229
85	上海金百汇商业有限公司	张培雄	8227
86	新凯福商厦	徐大新	8076
87	上海新世界飞驰服饰有限公司	魏建民	8070
88	上海云间商厦	陈仕军	7625
89	上海松江医药药材总公司	徐顺根	7578
90	上海环龙商场	楼　民	7435
91	上海老同盛有限公司	邹炳炎	7278
92	上海友谊商贸有限责任公司	徐　松	7139
93	上海市闸北医药有限公司	陈竹能	6971
94	上海沪甬医药有限公司	项志秋	6823
95	上海市第一百货沪西商厦	罗亦宾	6816
96	上海静安鸿翔服饰有限公司	黄佳康	6633
97	上海第一五金商店(集团)公司	张新中	6193
98	上海金机橡塑化工有限公司	方建东	6135
99	上海锦丽华购物中心	阮升辅	6053
100	上海云洲商厦有限公司	钱岳明	5904

附录 1-3　2002 年上海市房地产业企业销售前 100 家

The Top 100 Real Estate Enterprises of Shanghai Sorted by Sales in 2002

名次	企业名称	法人代表	销售面积（平方米）
1	大华（集团）有限公司	金惠明	638256
2	上海绿地（集团）有限公司	张玉良	537613
3	上海中星（集团）有限公司	陆志璋	356415
4	复地（集团）股份有限公司	郭广昌	339137
5	上海中环投资开发（集团）有限公司	周玉升	188558
6	上海上科实业总公司	吴菲菲	182020
7	上海浦东上南房产实业公司	沈正荣	179021
8	上海陆家嘴(集团)有限公司	康慧军	176270
9	上海证大置业有限公司	戴志康	162892
10	上海莘盛发展有限公司	叶立培	162830
11	上海市上投房地产有限公司	寿伟光	160274
12	上海浦东新区房地产(集团)有限公司	杨永康	159308
13	上海东紫房地产发展有限公司	邵东明	158433
14	上海新演房地产开发有限公司	吴国海	157212
15	上海康桥半岛房地产发展有限公司	徐　江	146895
16	上海农口房地产（集团）有限公司	陆美华	144264
17	上海中祥（集团）有限公司	秦金龙	143111
18	上海汤臣房地产开发有限公司	汤君年	142628
19	上海瀛通集团有限公司	陈伟峰	141404
20	上海华丽家族房地产有限公司	王伟林	131154
21	上海恒大房地产开发经营有限公司	周惠明	129900
22	上海新梅房地产开发有限公司	张静静	127109
23	上海万科房地产有限公司	丁长峰	122838
24	上海市湘海房地产发展有限公司	许文智	119801
25	上海中盛房地产有限公司	唐海根	115004
26	上海房地产经营（集团）公司	徐林宝	113387
27	上海申东房地产开发公司	叶德兴	113000
28	上海东方金马房地产发展有限公司	朱永康	108045
29	上海静安新世纪企业发展有限公司	陈　怡	106508
30	上海上实置业有限公司	董建明	105142
31	上海西部企业（集团）有限公司	董素铭	105065
32	中华企业股份有限公司	徐林宝	103221
33	上海金桥出口加工区房地产发展有限公司	张忠儒	100707
34	上海中福地产置业有限公司	胡培毅	100134
35	上海爱乐置业有限公司	康从之	99391
36	上海世茂房地产有限公司	许荣茂	99192
37	上海浦东伟业房地产开发总公司	张建良	98039
38	上海罗事房地产发展有限公司	罗万德	97757
39	上海盛大房地产开发投资有限公司	朱凤鸣	97126
40	上海东苑房地产开发（集团）有限公司	侯抗胜	96602
41	上海弘扬房地产开发有限公司	张文雅	96339
42	上海富中置业有限公司	严富源	95664
43	上海泰苑房地产有限公司	张扣宝	94912
44	上海广洋房地产开发经营公司	马友良	93941
45	黄浦区房地产开发实业总公司	王长宝	93700
46	上海万邦企业集团有限公司	黎志强	93187
47	上海顾路房地产开发经营公司	施爱琴	91672
48	上海凯士达房地产开发经营有限公司	邬美君	89960
49	上海连城置业发展有限公司	朱杏云	87197
50	上海锦丰置业有限公司	陈惠娟	85735

附录1—3 续表 continued

名次	企业名称	法人代表	销售面积（平方米）
51	上海新耀房地产开发有限公司	李 曦	84704
52	上海莲城房地产开发有限公司	杨国林	84202
53	上海奥林匹克置业投资有限公司	吴振绵	82743
54	上海梅苑房地产有限公司	顾纪兴	82533
55	嘉里发展(上海)有限公司	黄小抗	82305
56	上海浦东新翔房地产开发有限公司	谭钜诚	81428
57	上海城投资产经营有限公司	戴晓坚	81099
58	上海九亭房地产开发公司	陈惠其	80000
59	上海东上海联合置业置业有限公司	黄兆强	77996
60	上海周家嘴路置业有限公司	俞卫中	76788
61	上海浦东唐安房地产开发有限公司	顾雪兴	74601
62	上海虹北房地产开发经营有限公司	杨荣昌	74556
63	上海中虹企业股份有限公司	王金和	74299
64	上海佳鑫房地产开发经营有限公司	杨迪信	72740
65	上海城开(集团)有限公司	徐麟祥	71238
66	上海莘城实业总公司	林子雨	70968
67	上海信盛置业有限公司	郑朝龙	70601
68	上海潼港置业有限公司	徐赐祥	70407
69	上海民健房地产开发经营公司	李文国	70017
70	上海鑫佳房地产发展有限公司	张志熔	69492
71	上海山鑫置业有限公司	吴振来	68816
72	上海中远三林置业集团有限公司	李建红	68453
73	闵行房地产发展有限公司	金三益	68089
74	上海永龙房地产有限公司	曹其东	67567
75	上海海东房地产有限公司	陈树荣	66707
76	上海佳源置业有限公司	张树铭	66242
77	上海宇宙置业有限公司	康从之	65620
78	上海金桥房地产发展有限公司	吴志明	65530
79	上海新苏房地产开发有限公司	季 铭	65000
80	上海高东置业有限公司	林树梁	64791
81	上海锦联房地产开发有限责任公司	庄 华	64542
82	上海月浦房地产开发有限责任公司	张春良	63406
83	上海市衡源企业发展有限公司	徐国良	63355
84	上海众立房地产开发有限公司	夏连珊	62867
85	上海南洋豪森置业有限公司	朱敏骏	62154
86	上海凯城(集团)有限公司	吴兴樵	62106
87	上海吉联房地产开发经营有限公司	黄怀吉	62000
88	上海众开房地产有限公司	陆志康	61823
89	上海嘉平房地产有限公司	王政平	61321
90	上海安宝房地产有限公司	吕光崇	60898
91	上海市嘉定区建设工程（集团）有限公司	朱参参	60000
92	上海长峰房地产开发公司	童锦泉	59919
93	上海弘象置业有限公司	金静福	59807
94	上海华夏立向实业有限公司	高宝泉	59760
95	上海市同协房地产开发有限公司	周春华	59690
96	上海高昌房地产发展有限公司	乔楚明	59656
97	上海松贸房地产开发有限公司	冯忠中	59605
98	上海万兆房地产发展有限公司	宋小云	58634
99	上海阳光欧洲房地产开发有限公司	吴金海	58527
100	上海建华房地产开发经营公司	杨建华	57439

附录1-4　2002年上海市旅馆业企业营业收入前100家

The Top 100 Restaurants and Hotels of Shanghai Sorted by Revenue in 2002

名次	单位名称	法人代表	营业收入（万元）
1	上海金茂君悦大酒店	戴　毅	48827
2	上海浦东新区香格里拉酒店有限公司	叶龙蜚	38651
3	上海商城上海波特曼丽嘉酒店	何卫星	35720
4	静安希尔顿饭店(上海)	高　昕	32051
5	上海新锦江股份有限公司	沈懋兴	31343
6	花园饭店(上海)	铃木弘久	28632
7	上海太平洋大饭店有限公司	乐利安	21522
8	上海锦沧文华大酒店有限公司	余永梁	19230
9	上海王宝和大酒店有限公司	徐明辉	18304
10	上海华亭宾馆有限公司	顾永才	17832
11	上海锦江饭店	陈文君	17646
12	上海光大会展中心有限公司	高宝泉	17207
13	上海扬子江大酒店有限公司	张志毅	16995
14	上海上实南洋大酒店有限公司上海四季酒店	蔡来兴	16011
15	上海紫泰酒店管理有限公司万豪虹桥大酒店	罗志远	15585
16	上海国际贵都大饭店有限公司	张保华	15347
17	上海国际会议中心有限公司东方滨江大酒店	胡运筹	14329
18	上海银河宾馆	林治凯	14148
19	银星宾馆	朱永德	14089
20	上海红塔大酒店有限公司	刘会疆	13181
21	上海国际网球中心酒店管理有限公司富豪环球东亚酒店	凌伟功	12952
22	上海和平饭店有限公司	沈懋兴	12806
23	上海市虹桥宾馆	林治凯	12714
24	上海海仑宾馆有限公司	张宝华	12321
25	上海市上海宾馆	刘训彩	11947
26	上海新亚汤臣大酒店有限公司	沈思明	10727
27	上海紫金山大酒店	董津宁	10048
28	上海国际机场宾馆	叶毅干	9560
29	上海西郊宾馆	董志铭	9300
30	上海建国宾馆	吕九龙	9203
31	上海新亚广场长城酒店有限公司	俞敏亮	9194
32	上海浦东华油实业有限责任公司中油日航大酒店	吴熙荣	9057
33	上海市南新雅大酒店	郁为泽	8957
34	上海中国煤炭大厦有限责任公司浦东假日酒店	李钟奇	8804
35	上海兴国宾馆	陈根荣	8558
36	上海宝隆(集团)股份有限公司宝隆宾馆	王金城	8501
37	上海大厦	陶配泰	7808
38	上海国际航运大厦有限公司海神诺富特大酒店	徐泽宪	7717
39	上海国际饭店	袁公耀	7597
40	上海兰生大酒店有限公司	杨泰荣	7434
41	上海由由大酒店有限公司	严伟国	7370
42	上海虹桥迎宾馆	穆向阳	7196
43	上海通贸大酒店有限公司	张战国	7000
44	上海新亚(集团)股份有限公司新亚大酒店	张国鑫	6927
45	上海体育场酒店管理有限公司富豪东亚酒店	凌伟功	6617
46	上海远洋宾馆有限公司	任勇青	6400
47	上海东锦江大酒店有限公司	俞昌明	6274
48	上海世博会议大酒店有限公司	王根山	6138
49	城市酒店(上海)	陆培明	6027
50	上海美林阁酒店管理有限公司	沈飞宇	5973

附录1–4　续表 continued

名次	单位名称	法人代表	营业收入（万元）
51	上海美丽园大酒店有限公司	陆　纯	5701
52	宝钢集团宝山宾馆	庞　锐	5674
53	青松城大酒店	方孔嘉	5466
54	海鸥饭店	杨伟健	5375
55	上海逸和龙柏饭店有限公司	孙克敏	5305
56	上海九龙宾馆有限公司	王鸿英	5256
57	上海静安宾馆	王本才	5052
58	上海民航置业有限公司浦东华美达大酒店	毕守来	4991
59	上海山东齐鲁实业总公司齐鲁万怡大酒店	张守富	4872
60	上海延安饭店	贾恩玉	4723
61	上海中亚饭店	张宝华	4681
62	上海华夏宾馆	李　宪	4629
63	上海明城酒店管理有限公司	翁国强	4542
64	上海百乐门大酒店	张宝华	4463
65	上海瑞金宾馆	蔡　扬	4403
66	上海宝钢商务大厦	陈　跃	4381
67	上海东湖宾馆	梅继林	4326
68	上海衡山宾馆	杨维清	4271
69	上海锦江旅馆投资管理有限公司	杨原平	4105
70	上海龙柏饭店	曹　伟	3939
71	上海锦江金门大酒店	袁公耀	3923
72	上海老饭店	肖建平	3863
73	上海建工锦江大酒店有限公司	石礼文	3831
74	上海新元大酒店	陈顺兆	3771
75	上海扬子饭店	嵇东明	3714
76	上海圣淘沙大酒店有限公司	丁福如	3714
77	上海新苑宾馆	毛文刚	3578
78	上海和平汇中饭店有限公司	沈懋兴	3486
79	上海斯波特体育发展有限公司斯波特大酒店	陈志奇	3273
80	上海悦华大酒店	张伯时	3215
81	上海华东大酒店有限公司	顾永才	3210
82	上海小绍兴集团公司小绍兴大酒店	汪建平	3181
83	上海烟草集团卢湾烟草糖酒有限公司美臣大酒店	钟家苏	3175
84	上海邮电大厦	王观铝	3169
85	上海新华美大酒店有限公司	王永康	3091
86	上海大众大厦有限责任公司	张　静	3052
87	上海中土大厦酒店有限责任公司	丁永华	2990
88	上海迎园饭店	沈　勇	2937
89	上海大康度假城	朱根荣	2867
90	上海太阳岛国际俱乐部有限公司	陈逢坤	2835
91	上海物贸大厦有限公司	沈大海	2797
92	上海宝丰联大酒店	张鸿兴	2760
93	上海田林宾馆	王关森	2741
94	上海奥林匹克俱乐部	张国强	2737
95	上海龙门宾馆	许建华	2737
96	上海新民大酒店	徐芝元	2705
97	崇明县人民政府招待所	徐曙东	2646
98	上海江天实业有限公司江天宾馆	刘谷保	2623
99	上海新粤洲大酒店有限公司	梁荣堂	2622
100	上海吴宫大酒店	刘智勤	2617

附录 1-5 2002 年上海市建筑业综合企业前 50 家
The Top 50 Construction Enterprises of Shanghai in 2002

名次	企业名称	法人代表
1	上海宝钢冶金建设公司	程志广
2	上海隧道工程股份有限公司	姜先赋
3	上海市第七建筑有限公司	陆绍机
4	上海市第一建筑有限公司	张香田
5	上海市第二建筑有限公司	蒋一元
6	上海市第三建筑有限公司	徐伯昌
7	上海市第五建筑有限公司	舒定康
8	上海市第四建筑有限公司	朱海根
9	上海市第八建筑有限公司	杨月林
10	上海市安装工程有限公司	沈柏青
11	中国第十三冶金建设公司	张培文
12	上海广厦（集团）公司	陆根良
13	上海开天建设（集团）有限公司	金裕龙
14	中国第二十冶金建设公司（沪）	李　勇
15	上海五冶冶金建设有限公司	程并强
16	上海市第二市政工程有限公司	陈洪彰
17	上海铁路建设（集团）有限公司	顾金荣
18	上海港务工程公司	诸葛宇杰
19	上海市基础工程公司	周振国
20	上海市第一市政工程有限公司	杨印昌
21	上海宝钢建设有限公司	谈德勤
22	上海公路桥梁工程有限公司	陈美根
23	上海鹏欣建筑安装有限公司	姜　雷
24	南汇区建筑总公司	陈树荣
25	上海市浦东新区建设（集团）有限公司	张进永
26	上海浦东路桥建设股份有限公司	葛培健
27	上海市园林工程有限公司	黄勇强
28	上海市机械施工公司	张立新
29	上海电力电缆工程有限公司	叶业庆
30	上海市建筑装饰工程有限公司	倪　豪
31	上海建设机场道路工程有限公司	石海定
32	上海远东国际桥梁建设有限公司	莫　竣
33	上海嘉实建设（集团）有限公司	章永泉
34	上海东亚联合建筑实业（集团）有限公司	徐　闯
35	上海崇明建设（集团）有限公司	张　荣
36	上海送变电工程公司	王固萍
37	金山石化建筑公司	吴宏良
38	上海华盛建设发展有限公司	陈　华
39	上海城建建设实业有限公司	王纪来
40	上海海直建设工程公司	唐海金
41	上海金山市政建设股份有限公司	朱德根
42	和兴玻璃铝业（上海）有限公司	陈国仁
43	上海康业建筑装饰工程有限公司	孙自强
44	上海耿耿市政工程有限公司	张耿耿
45	上海市东昌建筑装饰工程有限公司	徐伯昌
46	上海东海华庆工程有限公司	方大扣
47	上海石化安装检修工程公司	薛思雄
48	中国铁路通信信号上海工程公司	包志忠
49	上海五环建设工程有限公司	卞芸生
50	上海浦东北蔡市政建筑有限公司	陆秉芝

附录1-6　2002年珠江三角洲工业企业前50家

The Top 50 Industrial Enterprises of the Pearl River Delta in 2002

名次	企业名称	销售额（万元）	利润额（万元）	资产额（万元）	企业职工数（人）
1	华为技术有限公司	1721420.3	124614.5	2382805.7	21483
2	长城国际信息产品（深圳）有限公司	1558051.4	127437.3	540030.0	1970
3	广电集团广州供电分公司	1438489.1	4261.6	1710230.9	4527
4	广东省电力集团有限公司东莞供电分公司	1394481.3	39755.2	939229.5	945
5	广州本田汽车有限公司	1363173.1	279985.6	612625.1	2274
6	中国石油化工股份有限公司广州分公司	1298100.0	13890.0	781120.0	5043
7	广东美的集团股份有限公司	1160389.6	43513.0	894715.9	15000
8	广电集团有限公司佛山供电分公司	1138674.6	24359.6	1194030.9	1919
9	深圳市中兴通讯股份有限公司	1100924.0	73819.5	1240577.0	7856
10	东莞诺基亚移动电话有限公司	1029513.9	46409.9	257641.3	801
11	顺德市顺达电脑厂有限公司	922901.9	636.8	431280.5	5759
12	广东格兰仕企业（集团）公司	862378.6	32137.4	375802.8	11200
13	康佳集团股份有限公司	824898.3	5563.2	713352.1	2349
14	乐金电子(惠州)有限公司	781997.7	6517.1	174718.7	1768
15	深圳创维-RGB电子有限公司	777682.3	3429.5	445976.8	4000
16	鑫茂科技（深圳）有限公司	771032.2	1972.4	44529.1	6436
17	广东核电合营有限公司	758406.9	322063.4	2234140.9	1000
18	深圳供电局	754720.2	88249.4	1357304.2	1507
19	广州宝洁有限公司	729748.9	107246.7	620846.9	1757
20	珠海格力电器股份有限公司	702969.1	34936.1	708785.2	5575
21	惠州TCL移动通信有限公司	692169.8	128834.9	406759.6	3190
22	伟创力实业（珠海）有限公司	650636.6	5151.4	593495.4	2867
23	广东科龙电器股份有限公司	615719.4	12754.3	776600.9	8375
24	中海石油(中国)有限公司深圳分公司	569800.5	264703.4	190939.4	135
25	中海石油(中国）有限公司湛江分公司	568195.3	273481.6	854100.4	1368
26	广州市风神汽车有限公司	551616.4	117796.8	535804.5	1703
27	深圳开发科技股份有限公司	541556.0	10106.0	505758.0	4488
28	爱普生技术深圳有限公司	482755.2	16466.3	274858.4	5251
29	安利（中国）日用品有限公司	480909.6	165389.5	390046.3	1974
30	东莞三星电机有限公司	480903.5	14625.2	151361.6	6811
31	深圳三星电管有限公司	469931.2	51394.8	396538.9	2093
32	广东广合电力有限公司	467340.3	91381.0	702618.3	676
33	佳能珠海有限公司	427147.8	13915.5	158553.8	5139
34	ＴＣＬ王牌电器（惠州）有限公司	422508.6	18017.8	392886.9	4399
35	深圳海量存储设备有限公司	420000.9	13197.6	77958.6	3166
36	东风本田发动机有限公司	414801.2	120843.8	262153.3	712
37	深圳三洋华强激光电子有限公司	409472.0	3357.8	33701.8	7000
38	才众电脑（深圳）有限公司	398038.9	1231.7	86087.6	2150
39	广东省广电集团有限公司中山供电分公司	396131.4	20847.3	357738.2	711
40	江门电力工业局	393307.0	1660.3	536804.1	1781
41	信华精机有限公司	387370.8	16591.6	84299.5	3511
42	恩斯迈电子（深圳）有限公司	382895.5	1334.9	126200.9	4500
43	伟创力科技（珠海）有限公司	377985.6	6032.5	214551.1	2119
44	东莞市方正科技电脑有限公司	359854.1	843.6	66199.8	700
45	唯冠科技（深圳）有限公司	357510.1	7300.0	93697.5	2422
46	理光(深圳)工业公司	353108.7	19041.5	115786.2	2578
47	广东省珠海发电厂有限公司	352949.5	113542.5	1070359.4	350
48	广州卷烟二厂	343160.0	80052.1	272112.7	1458
49	东莞福安纺织印染有限公司	339940.0	15024.2	228379.1	5651
50	惠州三星电子有限公司	333703.6	32069.9	104482.1	1738

附录1-7 2002年珠江三角洲零售贸易企业前50家

The Top 50 Retail Trade Enterprises of the Pearl River Delta in 2002

名次	企业名称	销售额（万元）	利润额（万元）	资产额（万元）	企业职工数（人）
1	中国石化销售有限公司西南分公司	1868452.2	-12326.8	40428.4	46.0
2	中石化股份有限公司广东石油分公司	1853535.0	40635.0	1101385.0	677.0
3	广东物资集团公司	1200336.0	5879.0	886701.0	98.0
4	中国烟草总公司广东省公司	792522.0	58179.0	293020.0	732.0
5	广州宝钢南方贸易有限公司	663082.0	4391.0	123451.0	51.0
6	广东省电力工业燃料公司	661337.0	4018.0	49960.0	24.0
7	中国石油化工股份有限公司深圳分公司	653801.0	12299.0	223870.0	2770.0
8	深圳市天音通信发展有限公司	542009.0	11789.0	129434.0	920.0
9	惠州市TCL电器销售有限公司	536187.1	-1043.8	34459.2	161.0
10	广东省纺织品进出口（集团）公司	406620.0	19491.0	308044.0	993.0
11	万佳百货股份有限公司	398703.4	2501.3	108088.3	6954.0
12	中化广东进出口公司	398332.0	-97.0	58084.0	224.0
13	广州市医药公司	342621.0	5685.0	127281.0	537.0
14	中国石油化工股份有限公司广东佛山石油分公司	316080.3	4332.0	87028.8	1194.0
15	广东省丝绸（集团）公司	310882.0	8244.0	255094.0	484.0
16	广东省石油企业集团公司	296487.0	-855.0	122018.0	728.0
17	深圳华安液化石油气有限公司	293629.0	12000.0	97458.0	119.0
18	中国石油化工公司广州分公司	271096.0	2423.0	138650.0	1193.0
19	广东省外经贸开发公司	270132.0	846.0	45541.0	172.0
20	松下电器机电（深圳）有限公司	264421.0	2815.0	45900.0	124.0
21	广州市烟草贸易公司	259509.0	11859.0	26122.0	364.0
22	广东省轻工业品进出口（集团）公司	253006.0	621.0	120716.0	1008.0
23	东莞市石油公司	247233.4	3567.2	83883.1	28.0
24	广州纺织品进出口集团有限公司	217003.0	10904.0	154201.0	321.0
25	中国烟草总公司深圳市公司	210888.3	26405.4	113090.5	228.0
26	广东烟草韶关市有限公司	206258.0	15007.6	14755.0	150.0
27	广州市华泰兴石油化工有限公司	198968.0	539.0	21005.0	20.0
28	广东省烟草公司梅州分公司	159250.0	2677.0	16360.0	321.0
29	深圳市青岛啤酒销售有限公司	154348.0	6077.0	32477.0	568.0
30	深圳市爱施德实业有限公司	148891.9	928.3	79329.5	135.0
31	广州珠江电力燃料有限公司	148275.0	7378.0	25715.0	241.0
32	广州神州数码有限公司	145850.0	260.0	21818.0	205.0
33	广东省五金矿产进出口集团公司	143981.0	483.0	40219.0	480.0
34	深圳市粮食集团有限公司	142683.1	1432.0	159695.0	98.0
35	广东省农业生产资料总公司	138643.0	2037.0	107624.0	196.0
36	广州市好又多百货商业广场有限公司	137618.0	-293.0	92621.0	1599.0
37	广东金蜂星电讯有限公司	137522.0	1716.0	7762.0	45.0
38	中山市广勤贸易有限公司	135528.5	4.1	59679.8	15.0
39	广东富佳石油化工有限公司	135468.0	-347.0	9335.0	13.0
40	广州市纺织工业联合进出口公司	135377.0	3271.0	15799.0	107.0
41	深圳市三九医药贸易有限公司	132787.4	3870.0	93731.0	1100.0
42	中国石化股份有限公司广东江门石油分公司	129339.4	2528.5	56392.6	568.0
43	广州立白企业集团有限公司	128825.0	3193.0	31447.0	441.0
44	深圳沃尔玛珠江百货有限公司	126374.0	-609.0	80135.0	2651.0
45	广东东凌集团有限公司	118686.0	-4616.0	92840.0	33.0
46	广东新协力集团有限公司	118528.3	195.7	63588.4	136.0
47	深圳市茂业商厦有限公司	118481.0	9444.5	82002.8	4200.0
48	华南蓝天航空油料有限公司	118442.0	4498.0	34931.0	916.0
49	深圳市顺电连锁股份有限公司	113179.0	9008.0	30558.0	1412.0
50	广州友谊班尼路服饰有限公司	112157.0	1371.0	23754.0	611.0

附录1-8　2002年珠江三角洲外贸出口和星级酒店前50家

The Top 50 Foreign Trade Companies and Top 50 Star Hotels of the Pearl River Delta in 2002

名次	外贸出口企业(按出口额排列)	名次	星级酒店(按营业收入排列)
1	东莞市对外加工装配服务公司	1	中国大酒店
2	深圳市宝安外经发展有限公司	2	广州花园酒店
3	鸿富锦精密工业(深圳)有限公司	3	白天鹅宾馆
4	深圳市龙岗区对外经济发展有限公司	4	深圳香格里拉大酒店有限公司
5	长城国际信息产品(深圳)有限公司福田保税区分公司	5	广州东方宾馆股份有限公司
6	鑫茂科技(深圳)有限公司	6	余彭年管理（深圳）有限公司彭年酒店
7	顺德市顺达电脑厂有限公司	7	东莞市龙泉国际大酒店
8	广东省东莞机械进出口公司	8	中山国际酒店
9	乐金电子(惠州)有限公司	9	广东国际大酒店
10	东莞诺基亚移动电话有限公司	10	深圳威尼斯酒店
11	伟创力实业(珠海)有限公司	11	广信江湾新城大酒店
12	广东核电合营有限公司	12	深圳市五洲宾馆
13	深圳开发科技股份有限公司	13	华厦大酒店
14	佳能珠海有限公司	14	广州市番禺中国旅行社（番禺宾馆）
15	深圳三洋华强激光电子有限公司	15	广东新白云宾馆有限公司
16	广东省纺织品进出口（集团）公司	16	珠海渡假村有限公司
17	才众电脑(深圳)有限公司	17	佛山宾馆
18	深圳市勤辉投资开发有限公司	18	深圳恒丰大酒店有限公司
19	深圳海量存储设备有限公司	19	广州大厦有限公司
20	爱普生技术(深圳)有限公司	20	流花宾馆集团股份有限公司
21	广东省东莞市对外贸易发展集团公司	21	广东大厦
22	恩斯迈电子(深圳)有限公司	22	广州文化中心酒店
23	东莞三星电机有限公司	23	深圳南海酒店有限公司
24	伟创力科技(珠海)有限公司	24	中山市京华酒店
25	理光(深圳)工业发展有限公司	25	深圳新都酒店股份有限公司新都酒店
26	惠州三星电子有限公司	26	深圳圣廷苑酒店有限公司
27	珠海三美电机有限公司	27	东莞嘉华大酒店
28	唯冠科技(深圳)有限公司	28	富苑置地（深圳）有限公司富苑酒店
29	东莞福安纺织印染有限公司	29	明华（蛇口）海员服务公司明华国际会议中心
30	旭丽电子(广州)有限公司	30	深圳新世纪酒店有限公司
31	广东美的集团股份有限公司	31	广东迎宾馆
32	深圳市盐田港出口货物监管仓有限公司	32	佛山金城大酒店
33	惠阳市对外加工装配服务公司	33	深圳迎宾馆
34	佛山普立华科技有限公司	34	广州凯旋华美达大酒店
35	广东省东莞丝绸进出口公司	35	深圳市东华假日酒店有限公司
36	深圳施乐高科技有限公司	36	广州市番禺香江大酒店有限公司
37	广东省中山食品水产进出口集团有限公司	37	深圳富临大酒店有限公司
38	深圳国际商业机器技术产品有限公司	38	广州总统大酒店有限公司
39	广东粤港供水有限公司	39	深圳湾大酒店
40	东莞市石龙镇对外加工装配服务公司	40	珠海国际金融大厦(集团)有限公司
41	友利电电子（深圳）有限公司	41	深圳晶都企业有限公司
42	中国外运集团深圳公司	42	广州景星酒店有限公司
43	中山市三乡对外加工装配服务公司	43	珠海粤海酒店
44	东莞德永佳纺织制衣有限公司	44	深圳市格兰云天大酒店有限公司
45	广东格兰仕企业(集团)公司	45	广州三寓宾馆
46	广州纺织品进出口集团有限公司	46	东莞豪门大饭店
47	中国深圳对外贸易(集团)公司	47	广州市番禺丽江实业有限公司(丽江明珠)
48	深圳市国电科技商贸物流有限公司	48	红棉大酒店
49	广州市番禺对外贸易（集团）公司	49	广东胜利宾馆
50	广东省丝绸进出口(集团)公司	50	广州远洋宾馆有限公司

附录二　长江和珠江三角洲地区上市公司情况

Appendix II. Statistics of Listed Company in Delta of Yangtze River and Pearl River

附录2 长江和珠江三角洲地区上市公司情况
Appendix II Statistics of Listed Company in Delta of Yangtze River and Pearl River

公司全称	股票代码	公司简称	雇员人数	每股收益（元）		每股净资产（元）	
				2001	2002	2001	2002
深圳发展银行股份有限公司	000001	深发展A	5834	0.2100	0.2200	1.8600	1.9400
万科企业股份有限公司	000002	万科A	6055	0.5920	0.6060	4.9510	5.3580
金田实业(集团)股份有限公司	000003	PT金田A		0.0300		-2.9800	
深圳市北大高科技股份有限公司	000004	北大高科	386	0.1320	0.0660	1.1410	1.1610
深圳世纪星源股份有限公司	000005	世纪星源	812	-0.0940	-0.1180	1.5200	1.3700
深圳市振业(集团)股份有限公司	000006	深振业A	3150	0.4698	0.2684	4.6960	4.8730
深圳市赛格达声股份有限公司	000007	深达声A	775	0.2400	0.1500	1.0900	1.3900
广东亿安科技股份有限公司	000008	ST亿安	23	-1.6920	-0.1450	-0.6600	-0.4400
中国宝安集团股份有限公司	000009	深宝安A	522	1.2000	1.1900	1.2000	1.1900
深圳市华新股份有限公司	000010	深华新	54	0.0100	0.0826	1.0300	1.1076
深圳市物业(发展)集团股份有限公司	000011	ST深物业	2239	0.1590	0.0640	0.5120	0.6240
中国南玻科技控股(集团)股份有限公司	000012	南玻科控	2634	0.2200	0.2400	2.7300	2.8200
深圳石化工业集团股份有限公司	000013	ST石化A	1516	-5.1950	-1.4730	-5.4200	-6.9100
沙河实业股份有限公司	000014	沙河股份	63	0.4100	0.4000	2.2000	2.5700
康佳集团股份有限公司	000016	深康佳A	15634	-1.1540	0.0590	4.8150	4.9060
深圳中华自行车(集团)股份有限公司	000017	ST中华	632	-4.7100	0.0137	-4.1480	-4.1359
深圳中冠纺织印染股份有限公司	000018	深中冠A	400	0.0050	0.0080	1.8150	1.8250
深圳市深宝实业股份有限公司	000019	深深宝A	513	0.0580	0.0590	1.4480	1.5070
深圳华发电子股份有限公司	000020	深华发A	1394	0.0060	0.0200	1.0200	1.0400
深圳开发科技股份有限公司	000021	深科技A	5093	-0.0230	0.0830	3.0870	3.1160
深圳赤湾港航股份有限公司	000022	深赤湾A	1373	0.2280	0.4810	2.9210	3.1140
深圳市天地(集团)股份有限公司	000023	深天地A	295	-0.3200	0.0400	1.3400	1.5700
招商局蛇口控股股份有限公司	000024	招商局A	1122	0.3670	0.5080	4.7240	5.1310
深圳市特力(集团)股份有限公司	000025	ST特力A	1209	0.0200	-0.1900	1.1000	0.9200
深圳市飞亚达(集团)股份有限公司	000026	飞亚达A	1555	0.0450	-0.3110	2.3580	2.0470
深圳能源投资股份有限公司	000027	深能源A		0.3913	0.4215	2.5933	2.4049
深圳一致药业股份有限公司	000028	一致药业	3145	0.1300	0.0170	1.1740	1.1570
深圳经济特区房地产(集团)股份有限公司	000029	深深房A	2706	-0.5311	0.0139	1.0073	1.0212
广东盛润集团股份有限公司	000030	ST盛润A	1054	-3.4500	-1.9641	-3.3700	-5.2880
深圳市宝恒(集团)股份有限公司	000031	深宝恒A	486	0.1250	0.1490	2.0300	2.1270
深圳市桑达实业股份有限公司	000032	深桑达A	1644	0.2780	0.2890	2.0300	3.5300
深圳新都酒店股份有限公司	000033	新都酒店	483	0.0180	0.0230	1.4950	1.5170
深圳市深信泰丰(集团)股份有限公司	000034	深信泰丰	3265	0.1400	-0.3090	1.1600	1.0088
中国科健股份有限公司	000035	中科健A	711	0.3240	0.5390	1.4400	1.9840
深圳市华联控股股份有限公司	000036	华联控股	18052	0.3500	0.3800	2.7400	3.1200
深圳南山热电股份有限公司	000037	深南电A	301	0.3700	0.6700	1.6600	1.9100
深圳大通实业股份有限公司	000038	深大通A	32	0.0677	0.1270	1.1747	1.3448
中国国际海运集装箱(集团)股份有限公司	000039	中集集团	211	1.5961	0.9109	7.0400	5.5900
深圳市鸿基(集团)股份有限公司	000040	深鸿基A	3179	-0.2670	-0.5240	2.2540	1.7300
深圳市长城地产(集团)股份有限公司	000042	深长城A	2614	0.4500	0.2860	5.3530	5.5590
深圳市南光(集团)股份有限公司	000043	深南光A	1988	-0.9880	0.1900	1.8200	1.9800
深圳市纺织(集团)股份有限公司	000045	深纺织A	635	0.1540	0.0070	1.8580	1.8650
光彩建设集团股份有限公司	000046	光彩建设	61	0.1541	0.1400	3.9480	3.9880
深圳市中侨发展股份有限公司	000047	ST中侨		-2.2620		-5.5400	
深圳市康达尔(集团)股份有限公司	000048	ST康达尔	433	-0.2300	0.0250	0.0900	0.1100
深圳市万山实业股份有限公司	000049	深万山A	91	0.1100	0.0100	1.0100	1.0240
深圳天马微电子股份有限公司	000050	深天马A	2045	0.1260	-0.2630	5.1900	4.9300
方大集团股份有限公司	000055	方大A	2101	0.1200	-0.5800	3.4300	2.7800

附录2　续表1　continued

公司全称	股票代码	公司简称	调整后每股净资产(元)		净资产收益率(%)	
			2001	2002	2001	2002
深圳发展银行股份有限公司	000001	深发展A	1.7500	1.8600	11.0900	11.4700
万科企业股份有限公司	000002	万科A	4.8640	5.2280	11.9600	11.3100
金田实业(集团)股份有限公司	000003	PT金田A	-3.5300			
深圳市北大高科技股份有限公司	000004	北大高科	1.1340	1.1300	11.5800	5.7300
深圳世纪星源股份有限公司	000005	世纪星源	1.4800	1.3300	-6.1900	-8.5900
深圳市振业(集团)股份有限公司	000006	深振业A	3.3600	3.9760	10.0000	5.5100
深圳市赛格达声股份有限公司	000007	深达声A	0.7300	1.1300	22.4200	11.0400
广东亿安科技股份有限公司	000008	ST亿安	-0.6800	-0.4400		
中国宝安集团股份有限公司	000009	深宝安A	1.1300	1.0800	2.3200	1.1900
深圳市华新股份有限公司	000010	深华新	0.9600	0.9900	1.1600	7.4500
深圳市物业(发展)集团股份有限公司	000011	ST深物业	0.0760	0.1460	31.1000	10.2500
中国南玻科技控股(集团)股份有限公司	000012	南玻科控	2.7200	2.8100	8.1900	8.5600
深圳石化工业集团股份有限公司	000013	ST石化A	-5.5200	-6.9400		
沙河实业股份有限公司	000014	沙河股份	1.8800	2.5300	18.7900	15.5800
康佳集团股份有限公司	000016	深康佳A	4.5700	4.7870	-0.2400	1.2050
深圳中华自行车(集团)股份有限公司	000017	ST中华	-4.1550	-4.2205		-0.3300
深圳中冠纺织印染股份有限公司	000018	深中冠A	1.8000	1.8140	0.2740	0.4370
深圳市深宝实业股份有限公司	000019	深深宝A	1.3890	1.3180	3.9700	3.9400
深圳华发电子股份有限公司	000020	深华发A	1.0000	0.9700	0.6000	1.8200
深圳开发科技股份有限公司	000021	深科技A	3.0530	3.0900	-0.7420	2.6600
深圳赤湾港航股份有限公司	000022	深赤湾A	2.8830	3.0950	7.7900	15.4600
深圳市天地(集团)股份有限公司	000023	深天地A	1.2400	1.4900	-23.7800	2.7200
招商局蛇口控股股份有限公司	000024	招商局A	4.6560	5.0590	7.7800	9.8900
深圳市特力(集团)股份有限公司	000025	ST特力A	0.1700	0.0400	2.1300	-20.1400
深圳市飞亚达(集团)股份有限公司	000026	飞亚达A	2.2500	1.9600	1.9300	-15.1700
深圳能源投资股份有限公司	000027	深能源A	2.4492	2.3658	15.0900	17.5300
深圳一致药业股份有限公司	000028	一致药业	0.9200	0.9970	6.2400	1.4770
深圳经济特区房地产(集团)股份有限公司	000029	深深房A	0.8754	1.0068	-52.7200	1.3600
广东盛润集团股份有限公司	000030	ST盛润A	-3.3900	-5.2897		
深圳市宝恒(集团)股份有限公司	000031	深宝恒A	1.9800	2.0200	6.1700	7.0000
深圳市桑达实业股份有限公司	000032	深桑达A	1.7900	3.3300	13.7000	8.1900
深圳新都酒店股份有限公司	000033	新都酒店	1.4290	1.4910	1.2000	1.5000
深圳市深信泰丰(集团)股份有限公司	000034	深信泰丰	1.0100	0.8700	12.1300	-30.6000
中国科健股份有限公司	000035	中科健A	1.3200	1.9500	22.3900	27.1800
深圳市华联控股股份有限公司	000036	华联控股	2.6900	3.0800	12.7000	12.0400
深圳南山热电股份有限公司	000037	深南电A	1.6500	1.9100	22.5200	35.0300
深圳大通实业股份有限公司	000038	深大通A	1.1360	1.3067	5.5600	9.4200
中国国际海运集装箱(集团)股份有限公司	000039	中集集团	6.9000	5.5200	22.6600	16.2900
深圳市鸿基(集团)股份有限公司	000040	深鸿基A	2.1810	1.5800	-11.8600	-30.2400
深圳市长城地产(集团)股份有限公司	000042	深长城A	4.6400	4.6380	8.3900	5.1500
深圳市南光(集团)股份有限公司	000043	深南光A	1.2400	1.3400	-54.2400	9.6300
深圳市纺织(集团)股份有限公司	000045	深纺织A	1.7900	1.8100	8.3000	0.3900
光彩建设集团股份有限公司	000046	光彩建设	3.9000	3.9640	3.9000	3.5100
深圳市中侨发展股份有限公司	000047	ST中侨	-6.1000			
深圳市康达尔(集团)股份有限公司	000048	ST康达尔	0.0500	0.0820	-255.8800	23.2700
深圳市万山实业股份有限公司	000049	深万山A	0.7900	0.8400	10.5000	1.3000
深圳天马微电子股份有限公司	000050	深天马A	5.1700	4.8600	2.4200	-5.3300
方大集团股份有限公司	000055	方大A	3.4200	2.7400	3.5300	-21.0500

附录2　续表2　continued

公司全称	股票代码	公司简称	主营业务收入（万元）		净利润（万元）	
			2001	2002	2001	2002
深圳发展银行股份有限公司	000001	深发展A	388645.28	551912.17	40236.04	43222.49
万科企业股份有限公司	000002	万科A	445506.48	457435.96	37374.72	38242.13
金田实业(集团)股份有限公司	000003	PT金田A	3660.67		1152.11	
深圳市北大高科技股份有限公司	000004	北大高科	6198.45	12122.56	1109.51	558.31
深圳世纪星源股份有限公司	000005	世纪星源	6712.83	5494.32	-6661.39	-8359.06
深圳市振业(集团)股份有限公司	000006	深振业A	202418.95	208604.90	11914.89	6807.14
深圳市赛格达声股份有限公司	000007	深达声A	33971.06	22731.98	3501.08	2195.20
广东亿安科技股份有限公司	000008	ST亿安	2439.87	673.52	-12462.24	-1070.95
中国宝安集团股份有限公司	000009	深宝安A	84941.47	101854.77	2662.42	1358.09
深圳市华新股份有限公司	000010	深华新	16553.32	20608.12	175.50	1214.32
深圳市物业(发展)集团股份有限公司	000011	ST深物业	102163.94	78128.50	8620.63	3462.22
中国南玻科技控股(集团)股份有限公司	000012	南玻科控	103990.11	105540.17	15129.72	16331.12
深圳石化工业集团股份有限公司	000013	ST石化A	72409.36	61467.81	-157599.19	-44695.60
沙河实业股份有限公司	000014	沙河股份	46563.73	47479.28	3706.00	3591.05
康佳集团股份有限公司	000016	深康佳A	674812.20	804165.28	-69476.43	3559.04
深圳中华自行车(集团)股份有限公司	000017	ST中华	5187.53	7158.96	-225724.42	657.54
深圳中冠纺织印染股份有限公司	000018	深中冠A	14880.00	16174.00	84.00	135.00
深圳市深宝实业股份有限公司	000019	深深宝A	6118.52	7736.94	1046.10	1079.99
深圳华发电子股份有限公司	000020	深华发A	8286.19	12896.12	172.99	536.01
深圳开发科技股份有限公司	000021	深科技A	391868.87	617890.55	-1678.31	6072.91
深圳赤湾港航股份有限公司	000022	深赤湾A	47929.98	73868.74	8682.92	18360.00
深圳市天地(集团)股份有限公司	000023	深天地A	23737.67	33605.14	-4406.10	591.35
招商局蛇口控股股份有限公司	000024	招商局A	332082.07	385415.39	17496.18	24181.58
深圳市特力(集团)股份有限公司	000025	ST特力A	70324.49	128932.12	514.41	-4098.09
深圳市飞亚达(集团)股份有限公司	000026	飞亚达A	21981.38	20624.13	1132.28	-7743.47
深圳能源投资股份有限公司	000027	深能源A	334780.78	382858.80	39209.68	50686.95
深圳一致药业股份有限公司	000028	一致药业	166867.50	186993.76	2110.47	492.28
深圳经济特区房地产(集团)股份有限公司	000029	深深房A	61625.10	74805.20	-53728.00	1404.40
广东盛润集团股份有限公司	000030	ST盛润A	51419.32	671.18	-99537.92	-56648.52
深圳市宝恒(集团)股份有限公司	000031	深宝恒A	31245.27	41192.08	5844.94	6944.24
深圳市桑达实业股份有限公司	000032	深桑达A	169181.47	138835.46	3637.60	4313.86
深圳新都酒店股份有限公司	000033	新都酒店	10225.00	9342.00	516.00	656.00
深圳市深信泰丰(集团)股份有限公司	000034	深信泰丰	124767.49	69055.62	4361.44	-9615.26
中国科健股份有限公司	000035	中科健A	144482.89	312900.31	3749.26	6249.06
深圳市华联控股股份有限公司	000036	华联控股	316213.48	374073.73	12503.41	13485.72
深圳南山热电股份有限公司	000037	深南电A	108409.33	162290.50	20506.94	36578.39
深圳大通实业股份有限公司	000038	深大通A	3280.09	16103.11	612.36	1146.11
中国国际海运集装箱(集团)股份有限公司	000039	中集集团	676550.68	907867.20	54300.67	46485.46
深圳市鸿基(集团)股份有限公司	000040	深鸿基A	31477.04	23099.78	-12560.33	-2462.78
深圳市长城地产(集团)股份有限公司	000042	深长城A	140758.03	176406.15	10764.42	6858.20
深圳市南光(集团)股份有限公司	000043	深南光A	65954.99	106076.49	-13767.00	2650.91
深圳市纺织(集团)股份有限公司	000045	深纺织A	34388.42	45747.97	2520.17	117.99
光彩建设集团股份有限公司	000046	光彩建设	34528.01	46131.88	3760.87	3417.50
深圳市中侨发展股份有限公司	000047	ST中侨			-27230.56	
深圳市康达尔(集团)股份有限公司	000048	ST康达尔	81419.40	88941.34	-8953.90	996.31
深圳市万山实业股份有限公司	000049	深万山A	4711.25	6607.63	1452.61	182.44
深圳天马微电子股份有限公司	000050	深天马A	27893.62	32557.39	1668.03	-3485.40
方大集团股份有限公司	000055	方大A	40695.66	43747.39	3593.98	-17338.27

附录2　续表3　continued

公司全称	股票代码	公司简称	总资产（万元）		股东权益（万元）	
			2001	2002	2001	2002
深圳发展银行股份有限公司	000001	深发展A	12012698.34	16616637.94	362766.88	376802.14
万科企业股份有限公司	000002	万科A	648291.16	821582.23	312409.00	338076.90
金田实业(集团)股份有限公司	000003	PT金田A	121194.23		-99371.28	
深圳市北大高科技股份有限公司	000004	北大高科	22200.88	26361.46	9584.13	9750.72
深圳世纪星源股份有限公司	000005	世纪星源	192431.50	182054.88	107969.87	97306.10
深圳市振业(集团)股份有限公司	000006	深振业A	421893.74	449088.01	119100.46	123584.64
深圳市赛格达声股份有限公司	000007	深达声A	109460.96	115091.63	15618.97	19893.00
广东亿安科技股份有限公司	000008	ST亿安	10759.67	7061.61	-4882.40	-3268.59
中国宝安集团股份有限公司	000009	深宝安A	401098.77	411043.72	114938.56	114152.50
深圳市华新股份有限公司	000010	深华新	29423.41	64994.44	15069.95	16284.27
深圳市物业(发展)集团股份有限公司	000011	ST深物业	244008.41	260797.94	27715.13	33790.37
中国南玻科技控股(集团)股份有限公司	000012	南玻科控	269896.08	298532.69	184650.78	190782.55
深圳石化工业集团股份有限公司	000013	ST石化A	100669.98	74069.32	-164531.21	-209700.06
沙河实业股份有限公司	000014	沙河股份	69882.14	69451.36	19723.52	23045.63
康佳集团股份有限公司	000016	深康佳A	722095.88	690597.42	289844.74	295350.88
深圳中华自行车(集团)股份有限公司	000017	ST中华	56557.51	51297.69	-198867.78	-198008.23
深圳中冠纺织印染股份有限公司	000018	深中冠A	38886.00	37645.00	30692.00	30826.00
深圳市深宝实业股份有限公司	000019	深深宝A	39547.37	45269.69	26340.23	27420.22
深圳华发电子股份有限公司	000020	深华发A	44807.41	47901.67	28862.52	29398.52
深圳开发科技股份有限公司	000021	深科技A	464533.12	504622.81	226289.88	228346.08
深圳赤湾港航股份有限公司	000022	深赤湾A	222356.42	233162.72	111427.17	118791.39
深圳市天地(集团)股份有限公司	000023	深天地A	86494.83	72718.28	18526.53	21778.59
招商局蛇口控股股份有限公司	000024	招商局A	469905.35	526896.46	225027.80	244437.10
深圳市特力(集团)股份有限公司	000025	ST特力A	136843.32	123223.03	24123.88	20352.36
深圳市飞亚达(集团)股份有限公司	000026	飞亚达A	72584.58	56668.14	58780.30	51036.83
深圳能源投资股份有限公司	000027	深能源A	776207.67	799442.92	259868.03	289187.60
深圳一致药业股份有限公司	000028	一致药业	111612.90	105259.70	33820.08	33333.51
深圳经济特区房地产(集团)股份有限公司	000029	深深房A	347321.30	300098.70	101908.20	103309.00
广东盛润集团股份有限公司	000030	ST盛润A	44449.38	20325.81	-97176.92	-152516.54
深圳市宝恒(集团)股份有限公司	000031	深宝恒A	163622.22	157969.69	94745.33	99175.84
深圳市桑达实业股份有限公司	000032	深桑达A	89389.66	107561.91	26552.64	52640.93
深圳新都酒店股份有限公司	000033	新都酒店	65107.00	61694.00	43001.00	43657.00
深圳市深信泰丰(集团)股份有限公司	000034	深信泰丰	145413.29	151777.52	35954.72	31388.71
中国科健股份有限公司	000035	中科健A	134346.77	153049.25	16743.51	22992.57
深圳市华联控股股份有限公司	000036	华联控股	409648.81	401514.95	98483.81	112025.59
深圳南山热电股份有限公司	000037	深南电A	155389.54	202916.17	91050.64	104429.88
深圳大通实业股份有限公司	000038	深大通A	16805.33	21115.38	11018.94	12168.92
中国国际海运集装箱(集团)股份有限公司	000039	中集集团	593685.08	773722.78	239605.22	285372.93
深圳市鸿基(集团)股份有限公司	000040	深鸿基A	199991.33	227714.07	105864.83	81453.70
深圳市长城地产(集团)股份有限公司	000042	深长城A	411363.83	440467.46	128185.11	133127.61
深圳市南光(集团)股份有限公司	000043	深南光A	95148.51	82705.87	251381.27	27536.24
深圳市纺织(集团)股份有限公司	000045	深纺织A	73501.91	74696.86	30364.40	30474.66
光彩建设集团股份有限公司	000046	光彩建设	218424.86	251339.96	96366.64	97343.29
深圳市中侨发展股份有限公司	000047	ST中侨	13054.64		-66701.68	
深圳市康达尔(集团)股份有限公司	000048	ST康达尔	134837.75	125217.35	3499.19	4281.44
深圳市万山实业股份有限公司	000049	深万山A	46639.25	33843.31	13835.29	14017.73
深圳天马微电子股份有限公司	000050	深天马A	84906.63	102324.91	68913.40	65428.00
方大集团股份有限公司	000055	方大A	138567.87	128647.86	101777.05	82363.98

附录2　续表4　continued

公司全称	股票代码	公司简称	雇员人数	每股收益（元）		每股净资产（元）	
				2001	2002	2001	2002
深圳市国际企业股份有限公司	000056	深国商	998	0.0300	-0.1200	1.6200	1.5100
深圳赛格股份有限公司	000058	深赛格	3364	-0.4670	0.1388	1.5480	1.7310
深圳市中金岭南有色金属股份有限公司	000060	中金岭南	8637	0.0800	0.1100	2.4000	2.4500
深圳市农产品股份有限公司	000061	农产品	5066	0.4700	0.8050	5.0900	5.9000
深圳华强实业股份有限公司	000062	深圳华强	7119	0.2350	0.1370	4.3700	4.4100
深圳市中兴通讯股份有限公司	000063	中兴通讯	12916	0.9460	1.0200	6.8700	7.6900
北方国际合作股份有限公司	000065	北方国际	737	0.1700	0.1560	3.2600	2.1970
中国长城计算机深圳股份有限公司	000066	长城电脑	2567	0.1560	0.1400	2.5760	2.5153
深圳市赛格三星股份有限公司	000068	赛格三星	1048	0.1190	0.1540	1.9000	2.0300
深圳华侨城控股股份有限公司	000069	华侨城A	1469	0.4030	0.6040	2.2000	2.6580
深圳市特发信息股份有限公司	000070	特发信息	1000	0.1608	0.0077	3.0950	3.1104
深圳市海王生物工程股份有限公司	000078	海王生物	2907	0.3100	0.1300	7.4600	5.0800
深圳市盐田港股份有限公司	000088	盐田港A	1085	0.6430	0.9500	2.5560	3.4060
深圳市机场股份有限公司	000089	深圳机场	2684	0.6720	0.4003	4.3310	3.0950
深圳市天健(集团)股份有限公司	000090	深天健	2002	0.4170	0.3070	4.5880	
深圳市广聚能源股份有限公司	000096	广聚能源	818	0.2600	0.3400	2.9100	3.0600
中信海洋直升机股份有限公司	000099	中信海直	474	0.3127	0.2636	4.4164	3.8839
麦科特光电股份有限公司	000150	ST麦科特	811	0.0125	-0.1697	2.1000	1.9303
三九宜工生化股份有限公司	000403	三九生化	1751	0.4000	0.2100	3.1500	3.3400
珠海鑫光集团股份有限公司	000405	ST鑫光	115	-1.1500	-0.4630	0.1300	-0.3030
四通集团高科技股份有限公司	000409	四通高科	412	-0.1230	-0.3020	1.2600	0.9600
浙江英特集团股份有限公司	000411	ST英特	297	0.0820	0.0090	0.6420	0.6690
无锡小天鹅股份有限公司	000418	小天鹅A	931	0.0735	-1.1460	5.4700	
南京中北(集团)股份有限公司	000421	南京中北	3702	0.1450	0.1430	2.1000	2.1400
广东省高速公路发展股份有限公司	000429	粤高速A	1027	0.1200	0.1400	2.6400	2.6800
珠海经济特区富华集团股份有限公司	000507	粤富华	348	0.0800	0.0550	2.7200	2.7800
丽珠医药集团股份有限公司	000513	丽珠集团	2602	0.1600	0.2000	2.9900	3.1000
宁波成功信息产业股份有限公司	000517	甬成功	733	0.5400	0.2400	3.1000	5.3600
广州白云山制药股份有限公司	000522	白云山A	7492	0.1023	0.1562	1.0661	1.4569
广州市浪奇实业股份有限公司	000523	广州浪奇	993	0.0200	-0.5000	2.2000	1.6900
广州市东方宾馆股份有限公司	000524	东方宾馆	1770	-0.3600	0.0320	2.1900	2.2300
南京红太阳股份有限公司	000525	红太阳	704	0.2369	0.1600	1.7246	1.8179
广州恒运企业集团股份有限公司	000531	穗恒运A	726	0.2420	0.2840	2.1750	2.2570
珠海华电股份有限公司	000532	粤华电A	20	0.1100	0.1400	1.8100	1.4900
广东万家乐股份有限公司	000533	ST万家	2386	-1.6998	-0.1751	0.4281	0.6563
广东电力发展股份有限公司	000539	粤电力A	1725	0.3980	0.4470	2.2800	2.4900
佛山电器照明股份有限公司	000541	佛山照明	8300	0.4840	0.5700	5.3200	5.4700
TCL通讯设备股份有限公司	000542	TCL通讯	1876	0.1150	1.4690	1.4940	2.3550
创元科技股份有限公司	000551	创元科技	1940	0.2200	0.1700	2.0300	2.1000
深圳市太光电信股份有限公司	000555	太光电信	116	0.0500	-0.5240	1.1900	0.6630
常柴股份有限公司	000570	苏常柴A	4066	-1.0200	-1.2800	3.3100	1.9700
东莞宏远工业区股份有限公司	000573	粤宏远A	805	0.0090	0.0250	2.9880	3.0150
江门甘蔗化工厂(集团)股份有限公司	000576	广东甘化	4284	0.1000	-0.9900	3.8900	2.9200
无锡威孚高科技股份有限公司	000581	威孚高科	3783	0.3500	0.4680	3.8600	4.1400
广东风华高新科技股份有限公司	000636	风华高科	5236	0.0610	0.0420	3.8610	3.8880
珠海格力电器股份有限公司	000651	格力电器	5735	0.4900	0.5500	3.1900	3.4200
珠海中富实业股份有限公司	000659	珠海中富	905	0.2270	0.3500	3.2200	3.4600
广州南华西实业股份有限公司	000660	*ST南华	410	-0.4400	-3.0900	2.3600	-0.7300

附录2　续表5　continued

公司全称	股票代码	公司简称	调整后每股净资产(元)		净资产收益率(%)	
			2001	2002	2001	2002
深圳市国际企业股份有限公司	000056	深国商	1.4900	1.4500	1.5500	-7.4300
深圳赛格股份有限公司	000058	深赛格	1.4730	1.6610	-30.1300	8.0200
深圳市中金岭南有色金属股份有限公司	000060	中金岭南	2.1100	2.1700	3.2300	4.3000
深圳市农产品股份有限公司	000061	农产品	4.4340	4.7870	9.2200	13.6400
深圳华强实业股份有限公司	000062	深圳华强	4.3690	4.3900	5.4200	3.1100
深圳市中兴通讯股份有限公司	000063	中兴通讯	6.8000	7.5040	13.7700	13.2600
北方国际合作股份有限公司	000065	北方国际	3.2000	2.1090	5.2000	7.1100
中国长城计算机深圳股份有限公司	000066	长城电脑	2.5460	2.4600	6.0200	5.5500
深圳市赛格三星股份有限公司	000068	赛格三星	1.8100	1.7600	6.3300	7.5800
深圳华侨城控股股份有限公司	000069	华侨城A	2.0880	2.5260	18.3100	22.7400
深圳市特发信息股份有限公司	000070	特发信息	3.0070	2.9846	5.1900	0.2500
深圳市海王生物工程股份有限公司	000078	海王生物	7.3800	4.9900	4.2100	2.5000
深圳市盐田港股份有限公司	000088	盐田港A	2.5480	3.3890	25.1640	27.8950
深圳市机场股份有限公司	000089	深圳机场	4.3130	3.0790	15.5400	12.9300
深圳市天健(集团)股份有限公司	000090	深天健	4.7890	4.5130	9.1000	6.4200
深圳市广聚能源股份有限公司	000096	广聚能源	2.8800	2.9700	9.0900	11.2100
中信海洋直升机股份有限公司	000099	中信海直	4.3474	3.7871	7.0800	6.6800
麦科特光电股份有限公司	000150	ST 麦科特	2.0930	1.9274	-0.6000	-8.7971
三九宜工生化股份有限公司	000403	三九生化	3.1300	3.3300	12.7200	6.3600
珠海鑫光集团股份有限公司	000405	ST 鑫光	-0.0300	-0.4640	-910.3300	152.8800
四通集团高科技股份有限公司	000409	四通高科	1.1500	0.8900	-9.7100	-31.4500
浙江英特集团股份有限公司	000411	ST 英特	0.5880	-0.5650	12.7800	1.3400
无锡小天鹅股份有限公司	000418	小天鹅A	5.3408		1.3400	-34.3400
南京中北(集团)股份有限公司	000421	南京中北	1.8200	1.8600	6.9300	6.7200
广东省高速公路发展股份有限公司	000429	粤高速A	2.6200	2.6500	4.4600	5.1100
珠海经济特区富华集团股份有限公司	000507	粤富华	2.6700	2.7300	2.8700	1.9900
丽珠医药集团股份有限公司	000513	丽珠集团	2.9800	3.0700	5.4000	6.5200
宁波成功信息产业股份有限公司	000517	甬成功	3.0800	5.3400	17.5500	4.5700
广州白云山制药股份有限公司	000522	白云山A	0.9500	1.3500	9.6000	10.7200
广州市浪奇实业股份有限公司	000523	广州浪奇	2.0100	1.5400	0.8100	-29.8000
广州市东方宾馆股份有限公司	000524	东方宾馆	2.0000	2.0800	-16.5200	1.4400
南京红太阳股份有限公司	000525	红太阳	1.6364	1.7479	13.7342	8.8000
广州恒运企业集团股份有限公司	000531	穗恒运A	2.1590	2.2450	11.1200	12.5700
珠海华电股份有限公司	000532	粤华电A	1.7800	1.4600	6.0600	9.4500
广东万家乐股份有限公司	000533	ST 万家	0.2730	0.4381	-397.0700	-26.6800
广东电力发展股份有限公司	000539	粤电力A	2.1900	2.4100	17.4800	17.9500
佛山电器照明股份有限公司	000541	佛山照明	5.2900	5.4400	9.0900	10.4400
TCL 通讯设备股份有限公司	000542	TCL 通讯	1.3480	1.9680	7.6700	62.3900
创元科技股份有限公司	000551	创元科技	2.0000	2.0800	10.7800	8.0700
深圳市太光电信股份有限公司	000555	太光电信	1.1900	0.6590	3.8800	-78.9100
常柴股份有限公司	000570	苏常柴A	3.1900	1.8200	-30.8000	-64.6400
东莞宏远工业区股份有限公司	000573	粤宏远A	2.8600	2.9200	0.3000	0.8200
江门甘蔗化工厂(集团)股份有限公司	000576	广东甘化	3.6100	2.8100	2.4700	-34.0100
无锡威孚高科技股份有限公司	000581	威孚高科	3.8500	4.1300	8.9400	11.3100
广东风华高新科技股份有限公司	000636	风华高科	3.8030	3.8290	1.5800	1.0800
珠海格力电器股份有限公司	000651	格力电器	3.1800	3.3600	15.2700	16.1700
珠海中富实业股份有限公司	000659	珠海中富	3.1600	3.3600	7.0500	10.1100
广州南华西实业股份有限公司	000660	*ST 南华	2.2100		-18.5300	

附录2　续表6　continued

公司全称	股票代码	公司简称	主营业务收入（万元）		净利润（万元）	
			2001	2002	2001	2002
深圳市国际企业股份有限公司	000056	深国商	30144.98	18783.26	556.94	-2570.67
深圳赛格股份有限公司	000058	深赛格	192224.84	220647.08	-33876.08	10081.80
深圳市中金岭南有色金属股份有限公司	000060	中金岭南	278915.23	268497.73	3305.95	4561.29
深圳市农产品股份有限公司	000061	农产品	151891.71	196910.89	8684.06	14881.08
深圳华强实业股份有限公司	000062	深圳华强	28642.01	35562.79	6464.01	3701.11
深圳市中兴通讯股份有限公司	000063	中兴通讯	933202.08	1100924.07	52585.46	56699.99
北方国际合作股份有限公司	000065	北方国际	67138.26	79229.75	1723.71	2536.41
中国长城计算机深圳股份有限公司	000066	长城电脑	205916.38	153966.15	7107.92	6396.62
深圳市赛格三星股份有限公司	000068	赛格三星	97750.75	106562.70	9349.10	12105.64
深圳华侨城控股股份有限公司	000069	华侨城A	42258.97	59362.38	18004.82	27024.12
深圳市特发信息股份有限公司	000070	特发信息	65915.77	49324.59	4019.27	192.54
深圳市海王生物工程股份有限公司	000078	海王生物	76505.15	82942.76	6965.19	303024.18
深圳市盐田港股份有限公司	000088	盐田港A	38340.51	50772.38	37627.74	55585.74
深圳市机场股份有限公司	000089	深圳机场	60297.95	71198.51	33575.82	32016.99
深圳市天健(集团)股份有限公司	000090	深天健	145951.20	154612.44	9324.84	6866.52
深圳市广聚能源股份有限公司	000096	广聚能源	112815.94	133009.48	8738.97	11311.70
中信海洋直升机股份有限公司	000099	中信海直	31512.42	33099.99	6128.17	6200.06
麦科特光电股份有限公司	000150	ST麦科特	4134.55	3579.44	406.10	-5498.54
三九宜工生化股份有限公司	000403	三九生化	42225.04	46795.61	7890.99	4491.74
珠海鑫光集团股份有限公司	000405	ST鑫光	2011.72	1694.68	42453.65	-17647.18
四通集团高科技股份有限公司	000409	四通高科	6701.02	2344.08	-2103.08	-5181.60
浙江英特集团股份有限公司	000411	ST英特	2402.53	138231.80	945.85	103.12
无锡小天鹅股份有限公司	000418	小天鹅A	205422.51		2683.01	-41842.96
南京中北(集团)股份有限公司	000421	南京中北	40188.15	70525.18	2866.30	2829.18
广东省高速公路发展股份有限公司	000429	粤高速A	62540.07	75315.69	14797.39	17195.53
珠海经济特区富华集团股份有限公司	000507	粤富华	17150.78	11087.56	2689.44	1900.52
丽珠医药集团股份有限公司	000513	丽珠集团	139579.20	160120.56	4941.65	6194.27
宁波成功信息产业股份有限公司	000517	甬成功	49481.05	55294.88	4890.60	3568.32
广州白云山制药股份有限公司	000522	白云山A	83336.33	195728.59	3829.13	5848.21
广州市浪奇实业股份有限公司	000523	广州浪奇	58441.94	59743.99	409.49	-11575.11
广州市东方宾馆股份有限公司	000524	东方宾馆	22639.18	20780.19	-9763.53	865.82
南京红太阳股份有限公司	000525	红太阳	29996.87	56524.20	6637.61	4483.00
广州恒运企业集团股份有限公司	000531	穗恒运A	86087.43	86023.56	6445.52	7563.14
珠海华电股份有限公司	000532	粤华电A	2004.74	9525.25	2391.62	3986.11
广东万家乐股份有限公司	000533	ST万家	112282.00	110920.00	-97856.00	-10080.00
广东电力发展股份有限公司	000539	粤电力A	544094.22	561972.30	105776.88	118998.50
佛山电器照明股份有限公司	000541	佛山照明	82371.17	95750.12	17334.87	20481.94
TCL通讯设备股份有限公司	000542	TCL通讯	276901.82	872258.88	2154.38	27638.78
创元科技股份有限公司	000551	创元科技	62925.59	82014.50	5300.20	4098.47
深圳市太光电信股份有限公司	000555	太光电信	10699.46	1235.07	379.53	-4283.88
常柴股份有限公司	000570	苏常柴A	174348.70	157996.85	-38142.90	-47747.59
东莞宏远工业区股份有限公司	000573	粤宏远A	24425.31	26818.67	399.85	1115.95
江门甘蔗化工厂(集团)股份有限公司	000576	广东甘化	85613.39	93816.94	2365.78	-24603.11
无锡威孚高科技股份有限公司	000581	威孚高科	98321.62	138266.21	15071.95	20403.48
广东风华高新科技股份有限公司	000636	风华高科	96334.64	101816.56	3235.68	2236.70
珠海格力电器股份有限公司	000651	格力电器	658797.68	702969.09	26128.97	29680.94
珠海中富实业股份有限公司	000659	珠海中富	85103.65	119717.89	8602.06	13246.23
广州南华西实业股份有限公司	000660	*ST南华	13308.13	8348.32	-5808.61	-41013.79

附录2 续表7 continued

公司全称	股票代码	公司简称	总资产（万元）		股东权益（万元）	
			2001	2002	2001	2002
深圳市国际企业股份有限公司	000056	深国商	116635.03	109541.75	35862.66	33292.00
深圳赛格股份有限公司	000058	深赛格	346324.18	372248.43	112426.15	125708.68
深圳市中金岭南有色金属股份有限公司	000060	中金岭南	466229.81	463188.22	103878.27	105848.73
深圳市农产品股份有限公司	000061	农产品	272039.39	329389.52	94187.60	109068.68
深圳华强实业股份有限公司	000062	深圳华强	128591.26	146957.22	118168.41	119165.51
深圳市中兴通讯股份有限公司	000063	中兴通讯	905454.94	1240577.01	381893.04	427641.29
北方国际合作股份有限公司	000065	北方国际	85719.76	95829.16	33157.23	35693.64
中国长城计算机深圳股份有限公司	000066	长城电脑	226712.39	205095.82	118100.86	115327.65
深圳市赛格三星股份有限公司	000068	赛格三星	278440.16	241562.62	149599.99	159715.92
深圳华侨城控股股份有限公司	000069	华侨城A	198188.12	233166.59	98358.36	118855.23
深圳市特发信息股份有限公司	000070	特发信息	134684.01	127154.78	77362.30	77759.08
深圳市海王生物工程股份有限公司	000078	海王生物	303024.18	342931.18	165524.27	169013.81
深圳市盐田港股份有限公司	000088	盐田港A	332920.46	343481.79	149531.78	199267.51
深圳市机场股份有限公司	000089	深圳机场	260934.02	271137.65	216520.73	247531.18
深圳市天健(集团)股份有限公司	000090	深天健	311149.72	274480.74	102442.56	106925.38
深圳市广聚能源股份有限公司	000096	广聚能源	129348.28	131463.22	96112.00	100901.42
中信海洋直升机股份有限公司	000099	中信海直	107961.92	138750.03	86561.63	91350.49
麦科特光电股份有限公司	000150	ST麦科特	71036.58	65757.38	68040.96	62542.42
三九宜工生化股份有限公司	000403	三九生化	137864.72	154454.76	62044.75	70672.89
珠海鑫光集团股份有限公司	000405	ST鑫光	48545.19	38252.15	6104.26	-11542.92
四通集团高科技股份有限公司	000409	四通高科	26629.53	22339.33	21654.91	16473.31
浙江英特集团股份有限公司	000411	ST英特	59940.37	69436.95	7403.69	7710.92
无锡小天鹅股份有限公司	000418	小天鹅A	342062.60		199546.77	121842.48
南京中北(集团)股份有限公司	000421	南京中北	94691.12	85288.09	41358.24	42127.49
广东省高速公路发展股份有限公司	000429	粤高速A	577520.14	614058.10	332035.83	336664.83
珠海经济特区富华集团股份有限公司	000507	粤富华	130653.98	113071.22	93831.89	95732.41
丽珠医药集团股份有限公司	000513	丽珠集团	167190.90	185643.92	91588.85	94940.87
宁波成功信息产业股份有限公司	000517	甬成功	75573.82	122425.13	27860.92	78150.29
广州白云山制药股份有限公司	000522	白云山A	235070.94	252157.84	39906.83	54536.20
广州市浪奇实业股份有限公司	000523	广州浪奇	74781.80	55133.49	50417.97	38842.87
广州市东方宾馆股份有限公司	000524	东方宾馆	66570.91	67630.35	59095.08	60060.69
南京红太阳股份有限公司	000525	红太阳	84499.10	83608.83	48328.91	50945.70
广州恒运企业集团股份有限公司	000531	穗恒运A	160678.87	194856.28	57979.12	60156.83
珠海华电股份有限公司	000532	粤华电A	42406.25	55744.91	39444.75	42195.03
广东万家乐股份有限公司	000533	ST万家	270804.00	295140.00	24644.00	37784.00
广东电力发展股份有限公司	000539	粤电力A	1219308.05	1172921.63	605264.64	663063.81
佛山电器照明股份有限公司	000541	佛山照明	224230.24	234787.63	190699.66	196133.23
TCL通讯设备股份有限公司	000542	TCL通讯	186391.43	491497.01	28098.00	44298.89
创元科技股份有限公司	000551	创元科技	104132.34	103734.20	49169.56	50769.80
深圳市太光电信股份有限公司	000555	太光电信	29630.08	22594.29	9772.45	5428.92
常柴股份有限公司	000570	苏常柴A	292650.40	218441.41	123942.10	73866.44
东莞宏远工业区股份有限公司	000573	粤宏远A	226044.69	216006.11	134831.10	136067.84
江门甘蔗化工厂(集团)股份有限公司	000576	广东甘化	163308.73	158048.32	96244.80	72335.72
无锡威孚高科技股份有限公司	000581	威孚高科	217026.91	250683.14	168533.62	180467.51
广东风华高新科技股份有限公司	000636	风华高科	285694.21	312316.27	204767.61	206202.35
珠海格力电器股份有限公司	000651	格力电器	694027.93	714416.36	171092.93	183528.85
珠海中富实业股份有限公司	000659	珠海中富	249102.05	327660.34	121931.32	130991.12
广州南华西实业股份有限公司	000660	*ST南华	111559.93	71843.26	31345.26	-9668.53

附录2 续表8 continued

公司全称	股票代码	公司简称	雇员人数	每股收益（元）		每股净资产（元）	
				2001	2002	2001	2002
远东实业股份有限公司	000681	远东股份	1802	0.0814	0.0041	1.6800	1.6900
中山公用科技股份有限公司	000685	公用科技	186	0.1406	0.0675	2.2348	1.3919
浙江震元股份有限公司	000705	浙江震元	363	0.1370	0.1130	3.3000	3.4100
南京华东电子信息科技股份有限公司	000727	华东科技	1886	0.1761	0.1625	2.6090	3.0520
中核苏阀科技实业股份有限公司	000777	中核科技	1171	0.0610	0.0440	1.7130	1.5890
江苏炎黄在线物流股份有限公司	000805	炎黄物流	172	0.2815	0.2144	1.6586	1.7821
广东福地科技股份有限公司	000828	福地科技	3191	-0.3770	0.0520	1.8000	1.8560
北京隆源双登实业股份有限公司	000835	隆源双登	657	0.8000	-0.0600	3.3200	1.6200
深圳和光现代商务股份有限公司	000863	和光商务	408	0.2350	0.1270	2.0900	2.2150
中国石化扬子石油化工股份有限公司	000866	扬子石化	9587	0.0200	0.2700	2.2400	2.5100
广州冷机股份有限公司	000893	ST 冷机	1293	-0.4000	0.0300	1.4500	1.4800
数源科技股份有限公司	000909	数源科技	868	0.0170	0.0210	2.6900	2.7100
金陵药业股份有限公司	000919	金陵药业	2199	0.3880	0.4600	3.8376	4.0808
浙江浙大海纳科技股份有限公司	000925	浙大海纳	429	0.2100	0.1400	4.0700	4.2100
华东医药股份有限公司	000963	华东医药	2009	0.3000	0.1200	2.8100	1.4500
佛山塑料集团股份有限公司	000973	佛塑股份	4379	0.2670	0.3120	3.0040	3.1060
南方科学城发展股份有限公司	000975	科学城	30	0.0900	0.2300	2.3500	2.4300
广州友谊商店股份有限公司	000987	广州友谊	1426	0.1603	0.1600	2.5017	2.5640
三九医药股份有限公司	000999	三九医药	765	0.1607	0.2200	3.4600	3.5800
万科企业股份有限公司	200002	万科 B 股	6055	0.5920	0.6060	4.9510	5.3580
深圳市物业(发展)集团股份有限公司	200011	ST 深物业 B	2239	0.1520	0.0660	0.5120	0.6240
中国南玻科技控股(集团)股份有限公司	200012	深南玻 B	2634	0.2200	0.2400	2.7300	2.8200
深圳石化工业集团股份有限公司	200013	ST 石化 B	1516	-5.1950	-1.4730	-5.4200	-6.9100
康佳集团股份有限公司	200016	深康佳 B	15634	-1.1540	0.0590	4.8150	4.9060
深圳中华自行车(集团)股份有限公司	200017	ST 中华 B	632	-4.7100	0.0137	-4.1480	-4.1359
深圳中冠纺织印染股份有限公司	200018	深中冠 B	400	0.0050	0.0080	1.8150	1.8250
深圳市深宝实业股份有限公司	200019	深深宝 B	513	0.0580	0.0590	1.4480	1.5070
深圳华发电子股份有限公司	200020	深华发 B	1394	0..01	0.0200	1.0300	1.0400
深圳赤湾港航股份有限公司	200022	深赤湾 B	1373	0.2280	0.4810	2.9210	3.1140
招商局蛇口控股股份有限公司	200024	招商局 B	1122	0.3670	0.5080	4.7240	5.1310
深圳市特力(集团)股份有限公司	200025	ST 特力 B	1209	0.0200	-0.1900	1.1000	0.9200
深圳市飞亚达(集团)股份有限公司	200026	飞亚达 B	1555	0.0450	-0.3110	2.3580	2.0470
深圳一致药业股份有限公司	200028	一致 B 股	3145	0.0730	0.0170	1.1740	1.1570
深圳经济特区房地产(集团)股份有限公司	200029	深深房 B	2706	-0.5311	0.0139	1.0073	1.0212
广东盛润集团股份有限公司	200030	*ST 盛润 B	1054	-3.4500	-1.9641	-3.3700	-5.2880
深圳南山热电股份有限公司	200037	深南电 B	301	0.3700	0.6700	1.6600	1.9100
中国国际海运集装箱(集团)股份有限公司	200039	中集 B 股	211	1.5961	0.9109	7.0400	5.5900
深圳本鲁克斯实业股份有限公司	200041	深本实 B	325	0.1200	0.0500	2.0200	2.0700
深圳市纺织(集团)股份有限公司	200045	深纺织 B	635	0.1540	0.0070	1.8580	1.8650
深圳赤湾石油基地股份有限公司	200053	深基地 B	121	0.2610	0.2730	2.2670	2.4140
深圳北方建设摩托车股份有限公司	200054	ST 建摩 B	2706	-0.4000	-0.3200	0.6300	0.3400
方大集团股份有限公司	200055	方大 B 股	2101	0.1200	-0.5800	3.4300	2.7800
深圳市国际企业股份有限公司	200056	深国商 B	998	0.0300	-0.1200	1.6200	1.5100
深圳大洋海运股份有限公司	200057	ST 大洋 B	8	0.0300	-0.1500	-0.3000	-0.4500
深圳赛格股份有限公司	200058	深赛格 B	3364	-0.4670	0.1388	1.5480	1.7310
无锡小天鹅股份有限公司	200418	*ST 天鹅 B	931	-0.1600	-1.1500	5.1600	3.3400
广东省高速公路发展股份有限公司	200429	粤高速 B	1027	0.1200	0.1400	2.6400	2.6800
南京普天通信股份有限公司	200468	宁通信 B	1778	0.0110	-0.2740	2.0040	1.7390

附录2　续表9　continued

公司全称	股票代码	公司简称	调整后每股净资产(元)		净资产收益率(%)	
			2001	2002	2001	2002
远东实业股份有限公司	000681	远东股份	1.6600	1.6700	4.8400	0.2400
中山公用科技股份有限公司	000685	公用科技	2.2242	1.3753	6.2900	4.8500
浙江震元股份有限公司	000705	浙江震元	3.1500	3.3400	4.1400	3.3100
南京华东电子信息科技股份有限公司	000727	华东科技	2.5690	2.9820	6.7510	5.3240
中核苏阀科技实业股份有限公司	000777	中核科技	1.6520	1.5200	3.5400	-2.7500
江苏炎黄在线物流股份有限公司	000805	炎黄物流	1.6462	1.7034	16.9700	12.0300
广东福地科技股份有限公司	000828	福地科技	1.7700	1.8270	-20.9300	2.8100
北京隆源双登实业股份有限公司	000835	隆源双登	3.2500	1.5500	24.1200	-3.9000
深圳和光现代商务股份有限公司	000863	和光商务	1.8900	1.9790	11.2700	5.7500
中国石化扬子石油化工股份有限公司	000866	扬子石化	2.1900	2.4800	0.6700	10.7000
广州冷机股份有限公司	000893	ST 冷机	1.3200	1.3400	-27.8800	1.8600
数源科技股份有限公司	000909	数源科技	2.6700	2.7000	0.6800	0.7600
金陵药业股份有限公司	000919	金陵药业	3.8372	4.0788	10.1100	11.2600
浙江浙大海纳科技股份有限公司	000925	浙大海纳	4.0500	4.2000	5.2700	3.3400
华东医药股份有限公司	000963	华东医药	2.6800	1.4000	10.8000	8.4400
佛山塑料集团股份有限公司	000973	佛塑股份	2.9510	3.0550	8.8800	10.0400
南方科学城发展股份有限公司	000975	科学城	2.3300	2.4300	4.0100	9.4800
广州友谊商店股份有限公司	000987	广州友谊	2.4725	2.5450	6.4068	6.2500
三九医药股份有限公司	000999	三九医药	3.0500	2.8800	4.6500	6.1100
万科企业股份有限公司	200002	万科B股	4.8640	5.2280	11.9600	11.3100
深圳市物业(发展)集团股份有限公司	200011	ST 深物业 B	0.0760	0.1460	31.1000	10.2500
中国南玻科技控股(集团)股份有限公司	200012	深南玻 B	2.7200	2.8100	8.1900	8.5600
深圳石化工业集团股份有限公司	200013	ST 石化 B	-5.5200	-6.9400		
康佳集团股份有限公司	200016	深康佳 B	4.5700	4.7870	-0.2400	1.2050
深圳中华自行车(集团)股份有限公司	200017	ST 中华 B	-4.1550	-4.2205		-0.3300
深圳中冠纺织印染股份有限公司	200018	深中冠 B	1.8000	1.8140	0.2740	0.4370
深圳市深宝实业股份有限公司	200019	深深宝 B	1.3890	1.3180	3.9700	3.9400
深圳华发电子股份有限公司	200020	深华发 B	0.9800	0.9700	1.0500	1.8200
深圳赤湾港航股份有限公司	200022	深赤湾 B	2.8830	3.0950	7.7900	15.4600
招商局蛇口控股股份有限公司	200024	招商局 B	4.6560	5.0590	7.7800	9.8900
深圳市特力(集团)股份有限公司	200025	ST 特力 B	0.1700	0.0400	9.3800	-18.5600
深圳市飞亚达(集团)股份有限公司	200026	飞亚达 B	2.2500	1.9600	1.9300	-15.1700
深圳一致药业股份有限公司	200028	一致 B 股	0.9200	0.9970	6.2400	1.4770
深圳经济特区房地产(集团)股份有限公司	200029	深深房 B	0.8754	1.0068	-41.8500	1.3700
广东盛润集团股份有限公司	200030	*ST 盛润 B	-3.3900	-5.2897	-3.3700	-5.2880
深圳南山热电股份有限公司	200037	深南电 B	1.6500	1.9000	22.5200	35.0300
中国国际海运集装箱(集团)股份有限公司	200039	中集 B 股	6.9000	5.5200	22.6600	16.2900
深圳本鲁克斯实业股份有限公司	200041	深本实 B	1.8800	1.9100	5.7700	2.3300
深圳市纺织(集团)股份有限公司	200045	深纺织 B	1.7900	1.8100	8.3000	0.3900
深圳赤湾石油基地股份有限公司	200053	深基地 B	2.2200	2.3660	11.4570	11.3050
深圳北方建设摩托车股份有限公司	200054	ST 建摩 B	0.1800	0.3300	-64.0800	-92.6200
方大集团股份有限公司	200055	方大 B 股	3.4200	2.7400	3.5300	-21.0500
深圳市国际企业股份有限公司	200056	深国商 B	1.4900	1.4500	1.5500	-7.4300
深圳大洋海运股份有限公司	200057	ST 大洋 B	-0.6800	-0.7400	-11.5100	33.9900
深圳赛格股份有限公司	200058	深赛格 B	1.4730	1.6610	-30.1300	8.0200
无锡小天鹅股份有限公司	200418	*ST 天鹅 B	5.0200	3.2000	-3.0500	-34.3400
广东省高速公路发展股份有限公司	200429	粤高速 B	2.6200	2.6500	4.3900	5.0500
南京普天通信股份有限公司	200468	宁通信 B	1.9440	1.6620	0.5530	-15.7580

附录2　续表10　continued

公司全称	股票代码	公司简称	主营业务收入（万元）		净利润（万元）	
			2001	2002	2001	2002
远东实业股份有限公司	000681	远东股份	33399.18	32903.15	1617.09	81.18
中山公用科技股份有限公司	000685	公用科技	6431.82	7207.27	1921.00	1522.00
浙江震元股份有限公司	000705	浙江震元	50027.91	56951.55	1714.13	1414.87
南京华东电子信息科技股份有限公司	000727	华东科技	30272.32	26723.81	5525.69	5836.71
中核苏阀科技实业股份有限公司	000777	中核科技	25498.04	22812.60	1018.61	-735.06
江苏炎黄在线物流股份有限公司	000805	炎黄物流	10238.83	15537.53	1610.79	1226.80
广东福地科技股份有限公司	000828	福地科技	179370.53	206175.98	-43869.15	6067.55
北京隆源双登实业股份有限公司	000835	隆源双登	37552.12	20866.59	4321.99	-683.23
深圳和光现代商务股份有限公司	000863	和光商务	76182.60	99614.42	3189.23	1726.53
中国石化扬子石油化工股份有限公司	000866	扬子石化	1281229.51	1514922.43	3504.01	62514.92
广州冷机股份有限公司	000893	ST冷机	31895.77	35525.00	-8940.70	612.53
数源科技股份有限公司	000909	数源科技	21977.11	37273.43	340.73	405.76
金陵药业股份有限公司	000919	金陵药业	49866.57	62956.03	10859.06	12868.08
浙江浙大海纳科技股份有限公司	000925	浙大海纳	17070.96	17340.20	1923.70	1265.43
华东医药股份有限公司	000963	华东医药	188641.84	206569.75	5747.63	4652.95
佛山塑料集团股份有限公司	000973	佛塑股份	166969.88	174125.40	9961.48	11642.77
南方科学城发展股份有限公司	000975	科学城	12093.00	20401.00	2791.00	6828.00
广州友谊商店股份有限公司	000987	广州友谊	97952.23	90445.05	3835.57	3832.49
三九医药股份有限公司	000999	三九医药	186731.47	216567.77	12102.73	16501.96
万科企业股份有限公司	200002	万科B股	445506.48	457435.96	37374.72	38242.13
深圳市物业(发展)集团股份有限公司	200011	ST深物业B	102163.94	78128.50	8620.63	3462.22
中国南玻科技控股(集团)股份有限公司	200012	深南玻B	103990.11	105540.17	15129.72	16331.12
深圳石化工业集团股份有限公司	200013	ST石化B	72409.36	61467.81	-157599.19	-44695.60
康佳集团股份有限公司	200016	深康佳B	674812.20	804165.28	-69476.43	3559.04
深圳中华自行车(集团)股份有限公司	200017	ST中华B	5187.53	7158.96	-225724.42	657.54
深圳中冠纺织印染股份有限公司	200018	深中冠B	14880.00	16174.00	84.00	135.00
深圳市深宝实业股份有限公司	200019	深深宝B	6118.52	7736.94	1046.10	1079.99
深圳华发电子股份有限公司	200020	深华发B	8286.19	12896.12	304.59	536.01
深圳赤湾港航股份有限公司	200022	深赤湾B	47929.98	73868.74	8682.92	18360.00
招商局蛇口控股股份有限公司	200024	招商局B	332082.07	385415.39	17496.18	24181.58
深圳市特力(集团)股份有限公司	200025	ST特力B	70324.49	128932.12	514.41	-4098.09
深圳市飞亚达(集团)股份有限公司	200026	飞亚达B	21981.38	20624.13	1132.28	-7743.47
深圳一致药业股份有限公司	200028	一致B股	166867.50	186993.76	2110.47	492.28
深圳经济特区房地产(集团)股份有限公司	200029	深深房B	61625.10	74805.20	-53728.00	1404.40
广东盛润集团股份有限公司	200030	*ST盛润B	51419.32	671.18	-99537.92	-56648.52
深圳南山热电股份有限公司	200037	深南电B	108409.33	162290.50	20506.94	36578.39
中国国际海运集装箱(集团)股份有限公司	200039	中集B股	676550.68	907867.20	54300.67	46485.46
深圳本鲁克斯实业股份有限公司	200041	深本实B	6671.39	5693.87	705.93	292.17
深圳市纺织(集团)股份有限公司	200045	深纺织B	34388.42	45747.97	2520.17	117.99
深圳赤湾石油基地股份有限公司	200053	深基地B	10279.76	9547.36	6018.06	6293.95
深圳北方建设摩托车股份有限公司	200054	ST建摩B	73268.20	48895.00	-19287.10	-15106.80
方大集团股份有限公司	200055	方大B股	40695.66	43747.39	3593.98	-17338.27
深圳市国际企业股份有限公司	200056	深国商B	30144.98	18783.26	556.94	-2570.67
深圳大洋海运股份有限公司	200057	ST大洋B			683.15	-3057.14
深圳赛格股份有限公司	200058	深赛格B	192224.84	220647.08	-33876.08	10081.80
无锡小天鹅股份有限公司	200418	*ST天鹅B	195349.26	275569.86	-5750.21	-41842.96
广东省高速公路发展股份有限公司	200429	粤高速B	62540.07	75315.69	14797.39	17195.53
南京普天通信股份有限公司	200468	宁通信B	75360.80	62587.20	238.22	-5892.66

附录2　续表11　continued

公司全称	股票代码	公司简称	总资产（万元）		股东权益（万元）	
			2001	2002	2001	2002
远东实业股份有限公司	000681	远东股份	43307.68	39178.12	33415.81	33496.99
中山公用科技股份有限公司	000685	公用科技	40476.94	42260.44	30531.37	31377.10
浙江震元股份有限公司	000705	浙江震元	66756.76	73268.74	41380.26	42795.25
南京华东电子信息科技股份有限公司	000727	华东科技	136354.16	188284.82	81850.24	109625.51
中核苏阀科技实业股份有限公司	000777	中核科技	46087.11	45298.02	28781.75	26702.69
江苏炎黄在线物流股份有限公司	000805	炎黄物流	23551.69	22996.20	9490.18	10196.93
广东福地科技股份有限公司	000828	福地科技	333721.34	298568.13	209623.94	216173.80
北京隆源双登实业股份有限公司	000835	隆源双登	40768.06	47137.45	17917.45	17504.18
深圳和光现代商务股份有限公司	000863	和光商务	87527.56	97118.47	28313.44	30039.97
中国石化扬子石油化工股份有限公司	000866	扬子石化	1179010.20	1347350.69	521664.47	584349.04
广州冷机股份有限公司	000893	ST 冷机	79871.06	82546.66	32061.54	32985.15
数源科技股份有限公司	000909	数源科技	77845.64	98342.79	52701.14	53193.93
金陵药业股份有限公司	000919	金陵药业	140851.40	153769.09	107442.11	114262.19
浙江浙大海纳科技股份有限公司	000925	浙大海纳	53529.67	51916.76	36598.88	37913.95
华东医药股份有限公司	000963	华东医药	124119.28	137094.72	53357.15	55113.43
佛山塑料集团股份有限公司	000973	佛塑股份	215063.48	249754.40	112192.74	115993.05
南方科学城发展股份有限公司	000975	科学城	82027.00	91172.00	69555.00	72020.00
广州友谊商店股份有限公司	000987	广州友谊	75561.00	80874.29	59866.84	61358.13
三九医药股份有限公司	000999	三九医药	659907.44	685021.13	260389.50	269888.09
万科企业股份有限公司	200002	万科B股	648291.16	821582.23	312409.00	338076.90
深圳市物业(发展)集团股份有限公司	200011	ST 深物业 B	244008.41	260797.94	27715.13	33790.37
中国南玻科技控股(集团)股份有限公司	200012	深南玻 B	269896.08	298532.69	184650.78	190782.55
深圳石化工业集团股份有限公司	200013	ST 石化 B	100669.98	74069.32	-164531.21	-209700.06
康佳集团股份有限公司	200016	深康佳 B	722095.88	690597.42	289844.74	295350.88
深圳中华自行车(集团)股份有限公司	200017	ST 中华 B	56557.51	51297.69	-198867.78	-198008.23
深圳中冠纺织印染股份有限公司	200018	深中冠 B	38886.00	37645.00	30692.00	30826.00
深圳市深宝实业股份有限公司	200019	深深宝 B	39547.37	45269.69	26340.23	27420.22
深圳华发电子股份有限公司	200020	深华发 B	45022.57	47901.67	29077.68	29398.52
深圳赤湾港航股份有限公司	200022	深赤湾 B	222356.42	233162.72	111427.17	118791.39
招商局蛇口控股股份有限公司	200024	招商局 B	469905.35	526896.46	225027.80	244437.10
深圳市特力(集团)股份有限公司	200025	ST 特力 B	136843.32	123223.03	24123.88	20352.36
深圳市飞亚达(集团)股份有限公司	200026	飞亚达 B	72584.58	56668.14	58780.30	51036.83
深圳一致药业股份有限公司	200028	一致 B 股	111612.90	105259.70	33820.08	33333.51
深圳经济特区房地产(集团)股份有限公司	200029	深深房 B	347321.30	300098.70	101908.20	103309.00
广东盛润集团股份有限公司	200030	*ST 盛润 B	44449.38	20325.81	-97176.92	-152516.54
深圳南山热电股份有限公司	200037	深南电 B	155389.54	202916.17	91050.64	104429.88
中国国际海运集装箱(集团)股份有限公司	200039	中集 B 股	593685.08	773722.78	239605.22	285372.93
深圳本鲁克斯实业股份有限公司	200041	深本实 B	26242.05	26214.47	12240.60	12532.77
深圳市纺织(集团)股份有限公司	200045	深纺织 B	73501.91	74696.86	30364.40	30474.66
深圳赤湾石油基地股份有限公司	200053	深基地 B	61684.47	63871.82	52528.01	55674.98
深圳北方建设摩托车股份有限公司	200054	ST 建摩 B	155294.70	110759.80	30098.70	16309.90
方大集团股份有限公司	200055	方大 B 股	138567.87	128647.86	101777.05	82363.98
深圳市国际企业股份有限公司	200056	深国商 B	116635.03	109541.75	35862.66	33292.00
深圳大洋海运股份有限公司	200057	ST 大洋 B	11541.39	9330.61	-5937.26	-8994.40
深圳赛格股份有限公司	200058	深赛格 B	346324.18	372248.43	112426.15	125708.68
无锡小天鹅股份有限公司	200418	*ST 天鹅 B	311494.24	316962.76	188517.68	121842.48
广东省高速公路发展股份有限公司	200429	粤高速 B	577520.14	614058.10	332035.83	336664.83
南京普天通信股份有限公司	200468	宁通信 B	106991.50	99580.58	43084.71	37395.20

附录2 续表12 continued

公司全称	股票代码	公司简称	雇员人数	每股收益（元）		每股净资产（元）	
				2001	2002	2001	2002
丽珠医药集团股份有限公司	200513	丽珠B股	2602	0.1600	0.2000	2.9900	3.1000
广东电力发展股份有限公司	200539	粤电力B	1725	0.4020	0.4470	2.2800	2.4900
佛山电器照明股份有限公司	200541	粤照明B	8300	0.4840	0.5700	5.3200	5.4700
常柴股份有限公司	200570	苏常柴B	4066	-1.0200	-1.2800	3.3100	1.9700
无锡威孚高科技股份有限公司	200581	苏威孚B	3783	0.3500	0.4680	3.8600	4.1400
杭州汽轮机股份有限公司	200771	杭汽轮B	2011	0.1240	0.1580	2.0100	2.0700
佛山华新包装股份有限公司	200986	粤华包B	2002	0.2700	0.2180	1.8366	1.9500
上海浦东发展银行股份有限公司	600000	上海浦发	3398	0.4410	0.3560	2.9320	2.2020
上海国际机场股份有限公司	600009	上海机场	3783	0.4010	0.4290	3.5550	3.7860
上海港集装箱股份有限公司	600018	上港集箱	2680	0.7811	0.8628	5.0913	5.5205
宝山钢铁股份有限公司	600019	宝钢股份	15693	0.2000	0.3400	9.7500	15.4500
中海发展股份有限公司	600026	中海发展	7847	0.1180	0.1720	1.7100	1.8500
招商银行股份有限公司	600036	招商银行	12065	0.3300	0.3000	1.1700	2.8100
中国联合通信股份有限公司	600050	中国联通	29332	0.1100	0.1000	1.6500	1.8600
宁波联合集团股份有限公司	600051	宁波联合	1887	0.1800	0.1400	2.7200	2.7800
浙江广厦建筑集团股份有限公司	600052	浙江广厦	852	0.1500	0.2100	2.9500	3.1600
浙江古越龙山绍兴酒股份有限公司公司	600059	古越龙山	1803	0.2980	0.2780	4.8100	4.8900
中纺投资发展股份有限公司	600061	中纺投资	2517	0.0940	0.0040	1.6700	1.2900
南京新港高科技股份有限公司	600064	南京高科	846	0.2060	0.2390	3.3800	3.5500
浙江富润股份有限公司	600072	浙江富润	982	0.1000	0.0920	3.4930	3.0030
上海梅林正广和股份有限公司	600073	上海梅林	2462	0.1100	0.0300	2.4400	2.4600
南京中达制膜(集团)股份有限公司	600074	南京中达	1107	0.5170	0.2450	4.0890	3.0290
东风电子科技股份有限公司	600081	东风科技	3844	0.2510	0.2928	1.9227	1.8953
成都福地科技股份有限公司	600083	ST红光	837	0.0530	0.0350	0.0230	0.0580
南京水运实业股份有限公司	600087	南京水运	1942	0.4830	0.5200	3.3900	3.4900
中视传媒股份有限公司	600088	中视传媒	535	0.1130	0.0100	3.0400	3.0600
上海华源股份有限公司	600094	华源股份	7952	0.1600	0.0900	2.9100	3.0000
浙江华立科技股份有限公司	600097	华立科技	209	0.1100	0.0900	1.1000	1.2100
广州发展实业控股集团股份有限公司	600098	广州控股	1202	0.7530	0.6570	3.8330	4.1900
林海股份有限公司	600099	林海股份	753	0.0070	0.0140	2.0500	2.0600
上海汽车股份有限公司	600104	上海汽车	4450	0.3110	0.4250	3.2250	3.2840
江苏永鼎股份有限公司	600105	永鼎光缆	1200	0.3060	0.2310	2.7500	3.4700
浙江东日股份有限公司	600113	浙江东日	79	0.0200	0.0400	3.0000	3.0400
中国东方航空股份有限公司	600115	东方航空	14042	0.0199	0.0255	1.2860	1.2910
长发集团长江投资实业股份有限公司	600119	长江投资	1937	0.1380	0.0937	2.2784	1.5542
浙江东方集团股份有限公司	600120	浙江东方	531	0.4600	0.3500	3.1700	2.6000
江苏宏图高科技股份有限公司	600122	宏图高科	3326	0.1820	0.1090	2.9480	3.0690
杭州钢铁股份有限公司	600126	杭钢股份	6055	0.5310	0.4200	3.1700	3.3900
江苏弘业股份有限公司	600128	弘业股份	225	0.0500	0.0800	2.7600	2.8000
沪东重机股份有限公司	600150	沪东重机	2487	0.0500	0.0380	1.9500	1.9920
上海航天汽车机电股份有限公司	600151	航天机电	2195	0.1890	0.1650	2.5040	2.5430
宁波维科精华集团股份有限公司	600152	维科精华	3957	0.1623	0.1537	2.0143	2.0785
上海建工股份有限公司	600170	上海建工	8846	0.3100	0.2700	4.5300	3.9200
上海贝岭股份有限公司	600171	上海贝岭	741	0.3400	0.1900	2.9400	2.3800
美都控股股份有限公司	600175	美都控股	535	-0.1300	0.0400	3.9800	4.3000
雅戈尔集团股份有限公司	600177	雅戈尔	8769	0.6111	0.7021	3.2938	3.7866
广东生益科技股份有限公司	600183	生益科技	1253	0.1291	0.1400	1.9756	1.5620
上海复星实业股份有限公司	600196	复星实业	2891	0.4880	0.3850	4.3300	3.8510

附录2　续表13　continued

公司全称	股票代码	公司简称	调整后每股净资产(元)		净资产收益率(%)	
			2001	2002	2001	2002
丽珠医药集团股份有限公司	200513	丽珠B股	2.9800	3.0700	5.4000	6.5200
广东电力发展股份有限公司	200539	粤电力B	2.1900	2.4100	17.4800	17.9500
佛山电器照明股份有限公司	200541	粤照明B	5.2900	5.4400	9.0900	10.4400
常柴股份有限公司	200570	苏常柴B	3.1900	1.8200	-30.8000	-64.6400
无锡威孚高科技股份有限公司	200581	苏威孚B	3.8500	4.1300	8.9400	11.3100
杭州汽轮机股份有限公司	200771	杭汽轮B	1.8200	1.9200	6.2000	7.6300
佛山华新包装股份有限公司	200986	粤华包B	1.8198	1.9300	14.7200	11.1900
上海浦东发展银行股份有限公司	600000	上海浦发	2.9250	2.1990	15.0300	16.1500
上海国际机场股份有限公司	600009	上海机场	3.5500	3.7800	11.2900	11.3300
上海港集装箱股份有限公司	600018	上港集箱	5.0426	5.4576	15.3602	15.6295
宝山钢铁股份有限公司	600019	宝钢股份	2.1000	2.2500	9.7400	15.1600
中海发展股份有限公司	600026	中海发展	1.7000	1.8400	6.9100	9.3000
招商银行股份有限公司	600036	招商银行	0.9900	2.7000	28.0000	10.8200
中国联合通信股份有限公司	600050	中国联通	1.4700	1.4100	6.9000	5.3000
宁波联合集团股份有限公司	600051	宁波联合	2.5700	2.6500	6.6000	5.2100
浙江广厦建筑集团股份有限公司	600052	浙江广厦	2.9300	3.1300	5.1900	6.6000
浙江古越龙山绍兴酒股份有限公司公司	600059	古越龙山	4.7900	4.8700	6.2000	5.6800
中纺投资发展股份有限公司	600061	中纺投资	1.6600	1.2900	5.6600	0.2800
南京新港高科技股份有限公司	600064	南京高科	3.3560	3.5200	6.0870	6.7200
浙江富润股份有限公司	600072	浙江富润	3.4400	2.9500	2.8680	3.0630
上海梅林正广和股份有限公司	600073	上海梅林	2.3600	2.4300	4.3600	1.3200
南京中达制膜(集团)股份有限公司	600074	南京中达	3.2770	2.9970	12.6400	8.0700
东风电子科技股份有限公司	600081	东风科技	1.9075	1.9000	13.0500	15.4500
成都福地科技股份有限公司	600083	ST红光	0.0010	0.0480	621.1500	60.4100
南京水运实业股份有限公司	600087	南京水运	3.3800	3.4900	14.2500	14.9900
中视传媒股份有限公司	600088	中视传媒	2.9900	3.0300	3.7200	0.3100
上海华源股份有限公司	600094	华源股份	2.8700	2.9600	5.4100	2.9700
浙江华立科技股份有限公司	600097	华立科技	1.0900	1.2000	0.0964	7.2900
广州发展实业控股集团股份有限公司	600098	广州控股	3.8250	4.1870	19.6300	15.6900
林海股份有限公司	600099	林海股份	2.0100	2.0200	0.3500	0.6800
上海汽车股份有限公司	600104	上海汽车	3.2060	3.2650	9.6500	12.9400
江苏永鼎股份有限公司	600105	永鼎光缆	2.7300	3.4600	11.1500	6.6600
浙江东日股份有限公司	600113	浙江东日	2.9700	3.0200	0.6900	1.2600
中国东方航空股份有限公司	600115	东方航空	1.2113	1.2103	1.5500	1.9800
长发集团长江投资实业股份有限公司	600119	长江投资	2.1724	1.4260	6.0549	6.0267
浙江东方集团股份有限公司	600120	浙江东方	3.0500	2.5600	14.4400	13.4800
江苏宏图高科技股份有限公司	600122	宏图高科	2.8860	2.9100	6.1800	3.5400
杭州钢铁股份有限公司	600126	杭钢股份	3.1500	3.3700	16.7600	12.4000
江苏弘业股份有限公司	600128	弘业股份	2.6900	2.7300	1.8600	2.8800
沪东重机股份有限公司	600150	沪东重机	1.9000	1.9720	2.5800	1.8900
上海航天汽车机电股份有限公司	600151	航天机电	2.3760	2.4310	7.5500	6.5100
宁波维科精华集团股份有限公司	600152	维科精华	1.9849	2.0632	8.0600	7.4000
上海建工股份有限公司	600170	上海建工	4.5100	3.9100	6.8200	6.8500
上海贝岭股份有限公司	600171	上海贝岭	2.9000	2.3600	11.6800	7.8200
美都控股股份有限公司	600175	美都控股	3.8700	4.2200	-3.3100	0.8800
雅戈尔集团股份有限公司	600177	雅戈尔	3.2841	3.7798	18.5500	18.5400
广东生益科技股份有限公司	600183	生益科技	1.9582	1.5610	6.5300	9.1100
上海复星实业股份有限公司	600196	复星实业	4.2640	3.7410	11.2780	10.4440

附录2　续表14　continued

公司全称	股票代码	公司简称	主营业务收入（万元）		净利润（万元）	
			2001	2002	2001	2002
丽珠医药集团股份有限公司	200513	丽珠B股	139579.20	160120.56	4941.65	6194.27
广东电力发展股份有限公司	200539	粤电力B	544094.22	561972.30	105776.88	118998.50
佛山电器照明股份有限公司	200541	粤照明B	82371.17	95750.12	17334.87	20481.94
常柴股份有限公司	200570	苏常柴B	174348.70	157996.85	-38142.90	-47747.59
无锡威孚高科技股份有限公司	200581	苏威孚B	98321.62	138266.21	15071.95	20403.48
杭州汽轮机股份有限公司	200771	杭汽轮B	28916.03	32602.78	2738.89	3470.67
佛山华新包装股份有限公司	200986	粤华包B	51130.36	74061.07	11869.70	9571.11
上海浦东发展银行股份有限公司	600000	上海浦发	609.28	815.65	106.19	128.53
上海国际机场股份有限公司	600009	上海机场	115653.04	137097.22	56676.12	60568.10
上海港集装箱股份有限公司	600018	上港集箱	213847.38	259006.50	70472.32	77844.84
宝山钢铁股份有限公司	600019	宝钢股份	2917100.00	3387700.00	256100.00	427200.00
中海发展股份有限公司	600026	中海发展	402997.70	432579.60	35129.70	57191.90
招商银行股份有限公司	600036	招商银行	1047386.60	1179614.00	137531.00	173427.00
中国联合通信股份有限公司	600050	中国联通	2902780.66	3947760.82	167051.99	194785.30
宁波联合集团股份有限公司	600051	宁波联合	364228.56	398782.85	5430.21	4375.07
浙江广厦建筑集团股份有限公司	600052	浙江广厦	40924.85	91400.90	7405.55	10101.90
浙江古越龙山绍兴酒股份有限公司公司	600059	古越龙山	43551.33	48314.30	6938.88	6462.92
中纺投资发展股份有限公司	600061	中纺投资	67158.48	75.00	2712.13	136.61
南京新港高科技股份有限公司	600064	南京高科	51291.24	84023.88	7077.25	8214.24
浙江富润股份有限公司	600072	浙江富润	41325.33	47681.36	2750.69	3029.97
上海梅林正广和股份有限公司	600073	上海梅林	49634.95	63187.77	3442.79	1055.37
南京中达制膜(集团)股份有限公司	600074	南京中达	49390.83	76233.01	7476.89	8348.51
东风电子科技股份有限公司	600081	东风科技	60003.20	73490.46	5044.82	7061.46
成都福地科技股份有限公司	600083	ST 红光	8605.78	17931.06	1216.59	810.64
南京水运实业股份有限公司	600087	南京水运	48598.58	52120.42	11553.99	12536.81
中视传媒股份有限公司	600088	中视传媒	36004.81	31237.72	2682.21	225.38
上海华源股份有限公司	600094	华源股份	185816.92	230450.42	7731.00	4380.30
浙江华立科技股份有限公司	600097	华立科技	11465.39	20848.29	1222.52	1016.79
广州发展实业控股集团股份有限公司	600098	广州控股	390755.62	407076.31	94283.11	82348.84
林海股份有限公司	600099	林海股份	19062.90	15853.25	157.51	305.29
上海汽车股份有限公司	600104	上海汽车	370523.42	476923.97	78418.90	107044.04
江苏永鼎股份有限公司	600105	永鼎光缆	126863.90	103099.36	7641.85	6297.20
浙江东日股份有限公司	600113	浙江东日	6666.40	4152.97	243.05	447.98
中国东方航空股份有限公司	600115	东方航空	1283933.90	1339064.60	9700.10	12425.90
长发集团长江投资实业股份有限公司	600119	长江投资	47199.85	57063.14	2276.22	2410.91
浙江东方集团股份有限公司	600120	浙江东方	310336.96	364176.87	10317.26	11084.51
江苏宏图高科技股份有限公司	600122	宏图高科	200481.48	221015.20	5815.39	3466.78
杭州钢铁股份有限公司	600126	杭钢股份	431521.94	516574.92	34248.13	27113.42
江苏弘业股份有限公司	600128	弘业股份	144925.27	165257.55	1024.31	1606.71
沪东重机股份有限公司	600150	沪东重机	80031.74	86628.72	1213.44	909.25
上海航天汽车机电股份有限公司	600151	航天机电	105730.12	129317.54	8847.12	7740.51
宁波维科精华集团股份有限公司	600152	维科精华	109868.91	134640.91	4764.36	4511.78
上海建工股份有限公司	600170	上海建工	800374.78	904313.13	18520.20	19295.75
上海贝岭股份有限公司	600171	上海贝岭	78360.76	76299.29	14904.37	10509.16
美都控股股份有限公司	600175	美都控股	7121.33	4979.34	-1403.78	404.04
雅戈尔集团股份有限公司	600177	雅戈尔	175146.85	247120.24	34717.19	39887.45
广东生益科技股份有限公司	600183	生益科技	72000.94	88608.23	6334.13	9077.37
上海复星实业股份有限公司	600196	复星实业	72784.45	103166.13	14344.77	14721.02

附录2　续表15　continued

公司全称	股票代码	公司简称	总资产（万元）		股东权益（万元）	
			2001	2002	2001	2002
丽珠医药集团股份有限公司	200513	丽珠B股	167190.90	185643.92	91588.85	94940.87
广东电力发展股份有限公司	200539	粤电力B	1219308.05	1172921.63	605264.64	663063.81
佛山电器照明股份有限公司	200541	粤照明B	224230.24	234787.63	190699.66	196133.23
常柴股份有限公司	200570	苏常柴B	292650.40	218441.41	123942.10	73866.44
无锡威孚高科技股份有限公司	200581	苏威孚B	217026.91	250683.14	168533.62	180467.51
杭州汽轮机股份有限公司	200771	杭汽轮B	62695.64	68548.03	44164.08	45478.35
佛山华新包装股份有限公司	200986	粤华包B	130134.39	138203.99	80748.91	85485.52
上海浦东发展银行股份有限公司	600000	上海浦发	17369.07	27930.07	706.67	796.05
上海国际机场股份有限公司	600009	上海机场	661795.55	673700.20	502114.94	534804.17
上海港集装箱股份有限公司	600018	上港集箱	771923.62	825410.61	459338.62	498062.02
宝山钢铁股份有限公司	600019	宝钢股份	5804200.00	6148900.00	2629000.00	2818500.00
中海发展股份有限公司	600026	中海发展	883643.20	900240.10	508448.10	614909.40
招商银行股份有限公司	600036	招商银行	26633140.50	37165991.20	491209.90	1603182.10
中国联合通信股份有限公司	600050	中国联通	12795315.51	14994910.29	2425954.73	3672116.01
宁波联合集团股份有限公司	600051	宁波联合	228421.06	272874.88	82230.48	83925.38
浙江广厦建筑集团股份有限公司	600052	浙江广厦	303549.80	374699.34	142702.58	152971.30
浙江古越龙山绍兴酒股份有限公司公司	600059	古越龙山	171182.16	188990.24	112006.05	113868.21
中纺投资发展股份有限公司	600061	中纺投资	73747.78	89.89	47913.90	48.05
南京新港高科技股份有限公司	600064	南京高科	246223.26	289353.52	116257.74	122211.12
浙江富润股份有限公司	600072	浙江富润	110187.24	112010.90	95901.72	98931.70
上海梅林正广和股份有限公司	600073	上海梅林	127909.40	145521.24	79037.15	79834.21
南京中达制膜(集团)股份有限公司	600074	南京中达	147588.60	251043.41	59131.58	103388.14
东风电子科技股份有限公司	600081	东风科技	87739.91	100640.36	38647.72	45715.56
成都福地科技股份有限公司	600083	ST红光	20968.68	20794.30	533.82	1341.82
南京水运实业股份有限公司	600087	南京水运	95970.44	128018.25	81063.21	83620.45
中视传媒股份有限公司	600088	中视传媒	96907.07	91014.96	72031.20	72527.98
上海华源股份有限公司	600094	华源股份	382394.10	447991.35	143002.30	147457.71
浙江华立科技股份有限公司	600097	华立科技	39402.61	40961.94	12681.36	13944.32
广州发展实业控股集团股份有限公司	600098	广州控股	912646.68	1074651.18	480214.69	524953.96
林海股份有限公司	600099	林海股份	52195.62	51332.32	44821.37	45126.66
上海汽车股份有限公司	600104	上海汽车	1005432.56	1070045.85	812691.42	827529.14
江苏永鼎股份有限公司	600105	永鼎光缆	131948.19	151837.75	68567.12	94534.37
浙江东日股份有限公司	600113	浙江东日	43110.09	40994.19		
中国东方航空股份有限公司	600115	东方航空	2739345.60	3142619.70	625665.90	628406.60
长发集团长江投资实业股份有限公司	600119	长江投资	80692.03	85384.04	37593.11	40004.02
浙江东方集团股份有限公司	600120	浙江东方	159716.12	244486.00	71445.93	82235.89
江苏宏图高科技股份有限公司	600122	宏图高科	241671.84	292735.53	94101.12	97960.62
杭州钢铁股份有限公司	600126	杭钢股份	314776.42	387688.81	204397.08	218703.78
江苏弘业股份有限公司	600128	弘业股份	84218.61	92338.43	55140.04	55806.52
沪东重机股份有限公司	600150	沪东重机	125342.47	113135.40	47009.60	48098.00
上海航天汽车机电股份有限公司	600151	航天机电	216805.44	220896.71	117125.50	118967.04
宁波维科精华集团股份有限公司	600152	维科精华	98055.67	128609.23	59117.30	61004.23
上海建工股份有限公司	600170	上海建工	656227.45	913092.00	271531.25	281835.77
上海贝岭股份有限公司	600171	上海贝岭	154049.72	159971.75	127624.13	134465.27
美都控股股份有限公司	600175	美都控股	84321.02	72318.58	45513.76	45917.80
雅戈尔集团股份有限公司	600177	雅戈尔	329826.44	532467.41	187119.41	215113.31
广东生益科技股份有限公司	600183	生益科技	136852.11	162508.98	96957.09	99654.30
上海复星实业股份有限公司	600196	复星实业	221528.91	313957.01	127191.45	140951.09

附录2　续表16　continued

公司全称	股票代码	公司简称	雇员人数	每股收益（元）		每股净资产（元）	
				2001	2002	2001	2002
江苏吴中实业股份有限公司	600200	江苏吴中	1363	0.3001	0.2170	2.7060	2.8560
中宝科控投资股份有限公司	600208	中宝股份	611	0.1900	0.0600	2.8800	2.4800
上海紫江企业集团股份有限公司	600210	紫江企业	670	0.3620	0.4620	2.6900	2.8500
扬州亚星客车股份有限公司	600213	亚星客车	2105	0.2800	0.1200	3.3200	3.3800
浙江医药股份有限公司	600216	浙江医药	2755	0.0360	0.0420	1.3330	1.3760
华通天香集团股份有限公司	600225	天香集团	652	0.0300	0.1100	1.9800	2.0800
浙江升华拜克生物股份有限公司	600226	升华拜克	1050	0.2700	0.1870	1.8700	2.8700
浙江金鹰股份有限公司	600232	金鹰股份	5321	0.2460	0.2960	1.9840	2.1790
民丰特种纸股份有限公司	600235	民丰特纸	2511	0.2487	0.2660	3.0839	3.1399
广东华龙集团股份有限公司	600242	华龙集团	1166	0.0970	0.0500	2.7800	2.8300
浙江阳光集团股份有限公司	600261	浙江阳光	2016	0.5200	0.3700	4.4000	4.5100
浙江海正药业股份有限公司	600267	海正药业	2088	0.1950	0.2010	3.0640	3.2150
国电南京自动化股份有限公司	600268	国电南自	1185	0.2430	0.2550	3.8920	3.9650
上海开开实业股份有限公司	600272	开开实业	1256	0.2030	0.2090	3.3280	3.4550
江苏恒瑞医药股份有限公司	600276	恒瑞医药	1667	0.3820	0.3100	3.4960	3.1050
东方国际创业股份有限公司	600278	东方创业	403	0.3000	0.2000	2.9700	3.0700
南京中央商场股份有限公司	600280	南京中商	2571	0.2800	0.2500	3.5500	3.7500
南京钢铁股份有限公司	600282	南钢股份	6668	0.4100	0.4800	3.1700	3.4600
钱江水利开发股份有限公司	600283	钱江水利	1829	0.1800	0.1700	2.9900	3.0100
江苏舜天股份有限公司	600287	江苏舜天	280	0.7300	0.4100	4.1243	3.3533
苏福马股份有限公司	600290	苏福马	1154	0.1500	0.0800	2.6100	1.7800
徐州维维食品饮料股份有限公司	600300	维维股份	1668	0.3400	0.2800	3.8600	3.9200
上海家化联合股份有限公司	600315	上海家化	1014	0.2703	0.2791	3.9643	4.0935
上海振华港口机械(集团)股份有限公司	600320	振华港机	760	0.4200	0.3000	3.9500	4.0500
南海发展股份有限公司	600323	南海发展	328	0.3500	0.3500	3.2500	3.4000
无锡商业大厦股份有限公司	600327	大厦股份	1094	0.4710	0.3380	1.6200	4.6000
浙江天通电子股份有限公司	600330	天通股份	2191	0.3020	0.2750	2.4010	2.5510
广州药业股份有限公司	600332	广州药业	8413	0.1800	0.2000	2.6800	2.8200
国旅联合股份有限公司	600358	国旅联合	641	0.0800	0.0500	2.9200	1.9900
宁波韵升(集团)股份有限公司	600366	宁波韵升	1462	0.3399	0.1800	2.9502	1.9873
江苏宁沪高速公路股份有限公司	600377	宁沪高速	2592	0.1600	0.1620	2.6700	2.7000
深圳太太药业股份有限公司	600380	太太药业	3628	0.7401	0.4227	7.3084	4.9359
广东明珠球阀集团股份有限公司	600382	广东明珠	2570	0.1900	0.2100	2.8600	2.9300
金地(集团)股份有限公司	600383	金地集团	2145	0.4450	0.5120	4.7220	4.9840
南通江山农药化工股份有限公司	600389	江山股份	2408	0.2500	0.1760	2.8790	2.5260
广州东华实业股份有限公司	600393	东华实业	113	0.2408	0.1784	2.1100	2.2800
凯诺科技股份有限公司	600398	凯诺科技	4088	0.4200	0.4000	3.6400	3.2000
江苏红豆实业股份有限公司	600400	红豆股份	3718	0.3100	0.3700	3.2300	3.5100
浙江中国小商品城集团股份有限公司	600415	小商品城	1588	0.3200	0.4200	2.7000	3.0100
中远航运股份有限公司	600428	中远航运	68	0.3700	0.2300	1.5700	3.7700
江苏扬农化工股份有限公司	600486	扬农化工	629	0.3380	0.2430	1.5500	3.2920
广东科达机电股份有限公司	600499	科达机电	602	0.7070	0.6060	2.0900	6.8490
中化国际贸易股份有限公司	600500	中化国际	480	0.2400	0.4700	3.8700	2.8000
南京晨光航天应用技术股份有限公司	600501	航天晨光	1662	0.2700	0.1800	3.6600	2.4300
上海大屯能源股份有限公司	600508	上海能源	19057	0.4100	0.4200	3.5800	3.6600
黑牡丹（集团）股份有限公司	600510	黑牡丹	1610	0.8100	0.8600	2.0700	6.0500
滕达建设集团股份有限公司	600512	腾达建设	412	0.2500	0.1600	1.4500	2.7000
广东康美药业股份有限公司	600518	康美药业	529	0.4120	0.6190	5.1570	5.5260

附录2　续表17　continued

公司全称	股票代码	公司简称	调整后每股净资产(元)		净资产收益率(%)	
			2001	2002	2001	2002
江苏吴中实业股份有限公司	600200	江苏吴中	2.6700	2.8110	11.0900	7.6000
中宝科控投资股份有限公司	600208	中宝股份	2.6900	2.3300	6.7400	2.4600
上海紫江企业集团股份有限公司	600210	紫江企业	2.6500	2.8100	13.4600	16.2100
扬州亚星客车股份有限公司	600213	亚星客车	3.2800	3.3600	8.4400	3.4700
浙江医药股份有限公司	600216	浙江医药	1.2440	1.3360	2.7300	3.0300
华通天香集团股份有限公司	600225	天香集团	1.9300	2.0400	1.5800	5.0900
浙江升华拜克生物股份有限公司	600226	升华拜克	1.8700	2.8600	14.6700	6.5000
浙江金鹰股份有限公司	600232	金鹰股份	1.9400	2.1460	12.4200	13.5800
民丰特种纸股份有限公司	600235	民丰特纸	3.0570	3.1077	8.0654	8.4703
广东华龙集团股份有限公司	600242	华龙集团	2.7300	2.7900	3.4900	1.7800
浙江阳光集团股份有限公司	600261	浙江阳光	4.3100	4.4200	11.8300	8.2600
浙江海正药业股份有限公司	600267	海正药业	3.0540	3.2020	6.3500	6.2400
国电南京自动化股份有限公司	600268	国电南自	3.7840	3.7630	6.2400	6.4200
上海开开实业股份有限公司	600272	开开实业	3.2990	3.4460	6.0910	6.0550
江苏恒瑞医药股份有限公司	600276	恒瑞医药	3.4590	3.0430	10.9200	9.9700
东方国际创业股份有限公司	600278	东方创业	2.8500	2.9300	10.0300	6.5400
南京中央商场股份有限公司	600280	南京中商	3.4600	3.7200	7.9800	6.7100
南京钢铁股份有限公司	600282	南钢股份	3.1300	3.4100	12.8900	13.9500
钱江水利开发股份有限公司	600283	钱江水利	2.4700	2.5100	6.0472	5.6487
江苏舜天股份有限公司	600287	江苏舜天	4.0590	3.3362	17.7200	12.3200
苏福马股份有限公司	600290	苏福马	2.5100	1.6600	5.8000	4.5800
徐州维维食品饮料股份有限公司	600300	维维股份	3.8300	3.8900	8.8800	7.2800
上海家化联合股份有限公司	600315	上海家化	3.8781	4.0224	6.8200	6.8200
上海振华港口机械(集团)股份有限公司	600320	振华港机	3.9500	4.0500	10.6100	7.4000
南海发展股份有限公司	600323	南海发展	3.2000	3.3400	10.7900	10.1700
无锡商业大厦股份有限公司	600327	大厦股份	1.5300	4.5400	29.1400	7.3400
浙江天通电子股份有限公司	600330	天通股份	2.3980	2.5470	12.5600	10.7900
广州药业股份有限公司	600332	广州药业	2.5900	2.7400	6.7300	6.9300
国旅联合股份有限公司	600358	国旅联合	2.8200	1.9400	2.5600	2.6900
宁波韵升(集团)股份有限公司	600366	宁波韵升	2.8657	1.9733	11.5200	9.0600
江苏宁沪高速公路股份有限公司	600377	宁沪高速	2.6700	2.7000	5.8000	6.0000
深圳太太药业股份有限公司	600380	太太药业	7.3040	4.9290	10.1300	8.5600
广东明珠球阀集团股份有限公司	600382	广东明珠	2.8600	2.9200	6.7200	7.1500
金地(集团)股份有限公司	600383	金地集团	4.7180	4.9740	9.4300	10.2700
南通江山农药化工股份有限公司	600389	江山股份	2.8610	2.5160	8.6800	6.9500
广州东华实业股份有限公司	600393	东华实业	1.9400	2.2800	11.4200	7.8100
凯诺科技股份有限公司	600398	凯诺科技	3.6400	3.2000	11.5100	12.5600
江苏红豆实业股份有限公司	600400	红豆股份	3.2300	3.5000	9.7300	10.5900
浙江中国小商品城集团股份有限公司	600415	小商品城	2.6500	2.9400	11.7500	13.8700
中远航运股份有限公司	600428	中远航运	1.5700	3.7600	23.7700	6.0800
江苏扬农化工股份有限公司	600486	扬农化工	1.5500	3.2910	21.8200	7.3700
广东科达机电股份有限公司	600499	科达机电	2.8300	6.8490	33.8200	8.8400
中化国际贸易股份有限公司	600500	中化国际	3.7900	2.7200	6.2800	16.6500
南京晨光航天应用技术股份有限公司	600501	航天晨光	3.5800	2.3800	7.3400	7.2400
上海大屯能源股份有限公司	600508	上海能源	3.5800	3.6000	11.5000	11.5400
黑牡丹（集团）股份有限公司	600510	黑牡丹	2.0600	6.0500	38.9600	14.2400
滕达建设集团股份有限公司	600512	腾达建设	1.2900	2.6400	17.1000	5.7600
广东康美药业股份有限公司	600518	康美药业	5.0000	5.3710	7.9900	11.2000

附录2　续表18　continued

公司全称	股票代码	公司简称	主营业务收入（万元）		净利润（万元）	
			2001	2002	2001	2002
江苏吴中实业股份有限公司	600200	江苏吴中	66855.41	66623.45	8319.56	6017.71
中宝科控投资股份有限公司	600208	中宝股份	85220.35	40341.63	4063.26	1532.20
上海紫江企业集团股份有限公司	600210	紫江企业	113859.78	182134.70	19785.60	25249.00
扬州亚星客车股份有限公司	600213	亚星客车	101984.22	87654.36	5326.49	2229.65
浙江医药股份有限公司	600216	浙江医药	86703.78	111339.93	1638.48	1873.77
华通天香集团股份有限公司	600225	天香集团	37658.16	42000.07	628.83	2129.17
浙江升华拜克生物股份有限公司	600226	升华拜克	37473.68	38695.89	6967.72	5041.34
浙江金鹰股份有限公司	600232	金鹰股份	62981.69	71405.08	5391.12	6475.62
民丰特种纸股份有限公司	600235	民丰特纸	31626.43	38801.42	4402.56	4707.49
广东华龙集团股份有限公司	600242	华龙集团	6619.15	11047.13	1689.03	876.00
浙江阳光集团股份有限公司	600261	浙江阳光	58330.05	40449.65	6415.33	4584.52
浙江海正药业股份有限公司	600267	海正药业	57583.23	76231.73	4854.26	5010.36
国电南京自动化股份有限公司	600268	国电南自	54579.17	52971.89	2863.60	3003.87
上海开开实业股份有限公司	600272	开开实业	111492.82	168887.60	4925.89	5083.89
江苏恒瑞医药股份有限公司	600276	恒瑞医药	63426.89	75602.55	8115.51	7895.40
东方国际创业股份有限公司	600278	东方创业	269856.32	318658.74	9524.50	6419.68
南京中央商场股份有限公司	600280	南京中商	96585.65	127036.83	3438.67	3049.07
南京钢铁股份有限公司	600282	南钢股份	400102.61	466526.31	20618.59	24315.50
钱江水利开发股份有限公司	600283	钱江水利	16488.30	25092.22	5164.08	4856.86
江苏舜天股份有限公司	600287	江苏舜天	296089.90	322576.02	12274.50	9020.22
苏福马股份有限公司	600290	苏福马	15053.97	21860.98	1258.01	1017.11
徐州维维食品饮料股份有限公司	600300	维维股份	108253.86	137025.72	11317.85	9402.90
上海家化联合股份有限公司	600315	上海家化	130585.31	136388.46	7297.58	7536.20
上海振华港口机械(集团)股份有限公司	600320	振华港机	288546.00	307423.76	19153.22	13700.45
南海发展股份有限公司	600323	南海发展	21842.40	23391.93	7318.58	7210.01
无锡商业大厦股份有限公司	600327	大厦股份	117638.15	153223.61	3234.65	3674.13
浙江天通电子股份有限公司	600330	天通股份	26904.37	30918.14	6922.07	6319.48
广州药业股份有限公司	600332	广州药业	533402.90	594382.30	14613.40	15847.80
国旅联合股份有限公司	600358	国旅联合	10837.50	7530.04	1048.08	1123.81
宁波韵升(集团)股份有限公司	600366	宁波韵升	43355.29	70906.34	6479.29	5149.55
江苏宁沪高速公路股份有限公司	600377	宁沪高速	162599.20	202623.80	78086.40	81683.30
深圳太太药业股份有限公司	600380	太太药业	67881.80	71164.76	20061.81	17188.20
广东明珠球阀集团股份有限公司	600382	广东明珠	35839.76	43886.65	3282.58	3574.71
金地(集团)股份有限公司	600383	金地集团	66293.61	97003.84	12027.70	13814.60
南通江山农药化工股份有限公司	600389	江山股份	58881.67	70458.75	3747.01	3160.93
广州东华实业股份有限公司	600393	东华实业	21724.23	13728.08	4816.88	3568.92
凯诺科技股份有限公司	600398	凯诺科技	42160.53	58347.01	6876.39	8583.55
江苏红豆实业股份有限公司	600400	红豆股份	45704.83	62534.30	5649.14	6663.80
浙江中国小商品城集团股份有限公司	600415	小商品城	38537.65	75268.60	3296.38	4349.69
中远航运股份有限公司	600428	中远航运	53511.76	54888.31	8567.50	8258.02
江苏扬农化工股份有限公司	600486	扬农化工	26441.63	30097.56	2367.62	2425.04
广东科达机电股份有限公司	600499	科达机电	14762.09	21683.07	2497.23	3348.89
中化国际贸易股份有限公司	600500	中化国际	656715.71	800313.64	9052.08	26026.45
南京晨光航天应用技术股份有限公司	600501	航天晨光	44126.55	56820.64	3300.91	3291.42
上海大屯能源股份有限公司	600508	上海能源	146566.28	158303.73	16545.45	16942.56
黑牡丹（集团）股份有限公司	600510	黑牡丹	88065.06	100701.27	8704.93	12589.21
滕达建设集团股份有限公司	600512	腾达建设	49709.90	55945.67	2471.49	2481.54
广东康美药业股份有限公司	600518	康美药业	38080.04	41098.03	2915.69	4383.27

附录2　续表19　continued

公司全称	股票代码	公司简称	总资产（万元）		股东权益（万元）	
			2001	2002	2001	2002
江苏吴中实业股份有限公司	600200	江苏吴中	110558.79	122851.58	75019.07	79163.30
中宝科控投资股份有限公司	600208	中宝股份	219022.49	266655.41	60293.58	62192.86
上海紫江企业集团股份有限公司	600210	紫江企业	373753.36	454194.15	147043.02	155727.00
扬州亚星客车股份有限公司	600213	亚星客车	128660.86	115699.44	63077.83	64308.75
浙江医药股份有限公司	600216	浙江医药	156515.49	163667.17	59993.84	61910.18
华通天香集团股份有限公司	600225	天香集团	117831.16	127929.90	39712.32	41866.31
浙江升华拜克生物股份有限公司	600226	升华拜克	64014.40	99034.60	47491.28	77514.75
浙江金鹰股份有限公司	600232	金鹰股份	81635.96	84992.18	43422.99	47696.53
民丰特种纸股份有限公司	600235	民丰特纸	114413.32	148422.10	54585.76	55576.25
广东华龙集团股份有限公司	600242	华龙集团	76259.03	75248.08	48387.08	49264.32
浙江阳光集团股份有限公司	600261	浙江阳光	76323.03	86806.98	54214.52	55523.53
浙江海正药业股份有限公司	600267	海正药业	129892.20	157552.17	76480.13	80253.06
国电南京自动化股份有限公司	600268	国电南自	90525.94	97582.04	45920.23	46781.76
上海开开实业股份有限公司	600272	开开实业	193717.70	200774.59	80869.69	83959.32
江苏恒瑞医药股份有限公司	600276	恒瑞医药	111902.41	120457.58	74306.18	79210.00
东方国际创业股份有限公司	600278	东方创业	208102.20	215617.46	94926.56	98146.67
南京中央商场股份有限公司	600280	南京中商	78898.39	104773.04	43102.83	45424.33
南京钢铁股份有限公司	600282	南钢股份	258219.64	320971.36	160017.22	174252.72
钱江水利开发股份有限公司	600283	钱江水利	119161.27	156855.75	85396.74	85982.30
江苏舜天股份有限公司	600287	江苏舜天	148693.20	180730.38	69287.66	73234.93
苏福马股份有限公司	600290	苏福马	41810.74	48494.53	21688.76	22183.92
徐州维维食品饮料股份有限公司	600300	维维股份	172585.97	200834.47	127499.05	129241.37
上海家化联合股份有限公司	600315	上海家化	150366.47	152194.32	107035.04	110523.34
上海振华港口机械(集团)股份有限公司	600320	振华港机	446763.39	520528.89	180533.19	185103.63
南海发展股份有限公司	600323	南海发展	89373.80	91062.43	67857.41	70897.14
无锡商业大厦股份有限公司	600327	大厦股份	32204.66	77807.15	11101.52	50050.60
浙江天通电子股份有限公司	600330	天通股份	70563.47	79995.57	55091.71	58544.67
广州药业股份有限公司	600332	广州药业	370211.30	417319.40	217291.60	228692.90
国旅联合股份有限公司	600358	国旅联合	57153.40	57642.60	40946.51	41827.85
宁波韵升(集团)股份有限公司	600366	宁波韵升	80731.62	110942.57	56244.97	56833.24
江苏宁沪高速公路股份有限公司	600377	宁沪高速	1491440.00	1508179.30	1347055.90	1361320.20
深圳太太药业股份有限公司	600380	太太药业	232735.04	252319.99	198115.42	200704.99
广东明珠球阀集团股份有限公司	600382	广东明珠	104677.06	104657.02	48820.39	49994.72
金地(集团)股份有限公司	600383	金地集团	226993.44	307577.27	127495.39	134560.00
南通江山农药化工股份有限公司	600389	江山股份	77546.83	102960.01	43181.92	45469.96
广州东华实业股份有限公司	600393	东华实业	78596.96	83896.76	42175.45	45681.02
凯诺科技股份有限公司	600398	凯诺科技	97023.36	101501.67	59764.14	68347.69
江苏红豆实业股份有限公司	600400	红豆股份	76699.41	115453.88	58064.89	62935.03
浙江中国小商品城集团股份有限公司	600415	小商品城	95985.07	152245.62	28044.28	31353.68
中远航运股份有限公司	600428	中远航运	52693.82	165611.06	36041.33	135725.89
江苏扬农化工股份有限公司	600486	扬农化工	24027.96	49325.99	10849.32	32919.65
广东科达机电股份有限公司	600499	科达机电	14648.34	49203.06	7384.35	37876.77
中化国际贸易股份有限公司	600500	中化国际	252823.53	308433.73	144251.56	156318.02
南京晨光航天应用技术股份有限公司	600501	航天晨光	79274.64	93049.98	44981.22	45433.46
上海大屯能源股份有限公司	600508	上海能源	190258.88	218194.98	143899.09	146788.80
黑牡丹（集团）股份有限公司	600510	黑牡丹	76141.52	116580.82	22342.41	81089.19
滕达建设集团股份有限公司	600512	腾达建设	36728.41	78131.11	14449.18	43075.02
广东康美药业股份有限公司	600518	康美药业	51760.88	62957.88	36509.97	39123.23

附录2　续表20　continued

公司全称	股票代码	公司简称	雇员人数	每股收益（元）		每股净资产（元）	
				2001	2002	2001	2002
江苏中天科技股份有限公司	600522	中天科技	498	0.2700	0.1900	1.3600	2.6900
浙江菲达环保科技股份有限公司	600526	菲达环保	540	0.3569	0.2400	1.6000	3.7200
上海交大昂立股份有限公司	600530	交大昂立	614	0.2700	0.2600	4.4500	4.4900
南京栖霞建设股份有限公司	600533	栖霞建设	86	0.4200	0.3000	1.5400	3.5000
浙江海通食品集团股份有限公司	600537	海通集团	455	0.3000	0.3200	1.4000	1.7100
深圳高速公路股份有限公司	600548	深高速	1173	0.1800	0.1600	2.3300	2.3700
上海茉织华股份有限公司	600555	茉织华	11372	0.4800	0.2800	4.7400	4.8800
江苏康缘药业股份有限公司	600557	康缘药业	1621	0.3500	0.2300	1.4000	3.6100
江苏高淳陶瓷股份有限公司	600562	高淳陶瓷	1331	0.3600	0.3800	1.5800	1.8100
杭州信雅达系统工程股份有限公司	600571	信雅达	355	0.6800	0.5500	1.5600	5.3600
浙江卧龙科技股份有限公司	600580	卧龙科技	1254	0.4100	0.2700	1.5900	3.8500
广东榕泰实业股份有限公司	600589	广东榕泰	895	0.2200	0.3280	3.4100	3.5400
上海航空股份有限公司	600591	上海航空	3334	0.2670	0.1950	1.1200	2.3600
上海光明乳业股份有限公司	600597	光明乳业	2677	0.3300	0.3500	1.0800	2.4200
上海方正延中科技集团股份有限公司	600601	方正科技	2215	0.2700	0.3460	1.5740	1.9200
上海广电电子股份有限公司	600602	广电电子	1499	0.2020	0.1120	3.1900	2.9600
上海兴业房产股份有限公司	600603	*ST 兴业	33	-1.8509	-3.3621	0.0871	-3.2209
上海二纺机股份有限公司	600604	二纺机	2140	-0.0107	0.0159	1.0980	1.1190
上海轻工机械股份有限公司	600605	轻工机械	1929	0.0430	0.0290	1.4370	1.4650
上海金丰投资股份有限公司	600606	金丰投资	38	0.4590	0.2380	1.7740	3.7650
上海实业联合集团股份有限公司	600607	上实联合	28	0.3291	0.3024	4.5022	4.6848
上海宽频科技股份有限公司	600608	上海科技	919	0.1991	0.2200	2.0900	2.3100
中国纺织机械股份有限公司	600610	ST 中纺机	2855	0.0046	0.3040	0.0940	1.0120
大众交通(集团)股份有限公司	600611	大众交通	22379	0.3100	0.3700	3.4700	3.6600
中国第一铅笔股份有限公司	600612	第一铅笔	1796	0.0032	0.0125	1.7390	1.7580
上海永生数据科技股份有限公司	600613	永生数据	134	-0.2952	-0.6958	1.6365	0.9186
上海三九科技发展股份有限公司	600614	三九发展	50	0.2440	0.2330	1.7700	1.8800
上海丰华（集团）股份有限公司	600615	丰华股份	802	-0.7300	-0.4400	3.1100	2.6600
上海市第一食品商店股份有限公司	600616	第一食品	1862	0.2100	0.1700	2.4400	1.6500
上海联华合纤股份有限公司	600617	联华合纤	471	0.0070	-1.0100	1.7000	0.6900
上海氯碱化工股份有限公司	600618	氯碱化工	5016	0.0061	0.0055	2.4064	2.4220
上海海立(集团)股份有限公司	600619	海立股份	3279	0.3220	0.0440	2.5900	2.6000
上海市天宸股份有限公司	600620	天宸股份	592	0.1280	0.3020	1.4300	1.7000
上海金陵股份有限公司	600621	上海金陵	2491	-0.2407	0.1375	1.6000	1.6400
上海嘉宝实业(集团)股份有限公司	600622	嘉宝实业	1327	-0.4470	0.0390	1.3340	1.3670
上海轮胎橡胶(集团)股份有限公司	600623	轮胎橡胶	4370	0.0180	0.0680	1.2120	1.0570
上海复旦复华科技股份有限公司	600624	复华复旦	1029	0.0120	0.0236	1.6100	1.6200
上海申达股份有限公司	600626	申达股份	6844	0.4250	0.3970	3.5300	3.7500
上海电器股份有限公司	600627	电器股份	2799	0.0700	0.1000	1.6200	1.7200
上海新世界股份有限公司	600628	新世界	1530	0.2800	0.2200	3.0600	2.6500
上海棱光实业股份有限公司	600629	ST 棱光	634	-3.2300	0.0180	-2.7000	-2.6100
上海龙头(集团)股份有限公司	600630	龙头股份	7435	0.2280	0.1190	3.8260	3.8880
上海市第一百货商店股份有限公司	600631	第一百货	5018	0.1190	0.0810	2.8100	2.8400
上海华联商厦股份有限公司	600632	华联商厦	3066	0.2200	0.2420	3.2300	3.3500
上海白猫股份有限公司	600633	白猫股份	591	0.1168	0.1591	1.2011	1.3090
上海海鸟电子股份有限公司	600634	海鸟电子	41	0.3200	0.2900	2.4200	2.7100
上海大众科技创业(集团)股份有限公司	600635	大众科创	42	0.2635	0.2401	2.4200	2.9300
上海三爱富新材料股份有限公司	600636	三爱富	1141	0.4155	0.3086	2.3300	2.3000

附录2 续表21 continued

公司全称	股票代码	公司简称	调整后每股净资产(元)		净资产收益率(%)	
			2001	2002	2001	2002
江苏中天科技股份有限公司	600522	中天科技	1.3600	2.6900	20.0000	7.0000
浙江菲达环保科技股份有限公司	600526	菲达环保	1.6000	3.7200	22.2700	6.3600
上海交大昂立股份有限公司	600530	交大昂立	4.4100	4.4200	6.1400	5.4400
南京栖霞建设股份有限公司	600533	栖霞建设	1.5300	3.4800	26.9400	8.6300
浙江海通食品集团股份有限公司	600537	海通集团	1.3900	1.7000	21.0000	18.0000
深圳高速公路股份有限公司	600548	深高速	2.3100	2.3500	7.9300	6.8100
上海茉织华股份有限公司	600555	茉织华	4.7400	4.8700	10.1000	5.7600
江苏康缘药业股份有限公司	600557	康缘药业	1.2800	3.5800	25.3400	6.2900
江苏高淳陶瓷股份有限公司	600562	高淳陶瓷	1.5800	1.8100	22.8300	20.9300
杭州信雅达系统工程股份有限公司	600571	信雅达	1.5500	5.3500	43.4400	10.2100
浙江卧龙科技股份有限公司	600580	卧龙科技	1.5500	3.8200	25.9600	7.0900
广东榕泰实业股份有限公司	600589	广东榕泰	3.4100	3.5400	6.4600	9.2800
上海航空股份有限公司	600591	上海航空	1.0600	2.3100	23.8260	8.2830
上海光明乳业股份有限公司	600597	光明乳业	0.9800	2.3000	30.0000	14.0000
上海方正延中科技集团股份有限公司	600601	方正科技	1.4990	1.8600	17.1600	18.0100
上海广电电子股份有限公司	600602	广电电子	3.1300	2.8900	6.3300	3.7900
上海兴业房产股份有限公司	600603	*ST 兴业	0.0871	-3.2209	-2124.2600	
上海二纺机股份有限公司	600604	二纺机	1.0070	1.0360	-0.9800	1.4200
上海轻工机械股份有限公司	600605	轻工机械	1.3390	1.3510	3.0240	1.9560
上海金丰投资股份有限公司	600606	金丰投资	1.5780	3.6880	25.8700	6.3300
上海实业联合集团股份有限公司	600607	上实联合	4.3705	4.5379	7.3100	6.4500
上海宽频科技股份有限公司	600608	上海科技	2.0200	2.2200	9.5500	9.5600
中国纺织机械股份有限公司	600610	ST 中纺机	0.0267	0.9534	4.9000	30.0200
大众交通(集团)股份有限公司	600611	大众交通	3.3200	3.5000	9.0300	10.0900
中国第一铅笔股份有限公司	600612	第一铅笔	1.6050	1.6090	0.1820	0.7130
上海永生数据科技股份有限公司	600613	永生数据			-18.0430	-75.7440
上海三九科技发展股份有限公司	600614	三九发展	1.6980	1.7670	13.8100	12.3700
上海丰华（集团）股份有限公司	600615	丰华股份	1.1300	1.4200	-23.7200	-16.6500
上海市第一食品商店股份有限公司	600616	第一食品	2.1500	1.5400	8.7800	10.1000
上海联华合纤股份有限公司	600617	联华合纤	1.6000	0.6800	0.4000	-145.5500
上海氯碱化工股份有限公司	600618	氯碱化工	2.1895	2.2827	0.2500	0.2300
上海海立(集团)股份有限公司	600619	海立股份	2.5100	2.5400	12.4000	1.6900
上海市天宸股份有限公司	600620	天宸股份	1.2350	1.5470	8.9160	17.8070
上海金陵股份有限公司	600621	上海金陵	1.5000	1.5100	-14.0000	8.2400
上海嘉宝实业(集团)股份有限公司	600622	嘉宝实业	1.2510	1.2800	-33.5500	2.8600
上海轮胎橡胶(集团)股份有限公司	600623	轮胎橡胶	1.1400	0.9100	1.4580	6.3990
上海复旦复华科技股份有限公司	600624	复华复旦	1.4700	1.5300	0.7400	1.4600
上海申达股份有限公司	600626	申达股份	3.4800	3.7000	12.0500	10.5800
上海电器股份有限公司	600627	电器股份	1.3000	1.6400	4.4500	5.8300
上海新世界股份有限公司	600628	新世界	3.0400	2.6300	9.1500	8.2100
上海棱光实业股份有限公司	600629	ST 棱光	-3.2300	-3.1100		-0.7000
上海龙头(集团)股份有限公司	600630	龙头股份	3.4530	3.6450	5.9540	3.0570
上海市第一百货商店股份有限公司	600631	第一百货	2.4000	2.4500	4.2200	2.8700
上海华联商厦股份有限公司	600632	华联商厦	3.0300	3.1800	6.8000	7.2200
上海白猫股份有限公司	600633	白猫股份	1.0957	1.2691	9.7238	12.1518
上海海鸟电子股份有限公司	600634	海鸟电子	2.4200	2.6900	13.2600	10.8700
上海大众科技创业(集团)股份有限公司	600635	大众科创	2.4000	2.9100	10.8800	8.2000
上海三爱富新材料股份有限公司	600636	三爱富	2.3100	2.2700	17.8100	13.4100

附录2 续表22 continued

公司全称	股票代码	公司简称	主营业务收入（万元）		净利润（万元）	
			2001	2002	2001	2002
江苏中天科技股份有限公司	600522	中天科技	53882.68	41353.69	3772.31	3975.39
浙江菲达环保科技股份有限公司	600526	菲达环保	26778.08	32758.02	2141.45	2365.95
上海交大昂立股份有限公司	600530	交大昂立	45332.35	47686.75	5464.09	5118.15
南京栖霞建设股份有限公司	600533	栖霞建设	32407.35	36608.66	4152.55	4230.49
浙江海通食品集团股份有限公司	600537	海通集团	23392.49	24795.31	3418.60	3611.86
深圳高速公路股份有限公司	600548	深高速	60451.86	64612.80	40193.69	35135.39
上海茉织华股份有限公司	600555	茉织华	189476.00	168834.30	20835.40	12198.70
江苏康缘药业股份有限公司	600557	康缘药业	22543.32	26205.66	1831.82	2087.49
江苏高淳陶瓷股份有限公司	600562	高淳陶瓷	10248.78	10917.94	1955.60	2044.68
杭州信雅达系统工程股份有限公司	600571	信雅达	15915.33	19040.01	2736.00	3201.31
浙江卧龙科技股份有限公司	600580	卧龙科技	20308.45	20802.65	3066.50	2977.98
广东榕泰实业股份有限公司	600589	广东榕泰	27461.29	34850.83	3522.75	5251.60
上海航空股份有限公司	600591	上海航空	350146.22	405674.46	13884.70	14072.59
上海光明乳业股份有限公司	600597	光明乳业	352021.06	502150.35	16290.66	22631.38
上海方正延中科技集团股份有限公司	600601	方正科技	369287.01	451253.55	10080.83	12903.86
上海广电电子股份有限公司	600602	广电电子	405871.16	465629.95	17044.40	10392.02
上海兴业房产股份有限公司	600603	*ST 兴业	7257.11	3336.75	-36025.71	-65440.21
上海二纺机股份有限公司	600604	二纺机	81530.24	74459.26	-608.30	900.21
上海轻工机械股份有限公司	600605	轻工机械	19502.86	18286.81	913.09	602.50
上海金丰投资股份有限公司	600606	金丰投资	64056.69	108381.30	7561.59	6073.00
上海实业联合集团股份有限公司	600607	上实联合	137541.76	161333.88	10087.60	9268.78
上海宽频科技股份有限公司	600608	上海科技	31962.93	98301.57	3011.96	3327.53
中国纺织机械股份有限公司	600610	ST 中纺机	44941.93	60407.77	164.35	10842.38
大众交通(集团)股份有限公司	600611	大众交通	165910.84	195553.30	18758.02	22135.91
中国第一铅笔股份有限公司	600612	第一铅笔	91074.70	102613.34	79.62	315.82
上海永生数据科技股份有限公司	600613	永生数据	3676.40	1265.45	-4367.35	-10291.43
上海三九科技发展股份有限公司	600614	三九发展	22611.54	21933.79	2814.31	2678.06
上海丰华（集团）股份有限公司	600615	丰华股份	20304.48	14618.58	-11101.27	-6673.92
上海市第一食品商店股份有限公司	600616	第一食品	58619.38	105791.11	2715.86	3176.32
上海联华合纤股份有限公司	600617	联华合纤	32311.77	18401.15	112.82	-16881.99
上海氯碱化工股份有限公司	600618	氯碱化工	272832.30	316099.24	708.61	635.10
上海海立(集团)股份有限公司	600619	海立股份	255868.38	213227.57	12242.49	1672.75
上海市天宸股份有限公司	600620	天宸股份	19568.94	47006.26	3413.21	8062.45
上海金陵股份有限公司	600621	上海金陵	90443.06	83540.70	-12616.51	7203.71
上海嘉宝实业(集团)股份有限公司	600622	嘉宝实业	19080.59	25708.39	-14931.73	1302.03
上海轮胎橡胶(集团)股份有限公司	600623	轮胎橡胶	246576.50	338224.45	1572.17	6015.34
上海复旦复华科技股份有限公司	600624	复华复旦	30213.19	26074.36	316.64	622.67
上海申达股份有限公司	600626	申达股份	312523.38	384239.36	14378.70	13431.84
上海电器股份有限公司	600627	电器股份	259293.95	252511.45	3738.32	5199.06
上海新世界股份有限公司	600628	新世界	188109.49	165294.44	7445.39	6929.60
上海棱光实业股份有限公司	600629	ST 棱光	3245.08	2494.65	-48947.81	278.16
上海龙头(集团)股份有限公司	600630	龙头股份	207879.97	224096.57	9679.58	5048.83
上海市第一百货商店股份有限公司	600631	第一百货	328927.95	276414.67	6916.13	4741.71
上海华联商厦股份有限公司	600632	华联商厦	254661.17	241286.02	9293.50	10239.73
上海白猫股份有限公司	600633	白猫股份	20674.24	32746.46	1775.85	2418.56
上海海鸟电子股份有限公司	600634	海鸟电子	18258.15	39265.71	2793.59	2570.52
上海大众科技创业(集团)股份有限公司	600635	大众科创	42533.90	128682.85	12547.29	13113.66
上海三爱富新材料股份有限公司	600636	三爱富	56412.09	82854.23	4822.52	5764.79

附录2　续表23　continued

公司全称	股票代码	公司简称	总资产（万元）		股东权益（万元）	
			2001	2002	2001	2002
江苏中天科技股份有限公司	600522	中天科技	44127.35	83374.18	18852.71	56083.93
浙江菲达环保科技股份有限公司	600526	菲达环保	27540.08	66541.55	9612.29	37211.35
上海交大昂立股份有限公司	600530	交大昂立	117474.83	133931.68	88956.48	89874.63
南京栖霞建设股份有限公司	600533	栖霞建设	55896.84	85250.17	15414.05	49001.60
浙江海通食品集团股份有限公司	600537	海通集团	37975.37	49427.44	15954.05	19547.83
深圳高速公路股份有限公司	600548	深高速	696856.36	692250.27	507054.63	516031.28
上海茉织华股份有限公司	600555	茉织华	255184.20	342050.00	206152.10	211833.30
江苏康缘药业股份有限公司	600557	康缘药业	17752.36	42607.23	7230.10	33171.53
江苏高淳陶瓷股份有限公司	600562	高淳陶瓷	16454.65	16572.84	8564.79	10609.47
杭州信雅达系统工程股份有限公司	600571	信雅达	14256.16	44771.46	6298.03	31324.69
浙江卧龙科技股份有限公司	600580	卧龙科技	25252.14	63731.78	11813.81	42011.12
广东榕泰实业股份有限公司	600589	广东榕泰	68837.52	72014.24	54550.50	56602.10
上海航空股份有限公司	600591	上海航空	637667.84	710797.14	58276.44	169906.78
上海光明乳业股份有限公司	600597	光明乳业	182917.01	293736.52	54366.33	157867.99
上海方正延中科技集团股份有限公司	600601	方正科技	239096.83	202199.12	58756.15	71660.01
上海广电电子股份有限公司	600602	广电电子	767958.41	747859.80	269054.45	274176.47
上海兴业房产股份有限公司	600603	*ST 兴业	70607.13	17379.91	1695.92	-62691.54
上海二纺机股份有限公司	600604	二纺机	138081.30	125176.52	62215.19	63413.79
上海轻工机械股份有限公司	600605	轻工机械	59205.40	62360.74	30196.49	30798.99
上海金丰投资股份有限公司	600606	金丰投资	145090.30	219255.97	29234.98	95990.14
上海实业联合集团股份有限公司	600607	上实联合	241828.04	247543.10	137996.73	143594.57
上海宽频科技股份有限公司	600608	上海科技	65817.87	89965.52	31541.44	34868.97
中国纺织机械股份有限公司	600610	ST 中纺机	62869.39	79110.05	3354.51	36121.08
大众交通(集团)股份有限公司	600611	大众交通	449321.12	476451.04	207683.78	219342.13
中国第一铅笔股份有限公司	600612	第一铅笔	137373.46	137125.89	43791.05	44263.60
上海永生数据科技股份有限公司	600613	永生数据	40898.76	28951.48	24204.77	13587.05
上海三九科技发展股份有限公司	600614	三九发展	79136.66	117782.45	20381.22	21641.99
上海丰华（集团）股份有限公司	600615	丰华股份	109776.69	94764.73	46791.82	40073.23
上海市第一食品商店股份有限公司	600616	第一食品	54742.94	136259.25	30947.47	31459.32
上海联华合纤股份有限公司	600617	联华合纤	56456.16	43408.37	28480.48	11598.49
上海氯碱化工股份有限公司	600618	氯碱化工	460929.54	477629.71	280222.83	282036.40
上海海立(集团)股份有限公司	600619	海立股份	327003.14	328876.87	98702.74	98918.78
上海市天宸股份有限公司	600620	天宸股份	129369.29	160115.16	38281.22	45276.57
上海金陵股份有限公司	600621	上海金陵	141057.19	139166.76	83818.46	85781.34
上海嘉宝实业(集团)股份有限公司	600622	嘉宝实业	74474.80	87815.62	44509.60	45602.01
上海轮胎橡胶(集团)股份有限公司	600623	轮胎橡胶	591858.27	539360.72	107799.36	94007.95
上海复旦复华科技股份有限公司	600624	复华复旦	106092.92	100266.22	42527.78	42675.22
上海申达股份有限公司	600626	申达股份	227470.24	272992.51	119255.94	126968.19
上海电器股份有限公司	600627	电器股份	496262.83	168121.79	83980.95	89195.34
上海新世界股份有限公司	600628	新世界	184809.46	184719.07	81331.87	84434.63
上海棱光实业股份有限公司	600629	ST 棱光	17426.60	13913.21	-40814.23	-39522.39
上海龙头(集团)股份有限公司	600630	龙头股份	438854.33	429910.76	162565.94	165165.69
上海市第一百货商店股份有限公司	600631	第一百货	390191.88	378486.97	164062.43	165335.87
上海华联商厦股份有限公司	600632	华联商厦	231581.17	243632.46	136591.31	141767.69
上海白猫股份有限公司	600633	白猫股份	37919.70	33841.61	18262.92	19902.81
上海海鸟电子股份有限公司	600634	海鸟电子	91382.24	97511.73	21072.47	23642.98
上海大众科技创业(集团)股份有限公司	600635	大众科创	309756.28	362376.94	115346.19	159965.95
上海三爱富新材料股份有限公司	600636	三爱富	56522.32	82123.25	27073.77	42993.43

附录2　续表24　continued

公司全称	股票代码	公司简称	雇员人数	每股收益（元）		每股净资产（元）	
				2001	2002	2001	2002
上海广电信息产业股份有限公司	600637	广电信息	6877	0.2471	0.1404	4.5419	4.1707
上海新黄浦置业股份有限公司	600638	新黄浦	88	0.0982	0.0965	3.7126	3.8092
上海金桥出口加工区开发股份有限公司	600639	浦东金桥	105	0.1400	0.1410	2.3500	2.2750
联通国脉通信股份有限公司	600640	联通国脉	587	0.1000	0.0600	3.0700	3.0900
中远发展股份有限公司	600641	中远发展	63	0.6130	0.4080	3.1430	4.4100
申能股份有限公司	600642	申能股份	82	0.7080	0.5770	3.0870	4.0190
上海爱建股份有限公司	600643	爱建股份	1256	0.2270	0.0240	3.9100	3.9300
上海望春花(集团)股份有限公司	600645	望春花	295	0.0100	-0.2500	1.4420	1.2080
上海国嘉实业股份有限公司	600646	ST 国嘉	87	-0.9690	-3.4490	0.6420	-2.8140
上海同达创业投资股份有限公司	600647	ST 同达	103	-0.4128	0.0310	-0.5334	-0.3262
上海外高桥保税区开发股份有限公司	600648	外高桥	940	0.0123	-0.1662	1.8240	1.7256
上海市原水股份有限公司	600649	原水股份	680	0.2100	0.2200	2.5300	2.6700
上海新锦江股份有限公司	600650	新锦江	1099	0.0190	0.0280	3.0200	2.7800
上海飞乐音响股份有限公司	600651	飞乐音响	2218	0.2420	0.0970	1.5000	1.5900
上海爱使股份有限公司	600652	爱使股份	856	0.0900	0.1300	2.0200	2.1200
上海申华控股股份有限公司	600653	申华控股	239	0.1680	-0.2830	2.4950	1.1040
上海飞乐股份有限公司	600654	飞乐股份	1552	0.1200	0.0300	2.6900	2.4700
上海华源制药股份有限公司	600656	华源制药	1300	0.1900	0.2200	1.5000	1.7900
上海交大南洋股份有限公司	600661	交大南洋	680	0.2200	0.1300	2.0200	2.0900
上海强生控股股份有限公司	600662	强生控股	11275	0.3100	0.3600	3.0100	3.2500
上海陆家嘴金融贸易区开发股份有限公司	600663	陆家嘴	182	0.0630	0.2700	2.3700	2.5900
上海沪昌特殊钢股份有限公司	600665	沪昌特钢	473	0.0190	0.0120	1.7240	1.7370
无锡市太极实业股份有限公司	600667	太极实业	3960	0.0100	-0.1440	1.5100	1.3600
浙江尖峰集团股份有限公司	600668	尖峰集团	4472	0.1500	0.1400	1.6900	2.1600
杭州天目山药业股份有限公司	600671	天目药业	1206	0.0150	0.0050	1.9700	1.9800
广东英豪科技教育投资股份有限公司	600672	英豪科教	584	0.0600	-0.8500	1.4200	0.5700
中华企业股份有限公司	600675	中华企业	556	0.2800	0.2300	2.2700	1.9700
上海交运股份有限公司	600676	交运股份	2860	0.2862	0.3277	5.5260	5.7020
航天通信控股集团股份有限公司	600677	航天通信	223	0.0918	0.0201	1.5250	1.5591
凤凰股份有限公司	600679	凤凰股份	6178	0.0393	0.0129	1.8663	1.4435
上海邮电通信设备股份有限公司	600680	上海邮通	1460	0.2000	0.1000	1.9560	2.0030
南京新街口百货商店股份有限公司	600682	南京新百	2554	0.2700	0.2500	3.5800	3.6600
银泰控股股份有限公司	600683	银泰股份	323	0.0500	0.1400	1.2400	1.3800
广州珠江实业开发股份有限公司	600684	珠江实业	81	0.0700	0.0800	3.1300	3.2100
广州广船国际股份有限公司	600685	广船国际	4777	0.0180	0.0322	1.2500	1.2800
中国石化上海石油化工股份有限公司	600688	上海石化	31489	0.0100	0.1260	1.8850	1.9610
上海三毛纺织股份有限公司	600689	上海三毛	1000	0.0098	0.0260	2.4200	2.5100
上海亚通股份有限公司	600692	亚通股份	860	0.1260	0.1210	2.5600	2.4500
上海大江(集团)股份有限公司	600695	ST 大江	8011	-0.2090	-0.3510	1.2080	0.8320
利嘉(上海)股份有限公	600696	利嘉股份	95	0.0970	0.1280	1.3500	1.4700
浙江中大集团股份有限公司	600704	中大股份	509	0.2430	0.1540	3.7500	3.8100
上海海博股份有限公司	600708	海博股份	7828	0.1269	0.2003	1.5380	1.7035
常林股份有限公司	600710	常林股份	1482	0.0420	0.3160	2.6700	2.9100
南京医药股份有限公司	600713	南京医药	676	0.0800	0.1130	2.2100	2.2500
宁波富达股份有限公司	600724	宁波富达	2296	0.2000	0.1700	1.4600	1.5000
新太科技股份有限公司	600728	新太科技	624	0.1260	0.0960	3.8910	3.9430
中国高科集团股份有限公司	600730	中国高科	477	0.2600	0.1700	2.1200	2.2500
上海港机股份有限公司	600732	上海港机	385	-0.2400	0.0200	1.3755	1.3953

附录2 续表25 continued

公司全称	股票代码	公司简称	调整后每股净资产(元)		净资产收益率(%)	
			2001	2002	2001	2002
上海广电信息产业股份有限公司	600637	广电信息	4.3094	3.9394	5.4400	3.3700
上海新黄浦置业股份有限公司	600638	新黄浦	3.7054	3.7747	2.6400	2.5300
上海金桥出口加工区开发股份有限公司	600639	浦东金桥	2.2600	2.2550	5.9500	6.1800
联通国脉通信股份有限公司	600640	联通国脉	3.0500	3.0800	3.3900	1.8500
中远发展股份有限公司	600641	中远发展	3.1420	4.4100	19.5200	9.2600
申能股份有限公司	600642	申能股份	3.0430	3.9920	22.9200	14.3500
上海爱建股份有限公司	600643	爱建股份	3.7600	3.7900	5.8100	0.6200
上海望春花(集团)股份有限公司	600645	望春花	1.3270	1.0850	0.7010	-20.6800
上海国嘉实业股份有限公司	600646	ST 国嘉	0.0830	-4.2070	-150.8600	122.5300
上海同达创业投资股份有限公司	600647	ST 同达	-0.8987	-0.3782		-9.4900
上海外高桥保税区开发股份有限公司	600648	外高桥	1.7608	1.5847	0.6700	-9.6300
上海市原水股份有限公司	600649	原水股份	2.5300	2.6700	8.1700	8.2700
上海新锦江股份有限公司	600650	新锦江	2.8100	2.6200	0.6300	1.0000
上海飞乐音响股份有限公司	600651	飞乐音响	1.4700	1.4700	16.1500	6.0800
上海爱使股份有限公司	600652	爱使股份	2.0100	2.1100	4.2400	6.0900
上海申华控股股份有限公司	600653	申华控股	2.4140	1.0945	6.7170	-25.6200
上海飞乐股份有限公司	600654	飞乐股份	2.3300	2.1100	4.4200	1.2800
上海华源制药股份有限公司	600656	华源制药	1.1700	1.5400	12.4600	12.4100
上海交大南洋股份有限公司	600661	交大南洋	2.0000	2.0700	10.6500	6.3100
上海强生控股股份有限公司	600662	强生控股	2.9200	3.1800	10.4500	11.1300
上海陆家嘴金融贸易区开发股份有限公司	600663	陆家嘴	2.2700	2.5600	2.6600	10.5700
上海沪昌特殊钢股份有限公司	600665	沪昌特钢	1.6970	1.7300	1.1030	0.6820
无锡市太极实业股份有限公司	600667	太极实业	1.2600	1.0900	0.6900	-10.6000
浙江尖峰集团股份有限公司	600668	尖峰集团	1.6500	2.1400	8.6100	6.4300
杭州天目山药业股份有限公司	600671	天目药业	1.8800	1.6700	1.3300	0.8800
广东英豪科技教育投资股份有限公司	600672	英豪科教	1.3600	0.4800	4.0600	-147.8700
中华企业股份有限公司	600675	中华企业	2.0300	1.9500	12.2200	11.7300
上海交运股份有限公司	600676	交运股份	5.4820	5.4920	5.1800	5.7500
航天通信控股集团股份有限公司	600677	航天通信	1.2200	1.3998	6.0200	1.2861
凤凰股份有限公司	600679	凤凰股份	1.7922	1.3596	2.1077	0.8930
上海邮电通信设备股份有限公司	600680	上海邮通	1.8100	1.8000	10.6000	5.2800
南京新街口百货商店股份有限公司	600682	南京新百	3.5600	3.6400	7.5500	6.8500
银泰控股股份有限公司	600683	银泰股份	1.2100	1.3500	3.7600	10.1200
广州珠江实业开发股份有限公司	600684	珠江实业	2.2000	3.1000	2.1500	2.5000
广州广船国际股份有限公司	600685	广船国际	1.2400	1.1200	1.4500	2.5100
中国石化上海石油化工股份有限公司	600688	上海石化	1.8670	1.9460	0.5300	6.4400
上海三毛纺织股份有限公司	600689	上海三毛	2.4000	2.4792	0.4100	1.0300
上海亚通股份有限公司	600692	亚通股份	2.5100	2.3800	4.9400	4.9600
上海大江(集团)股份有限公司	600695	ST 大江	1.1780	0.8040	-17.3300	-42.1800
利嘉(上海)股份有限公	600696	利嘉股份	1.3400	1.4700	7.2300	8.6900
浙江中大集团股份有限公司	600704	中大股份	3.5000	3.5600	6.4900	4.0500
上海海博股份有限公司	600708	海博股份	1.3692	1.5727	8.2500	11.3600
常林股份有限公司	600710	常林股份	2.6000	2.8100	1.5600	10.8400
南京医药股份有限公司	600713	南京医药	2.1900	2.2200	7.8800	6.4500
宁波富达股份有限公司	600724	宁波富达	1.4100	1.4500	13.4000	11.2100
新太科技股份有限公司	600728	新太科技	3.8960	3.9090	3.2400	2.4460
中国高科集团股份有限公司	600730	中国高科	2.0800	2.2300	12.2400	7.7800
上海港机股份有限公司	600732	上海港机	1.3711	1.3275	-17.4600	1.4200

附录2　续表26　continued

公司全称	股票代码	公司简称	主营业务收入（万元）		净利润（万元）	
			2001	2002	2001	2002
上海广电信息产业股份有限公司	600637	广电信息	272859.69	290267.47	18414.59	11507.60
上海新黄浦置业股份有限公司	600638	新黄浦	34700.05	65756.92	5510.08	5417.23
上海金桥出口加工区开发股份有限公司	600639	浦东金桥	39729.00	67822.25	9743.06	10789.27
联通国脉通信股份有限公司	600640	联通国脉	26443.73	168091.53	3804.33	2093.44
中远发展股份有限公司	600641	中远发展	76154.61	77171.38	22564.91	18283.66
申能股份有限公司	600642	申能股份	200483.19	282000.71	115548.52	103441.15
上海爱建股份有限公司	600643	爱建股份	80416.66	113685.14	1121.98	10469.49
上海望春花(集团)股份有限公司	600645	望春花	29605.42	31130.58	252.57	-6251.14
上海国嘉实业股份有限公司	600646	ST 国嘉	692.42	744.73	-17406.41	-61974.84
上海同达创业投资股份有限公司	600647	ST 同达	2700.21	3472.85	-2209.17	165.74
上海外高桥保税区开发股份有限公司	600648	外高桥	20312.34	18092.71	917.02	-12384.02
上海市原水股份有限公司	600649	原水股份	75050.84	78473.75	38872.06	41550.02
上海新锦江股份有限公司	600650	新锦江	25116.17	31342.73	952.03	1532.32
上海飞乐音响股份有限公司	600651	飞乐音响	59964.55	85690.48	10272.22	4096.95
上海爱使股份有限公司	600652	爱使股份	28229.10	47936.07	2566.89	3863.68
上海申华控股股份有限公司	600653	申华控股	385037.20	301191.40	13551.70	-41171.90
上海飞乐股份有限公司	600654	飞乐股份	45091.01	61663.19	5238.08	1530.85
上海华源制药股份有限公司	600656	华源制药	61377.74	88798.94	1746.59	2026.22
上海交大南洋股份有限公司	600661	交大南洋	35064.14	35141.03	3120.49	1903.34
上海强生控股股份有限公司	600662	强生控股	84357.24	100857.66	9723.05	11182.56
上海陆家嘴金融贸易区开发股份有限公司	600663	陆家嘴	99901.14	215347.65	11751.68	51223.61
上海沪昌特殊钢股份有限公司	600665	沪昌特钢	82620.81	78043.85	1368.50	852.54
无锡市太极实业股份有限公司	600667	太极实业	64091.46	63305.89	381.73	-5315.23
浙江尖峰集团股份有限公司	600668	尖峰集团	105453.01	111946.64	4381.13	4179.69
杭州天目山药业股份有限公司	600671	天目药业	14442.67	15823.58	297.26	195.86
广东英豪科技教育投资股份有限公司	600672	英豪科教	54276.57	13174.80	2543.54	-37417.93
中华企业股份有限公司	600675	中华企业	159550.84	207206.53	16138.52	16119.75
上海交运股份有限公司	600676	交运股份	34885.57	44770.95	4835.96	5536.51
航天通信控股集团股份有限公司	600677	航天通信	159694.13	183527.80	2994.78	654.00
凤凰股份有限公司	600679	凤凰股份	78156.10	133525.12	1826.48	778.09
上海邮电通信设备股份有限公司	600680	上海邮通	99012.27	153582.08	6143.77	3152.01
南京新街口百货商店股份有限公司	600682	南京新百	144868.93	205480.88	6224.05	5777.37
银泰控股股份有限公司	600683	银泰股份	66011.52	80316.76	927.90	2790.09
广州珠江实业开发股份有限公司	600684	珠江实业	17003.71	16159.08	1259.21	1504.62
广州广船国际股份有限公司	600685	广船国际	207660.30	241310.10	897.80	1591.70
中国石化上海石油化工股份有限公司	600688	上海石化	2019739.60	2232289.60	7160.40	90896.50
上海三毛纺织股份有限公司	600689	上海三毛	68070.35	93921.06	197.94	521.69
上海亚通股份有限公司	600692	亚通股份	18678.94	20496.38	1595.80	1685.51
上海大江(集团)股份有限公司	600695	ST 大江	175721.85	129650.26	-14156.28	-23721.61
利嘉(上海)股份有限公	600696	利嘉股份	15519.38	18649.74	2550.10	3358.85
浙江中大集团股份有限公司	600704	中大股份	264416.91	236579.43	7011.06	4445.65
上海海博股份有限公司	600708	海博股份	19936.79	51472.83	3018.98	4764.65
常林股份有限公司	600710	常林股份	53063.91	100449.66	688.21	5209.11
南京医药股份有限公司	600713	南京医药	142864.44	206868.96	3376.44	2819.80
宁波富达股份有限公司	600724	宁波富达	68432.05	75871.89	7108.09	6122.54
新太科技股份有限公司	600728	新太科技	58924.62	49612.76	2627.54	2007.67
中国高科集团股份有限公司	600730	中国高科	150575.91	202438.41	4528.95	3048.68
上海港机股份有限公司	600732	上海港机	70940.46	67899.25	-5955.97	492.05

附录2　续表27　continued

公司全称	股票代码	公司简称	总资产（万元）		股东权益（万元）	
			2001	2002	2001	2002
上海广电信息产业股份有限公司	600637	广电信息	632364.21	631667.34	338503.18	341920.65
上海新黄浦置业股份有限公司	600638	新黄浦	313210.85	283736.51	208339.76	213756.99
上海金桥出口加工区开发股份有限公司	600639	浦东金桥	303433.81	322356.54	163875.95	174665.23
联通国脉通信股份有限公司	600640	联通国脉	127585.49	125854.42	112134.05	112907.65
中远发展股份有限公司	600641	中远发展	273753.93	407562.90	115603.51	197513.02
申能股份有限公司	600642	申能股份	990784.99	1349281.36	504189.07	720693.01
上海爱建股份有限公司	600643	爱建股份	315784.36	302140.53	181253.59	180219.79
上海望春花(集团)股份有限公司	600645	望春花	78136.45	56741.64	36054.45	30221.54
上海国嘉实业股份有限公司	600646	ST 国嘉	78212.84	9606.20	11538.39	-50578.42
上海同达创业投资股份有限公司	600647	ST 同达	7333.28	8862.18	-2854.81	-1745.60
上海外高桥保税区开发股份有限公司	600648	外高桥	289054.95	300487.13	135901.37	128569.60
上海市原水股份有限公司	600649	原水股份	588945.21	643583.05	475924.63	502570.27
上海新锦江股份有限公司	600650	新锦江	190613.52	194184.02	151318.35	153400.77
上海飞乐音响股份有限公司	600651	飞乐音响	149902.93	147908.87	63590.01	67439.23
上海爱使股份有限公司	600652	爱使股份	163367.65	159811.15	60555.33	63393.66
上海申华控股股份有限公司	600653	申华控股	484038.30	442632.50	201748.90	160705.10
上海飞乐股份有限公司	600654	飞乐股份	215999.21	236074.57	118456.63	119598.61
上海华源制药股份有限公司	600656	华源制药	124377.51	137464.65	14012.12	16690.56
上海交大南洋股份有限公司	600661	交大南洋	66261.05	51563.32	29296.76	30181.71
上海强生控股股份有限公司	600662	强生控股	173469.31	180016.83	9300.20	100482.35
上海陆家嘴金融贸易区开发股份有限公司	600663	陆家嘴	752830.24	770758.99	442064.61	484391.18
上海沪昌特殊钢股份有限公司	600665	沪昌特钢	132961.12	148257.11	124116.94	125065.57
无锡市太极实业股份有限公司	600667	太极实业	170682.71	176449.14	55148.24	49617.01
浙江尖峰集团股份有限公司	600668	尖峰集团	155875.75	169247.16	50872.69	64981.27
杭州天目山药业股份有限公司	600671	天目药业	40737.95	37352.98	22303.87	22355.14
广东英豪科技教育投资股份有限公司	600672	英豪科教	115531.52	111202.47	62723.16	25305.22
中华企业股份有限公司	600675	中华企业	519422.80	515917.81	132018.04	137392.67
上海交运股份有限公司	600676	交运股份	132871.13	136501.30	93369.62	96339.40
航天通信控股集团股份有限公司	600677	航天通信	187427.75	199835.52	49746.15	50853.08
凤凰股份有限公司	600679	凤凰股份	192394.13	206438.46	86656.71	87132.59
上海邮电通信设备股份有限公司	600680	上海邮通	190869.30	199443.14	59651.03	61067.18
南京新街口百货商店股份有限公司	600682	南京新百	165226.90	187792.96	82460.60	84361.59
银泰控股股份有限公司	600683	银泰股份	89871.21	97393.54	24708.48	27575.48
广州珠江实业开发股份有限公司	600684	珠江实业	105411.42	87342.37	58593.57	60098.19
广州广船国际股份有限公司	600685	广船国际	251026.30	319262.50	251026.30	319262.50
中国石化上海石油化工股份有限公司	600688	上海石化	2477018.20	2656228.50	1357249.50	1412146.00
上海三毛纺织股份有限公司	600689	上海三毛	110870.88	137126.43	48567.41	50543.81
上海亚通股份有限公司	600692	亚通股份	53817.01	54063.52	32318.79	34004.30
上海大江(集团)股份有限公司	600695	ST 大江	201478.21	159314.05	81695.33	56245.28
利嘉(上海)股份有限公	600696	利嘉股份	80120.07	84944.72	35278.42	38637.28
浙江中大集团股份有限公司	600704	中大股份	270422.98	302975.99	108019.46	109788.56
上海海博股份有限公司	600708	海博股份	124163.47	129627.81	36601.25	40531.13
常林股份有限公司	600710	常林股份	85180.56	94777.72	43994.66	48048.78
南京医药股份有限公司	600713	南京医药	116799.71	181629.72	42859.08	43690.49
宁波富达股份有限公司	600724	宁波富达	97101.93	127377.05	53063.69	54632.94
新太科技股份有限公司	600728	新太科技	106934.17	120179.17	81099.22	82079.26
中国高科集团股份有限公司	600730	中国高科	135553.95	102140.76	37014.90	39201.76
上海港机股份有限公司	600732	上海港机	112349.39	113744.21	34110.15	34602.19

附录2 续表28 continued

公司全称	股票代码	公司简称	雇员人数	每股收益（元）		每股净资产（元）	
				2001	2002	2001	2002
苏州新区高新技术产业股份有限公司	600736	苏州高新	651	0.1850	0.2060	3.0000	3.0850
上海巴士实业(集团)股份有限公司	600741	巴士股份	46168	0.3300	0.2400	2.7600	2.1100
江苏索普化工股份有限公司	600746	江苏索普	1136	0.0784	-0.1079	1.2020	1.0970
上海浦东不锈薄板股份有限公司	600748	上实发展	813	0.0160	0.0050	1.7900	1.8000
海新亚(集团)股份有限公司	600754	新亚股份	4723	0.0900	0.1010	2.8500	2.8600
上海华源企业发展股份有限公司	600757	华源发展	13659	0.1200	0.0700	2.5700	2.6300
运盛(上海)实业股份有限公司	600767	运盛实业	188	0.0200	0.0250	1.7800	1.8000
宁波富邦精业集团股份有限公司	600768	ST甬富邦	349	0.0030	0.2600	0.8500	1.1100
江苏综艺股份有限公司	600770	综艺股份	2483	0.1250	0.0830	2.0780	2.1610
中油龙昌(集团)股份有限公司	600772	石油龙昌	47	0.0414	0.0660	2.7170	2.8070
东方通信股份有限公司	600776	东方通信	3987	0.3300	-0.3280	5.8160	5.4880
上海民丰实业(集团)股份有限公司	600781	民丰实业	610	-0.3960	-0.3280	1.1100	0.7300
浙江钱江生物化学股份有限公司	600796	钱江生化	751	0.2470	0.1430	2.3470	3.1250
浙江浙大网新科技股份有限公司	600797	浙大网新	2007	0.2500	0.1800	2.7800	2.1000
宁波海运股份有限公司	600798	宁波海运	611	0.1700	0.1200	1.4600	1.4800
江苏悦达投资股份有限公司	600805	悦达投资	4764	0.0200	-0.3300	3.0900	2.7600
杭州解百集团股份有限公司	600814	杭州解百	1209	-0.0253	0.0090	1.6300	1.6400
上海宏盛科技发展股份有限公司	600817	宏盛科技	260	0.0100	0.2400	1.2300	1.4700
上海永久股份有限公司	600818	ST永久	2949	0.0300	0.2000	0.2400	0.4600
上海耀华皮尔金顿玻璃股份有限公司	600819	耀皮玻璃	1020	0.3330	0.2270	3.4100	3.4400
上海隧道工程股份有限公司	600820	隧道股份	9896	0.1787	0.1814	2.9215	2.7853
上海物资贸易中心股份有限公司	600822	物贸中心	505	0.1090	0.0105	1.1850	1.1972
上海世茂股份有限公司	600823	世贸股份	44	0.1821	0.0197	1.9800	2.0030
上海益民百货股份有限公司	600824	益民百货	1722	0.2530	0.2300	3.4000	3.4800
华联超市股份有限公司	600825	华联超市	1868	0.3250	0.4340	1.5840	2.0190
上海兰生股份有限公司	600826	兰生股份	538	0.1400	0.1300	2.8100	2.9400
上海友谊集团股份有限公司	600827	友谊股份	7539	0.2870	0.2500	2.3120	3.3640
宁波大红鹰实业投资股份有限公司	600830	大红鹰	419	0.1100	0.1310	2.7330	2.8610
上海东方明珠股份有限公司	600832	东方明珠	1456	0.3330	0.3340	3.9500	4.1800
上海第一医药股份有限公司	600833	第一医药	906	0.1400	0.0800	1.0260	1.1060
上海申通地铁股份有限公司	600834	申通地铁	26	0.1800	0.1600	1.4200	1.4800
上海上菱电器股份有限公司	600835	上菱电器	982	0.4580	0.4610	5.0500	4.8700
上海界龙实业股份有限公司	600836	界龙实业	1459	0.0500	0.0590	1.8100	1.8600
上海市都市农商社股份有限公司	600837	都市股份	398	0.4068	0.3114	3.5960	3.3280
上海九百股份有限公司	600838	上海九百	660	-0.2050	0.0091	1.4792	1.4883
浙江安平创业投资股份有限公司	600840	浙江创业	321	-0.0370	0.0200	1.1390	1.1600
上海柴油机股份有限公司	600841	上柴股份	4276	0.0930	0.2100	3.3000	3.3700
上海中西药业股份有限公司	600842	ST中西	381	-0.3947	-2.3939	0.4768	-1.9245
上工股份有限公司	600843	上工股份	4001	0.1816	0.0521	1.9906	2.0398
上海宝信软件股份有限公司	600845	宝信软件	899	0.1490	0.2010	1.0050	1.1570
上海同济科技实业股份有限公司	600846	同济科技	453	0.0539	0.0736	1.5309	1.5233
上海自动化仪表股份有限公司	600848	ST自仪	2586	0.0200	0.0300	0.2800	0.2800
上海市医药股份有限公司	600849	上海医药	3341	0.4500	0.4000	4.7300	4.9300
上海华东电脑股份有限公司	600850	华东电脑	192	0.0860	-0.1737	1.3362	1.1626
上海海欣集团股份有限公司	600851	海欣股份	1206	0.2900	0.2600	3.3800	2.9700
江苏春兰制冷设备股份有限公司	600854	春兰股份	2392	0.4220	0.2320	5.5800	5.7200
哈工大首创科技股份有限公司	600857	工大首创	469	0.1200	0.1100	1.6800	1.7400
南通纵横国际股份有限公司	600862	ST纵横	3555	-1.1300	-1.6300	2.4100	0.7587

附录2 续表29 continued

公司全称	股票代码	公司简称	调整后每股净资产(元)		净资产收益率(%)	
			2001	2002	2001	2002
苏州新区高新技术产业股份有限公司	600736	苏州高新	2.9900	2.9230	6.1700	6.6700
上海巴士实业(集团)股份有限公司	600741	巴士股份	2.5500	1.9600	12.0400	11.5300
江苏索普化工股份有限公司	600746	江苏索普	1.1730	1.0860	1.7700	-9.8100
上海浦东不锈薄板股份有限公司	600748	上实发展	1.7600	1.7700	0.9000	0.2700
海新亚(集团)股份有限公司	600754	新亚股份	2.6200	2.6100	3.1600	3.5400
上海华源企业发展股份有限公司	600757	华源发展	2.4800	2.5000	4.5900	2.6000
运盛(上海)实业股份有限公司	600767	运盛实业	1.7800	1.8000	0.8500	1.4000
宁波富邦精业集团股份有限公司	600768	ST甬富邦	0.8200	1.1000	0.3600	23.7600
江苏综艺股份有限公司	600770	综艺股份	2.0240	2.1300	6.0200	3.8400
中油龙昌(集团)股份有限公司	600772	石油龙昌	2.6670	2.7580	1.5200	2.3500
东方通信股份有限公司	600776	东方通信	5.7770	5.4580	5.6800	-5.9800
上海民丰实业(集团)股份有限公司	600781	民丰实业	1.0700	0.4700	-36.0800	-45.1400
浙江钱江生物化学股份有限公司	600796	钱江生化	2.3390	3.0870	10.5200	4.5800
浙江浙大网新科技股份有限公司	600797	浙大网新	2.7600	2.0800	8.9000	8.3400
宁波海运股份有限公司	600798	宁波海运	1.4600	1.4800	11.7400	7.9000
江苏悦达投资股份有限公司	600805	悦达投资	3.0700	2.7200	0.6400	-12.1300
杭州解百集团股份有限公司	600814	杭州解百	1.4700	1.4800	-1.5500	0.5500
上海宏盛科技发展股份有限公司	600817	宏盛科技	1.2100	1.3500	1.0600	16.3300
上海永久股份有限公司	600818	ST永久	0.2400	0.4500	14.0200	43.4500
上海耀华皮尔金顿玻璃股份有限公司	600819	耀皮玻璃	3.2200	3.2700	9.7600	6.5900
上海隧道工程股份有限公司	600820	隧道股份	2.7427	2.7366	6.1150	6.5130
上海物资贸易中心股份有限公司	600822	物贸中心	1.0850	1.1349	9.1840	0.8746
上海世茂股份有限公司	600823	世贸股份	1.9100	2.0030	9.1800	0.9800
上海益民百货股份有限公司	600824	益民百货	3.3600	3.4200	8.5000	6.8100
华联超市股份有限公司	600825	华联超市	1.0120	1.1930	20.4900	21.4900
上海兰生股份有限公司	600826	兰生股份	2.5800	2.6200	5.0300	4.2700
上海友谊集团股份有限公司	600827	友谊股份	1.1470	1.9700	12.4040	7.4300
宁波大红鹰实业投资股份有限公司	600830	大红鹰	2.6390	2.7880	4.0310	4.5910
上海东方明珠股份有限公司	600832	东方明珠	3.8800	4.1000	8.4000	8.0000
上海第一医药股份有限公司	600833	第一医药	0.9700	0.9980	13.6200	7.2000
上海申通地铁股份有限公司	600834	申通地铁	1.4200	1.4800	12.7600	10.8600
上海上菱电器股份有限公司	600835	上菱电器	4.9900	4.6500	9.0800	9.4700
上海界龙实业股份有限公司	600836	界龙实业	0.9500	1.0600	2.7400	3.1400
上海市都市农商社股份有限公司	600837	都市股份	3.5047	3.2739	11.3100	9.3600
上海九百股份有限公司	600838	上海九百	1.4208	1.4355	-13.8600	0.6100
浙江安平创业投资股份有限公司	600840	浙江创业	1.0910	1.1200	-3.2400	1.7050
上海柴油机股份有限公司	600841	上柴股份	3.3000	3.3600	2.8100	6.2200
上海中西药业股份有限公司	600842	ST中西	0.4158	-2.0758	-82.7800	净资产已为负数
上工股份有限公司	600843	上工股份	1.9745	2.0088	9.1212	2.5557
上海宝信软件股份有限公司	600845	宝信软件	0.9740	1.1320	14.8700	17.3800
上海同济科技实业股份有限公司	600846	同济科技	1.4565	1.4402	3.5200	4.8300
上海自动化仪表股份有限公司	600848	ST自仪	0.1800	0.2200	7.5900	9.2700
上海市医药股份有限公司	600849	上海医药	4.4800	4.5200	9.5500	8.0700
上海华东电脑股份有限公司	600850	华东电脑	1.1728	0.9789	6.4400	-14.9400
上海海欣集团股份有限公司	600851	海欣股份	3.3500	2.9300	8.6000	8.8000
江苏春兰制冷设备股份有限公司	600854	春兰股份	5.5800	5.7200	7.5600	4.0500
哈工大首创科技股份有限公司	600857	工大首创	1.6700	1.7380	7.2500	6.4000
南通纵横国际股份有限公司	600862	ST纵横	2.3379	0.5318	-46.9200	-215.0800

附录2 续表30 continued

公司全称	股票代码	公司简称	主营业务收入（万元）		净利润（万元）	
			2001	2002	2001	2002
苏州新区高新技术产业股份有限公司	600736	苏州高新	57361.13	77433.06	8485.86	9408.08
上海巴士实业(集团)股份有限公司	600741	巴士股份	239032.27	294721.93	17200.66	17687.70
江苏索普化工股份有限公司	600746	江苏索普	25395.39	25851.67	2401.93	-3304.78
上海浦东不锈薄板股份有限公司	600748	上实发展	31554.72	62511.06	952.24	283.11
海新亚(集团)股份有限公司	600754	新亚股份	79346.18	83419.89	5428.23	6100.71
上海华源企业发展股份有限公司	600757	华源发展	179321.71	186537.72	5505.81	3231.18
运盛(上海)实业股份有限公司	600767	运盛实业	31659.14	37333.94	513.42	852.51
宁波富邦精业集团股份有限公司	600768	ST 甬富邦	20816.15	30458.69	28.24	2453.25
江苏综艺股份有限公司	600770	综艺股份	29712.51	27278.37	3375.74	2242.63
中油龙昌(集团)股份有限公司	600772	石油龙昌	21051.93	21496.12	991.83	1582.29
东方通信股份有限公司	600776	东方通信	839861.26	821968.71	20734.37	-20594.42
上海民丰实业(集团)股份有限公司	600781	民丰实业	21070.59	21476.39	-7850.50	-5819.05
浙江钱江生物化学股份有限公司	600796	钱江生化	20024.45	20237.63	2631.63	1674.92
浙江浙大网新科技股份有限公司	600797	浙大网新	111430.46	199854.92	8441.56	8385.18
宁波海运股份有限公司	600798	宁波海运	26545.83	27528.83	8785.17	5950.04
江苏悦达投资股份有限公司	600805	悦达投资	126401.02	151381.57	1075.96	-18248.29
杭州解百集团股份有限公司	600814	杭州解百	99009.53	96614.38	-599.49	212.29
上海宏盛科技发展股份有限公司	600817	宏盛科技	79530.76	213818.06	107.89	1982.89
上海永久股份有限公司	600818	ST 永久	37007.61	55060.55	883.73	5255.76
上海耀华皮尔金顿玻璃股份有限公司	600819	耀皮玻璃	104491.70	108352.20	16238.20	11051.20
上海隧道工程股份有限公司	600820	隧道股份	397342.58	443712.84	9601.18	10723.68
上海物资贸易中心股份有限公司	600822	物贸中心	318431.68	447705.08	2751.14	264.63
上海世茂股份有限公司	600823	世贸股份	5092.76	285.92	4305.12	465.28
上海益民百货股份有限公司	600824	益民百货	73183.51	45977.26	4889.99	4447.08
华联超市股份有限公司	600825	华联超市	324788.24	366644.31	5007.00	6692.51
上海兰生股份有限公司	600826	兰生股份	171891.27	178430.39	3968.88	3514.45
上海友谊集团股份有限公司	600827	友谊股份	577309.52	758463.51	7005.28	8251.54
宁波大红鹰实业投资股份有限公司	600830	大红鹰	72301.41	76663.68	1929.68	2300.51
上海东方明珠股份有限公司	600832	东方明珠	61586.73	85324.56	22929.88	22952.03
上海第一医药股份有限公司	600833	第一医药	26323.31	47651.83	2227.89	1268.99
上海申通地铁股份有限公司	600834	申通地铁	27450.76	51429.93	7148.95	6346.93
上海上菱电器股份有限公司	600835	上菱电器	384476.95	446833.69	24644.46	27277.57
上海界龙实业股份有限公司	600836	界龙实业	50781.86	51073.78	553.80	653.39
上海市都市农商社股份有限公司	600837	都市股份	21538.66	13552.91	2654.00	2438.36
上海九百股份有限公司	600838	上海九百	49461.73	51528.07	-8219.70	363.94
浙江安平创业投资股份有限公司	600840	浙江创业	15423.87	10099.44	-516.01	276.42
上海柴油机股份有限公司	600841	上柴股份	141185.41	206103.44	4447.78	10071.39
上海中西药业股份有限公司	600842	ST 中西	23556.78	21475.82	-8509.91	-51610.95
上工股份有限公司	600843	上工股份	91625.99	87529.98	4584.00	1316.16
上海宝信软件股份有限公司	600845	宝信软件	39735.42	63969.66	3918.06	5273.70
上海同济科技实业股份有限公司	600846	同济科技	65203.60	134397.53	1500.27	2048.09
上海自动化仪表股份有限公司	600848	ST 自仪	57844.80	57959.31	835.57	1024.95
上海市医药股份有限公司	600849	上海医药	520203.43	723568.73	14272.32	12584.71
上海华东电脑股份有限公司	600850	华东电脑	57564.69	79173.17	1472.30	-2971.21
上海海欣集团股份有限公司	600851	海欣股份	109095.69	162916.43	14612.24	15761.92
江苏春兰制冷设备股份有限公司	600854	春兰股份	176222.73	174089.09	21935.51	12039.98
哈工大首创科技股份有限公司	600857	工大首创	59572.31	61493.88	2343.40	2141.68
南通纵横国际股份有限公司	600862	ST 纵横	282380.69	32345.55	-26968.80	-38908.67

附录2　续表31　continued

公司全称	股票代码	公司简称	总资产（万元）		股东权益（万元）	
			2001	2002	2001	2002
苏州新区高新技术产业股份有限公司	600736	苏州高新	227024.10	254392.93	137417.17	141147.09
上海巴士实业(集团)股份有限公司	600741	巴士股份	439098.97	448478.57	142912.80	153395.20
江苏索普化工股份有限公司	600746	江苏索普	57823.15	55624.55	36839.19	33610.61
上海浦东不锈薄板股份有限公司	600748	上实发展	117073.22	121040.93	105323.48	105649.79
海新亚(集团)股份有限公司	600754	新亚股份	248815.08	257633.80	171696.22	172226.50
上海华源企业发展股份有限公司	600757	华源发展	330427.93	370063.09	121103.99	124258.35
运盛(上海)实业股份有限公司	600767	运盛实业	151148.34	129734.70	60564.59	61425.14
宁波富邦精业集团股份有限公司	600768	ST 甬富邦	26412.51	30079.73	7871.66	10324.90
江苏综艺股份有限公司	600770	综艺股份	100100.34	118101.19	56094.46	58333.88
中油龙昌(集团)股份有限公司	600772	石油龙昌	148556.50	108536.41	65095.35	67254.98
东方通信股份有限公司	600776	东方通信	772134.56	685623.74	365228.47	344633.96
上海民丰实业(集团)股份有限公司	600781	民丰实业	54509.62	37230.08	19730.40	12890.52
浙江钱江生物化学股份有限公司	600796	钱江生化	43994.24	53345.37	25004.06	36588.54
浙江浙大网新科技股份有限公司	600797	浙大网新	226082.80	230004.88	94886.93	100488.12
宁波海运股份有限公司	600798	宁波海运	92716.19	91091.34	74850.89	75712.18
江苏悦达投资股份有限公司	600805	悦达投资	534359.54	534838.89	168452.12	150491.79
杭州解百集团股份有限公司	600814	杭州解百	79551.56	80440.24	38644.49	38861.36
上海宏盛科技发展股份有限公司	600817	宏盛科技	60343.93	82111.24	10162.23	12145.12
上海永久股份有限公司	600818	ST 永久	49664.79	52956.22	6301.34	12097.09
上海耀华皮尔金顿玻璃股份有限公司	600819	耀皮玻璃	212848.80	207064.50	166384.90	167686.70
上海隧道工程股份有限公司	600820	隧道股份	598180.43	613985.24	157000.34	164649.19
上海物资贸易中心股份有限公司	600822	物贸中心	69562.21	91195.61	29955.95	30256.00
上海世茂股份有限公司	600823	世贸股份	82705.52	68168.21	46892.35	47357.63
上海益民百货股份有限公司	600824	益民百货	105120.53	101560.06	65891.77	67444.10
华联超市股份有限公司	600825	华联超市	113639.61	123971.54	24433.95	31142.14
上海兰生股份有限公司	600826	兰生股份	134499.71	144448.57	78910.66	82350.33
上海友谊集团股份有限公司	600827	友谊股份	345744.27	479480.64	56477.15	111063.19
宁波大红鹰实业投资股份有限公司	600830	大红鹰	81285.65	90462.14	47871.93	50109.25
上海东方明珠股份有限公司	600832	东方明珠	392119.44	402094.78	271442.95	287576.63
上海第一医药股份有限公司	600833	第一医药	48276.10	47838.61	16356.91	17630.82
上海申通地铁股份有限公司	600834	申通地铁	94763.29	90701.06	56019.83	58421.46
上海上菱电器股份有限公司	600835	上菱电器	743495.61	850460.04	271471.50	288059.67
上海界龙实业股份有限公司	600836	界龙实业	72322.72	73613.94	20144.05	20809.30
上海市都市农商社股份有限公司	600837	都市股份	47557.54	48578.80	23462.38	26056.56
上海九百股份有限公司	600838	上海九百	141686.27	147789.66	59300.24	59664.19
浙江安平创业投资股份有限公司	600840	浙江创业	82392.14	133139.99	15916.62	16211.22
上海柴油机股份有限公司	600841	上柴股份	213542.39	231251.66	158436.73	161897.27
上海中西药业股份有限公司	600842	ST 中西	121735.56	74291.20	10279.96	-41492.17
上工股份有限公司	600843	上工股份	131741.12	135445.57	50256.53	51499.17
上海宝信软件股份有限公司	600845	宝信软件	32329.21	44111.74	26352.37	30337.55
上海同济科技实业股份有限公司	600846	同济科技	162981.33	162642.49	42572.67	42362.33
上海自动化仪表股份有限公司	600848	ST 自仪	9970.13	97862.51	11014.39	11060.87
上海市医药股份有限公司	600849	上海医药	428290.54	540281.45	149506.39	155955.30
上海华东电脑股份有限公司	600850	华东电脑	52537.14	54493.71	22853.66	19884.14
上海海欣集团股份有限公司	600851	海欣股份	302032.13	329642.81	169978.53	179157.13
江苏春兰制冷设备股份有限公司	600854	春兰股份	406579.64	360812.81	290062.79	296980.98
哈工大首创科技股份有限公司	600857	工大首创	46239.34	57167.82	32306.80	33487.76
南通纵横国际股份有限公司	600862	ST 纵横	178647.51	96202.31	57478.05	18090.74

附录2　续表32　continued

公司全称	股票代码	公司简称	雇员人数	每股收益（元）		每股净资产（元）	
				2001	2002	2001	2002
百大集团股份有限公司	600865	百大集团	1294	0.1500	0.1500	2.4300	2.4500
广东肇庆星湖生物科技股份有限公司	600866	星湖科技	1857	0.2100	0.2400	2.3100	2.5500
广东梅雁企业(集团)股份有限公司	600868	梅雁股份	2503	0.1600	0.1600	2.4900	2.3100
中国石化仪征化纤股份有限公司	600871	仪征化纤	15577	0.0430	0.0350	2.2000	2.2200
中炬高新技术实业(集团)股份有限公司	600872	中炬高新	3681	0.1440	0.0244	2.7170	2.7820
宁波杉杉股份有限公司	600884	杉杉股份	2154	0.3000	0.2070	4.6500	3.1070
南京化纤股份有限公司	600889	南京化纤	1998	0.1900	0.2000	2.8700	3.0800
广州钢铁股份有限公司	600894	广钢股份	2176	0.0810	0.0640	2.2200	2.2900
上海张江高科技园区开发股份有限公司	600895	张江高科	73	0.4300	0.1900	4.4900	2.4300
浙江信联股份有限公司	600899	信联股份	135	0.0890	-0.4200	2.6000	2.1800
东方通信股份有限公司	900041	东信B股	3987	0.3300	-0.3280	5.8160	5.4880
上海广电电子股份有限公司	900901	上电B股	1499	0.2020	0.1120	3.1900	2.9600
上海二纺机股份有限公司	900902	二纺B股	2140	-0.0107	0.0159	1.0980	1.1190
大众交通(集团)股份有限公司	900903	大众B股	22379	0.3100	0.3700	3.4700	3.6600
上海永生数据科技股份有限公司	900904	永生B股	134	-0.2952	-0.6958	1.6365	0.9186
中国第一铅笔股份有限公司	900905	中铅B股	1796	0.0032	0.0125	1.7390	1.7580
中国纺织机械股份有限公司	900906	ST中纺B	2855	0.0046	0.3040	0.0940	1.0120
上海三九科技发展股份有限公司	900907	发展B股	50	0.2440	0.2330	1.7700	1.8800
上海氯碱化工股份有限公司	900908	氯碱B股	5016	0.0061	0.0055	2.4064	2.4220
上海轮胎橡胶(集团)股份有限公司	900909	轮胎B股	4370	0.0180	0.0680	1.2120	1.0570
上海海立(集团)股份有限公司	900910	海立B股	3279	0.3220	0.0440	2.5900	2.6000
上海金桥出口加工区开发股份有限公司	900911	金桥B股	105	0.1400	0.1410	2.3500	2.2750
上海外高桥保税区开发股份有限公司	900912	外高B股	940	0.0123	-0.1662	1.8240	1.7256
上海联华合纤股份有限公司	900913	ST联华B股	471	0.0070	-1.0100	1.7000	0.6900
上海新锦江股份有限公司	900914	新锦B股	1099	0.0190	0.0280	3.0200	2.7800
上海永久股份有限公司	900915	ST永久B	2949	0.0300	0.2000	0.2400	0.4600
凤凰股份有限公司	900916	凤凰B股	6178	0.0393	0.0129	1.8663	1.4435
上海海欣集团股份有限公司	900917	海欣B股	1206	0.2900	0.2600	3.3800	2.9700
上海耀华皮尔金顿玻璃股份有限公司	900918	耀皮B股	656	0.3330	0.2270	3.4100	3.4400
上海大江(集团)股份有限公司	900919	*ST大江B	8011	-0.2090	0.3510	1.2080	0.8320
上海柴油机股份有限公司	900920	上柴B股	4276	0.0930	0.2100	3.3000	3.3700
上海三毛纺织股份有限公司	900922	三毛B股	1000	0.0098	0.0260	2.4200	2.5100
上海友谊华侨股份有限公司	900923	友谊B股	7539	0.2870	0.2500	2.3120	3.3640
上工股份有限公司	900924	上工B股	4001	0.1816	0.0521	1.9906	2.0398
上海上菱电器股份有限公司	900925	上菱B股	982	0.4580	0.4610	5.0500	4.8700
上海宝信软件股份有限公司	900926	宝信B股	899	0.1490	0.2010	1.0050	1.1570
上海物资贸易中心股份有限公司	900927	物贸B股	505	0.1090	0.0105	1.1850	1.1972
上海自动化仪表股份有限公司	900928	自仪B股	2586	0.0200	0.0300	0.2800	0.2800
上海中国国际旅行社股份有限公司	900929	国旅B股	650	0.1300	0.1400	2.9900	3.0900
上海邮电通信设备股份有限公司	900930	邮通B股	1460	0.2000	0.1000	1.9000	1.9600
上海陆家嘴金融贸易区开发股份有限公司	900932	陆家B股	182	0.0630	0.2700	2.3700	2.5900
上海新亚（集团）股份有限公司	900934	新亚B股	4723	0.0900	0.1010	2.8500	2.8600
上海金泰股份有限公司	900935	阳晨B股	1673	0.0300	0.0300	1.5100	1.5400
上海汇丽建材股份有限公司	900939	汇丽B股	1191	0.1400	0.0500	1.8600	1.7800
上海华源股份有限公司	900940	华源B股	7952	0.1600	0.0900	2.9100	3.0000
上海开开实业股份有限公司	900943	开开B股	1256	0.2030	0.2090	3.3280	3.4550
上海振华港口机械股份有限公司	900947	振华B股	760	0.4200	0.3000	3.9500	4.0500
浙江东南发电股份有限公司	900949	东电B股	3596	0.3500	0.2700	2.6600	2.6800
江苏新城房产股份有限公司	900950	ST新城B	68	-0.5758	0.0300	1.0600	1.1000
华源凯马机械股份有限公司	900953	凯马B股	12001	-0.5700	0.0300	1.4700	1.5200
上海茉织华股份有限公司	900955	茉织华B	11372	0.4800	0.2800	4.7400	4.8800
上海凌云幕墙科技股份有限公司	900957	凌云B股	1200	0.1300	0.0700	1.7700	1.8400

附录2　续表33　continued

公司全称	股票代码	公司简称	调整后每股净资产(元)		净资产收益率(%)	
			2001	2002	2001	2002
百大集团股份有限公司	600865	百大集团	2.2000	2.3200	6.0300	6.2000
广东肇庆星湖生物科技股份有限公司	600866	星湖科技	2.2800	2.5400	9.0100	9.4700
广东梅雁企业(集团)股份有限公司	600868	梅雁股份	2.4800	2.2900	6.6300	6.7700
中国石化仪征化纤股份有限公司	600871	仪征化纤	2.1980	2.2200	1.9400	1.5700
中炬高新技术实业(集团)股份有限公司	600872	中炬高新	2.5860	2.7350	5.3000	0.8800
宁波杉杉股份有限公司	600884	杉杉股份	4.6500	3.0950	6.4700	6.6900
南京化纤股份有限公司	600889	南京化纤	2.8600	3.0700	6.5100	6.6300
广州钢铁股份有限公司	600894	广钢股份	2.1700	2.2600	3.6400	2.8000
上海张江高科技园区开发股份有限公司	600895	张江高科	4.4900	2.4300	9.6400	7.6400
浙江信联股份有限公司	600899	信联股份	2.5600	2.1800	-3.4400	-19.4300
东方通信股份有限公司	900041	东信B股	5.7770	5.4580	5.6800	-5.9800
上海广电电子股份有限公司	900901	上电B股	3.1300	2.8900	6.3300	3.7900
上海二纺机股份有限公司	900902	二纺B股	1.0070	1.0360	-0.9800	1.4200
大众交通(集团)股份有限公司	900903	大众B股	3.3200	3.5000	9.0300	10.0900
上海永生数据科技股份有限公司	900904	永生B股			-18.0430	-75.7440
中国第一铅笔股份有限公司	900905	中铅B股	1.6050	1.6090	0.1820	0.7130
中国纺织机械股份有限公司	900906	ST中纺B	0.0267	0.9534	4.9000	30.0200
上海三九科技发展股份有限公司	900907	发展B股	1.6980	1.7670	13.8100	12.3700
上海氯碱化工股份有限公司	900908	氯碱B股	2.1895	2.2827	0.2500	0.2300
上海轮胎橡胶(集团)股份有限公司	900909	轮胎B股	1.1400	0.9100	1.4580	6.3990
上海海立(集团)股份有限公司	900910	海立B股	2.5100	2.5400	12.4000	1.6900
上海金桥出口加工区开发股份有限公司	900911	金桥B股	2.2600	2.2550	5.8100	6.3600
上海外高桥保税区开发股份有限公司	900912	外高B股	1.7608	1.5847	0.6700	-9.6300
上海联华合纤股份有限公司	900913	ST联华B股	1.6000	0.6800	-0.1400	-52.6300
上海新锦江股份有限公司	900914	新锦B股	2.8100	2.6200	0.6300	1.0000
上海永久股份有限公司	900915	ST永久B	0.2400	0.4500	14.0200	43.4500
凤凰股份有限公司	900916	凤凰B股	1.7922	1.3596	2.1077	0.8930
上海海欣集团股份有限公司	900917	海欣B股	3.3500	2.9300	8.6000	8.8000
上海耀华皮尔金顿玻璃股份有限公司	900918	耀皮B股	3.2200	3.2700	9.7600	6.5900
上海大江(集团)股份有限公司	900919	*ST大江B	1.1780	0.8040	-17.3300	-42.1800
上海柴油机股份有限公司	900920	上柴B股	3.3000	3.3600	2.8100	6.2200
上海三毛纺织股份有限公司	900922	三毛B股	2.4000	2.4792	0.4100	1.0300
上海友谊华侨股份有限公司	900923	友谊B股	1.1470	1.9700	12.4040	7.4300
上工股份有限公司	900924	上工B股	1.9745	2.0088	9.1212	2.5557
上海上菱电器股份有限公司	900925	上菱B股	4.9900	4.6500	9.0800	9.4700
上海宝信软件股份有限公司	900926	宝信B股	0.9740	1.1320	14.8700	17.3800
上海物资贸易中心股份有限公司	900927	物贸B股	1.0850	1.1349	9.1840	0.8746
上海自动化仪表股份有限公司	900928	自仪B股	0.1800	0.2200	7.5900	9.2700
上海中国国际旅行社股份有限公司	900929	国旅B股	2.9600	3.0800	4.3600	4.6500
上海邮电通信设备股份有限公司	900930	邮通B股	1.7600	1.8100	10.6000	5.2800
上海陆家嘴金融贸易区开发股份有限公司	900932	陆家B股	2.2700	2.5600	2.6600	10.5700
上海新亚（集团）股份有限公司	900934	新亚B股	2.6200	2.6100	3.1600	3.5400
上海金泰股份有限公司	900935	阳晨B股	1.4900	1.5400	1.9000	1.8900
上海汇丽建材股份有限公司	900939	汇丽B股	1.8500	1.7600	7.4300	2.5800
上海华源股份有限公司	900940	华源B股	2.8700	2.9600	5.4100	2.9700
上海开开实业股份有限公司	900943	开开B股	3.2990	3.4460	6.0910	6.0550
上海振华港口机械股份有限公司	900947	振华B股	3.9500	4.0500	10.6100	7.4000
浙江东南发电股份有限公司	900949	东电B股	2.6600	2.6700	13.2600	10.1300
江苏新城房产股份有限公司	900950	ST新城B	0.8790	1.0400	-54.2700	3.1400
华源凯马机械股份有限公司	900953	凯马B股	1.4600	1.4600	-38.8300	1.9900
上海茉织华股份有限公司	900955	茉织华B	4.7400	4.8700	10.1000	5.7600
上海凌云幕墙科技股份有限公司	900957	凌云B股	1.7600	1.8300	7.7900	1.3500

附录2 续表34 continued

公司全称	股票代码	公司简称	主营业务收入（万元）		净利润（万元）	
			2001	2002	2001	2002
百大集团股份有限公司	600865	百大集团	101484.18	113197.37	3950.79	4101.90
广东肇庆星湖生物科技股份有限公司	600866	星湖科技	44005.49	49242.33	6775.46	7866.94
广东梅雁企业(集团)股份有限公司	600868	梅雁股份	66399.75	98388.15	16689.51	17456.46
中国石化仪征化纤股份有限公司	600871	仪征化纤	780865.80	800966.90	17078.90	13983.30
中炬高新技术实业(集团)股份有限公司	600872	中炬高新	83630.95	82191.62	6483.64	1098.94
宁波杉杉股份有限公司	600884	杉杉股份	73046.00	73046.00	8238.70	8542.74
南京化纤股份有限公司	600889	南京化纤	33327.89	39552.79	3020.33	3301.57
广州钢铁股份有限公司	600894	广钢股份	244611.07	258193.86	5551.78	4401.82
上海张江高科技园区开发股份有限公司	600895	张江高科	61493.61	35188.49	20244.19	17362.99
浙江信联股份有限公司	600899	信联股份	16723.17	5615.79	1588.10	-7513.17
东方通信股份有限公司	900041	东信B股	839861.26	821968.71	20734.37	-20594.42
上海广电电子股份有限公司	900901	上电B股	405871.16	465629.95	17044.40	10392.02
上海二纺机股份有限公司	900902	二纺B股	81530.24	74459.26	-608.30	900.21
大众交通(集团)股份有限公司	900903	大众B股	165910.84	195553.30	18758.02	22135.91
上海永生数据科技股份有限公司	900904	永生B股	3676.40	1265.45	-4367.35	-10291.43
中国第一铅笔股份有限公司	900905	中铅B股	91074.70	102613.34	79.62	315.82
中国纺织机械股份有限公司	900906	ST中纺B	44941.93	60407.77	164.35	10842.38
上海三九科技发展股份有限公司	900907	发展B股	22611.54	21933.79	2814.31	2678.06
上海氯碱化工股份有限公司	900908	氯碱B股	272832.30	316099.24	708.61	635.10
上海轮胎橡胶(集团)股份有限公司	900909	轮胎B股	246576.50	338224.45	1572.17	6015.34
上海海立(集团)股份有限公司	900910	海立B股	255868.38	213227.57	12242.49	1672.75
上海金桥出口加工区开发股份有限公司	900911	金桥B股	39729.00	67822.25	9743.06	10789.27
上海外高桥保税区开发股份有限公司	900912	外高B股	20312.34	18092.71	917.02	-12384.02
上海联华合纤股份有限公司	900913	ST联华B股	32311.77	18401.15	112.82	-16881.99
上海新锦江股份有限公司	900914	新锦B股	25116.17	31342.73	952.03	1532.32
上海永久股份有限公司	900915	ST永久B	37007.61	55060.55	883.73	5255.76
凤凰股份有限公司	900916	凤凰B股	78156.10	133525.12	1826.48	778.09
上海海欣集团股份有限公司	900917	海欣B股	109095.69	162916.43	14612.24	15761.92
上海耀华皮尔金顿玻璃股份有限公司	900918	耀皮B股	104491.70	108352.20	16238.20	11051.20
上海大江(集团)股份有限公司	900919	*ST大江B	175721.85	129650.26	-14156.28	-23721.61
上海柴油机股份有限公司	900920	上柴B股	141185.41	206103.44	4447.78	10071.39
上海三毛纺织股份有限公司	900922	三毛B股	68070.35	93921.06	197.94	521.69
上海友谊华侨股份有限公司	900923	友谊B股	577309.52	758463.51	7005.28	8251.54
上工股份有限公司	900924	上工B股	91625.99	87529.98	4584.00	1316.16
上海上菱电器股份有限公司	900925	上菱B股	384476.95	446833.69	24644.46	27277.57
上海宝信软件股份有限公司	900926	宝信B股	39735.42	63969.66	3901.81	5155.26
上海物资贸易中心股份有限公司	900927	物贸B股	318431.68	447705.08	2751.14	264.63
上海自动化仪表股份有限公司	900928	自仪B股	57844.80	57959.31	835.57	1024.95
上海中国国际旅行社股份有限公司	900929	国旅B股	54194.50	64189.13	1730.77	1904.89
上海邮电通信设备股份有限公司	900930	邮通B股	99012.27	153582.08	6143.77	3152.01
上海陆家嘴金融贸易区开发股份有限公司	900932	陆家B股	99901.14	215347.65	16855.81	60289.83
上海新亚（集团）股份有限公司	900934	新亚B股	79346.18	83419.89	5428.23	6100.71
上海金泰股份有限公司	900935	阳晨B股	15585.25	16388.70	533.13	540.10
上海汇丽建材股份有限公司	900939	汇丽B股	41404.35	38641.98	2282.28	831.00
上海华源股份有限公司	900940	华源B股	185816.92	230450.42	7731.00	4380.30
上海开开实业股份有限公司	900943	开开B股	111492.82	168887.60	4925.89	5083.89
上海振华港口机械股份有限公司	900947	振华B股	288546.00	307423.76	19153.22	13700.47
浙江东南发电股份有限公司	900949	东电B股	337027.73	332094.49	70794.57	54551.51
江苏新城房产股份有限公司	900950	ST新城B	10658.20	35716.74	-19112.37	1141.06
华源凯马机械股份有限公司	900953	凯马B股	232971.17	244293.01	-36594.12	1935.07
上海茉织华股份有限公司	900955	茉织华B	189476.00	168834.30	20835.40	12198.70
上海凌云幕墙科技股份有限公司	900957	凌云B股	59411.31	8349.23	4672.79	2368.24

附录 2　续表 35　continued

公司全称	股票代码	公司简称	总资产（万元）		股东权益（万元）	
			2001	2002	2001	2002
百大集团股份有限公司	600865	百大集团	131578.17	86770.75	65508.68	66171.88
广东肇庆星湖生物科技股份有限公司	600866	星湖科技	100155.19	102382.50	75237.48	83111.82
广东梅雁企业(集团)股份有限公司	600868	梅雁股份	378475.84	444639.13	251761.33	257756.12
中国石化仪征化纤股份有限公司	600871	仪征化纤	1120149.40	1217900.20	880186.80	888170.10
中炬高新技术实业(集团)股份有限公司	600872	中炬高新	239494.47	243236.61	122302.13	125187.15
宁波杉杉股份有限公司	600884	杉杉股份	167083.50	213665.33	127399.78	127681.45
南京化纤股份有限公司	600889	南京化纤	67841.27	77728.78	46375.86	49785.74
广州钢铁股份有限公司	600894	广钢股份	332562.77	302835.08	152332.24	157134.06
上海张江高科技园区开发股份有限公司	600895	张江高科	274763.61	318438.43	210041.21	227404.21
浙江信联股份有限公司	600899	信联股份	110027.45	74526.03	46157.59	38663.40
东方通信股份有限公司	900041	东信 B 股	772134.56	685623.74	365228.47	344633.96
上海广电电子股份有限公司	900901	上电 B 股	767958.41	747859.80	269054.45	274176.47
上海二纺机股份有限公司	900902	二纺 B 股	138081.30	125176.52	62215.19	63413.79
大众交通(集团)股份有限公司	900903	大众 B 股	449321.12	476451.04	207683.78	219342.13
上海永生数据科技股份有限公司	900904	永生 B 股	40898.76	28951.48	24204.77	13587.05
中国第一铅笔股份有限公司	900905	中铅 B 股	137373.46	137125.89	43791.05	44263.60
中国纺织机械股份有限公司	900906	ST 中纺 B	62869.39	79110.05	3354.51	36121.08
上海三九科技发展股份有限公司	900907	发展 B 股	79136.66	117782.45	20381.22	21641.99
上海氯碱化工股份有限公司	900908	氯碱 B 股	460929.54	477629.71	280222.83	282036.40
上海轮胎橡胶(集团)股份有限公司	900909	轮胎 B 股	591858.27	539360.72	107799.36	94007.95
上海海立(集团)股份有限公司	900910	海立 B 股	327003.14	328876.87	98702.74	98918.78
上海金桥出口加工区开发股份有限公司	900911	金桥 B 股	303433.81	322356.54	163875.95	174665.23
上海外高桥保税区开发股份有限公司	900912	外高 B 股	289054.95	300487.13	135901.37	128569.60
上海联华合纤股份有限公司	900913	ST 联华 B 股	56456.16	43408.37	28480.48	11598.49
上海新锦江股份有限公司	900914	新锦 B 股	190613.52	194184.02	151318.35	153400.77
上海永久股份有限公司	900915	ST 永久 B	49664.79	52956.22	6301.34	12097.09
凤凰股份有限公司	900916	凤凰 B 股	192394.13	206438.46	86656.71	87132.59
上海海欣集团股份有限公司	900917	海欣 B 股	302032.13	329642.81	169978.53	179157.13
上海耀华皮尔金顿玻璃股份有限公司	900918	耀皮 B 股	212848.80	207064.50	166384.90	167686.70
上海大江(集团)股份有限公司	900919	*ST 大江 B	201478.21	159314.05	81695.33	56245.28
上海柴油机股份有限公司	900920	上柴 B 股	213542.39	231251.66	158436.73	161897.27
上海三毛纺织股份有限公司	900922	三毛 B 股	110870.88	137126.43	48567.41	50543.81
上海友谊华侨股份有限公司	900923	友谊 B 股	345744.27	479480.64	56477.15	111063.19
上工股份有限公司	900924	上工 B 股	131741.12	135445.57	50256.53	51499.17
上海上菱电器股份有限公司	900925	上菱 B 股	743495.61	850460.04	271471.50	288059.67
上海宝信软件股份有限公司	900926	宝信 B 股	32329.21	44111.74	26352.37	30337.55
上海物资贸易中心股份有限公司	900927	物贸 B 股	69562.21	91195.61	29955.95	30256.00
上海自动化仪表股份有限公司	900928	自仪 B 股	99701.26	97862.51	11014.39	11060.87
上海中国国际旅行社股份有限公司	900929	国旅 B 股	62711.37	67024.78	39681.94	40972.51
上海邮电通信设备股份有限公司	900930	邮通 B 股	171289.52	190869.30	57953.07	59651.03
上海陆家嘴金融贸易区开发股份有限公司	900932	陆家 B 股	752830.24	770758.99	442064.61	484391.18
上海新亚（集团）股份有限公司	900934	新亚 B 股	248815.08	257633.80	171696.22	172226.50
上海金泰股份有限公司	900935	阳晨 B 股	39852.09	35869.52	28041.12	28581.22
上海汇丽建材股份有限公司	900939	汇丽 B 股	84738.19	87117.14	30736.66	32229.14
上海华源股份有限公司	900940	华源 B 股	382394.10	447991.35	143002.30	147457.71
上海开开实业股份有限公司	900943	开开 B 股	193717.70	200774.59	80869.69	83959.32
上海振华港口机械股份有限公司	900947	振华 B 股	446763.39	520528.89	180533.19	185103.63
浙江东南发电股份有限公司	900949	东电 B 股	781631.38	860241.93	533974.66	538678.17
江苏新城房产股份有限公司	900950	ST 新城 B	76704.54	102804.80	35216.55	36357.61
华源凯马机械股份有限公司	900953	凯马 B 股	328611.57	341512.58	94251.49	97471.53
上海茉织华股份有限公司	900955	茉织华 B	255184.20	342050.00	206152.10	211833.30
上海凌云幕墙科技股份有限公司	900957	凌云 B 股	143684.80	213871.25	61607.88	64265.89